As fontes do poder social

COLEÇÃO SOCIOLOGIA
Coordenador: Brasilio Sallum Jr. – Universidade de São Paulo

Comissão editorial:
Gabriel Cohn – Universidade de São Paulo
Irlys Barreira – Universidade Federal do Ceará
José Ricardo Ramalho – Universidade Federal do Rio de Janeiro
Marcelo Ridenti – Universidade Estadual de Campinas

Dados Internacionais de Catalogação na Publicação (CIP)
(Câmara Brasileira do Livro, SP, Brasil)

Mann, Michael
   As fontes do poder social : vol. 4. Globalizações, 1945-2011 / Michael Mann ; tradução Caesar Souza. – Petrópolis, RJ : Vozes, 2022. – (Coleção Sociologia)

   Título original: The sources of social power : v. 4. Globalizations, 1945-2011.
   Bibliografia.
   ISBN 978-65-5713-378-1

   1. Evolução social 2. História social I. Título II. Série.

21-78308   CDD-306.09

Índices para catálogo sistemático:
1. Relações de poder : Evolução : História social : Sociologia 306.09

Aline Graziele Benitez - Bibliotecária - CRB-1/3129

Michael Mann

As fontes do poder social
Vol. 4: Globalizações, 1945-2011

Tradução de Caesar Souza

Petrópolis

© 2018 by Michael Mann.
Publicado primeiramente por Cambridge University Press
Direitos de tradução intermediados pelas Agências Literárias Sandra Dijkstra e Sandra Bruna, SL.

Tradução realizada a partir do original em inglês intitulado *The Sources of Social Power. Vol. 4 – Globalizations, 1945-2011.*

Direitos de publicação em língua portuguesa – Brasil:
2022, Editora Vozes Ltda.
Rua Frei Luís, 100
25689-900 Petrópolis, RJ
www.vozes.com.br
Brasil

Todos os direitos reservados. Nenhuma parte desta obra poderá ser reproduzida ou transmitida por qualquer forma e/ou quaisquer meios (eletrônico ou mecânico, incluindo fotocópia e gravação) ou arquivada em qualquer sistema ou banco de dados sem permissão escrita da editora.

CONSELHO EDITORIAL

Diretor
Gilberto Gonçalves Garcia

Editores
Aline dos Santos Carneiro
Edrian Josué Pasini
Marilac Loraine Oleniki
Welder Lancieri Marchini

Conselheiros
Francisco Morás
Ludovico Garmus
Teobaldo Heidemann
Volney J. Berkenbrock

Secretário executivo
Leonardo A.R.T. dos Santos

Diagramação: Raquel Nascimento
Revisão gráfica: Nilton Braz da Rocha / Fernando Sergio Olivetti da Rocha
Capa: Editora Vozes

ISBN 978-65-5713-378-1 (Brasil)
ISBN 978-1-107-02867-8 (Estados Unidos)

Este livro foi composto e impresso pela Editora Vozes Ltda.

Sumário

Apresentação da coleção, 7

1 Globalizações, 9

2 A ordem global pós-guerra, 22

3 A América em guerra e a Guerra Fria, 1945-1970: conflitos de classes, 49

4 Direitos civis americanos e conflitos de identidade, 84

5 O Império Americano durante a Guerra Fria, 1945-1980, 106

6 Neoliberalismo, surgimento e enfraquecimento, 1970-2000, 154

7 A queda da alternativa soviética, 210

8 A alternativa maoista reformada, 253

9 Uma teoria da revolução, 284

10 O Império Americano na virada do século XXI, 308

11 Crise global: a grande recessão neoliberal, 369

12 Crise global: mudança climática, 413

13 *Conclusão*, 456

Bibliografia, 493

Índice, 543

Apresentação da coleção

Brasilio Sallum Jr.

A *Coleção Sociologia* ambiciona reunir contribuições importantes desta disciplina para a análise da sociedade moderna. Nascida no século XIX, a sociologia expandiu-se rapidamente sob o impulso de intelectuais de grande estatura – considerados hoje clássicos da disciplina –, formulou técnicas próprias de investigação e fertilizou o desenvolvimento de tradições teóricas que orientam o investigador de maneiras distintas para o mundo empírico. Não há o que lamentar o fato de a sociologia não ter um *corpus* teórico único e acabado. E, menos ainda, há que esperar que este seja construído no futuro. É da própria natureza da disciplina – de fato, uma de suas características mais estimulantes intelectualmente – renovar conceitos, focos de investigação e conhecimentos produzidos. Este é um dos ensinamentos mais duradouros de Max Weber: a Sociologia e as outras disciplinas que estudam a sociedade estão condenadas à eterna juventude, a renovar permanentemente seus conceitos à luz de novos problemas suscitados pela marcha incessante da história. No período histórico atual este ensinamento é mais verdadeiro do que nunca, pois as sociedades nacionais, que foram os alicerces da construção da disciplina, estão passando por processos de inclusão, de intensidade variável, em uma sociedade mundial em formação. Os sociólogos têm respondido com vigor aos desafios desta mudança histórica, ajustando o foco da disciplina em suas várias especialidades.

A *Coleção Sociologia* pretende oferecer aos leitores de língua portuguesa um conjunto de obras que espelhe o tanto quanto possível o desenvolvimento teórico e metodológico da disciplina. A coleção conta com a orientação de comissão editorial, composta por profissionais relevantes da disciplina, para selecionar os livros a serem nela publicados.

A par de editar seus autores clássicos, a *Coleção Sociologia* abrirá espaço para obras representativas de suas várias correntes teóricas e de suas especialidades, voltadas para o estudo de esferas específicas da vida social. Deverá também suprir as necessidades de ensino da Sociologia para um público mais amplo, inclusive por meio de manuais didáticos. Por último – mas não menos importante –, a *Coleção Sociologia* almeja oferecer ao público trabalhos sociológicos sobre a sociedade brasileira. Deseja, deste modo, contribuir para que ela possa adensar a reflexão científica sobre suas próprias características e problemas. Tem a esperança de que, com isso, possa ajudar a impulsioná-la no rumo do desenvolvimento e da democratização.

1
Globalizações

Este quarto e último volume de meu estudo sobre a história do poder nas sociedades humanas cobre o período a partir de 1945. Focará os três grandes pilares da ordem global pós-guerra: o capitalismo (e o destino das alternativas soviética e chinesa ao capitalismo), o sistema Estado-nação e o único império remanescente do mundo, os Estados Unidos. A característica mais óbvia dos três nesse período é sua expansão sobre o globo, um processo universalmente chamado globalização. Todavia, em meu terceiro volume, pluralizei esse termo para indicar que mais de um processo de globalização estava em curso. Como argumentei ao longo de meus volumes, as sociedades humanas se formam em torno de quatro fontes de poder – ideológico, econômico, militar e político – que têm um grau relativo de autonomia entre si (esse é meu modelo Iemp de poder). Suas globalizações também foram relativamente autônomas e permanecem assim nesse período. Mas as fontes de poder são tipos ideais. Não existem na forma pura no mundo real. Em vez disso, congelam-se em torno das grandes macroinstituições da sociedade – nesse caso, capitalismo, Estado-nação e impérios. As grandes ideologias novas do período emanam de tentativas humanas de entender o entrelaçamento dessas três.

Permita-me apresentar uma breve definição das quatro fontes de poder. Uma exposição mais detalhada pode ser encontrada nos primeiros capítulos de meus outros três volumes. O poder é a capacidade de fazer com que outros façam coisas que de outro modo não fariam. A fim de atingir nossos objetivos, quaisquer que sejam, entramos em relações de poder que envolvem tanto cooperação quanto conflito com outras pessoas, e essas relações geram sociedades. Assim, o poder pode ser coletivo, incorporando cooperação ao atingir objetivos compartilhados – o poder através de outros – e distributivo, exercido por alguns sobre outros. Existem quatro fontes principais de ambos os poderes.

(1) O **poder ideológico** deriva da necessidade humana de encontrar o significado último na vida, partilhar normas e valores e participar em práticas estéticas e rituais com outros. Ideologias mudam à medida que os problemas que enfrentamos mudam. O poder de movimentos ideológicos deriva

de nossa inabilidade de atingir certeza em nosso conhecimento do mundo. Preenchemos as lacunas e as incertezas com crenças que não são em si cientificamente testáveis, mas que incorporam nossas esperanças e medos. Ninguém pode provar a existência de um deus ou a viabilidade de um futuro socialista ou islâmico. Ideologias se tornam especialmente necessárias em crises em que as alternativas oferecidas até agora não possuem antecedentes. É quando somos mais suscetíveis ao poder de ideólogos que nos oferecem teorias plausíveis, porém, não testadas do mundo. O poder ideológico é geralmente uma resposta a desdobramentos nas outras três fontes de poder, mas então desenvolve um poder emergente próprio. Tende a ser muito desigual, repentinamente importante quando temos que lidar com crises inesperadas, mas menos importante em outras ocasiões. Sistemas de significado religiosos revitalizados figurarão nesse período, do mesmo modo que ideologias como patriarcado, liberalismo, socialismo, nacionalismo, racismo e ambientalismo.

(2) O **poder econômico** deriva da necessidade humana de extrair, transformar, distribuir e consumir os produtos da natureza. As relações econômicas são poderosas porque combinam a mobilização intensiva de trabalho com redes de intercâmbio mais extensivas. O capitalismo contemporâneo tornou global seus circuitos de capital, comércio e cadeias de produção, todavia, ao mesmo tempo, suas relações de poder são as que penetram mais rotineiramente nas vidas das pessoas, absorvendo cerca de metade de nossas horas despertos. A mudança social que as economias produzem raramente é rápida ou dramática, diferente do poder militar. É lenta, cumulativa e, ao fim e ao cabo, profunda. A principal organização do poder econômico em tempos modernos foi o capitalismo industrial, cujo desenvolvimento global é central para este volume. O capitalismo trata todos os meios de produção, incluindo o trabalho, como *commodities*. As quatro principais formas de mercado – para capital, para trabalho, para produção e para consumo – têm seu valor determinado umas em relação às outras. O capitalismo tem sido a organização de poder mais consistentemente dinâmica dos tempos recentes, responsável por grande parte da inovação tecnológica – e grande parte da degradação ambiental.

(3) **Poder militar**. Defino poder militar como a organização social da violência concentrada e letal. "Concentrado" significa mobilizado e focado; "letal" significa mortal. O *Dicionário de Webster* define "violência" como o emprego da força física de modo a ferir ou maltratar, ou de ação ou força intensa, turbulenta ou furiosa e muitas vezes destrutiva. Assim, a força militar é focada, física, furiosa e, sobretudo, letal. Ela mata. Os detentores do poder militar dizem que se você resistir, você morrerá. Como uma ameaça letal é aterradora, o poder militar evoca emoções psicológicas distintas e sintomas fisiológicos de medo à medida que confrontamos a possibilidade de dor,

desmembramento, ou morte. O poder militar é mais letalmente exercido pelas forças armadas de estados em guerras entre estados, embora paramilitares, guerrilhas e terroristas venham a figurar neste volume. Aqui há uma sobreposição com o poder político, embora os militares permaneçam sempre separadamente organizados, muitas vezes como uma casta distinta na sociedade.

(4) **Poder político** é a regulação centralizada e territorial da vida social. A função básica do governo é a provisão de ordem sobre um determinado território. Aqui, desvio não somente de Max Weber – que situava o poder político (ou de "partidos") em qualquer organização, não apenas estados –, mas também da noção de cientistas políticos de governança aplicada por diversas entidades, incluindo corporações, organizações não governamentais (ONGs) e movimentos sociais. Prefiro reservar o termo "político" para o Estado – incluindo o governo de nível local e regional assim como nacional. Os estados, e não as ONGs ou corporações, têm a forma territorial centralizada, o que torna autoritativo seu governo sobre as pessoas que residem em seus territórios. Posso desistir da filiação a uma ONG ou corporação e assim expor suas regras. Mas devo obedecer às regras do Estado em cujo território resido ou sofro punição. Redes de poder político são rotineiramente reguladas e coordenadas de um modo centralizado e territorial. Assim, o poder político é mais geograficamente limitado do que as outras três fontes. Estados também cobrem normalmente áreas menores, mais estreitas, do que as ideologias.

Assim, o que é geralmente chamado globalização envolvia a extensão de distintas relações de poder ideológico, econômico, militar e político ao redor do mundo. Concretamente, no período após 1945, isso significa a difusão de ideologias como liberalismo e socialismo, a difusão do modo capitalista de produção, a extensão das linhas militares de ataque, e a extensão dos estados-nações ao redor do mundo, no início, com dois impérios e depois com apenas um sobrevivente. As relações entre esses fenômenos formam o tema deste volume.

Muitas discussões sobre globalizações não são particularmente interessantes. Em si, a globalização não possui conteúdo distinto além de sua dimensão. A globalização não *faz* coisa alguma – com uma exceção, a ser discutida daqui a pouco. A globalização em si não pode ser elogiada ou culpada pelo estado da sociedade humana, pois é meramente o produto de expansões das fontes de poder social. Isso é refletido no fato de a globalização não ter gerado teorias inovadoras da sociedade; grande parte das teorias previamente usadas nos dias em que os cientistas sociais identificavam sociedades com estados-nações simplesmente tiveram seu escopo geograficamente ampliado, embora isso seja muitas vezes encoberto pelo desejo dos teóricos de reivindicarem a fama por terem descoberto transformações fundamentais da sociedade. Hiperglobalizadores afirmam que a globalização levou a um tipo fundamentalmente diferente de sociedade.

Mais pejorativamente, podemos chamar isso de *globaloney**. Todavia, um aspecto da globalização é intrinsecamente transformador: onde as ações humanas se expandem até preencherem a Terra e repercutirem em nós. Esse é um efeito bumerangue pelo qual ações iniciadas por entes humanos alcançam os limites da Terra e depois retornam para atingi-los duramente e mudá-los. Podemos ver dois modos pelos quais isso poderia ocorrer. O primeiro é que armas de guerra se tornaram tão mortais que uma guerra nuclear ou biológica poderia de fato destruir a civilização. Já vivemos sob essa ameaça, e discuto-a no capítulo 2. A segunda ameaça ainda não se materializou, mas é previsível: a expansão econômica aumenta as emissões prejudiciais produzidas pela queima de combustíveis fósseis, e isso também poderia terminar tornando a civilização inviável. Discuto isso no capítulo 12. Os marxistas identificam um terceiro bumerangue possível. Eles argumentam que a expansão dos mercados capitalistas poderia terminar lotando a Terra, tornando impossível a expansão econômica e gerando grandes crises. Mas, para analisar esses cenários particulares, devemos dar sentido à globalização em termos de relações de poder econômico ou militar. Elas, não a globalização, produzem o efeito bumerangue.

A forma mais popular de dar sentido à globalização foi identificar o capitalismo como seu propulsor essencial. Os materialistas veem a globalização como conduzida pelas pressões econômicas impulsionadas pela motivação dos capitalistas por lucro, que nesse período gerou revoluções na tecnologia de comunicações que permitiram a extensão global de cadeias de produção e mercados. Ninguém pode duvidar de que isso ajudou a produzir uma notável expansão do capitalismo ao redor do mundo. Somente a China agora se encontra parcialmente fora de seu domínio (discuto isso no capítulo 8). Economistas medem a globalização pela proporção crescente de comércio internacional para o PIB, ou pela convergência global dos preços das *commodities*, com índices de migração de força de trabalho por vezes acrescidos. Nessas medições, podemos ver que a globalização econômica estava progredindo gradualmente ao longo dos séculos XVII, XVIII e começo do XIX, mas depois, entre 1860 e 1914, veio uma onda. Essa foi seguida pela estagnação misturada a depressão e guerras até 1950, seguida pela recuperação e depois por uma segunda onda que começou por volta de 1960 (O'Rourke & Williamson, 1999). Isso produziu a economia mais global jamais vista. Embora as proporções de comércio para PIB e fluxos de migração sejam agora somente um pouco mais altos do que no período antes de 1914, grande parte do produto econômico real não pôde então ser medido e incluído nos cálculos, embora os fluxos de mercado internacionais fossem muito mais fáceis de medir. A proporção resultante tendeu para cima. Durante a segunda

---

* Literalmente, *globaltolice*: uma mistura do adjetivo *global* com o substantivo *baloney* (denotando sem-sentido). O termo foi cunhado pela dramaturga, diplomata e jornalista Clare Boothe Luce (1903-1987) em 1943.

onda, os fluxos de capital financeiro se tornaram quase instantâneos no mundo, enquanto as cadeias de manufatura agora se espalhavam globalmente. Tudo isso é discutido nos capítulos 6 e 11.

Os economistas definem, de fato, a globalização como a integração global de mercados, embora isso negligencie os outros propulsores importantes, como guerras, instituições políticas e ideologias. Eles também implicam que a globalização ocorre somente quando a economia cresce. Todavia, como meus volumes mostram, recessões também se tornam globais. É convencional considerar o período de 1914 a 1945 como aquele no qual a globalização retrocedeu. O comércio internacional como uma proporção do PIB mundial certamente declinou. Posso concordar que a integração econômica declinou no período, mas a desintegração econômica se globalizou. Houve uma onda na difusão global das ideologias socialistas e fascistas, além das únicas duas guerras que chamamos mundiais, bem como uma depressão tão grande que perturbou quase todos os países do mundo. Esse foi um período de globalizações desintegradoras. Similarmente, a estagnação da expansão da década de 1970 levou às políticas neoliberais que originaram a recessão global de 2008. E agora estamos diante de uma crise econômica ainda mais global – a mudança climática. O crescimento tem sido cada vez mais global, mas igualmente suas crises. Essa não foi simplesmente uma história de sucesso crescente, pois cada história humana de sucesso envolveu vários problemas enquanto cada grande desastre teve um lado bom. O crescimento econômico destrói o ambiente e exaure os recursos naturais; guerras mundiais produziram maiores direitos civis.

A expansão econômica também variou geograficamente e tem sido até agora menos que global. A onda no final do século XIX tendeu a integrar o oeste e o norte da Europa e suas colônias de assentamento em uma economia atlântica, mas intensificou uma grande divergência com relação ao resto do mundo. A segunda onda da década de 1960 envolveu o sul da Europa e o leste da Ásia, e depois grande parte da Ásia – mas não ainda a África ou Ásia Central. Não podemos generalizar sobre a globalização sem consideração à sua geografia variada ou à sua temporalidade precisa. Exatamente onde e quando ela se expande é sempre importante.

Economistas tentam explicar a expansão global através do crescimento na produtividade total dos fatores (PTF), dividida em capital, trabalho e produtividade da terra, com o residual atribuído à inovação tecnológica. Infelizmente, esse residual é usualmente grande; isso significa que para explicar o crescimento necessitamos de uma explanação de mudança tecnológica, da qual carecemos. Historiadores econômicos limitam as inovações tecnológicas decisivas do século XIX a tecnologias de transporte – ferrovias e especialmente transporte marítimo – e, no começo do século XX, a tecnologias de propósito geral aplicáveis em muitas indústrias, como a eletricidade e o motor de combustão interna. No segundo período de aumento, eles enfatizaram os microeletrônicos e a biotecnologia. Eles também destacam que as invenções iniciais importam menos que sua difusão subsequente. Mas explicar invenção e difusão afasta os economistas de suas variáveis usuais nas instituições sociais em geral. Considere a estagnação econômica após a Primeira Guerra Mundial. Não houve perda de tecnologia; na verdade, a tecnologia de comunicações ainda estava se desenvolvendo. Em vez disso, dizem os economistas, houve uma falha das instituições políticas, com regulação inadequada do sistema bancário e das práticas monetárias e um recurso rápido demais à proteção. Inversamente, após a Segunda Guerra Mundial, eles dizem que o crescimento resultou inicialmente mais de melhores políticas governamentais e mais de mercados abertos do que de novas tecnologias. Mesmo quando a internet e outros produtos microeletrônicos e microbiológicos mais tarde surgiram, eles produziram muito menos crescimento do que os hiperglobalizadores esperavam. Economistas ainda estão confusos a respeito do crescimento, buscando ajuda de historiadores, sociólogos e cientistas políticos.

Infelizmente, não lhes oferecemos muita ajuda. Muitos estudiosos preferem descrever em vez de explicar a globalização. Scholte (2000: 89-110) faz uma tentativa de explicar a globalização em termos de duas forças estruturais, que são produção capitalista e conhecimento racionalista, ambas, por sua vez, propelidas adiante pelo que ele chama "iniciativas de atores" como inovações tecnológicas e regulação de governança. Isso, contudo, é muito vago. Minha própria visão é que a globalização resulta de grupos humanos buscando expandir seus poderes coletivos e distributivos para atingir seus objetivos, e isso envolveu todos os tipos de fonte de poder. Poderíamos pensar que isso também é um pouco vago, mas fornecerei muito mais conteúdo ao longo deste volume.

Muitos sociólogos também veem a globalização basicamente como econômica. Harvey (1989) a vê como produzida em surtos pela sobreacumulação de capital, e demonstra a importância desse aspecto. Castells é um hiperglobalizador, que identifica uma "sociedade-rede" modelada na revolução na tecnologia da informação e em sua reestruturação consequente da iniciativa capitalista. Ele diz que isso produz mudanças em todo aspecto da vida, de nossa existência material até nossas noções de sociedade civil, nação e *self*. Ela transforma, ele declara poeticamente, as fundações da vida, espaço e tempo, por meio da constituição de um espaço de fluxos e de tempo sem tempo (1997: 1). O capitalismo é o novo império global, dizem os hiperglobalizadores Hardt e Negri (2000). Eles veem a ordem fornecida tradicionalmente pelos estados-nação como tendo sido desfeita pelo impacto do capitalismo transnacional e substituída por uma ordem capitalista supranacional acéfala muito complexa para ser monitorada por qualquer centro autoritativo. Sklair declara que forças capitalistas são "a força orientadora dominante do sistema global" – "está emergindo uma classe capitalista transnacional baseada na corporação transnacional que está mais ou menos no controle dos processos de globalização" (2000: 5; cf. Robinson & Harris, 2000). Teóricos do sistema mundial identificam um sistema mundial capitalista que incorpora uma divisão de trabalho entre produção intensiva em capital nos países centrais e força de trabalho de baixa qualificação e matérias-primas na periferia global, com uma zona semiperiférica situada entre elas. Essa estrutura global está integrada em seus níveis mais elevados pelo capitalismo, embora com um pluralismo político e cultural que sobrevive mais abaixo. No sistema mundial, eles dizem, "o vínculo básico entre suas partes é econômico", operando "no primado da acumulação sem-fim de capital através da comodificação final de tudo" (Wallerstein, 1974a: 390; 1974b: 15). Eles qualificam isso com uma dose de geopolítica, dizendo que o sistema mundial se desenvolveu muito nos períodos em que um único Estado imperial foi hegemônico. Primeiro, os holandeses, depois, os britânicos, e mais recentemente os americanos se tornaram hegemônicos, estabelecendo as regras do sistema mundial. Como a hegemonia de cada Estado vacilou, o mesmo ocorreu com a globalização (Arrighi, 1994; Arrighi & Silver, 1999). Todavia, a emergência da hegemonia é atribuída às necessidades funcionais do sistema mundial capitalista – o poder econômico transforma o poder geopolítico. Critiquei esse argumento no volume 3. Todos esses modelos veem a globalização como movida pela economia capitalista, o que é parcialmente verdadeiro. Todavia, a economia não é a única propulsora das sociedades humanas.

Observe a ausência relativa nesses parágrafos do trabalho ou das classes médias. No volume 3 argumentei que nos países avançados as massas estavam pulando para o palco do teatro do poder – concentradas em cidades e fábricas, exigindo direitos de cidadania, conscritas em exércitos de massa, mobilizadas pelas ideologias populares e partidos de massa. Todavia, isso contrastava com as colônias, onde as massas estavam apenas começando a se agitar. Agora, neste volume, vemos um contraste parcialmente inverso. Nas ex-colônias, atualmente designadas como o sul do mundo, vemos as massas pulando para o palco do teatro do poder. Nos países avançados, agora designados como o norte do mundo, vemos inicialmente o aprofundamento dos direitos de cidadania civil, política e social das massas. Mas, depois, vemos um regresso no norte. Com certeza, há uma variabilidade considerável tanto no norte como no sul. Mas como muitos escritores sobre a globalização do capitalismo tendem a focar nas décadas recentes e nos países anglófonos, tendem a ser pessimistas quanto à capacidade das pessoas trabalhadoras e de classe média de resistir ao poder do capitalismo, e estão alarmados com o aumento da desigualdade entre as classes lá. Esses são temas que vou explorar neste volume.

Materialistas foram questionados por idealistas, seus adversários tradicionais, argumentando que a globalização é essencialmente ideológica. Robertson diz que a globalização é a compressão do mundo por meio da intensificação da consciência de um mundo singular. O mundo está se tornando um – nós o apreendemos e optamos por sua existência (1992: 8). Waters diz que "intercâmbios materiais se localizam; intercâmbios políticos se internacionalizam; e intercâmbios simbólicos se globalizam... Podemos esperar que a economia e a sociedade (*polity*) sejam globalizados na medida em que são culturalizados" – uma teoria de globalização impulsionada ideologicamente (1995: 7-9). Meyer e seus colaboradores (1997; 1999) acreditam que a globalização é impulsionada por uma cultura mundial. Desde o século XIX uma ordem cultural mundial racionalizada emergiu, incorporando modelos universais que moldaram estados, instituições e identidades individuais. Após a Segunda Guerra Mundial isso se tornou predominante ao redor do globo. Estados em todos os níveis de desenvolvimento econômico adotaram modelos e instituições comuns, que geraram o que chamam "isomorfismo" global. Estados não são eles próprios os impulsionadores da globalização. Sua estrutura e autoridade derivam de uma "sociedade mundial" (*world polity*) que consiste de modelos legitimadores comuns compartilhados também por incontáveis organizações não governamentais como associações científicas, grupos feministas, organismos de padronização e movimentos ambientais. Meyer não dedicou muito tempo para explicar por que esse governo/cultura mundial emerge, mas parece dizer que é movido basicamente por forças ideológicas. Veremos uma vez mais que esse modelo tem uma certa verdade, mas é excessivamente exagerado.

Giddens (1990), Beck (1992) e Lash e Urry (1994) não oferecem essas teorias unidimensionais, mas sugerem que a globalização recente incorpora uma "reflexibilidade" ideológica distinta, pela qual nos tornamos conscientes de nosso impacto sobre o globo e depois orientamos nossas ações para a concepção de novas regras de conduta globais. Isso, eles sugerem, envolve um papel recursivo diferente para ideias na conduta humana em nossos tempos. Monitoramos o impacto sobre nossas vidas e identificamos nossa própria posição em relação ao processo mais amplo. Ninguém mais pode se sentir em casa, confortável, eles dizem. Não estou certo de que isso seja verdade. Os entes humanos não possuíram sempre reflexividade, e esta é realmente uma nova era de ansiedade? Contudo, necessitamos de reflexividade para compreender o efeito bumerangue da guerra nuclear potencial e da destruição ambiental. Todos esses argumentos sofrem da fraqueza tradicional do idealismo, uma tendência para ver ideologias e a consciência humana como fluindo por sobre as sociedades. Prefiro ver as ideologias como o significado último na interação das relações de poder militar, político e econômico.

Muitos materialistas e idealistas veem a globalização como um processo singular. Como a ordem econômica ou cultural preenche o planeta, gera uma única ordem mundial, sociedade mundial, governo mundial, cultura mundial ou sistema mundial. Além do que aqueles estudiosos já discutiram, Albrow (1996) define a globalização como "aqueles processos pelos quais os povos do mundo são incorporados em uma sociedade mundial, uma sociedade global única", enquanto Tomlinson (1999: 10) observa que o mundo está se tornando um lugar, sujeito às mesmas forças, conectado no que ele chama uma "unicidade". Holton diz que globalizações são plurais, mas as vê como abrangendo "um mundo único da sociedade humana no qual todos os elementos estão vinculados em um todo independente" (1998: 2). A noção de um sistema global emergente único remonta ao século XIX, a Saint-Simon, Comte, Spencer e ao *Manifesto comunista* de Marx e Engels, que permanece a declaração mais ousada da globalização econômica. Giddens rejeita isso, observando que a globalização "é um processo de desenvolvimento desigual que fragmenta enquanto coordena" (1990: 175). Concordo com ele.

Poucos empregaram o modelo weberiano tridimensional de forças culturais, econômicas e políticas (Osterhammel & Petersson, 2005; Waters, 1995), e essa é a abordagem mais próxima da minha, embora eu separe as relações de poder militar das relações de poder político. Pós-modernistas vão adiante e rejeitam todas as "narrativas mestras", argumentando que a sociedade é infinitamente complexa e inexplicável. Eles por vezes puxam para a teoria do caos ou para o relativismo, enfatizando a incoerência global, a hibridez e a fragmentação. Appadurai (1990) enumera variados "etnoramas", "midiaramas", "tecnoramas", "financioramas" e "ideoramas", que abrangem "panoramas fluidos, irregulares" e "disjunturas" da globalização. Pietersee (1995) vê a globalização como híbrida, envolvendo "inerente fluidez, indeterminação e abertura". Baumann (2000), um hiperglobalizador, prefere o termo "modernidade líquida", que para ele significa uma modernidade composta de uma ética incerta, a desconfiança de sistemas de crença de especialistas, formas organizacionais flexíveis, guerra de informações e política e economia desterritorializadas. Ele declara ousadamente que a modernidade líquida mudou todos os aspectos da condição humana. Embora aceite que a globalização seja híbrida, resisto a uma descida vertiginosa à liquidez, fragmentação e indeterminação, preferindo ver a globalização como movida por algumas redes que são muito mais poderosamente estruturadas do que outras, e que têm uma realidade relativamente dura e durável. Elas têm novas formas, mas *pedigrees* antigos. Narrativas gerais são possíveis, embora tenham se tornado plurais e um pouco menos grandiosas.

As teorias comentadas até agora não mencionaram as relações de poder militar. Elas mencionam relações de poder político, mas usualmente argumentam que a globalização está minando o Estado-nação. Ironicamente, até a década de 1990 muitos sociólogos haviam ignorado o Estado-nação. Seu conceito mestre era a sociedade industrial ou o capitalismo, ambos vistos como transnacionais. Embora na prática quase todos os sociólogos tenham se limitado a estudar seu próprio Estado-nação, não o teorizavam, pois o viam como meramente uma instância de uma sociedade industrial ou capitalista mais ampla. Depois, repentinamente, reconheceram o Estado-nação – no suposto momento de seu declínio! A crença de que a globalização está minando o Estado-nação é muito difundida (e.g., Harvey, 1989; Robinson & Harris, 2000; Albrow, 1996: 91; Baumann, 1998: 55-76; Giddens, 1990; Lash & Urry, 1994: 280-281; Waters, 1995). Beck (2001: 21) diz que globalização é "desnacionalização". Ele critica o que chama "nacionalismo metodológico", que depende da "teoria contêiner" da sociedade – *mea culpa*, embora minha metáfora seja uma jaula. Mas ele diz que esses contêiners exibiram vazamentos, que a fluidez e a mobilidade global estão agora fora de controle, e que "a unidade do Estado nacional e da sociedade nacional falha completamente". Geógrafos cunharam o termo "glocalização" para indicar que o Estado-nação estava sendo minado tanto de cima como de baixo, pois as forças econômicas globais também fortalecem redes locais como cidades mundiais e os Vales do Silício, conectados mais à economia global do que à nacional (e.g., Swyngedouw, 1997).

Tudo isso é enormemente exagerado, como veremos. É uma visão muito ocidentocêntrica, tendendo a ver o capitalismo de mercado como universal. Todavia, como veremos, grande parte do mundo vive sob versões politizadas de capitalismo em que adquirimos acesso a recursos econômicos através de conexões com o Estado. Além disso, mesmo no Ocidente, o Estado está mudando mais do que declinando. A economia global ainda necessita de regulação pelos estados, e os estados-nações adquiriram toda uma série de novas funções, da provisão de bem-estar social à interferência na vida familiar e sexual (Hirst & Thompson, 1999; Mann, 1997). Osterhammel e Petersson (2005) rejeitam o que chamam o determinismo liberal de grande parte da pesquisa sobre globalização. Eles não veem uma estrutura social global única em funcionamento, e o Estado-nação permanece forte, ainda envolvido em guerras tarifárias, disputas comerciais e controles mais estritos de migração. Holton (1998: 108-134) enfatiza a perseverança dos estados, que têm sido reforçados por noções mais fortes de etnicidade, e sua combinação pode instaurar uma vigorosa resistência às forças do capitalismo global. Scholte (2000) discorda, vendo Estado e nação se desacoplando em meio a uma proliferação de identidades cosmopolitas e híbridas. Ele diz que a globalização envolve "desterritorialização", embora isso não signifique o fim do Estado. Mais precisamente, ele diz, a governança se torna mais multifacetada à medida que a regulação é dividida entre subestado, Estado e agências supraestatais. Weiss (1999) observa que, quando os estados se retiram, eles iniciam a ação, como, por exemplo, quando implementam políticas neoliberais. Eles poderiam com a mesma facilidade iniciar uma ressurgência de seus poderes. Teóricos de relações internacionais (RI) se dividem sobre o Estado-nação. Alguns aceitam que em uma era pós-nuclear, os estados não se comportam como se vivessem em um mundo westfaliano simples (nunca o fizeram, é claro). Alguns aceitam que forças transnacionais estejam minando os estados, produzindo estruturas de governança mais variadas. Na década de 1980 teóricos de IR se dividiam entre realistas, que se apegavam ao Estado como um ator, e teóricos da interdependência, que enfatizavam vínculos econômicos e normativos ao redor do mundo levados pelo capitalismo transnacional, pela sociedade civil global e pela governança global.

Quando o Estado-nação supostamente dominou e quando declinou? Pietersee diz que da década de 1840 à década de 1960 "o Estado-nação foi a única opção organizacional dominante" para a sociedade humana. Isso é exagerado e eurocêntrico. Nesse período, a Europa Ocidental tendeu a se mover para os estados-nações; o leste da Europa avanços e retrocessos entre eles e os impérios. Mas o resto do mundo permaneceu dominado pelos impérios. Mesmo na Europa os estados-nações fizeram pouco até após a Primeira Guerra Mundial, pois antes disso os estados tinham poucas políticas econômicas além de tarifas e moedas e quase nenhuma política social. Seu poder intensivo sobre seus territórios era usualmente muito limitado: as vidas de muitas pessoas eram dominadas pelas redes de poder locais, enquanto algumas elites eram muito transnacionais. Vimos no volume 3 que um sentimento de nação se difundiu, mas raramente dominou a consciência dos povos. Então, as pretensões de planejamento que os estados haviam adquirido na Primeira Guerra Mundial foram expostas como vazias pela Grande Depressão. Assim, eles retornaram brevemente ao que sempre fizeram melhor, travar guerras.

Contudo, após a Primeira Guerra Mundial, muitas de suas espadas foram transformadas em arados e suas políticas econômicas e sociais se intensificaram. Assim, foi apenas no curto período após 1945 que os estados desenvolveram um poder infraestrutural muito maior entre seus cidadãos. Somente então pôde parecer que os estados-nações estivessem se tornando a forma política comum do mundo. Nesse breve período, todos os impérios, com exceção de dois, colapsaram, enquanto o número de autointitulados estados-nações se manteve aumentando. Há agora mais de 190 estados-membros das Nações Unidas, embora muitos deles tenham poderes muito limitados sobre seus supostos territórios. Além disso, junto aos elementos transnacionais da globalização moderna estão os elementos internacionais compostos de relações entre os representantes dos estados – como a ONU, o FMI, o G-20. A geopolítica se tornou mais global e mais pacífica – "geopolítica *soft*" é o nome convencional para esse novo domínio externo de estados-nações. Mas eles ainda envolvem as relações entre estados.

O Estado-nação e a globalização não têm sido rivais em um jogo de soma zero com um minando o outro. Eles surgiram juntos em uma primeira fase, discutida nos volumes 2 e 3, quando os países de origem dos impérios se tornaram estados-nações. Osterhammel e Petersson (2005) observam que embora a emergência do imperialismo e da economia atlântica tenham criado redes de tráfico, comunicação, migração e comércio, em meio ao crescimento dessas redes globais, os estados-nações e os movimentos nacionalistas também se fortaleceram. Em uma segunda fase, discutida neste volume, os estados-nações emergiram globalmente das cinzas coloniais, e os estados-nações mais avançados adquiriram poderes e responsabilidades muito maiores sobre as vidas de seus cidadãos. Como meu segundo volume argumentou, os dois ou três últimos séculos viram o crescimento entrelaçado de estados-nações e capitalismo. A União Europeia é uma forma política mais complexa, incorporando tanto instituições políticas europeias quanto estados-nações autônomos. Mas ela termina sendo movida pelos interesses dos estados-membros mais poderosos. Os impérios soviético e americano constituíam exceções mais fundamentais, e o último perdura como o único império global que o mundo jamais viu. Assim, a atual globalização é movida pelo capitalismo, pelos estados-nações e pelo Império Americano, que são as maiores instituições de poder discutidas neste volume.

O entrelaçamento dessas três grandes organizações de poder gerou ideologias globalmente disseminadas. No volume 3 vimos a influência do comunismo e do fascismo. Neste, veremos a importância da democracia social e cristã, do liberalismo e do neoliberalismo, e do fundamentalismo religioso. E, embora guerras entre estados tenham declinado enormemente desde a Segunda Guerra Mundial, foram substituídas por uma guerra fria, guerras civis e pelo militarismo americano. Assim, esse período de globalizações requer explanação em termos de todas as três fontes de poder social. A globalização é universal, mas polimorfa. Grupos humanos necessitam de sistemas de significado; necessitam extrair recursos da natureza para sua subsistência; necessitam de defesa e talvez de ofensiva enquanto o mundo permanece perigoso; e necessitam de ordem pública sobre territórios definidos, controlados. Sociedades – redes de interação nos limites das quais existe um certo grau de clivagem – envolvem organizações de poder ideológico, econômico, militar e político. Essas contêm diferentes lógicas que operam sobre diferentes espaços, todas em princípio de igual importância causal. Por vezes, uma reforça a outra; por vezes uma contradiz a outra; na maior parte das vezes são apenas ortogonais uma à outra, diferentes e disjuntivas, criando problemas não intencionais uma para a outra, impedindo a coerência e a integração singular no processo de expansão, como veremos nos capítulos seguintes.

No capítulo 2, começo discutindo a ordem global pós-guerra (embora também contivesse desordem em algumas partes do mundo). Seus três pilares foram políticas econômicas neokeynesianas, tanto nacionais como internacionais; uma guerra fria que intensificou um conflito de poder ideológico, mas que também estabilizou relações geopolíticas e cimentou a ordem entre grande parte dos países avançados do mundo; e o Império Americano. Dada a importância dos Estados Unidos, dedico, então, dois capítulos para analisar o desenvolvimento da sociedade americana até a década de 1960. O capítulo 5 analisa o imperialismo americano ao redor do mundo, enfatizando sua variedade – em algumas regiões tem sido muito militarista, em outras somente hegemônico; em algumas regiões bem-sucedido em seus objetivos, em outras equivocado e malsucedido, deixando pendências para o novo século (discutidas no capítulo 10). Começo o capítulo 6 analisando a habilidade dos liberais, social-democratas e democratas cristãos do pós-guerra para humanizar o capitalismo pela conquista de direitos de cidadania maiores e de políticas econômicas neokeynesianas de consumo em massa, mas termino com o mapeamento da hesitação dessa breve era de ouro e do surgimento de regimes neoliberais mais duros. No capítulo 7, discuto o fracasso da alternativa comunista soviética assim como o relativo fracasso dos países pós-soviéticos em efetuar a transição desejada para o capitalismo democrático. No capítulo 8, discuto o segundo grande regime comunista, a China, e seu pioneirismo em uma transição econômica muito mais efetiva para um híbrido entre o Estado-partido e o capitalismo de mercado, embora sem qualquer pretensão de se mover para a democracia. No capítulo 9, desenvolvo uma teoria da revolução moderna com base no material do volume 3 e deste.

O capítulo 10 contrasta o sucesso duradouro do imperialismo econômico americano com seu fracasso abjeto em buscar uma ressurgência do imperialismo militar. No capítulo 11, discuto o paradoxo do liberalismo: de um lado, suas políticas econômicas prejudiciais levaram não a um aumento no poder coletivo, mas à Grande Recessão de 2008; do outro, isso somente pareceu intensificar seu poder distributivo entre os países avançados. Esses dois capítulos concluem focando o relativo declínio do Ocidente diante do surgimento do Resto. No capítulo 12, discuto o desastre iminente da mudança climática e enfatizo exatamente quão massiva é a tarefa de combatê-lo. A mudança climática resulta ironicamente das três grandes histórias de sucesso do século XX: a busca capitalista por lucro, o compromisso dos estados-nações com o crescimento econômico, e a busca dos cidadãos pelos direitos de consumo em massa. Questioná-los é questionar as três instituições mais poderosas dos anos recentes. Finalmente, no capítulo 13, busco conclusões em dois níveis, oferecendo generalizações sobre a trajetória global da sociedade moderna, assim como sobre o debate dentro da teoria sociológica sobre a questão do primado último – o que ao fim e ao cabo move a sociedade adiante?

2
A ordem global pós-guerra

A Segunda Guerra Mundial mudou radicalmente as relações de poder geopolítico no mundo. Desferiu um golpe mortal nos impérios europeu e japonês, que caíram ou imediatamente ou após uma década ou duas. A guerra também assegurou dois triunfos comunistas: a estabilização e a expansão da União Soviética sobre o Leste Europeu, e a tomada comunista do poder na China (que discuti no volume 3). Esses dois regimes agora tiveram um grande impacto ideológico sobre o mundo; eles intermitentemente enviaram apoio militar a regimes e movimentos simpáticos no exterior; suas economias foram basicamente autárquicas, um pouco separadas de grande parte do resto do mundo. Juntas, essas mudanças induzidas pela guerra deixaram os Estados Unidos escarranchados em grande parte do resto do mundo. Sua dominação residia em dois pilares principais, uma ordem econômica internacional nova e muito mais efetiva, cujas regras eles estabeleceram, e uma estabilidade geopolítica assegurada por seu poder militar e pelo que é chamado a "guerra fria" – embora fosse de fato quente na Ásia. Começo com o declínio e queda dos impérios.

O fim do colonialismo

Embora argumente nos capítulos 5 e 10 que os Estados Unidos desde a Segunda Guerra Mundial tenham sido um império, eles não tiveram colônias. É possível argumentar que os países do bloco do leste eram colônias da URSS, mas eram diferentes de todos os outros. Primeiramente, a URSS não sangrou as economias desses países: pelo contrário – subsidiou-as. Somente o controle soviético sobre os três pequenos estados bálticos pode ser considerado "colonial", uma vez que envolveu exploração e colonos russos. Mas os outros impérios e colônias caíram. A guerra desferiu um rápido golpe de misericórdia nos impérios alemão, italiano e japonês. A devastação da Alemanha e do Japão foi tal que lutaram por uma década para reconquistar a autonomia política e a recuperação econômica. Mais permanente foi sua desmilitarização, que foi aceita como desejável por grande parte de seus povos. Alemanha e Japão se tornaram grandes potências econômicas, mas sem exercer poder militar. Para eles, a geopolítica *soft* substituiu a geopolítica *hard*.

A guerra também minou os outros impérios europeus. Quando nosso período começou, eles estavam cambaleando, próximos da ruína. As elites nativas coloniais não pretendiam ser enganadas uma segunda vez, seduzidas a lutar por seu império como na Primeira Guerra Mundial com promessas vagas e débeis de mais direitos políticos pós-guerra. Muitos foram fortalecidos pelos pontos fracos coloniais que a guerra e, na Ásia, os japoneses, havia exposto. França, Bélgica e Países Baixos haviam sido conquistados pela Alemanha em 1940. O Japão havia tomado e ocupado rapidamente grande parte das colônias asiáticas da Grã-Bretanha, junto com as da França e dos Países Baixos. A rápida tomada da Malaia pelas forças japonesas culminou na queda da supostamente impenetrável Singapura e na rendição das forças britânicas duas vezes maiores que as forças japonesas. Isso foi humilhação suficiente para os britânicos. Mas a queda também envolveu um grau chocante de cumplicidade dos nacionalistas malaios. "Sofremos o maior desastre de nossa história", declarou Churchill a Roosevelt (Clarke, 2008: 19). Ela estraçalhou o mito da invulnerabilidade branca e britânica e privou imediatamente a Grã-Bretanha de seus enormes lucros em borracha e estanho. Embora a Grã-Bretanha estivesse para vencer a guerra, seu império na Ásia jamais reconquistaria seu poder e prestígio anteriores.

As colônias asiáticas antes da chegada dos europeus ou já possuíam seus próprios estados (como no Vietnã) ou possuíam um Estado central em meio a entidades políticas múltiplas (como na Indonésia). Elites e talvez parte do povo tinham algum senso de pertencimento a uma entidade política única e talvez inclusive uma comunidade única. Os colonos introduziram a modernização envolvendo melhores infraestruturas de comunicações, instituições educacionais, plantações e fábricas, mas essas tenderam a fomentar um sentimento de nação, assim como processos comparáveis na Europa do século XIX. Quanto mais os colonos desenvolviam suas terras, mais o nacionalismo aflorava. Mesmo antes os nacionalistas da guerra estavam peticionando, manifestando-se e se rebelando em favor de autonomias políticas – e alguns estavam exigindo independência. Mas esses movimentos protonacionalistas eram usualmente divididos por classe e etnicidade, e os colonos ainda possuíam um poder imenso. A guerra atingiu esses últimos.

A maior colônia asiática da Grã-Bretanha, a Índia, já tinha um poderoso movimento nacionalista, e não estava conquistada. Mas com a típica arrogância imperial, o raj britânico declarou guerra contra os japoneses sem consultar os líderes indianos, e esses ficaram furiosos. Gandhi se opôs a entrar na guerra; outros nacionalistas a apoiariam caso recebessem garantias blindadas de direitos políticos mais tarde. Como acabou ocorrendo, muitos soldados indianos, dois milhões deles, mostraram-se leais e lutaram com grande bravura na África e na Birmânia. Todavia, outro exército indiano de quarenta e cinco mil homens lutou com os japoneses contra os britânicos e um de três mil e quinhentos inclusive lutou com os alemães. O nazismo e o militarismo japonês dirigidos contra os brancos paradoxalmente atraíram guerrilheiros por toda a Ásia. O racismo de Churchill não ajudou. O secretário de Estado na Índia, Leo Amery, recordou de uma conversação de tempo de guerra: "Durante minha conversa com Winston, ele exclamou: 'Odeio indianos. Eles são um povo bestial com uma religião bestial'". Churchill se recusou a ajudar "o outro povo no mundo pior que os alemães... Os indianos morreriam de fome como resultado de sua própria estupidez e perversidade" (Bayly & Harper, 2004: 286). Churchill mandou aprisionar Gandhi e Nehru para enfraquecer a oposição indiana, mas isso de nada serviu. Assim, Stafford Cripps, um ministro trabalhista no gabinete, foi enviado para a Índia para fazer concessões em troca de cooperação indiana no esforço de guerra. No caminho, ele parou no Sudão, onde graduados universitários lhe entregaram inesperadamente um documento exigindo autogoverno. Os nativos estavam se agitando em mais de um continente.

Na Índia, Cripps prometeu participação nacionalista indiana no Conselho Executivo de tempo de guerra do vice-rei, embora não em temas militares. Os nacionalistas responderam exigindo uma participação na concepção da estratégia militar, enquanto a Liga Muçulmana de Jinnah estava se movendo para exigir seu próprio Estado independente após a guerra. Churchill recusou ambas as exigências, claramente querendo que o imensamente popular Cripps (um rival potencial que se tornaria primeiro-ministro) fracassasse. Ele fracassou e não houve acordo. Mas os nacionalistas indianos assumiram a missão de Cripps como um sinal de que haveria independência após a guerra e eles então se dividiram, muitos apoiando o esforço de guerra. O exército indiano comandado por britânicos e ajudado pelas tribos montanhesas birmanesas combateram na Birmânia, sem grande efeito em 1942 e 1943, mas depois no começo de 1944 detendo e depois derrotando completamente os sobrecarregados japoneses. Esse foi o primeiro grande reverso militar sofrido pelos japoneses em terra, que salvou a Índia, e foi a única boa notícia para os britânicos da Ásia (Bayly & Harper, 2004: cap. 7; Clarke, 2008: 19-23). Em contraste, o avanço japonês conquistou todos os impérios franceses e holandeses na Ásia.

Divisões na elite política britânica, especialmente no Partido Trabalhista, estavam aflorando. A Esquerda Trabalhista reconheceu que o raj indiano deveria terminar e terminaria quando a guerra terminasse. Os conservadores se uniram em sua resistência a isso. Caso Churchill tivesse vencido a eleição de 1945, teria buscado protelar a independência indiana, embora o surgimento do Partido do Congresso e da Liga Muçulmana tivesse tornado sua vida difícil. Mas os trabalhistas venceram com larga margem a eleição. Embora o novo primeiro-ministro, o Major Clement Attlee, e Stafford Cripps (agora encarregado da economia britânica) ainda acreditassem no fardo dos brancos e tivessem tentado manter a Índia, a resiliente oposição indiana complicada pelos conflitos entre hindus e muçulmanos forçou o governo a abrir mão da independência sob a forma da criação em 1947 de dois novos estados, a Índia e o Paquistão. O que ficou claro foi que os britânicos não tinham mais os recursos militares para prover ordem ao longo do subcontinente. Não houve apenas resistência feroz ao domínio britânico, mas também desordem entre as várias facções nacionalistas. O exército indiano estava contraindo o vírus do faccionalismo e não poderia mais ser usado confiavelmente para repressão. A guerra tornou inevitável a independência no subcontinente.

O problema foi diferente nos outros países do sudeste da Ásia. Os japoneses haviam destruído o domínio britânico, francês e holandês lá; todavia, fracassou notoriamente em cumprir sua promessa de liberdade para os povos colonizados. Seu governo foi mais terrível do que fora o dos europeus. Mas a resistência local aos japoneses produziu movimentos de guerrilha, enquanto os próprios japoneses haviam criado algumas milícias locais para auxiliar seu esforço de guerra. Esses paramilitares eram de vários matizes políticos e étnicos. O nacionalismo, dizem Bayly e Harper (2007: 16), recebeu uma nova face – "uma face militarista jovem". Os colonialistas retornados tiveram de lidar com bandos de rebeldes armados que estavam reivindicando independência embora por vezes também lutassem entre si. Isso novamente sobrecarregou os recursos das potências coloniais. De fato, em 1945, a Grã-Bretanha era a única potência colonial com um exército intacto e formidável na região. Seu centro, até cerca de 1946, era o exército indiano, fortalecido por regimentos britânicos, de africanos do oeste e australianos. Seu poder significava que a Grã-Bretanha reconquistaria facilmente a Birmânia, a Malaia e Singapura, que tinham recursos valiosos para o império. O grande convexo do império ao longo da Ásia ainda poderia ser ancorado no sudeste, raciocinavam os britânicos. Os franceses e holandeses não podiam fazer isso. Mas a Grã-Bretanha enviou suas forças adiante para ajudar a restaurar o domínio francês e holandês na Indochina e na Indonésia. O Império Britânico repentinamente parecia dominar a região inteira. Todavia, na realidade, os recursos militares britânicos foram sobrecarregados, e tanto na Indonésia como no Vietnã os britânicos recorreram ao rearmamento das tropas japoneses que haviam se rendido lá para auxiliar a subjugar os nacionalistas rebeldes, uma demonstração extraordinária de solidariedade colonial. No Vietnã, isso levou o partido rebelde nacionalista de esquerda Viet Minh para o comunismo enquanto permitia à França reconquistar o sul do país, precipitando assim uma terrível guerra civil de trinta anos. Os holandeses eram os mais fracos, e foram expulsos após apenas dois anos de guerra civil, com a aprovação dos americanos. Eles haviam percebido que apoiar os holandeses provavelmente levaria o nacionalismo indonésio para o comunismo – uma rara instância de bom-senso em Washington. A política dos Estados Unidos nos impérios francês e britânico era diferente, pois viam que esses impérios combatiam o comunismo.

Mas, à medida que a independência indiana se aproximava, usar o exército indiano para ações no exterior se tornou problemático e então impossível (exceto pelos formidáveis, mas privadamente recrutados, regimentos gurkha). O poder militar na região enfraqueceu. Mas a repressão japonesa havia impedido que os nacionalistas desenvolvessem partidos estáveis, institucionalizados aos moldes do Partido do Congresso indiano ou da Liga Muçulmana. O faccionalismo étnico e político enfraqueceu os movimentos gerais de poder pela independência enquanto também aumentavam a desordem. Todavia, durante um tempo, os britânicos puderam continuar governando em um sentido muito mínimo, embora por meio de armas e execuções sumárias. Na Birmânia, eles decidiram fortalecer o exército birmanês – com um terrível legado de despotismo militar que dura até hoje. Na Malaia, os britânicos dividiram e governaram, passando para o governo indireto por meio de uma federação de governantes aristocráticos malaios, concedendo-lhes privilégios – e também aos plantadores britânicos e à elite mercante chinesa. Mas isso desprivilegiou a maior parte da (numerosa) grande minoria chinesa, que agora apoiava forças de guerrilha comunista que anteriormente havia liderado a resistência contra os japoneses. Uma guerra civil sangrenta de dez anos, a assim chamada Emergência Malaia, foi finalmente vencida pelas forças britânicas, que usaram táticas de terra arrasada, incluindo a invenção da transferência populacional forçada de aldeias para áreas controladas pelas forças britânicas. Essa seria a única vitória militar ocidental contra o comunismo durante a assim chamada guerra fria na região. Na Ásia, portanto, guerras quentes passaram quase sem contratempos de guerras contra o Império Japonês para guerras contra o império europeu e depois contra o americano. As atribulações e os terrores do império continuaram, mesmo que o resultado inevitável já pudesse ser previsto em 1945 (Bayly & Harper, 2004; 2007; Douglas, 2002: 37-57).

Na África, os nacionalistas haviam sido menos poderosos antes da guerra. Diferente da Ásia, o nacionalismo não podia usualmente se desenvolver a partir de uma noção existente de comunidade política, pois as fronteiras coloniais não correspondiam usualmente às entidades políticas pré-coloniais. Todavia, a guerra os ajudou ao conduzi-los para caminhos menos violentos. Não houve milícias independentes aqui. Os africanos lutaram por seus mestres coloniais, contra seus vizinhos. Mas lutar junto dos soldados britânicos ou alemães muitas vezes envolvia igualdade de fato e mesmo camaradagem partilhada no campo. Os africanos também passaram muitos anos legitimamente matando homens brancos, erodindo quaisquer pretensões imperiais de superioridade racial. Mais de um milhão de soldados africanos foram recrutados pelos exércitos britânicos. Essa imensa mobilização exigiu novas infraestruturas de comunicações, mais planejamento macroeconômico e inclusive algum bem-estar social público nas colônias. Dois registros oficiais sobre as colônias africanas de Lord Hailey deixam claro o fracasso do governo indireto na África e a necessidade de mais desenvolvimento econômico. Todavia, os britânicos permaneceram relutantes em garantir o governo representativo. O secretário colonial Lord Cranborne declarou: "Se quisermos que o Império Britânico perdure... longe de ensinar o povo colonial a se governar, deveríamos fazer o contrário, e acolher sua participação em nossa administração" (Nugent, 2004: 26).

Políticas de desenvolvimento continuaram após a guerra focadas na construção de mais estradas, ferrovias e escolas. Quatro universidades africanas e uma indiana ocidental foram fundadas. Houve um influxo de médicos, agrônomos, veterinários e professores indianos (White, 1999: 49; Kirk-Greene, 2000: 51-52; Lewis, 2000: 6; Hyam, 2006: 84-92). Elites africanas foram introduzidas em muitos governos locais, e na Costa do Ouro (em breve, Gana) eles participaram do governo colonial. A Grã-Bretanha tinha dois motivos principais em sua nova estratégia de desenvolvimento: impedir movimentos de independência e obter benefício econômico para si. Exportações africanas de matérias-primas para os Estados Unidos foram consideradas especialmente úteis no alívio à escassez crônica de dólares na Grã-Bretanha pós-guerra. Assim, aumentá-las seria bom para a Grã-Bretanha também. Em 1952, as colônias africanas contribuíram com mais de 20% das reservas de dólar da zona esterlina. Os políticos britânicos esperavam que o desenvolvimento africano prolongasse o tempo de vida imperial pelo aumento de acionistas não europeus na iniciativa imperial (Nugent, 2004: 26-27; White, 1999: 9-10, 35, 49).

Não prolongou. O desenvolvimento econômico na década de 1940 expandiu o número de trabalhadores urbanos, professores, advogados e funcionários públicos. Centenas de milhares de soldados voltaram para casa, fortalecidos e exigentes. A guerra e a estratégia de desenvolvimento haviam expandido enormemente os eleitorados centrais do nacionalismo (Cooper, 1996: parte II). Em Gana, embora o governo colonial tivesse evitado lidar com sindicatos e tivesse suprimido greves desde a década de 1920, a guerra levou ao reconhecimento da legitimidade de sindicatos e greves em 1941. O governo necessitava da cooperação de classes, não de conflito de classes em tempo de guerra. A agitação trabalhista aumentou vertiginosamente na década de 1940, mais substancialmente do que após a Primeira Guerra Mundial, com seu centro na mineração e no transporte. Isso levou ao reconhecimento dos direitos sindicais e à regulação da negociação coletiva. Sindicatos e organizações de agricultores e manifestações urbanas converteram a dissensão da elite contra o colonialismo em um movimento de massa. Como Kwame Nkrumah, o primeiro presidente de Gana, disse: "Uma elite da classe média, sem o aríete das massas analfabetas, jamais poderia esperar destruir as forças do colonialismo" (Silver, 2003: 145-148). Contudo, a liderança nacionalista conseguiu arear e domar o esquerdismo dos sindicatos profissionais, pois eles também necessitavam de solidariedade nacional, não de conflito de classes.

Contudo, esse foi um nacionalismo peculiar, uma vez que havia pouco sentimento de vínculo com uma nação. O nacionalismo foi um subproduto do fato de que o colonialismo tinha de ser atacado no nível político da colônia individual. Mas as nações ganense ou nigeriana eram realmente projetos para o futuro, guardados nas mentes de algumas elites. A realidade presente era que o nacionalismo africano, como seu nome sugere, era realmente uma categoria racial, uma pretensão à unidade entre africanos contra sua exploração pelos brancos (e no norte do continente de árabes e muçulmanos explorados pelos cristãos brancos). Isso e o equivalente asiático, que foi chamado ocidentalismo, foram respostas ao racismo e orientalismo do Ocidente, e portavam a mesma relação tênue com a realidade. O nacionalismo fora criado na Ásia tanto por vínculos raciais como nacionais, enquanto na África, a raça teve de fazer o trabalho sozinha. É por isso que a Ásia esteve na frente da África na conquista da independência. Todavia, a emergência do anticolonialismo racial tornou raça um conceito controvertido, e quando esses movimentos conseguiram expulsar os brancos, a ideologia da superioridade branca não pôde ser plausivelmente mantida. Assim, o desafio racial produziu paradoxalmente um declínio no poder ideológico do racismo – como nas políticas nacionais dos Estados Unidos nessa época. O que havia sido talvez a ideologia mais poderosa dos últimos dois séculos estava agora em sério declínio.

Ironicamente, os nativos que legaram o governo imperial se beneficiaram muito dele ainda que muito provavelmente viessem a se tornar agitadores nacionalistas. No Sudão, eram "inimigos íntimos do colonialismo, tornando o governo colonial uma realidade embora esperando vê-lo desfeito" (Sharkey, 2003: 1, 119). Eles primeiro exigiram autonomia dentro do império, mas partidos políticos em expansão, alguns controlando governos municipais, tornaram a independência irrefreável ao longo da década de 1950. Embora os britânicos considerassem ceder *status* de domínio às colônias africanas, e os franceses chegaram mais tarde a uma visão similar, nenhuma das duas potências cederia às exigências por cidadania igual para os africanos. Nem colonos brancos nem contribuintes do país de origem apoiariam a incorporação dos nativos ao corpo de cidadãos, com os mesmos direitos sociais que os brancos, de modo que a independência se tornou inevitável. O racismo sempre contou nos impérios europeus, como enfatizei no volume 3. Agora, contava na descolonização, em ambos os lados.

Liberais e socialistas eram geralmente os primeiros a reconhecer a inevitabilidade da independência, e se moveram para auxiliar a descolonização, colaborando com os nacionalistas (Wilson, 1994: 21, 39, 77-78, 149-150, 201). Os Estados Unidos acrescentaram alguma pressão pela descolonização, incitados a corresponder à retórica anticolonial da União Soviética, embora recuassem sempre que necessitavam do apoio britânico ou francês na Guerra Fria. A recém-estabelecida União das Nações Unidas (ONU) criticava o imperialismo indiretamente, mas isso foi mais uma consequência do que uma causa da descolonização, uma vez que países que conquistavam a independência se juntavam à ONU, aumentando constantemente sua maioria anticolonial. Na década de 1950 aumentou a percepção de que os programas de desenvolvimento para a África estavam fracassando enquanto a recuperação da Grã-Bretanha significava menos necessidade de dólares. Quando o Primeiro-ministro Macmillan encomendou uma análise de custo-benefício do império em 1957, ele concluiu que embora as colônias gerassem algum lucro, a descolonização não envolveria perdas significativas para a Grã-Bretanha. Isso também havia sido verdadeiro quando as colônias americanas obtiveram sua independência quase duzentos anos antes, e os holandeses haviam recentemente tido a mesma experiência após deixarem a Indonésia. O Império Americano agora evitava completamente o colonialismo; eles descobriram outros modos de controlar os nativos. Mas os governos britânicos foram incitados ao longo do caminho por nacionalistas nativos assertivos, embora esses usualmente operassem por meio de greves e manifestações, não em guerras de guerrilha, e havia pouca ameaça do comunismo no continente, diferente da Ásia (McIntyre, 1998; cf. Douglas, 2002: 160; Cooper, 1996: parte IV).

Historiadores deram explicações variadas para a queda do Império Britânico. Hyam (2006: xiii) lista quatro explanações possíveis: movimentos de liberação nacional, sobrecarga imperial, um fracasso da vontade britânica, e pressão internacional. Em um estudo sobre a "mentalidade oficial" britânica, ele conclui que a pressão internacional era a mais importante de todas. Eu posicionaria esse como o fator menos importante (exceto pelas ameaças militares japonesas). Essa pressão dependeu da demanda contínua e enérgica, por parte dos grandes movimentos nacionalistas nas colônias, pelos direitos com os quais os Estados Unidos e as Nações Unidas estavam formalmente comprometidos. "Sobrecarga" era obviamente importante em um sentido militar, embora somente se a resistência nativa tivesse de ser confrontada pela força militar. Isso, por sua vez, envolvia alguma sobrecarga fiscal. Mas o império permaneceu moderadamente lucrativo, mesmo que o relatório de Macmillan tenha superado esse aspecto ao concluir que o lucro poderia continuar sem o império formal. A sobrecarga militar e o fracasso da vontade estavam conectados, embora os britânicos tivessem decidido alguns anos antes que o desenvolvimento, não a repressão, preservaria o império. Eles estavam errados porque ele [o desenvolvimento] levou a mais nacionalismo. Mas não era provável que voltassem à repressão severa após embarcarem na estratégia de desenvolvimento – especialmente, dados os fracassos dramáticos da repressão francesa no Vietnã e Argélia. Os britânicos partiram antes que os franceses da África e da Ásia. Mas isso não deveria ser descrito como tendo partido com mais elegância, como muitas vezes afirmado. Os britânicos foram expulsos, mas mostraram um realismo maior na África antes que a repressão séria se tornasse necessária. Observei no volume 3 que o Império Britânico não era somente o maior império, era também o mais lucrativo, e o sucesso havia resultado de maior sagacidade política e geopolítica. Talvez, eles ainda fossem os imperialistas mais espertos quando partiram. Eles perceberam que guerra e desenvolvimento haviam fortalecido a resistência nativa a um ponto em que todos os outros três fatores mencionados por Hyam entraram em jogo. A resistência nativa contínua terminou sendo decisiva.

Mas houve outro tipo de pressão internacional também. Como a revolução no século XX, e como o colapso de impérios na Europa após a Primeira Guerra Mundial, a descolonização ocorreu em ondas. A Índia iniciou uma cascata de independência entre as grandes colônias asiáticas, essencialmente completa por volta de 1957, embora Malásia e Singapura tenham se organizado em 1963. A independência se espalhou para a África em 1956 com Tunísia, Marrocos e Sudão, embora esse fosse um caso inusual onde um mandato conjunto britânico-egípcio desmoronou. O grande incentivo africano veio no ano seguinte quando a Costa do Ouro se tornou a Gana independente. Ela tinha a economia mais desenvolvida além de colônias com extensas populações de colonos, e tinha o maior e melhor liderado movimento nacionalista urbano. Os governadores coloniais africanos (incluindo alguns na África Ocidental francesa) estavam agora reclamando que Gana estava "infectando" seus nativos. De fato, estava. Quando o Primeiro-ministro Macmillan declarou em 1960, primeiro para deleite da audiência ganense, depois, mais famosamente para uma hostil audiência branca sul-africana que "o vento da mudança está soprando ao longo deste continente. Quer gostemos quer não, esse aumento da consciência nacional é um fato político. Devemos aceitá-lo como um fato, e nossas políticas nacionais devem levá-lo em conta", ele estava detectando uma grande irrupção de poder ideológico, empoderando grupo após grupo de nacionalistas nos impérios. Essa não arrefeceu. A conquista da independência continuou ao longo da década de 1960, com as colônias maiores como Nigéria e Quênia tendendo a preceder as menores. Os colonos brancos atrasaram com sucesso uma entrega de poder na proporção de seus números relativos. A África do Sul foi o exemplo extremo, no qual a maior população de colonos brancos (chocados com o discurso de Macmillan) se libertou da Grã-Bretanha, mas intensificou a exploração racial por meio do *Apartheid*. Esse resquício importante do Império Britânico durou até a década de 1990.

As cerimônias finais da partida britânica foram elegantes uma vez que a elite política britânica escolheu não interpretar a partida como derrota. Isso foi diferente dos franceses, que viram a partida como derrota e, portanto, resistiram mais tempo até que seus exércitos foram de fato derrotados no Vietnã e na Argélia. Não houve caso britânico equivalente, pois eles saíram muito antes desse ponto. Tendo o mérito de ter concedido o autogoverno para os Domínios Brancos, os políticos britânicos interpretaram a entrega do poder como política britânica generosa, não forçada pela agitação nativa. Alguns políticos acreditavam que a saída significaria "a preservação da 'influência' pós-colonial". A "Comunidade de Nações" poderia ser uma "terceira via", uma liga de primeiro e terceiro mundos, diferente das duas superpotências – assim diziam os políticos britânicos nas décadas de 1950 e 1960 (White, 1999: 35, 98-100; Heinlein, 2002). E, até certo ponto, foi.

No fim, o Império Britânico havia se tornado mais benigno. Tendo começado com a iniciativa saqueadora, escravizadora e assassina que descrevi no volume 3, estabeleceu-se num império indireto, com relações de trabalho mais livres e uma economia internacional mais aberta. Isso levou as colônias a uma economia globalizadora embora o desenvolvimento tenha permanecido mínimo até a Segunda Guerra Mundial. No governo indireto, algum poder político foi concedido às elites nativas e os administradores britânicos haviam tentado mitigar o racismo na esfera pública. Mas, embora os clientes nativos muitas vezes admirassem seus soberanos, eram mantidos a distância pelo desprezo racial na esfera privada. Quando finalmente apareceu durante meados do século XX, o desenvolvimento econômico contribuiu para o colapso imperial, pois ampliou os movimentos nacionalistas. As guerras mundiais quebraram o poder militar mas não o poder econômico dos europeus, pois foi nesse período de guerra e na austeridade pós-guerra que puseram muitos recursos em seus impérios. Mas isso não foi muito bom para o império, uma vez que o desenvolvimento aumentou o anti-imperialismo. As primeiras duas ondas do colapso imperial do século XX tiveram em comum dois assassinos, dois impérios conflitantes e movimentos de libertação nativos. Foi o fim da era da globalização segmentada. Em breve, restariam apenas dois impérios.

Posfácio pós-colonial

Na independência, as elites instruídas da classe média, e não a aristocracia ou os chefes, reivindicaram o poder. Mas sua base de poder era limitada, pois não havia "nação" para mobilizar. A democracia, usualmente, não durava muito (na Índia foi diferente). Todavia, o crescimento econômico continuou próximo ao nível da economia mundial, principalmente em resposta à sua demanda de matérias-primas. Isso durou até que a crise econômica geral do começo da década de 1970 iniciasse um declínio na necessidade de produtos africanos, piorado pelo declínio secular nos preços das matérias-primas em relação aos bens manufaturados. A dependência das exportações de uma única mercadoria agrícola ou mineral tornou as economias vulneráveis quando a demanda diminuiu e os preços caíram. Ao contrário da crença popular, a descolonização não teve um grande impacto econômico de qualquer modo. A periodização mais apropriada é a das fases da economia mundial, não a da natureza do regime político (Cooper, 2002: 85-87). Mas a estreita economia setorial também reforçou a base de poder estreito e a autocracia das elites políticas. Sua corrupção levou à evasão de vastas somas de dinheiro ao exterior em vez de seu investimento no país. Foi estimado em 1999 que quase 40% da riqueza privada africana estava detida no exterior, comparada a 10% na América Latina e a 6% no Leste Asiático (Maddison, 2007: 234). O fracasso político agravou seriamente os problemas africanos.

E se alguns deles são os legados duradouros do colonialismo? A vida cotidiana mudou enormemente. Dietas, línguas, música, atitudes raciais foram transformadas, para o bem ou para o mal. A língua inglesa dominava cada vez mais, recentemente ajudada pelos Estados Unidos. Os esportes britânicos foram exportados. O futebol foi espalhado globalmente pelo império informal britânico, embora o críquete e o rugby fossem restritos ao seu império direto. O basebol e o basquetebol americanos ainda estão se espalhando em seu império informal enquanto Hollywood domina o mundo. Mas não existem grandes artefatos culturais duradouros, o equivalente dos templos maias, arenas romanas ou a Grande Muralha da China. Os impérios europeus removeram o excedente econômico e o substituíram por mercadorias e edificações baratas. Impérios inferiores deixam poucos traços.

Estudiosos tentaram quantificar os legados coloniais econômico e político. Suas conclusões econômicas foram em sua maior parte negativas. Quanto menos soberano fosse um país no período colonial, maior nas décadas de 1960 e 1980 foi sua integração à economia mundial (medida pela proporção de seu comércio em relação ao produto interno bruto [PIB]), mas quanto menor a proporção de indústria manufatureira em seu PIB, mais baixas suas taxas de adultos alfabetizados, anos de escolaridade e taxa geral de crescimento econômico desde 1870. Caso as colônias tivessem sido países soberanos, suas taxas de crescimento teriam sido em média 1,6% mais elevadas (Alam, 2000: cap. 6). Krieckhaus (2006) concorda: "Sem dúvida, a rota mais efetiva para o sucesso econômico durante os últimos quarenta anos" foi a evitação do colonialismo europeu.

O crescimento mais elevado foi nas ex-colônias de colonos brancos, como os Estados Unidos, Canadá e Austrália. Esses colonos europeus, tendo "dominado a arte de aumento contínuo no PIB *per capita*", estabeleceram um sistema capitalista garantidor dos direitos de propriedade, um Estado liberal e investimentos na capacidade humana. Os "Neoeuropeus" parcialmente colonizados por europeus, como África do Sul, Brasil e Argélia, cresceram mais do que as colônias extrativas, cujos benefícios foram desproporcionalmente para as elites europeias. Um crescimento menor ocorreu na África e na Ásia onde os interesses europeus foram "conquistar, saquear e evangelizar". Acemoglu et al. (2001) dizem que nos Trópicos onde os colonizadores sofreram altas taxas de mortalidade, eles estabeleceram uma exploração extrativa estreita que persistiu após a independência. Onde puderam se assentar permanentemente, estabeleceram mais instituições voltadas ao desenvolvimento. Eles concluem com o eufemismo de que "instituições importam". Na realidade, a política de dizimar os nativos e substituí-los por europeus e suas instituições foi o que fez a diferença. O genocídio produziu o desenvolvimento, embora não para os nativos, e não uma política a ser recomendada. Parece que grande parte do mundo teria sido economicamente melhor sem impérios. Houve um único caso diferente, pois o Império Japonês produziu benefícios econômicos consideráveis em suas colônias, embora junto a atrocidades em outras esferas (como vimos no volume 3).

Há menos consenso sobre os efeitos do colonialismo no governo representativo. Alguns dizem que o despotismo colonial e a supressão de movimentos sociais deixaram um mau legado para os regimes pós-coloniais (e.g., Young, 1994: cap. 7; Chirot, 1986: 112-118). Pesquisas quantitativas mostram que todos os outros tipos de regime históricos tiveram mais probabilidade de gerar democracias estáveis do que colônias não brancas, embora seja difícil separar os efeitos aqui do atraso econômico (Bernhard et al., 2004).

Por muito tempo, considerou-se que havia um "legado britânico" que levava a melhores chances de um governo representativo após o império. (Rueschemeyer et al., 1992). Mais recentemente, o fracasso da democracia em muitas ex-colônias britânicas diminuiu esse efeito, embora essas permaneçam ligeiramente mais propensas a gerar democracia, assim como as ex-colônias americanas (Bernhard et al., 2004: 241). Mas os efeitos do colonialismo não parecem muito fortes. Não deveríamos atribuir tudo aos impérios. Países e regiões têm suas próprias culturas e instituições nativas, muitas vezes com impactos maiores no desenvolvimento. Europa e Estados Unidos e Domínios Brancos continuaram a prosperar. A América Latina ficou meio-estagnada, meio-desenvolvida – como, na verdade, suas proporções populacionais (meio-indígena, meio-europeia, mais os escravos africanos) podem sugerir. Suas populações indígenas apenas agora estão adquirindo cidadania completa. A África Subsaariana é o grande fracasso, com sinais de regresso. Em contraste, o leste e sul da Ásia estão agora prosperando.

Assim, se um país possuísse um alto nível de civilização antes de os europeus chegarem, e então tivessem conseguido mantê-lo após a partida dos colonos, poderiam adaptar suas próprias formas de economia e governo avançados. Isso vale para Índia, China (durante o comunismo), Coreia do Sul e grande parte do Sudeste Asiático, os países que tiveram as taxas mais altas de crescimento. Na África mais atrasada, durante o século XIX, os europeus sufocaram movimentos para centralização nos impérios zulu, sokoto, madista e ashanti e acabaram com as chances que as economias nativas africanas poderiam ter de atuarem na economia mundial (Austin, 2004; Vandervort, 1998: 1-25). Após a destruição dessas civilizações mais fracas, a partida dos impérios deixou infraestruturas mais adequadas para transferir matérias-primas ao exterior do que para integrar os territórios dos novos países. A África estava muito danificada para se recuperar rapidamente das devastações dos impérios. Em geral, impérios modernos não foram boas notícias para o resto do mundo. Mas o crescimento terminou ocorrendo em muitos deles no século XX, como veremos.

O Império Americano e a Guerra Fria

O ano de 1945 marcou o final de um período de duzentos anos no qual a Europa dominou o mundo por meio de um processo de globalização segmentada e conflituosa. Agora, a América havia conquistado uma dominação quase global enquanto União Soviética e China se transformavam internamente em autarquias. Cinquenta anos mais tarde, a dominação americana foi ajudada pelo colapso da União Soviética. Um *modus vivendi* foi estabelecido com a China, assegurando sua entrada na economia global liderada pelos americanos. A dominação americana está começando a enfraquecer agora. Quando terminar, terá durado provavelmente cerca de oitenta anos. O Império Americano tem sido um dos três principais pilares das globalizações de hoje, junto ao capitalismo transnacional e ao sistema do Estado-nação.

Carecendo de colônias ou colonos, a América não teve império direto ou indireto, mas, em vez disso, em troca, percorreu o resto do espectro imperial a partir de uma sequência de conquistas-retiradas engendrando colônias estritamente temporárias, através do império informal, até a mera hegemonia. Hegemonia – recordando o volume 3 – não é imperial uma vez que não mata. Os Estados Unidos têm travado intermitentemente grandes guerras de conquista, não para fundar colônias, mas para defender ou instalar regimes clientes e depois partir, mantendo usualmente bases militares locais. Os Estados Unidos possuem um poder militar tão massivo que foram capazes de praticar táticas de terra arrasada, infligindo devastação aos inimigos, efetivos na prevenção de comportamento hostil, mas não muito efetivos em induzir comportamento positivo. Mas como os Estados Unidos também lideravam a economia capitalista global, puderam, em troca, conceder benefícios econômicos para si e para os países conquistados, integrando-os à economia global. Império informal e hegemonia envolvem menos intervenção política e ideológica na periferia do que nas colônias, mas as colônias eram impossíveis para os Estados Unidos, uma vez que não tinham colonos. Os americanos têm estado muito confortáveis em casa. Assim, embora a América tenha tido mais poder *extensivo* do que qualquer outro império, e tenha mais poder militar potencial e mais poder econômico efetivo, sua dominação foi sob alguns aspectos menos *intensiva* do que alguns impérios anteriores. Ela tendeu a permanecer no exterior e a dominar através de intermediários.

Visões sobre o Império Americano têm diferido enormemente. Muitos americanos negam terem tido alguma vez um império. Neste capítulo, como o capítulo 3 do volume 3, provarei que estão errados. Alguns afirmam que o militarismo e o capitalismo americanos produziram exploração e sofrimento no mundo; outros dizem que produziu paz, estabilidade, liberdade e prosperidade, e, portanto, são legítimos. Essa variedade resulta parcialmente de uma tendência tanto da esquerda quanto da direita de exagerarem o poder americano, mas também parcialmente da própria variedade de formas de dominação que os Estados Unidos empregaram. No Ocidente, os Estados Unidos têm sido meramente hegemônicos. No leste da Ásia, começaram com um império indireto imposto por intervenções militares, mas depois mitigaram isso para a hege-

34

monia. Na América Latina e no Oriente Médio tentaram métodos mais pesados de império informal com canhoneiras e por meio de intermediários, com resultados muito diferentes. Discutirei essas regiões mais tarde. Lamento deixar de fora outras regiões, mas, assim como os Estados Unidos, eu não posso abarcar o mundo inteiro.

Todavia, a Segunda Guerra Mundial deixou repentinamente os Estados Unidos como a potência mundial dominante. Em 1945, as forças armadas americanas totalizavam 8 milhões. Uma grande desmobilização ainda deixou 3,5 milhões espalhados ao longo de uma rede global de bases militares, que consumia metade do orçamento militar do mundo. Os Estados Unidos também tinham quase metade do PIB e das indústrias de manufatura do mundo, e controlavam a moeda de reserva do mundo. Embora o bloco soviético e a China fosse zonas proibidas, os outros estados líderes estavam quase falidos pela guerra. Pela primeira vez os escritórios do Departamento de Estado, centros de comando do Pentágono e corporações americanas se espalharam pelo globo. Exceto pelo bloco comunista e seus clientes, esse era agora um império global. As tropas poderiam ter ido para casa, os Estados Unidos poderiam ter se voltado para si, mas isso nunca foi muito provável uma vez que um número suficiente de políticos e corporações viam a prosperidade americana como vinculada aos destinos da economia global, que também necessitava de defesa contra o comunismo. Assim, emergiu o distinto sentido de responsabilidade que os líderes americanos sentiram pelo mundo que é ainda dominante no perímetro de Washington. Isso sempre envolveu uma disposição para intervir militar e economicamente ao redor do mundo em defesa da liberdade, um conceito que não implica somente liberdade política (o que praticamente o mundo inteiro estimava), mas também liberdade econômica no sentido da livre-iniciativa – ou seja, capitalismo (o que tem sido mais contestado). Os dois combinados constituem a forma americana da declaração de missão que, como vimos no volume 3, cada império tinha. Contudo, como veremos, a defesa americana do capitalismo tem sido muito mais consistente do que seu apoio à democracia.

Embora o poder econômico americano tenha crescido constantemente ao longo do século XX, a dominação global fora conquistada repentinamente, durante uma guerra mundial que os Estados Unidos não haviam provocado e com forças armadas cujo aumento não tinham desejado. De fato, nenhuma superpotência havia buscado o império. Eles eram muito voltados para si até serem atacados na Segunda Guerra Mundial, mas como com muitos impérios suas forças armadas repentinamente aumentadas puderam ser empregadas em meio a um vácuo de poder pós-guerra.

Todavia, a dominação americana não foi inteiramente acidental. Woodrow Wilson e Franklin Roosevelt viram as guerras mundiais como oportunidades para derrotar inimigos e subordinar aliados. O internacionalismo liberal de Wilson não era somente idealismo. Foi também uma tentativa de minar os impérios rivais. Roosevelt também não era um idealista ingênuo. A partir de 1939, antes de os Estados Unidos se juntarem à guerra, o Conselho Americano sobre Relações Estrangeiras viu que, com a Europa dominada pela Alemanha nazista, os Estados Unidos deveriam integrar as economias remanescentes do hemisfério ocidental, o Império Britânico e grande parte da Ásia, no que era chamada uma grande estratégia de área. Em vez de ajudar a Grã-Bretanha durante a guerra, os Estados Unidos receberiam uma porta aberta em seu império. As compras britânicas massivas de comida americana e de materiais de guerra entre 1939 e 1941 foram pagas em dólares ou ouro. Por volta de 1941, os britânicos estavam ficando sem esses recursos, forçados a vender seus ativos americanos. Quando os Estados Unidos foram forçados a entrar na guerra, um programa de empréstimo e arrendamento (*lend-lease*) permitiu aos britânicos obterem seus suprimentos a crédito, mas os termos do reembolso incluíam uma porta aberta pós-guerra (Domhoff, 1990: 113-132, 162-164). Pearl Harbor também deixou claro que a segurança agora era um problema global. Embora os Estados Unidos tivessem favorecido uma economia global baseada na oportunidade comercial igual, seus líderes acreditavam que o livre-comércio necessitava reforço de instituições de segurança coletivas lideradas pelos americanos. O poder econômico e militar, mercado e domínio territorial americanos eram mutuamente reforçadores (Hearden, 2002: cap. 2, citado da p. 39).

Os Estados Unidos esperavam conseguir com a guerra a área maior de uma Europa sem nazismo mais uma Ásia garantida pela derrota do Japão e a esperada vitória dos nacionalistas chineses, além de acesso seguro ao petróleo do Oriente Médio. Ninguém chamou isso império, uma vez que não seriam colônias, tão logo colônias temporárias como Alemanha e Japão fossem reestruturadas. Seria um mundo livre com capitalismo e estados independentes, embora protegidos por uma rede de bases global. Isaiah Bowman, um confidente de Roosevelt, disse: "Hitler conseguiria um *lebensraum*, mas não aquele que esperava, um *lebensraum* econômico americano. Nenhuma linha pode ser estabelecida em lugar algum do mundo que confine os interesses dos Estados Unidos porque nenhuma linha pode impedir o perigo remoto de se tornar iminente". Isso ele chamava "globalismo nacionalista" e "acesso aberto global sem colônias", que poderiam ser associados a "bases militares necessárias ao redor do globo tanto para proteger interesses econômicos globais como para restringir qualquer outra beligerância" (Smith, 2003: 27-28, 184). As Filipinas, por exemplo, conquistaram independência disciplinada pelas bases (Hearden, 2002: 202-212, 313-314). Isso era império global informal, usando bases e versões mais tecnologicamente avançadas de canhoneiras. Os Estados Unidos assumiram que sua própria força apoiada por um concerto de poderes proveria uma estrutura de segurança global que Moscou teria que aceitar (Hearden, 2002: cap. 6). A noção política de exportar a democracia ainda não fora enfatizada. Líderes americanos pensavam em termos de poder militar e econômico, embora seu domínio geográfico fosse ideologicamente chamado mundo livre.

O pilar econômico: o sistema Breton Woods

Dois economistas, Harry Dexter White, pelos Estados Unidos (que, bizarramente, estava passando documentos americanos para contatos de espionagem soviéticos) e John Maynard Keynes, o famoso economista, pela Grã-Bretanha, lideraram as discussões na nova ordem econômica. Keynes argumentava que se os Estados Unidos quisessem um sistema de comércio aberto, teriam de auxiliar a reconstrução pós-guerra fornecendo dinheiro para os países destruídos pela guerra.

As administrações Roosevelt e Truman concordaram, vendo isso como também sendo do interesse americano. Para impedir a recessão, as exportações substituiriam a produção de guerra como o motor de crescimento americano, mas os europeus estavam atualmente muito pobres para comprar mercadorias americanas. Keynes propôs uma Câmara de Compensações Internacionais (International Clearing Union) para lhes entregar fundos americanos. Ambos os governos queriam evitar a instabilidade da economia entreguerras, e favoreceram taxas de câmbio relativamente estáveis e tarifas baixas que encorajassem fluxos de comércio. Keynes queria alguma repressão de fluxos de capital que os impedissem de saltar rapidamente entre países em busca de lucro especulativo. Isso também tornaria mais fácil para os governos europeus usarem tributação progressiva para financiar benefícios de desemprego, programas sociais e bens públicos desejados, sem medo de fuga de capital. Para alguns deles, evitar o conflito de classes severo que havia prejudicado o período entreguerras era a principal prioridade. Os britânicos também queriam instituições flexíveis que pudessem forçar os países credores (i.e., os Estados Unidos) a auxiliar os devedores (e.g., Grã-Bretanha). Os outros países tiveram permissão para apenas uma breve oportunidade de falar, no final do encontro em Bretton Woods em julho de 1944 (Block, 1977: 32-52).

O consequente Acordo de Bretton Woods levou ao Fundo Monetário Internacional (FMI), ao Banco Mundial e ao primeiro sistema formal de regulação financeira global (o antigo padrão-ouro havia sido informal). As moedas foram vinculadas ao dólar, embora permitindo ajustes regulados periódicos, e o dólar foi fixado ao ouro. Financistas só poderiam mover fundos ao redor do mundo para promover o comércio ou investimentos produtivos. Isso era keynesiano, mas também refletia o poder americano. "Foi um caso de cérebros contra poder", diz Skidelsky; "Churchill lutou para preservar a Grã-Bretanha e seu império contra a Alemanha nazista, Keynes lutou para preservar a Grã-Bretanha como uma grande potência contra os Estados Unidos. A guerra contra a Alemanha foi vencida; mas, ao ajudar a vencê-la, a Grã-Bretanha perdeu tanto o império quanto a grandeza" (2000: 449, xv; Cesarano, 2006). Mas quando os Estados Unidos forçaram a Grã-Bretanha a renunciar ao seu direito de desvalorizar sua moeda ou de proteger sua zona esterlina, a crise esterlina resultante, em 1947, chocou a economia global e persuadiu os Estados Unidos a desacelerar suas políticas de abertura de mercado. Washington agora vivia com um compromisso monetário, reconhecendo que as barreiras europeias contra a convertibilidade de moedas era necessária, embora prejudicassem negócios americanos de curto prazo (Eichengreen, 1996: 96-104). Os Estados Unidos estavam aceitando mais responsabilidades globais pragmáticas.

Bretton Woods garantiu a estabilidade econômica internacional por meio da cooperação multilateral entre estados-nações sob a liderança americana. Foi, em efeito, um compromisso de estados-nações, Império Americano e capitalismo transnacional. Ruggie (1982), inspirado em Polanyi, chamou isso liberalismo incrustado. Após a depressão, disse Ruggie, a tendência entreguerras havia sido tornar a política monetária internacional conforme à política social e econômica nacional, em vez de o contrário. Todavia, após a guerra, sob a liderança americana, grande parte do mundo se tornou economicamente mais interdependente, e um mecanismo de moeda internacional para o intercâmbio multilateral de bens e serviços era mais do que nunca necessário. No período entreguerras, os governos haviam fracassado em encontrar um sistema de relações de moeda internacional compatível com a estabilidade nacional. Em Bretton Woods, eles conseguiram: os governos agiriam coletivamente para facilitar o equilíbrio da balança de pagamentos e o comércio relativamente aberto, ambos voltados para prover emprego pleno além de quaisquer tipos de seguridade social e relações de trabalho que pudessem ser buscadas por estados-nações individuais. Foi nessa base que uma forma mais humana de capitalismo foi atingida nos países avançados, na qual quase todos tinham direitos de cidadania social, o que ajudou no desenvolvimento de uma economia de alta demanda de consumo para forjar a era de ouro do capitalismo.

Contudo, permaneceu uma tensão entre um setor financeiro cada vez mais transnacional e as necessidades nacionais dos estados. Banqueiros desconfiados de Nova York e republicanos conservadores também enfraqueceram o acordo ao deixarem o FMI descapitalizado, enquanto uma Organização Internacional do Comércio (International Trade Organization) já chegava sem vida no Congresso protecionista (Aaronson, 1996). Em vez disso, um Acordo Geral sobre Tarifas e Comércio (General Agreement on Tariffs and Trade – Gatt) provisório começou em 1947, negociando gradualmente reduções *ad hoc* de tarifas ao longo das próximas décadas. Mas como os Estados Unidos não abandonaram as tarifas para mercadorias que os europeus podiam produzir mais barato, um desequilíbrio comercial resultou, com mais exportações americanas do que importações. Os europeus tiveram de pagar o equilíbrio em ouro, e em 1949 os Estados Unidos detinham quase todo seu ouro. A Europa retaliou com desvalorizações de moeda e tarifas, o que fora contraprodutivo antes da guerra. A consequência foi recessão e, depois, os Estados Unidos reconheceram que, para o bem de todos, empréstimos para a Europa eram necessários.

O Plano Marshall era de autointeresse mútuo, os Estados Unidos provendo os europeus com dólares, de modo que pudessem comprar mercadorias americanas e serem integrados ao domínio americano (Skidelsky, 2000; Domhoff, 1990: 164-181; Domhoff, em preparação; Schild, 1995: 131). Governos recebedores assinaram pactos para equilibrar orçamentos, restaurar a estabilidade financeira, manter economias de mercado e estabilizar taxas de câmbio para encorajar o comércio internacional. Ainda assim, poderiam utilizar a política monetária para reduzir o desemprego, e estavam livres para nacionalizar indústrias, reprimir o capital financeiro e desenvolver bem-estar social progressivo e programas de previdência social. Grande parte dos europeus buscou o emprego pleno manipulando a demanda efetiva, promovendo uma distribuição mais igualitária de renda, benefícios de bem-estar social e crescimento econômico. Isso foi decididamente keynesiano (ou conforme a escola sueca), embora Keynes misturasse práticas nacionais e macrorregionais, indo da democracia social até o keynesianismo comercial dos Estados Unidos, passando pela democracia cristã e pelo liberalismo-trabalhista (uma aliança de liberais e trabalhistas). Essas foram economias capitalistas reguladas pelo Estado, o que significava que, embora partilhassem certas práticas, havia jaulas nacionais separando interações econômicas. Essa era uma economia mais internacional do que transnacional.

Muitos países em desenvolvimento tinham economias capitalistas que eram mais estatistas do que as dos países desenvolvidos. Elas haviam experienciado o capitalismo em suas formas coloniais e não gostaram muito. Muitas das empresas capitalistas maiores operando dentro de seus territórios permaneceram estrangeiras, embora a classe capitalista nativa fosse geralmente pequena e não muito poderosa. Esses países podiam adotar uma série de técnicas de países comunistas, como os planos de cinco anos e empresas nacionalizadas, pois o comunismo parecia nessa época bem-sucedido no desenvolvimento econômico. O desenvolvimento conduzido pelo Estado era assumido amplamente como o melhor modo de equiparação. Como eram estados soberanos, tinham uma medida de autonomia por meio da qual o Estado poderia levar mercados capitalistas nacionais para direções desejadas. Eles tinham por vezes que negociar com países mais poderosos. Por exemplo, podiam tentar a industrialização de substituição de importações (ISI), contanto que firmas multinacionais (quase todas americanas) pudessem abrir filiais lá. Os Estados Unidos podiam não gostar dessas políticas, mas as toleraram. A globalização econômica foi dual: regras globais americanas, mas implementadas com alguma autonomia por um mundo de estados-nações. O que se tornaria a idade de ouro viu um capitalismo de alta produção e alto consumo regulado por estados-nações. Foi somente de 1970 em diante que ela começou a se desgastar (Chang, 2003: 19-24).

Assim, a idade de ouro não foi apenas um fenômeno do norte global. Alguns países em desenvolvimento também viram as taxas de crescimento mais elevadas já registradas. No crescimento econômico do final do século XIX a taxa de crescimento mais elevada havia sido a da Noruega, em torno de 2% de crescimento ao ano. No período mais difícil entreguerras, o Japão e suas colônias e a União Soviética atingiram taxas de crescimento de cerca de 4%. Todavia, na idade do ouro e depois dela, as taxas de crescimento mais elevadas do Japão, Coreia do Sul, Taiwan, China e Índia foram entre 6 e 10%. Elas foram todas na Ásia. Essas taxas de crescimento foram muito mais altas do que aquelas das economias mais avançadas. Por que foram tão altas? A primeira precondição foi que todos os recordistas eram firmemente soberanos sobre seus territórios. Nenhum deles era uma colônia ou sequer economicamente dependente de estados mais poderosos. Eles puderam conceber suas próprias políticas orientadas para o crescimento. Em segundo lugar, como um benefício da Guerra Fria, eles eram ou aliados dos Estados Unidos, de modo que os Estados Unidos praticavam uma política de não interferência em suas economias nacionais; ou, nos casos da China e da Índia, eram poderosos demais para permitir interferência. De fato, os Estados Unidos auxiliaram seus aliados a exportarem suas mercadorias para os Estados Unidos. Terceiro, todos eles se beneficiaram de ter tido civilizações asiáticas antigas, cujos efeitos perduravam na forma de coesão social e étnica (religiosa, no caso da Índia) e altas taxas de alfabetização. Quarto, como Rodrik (2011: 72) mostrou, suas políticas de crescimento não eram baseadas em suas supostas vantagens comparativas nos produtos primários, que foi como economias em desenvolvimento anteriores haviam buscado crescimento, mas no melhoramento de suas capacidades industriais, em competição direta com os países avançados. Mais especificamente, eles praticavam:

(1) políticas industriais explícitas de apoio às novas atividades econômicas – proteção do comércio, subsídios, incentivos de impostos e de crédito, e atenção especial do governo;

(2) desvalorização das moedas para promover mercadorias negociáveis;

(3) um certo grau de repressão de finanças, para permitir crédito subsidiado, sistema bancário de desenvolvimento e desvalorização de moeda.

Essas práticas tinham base em duas novidades: o surgimento de uma verdadeira soberania entre as nações mais pobres – isso é, o nascimento de uma era de estados-nações – e a aceitação pragmática dessa mudança pelos Estados Unidos, pressionados pelas necessidades dadas pela Guerra Fria. A dominação americana não era total, e os Estados Unidos aceitaram essa situação, garantindo que seu domínio na Ásia acabaria por se tornar hegemônico em vez de imperial.

O mesmo ocorreu com seus aliados europeus. A administração Truman, apoiada por empresários moderados, tentou vender o Plano Marshall para a Europa para negócios como um modo de remediar a demanda interna inadequada. O Congresso, não acostumado a dar dinheiro a estrangeiros, objetou. Todavia, quando a União Soviética se recusou a se juntar ao plano e marchou em direção à Tchecoslováquia, o Congresso aceitou o Auxílio Marshall como parte da defesa da Europa contra o comunismo (Bonds, 2002; Block, 1977: 86-92). Não foi uma virada para a Europa, cujo crescimento já havia começado, mas foi um incremento. Bretton Woods e o Plano Marshall beneficiaram o Ocidente inteiro, aumentando o crescimento, embora os mercados financeiros constantemente exigissem ajustes precisos de governos e bancos centrais (Aldcroft, 2001: 111-117; Kunz, 1997: 29-56; Rosenberg, 2003; Block, 1977; Eichengreen, 1996: 123, 134). Embora os Estados Unidos dominassem o novo sistema, ele foi multilateral e mutuamente benéfico, menos império do que hegemonia. Os outros estados avançados reclamaram, mas reconheceram os benefícios.

O pilar imperial e ideológico: a Guerra Fria

Roosevelt esperara uma ordem geopolítica pós-guerra benigna, e ambas as superpotências emergentes diminuíram substancialmente suas forças militares quando a guerra terminou. A Organização das Nações Unidas foi estabelecida para ajudar a manter a paz. Foi, primeiro, destinada a ter um Conselho de Segurança dos Estados Unidos, Grã-Bretanha, União Soviética e China Nacionalista, mas Stalin se opôs a isso uma vez que pensava na época que isso seria uma maioria de três contra um em relação a ele. Então, emergiu a estrutura mais complexa da ONU de hoje, que envolve poderes de veto por parte dos membros permanentes do Conselho de Segurança. Até a descolonização a nova ONU foi composta principalmente por estados da Europa Ocidental e da América Latina, e, portanto, tinha uma maioria americana segura (Hoopes & Brinkley, 1997; Schild, 1995: 153-161). A China se tornou inesperadamente comunista em 1949, mas até 1971 seu assento na ONU foi ocupado pelo governo nacionalista chinês exilado em Taiwan. Assim, a URSS teve de usar seu veto no Conselho de Segurança repetidamente para bloquear decisões de segurança. Isso significa que embora as instituições da ONU tenham ajudado enormemente o desenvolvimento econômico, a saúde, a educação e os refugiados, a segurança do mundo raramente é negociada lá. Este capítulo conterá numerosos exemplos de intervenção militar americana no exterior, mas somente um deles, na Coreia em 1950, foi autorizado pela ONU, e somente porque ocorreu durante um breve período durante o qual a União Soviética havia se retirado da ONU. Em vez disso, a segurança mundial se voltou para negociações bilaterais entre os Estados Unidos e os soviéticos, que lideravam blocos militares rivais.

Subjacente à Guerra Fria havia um confronto geopolítico intensificado por um confronto de poder ideológico em uma escala global. Cada lado acreditava que seu próprio modelo ideológico, capitalista ou comunista, deveria governar o mundo, e esses modelos diametralmente opostos atuavam nos piores medos um do outro. Stalin percebia o internacionalismo liberal americano, o poder de ataque global e o controle da ONU como o capitalismo tentando estrangular o bloco comunista, uma percepção acurada do Império Americano por alguém que não queria estar nele (recordando os medos japoneses da década de 1930). Stalin ficou alarmado com o Plano Marshall e com a reconstrução americana da Alemanha Oriental, que pareciam apropriações para seus vizinhos ocidentais (Mastny, 1996). Sabemos que agências de inteligência soviética exageraram os medos de que os americanos pudessem usar sua superioridade nuclear para lançar um ataque-surpresa primeiro, uma vez que pensavam que isso era o que seus superiores desejavam ouvir (Andrew & Mitrokhin, 1999). Isso foi reforçado pela suposição do marxismo-leninismo soviético de que haveria uma guerra culminante final entre capitalismo e socialismo – até que Khrushchev percebeu que a guerra nuclear produziria a chamada destruição mutuamente assegurada (*mutually assured destruction* – apropriadamente abreviada por MAD) ao mundo.

Os medos de Stalin teriam sido confirmados caso tivesse lido o NSC-68, o documento político secreto americano assinado por Truman em 1950. Muitos dizem que esse documento favorecia a contenção em vez do desmantelamento dos soviéticos, mas declarava de fato: "o propósito fundamental dos Estados Unidos é garantir a integridade e a vitalidade de nossa sociedade livre, que é fundada sobre a dignidade e o valor do indivíduo... A União Soviética, diferente de aspirantes anteriores à hegemonia, está animada por uma fé fanática, antitética à nossa, e busca impor sua autoridade absoluta ao resto do mundo". É "inescapavelmente militante porque possui e é possuída por um movimento revolucionário mundial". Assim, os Estados Unidos deveriam usar seu poder para derrotá-lo, com enorme superioridade militar, preparações para operações ofensivas e "intensificação de medidas e operações afirmativas e oportunas por meios secretos nos campos da guerra econômica, política e psicológica com vistas a fomentar e apoiar rebeliões e revoltas em países satélites estratégicos selecionados... Deveríamos dar passos dinâmicos para reduzir o poder e influência do Kremlin dentro da União Soviética e de outras áreas sob seu controle" (Conselho de Segurança Nacional, 1950: 3-5, 13-14). Isso me soa mais como desmantelamento, embora sem guerra direta. Stalin pode ter sido paranoico, mas uma superpotência queria mesmo pegá-lo. Líderes soviéticos acreditavam que não poderiam estar a salvo até que tivessem suas próprias bombas atômicas e de hidrogênio e, auxiliados por espiões, usaram recursos massivos para adquiri-las (Holloway, 1994). A posterior rejeição soviética das negociações nucleares, por sua vez, alimentou os medos americanos.

Os americanos também exageraram a intenção agressiva de Stalin. Se houvesse um vácuo de poder, Stalin (como Truman) se expandiria nele. Mas em um mundo cuja maior parte era dominada pelos Estados Unidos, os soviéticos e os chineses não eram muito expansionistas. Não eram como os revolucionários franceses da década de 1790 que tentaram exportar a revolução pela guerra (com o devido respeito a Goldstone, 2009). Os americanos não apreciaram os traumas induzidos pelo nível da devastação da guerra infligida à União Soviética. Essa foi incapaz de lançar outra guerra. Longe de patrocinar a revolução mundial, Stalin estava aterrorizado com a possibilidade de a Alemanha ascender novamente. Ele declarou: "**Eu odeio os alemães.** É impossível destruí-los para sempre, eles ainda estarão por aí... É por isso que nós, os eslavos, devemos estar prontos caso eles possam se recuperar e lançar outro ataque contra nós" (Leffler, 2007: 30-31, ênfase de Stalin). Tendo conquistado o leste da Europa, desejava que fosse como um cinto de segurança, uma fortaleza autárquica de estados-amortecedores (*buffer states*), inicialmente de regimes amigáveis e, depois, de regimes comunistas, com alguma autonomia limitada de Moscou (Mastny, 1996; Pearson, 1998: 40; Service, 1997: 269). Mas essa passagem de império indireto para meio-direto provocou consternação no Ocidente, como as sondagens de Stalin nos vácuos de poder no Irã, Turquia e noroeste da Ásia. O Ocidente sondou pouco no leste da Europa e mais na Ásia. O medo levou ambos os lados a desenvolverem a justificação defensiva da agressão que vimos ser normal na expansão imperial, levando à conclusão paradoxal de que quanto maior o império, mais insegurança ele sente. Objetivamente, pareceria possível para os dois lados concordar em deixar a competição pacífica decidir o vencedor. Mas, dados esses atores e seus medos, isso foi impossível. Guerreiros frios estavam no controle em ambos os lados (Leffler, 2007; Zubok & Pleshakov, 1996).

Todavia, a Guerra Fria conferiu alguma estabilidade a regiões como a Europa que agora não tinha conflitos de classes severos (diferente do leste da Ásia). Em torno da Europa, os Estados Unidos praticava uma contenção mais branda do que a defendida por Kennan. Exceto por Khrushchev na crise cubana dos mísseis, a URSS também se mostrou avessa ao risco. Manter a segurança do bloco era a primeira prioridade, como as intervenções na Hungria (1956) e na Tchecoslováquia (1968) e as pressões sobre a Polônia (1981) revelaram. Em quarenta anos, a única intervenção soviética direta fora do bloco foi em 1979, no vizinho Afeganistão. Portanto, a Guerra Fria auxiliou a estabilidade entre os estados-nações, e no Ocidente auxiliou a estabilidade capitalista. É por isso que foi um pilar que permitiu a globalização pós-guerra. Como ideologia, a Guerra Fria se tornou mais importante internamente do que na determinação das relações entre as superpotências, onde sua intensidade foi reduzida pelo pragmatismo.

A URSS foi uma ditadura repressiva com seu império controlado pela força no leste da Europa, diferente da dominação americana na Europa Ocidental. Ela foi benigna em um aspecto econômico, pois o centro soviético subsidiava a periferia imperial. Tanto elites americanas quanto soviéticas agora viam seu rival como a principal fonte de exploração no mundo. Quanto desse medo penetrou as massas é difícil de dizer. Duvido que muitos cidadãos soviéticos pensassem muito sobre marxismo-leninismo em suas horas de lazer, embora aceitassem a linha oficial de que país era ameaçado por estrangeiros. Muitos americanos temiam estrangeiros também, embora a noção de liberdade como nossa causa fosse também integrada à retórica política, à prosperidade material da vida cotidiana e ao orgulho americano da força do país e das liberdades constitucionais. O anticomunismo se tornou o principal sistema de significado ideológico, preenchendo as lacunas no conhecimento sobre o mundo exterior. Grupos de pressão mais pacíficos conseguiam fazer pouco progresso. A agressão defensiva tinha apoio da maioria.

Portanto, o conflito subjacente à Guerra Fria era real, embora amplificado por ideologias e emoções. O conflito não era meramente cognitivo, baseado em incompreensões mútuas, como Gaddis (1972) havia sugerido, primeiro. Tampouco, correspondia à visão revisada de Gaddis (1997) de ideologia mais Stalin. Se Stalin era paranoide, Truman também. Leffler diz que ele era "o prisioneiro de sua própria retórica" – uma caracterização apta dos líderes americano e soviético. Os presidentes americanos viam suas próprias ações como defensivas, mas pareciam ofensivas para Moscou; idem quando os líderes soviéticos buscaram consolidar sua posição em Berlim ou no Afeganistão. Retirar-se de alguma iniciativa estrangeira, e, após 1950, reduzir gastos com defesa, parecia a ambos os lados ceder, o que superpotências não fazem. *Status* também importava, até Gorbachev e Reagan romperem o padrão (Leffler, 1999; 2007: 71; Mastny, 1996).

A diferença com relação a rivalidades imperiais anteriores era que a ameaça era global. A agressão defensiva que havia sempre acompanhado rivalidades imperiais tinha se tornado global. Se as duas superpotências não pudessem concordar em um processo multilateral de desarmamento, seria loucura daquele que se desarmasse unilateralmente, pois, então, o outro expandiria seu domínio, acreditando que isso fosse somente autodefesa. A URSS teria estendido protetorados ou estados clientes ao longo da Grécia, Turquia, Irã e Afeganistão, e talvez também na Finlândia e na Áustria. Eles teriam sido tolos em tentar o mesmo com a Europa Ocidental, mas a tentação teria sido forte. Os Estados Unidos teriam se expandido para a Europa Oriental. Expansões similares ocorreram na Ásia. Assim, dado que nenhum lado cederia, a Guerra Fria foi necessária. E, por sua vez, isso significava que os Estados Unidos protegiam sua esfera de interesses contra o domínio comunista ou soviético, e a URSS protegia sua esfera contra o capitalismo. Com essa precondição, eles agiam como xerifes rivais globais, com responsabilidade última pela ordem e defesa em sua própria zona de dominação.

MAD e o declínio da guerra

Esses dois não lutaram um contra o outro, algo extraordinário para impérios rivais. No início, estavam cansados de guerras e, depois, inadvertidamente conceberam destruição mutuamente assegurada (MAD) – o equilíbrio nuclear do terror. Isso induzia ao medo e ao pânico intermitente de ambos os lados. Mas foram cuidadosos em aumentá-lo apenas em guerras indiretas, enviando tropas somente para suas próprias esferas de influência, intervindo em outra parte secretamente ou através de intermediários, de modo que suas forças não se confrontassem diretamente. Isso foi o triunfo da razão sobre a ideologia, embora os líderes ainda vissem suas ideologias como envolvendo fins tão elevados que justificassem seus meios dúbios. Operações secretas exigiam negabilidade plausível. Veremos numerosos exemplos americanos no capítulo 5, embora os soviéticos usassem seus próprios soldados apenas como conselheiros e soldados cubanos como intermediários. Quatro mil cubanos morreram em batalhas africanas (Halliday, 1999: 116-124). Em 1980, líderes soviéticos afirmaram que trinta e um estados estavam se orientando de um modo ou de outro para o socialismo. Eles estavam se iludindo, uma vez que esses eram países retrógrados com regimes militares opressivos, a um milhão de milhas dos ideais socialistas. Mas a declaração assustou os americanos (Halliday, 2010). Assim, os Estados Unidos expandiram a Agência Central de Inteligência (CIA), treinaram forças militares estrangeiras e distinguiram entre regimes meramente autoritários – nossos aliados – e regimes totalitários – os aliados do inimigo. Em realidade, não havia diferença entre eles. A ditadura autoritária guatemalteca, que assassinou mais de 200.000 de seus cidadãos, foi muito pior do que o supostamente totalitário Castro. Westad (2000) vê a Guerra Fria como uma sucessão americano-soviética da exploração colonial. Embora países do Terceiro Mundo pudessem por vezes manipular os dois impérios um contra o outro, os resultados eram muitas vezes trágicos. A Guerra Fria foi de fato muitas vezes quente, gerando guerras e cerca de vinte milhões de mortos pelo mundo.

Mas, depois, ela arrefeceu. O termo "período pós-guerra" começou a ter outro significado, uma vez que guerras entre estados praticamente desapareceram do mundo. O projeto Correlatos da Guerra (Correlates of War – COW) compilou um conjunto de dados de todas as guerras travadas no mundo desde 1816, distinguindo guerras civis, entre estados e extraestados (i.e., coloniais)[1]. Cerca de 60% de todos os conflitos no período de 1816 à década de 1940 foram de guerras entre estados, mas esse percentual caiu na década de 1950 para 45%, na década de 1970 para 26%, e na década de 1990 a 5%. Guerras civis agora se tornaram o principal problema e, assim, os exércitos deixaram de apontar para fora para apontar para dentro, reprimindo seus próprios cidadãos. Somente três dos cinquenta e sete grandes conflitos armados que ocorreram durante 1990-2001 foram entre estados: Iraque *versus* Kuwait, Índia *versus* Paquistão e Etió-

---

1. Dados do COW estão disponíveis em: http://cow2.pss.la.psu Eles foram atualizados pelo Department of Peace and Conflict Research na Universidade de Uppsala (cf. Eriksson et al., 2003). Algumas revisões foram feitas por Skrede e Ward (1999).

pia *versus* Eritreia. O período de 2001 a 2012 viu cerca de cinquenta guerras civis e somente duas guerras totais entre estados, as invasões americanas do Afeganistão e do Iraque. Exceto pelas duas intervenções americanas, as guerras foram de baixa intensidade com relativamente poucas baixas. Guerras na década de 1950 tiveram um número de mortos nove vezes mais alto que o das guerras nos anos 2000.

Guerras civis cada vez menos foram motivadas por classe *versus* classe, socialismo contra capitalismo. Em vez disso, muitas foram disputas pelo ideal político dominante do período contemporâneo, o Estado-nação – um Estado que governa territórios definidos e delimitados em nome do povo. O problema era: Quem deveria constituir o povo quando mais de um grande grupo étnico habitava os mesmos territórios de um Estado? Muitas guerras civis tiveram uma base étnica, religiosa ou regional, na qual um grupo alegava ser a verdadeira nação. E quanto aos outros? Deveriam ser cidadãos plenos no Estado, cidadãos de segunda classe ou algo pior? Muitos aceitaram relutantemente alguma discriminação porque sentiam que careciam de poder para agir de outro modo. Mas minorias empoderadas, especialmente aquelas ajudadas por coétnicos do exterior, resistiram e, assim, começaram guerras civis (elaboro esses argumentos com mais detalhes em Mann, 2005). Durante certo tempo, o sumário memorável de Collier de guerras civis predominou. Guerras, ele declarava, eram motivadas por ganância, não necessidade ou credo – espólios, não ressentimentos ou ideologias. Mais tarde, Collier (2000; 2003) moderou sua visão, e pesquisas subsequentes mostraram que ganância e recursos pilháveis não eram geralmente causas para a eclosão de rebeliões, embora obviamente rebeldes necessitassem se apropriar de recursos materiais para sustentar seu conflito. Ressentimentos políticos e identidades distintas são as principais causas de guerras civis (Arnson & Zartman, 2005). Estados-nações avançados aprenderam do modo mais difícil a não fazer guerras. Esperemos que países em desenvolvimento estejam aprendendo que o Estado-nação desejável é multicultural.

No passado, europeus travaram mais guerras do que qualquer outro povo. Gleditsch (2004) diz que até a década de 1950 os europeus haviam contribuído com 68% delas, embora uma séria subcontagem do COW de guerras coloniais signifique que o número real seja provavelmente maior que 80%. A Europa liderou, seguida pela Ásia, depois, pelo Oriente Médio, com América Latina e África ficando muito atrás. Lemle calcula que o número de guerras da África e sua proporção de guerras por anos-estados seja cinco vezes menores do que a média global. Suas tabelas indicam que a proporção latino-americana deva ser em torno da mesma (Lemke, 2002: 167-171, 181; cf. Centeno, 2002: 38-43). Depois, as repercussões da Segunda Guerra Mundial produziram uma inversão. Desde então, os europeus, como africanos e latino-americanos, quase não travaram guerras, enquanto Oriente Médio, Ásia e Estados Unidos tenham assumido a liderança marcial. Wimmer e Min (2006) encontraram duas ondas de guerra modernas, a primeira no século XIX, produto de guerras coloniais: a segunda em meados do século XX, composta de guerras anticoloniais de libertação. Guerras modernas se deveram grandemente ao surgimento e queda de impérios. Quando os europeus perderam seus impérios e pararam de lutar, o mundo em grande parte fez o mesmo.

Esses dados mostram que travar guerras não se deve à natureza humana invariante, mas a certos tipos de sociedade. A mensagem esperançosa é que pode ser abolida. Um segundo sinal de esperança para a razão humana é que até o momento armas nucleares restringiram os poderes de quem as adquiriu: os Estados Unidos após 1945 e a União Soviética, Grã-Bretanha e França, China, Índia e Paquistão. Armas nucleares não garantem a paz, mas produziram suficientes restrições pelas elites dos estados para evitar seu uso efetivo. Um raciocínio mais frio emergiu entre líderes americanos e soviéticos. Quando seu confronto se intensificou, eles ficaram aterrorizados e atenuaram os perigos: Primeiro, Kennedy e Khrushchev durante a crise dos mísseis em Cuba, depois, Reagan e Gorbachev, após a reação de pânico soviética ao jogo de guerra "Able Archer" da Organização do Tratado do Atlântico Norte (Otan), em 1983. A MAD foi a crise global que não nos subjugou, um tipo de sucesso precário para a racionalidade humana, a ser contrastado às duas guerras mundiais, à Grande Depressão e à Grande Recessão. Sua resolução foi mais fácil porque somente duas grandes potências nucleares estavam diretamente confrontando uma a outra, tornando as consequências da ação mais fáceis de prever. Não teve as sequências perturbadoras de ação e reação entre as forças múltiplas que haviam começado ambas as guerras. Outros países que estavam adquirindo armas nucleares também moderaram suas políticas externas, incluindo Índia e Paquistão – outro confronto dual.

A MAD também teve efeitos secundários. O fato de que as superpotências deveriam evitar a todo custo guerrear entre si contribuiu para entendimentos implícitos entre elas. Elas poderiam usar qualquer retórica provocativa que quisessem, mas não interviriam militarmente de fato exceto de maneiras insignificantes nas esferas de interesse umas das outras. Elas lutariam apenas indiretamente por meio de intermediários muito menos poderosos que poderiam provocar menos danos ao mundo. Cada superpotência manteve a paz em sua própria esfera, ao menos nas áreas que consideravam mais estratégicas. Os soviéticos frearam quaisquer guerras potenciais no leste da Europa, enquanto, uma vez que a esfera americana incluía grande parte do mundo, os Estados Unidos começaram a se ver no papel de um xerife global. O *establishment* político de Washington começou a acreditar que os Estados Unidos tinham uma responsabilidade global de preservar a paz e a ordem do mundo, e isso se tornou profundamente incrustado no pensamento americano. Tanto republicanos quanto democratas acreditam que os Estados Unidos tenham mantido a paz, embora hoje se preocupem que o declínio americano possa levar o mundo ao caos (e.g., Kagan, 2012; Brzezinski, 2012). Sem a hegemonia americana, eles dizem, o mundo seria caótico e dominado por conflitos.

Neste volume, serei um pouco cético em relação a essa ideia. É difícil encontrar casos nos quais os Estados Unidos ou os soviéticos tenham impedido outros estados de travar guerras. Os Estados Unidos realmente impediram abruptamente a invasão anglo-francesa do Egito na crise do Canal de Suez de 1956. Em 1983, mostraram seu poderio militar para impedir ataques líbios no Sudão e no Egito. Protegeram Taiwan de uma possível invasão da China. Em 1990-1991 tentaram impedir ataques iraquianos à Arábia Saudita e ao Kuwait, mas essa tentativa fracassou e levou à guerra. Intervieram na Bósnia em 1993, interrompendo uma invasão sérvia. Mas isso parece ser tudo. Não é uma lista impressionante. Houve muito mais intervenções nos assuntos internos de países para apoiar uma facção contra outra, e muitas dessas criaram ao menos tanta desordem quanto ordem, como veremos no capítulo 5. Além disso, desde o ano 2000 as guerras têm sido lançadas somente pelos Estados Unidos, o único império restante. Acho difícil ver os Estados Unidos como um xerife global. Dado o número de intervenções armadas que fez nos assuntos de outros países (discutidas no capítulo 5), parece mais um líder militar global.

Infelizmente, a despeito da hegemonia americana, a proliferação nuclear tem continuado lentamente. Quando uma potência se sentiu ameaçada por um inimigo munido de armas nucleares, adquiriu-as também – a Coreia do Norte e, talvez, o Irã são exemplos atuais. Até o momento, isso não encerrou a dissuasão nuclear, uma vez que simplesmente aumentou o número de pares de potências que se encaram. Contudo, o perigo está agora reaparecendo nos casos em que a ideologia poderia potencialmente vencer a razão, como pode ser o caso com as armas do Paquistão, Irã e Israel. Explicarei isso no capítulo 10. Todavia, com apenas algumas exceções, somente potências de terceira categoria travaram guerras no período pós-guerra, e as exceções foram travadas por potências grandes contra menores (Van Creveld, 2008: cap. 5). A espinha dorsal de estados avançados, exceto os Estados Unidos, não é mais o nexo militar-fiscal. Para revisar o dito famoso de Charles Tilly: guerras costumavam fazer estados, e estados costumavam fazer guerras – mas não mais. Relações de poder militar desempenharam papéis muito menores em países avançados recentes. A melhor notícia que emerge da segunda metade do século XX é a extensão de uma zona de paz no norte e algumas partes do sul do mundo. As guerras continuaram, mas foram principalmente guerras civis ou americanas. Contudo, essa extensão da zona de paz não aconteceu toda ao mesmo tempo; tampouco foi igualmente espalhada pelo mundo. Algumas regiões foram muito mais quentes do que outras. Assim, lidarei separadamente com várias regiões do mundo no capítulo 4. Mas, primeiro, examinarei a vida americana nacional durante a Guerra Fria.

3
A América em guerra e na Guerra Fria, 1945-1970: conflito de classes

Como os Estados Unidos eram a superpotência dominante, sua economia e política internas se tornaram de grande importância para o mundo. Como meu método geral nesses volumes é focar a "vanguarda" do poder em qualquer período, darei mais atenção agora aos Estados Unidos. No período pós-guerra, comparado a outros países ocidentais, os Estados Unidos se tornaram muito mais conservadores internamente em termos de políticas de classe, embora tivesse se tornado mais liberal em termos de proteção de identidades pessoais. Nenhum processo foi estável ou contínuo. Políticas de classe foram intensamente contestadas tanto no período pós-guerra imediato como na década de 1960, após a qual o conservadorismo se intensificou. Mas o liberalismo de identidade tendeu a surgir depois. Neste capítulo, focalizo ambas as histórias até cerca de 1970.

O impacto da Segunda Guerra Mundial

Para explicar desdobramentos pós-guerra, devemos começar durante a guerra. Os Estados Unidos não declararam guerra até o final de 1941 e, então, durante dois anos antes lucraram com a venda de material para Grã-Bretanha e se mobilizaram para uma possível guerra em meio a uma economia em recuperação. Houve um crescimento militarmente orientado. Capacidade industrial não utilizada e melhoramentos tecnológicos não explorados foram aplicados, auxiliados por uma mão de obra (especialmente mulheres) aumentada, um declínio em setores de baixa produtividade, e um aumento modesto em horas trabalhadas. A produção manufatureira continuou a aumentar à medida que os Estados Unidos combatiam no Pacífico e na Europa. A parcela de despesas militares no produto nacional bruto (PNB) aumentou de 1,4% em 1939 para surpreendentes 45% em 1944, rompendo concepções de retitude fiscal. O equilíbrio das contas e o encorajamento dos investimentos privados deixaram de ser importantes. Como os Estados Unidos estavam recebendo ouro do mundo para pagar por suprimentos enviados aos seus aliados, poderiam operar grandes déficits sem efeitos monetários adversos. O PNB real subiu fenomenais 55% durante 1939-1944, devido a uma mobilização geral de recursos (Rockoff, 1998: 82). Economicamente, foi uma guerra muito boa para os americanos. Para todos os demais foi má.

A diferença significava que os Estados Unidos dominaram a economia mundial subsequentemente.

Poucos americanos sofreram. Não houve bombardeios, não houve escassez severa de comida ou de moradia, somente algumas restrições de mercadorias de consumo. Um grande total de seis pessoas morreram na parte continental dos Estados Unidos em decorrência da ação do inimigo, membros de um grupo de igreja que se depararam com um pacote amarrado a um grande balão colorido enquanto faziam um piquenique na costa do Oregon. Os japoneses o haviam lançado com a ajuda de ventos dominantes na direção da América, talvez o único que de fato atingiu o país. Quando os membros do grupo abriram o pacote, a bomba que continha explodiu. Outros americanos se beneficiaram com a guerra. O desemprego caiu de 17% em 1939 para abaixo de 2% em 1943, e permaneceu lá durante o resto da guerra. Como os salários subiam mais rápido que os preços, o consumo e as rendas reais aumentaram. Os mais beneficiados foram os trabalhadores da indústria manufatureira, brancos e negros, homens e mulheres. Impostos e títulos de guerra para pagar pela guerra incidiram principalmente sobre os ricos. Muitos americanos compraram manteiga enquanto as tropas receberam armas. Somente os americanos japoneses se deram mal. Os afro-americanos estavam começando a melhorar de vida nesse contexto. Eles estavam acorrendo ao emprego na manufatura e recebendo salários mais altos, e, como soldados, estavam experienciando o mesmo encorajamento (em meio a forças armadas profundamente racistas) que soldados coloniais em outros lugares.

Diferente de outros países combatentes, sob ataque de fato, políticas eleitorais puderam continuar como de costume. Como mostrei no volume 3, capítulo 8, a ofensiva liberal-trabalhista do New Deal já havia perdido grande parte de seu vigor, embora a política permanecesse equilibrada, com potencial para mudar para a esquerda ou para a direita. Um presidente democrático chefiava a administração, equilibrada por uma maioria democrata sulista/republicana no Congresso. Programas de alívio do New Deal terminaram à medida que o desemprego caía. Os Projetos de Lei Wagner-Murray-Dingel de 1943 e 1945 teriam expandido a previdência social, acrescentado seguro de saúde e substituído a colcha de retalhos de programas federais/estaduais para os necessitados por um programa federal. Mas eles foram derrotados no Congresso, com os democratas do sul desempenhando o papel crucial. Roosevelt não despendeu muita energia apoiando-os uma vez que via essa como uma luta perdida. Estava, de qualquer modo, focado no esforço de guerra. O Estado de Bem-estar Social reteve a estrutura de benefícios dual, desagregadora, descrita no capítulo 8. Não houve tendência para um Estado de Bem-estar Social, como em outros países anglófonos. A onda para a esquerda da década de 1930 foi freada. Todavia, o baixo desemprego, os salários estabilizados e os impostos progressivos do tempo de guerra significavam que a desigualdade caíra substancialmente durante a década de 1940. Horas trabalhadas equalizadas e férias remuneradas foram estendidas (Goldin & Margo, 1992; Brinkley, 1996: 225). A década de 1940 foi a única década do século na qual a desigualdade de renda e riqueza caiu na América, e caiu substancialmente (Piketty & Saez, 2003). Os países anglófonos agora tinham as distribuições de renda mais iguais no mundo. Sob esse aspecto, a guerra foi boa para a classe trabalhadora americana. Foi especialmente boa para os afro-americanos, elevando seus salários de 40 para 60% das receitas dos brancos. O poder militar havia sob esses aspectos solidificado o feito do New Deal.

O estado de guerra também continuou a se expandir em tamanho e escopo regulatório. Para pagar pela guerra, o governo dependia basicamente do imposto de renda dos títulos, de modo que uma parte maior dos ativos de indivíduos e instituições financeiras foram investidos no governo federal. Essa "nacionalização" das finanças perdurou até a década de 1970, quando se tornou mais transnacional (Sparrow, 1996: 275). Investimentos industriais patrocinados pelo Estado aumentaram de menos que 5% do investimento de capital em 1940 para massivos 67% em 1943 (Hooks, 1991: 127). As demandas de guerra ainda não foram estavam tão pesadas quanto na Grã-Bretanha, Alemanha ou União Soviética. Em resposta, esses países estabeleceram conselhos de guerra supremos que intervinham em qualquer lugar na sociedade. Não houve equivalente americano. Os Estados Unidos não sacrificaram as necessidades dos civis no altar da guerra. Em vez disso, agências *ad hoc* de planejamento corporativo em tempo de guerra foram estabelecidas e encaminharam vastos recursos econômicos da América para a guerra. Essas agências não rivalizaram a autoridade de Roosevelt, deixaram a economia basicamente em mãos privadas, e puderam ser desmanteladas no final da guerra.

As agências eram administradas por políticos, funcionários públicos, oficiais militares, alguns sindicalistas, mas, sobretudo, por executivos de grandes empresas, os homens de "um dólar por dia", cedidos por suas corporações e ainda recebendo salários delas. Sob essas agências, o número de funcionários públicos federais subiu de 830.000 em 1938 (em si, um pico histórico) para 2,9 milhões ao final da guerra. Esse Estado aumentado ocasionou uma reprise silenciosa do conflito entre teóricos da autonomia do Estado e teóricos de classe que discuti no capítulo 8 do volume 3. Mas havia diferenças desta vez. Como isso era guerra, oficiais militares eram a maior facção estatista e, como o principal propósito era travar uma guerra, o conflito de classes não era tão importante quanto durante o New Deal. O conflito de classes teve pouca importância nos conselhos de guerra, da Marinha ou de produção de nível mais elevado, onde a força de trabalho não tinha presença importante e onde os principais conflitos eram entre o exército, executivos corporativos e funcionários do New Deal.

Há um consenso geral sobre os resultados desses conflitos, embora com algumas diferenças de ênfase entre os principais estudiosos (Hooks, 1991; Sparrow, 1996; Domhoff, 1996: cap. 6; Waddell, 2001; Koistinen, 2004). Todos aceitam alguma versão do que Sparrow chama "teoria da dependência dos recursos", no sentido de que as agências estatais permaneceram dependentes daqueles que forneciam seus recursos, especialmente as grandes empresas e (com menos consenso) os militares. Hooks propõe um meio-termo entre uma autonomia do Estado e uma teoria de classes. Os poderes ampliados do Estado americano, ele diz, estavam sendo redirecionados para longe dos objetivos sociais do New Deal, na direção de objetivos mais conservadores de uma aliança industrial-militar. Essa consistia, por um lado, em burocratas militares semiautônomos e, por outro, em corporações do setor de monopólios que emergiram da guerra na posse conjunta do Estado, embora o exército também controlasse seus próprios recursos produtivos. A guerra produziu um conservadorismo de grandes estatais, não de esquerda, mas liderado por corporações empresariais e pelo exército.

A partir do começo de 1947 a Guerra Fria permitiu ao exército consolidar seus poderes, enquanto as corporações reconquistavam sua autonomia à medida que a economia voltava a se orientar mais ao mercado. Um setor constituído por aviação, produtos eletrônicos de defesa e construção naval permanecia sob controle conjunto Pentágono-corporativo – o que o Presidente Eisenhower mais tarde chamou o "complexo industrial-militar" – e esse foi o principal local de planejamento industrial nos Estados Unidos. Durante o próximo meio século, presidentes e Congresso buscaram intermitentemente podar suas asas, criando agências civis independentes do Pentágono – como a Comissão de Energia Atômica, a Administração Nacional Aeronáutica e Espacial, a Agência de Controle de Armas e Desarmamento e o Departamento de Energia. Mas muitos de seus recursos terminavam dirigidos para fins militares e subordinados ao complexo. Domhoff enfatiza o poder das corporações; Hooks enfatiza o poder militar em indústrias como a emergente indústria de aviação. Em indústrias mais estabelecidas, ele concorda que os principais contratantes corporativos "ganhavam os recursos econômicos e a autoridade política para coordenar setores econômicos inteiros" (Hooks, 1991: 150, 161). Esse era o contexto no qual C. Wright Mills (1956) concebeu sua famosa teoria da "elite do poder", em que uma fusão de elites econômicas, militares e políticas controlavam a América em conjunto. A teoria fazia sentido no contexto da guerra e da Guerra Fria, embora, é claro, não se tratasse de uma fusão tal como a encontrada nos regimes fascista ou socialista de Estado, e foi até certo ponto equilibrada pelas instituições políticas da democracia.

Oficiais e empresários, apoiados pelo Congresso, superaram os adeptos do New Deal, que favoreciam mais liberalismo do que os empresários ou o Congresso desejavam, e mais controle civil do que os militares queriam (Hooks, 1991; Brinkley, 1996: cap. 8; Waddell, 2001). Roosevelt e Truman necessitavam do apoio empresarial e congressional, enquanto os adeptos do New Deal não tinham outro lugar para ir. Os empresários e o exército chegaram a um *modus vivendi*, como Koistinen (2004: 503) descreve: "O exército permaneceu agudamente consciente de que seus interesses de longo prazo residiam na estrutura corporativa. [...] A indústria reciprocava, desde que o exército e a marinha negociassem e autorizassem contratos. Consequentemente, na maioria dos casos, os serviços armados e a América corporativa se mantinham unidos na política de mobilização, ainda que, às vezes, seus interesses imediatos diferissem". Os adeptos do New Deal perderam seus empregos à medida que as agências tentando se defender dos comitês congressionais buscavam a proteção de chefes mais conservadores. Roosevelt, por vezes, ainda defendia o New Deal com palavras, mas nem sempre com ações.

Os planos liberais para a reconversão liderada pelo governo pós-guerra para auxiliar trabalhadores e pequenos empresários, e para uma política keynesiana completa, foram frustrados. Como Waddell (2001) observou, a mobilização de tempo de guerra desenvolveu um modelo de guerra e não de bem-estar para expandir o poder do Estado, e isso foi aceitável para grandes corporações e conservadores congressionais. Na Guerra Fria isso perdurou, embora agora necessitasse de mais apoio civil, especialmente no Congresso. Senadores e deputados foram geralmente favoráveis desde que bases militares ou indústrias fossem colocadas em seus distritos eleitorais. No final da Guerra Fria havia uma dessas em cada distrito congressional. Todo mundo conhece o discurso de Eisenhower ao final de sua presidência, alertando os americanos para o surgimento do "complexo industrial-militar". Todavia, Eugene Jarecki, diretor do filme-documentário *Why we fight* (*Por que lutamos*), diz que os filhos do presidente lhe disseram que o penúltimo rascunho do discurso de seu pai havia se referido ao "complexo congressional-industrial-militar". Eisenhower removeu a palavra "congressional" quando conselheiros disseram que provocaria dificuldades políticas (BBC, "Storyville", 3 de março, 2005). A versão tripartite era mais acurada, e foi material para a teoria da "elite do poder" de Mill – uma aliança de elites econômicas, militares e políticas. Mas o complexo (por vezes chamado o Estado de segurança nacional) não dominou o Estado inteiro. Grande parte da indústria não estava abastecendo o exército após 1945, e seus lobistas muitas vezes insistiam em manteiga no lugar de armas. O Congresso tinha de se preocupar com ambos. Suas relações dependeriam da percepção da ameaça do exterior, e isso flutuou ao longo da Guerra Fria. Mas, em geral, guerras deveriam ajudar a conduzir o governo grande (*big government*), os grandes empresários e o Congresso para caminhos conservadores.

Relações de trabalho em tempo de guerra: corporativismo e crescimento de sindicatos

Contudo, nem todas as agências de tempo de guerra foram controladas por empresários ou pelo exército. O Escritório de Administração de Preços, que estabelecia preços ao consumidor e aluguéis na economia a partir de janeiro de 1942, foi um bastião da democracia de consumo sob a liderança do New Deal. Um exército de homens controlava os preços em todo o país, assegurando que se mantivessem no nível especificado. No pico, congelou quase 90% dos preços dos alimentos ao consumidor. Foi popular – embora a Associação Nacional dos Manufatureiros (National Association of Manufacturers – NAM) o tenha atacado sem sucesso como "ditadura burocrática mesquinha". Foi um triunfo liberal-trabalhista, mas com um prazo de validade limitado, pois era improvável que uma interferência radical nos mercados sobrevivesse em uma América em tempos de paz. Foi abolido em 1947, revivido durante a Guerra da Coreia, e depois abolido de vez.

A guerra necessitava de relações de trabalho corporativo, como ocorrera na Primeira Guerra Mundial. A força de trabalho tinha de ser cooptada para eliminar perturbações à produção de materiais essenciais provocadas por greves e operações-padrão. Em 1941, Roosevelt enviou tropas repetidamente para frear greves e reforçar acordos, mas ele não gostava de fazer isso (Sparrow, 1996: 72-83). Empresários se opuseram a uma presença trabalhista nos conselhos de planejamento. Todavia, nem a ANM nem a Câmara de Comércio dos Estados Unidos conseguiram formular um plano alternativo; tampouco tiveram poderes para obter acordos em prol de todos os empresários. As federações sindicais Federação Americana do Trabalho (American Federation of Labor – AFL) e Congresso das Organizações Industriais (Congress of Industrial Organizations – CIO) representavam a força de trabalho, mas disputavam entre si. A AFL permaneceu desconfiada do envolvimento com o governo, e ambas tiveram dificuldades de disciplinar os militantes do chão de fábrica, entre os quais havia muitos comunistas. O presidente do CIO, John L. Lewis, também rejeitava o corporativismo. Roosevelt persistiu e estava preparado para fazer concessões aos sindicatos e passar por cima da a intransigência empresarial. Mas republicanos conservadores e democratas do sul se opuseram a qualquer aumento no poder sindical (Katznelson et al., 1993). Sulistas, ocupando metade dos comitês do Senado na época, defenderam seu próprio capitalismo racial, sem sindicatos (Korstad, 2003). Após uma onda de greves em 1941, a Casa Branca, instada pelos empresários, aprovou um projeto de lei para restringir direitos sindicais que rescindiriam a Lei Wagner. O Senado se dedicou a aprová-la e Roosevelt não estava certo se seu veto se manteria firme. Ele sabia que caso se tornasse lei, só levaria a mais greves.

Mas os japoneses agora atacaram Pearl Harbor, e Roosevelt poderia usar o trunfo patriótico. O isolacionismo foi encerrado e a oposição congressional enfraqueceu. Roosevelt usou um pequeno grupo de moderados corporativos, além de adeptos do New Deal e aliados do CIO para negociar um plano, que ele fez ser aprovado por meio de associações industriais (*peak associations*) que careciam de um plano alternativo. Ainda temendo o Congresso, recorreu à ordem executiva, estabelecendo um Conselho Nacional do Trabalho na Guerra (National War Labor Board) com poderes muito mais regulatórios do que o antigo Conselho Nacional de Relações de Trabalho (National Labor Relations Board – NRLB) discutido no volume 3, capítulo 8. Os sindicatos entraram nas agências do conselho como os únicos representantes dos trabalhadores, sentando ao lado de representantes empresariais e governamentais formalmente como iguais em uma estrutura corporativista tripartite. Eles receberam privilégios institucionais, especialmente uma regra de "manutenção de afiliação", que permitia que sindicatos já reconhecidos pelo empregador recrutassem todos os novos empregados lá. Empregadores esperavam violar essa regra, mas depois viram que isso poderia fazer com que perdessem contratos federais, e isso também pressionou outros empregadores a reconhecerem as *union shops* (em que novos aprendizes eram obrigados a se juntar ao sindicato durante um acordo de negociação coletiva). A afiliação sindical subiu a 40%, de 25% da força de trabalho não agrícola em 1939 para mais de 35% em 1945. O conselho estabeleceu a política salarial nacional, e sob as normas do sacrifício equânime de tempo de guerra, foi mais igualitária. Os salários de trabalhadores não qualificados subiram mais rápido do que os dos qualificados, os dos negros mais rápido do que os dos brancos, os das mulheres mais rápido do que os dos homens, os salários baixos da indústria mais rápido do que os salários altos. Líderes trabalhistas estavam agora dentro de uma grande agência administrativa de tempo de guerra, enquanto mais membros representavam mais fundos, mais reclamações trabalhistas e mais benefícios e férias remuneradas, encorajados pelo conselho como influências estabilizadoras nas relações de emprego. Em termos comparativos, no final da década de 1940, os Estados Unidos não eram mais retardatários sindicais. Seus índices de afiliação estavam na média das diversas democracias industriais.

No sul, o conselho empoderou os trabalhadores negros: "Da perspectiva do sul, e especialmente dos trabalhadores negros do sul, um sistema federalmente imposto... conhecido como 'jurisprudência industrial' era simplesmente indispensável. [...] era tudo menos uma barreira legalista para a militância... oferecia a única rota concebível ao poder" (Korstad, 2003: 223-225). As eleições do conselho foram a primeira oportunidade para muitos trabalhadores negros votarem na R.J. Reynolds. Eles votaram pela representação sindical. Os trabalhadores brancos da fábrica Harriet & Henderson estabeleceram sua afiliação sindical ao CIO [Comitê de Organizações Industriais] foi em 1943. As reclamações trabalhistas licenciadas pelo conselho os ajudaram a defender níveis de salário e estabeleceram regras para segurança no emprego, transferências entre empregos, turno de trabalho extra e atraso e absenteísmo. Essas regras impediram a administração de aumentar arbitrariamente as cargas de trabalho, anteriormente, a principal fonte de conflitos. As trabalhadoras apreciaram regulamentações que lhes permitiam combinar trabalho com responsabilidades familiares e, com isso, exercer um controle maior sobre suas vidas. Esses trabalhadores *queriam* ser regulados, diferentes dos empregadores (Clark, 1997: 100, 104, 4, 147). Esses dois estudos deixam claro que os trabalhadores dos sul queriam os sindicatos – e regulamentação.

Contudo, a regulamentação teve efeitos bons e maus ao mesmo tempo. O conselho queria sindicatos responsáveis, e os sindicatos trocaram promessas de não realização de greves pelo reconhecimento do empregador e ganhos institucionais. Sindicatos comunistas foram especialmente aquiescentes, instruídos por Moscou a se sacrificarem pelo esforço de guerra (Zieger, 1995: 172-177). O contrato por prazo determinado se tornou normal, confinando o conflito ao final do período contratual, quando os procedimentos de arbitragem do conselho ajudavam a regulá-lo. A negociação se tornou ritualizada. Sparrow (1996: 274-275) conclui: "Os sindicatos de trabalhadores passaram de ousados, na década de 1930 e no começo da década de 1940, para atores avessos ao risco em meados e no final da década de 1940, ansiosos por proteger o *status quo*".

Líderes sindicais haviam esperado por um corporativismo no qual os trabalhadores fossem um parceiro igual nos "conselhos" industriais. No nível do chão de fábrica eles desejavam participação nas decisões de produção e de contratação e demissão, e o direito de inspecionar os livros das companhias. Eles fracassaram em obter qualquer uma dessas coisas. Roosevelt não estava interessado, e mesmo os sindicatos estavam divididos, de modo que os empresários se recusaram a abrir mão de prerrogativas gerenciais. Líderes sindicais agora eram solicitados a adotar ações contra militantes do chão de fábrica, e, portanto, o CIO fez novas exigências aos funcionários locais. Eles deveriam ser "capazes de administrar contratos em uma base relativamente pacífica". Onde não seguissem essa linha, eram expurgados. Lichtenstein comenta: "Em vez de lutar por cada uma das reclamações até satisfazerem os membros subalternos, esperava-se agora que os membros dos comitês sindicais processassem somente aquelas reclamações apoiadas pela linguagem dos contratos" (2003: 23; cf. Cohen, 1990: 357-360).

As reclamações deveriam ser submetidas aos procedimentos de arbitragem da NLRB. Todavia, no começo de 1943, o conselho estava recebendo de dez a quinze mil casos por mês e a pilha estava crescendo. Trabalhadores insatisfeitos responderam com greves ilegais em 1943 e 1944, contudo, muito menos do que na Grã-Bretanha do tempo de guerra. Alguns sindicatos da AFL, mais desconfiados da regulamentação política, foram mais favoráveis às greves e aumentaram seu número de membros às custas do CIO. Conflitos dentro e entre sindicatos continuaram (Brinkley, 1996: cap. 9; Lichtenstein, 2003: introdução; Zieger, 1995; Stepan-Norris & Zeitlin, 2003; Sparrow, 1996: cap. 3). Isso não foi uma simples "deslealdade" dos líderes. As pressões funcionaram de ambos os lados. Militantes conseguiam o apoio dos subalternos quando os trabalhadores tinham um forte sentimento de descontentamento, todavia, os líderes trabalhistas sentiam a pressão do patriotismo do tempo de guerra, ampliada pela mídia de massa enviesada e pelas tendências eleitorais. Greves ilegais eram impopulares entre o público geral. Militantes que provocavam problemas eram geralmente considerados antipatriotas, e isso ajudou as tendências eleitorais desfavoráveis aos sindicatos e ao comunismo, uma vez que muitos militantes eram comunistas. O principal problema foi o modo como os Estados Unidos participaram da guerra. Os civis não estavam fazendo grandes sacrifícios pelos quais pudessem esperar recompensas posteriores. Não havia grande reserva de simpatia por trabalhadores grevistas. Essa guerra, como a Primeira Guerra, e a despeito do crescimento dos sindicatos de trabalhadores, foi em geral um retrocesso para os trabalhadores americanos, aumentando sua visibilidade como um grupo de interesse seccional em vez de nacional. Na América, a classe trabalhadora não seria elidida na nação, como em alguns outros países.

Em contraste, distritos industriais britânicos estavam sendo fortemente atacados pelo ar, e os britânicos trabalhavam mais horas em situações mais perigosas. O racionamento de comida criou uma "cultura do mercado negro" no qual se pensava que os ricos prosperavam enquanto os trabalhadores sofriam. Sindicatos britânicos se sentiram forçados a fazer os mesmos acordos que os americanos fizeram, e Ernest Bevin, o ministro do trabalho, foi um proeminente líder sindical. Mas quando as greves ilegais britânicas ocorreram, elas evocaram mais sentimentos de empatia do público geral. Durante a guerra, a opinião britânica se moveu para a esquerda à medida que se aprofundava a noção de que os sacrifícios do povo deveriam ser recompensados com reformas. Isso produziu a vitória eleitoral abrangente do Partido Trabalhista em 1945, surpreendente e, para Churchill, devastadora. Nos Estados Unidos a opinião se moveu um pouco para a direita, como as eleições do tempo de guerra mostraram. Contudo, ao final da guerra os sindicatos permaneceram esperançosos de que poderiam consolidar os ganhos do tempo de guerra.

Planejamento pós-guerra: keynesianismo comercial, complexo industrial-militar

Após a guerra, a política monetária e fiscal do New Deal foi mantida e, da experiência do tempo de guerra, emergiu um consenso macroeconômico de que o governo deveria auxiliar e regular as forças do mercado. Os empresários americanos agora dependiam muito do planejamento governamental e as grandes corporações reconheceram isso e adotaram o que foi chamado "keynesianismo comercial". A política fiscal e monetária do governo atenuou os ciclos de uma economia capitalista, aumentando o emprego, estabilizando preços e o crescimento econômico. Houve diferenças políticas: durante o governo dos democratas, o crescimento tendeu a ser enfatizado, durante o dos republicanos, foi a estabilidade de preços. Durante ambos, subsídios agrícolas e gastos governamentais, especialmente no exército, ajudaram a manter a demanda agregada e o crescimento estimulado. Agora, uma economia nacional poderia ser "medida" pela coleta de estatísticas econômicas sistemáticas, e os Estados Unidos foram os primeiros a aproveitarem ferramentas econômicas desenvolvidas na década de 1930 e especialmente na guerra para estabelecer em 1947 relatórios macroeconômicos nacionais. Mas os Estados Unidos também tinham responsabilidades globais, não apenas de resistir ao comunismo, mas também de estimular a prosperidade global. O crescimento americano dependia da restauração econômica do leste da Europa e do Japão, e a política do governo foi planejada para auxiliar isso. Essa nova fase de uma economia nacional combinada com global mostraria que Marx estava errado. O capitalismo poderia gerar organização coletiva para se proteger dos piores efeitos da competição desenfreada, tanto nacional quanto internacional – parcialmente por meio de um militarismo que Marx havia associado ao feudalismo, não ao capitalismo. O poder militar não estava se extinguindo com o desenvolvimento do capitalismo.

Domhoff (no prelo) mostra que o Comitê para o Desenvolvimento Econômico (Committee for Economic Development – CED), o *think tank* da ala "liberal corporativa" dos empresários, atuaram como uma força moderadora entre os liberal-trabalhistas e o conservadorismo de livre-mercado da NAM e da Câmara de Comércio americana. Embora se opondo fortemente (como todos os empresários) às pressões liberal-trabalhistas em prol dos sindicatos, da redistribuição, do Estado de Bem-estar Social e da regulamentação das empresas, o CED acolheu a política fiscal e monetária do governo para estimular o crescimento e o emprego, e assim preservar a estabilidade, tanto pelos méritos intrínsecos dessas políticas como para impedir mais esquemas de planejamento liberal-trabalhistas. A partir de 1946, os presidentes passaram a receber orientação da nova Assembleia de Conselheiros Econômicos, economistas influenciados por Keynes do qual a maioria havia trabalhado também para o CED. O CED também estava disposto a apoiar a ajuda econômica para a Europa e algum financiamento de déficit de crescimento. O CED muitas vezes disputou com a orientação de equilíbrio orçamentário de organizações empresariais rivais os votos da maioria conservadora no Congresso formado por republicanos e democratas do sul.

A última tentativa liberal-trabalhista de acrescentar um compromisso explícito com o emprego pleno foi em 1944, com um Projeto de Lei de Emprego Pleno para garantir "o emprego, a produção e o poder de compra máximos". Todavia, em sua votação, o projeto foi tão enfraquecido pela insistência conservadora de que "incentivos" deveriam permanecer para trabalhadores de salários baixos que nem adeptos do New Deal nem keynesianos puderam reconhecer a Lei de Emprego (não "Pleno") final como criação sua. A lei envolvia ajustes tributários para estimular o crescimento, mas não investimentos na criação de emprego direto, como desejavam (Rosenberg, 2003: 43–63; Barber, 1985: 165-168; Brinkley, 1996: 260-264; Domhoff, no prelo).

Apesar disso, o baixo desemprego de cerca de 4% durou por vinte e cinco anos após a guerra, e os padrões de vida da grande maioria melhoraram continuamente. Os anos entre 1950 e 1973 são geralmente vistos como uma idade do ouro, o período de crescimento mais rápido que o mundo já vira. Foi tão fora da escala quanto a Grande Depressão e foi liderado pelos Estados Unidos (Maddison, 1982). Como com a Grande Depressão, os economistas têm dificuldade de explicar esse evento de crescimento singular. Nem modelos neoclássicos de crescimento estatal contínuo, nem o modelo de uma "taxa de crescimento natural" poderiam ser aplicados. Esses modelos eram também minados pela aparição de grandes variações na inovação tecnológica, em investimentos e no fornecimento de força de trabalho, que agora borbotava em incrementos isolados como a migração do interior e o *baby boom* (Bombach, 1985). Os conservadores permaneceram comprometidos com os "mercados livres", e compreenderam esses aumentos em termos mais simples: o capitalismo funcionava. Em 1953, a economia americana tinha 45% da produção manufatureira do mundo inteiro e as técnicas americanas eram adaptadas globalmente, auxiliando o crescimento por meio da "equiparação" (Abramowitz, 1979).

A guerra havia aumentado a capacidade produtiva, mas por restrição governamental de preços e de fornecimento de bens duráveis. Os americanos foram forçados a poupar. Assim, o período pós-guerra viu uma explosão de gastos quando os bens duráveis voltaram à produção. Em 1950, 80% dos americanos tinham um refrigerador e 60%, um carro. Muitos tinham casa própria, auxiliados pelas reformas hipotecárias do New Deal e da Lei do Recruta (GI Bill of Rights)*. A área residencial estava em pleno desenvolvimento. O modo de vida americano se materializou como uma explosão de consumo, como "cidadania de consumo" (Cohen, 2003). Depois, espalhou-se primeiro para a Europa, depois ao Japão e ao leste da Ásia e a partes maiores da China e Índia. O crescimento continuou após os padrões adequados de vida terem sido atingidos. Novas tecnologias, novas maquinetas, novas necessidades foram criadas, repetidamente. Automóveis, televisores, computadores laptop, VCRs, DVDs, Blu-Ray, telefones celulares, I-pads, com novos modelos a cada ano, e logos desejáveis sempre mudando. A massa de cidadãos ficou viciada nos dispositivos comercializáveis. A publicidade adornava cada vez mais a mídia, as ruas e a vestimenta humana. As pessoas reproduziam o capitalismo não apenas na produção; mas também mais concretamente através de seu consumo. A economia capitalista havia solvido a

---

* A Lei de Readaptação dos Militares, de 1944, conhecida como "Lei do Recruta" (GI Bill), oferecia benefícios para o retorno de veteranos da Segunda Guerra Mundial (comumente chamados de recrutas, ou GI). A lei original expirou em 1956, mas o termo "GI Bill" ainda é usado para se referir a programas criados para ajudar veteranos militares dos Estados Unidos [N.T.].

combinação entreguerras de alta produtividade de bens manufaturados e falha em estimular a demanda de consumo. Isso produziu uma crise. Agora, os Estados Unidos equilibravam alta produtividade e alta demanda de consumo, e uma explosão resultou ao redor do mundo. A era de ouro do capitalismo, chamada na França *les trente glorieuses* (os trinta anos gloriosos), durou de 1945 a 1975, e beneficiou economicamente muitos povos ao redor do mundo (Hobsbawm, 1994; Maddison, 1982). O capitalismo americano não encontrou a solução sozinho. Foi estimulado a esse fim pelo New Deal de Roosevelt e depois pelo keynesianismo militar. Nesse caso, a "destruição criativa" de Schumpeter não resultou da lógica do capitalismo *per se*, mas das relações entremeadas do poder econômico, político e militar. Isso gera a ideia instigante de que o capitalismo poderia não possuir os meios de sua própria salvação e de que as forças do mercado não são autocorretivas.

A combinação de forças de mercado, planejamento governamental e impostos progressivos gerou uma cidadania de consumo. Embora empresários e muitos republicanos talvez preferissem mudanças de impostos, líderes republicanos sabiam quão impopulares impostos mais regressivos seriam. Considerações eleitorais restringiram a direita e a esquerda. O imposto de renda, deduzido quase invisivelmente na fonte, constituía dois terços da receita total em 1950. Embora outros impostos tendessem a ser um pouco regressivos, não eram grandes o bastante para contrabalançar o imposto de renda. Todavia, o consumo não era, de fato, um direito universal, mas um privilégio, dependente do poder de compra desigualmente distribuído nos mercados. Emprego pleno e impostos progressivos ajudaram, mas os pobres foram deixados de fora.

Ainda assim, para a grande maioria de americanos, isso estava muito longe da década de 1930. Desemprego e desigualdade foram combatidos pelas forças aparentemente impessoais do mercado, estimuladas discretamente pelos funcionários do governo e pela demanda do complexo industrial-militar (Sparrow, 1996: cap. 4). O sistema de autoestradas interestaduais e a universidade de pesquisa contemporânea estimularam a economia, mas foram basicamente desenvolvidos por razões militares. Os Estados Unidos tinham um Estado grande denunciado pelos conservadores. O gasto governamental era de 20% do PNB em 1940, 31% em 1962, e de 40% em 1990 (Campbell, 1995: 34). As taxas marginais mais elevadas de imposto de renda foram em torno de 90% na década de 1940 e caíram para cerca de 70% nas décadas de 1950 e 1960, antes de caírem novamente para cerca de 50% durante o mandato do Presidente Reagan. Mas, diferente do New Deal, planejamento e grandeza estatais careciam de mobilização popular ou de qualquer conexão de fato com a esquerda. Ignorando cuidadosamente o Estado industrial-militar e os subsídios agrícolas, os conservadores proclamaram as virtudes dos livres-mercados e denunciaram os estados grandes como fascistas ou comunistas. As corporações antes denunciadas como trustes maus agora pareciam benignas. Elas eram lugares seguros de emprego, que ofereciam suas próprias provisões de previdência social, e eram administradas por gerentes. Wall Street era somente uma presença distante, pois as corporações eram basicamente autofinaciadas. Por volta de 1950, menos de uma em cada dez famílias americanas possuíam ações de companhias. A palavra "capitalismo" raramente era usada: a economia era livre-iniciativa, como se corporações, complexo congressional-industrial-militar e subsídios agrícolas libertassem as pessoas. Esse era um Estado grande com grandes corporações, mas os conservadores pretendiam o contrário.

A falsa aparência teve consequências importantes. O keynesianismo comercial era administrado pela elite de Washington. Era abstrato, removido das vidas da maioria das pessoas, cujo trabalho e cujo consumo pareceu dominado pelos mercados. Os políticos pregavam o livre-mercado, enquanto os keynesianos nada pregavam, o que significava que os livres-mercados eram mais incrustados e ressonantes na ideologia americana. Isso foi um keynesianismo que não ousava falar seu nome. Assim, mais tarde, surgiu o mito de que o período da idade de ouro na América era dominado por mercados e impostos baixos, e de que o Estado grande e impostos altos foram um produto de anos mais recentes e que provocaram crescimento mais baixo. A ideologia não era verdadeira, mas era poderosa.

O Estado grande foi estabelecido após os soviéticos terem adquirido a bomba atômica e durante a Guerra da Coreia, que discuto no próximo capítulo. Com a quase derrota na Coreia, o exército americano reconheceu que não era tão grande quanto o dos comunistas, e buscou a guerra de capital intensivo e de alta tecnologia. O gasto com pesquisa e desenvolvimento militares aumentou cinco vezes e meia em termos reais na década de 1950 e corporações como General Electric e General Motors permaneceram as principais empreiteiras de defesa que haviam se tornado durante a guerra mundial. Da década de 1950 à de 1980, o gasto em pesquisa e desenvolvimento militares variou entre 40 e 65% de todo gasto com pesquisa e desenvolvimento (Hooks, 1991: 27-28). Isso se mostrou bom para a economia, pois gerou um setor industrial estável incentivando o emprego seguro e limitando os declínios de mercado. Pesquisa e desenvolvimento militares criaram subprodutos, como computadores e semi-condutores (Alic, 2007). Isso era keynesianismo menos comercial do que militar, menos política econômica do que consequências não intencionais do poder militar global. O complexo industrial-militar da década de 1950 foi então sucedido pelo que Linda Weiss (2008) chama um complexo de aprovisionamento-desenvolvimento, um orçamento de aprovisionamento de defesa federal de 450 bilhões (1 trilhão, se incluirmos todos os níveis de governo) e patrocínio de muitas de iniciativas conjuntas público-privadas. Seu cultivo de tecnologias de uso dual (militar e civil) como TIC (computadores, semicondutores e software), biotecnologia e nanotecnologia borraram a linha entre Estado e empresas, e entre necessidades militares e civis – deliberadamente, pois o governo americano reconhece que suas necessidades militares e de segurança dependem da manutenção de uma liderança de alta tecnologia. Nesse setor, esse é um Estado grande. Vínculos econômico-militares também são encontrados em uma escala menor em outras potências militares incluindo Rússia, China, Grã-Bretanha e França.

Nos Estados Unidos, o sucesso econômico parecia obviar a necessidade de alívio ou redistribuição estatal direto. Isso não foi verdadeiro em muitos outros países, como vimos no volume 3, capítulo 9. As rendas estáveis elevadas de trabalhadores nas indústrias de defesa federalmente financiadas e em uma indústria automotiva ajudadas pelo gás barato e pelo gasto federal em autoestradas, além da explosão nas exportações fornecida pela recuperação europeia estimulada pelo Plano Marshall, forneceu o centro da prosperidade de consumo para quase todos. Programas de alívio do New Deal foram dispensados: sem necessidade de expandir o bem-estar social, e mesmo os programas de veteranos foram transferidos de agências federais para estaduais (Brinkley, 1996: 224-226, 268-269; Maier, 1987a). Consumo, bem-estar social corporativo e bem-estar social gerido pelo Estado visavam especificamente aos pobres gerarem não direitos universais, mas privilégios particulares, não compartilhados por todos. Para a maioria, contudo, parecia que não havia necessidade da busca europeia de cidadania social por meio de programas de bem-estar social e de políticas de mercado de trabalho ativas. Nos Estados Unidos, fosse durante governos de presidentes e congressos democratas ou republicanos, as políticas liberal-trabalhistas fracassaram. O número de votos baixou para 53% em 1948, e daí em diante, seu ponto mais elevado foi 63% em 1953. Poucos pobres estavam agora votando. A América começava sua longa marcha, embora não inteiramente estável para a direita ao longo do resto do século, o produto de forças tanto domésticas como geopolíticas.

Após a morte de Roosevelt, em 1946, os republicanos assumiram o controle da Casa Branca e do Senado, ajudados pela reação contra uma onda de greves nacional, e pelos democratas do sul. O movimento para a direita continuou na Guerra Fria à medida que conservadores mobilizaram uma retórica antitotalitária contra adeptos do New Deal e do Estado grande e contra sindicatos de trabalhadores "socialistas" e "comunistas". Os comunistas foram por muito tempo demonizados nos Estados Unidos. Uma pesquisa Gallup de 1938 revelou que embora 97% dos americanos entrevistados dissessem acreditar na liberdade de expressão, somente 38% disse ser favorável à prisão ou outras medidas repressivas para os comunistas (White, 1997: 30). Antes da Guerra Fria, isso não significava muito. Caso lhes fizessem perguntas de escolha determinada sobre comunistas, os respondentes respondiam negativamente, mas não se preocupavam realmente com os comunistas. Agora, os comunistas eram o principal inimigo, tentando nos escravizar. Esse foi o começo de um período inusual na política americana, quando a política nacional e externa se reforçavam fortemente por meio do Estado de segurança nacional. Como sempre, a política estrangeira nas assim chamadas democracias foi formulada por pequenas elites, mas dessa vez era genuinamente popular, arraigada em um anticomunismo compartilhado.

Os democratas tentaram competir. "Dá um susto neles, Harry" (*Scare Hell out of 'Em Harry*) se tornou a máxima de Truman quando provocado em 1946 pela propaganda republicana de que a escolha era entre comunismo e republicanismo. Truman introduziu programas de lealdade no serviço público que o Senador McCarthy mais tarde pôde explorar. Havia realmente redes de espiões soviéticos na administração embora em breve tivessem sido desmanteladas. Anos mais tarde, Clark Clifford, conselheiro do Presidente Truman, disse: "Era um problema político... Nunca tivemos uma discussão séria sobre um problema real de lealdade... o presidente não vinculava importância fundamental à ameaça comunista". Ele pensava que era um monte de besteiras. Mas as pressões políticas foram tantas que teve de reconhecê-la. Um problema estava sendo manufaturado" (White, 1997: 60) Programas de ajuda estrangeira era agora vendidos desse modo (de qualquer modo, mais de 90% de seu custo era militar).

Democratas do sul e o complexo industrial-militar estavam particularmente dispostos a enfatizar o anticomunismo e a Guerra Fria. Outros republicanos haviam estado inicialmente hesitantes sobre os impostos que a Guerra Fria exigia, mas em breve mudaram de posição, percebendo que o anticomunismo lhes dava um tema unificador na política tanto interna quanto externa. Liberais eram denunciados como favorecendo políticas socialistas e sendo brandos com o comunismo dentro e fora do país. Dulles, secretário de Estado de Eisenhower, reconheceu privadamente que cultivava o anticomunismo interno para legitimar a diplomacia arriscada e cara que seguia no exterior (Gaddis, 1982: 136, 145). Ameaças geopolíticas eram importantes para conduzir a América para a direita. Empregadores denunciavam sindicatos como socialistas ou comunistas – e alguns deles eram. O presidente da General Motors declarou em 1946: "Os problemas dos Estados Unidos podem ser capciosamente resumidos em duas palavras: Rússia lá fora e trabalho aqui dentro" (White, 1997: 31).

O movimento trabalhista: estagnação e declínio

Em um clima hostil assim, os sindicatos tinham de reagir ou decair. Em 1946, o CIO havia tentado mudar as coisas fraturando o sul. Na Operação Dixie, enviou 150 organizadores sindicais ao sul. Mas a Dixie fracassou depois de seis meses. Seu modelo organizacional era baseado em grandes corporações do norte e não nas pequenas empresas do sul, e era encurralado pelo faccionalismo. Muitos organizadores comunistas foram impedidos de participar, enfraquecendo, assim, o entusiasmo, e o CIO fracassou em estabelecer sua legitimidade na cultura do sul (Griffith, 1988; Honey, 1993). O anticomunismo foi empregado contra qualquer um que favorecesse a integração racial, como muitos organizadores sindicais faziam. A Dixie foi destruída pela intransigência dos empregadores do sul, apoiados pela polícia, guardas estatais e políticos. Mostrou-se contraprodutiva, erodindo sindicatos existentes no sul. Os trabalhadores da indústria do tabaco do CIO na RJ Reynolds, em Winston-Salem, falharam em sindicalizar outras firmas e, depois, em 1949-1950, perderam sua própria eleição na NLRB. A Reynolds demitiu os ativistas e o sindicato se desintegrou. A sindicalização não agrícola no sul caiu entre 1940 e 1960 de mais de 20% para menos de 10% (Korstad, 2003: cap. 15; Zieger, 1995: 227-241; Lichtenstein, 2002: 112).

Houve também uma onda de greves nacionais em 1946; 4,6 milhões de trabalhadores entraram em greve, a cifra americana anual mais elevada no século XX. A solidariedade e autodisciplina dos grevistas foram impressionantes, e os empregadores foram forçados a ceder alguns aumentos salariais (Zieger, 1995: 212-227). Mas, pela primeira vez, uma onda de greves falhou em atrair mais membros sindicais, sugerindo uma mistura de um reservatório de simpatia em declínio e mais fatalismo entre trabalhadores na tendência política para a direita. A onda de greves endureceu conservadores e isolou grande parte da classe média. O Congresso, incitado pelos empresários, aprovou a ofensiva, convencido de que eventos recentes mostraram que os sindicatos tinham poder demais. Os empresários gastavam muito com propaganda contra sindicatos "comunistas", e os sindicatos careciam dos recursos financeiros ou de unidade para se contrapor efetivamente. Não havia posição empresarial moderada sobre esse tema. Todos os empresários queriam destruir os sindicatos e achavam que tinham uma chance para conseguir isso (Rosenberg, 2003: 71; Domhoff, no prelo).

O resultado foi a Lei Taft/Hartley de 1947 (Plotke, 1996: cap. 8). Ela proibiu praticas trabalhistas injustas, banindo greves jurisdicionais (durante as quais o sindicato deveria organizar um dado corpo de trabalhadores), boicotes secundários (em que os sindicatos organizavam greves e piquetes ou se recusavam a manusear mercadorias de outra companhia com a qual não estivessem em disputa direta), e *closed shops* (acordos exigindo que um empregador contratasse somente membros sindicalizados). As *union shops* eram permitidas somente após a votação de uma maioria de empregados, e os estados tinham permissão para aprovar leis de direito ao trabalho que as proibissem. O significado do direito de trabalhar mudou do direito a um trabalho para o direito de não se juntar ao sindicato. A lei também baniu supervisores e capatazes de se juntarem a sindicatos, um ato considerado traiçoeiro ou prejudicial aos direitos de propriedade, e essas eram ocupações que cresciam rápido. O governo federal poderia obter uma injunção de interrupção de greve se uma greve "pusesse em perigo a saúde ou segurança nacional", o que os tribunais interpretavam amplamente. Para usar os serviços da NLRB um sindicato deveria declarar sob juramento que seus oficiais não eram comunistas e os sindicatos não poderiam contribuir para campanhas políticas. Essas duas últimas cláusulas foram mais tarde rescindidas como inconstitucionais – após membros sindicais de esquerda terem virtualmente desaparecido. A lei ainda vige como o fundamento das relações de trabalho americanas, tornando a vida dos sindicatos muito difícil.

A expulsão dos comunistas desproveu os sindicatos de muitos ativistas. As relações entre comunistas e outros sindicalistas nunca foi boa, o apoio dos comunistas a um novo Partido Progressista na eleição de 1948 também isolou os líderes do CIO. Alguns ficaram felizes por usar a lei para se livrar dos comunistas; outros olharam para o outro lado. Harry Bridges, líder de esquerda (embora não comunista) dos estivadores, falou contra a expulsão do sindicato dos trabalhadores do setor elétrico (Union Electrical – UE) na convenção do CIO de 1949. Ele observou: "Não encontro uma única alegação que diga que o UE não tenha feito um bom trabalho para seus membros. Nem uma única alegação econômica é tratada. Assim, agora chegamos ao ponto no qual um sindicato profissional é expulso porque discorda do CIO sobre temas políticos". Ele então colocou uma questão: "Meu sindicato não apoiou o Plano Marshall... [nem]... o Pacto do Atlântico, então vocês vão nos expulsar também?" "Sim", gritaram de volta delegados em uníssono. A convenção prosseguiu e descartou nove sindicatos que forneciam 25% dos membros do CIO. Os sindicatos comunistas eram de fato os mais democráticos (Stepan-Norris & Zeitlin, 2003: citado da p. 271; cf. Goldfield, 1997). Talvez fossem mais democráticos porque eram a oposição em muitos sindicatos. Todavia, expulsá-los foi loucura fratricida, reduzindo a capacidade organizacional dos sindicatos. Mas não eram mais considerados irmãos.

A luta interna não foi uma boa notícia para as comunidades sindicais. Em Winston-Salem, trabalhadores do tabaco foram ameaçados por empregadores hostis e pela mecanização, e a comunidade sindical negra colapsou sob a pressão da Ameaça Vermelha (*Red Scare*)* (Korstad, 2003). Em Memphis, o sindicalismo inter-racial foi "virtualmente incapacitado" pelo expurgo dos membros de esquerda, que haviam sido seus principais ativistas. Aqui, anticomunismo, segregação e princípios empresariais sólidos eram virtualmente intercambiáveis nas mentes dos empregadores e dos trabalhadores qualificados brancos que se beneficiavam da segregação (Honey, 1993: 8).

Relações industriais agora continham uma contradição (Gross, 1995): de um lado, Taft-Hartley** proclamou a adesão à "prática e procedimento da negociação coletiva", mas, de outro, foi distorcida para proteger direitos individuais, não coletivos, e especialmente os de proprietários de terras. Isso per-

---

* Denominação comum dada à promoção, pelo Estado, de um medo generalizado do crescimento potencial do comunismo, anarquismo e de outras ideologias de esquerda [N.T.].

** A Labor Management Relations Act (Lei de Relações de Gerenciamento do Trabalho) de 1947, melhor conhecida como a Lei Taft-Hartley, é uma lei federal americana que restringe as atividade e poder dos sindicatos trabalhistas [N.T.].

mitiu que empregadores se opusessem à sindicalização pela interferência no processo eleitoral estabelecido na lei. Durante uma greve permitida pela lei, empregadores podem contratar substituintes permanentes e demitir os grevistas, restrições formidáveis ao poder dos trabalhadores para suspender seu trabalho. Os membros da NLRB também são nomeados políticos. Embora os nomeados democratas tendessem a preservar, mas não a promover os direitos dos trabalhadores, os republicanos os reduziram, começando com Eisenhower, continuando com Nixon, Reagan e Bush filho, com um impasse durante o governo Obama de maioria republicana no Congresso. A NLRB se tornou cada vez menos apoiadora dos direitos coletivos dos trabalhadores. Uma nova era de repressão judicial freou o progresso do New Deal. E, uma vez mais, os sindicatos americanos estavam sendo organizacionalmente enfraquecidos pelas empresas americanas, que estavam sendo organizadas em corporações maiores e associações de comércio.

A noção de que os trabalhadores poderiam ser um parceiro igual em um sistema corporativo desaparecera. Os oportunistas individuais poderiam obter os benefícios assegurados pelos sindicatos aos quais não pertencessem, reduzindo os incentivos para pagar as contribuições sindicais. Leis de direito ao trabalho foram aprovadas por vinte e dois estados e as empresas fura-greve se tornaram muito lucrativas. A Taft-Hartley condenou os sindicatos "a um terreno geográfico e demográfico mais ou menos estático, um arquipélago que passa de uma comunidade operária (*blue-collar community*) para outra" (Lichtenstein, 2002: 114-122). Isso estava basicamente confinado ao nordeste e ao meio-oeste, um movimento menos nacional do que regional (Goldfield, 1987: 235). A negociação se tornou centrada na firma e segmentar, e a base legal do sindicalismo repousou uma vez mais nos direitos individuais e não nos coletivos, uma negação de qualquer base de classe. Os sindicatos nunca se recuperaram dos golpes inter-relacionados de 1946-1947. O ano de 1945 permaneceu o ponto culminante da afiliação sindical, embora os índices de greves tenham declinado sob as restrições da Taft-Hartley (Wallace et al., 1988). Os sindicatos detinham cerca de 30% da força de trabalho não agrícola até o começo da década de 1960, mas na época estavam gradual, mas continuamente, declinando na maior parte da indústria privada (diferente de outros países), uma tendência que foi apenas parcialmente compensada pelos ganhos no setor público (como estava ocorrendo também nos outros países). Como os sindicatos nos outros países estavam ganhando membros em geral, em 1960 os Estados Unidos eram um retardatário sindical entre as democracias avançadas, embora só tenha se tornado completamente anormal mais tarde. Goldfield (1987) é muito claro sobre as causas do declínio. Não se deveu a mudanças ocupacionais ou industriais, ou a raça, sexo ou idade. Era mais político, ele diz, resultando, primeiro, da dominação pós-guerra da aliança republicanos/sul capaz de aprovar legislação antissindical e levar a NLRB para a direita; segundo, a crescente intransigência dos empresários para criar novos modos de destruir sindicatos; e, terceiro, as táticas débeis e pouco imaginativas dos próprios trabalhadores.

Sob pressão, e sem o poder político ou o interesse fornecido em outros países pelos Partidos Socialista e Trabalhista, líderes do CIO se moveram para a direita, aceitando quaisquer acordos que pudessem obter. Com os membros da esquerda expulsos, não havia mais uma divisão ideológica entre a AFL e o CIO, de modo que se fundiram em 1955 e adotaram o economismo focado na negociação de salários e benefícios, deixando de lado prerrogativas administrativas (Lichtenstein, 2002: caps. 3 e 4). Como esse sindicalismo empresarial era tão voltado para o lucro, gerou também práticas empresariais ilegítimas – corrupção e vínculos com a máfia, especialmente nos sindicatos de caminhoneiros, estivadores e de mineradores. Seus vícios permitiram aos autores conservadores da Lei Landrum-Griffin de 1959 restringir mais os direitos dos sindicatos com base no combate ao crime (Fitch, 2006). Houve ganhos materiais do economismo e ele compeliu algumas firmas não sindicais a garantir benefícios para evitar a entrada dos sindicatos. Os sindicatos se entrincheiraram em setores mais antigos da América corporativa, assegurando que recebessem uma parte da prosperidade capitalista. Eles se voltaram para dentro, distanciando-se de objetivos sociais mais amplos na direção de interesses materiais de seus próprios membros. Mas como suas indústrias depois começaram a declinar, sua afiliação também declinou. Esse foi o fim do New Deal liberal-trabalhista na América. O combalido movimento trabalhista não podia mais prover a metade do acordo.

Em muitos outros países prósperos, o começo da década de 1950 viu mais extensão de provisão de bem-estar social na direção da cobertura universal de todos os cidadãos, e a institucionalização de instituições corporativas de colaboração entre empresários, sindicatos e o Estado. Essas extensões estavam positivamente correlacionadas com o nível de sindicalização (Hicks, 1999: cap. 5). Como os Estados Unidos estavam atrás no poder sindical, o mesmo ocorria com os benefícios universais dos cidadãos e a partilha do poder corporativo. Tampouco os sindicatos estavam na dianteira dos próximos conflitos progressistas por direitos civis, de gênero ou sexuais, ou por proteções ambientais (Lichtenstein, 2002: caps. 3 e 4; Zieger, 1995: 327). Os sindicatos haviam concordado tacitamente em esquecer temas maiores de cidadania social e focaram, em vez disso, seus membros, predominantemente homens brancos desfrutando de emprego e bem-estar social corporativo – cidadania por privilégio, não por direito.

Os sindicatos não perderam toda influência; 20% de americanos eram membros, e a AFL-CIO permaneceu a maior associação voluntária da nação. O New Deal e a guerra haviam estabelecido relações estreitas entre os sindicatos e o Partido Democrata, especialmente em estados e cidades. Os sindicatos permaneceram chave para a coalizão democrática. Eles falharam em redistribuir a riqueza e o poder, mas haviam assegurado para seus membros sua parte do crescimento econômico, e isso, por sua vez, estimulou a demanda agregada. Embora tenham falhado em reverter a maré da política de relações trabalhistas, sobre outros problemas sociais e econômicos eles tinham alguma influência, como parte de uma coalizão mais ampla por um liberalismo de cima para baixo, carente da pungência fornecida pela mobilização de massa. Sua influência foi também regionalmente específica, assim, muitos políticos democratas não tiveram de agradar os sindicatos, mas estavam eleitoralmente em débito para com outras partes da coalizão democrata. Os sindicatos haviam ajudado a conquistar um consenso pós-guerra, mas foram incorporados a ele em uma posição subordinada, incapazes de ir adiante. Essa foi a parte-chave da marcha para a direita da América. A pesquisa citada no capítulo 9 do volume 3 mostrou que a força sindical foi o único indicador da extensão da cidadania social. Essa força faltava agora nos Estados Unidos, com resultados previsíveis.

Ideologia anticomunista

A defesa soviética residia nos exércitos de massa, que também eram necessários para controlar seus estados-amortecedores. Portanto, a sociedade soviética permaneceu substancialmente militarizada (Odom, 1998). Em contraste, o exército americano de alta tecnologia e o fato de que a Cortina de Ferro estava muito longe do território americano significou que seu militarismo permaneceu um pouco abstraído das vidas de muitos americanos. Sherry (1995: xi) descreve a América como militarizada, mas quer dizer com isso que "o processo pelo qual a guerra e a segurança nacional se tornaram ansiedades preocupantes e forneceram as memórias, modelos e metáforas que moldaram amplas áreas da vida social". Isso é muito abstrato. O sucesso do keynesianismo militar significava que os americanos tinham armas *e* manteiga, e a prosperidade e a defesa eram inerentes à experiência de "liberdade". "Defesa" era todo um "modo de vida" e esse era experienciado em termos mais cotidianos (Kunz, 1997).

Radicais e liberais eram muitas vezes difamados como "comunistas", assediados durante a Guerra Fria por juramentos de lealdade, pelo FBI, pelo Comitê do Senador McCarthy sobre atividades antiamericanas e por interpretações judiciais de leis de sedição. O ataque era a "seguidores", "ingênuos" e aqueles "simpáticos ao comunismo". Adicionada ao fim de muitas dessas listas de inimigos estava a palavra "etc." – para o caso de qualquer integrante da esquerda ser omitido. Certamente, a punição não era de modo algum tão severa quanto a que os dissidentes enfrentavam na União Soviética. Acusações de influência comunista, especialmente no governo federal, em faculdades e universidades, e em Hollywood e na televisão, meramente resultavam e milhares sendo demitidos de seus trabalhos e, por vezes, aprisionados. Muitos entravam numa lista negra, porque haviam estado anos antes associados a causas liberais e de esquerda. Milhões de americanos tiveram de fazer juramentos de lealdade para obter ou manter seu emprego. Caso fossem descobertos vínculos com a esquerda, eram demitidos e sujeitos a processo criminal. Isso era tudo. Não foi terror, mas destruiu carreiras e foi politicamente incapacitante.

Schrecker estima que de dez a doze mil americanos tenham perdido seus empregos desse modo, incluindo sua própria professora da sexta série. Ela conclui: "O macartismo destruiu a esquerda" (1998: 369). Isso é exagerado, mas a enfraqueceu. Qualquer um rotulado como um comunista achava difícil resistir. Os perseguidores foram ajudados por dois celebrados julgamentos de espiões, nos quais Alger Hiss e os Rosenberg foram (corretamente) considerados culpados de espionar para os soviéticos. Os liberais foram prejudicados por isso, uma vez que muitos haviam proclamado publicamente sua inocência. Stone mostra que apenas durante o tempo de guerra – na Guerra Civil, as duas guerras mundiais, a Guerra Fria, a Guerra do Vietnã e nas recentes guerras no Oriente Médio – o governo americano tentou seriamente suprimir a crítica a funcionários ou políticas do governo. Mas, ele acrescenta, os primeiros anos da Guerra Fria foram "um dos períodos mais repressivos da história americana" (Stone, 2004: 312). Na neblina da guerra, podemos atingir outros objetivos – nesse caso, a incapacitação dos trabalhadores e do liberalismo.

Lamentavelmente, a academia cooperou com a caça às bruxas. Em 1949, o presidente da Associação Histórica Americana insistiu com seus colegas a "assumirem uma atitude militante", porque a neutralidade não tinha lugar durante um período de "guerra total, fosse quente ou fria". O anticomunismo se tornou central à cultura nacional e à vida intelectual (Whitfield, 1996: cap. 3, citado da p. 58). Lealdade e patriotismo significavam respeito pela autoridade, do exército e FBI à idealizada família nuclear. Romances populares, filmes e séries televisivas retratavam o exército e o FBI como expoentes da democracia, e, ainda assim, o respeito pela autoridade era também constantemente enfatizado. Cineastas eram relutantes em fazer filmes de guerra ou de espiões sem aprovação do Pentágono, e séries televisivas como *The FBI* e *I led three lives* (Eu levava três vidas) foram submetidas a Hoover para sua aprovação. O tratado do próprio Hoover, *The masters of deceit* (Os mestres do engano), foi um *best-seller*.

Parte da cultura da guerra fria parece extremamente desagradável hoje. No romance de Mickey Spillane *One lonely night* (Uma noite solitária), de 1951, o herói, Mike Hammer, gaba-se: "Matei mais gente hoje do que o número de dedos em minha mão. Atirei neles a sangue-frio e desfrutei cada minuto disso... Eram comunas... Eram filhos da puta vermelhos que deveriam ter morrido há muito tempo". Spillane era um autor de *best-sellers* da América na década de 1950. Um Guia Cinematográfico para Americanos (*Screen Guide for Americans*) foi distribuído por gestores de estúdios e de sindicatos de Hollywood, que incluía o jovem Ronald Regan. O guia listava proibições para filmes. Aqui, algumas delas.

Não difame o sistema de livre-iniciativa.

Não deifique a pessoa comum.

Não mostre que a pobreza é uma virtude... e o fracasso é nobre.
(White, 1997: 32)

Quase toda religião americana era fortemente oposta ao comunismo sem deus e identificada com o americanismo – assim como na Ameaça Vermelha da década de 1920. As celebridades religiosas do período – Billy Graham, Fulton J. Sheen, Norman Vincent Peale, Cardeal Spellman – misturavam sua missão espiritual com a defesa nacional contra o comunismo, enquanto a retórica política anticomunista reciprocava cheia de alusões à religião.

Muitos americanos foram convencidos. Em 1949, 70% dos americanos rejeitavam a promessa de Truman de não ser o primeiro a atacar com armas nucleares. Em 1950, 59% diziam que deveriam dizer à União Soviética: "nós iremos imediatamente à guerra contra ela com toda nossa força, se qualquer exército comunista atacar qualquer outro país". Em 1951, 51% eram a favor de usar bombas nucleares na Coreia. Em 1951 e 1952, quando solicitados a escolherem entre impedir o comunismo de se espalhar ou ficar fora de outra guerra, dois terços escolheram a guerra. Em 1954, 72% achavam que deveríamos ter lutado contra os russos. Em 1962, 81% concordavam que havia "muitos comunistas ou pessoas desleais no Departamento de Estado". Os objetos de seu rancor eram na realidade os liberais. Em 1954, 87% diziam que era impossível para uma pessoa ser comunista e americana leal. Mesmo em 1989, 47% dos americanos preferiam lutar uma guerra nuclear total do que viver sob o domínio comunista (White, 1997: 4, 10, 28, 67-76; Whitfield 1996: 5; Wittkopf & McCormick, 1990: 631, 634; embora Filene, 2001: 159, seja mais cético). O *slogan*: "Melhor morto do que vermelho" (*Better Dead than Red*) é um testemunho poderoso da demonização do comunismo – pior do que estar morto era a noite dos mortos-vivos. Melhor combatê-los no exterior do que em casa era também um refrão popular – como seria no caso de um inimigo diferente na primeira década do novo milênio. O anticomunismo da Guerra Fria foi uma ideologia poderosa, que era imanente no sentido de que reforçava a coesão e o sentimento de solidariedade da nação – e o mesmo valia para o outro lado da Cortina.

O Departamento de Estado e a CIA sempre continham pessoas que não acreditavam que a ameaça soviética fosse monolítica e que pensavam que políticas mais conciliatórias poderiam induzir divisões na elite e no bloco soviéticos. Contudo, não ousavam dizer isso publicamente, dado o clima histórico do país. Tampouco os políticos ousavam se opor abertamente ao Senador McCarthy, a despeito de muitas vezes desprezá-lo. Os liberais foram rápidos em se distanciar de qualquer associação com a ideologia da ala esquerda. Eles buscaram reorientar "o debate político da esquerda em torno de temas semelhantes sobre a liberdade individual, ou os 'direitos civis', internamente e o anticomunismo no exterior" (Bell, 2004: 145, 150). A discrepância de direitos individuais na América *versus* o coletivismo do comunismo soviético era o lado positivo da cultura da Guerra Fria. Todavia, ironicamente, isso foi feito por liberais que estavam sendo perseguidos. Muitos conservadores haviam esquecido o que deveriam ser direitos individuais. Em 1950, o âmbito permissível dos debates sobre temas esquerda-direita havia se estreitado. Havia censura e restrição das liberdades dos poucos dissidentes, embora a autocensura fosse mais importante em Hollywood e entre editores e escritores de manuais de história. Produtores e editores anteciparam a pressão e a perseguição reduzindo o que permitiriam que seus diretores e escritores dissessem. Por sua vez, muitos diretores e escritores não queriam ser perseguidos e obedeciam (Fousek, 2000: 161; Whitfield, 1996). Havia debates abertos sobre quão grande o orçamento militar deveria ser, e se a Guerra Fria havia produzido um Estado muito poderoso, mas no fim o Congresso sempre aprovava projetos de lei sobre gastos com a segurança e com o exército que mantinham o consenso guerreiro (Hogan, 1999).

O Estado de Bem-estar Social pós-guerra

Contudo, não houve ataque frontal à provisão de bem-estar social. Nada muito importante aconteceu nessa esfera durante ou logo após a guerra. Sparrow (1996) diz que essa situação confunde expectativas, uma vez que os americanos não foram recompensados pelo sacrifício de tempo de guerra. Similarmente, Amenta e Skocpol (1988; cf. Amenta, 1998), atacando a noção de que a guerra tenha necessariamente levado à extensão do Estado de Bem-estar Social, dizem que isso ocorreu na Grã-Bretanha, mas não nos Estados Unidos. Eles tentam depois explicar isso em termos de diferentes instituições políticas nos dois países. Ao enfatizar relações de poder políticas eles estão atacando o que concebem ser uma obsessão com classe e economia na ciência social moderna. Eles dizem que a América agora tem um sistema político menos democrático do que a Grã-Bretanha, que o sistema de governo americano era mais fragmentado, que o Estado britânico tinha mais capacidade e que a colaboração de guerra entre os partidos e classes foi maior na Grã-Bretanha. A última dessas diferenças tornou mais provável que a Grã-Bretanha desenvolvesse um Estado de Bem-estar Social pós-guerra, todavia, isso refletia sua experiência diferente de guerra. A guerra não leva "necessariamente" a qualquer consequência particular. Que sociólogos importantes como Skocpol e Amenta ponderem contra esse argumento especioso mostra sua ingenuidade ao confrontarem as relações de poder militar. Em outras palavras, diferentes tipos de guerra têm diferentes impactos na sociedade.

Na Segunda Guerra Mundial os britânicos se sacrificaram; os americanos, não. Amenta e Skocpol (1988: 101; cf. Amenta, 1998: 232) tentam negar isso afirmando que a Grã-Bretanha ficou relativamente incólume pela guerra. Eles admitem a morte de seis mil civis (lembre, seis americanos morreram!), mas ignoram o fato de que uma destruição mais ampla provocada por bombardeios e o próprio medo realista de uma invasão alemã exacerbaram um sentimento de ansiedade e sofrimento comuns. O Partido Trabalhista e líderes sindicais foram imediatamente convidados para o governo de tempo de guerra porque a própria sobrevivência da Grã-Bretanha estava ameaçada. Isso nunca foi verdadeiro sobre os Estados Unidos. Nem a Alemanha nem o Japão puderam prejudicar os Estados Unidos continental. A alternativa na Grã-Bretanha à intensa cooperação era provavelmente o governo nazista. A beligerância distinta de Churchill também importava, pois ele estava lutando não apenas para proteger o país, mas também o Império (sempre em letra maiúscula). Assim, ele desejava que a condução da guerra permanecesse em mãos pró-imperiais tories. Isso significava que ele tinha que ceder mais ministros civis para os partidos Trabalhista e Liberal.

O Partido Trabalhista e os sindicatos deixaram claro então que não seriam traídos novamente, como na Primeira Guerra, quando muitas das promessas da reforma pós-guerra feitas ao povo britânico foram quebradas depois. Assim, os ministros de gabinete desenvolveram os planos que levaram ao Estado de Bem-estar Social pós-guerra, e os intelectuais liberais como Keynes e Beveridge os ajudaram. Como vimos no capítulo 2, os nacionalistas coloniais da Grã-Bretanha fizeram um juízo similar sobre sacrifícios e recompensas, e a Índia conquistou prontamente a independência após a guerra. A própria Grã-Bretanha conquistou um Estado de Bem-estar Social, um Serviço de Saúde Nacional, 800.000 unidades de habitação pública e indústrias nacionalizadas. A experiência americana de guerra foi diferente: sem grande sacrifício, nenhuma colaboração de classes, nenhum poder aumentado para a esquerda, e, assim, nenhum aumento substancial na cidadania social.

O que prova essa hipótese é que um grupo de americanos – as forças armadas – fez sacrifício durante a guerra, e conquistaram seu próprio Estado de Bem-estar Social. Sob a Lei do Recruta de 1944, os veteranos militares receberam bônus de pagamentos, benefícios nacionais de desemprego, assistência médica gratuita, financiamentos habitacionais com juros baixos sem entrada, empréstimos para começar negócios e formação profissional e educação superior totalmente financiadas. Quase 100 bilhões de dólares foram canalizados para esses programas. Pela primeira vez, seguro-desemprego também cobria trabalhadores agrícolas e domésticos, e todos os programas eram, em teoria, abertos a todos, independentemente de classe, raça, idade ou gênero, embora o Congresso – sempre vigilante contra os sindicatos – se recusasse a garantir seguro-desemprego a veteranos que participassem de greves. A Lei do Recruta criou a geração mais privilegiada na história americana. Nove milhões de pessoas recebiam vinte dólares por semana de seguro-desemprego; oito milhões receberam benefícios educacionais, das quais 2,3 milhões foram para universidades; e 3,7 milhões receberam 100% de financiamento imobiliário (Keene, 2001). Era um genuíno Estado de Bem-estar Social, embora somente para americanos que o haviam merecido pelo sacrifício diante do perigo. Um bem-estar social para um segmento privilegiado, administrado separadamente pela Administração de Veteranos, ajudou a frustrar as chances de um bem-estar social universal (Amenta, 1998: 213).

De qualquer modo, muitos oficiais podiam frequentar o ensino superior ou obter financiamentos de imóveis, mas para os soldados, marinheiros e tripulação aérea comuns isso foi uma tremenda oportunidade. Soldados rasos completamente subsidiados proveram um grande incentivo para as universidades, que começavam agora a expandir aos seus níveis atuais. A primeira fase da liderança americana na educação global foi o crescimento da educação fundamental pública no século XIX. A segunda, o crescimento das escolas públicas de ensino médio no começo do século XX. E a terceira, agora, ao longo das três últimas décadas, com o crescimento das universidades. Mas o programa com o maior impacto na paisagem americana foi o esquema de financiamento de imóveis da Lei do Recruta, que incentivou o desenvolvimento de conjuntos habitacionais suburbanos em toda a nação. Poucos operários eram capazes de bancar os termos de pagamento do programa de financiamento de imóveis do New Deal. Agora, soldados rasos da classe trabalhadora poderiam se tornar proprietários e se juntar à sociedade suburbana. Como com as universidades, esse incentivo foi amplificado pelas tendências sociais pós-guerra. A prosperidade crescente permitiu a outros americanos da classe trabalhadora comprarem suas próprias casas, geralmente com apenas 10% de entrada (usualmente 50% antes do New Deal), auxiliados por programas federais.

Embora todos os benefícios estivessem, em princípio, disponíveis aos afro-americanos, a lei havia sido formulada de modo que, na prática, raramente estivessem. Poucas universidades brancas aceitariam negros, e havia poucas faculdades credenciadas. Os negros achavam difícil obter financiamentos ou encontrar um corretor de imóveis que lhes vendesse uma casa exceto em áreas urbanas internas predominantemente negras onde funcionários do FHA (Federal Housing Administration – Administração Federal de Habitação) muitas vezes se recusavam a garantir seus financiamentos. Os negros eram excluídos da sociedade suburbana. A segregação racial residencial aumentou, geograficamente e (em termos percentuais de propriedade habitacional) em relação à casa própria. Em 1984, 70% dos brancos tinham casa própria comparado aos 25% dos negros – e suas casas valiam em média apenas três quintos do valor das casas dos brancos (Katznelson, 2005). A Lei do Recruta foi outro programa de bem-estar social separado, mas desigual, que reforçava a tendência para uma cidadania social de dois níveis.

Todavia, a legislação de bem-estar social do New Deal não foi reduzida. Ela era muito popular e o Congresso ousou apenas conter extensões de programas. A Lei de Previdência Social (Social Security Act) se tornou institucionalizada, aceita por muitos americanos como uma parte da vida, fazendo com que se sentissem seguros, especialmente na velhice. À medida que os programas atingiam maturidade, mais pessoas extraíam benefícios. Embora o valor real dos benefícios tivesse erodido durante a década de 1940, isso representava um crescimento da cobertura que não provocava sofrimento fiscal. Muitos líderes republicanos preferiram a erosão silenciosa do valor dos benefícios e ignoraram a insistência dos empresários em desmantelar o sistema. Eles tinham eleições para vencer. O programa Acordo Justo (Fair Deal) de Truman após sua inesperada vitória eleitoral em 1948 visava a incluir o seguro de saúde, mas o Congresso o reduziu a extensões de seguro para idosos, pagas pelo crescimento no fundo fiduciário que a prosperidade econômica havia produzido, mais 1% de aumento nos impostos sobre salários da Previdência Social. O seguro para idosos e o seguro de vida duplo (*survivor insurance*)* agora atingiam 75% dos americanos. A importância da previdência social para os idosos se tornou uma característica duradoura do bem-estar social americano. Em 1952, os republicanos moderados de Eisenhower triunfaram sobre os conservadores de Taft-McCarthy dentro do partido, e mesmo os empresários começaram a relutantemente aceitá-la. Ela foi uma conquista, todavia foi também truncada (Brown, 1999: 121-134), começando a ficar atrás de outros estados de bem-estar social.

Empregadores ansiosos por reter sua força de trabalho em meio ao baixo desemprego começaram a acrescentar esquemas privados. O capitalismo do bem-estar social havia quase morrido durante o New Deal, mas agora era revivido. Sindicatos desenvolveram seus próprios esquemas de benefícios. O seguro de saúde privado, que havia anteriormente coberto 12 milhões de americanos, cobria agora 76 milhões. O crescimento nas pensões tanto privadas como públicas continuou ao longo da década de 1950 uma vez que o emprego pleno relativamente seguro incluiu mais pessoas na cobertura da previdência social e mais firmas viram a conveniência de ter seus próprios esquemas. Empregadores e trabalhadores receberam consideráveis benefícios fiscais para esses programas. Esses e o alívio fiscal sobre os financiamentos de imóveis produziram o que Howard (1997) chama o Estado de Bem-estar oculto da América, que ele calcula equivaler a cerca de metade do valor do Estado de Bem-estar Social visível. Mas ele redistribui não aos pobres, mas à classe média, incluindo trabalhadores homens brancos seguramente empregados, exacerbando as tendências de duas vias das provisões de bem-estar social do New Deal. Mulheres, negros e brancos malpagos tinham de depender basicamente da mísera assistência pública. A provisão de bem-estar social americana se tornou um privilégio dos relativamente ricos, não um direito universal do cidadão. Seus beneficiários o viam como um sistema de autosseguro – ganhei meus benefícios por meio de meus próprios esforços –, iniciando, assim, a circunscrição da expressão "bem-estar social" aos pobres, que não se mostravam merecedores.

---

* Seguro de vida em que ambos os segurados devem falecer antes do pagamento do prêmio, geralmente utilizado por casais de renda elevada para aliviar a carga de impostos dos herdeiros [N.T.].

Aposentadorias empresariais e programas de saúde cresceram durante as décadas de 1950 e 1960, com seus termos cada vez mais estabelecidos por empregadores e companhias de seguro. Trabalhadores tinham de aceitar programas de indenização em dinheiro com menos serviços, exclusão de condições médicas preexistentes e usuários mais pesados pagando prêmios mais altos, o que desencorajava aqueles que necessitavam mais de cuidados médicos. Como segurados pagavam uma porção do que quer que médicos e hospitais cobrassem, mas não podiam avaliar se isso valia a pena, houve, então, uma mudança para planos de pagamento por serviços prestados que forneciam menos serviços do que os planos pré-pagos preferidos pelos sindicatos. Até o final da década de 1970, os programas funcionaram muito bem para muitos trabalhadores – embora não para os pobres. Mas esse foi o sistema de saúde mais custoso de todos os países avançados, e as pressões fiscais depois reduziram significativamente a extensão e a qualidade da cobertura (Klein, 2003; Sparrow, 1996: cap. 2; Gordon, 2003; Lichtenstein, 2002). Todavia, em outras áreas do bem-estar social a maturação de programas de bem-estar social estenderam gradualmente os benefícios a grupos ou problemas não cobertos inicialmente, como em outros países. A grande onda de direitos de cidadania ocorreria em outra parte, com um problema distintamente americano, o racial. Discuto no capítulo 4. Mas, enquanto isso, o problema racial prejudicava a esquerda.

O conflito racial nas cidades

O racismo não poderia mais ser simplesmente definido como um problema do sul. Tornou-se um problema nacional e predominantemente urbano. Considero três cidades em diversas regiões, o norte, o oeste e o sul. A primeira cidade é Detroit. Entrevistas conduzidas lá em 1951 revelaram que negros e brancos viam as relações raciais como melhorando, ainda que muitos brancos desejassem manter alguma segregação. Os trabalhadores, especialmente, desejavam isso. 79% daqueles que não haviam finalizado o ensino secundário, 61% daqueles apenas com ensino secundário, 65% de membros do CIO, e 58% de membros de outros sindicatos favoreciam a segregação. Tendo migrado do sul para Detroit nas décadas de 1950-1960, os negros conseguiam empregos, embora os sindicatos tivessem deixado claro que eram pouco qualificados, e, portanto, o trabalho permaneceu informalmente segregado.

Mas o maior problema, diziam os brancos, era: "Os negros se movendo para bairros brancos" (Kornhauser, 1952: 82-105). Esse problema veio à tona em Detroit antes do período dos direitos civis e permaneceu após, continuando a minar qualquer coisa que se assemelhasse à consciência da classe trabalhadora. Trabalhadores brancos lutavam para proteger seus bairros de uma invasão de negros que escapavam do gueto. Os brancos se viam como protegendo o valor do investimento de suas famílias, pois os preços das moradias declinavam se muitos negros se mudavam para um bairro. Eles também temiam a poluição do Outro racial. A solidariedade comunitária para preservar os valores habitacionais significava acrescentar garantias raciais a contratos habitacionais e a cumplicidade de corretores de imóveis, financiadoras habitacionais e funcionários da FHA e da VA em se recusarem a cooperar com compradores negros. Associações de bairro pressionavam políticos a pararem de construir habitações multirraciais em áreas brancas. Os negros responderam por meio dos movimentos pelos direitos civis e do Black Power. Eles se infiltravam em bairros quando os corretores imobiliários agiam sozinhos para ganhar dinheiro pela prática do "blockbusting"*. A violência oscilava, especialmente nas áreas operárias. A mera etnicidade não dividia mais os trabalhadores brancos – apenas a raça importava. Entre 1945 e a década de 1960 mais de duzentos atos de violência foram cometidos em Detroit contra negros que se mudavam para bairros brancos. Militantes negros responderam. O Black Power era pequeno em números, mas grande em sua capacidade de assustar os brancos (Sugrue, 1996: 233, 265-266). Os trabalhadores brancos, basicamente membros sindicais, perderam a fé em liberais que insistiam em integração. Eles votaram principalmente em Wallace, o democrata sulista com uma campanha nacional, e depois em Nixon.

Trabalhadores e empregadores tinham a opção de sair. Empregadores migraram para o sul, com baixos salários e sindicatos ausentes. Trabalhadores foram para o oeste, onde estavam as oportunidades econômicas. Os subúrbios da classe trabalhadora de minha segunda cidade, Los Angeles, foram construídos com base na casa própria, ajudados pelo New Deal e por financiamentos imobiliários para soldados. A indústria local foi estimulada por contratos militares. Os trabalhadores se tornaram patriotas orgulhosos, acenando a bandeira, adorando desfiles. Sua identidade de classe trabalhadora inicial foi subsumida a uma "cultura pública centrada no patriotismo e do americanismo, liderada por veteranos e divorciada de qualquer associação com os trabalhadores". O Memorial Day, não o Dia dos Trabalhadores, era comemorado com piqueniques, oradores e entretenimento no parque. Depois, os negros chegaram do sul. No início, mudaram--se para suas próprias áreas; depois, alguns tentaram se mudar para áreas dos brancos. Eles enfrentaram a mesma resposta feroz que em Detroit, as mesmas práticas discriminatórias e violência similar. Os trabalhadores adotavam agora uma identidade mais racial do que de classe. Quase metade votou em Goldwater em 1964, e mais da metade mais tarde votou em Nixon e Reagan (Nicolaides, 2002: cap. 7, 251). Como Los Angeles tinha muito espaço, a solução foi a fuga dos brancos, deixando os negros se apropriar de grande parte do sul central de Los Angeles. Toda a cidade se tornou informalmente segregada, exacerbada pelo

---

* Processo em que construtoras e corretores imobiliários americanos convenciam proprietários brancos a venderem suas casas por preços baixos pela instilação do medo de que minorias raciais em breve se mudariam para o bairro [N.T.].

remanejamento de indústrias aeroespaciais para os novos subúrbios brancos (Sides, 2004).

Em Atlanta, minha terceira cidade, o racismo era mais sutil. Na década de 1960, muitos brancos que enfrentavam a legislação de direitos civis contra discriminação habitacional se voltaram à Ku Klux Klan e para a violência paramilitar. Mas quando a pressão federal foi posta na cidade, o prefeito (ocupado em atrair novos empresários) liderou uma coalizão de empresários progressistas, políticos moderados e líderes da comunidade negra para dessegregar parques, escolas e outros estabelecimentos públicos. O prefeito se gabava que Atlanta era "uma cidade ocupada demais com mudanças para perder tempo com ódio", e suprimiu a violência. A cidade prosperou e muitos novos postos de trabalho foram criados para ambas as raças. Mas a fuga dos brancos para os subúrbios ocorreu mesmo assim. A cidade se tornou informalmente segregada a despeito da obediência às Leis de Direitos Civis, e as preferências políticas dos brancos mudaram para a direita à medida que todas as classes adotaram ideologias de "direitos, liberdades e individualismo", muitas vezes palavras-código para racismo (Kruse, 2005: 6, 234).

A segregação informal foi praticada nas três cidades. Ela se tornou nacional mesmo quando os negros conquistaram direitos civis. Entre 1930 e 1970, o bairro no qual a média de afro-americanos vivia subiu de 32% para 74% de negros. Fora do sul, a segregação habitacional de grupos étnicos foi muito maior do que jamais registrada (Massey & Denton, 1993: 45-51, 63-67; Katz et al., 2005). Muitas crianças negras iam para escolas que eram na prática segregadas, enquanto a qualidade da educação nas áreas brancas era muito superior (Patterson, 2001: 185-190). Negros e brancos tinham direitos iguais, mas viviam muito mais distantes uns dos outros geográfica e culturalmente – como protestantes e católicos na Irlanda do Norte. A solução para o conflito racial/ religioso em ambos os lugares foi o *apartheid* informal, separado, embora um pouco mais igual. E em ambos os lugares a identidade da classe trabalhadora foi frustrada.

A última ofensiva liberal-trabalhista

Na década de 1960, uma retomada democrata começou com Kennedy e continuou com a "Grande Sociedade" de Johnson. Pressionado pelo movimento pelos direitos civis, a única mobilização de massa do período, os liberais renovaram sua motivação para expandir o bem-estar social. Muitos haviam assumido nas décadas de 1940 e 1950 que o crescimento econômico estava resolvendo o problema do desemprego e da pobreza. Uma "sociedade afluente" tomaria conta de todas as necessidades materiais. Todavia, em 1962, *The Other America* (*A outra América*), de Michael Harrington, tornou público o que os cientistas sociais já sabiam: em meio à afluência contínua, muitos americanos viviam na pobreza extrema. Em 1964, a Assembleia de Conselheiros Econômicos relatou que um quinto das famílias estava vivendo abaixo do nível da pobreza. Delas, 78% eram brancas, embora incluíssem surpreendentes 80% de todas as não brancas. A pobreza tendia a ser herdada, passada para as futuras gerações. As crianças pobres recebiam educação inferior e muitas vezes enfrentavam desemprego prolongado. Alguns democratas e republicanos começaram a sentir que o compromisso pós-guerra não havia funcionado. Eles tinham uma noção semiestrutural da pobreza, embora a vissem como localizada em bolsões.

Houve mais um subproduto da Guerra Fria. A América apresentava uma imagem de um futuro melhor do que o comunismo, ainda que esse fosse prejudicado pela pobreza e raça. Kennedy e Johnson sentiam fortemente isso, assim como muitos democratas do sul, que agora viam a pobreza como a raiz de seus problemas sociais. Se negros e brancos pudessem ser retirados da pobreza, o conflito no sul diminuiria. A Assembleia de Conselheiros Econômicos foi convencida por sociólogos de que meros cortes de impostos (aceitos como o modo de diminuir o desemprego) fariam pouco para aliviar os bolsões de pobreza ao longo da nação e, por isso, recomendaram programas voltados aos pobres. Eles reconheceram que transferências de renda para os pobres, especialmente os pobres negros, seria politicamente difícil e consideraram que a provisão de serviços levaria a menos hostilidade (Brauer, 1982). Cientistas sociais especialistas desempenharam um papel aqui, principalmente como denunciadores (*muckrakers*), expondo o lado sórdido da América.

Parte da nova legislação meramente preencheu as lacunas entre programas existentes. O Programa de Vale Alimentação (Food Stamp Program) de 1964 deveria "ajudar os americanos de baixa renda a manter uma dieta nutritiva". Em 1972, a Renda Federal Suplementar de Segurança (Federal Supplementary Securuity Income) fez pequenas contribuições em dinheiro para os pobres necessitados, baseadas em comprovações de recursos. Em 1965, Medicare e Medicaid – assistência médica para os idosos e os pobres – foram passos mais substanciais. O Medicare era um benefício universal, pago sob o princípio do autosseguro, mas com um elemento distributivo. Pensões de Previdência Social foram estendidas para cobrir quase todos na força de trabalho paga, com uma fórmula de benefício pela qual o pobre trabalhador recebia proporcionalmente mais do que o rico trabalhador. Esse foi um Estado de Bem-estar Social muito progressista. A Lei de Direitos Civis de 1964 baniu a discriminação de gênero, bem como a de raça. Feministas conseguiram aproveitar os esforços do movimento pelos direitos civis, e a combinação estendeu enormemente a cobertura dos programas de bem-estar social. Entre 1960 e 1980, o bem-estar social como proporção do PNB mais do que dobrou, de 4,9% para 11,5% (Campbell, 1995: 113).

Todavia, Medicare e Medicaid foram compromissos débeis em um ambiente de guerra fria onde companhias de seguro e médicas e médicos, apoiados pelos republicanos e democratas do sul, rotulavam qualquer sistema de saúde abrangente como socialismo. Embora o Medicare fosse popular, os interesses especiais tinham de ser obtidos por meio de suborno com pagamentos inflados de hospitais, medicamentos e médicos, e assim os custos escalaram. Mas o Medicare realmente diminuiu as chances de os idosos caírem na pobreza. Outros acréscimos estenderam a cobertura a cerca de 40% de americanos – aos idosos, funcionários públicos, militares e famílias de veteranos, e muitas pessoas pobres. Cerca de 70% são hoje também cobertos em um grau ou outro por programas privados, deixando cerca de um quarto da nação fora de qualquer cobertura médica efetiva. Alguns veem a colcha de retalhos de acréscimos como um impeditivo para reformas mais abrangentes (e.g., Gordon, 2003), mas sem eles as consequências poderiam ter sido piores.

Poucos reformadores agora consideravam a pobreza como sendo produzida pelas desigualdades estruturais do capitalismo. Em vez disso, era vista como o problema de grupos de necessitados particulares – pais solteiros, negros do centro das cidades, crianças pobres etc. "Modelos médicos" e a "cultura da pobreza" exigiam programas individuais de correção. "Famílias disfuncionais", especialmente famílias negras (Mittelstadt, 2005: 52-76), necessitavam de "reabilitação". O debate concernia às responsabilidades de indivíduos e famílias, não do governo. A ideologia conservadora foi revivida, combinando anticomunismo tradicional, um ataque ao governo grande, um racismo que passou encoberto e uma repugnância à suposta lassidão moral dos liberais. Libertários antiestatistas aliaram-se a conservadores sociais, com destaque para membros de seitas e denominações religiosas evangélicas (McGirr, 2002). A votação de classe foi entrecruzada pela votação moral ou cultural, como vemos mais tarde.

O resultado final, dados os avanços em outros países nessa época, foi e ainda é o pior sistema de saúde de qualquer democracia avançada. A combinação dos custos mais elevados e de uma alta taxa de mortalidade em comparação aos países avançados torna difícil defender o sistema de saúde americano, exceto, é claro, pelos interesses privados com os quais está muito bem-ajustado. De um modo geral, contudo, o sistema de previdência social se tornou mais extensivo embora mantendo suas características de dois níveis. O bem-estar social continuou em sua combinação desigual de tributação progressiva e assistência social complementada por esquemas privados de bem-estar social pra a maioria, e assistência irregular, hesitante e racialmente impregnada para os necessitados, generosa somente para com os idosos.

Para Lyndon Johnson, o centro de sua Grande Sociedade, a última ofensiva liberal-trabalhista na América, foi a guerra à pobreza, visando à educação, treinamento profissional e programas de desenvolvimento comunitário para os pobres. O melhor modo de superar a "cultura da pobreza", acreditava-se, era envolver a ação comunitária, democracia participativa, o envolvimento dos próprios pobres em formular e implementar programas de pobreza. Esse foi um modo cifrado de ter benefícios distribuídos aos negros americanos, e era muito mais barato do que um programa de bem-estar social universal (Brown, 1999: 266). Um dos principais participantes, Daniel Patrick Moynihan (1969), atribuiu os defeitos dos programas principalmente às teorias especulativas de sociólogos e criminologistas, praticantes do que ele chamava uma "arte oculta... altamente incerta". Isso era bizarro uma vez que, como de costume, economistas e advogados dominavam as agências envolvidas.

Uma guerra genuína contra a pobreza teria sido muito maior. A Guerra do Vietnã custou 128 bilhões, comparados aos 15 bilhões do programa "Guerra contra a pobreza" (*War on Poverty*), que foi somente 15% do que um pequeno número de veteranos havia recebido durante a vigência da Lei do Recruta. A Associação Nacional dos Manufatureiros observou que o dilema para o programa: "Você parece ter uma escolha entre um programa que é tão pequeno quanto ineficaz, e um tão grande quanto danoso" (Andrew, 1998: 67). Johnson escolheu o primeiro, e, assim, os programas foram limitados pelo conservadorismo fiscal. Em um desejo de reter a confiança dos empresários, ele buscou diminuir impostos e dar incentivos para companhias para criarem empregos em áreas pobres. O déficit orçamentário tardio depois aumentaria o gasto com programas federais. Essas eram os mesmos tipos de restrição estrutural que os liberais durante os governos de Roosevelt e Truman também enfrentaram. O conservadorismo fiscal, não a pressão dos direitos civis, produziu o direcionamento que se mostrou tão danoso. Brown (1999) observa que os líderes dos direitos civis favoreciam programas universais, não direcionados. Mas Johnson também tinha uma estratégia política. Ele sabia que poderia haver somente uma breve janela de oportunidade criada por sua grande vitória sobre Goldwater em 1964, e focou na legislação imediata para iniciar os programas, esperando que o Congresso os financiasse tão logo começassem. Todavia, o Congresso reduziu muitos programas. Eles permaneceram subfinanciados – especialmente após a Guerra do Vietnã ter começado a sugar fundos federais, assim como a Guerra Fria havia sugado o Acordo Justo de Truman.

O dinheiro foi distribuído em programas para melhorar as habilidades dos pobres. Mas o Congresso reorientou o custeio de 69 áreas de elevada pobreza para 780 áreas espalhadas ao longo de seu eleitorado. Assim, quase todos os projetos eram subfinanciados e alguns eram muitos desorganizados. *Maximum feasible misunderstanding* (Máximo mal-entendido factível) foi como Moynihan (1969) intitulou seu livro. Era fácil culpar a burocracia pesada no topo, como os conservadores fizeram. Todavia, alguns programas como a Operação Head Start para a educação pré-escolar e o Jobs Corps, que fornecia emprego para jovens, funcionaram muito bem. A guerra contra a pobreza retirou pessoas da pobreza a um custo muito baixo. Entre 1965 e 1969 o número de pessoas oficialmente definidas como vivendo na pobreza declinou de 17% para 12%, principalmente como um resultado do programa (Andrew, 1998: 187). Ele foi um sucesso.

Mas programas que não funcionaram tão bem tiveram muita atenção da mídia. O Programa de Ação Comunitária canalizou recursos federais para programas administrados por bairros, muitas vezes antagonizando elites partidárias locais, especialmente prefeitos de grandes cidades. Alguns programas eram administrados pelos próprios pobres ou por militantes negros. O movimento pelos direitos civis se dividiu e declinou, sendo sucedido por revoltas raciais urbanas – 164 nos primeiros nove meses de 1967. Isso ajudou a racializar o tema da pobreza (Andrew, 1998: 73, 83-85; Katz, 2001). A maior parte dos americanos pobres era (e ainda é) branca, e eles receberam a maior parte dos fundos. Todavia, os negros estavam recebendo auxílio federal sério pela primeira vez e eram encorajados a serem ativos, com ambas tendências evocando reações negativas entre brancos. A má publicidade focava nos beneficiários negros – especialmente naqueles poucos programas envolvendo militantes negros. O Auxílio para (Famílias de) Crianças Carentes também era visto como beneficiando desproporcionalmente afro-americanos e a opinião branca se voltou contra ele (Brown, 1999: 134-164, 184-185; Mittelstadt, 2005: 82-91). O estudo de Quadagno (1994) sobre os quatro programas da Grande Sociedade durante os governos de Johnson e Nixon – ação comunitária, reforma habitacional, reforma de bem-estar social e propostas para creches – conclui que o conflito racial frustrou os quatro. A reação branca contra qualquer proposta que parecesse ameaçar a hierarquia racial inibiu-os antes de obterem quaisquer resultados importantes. Ela sugere um paradigma de excepcionalismo americano orientado pelas políticas de desigualdade racial – e o racismo interno da América era de fato excepcional entre os países avançados.

Imagens de negros preguiçosos e fracos dominavam as percepções dos brancos. Em revistas nacionais, os negros eram 20% das pessoas pobres retratadas na década de 1950. Mas entre 1967 e 1992 esse número aumentou para 57%. Na realidade, os negros eram apenas 25% dos pobres, de modo que os "estereótipos raciais desempenham um papel central na geração da oposição ao bem-estar social na América" (Gilens, 1999: 3, 68, 114). A guerra contra a pobreza gerou uma reação eleitoral no final da década de 1960. Embora Nixon tivesse continuado alguns programas, ele o fez quietamente. De qualquer modo, a classe média expandida, agora incluindo trabalhadores operários relativamente seguros, recebia proporcionalmente mais benefícios do que os pobres. Todavia, a lealdade operária às reformas enfraqueceu (Gordon, 1993: 294–303; Mettler, 1999: 223-227). As pessoas da classe trabalhadora branca haviam ascendido para a classe média da América pelos estados de bem-estar social do New Deal e dos recrutas e pelo estado de emprego pleno do tempo de guerra. Elas depois lutaram contra a extensão daqueles benefícios para os negros. O conflito racial sobre habitação e bem-estar social não foi uma boa notícia para os liberais porque minava um eleitorado tradicional de apoio. O medo que a classe média branca tinha da comunidade negra desempenhou um papel desproporcional ao minar a última onda liberal-trabalhista na direção da cidadania social. O legado da escravidão perdurou, não tão abertamente na política e na mídia de massa, mas de modo mais secreto e nacional.

Conclusão: morte lenta e dolorosa

A Segunda Guerra Mundial, ao se transformar em guerra fria, fraturou o New Deal. Seus movimentos na direção de mais igualdade de renda e riqueza foram promovidos pela mobilização de massa de tempo de guerra e por uma fase pós-guerra de um capitalismo de alto emprego e consumo de massa. Junto a outros países anglófonos os Estados Unidos eram agora tão igualitário quanto quase qualquer país europeu, exceto pelo fato de que a profunda desigualdade racial perdurou (para os europeus, isso existia nos seus impérios). As políticas de bem-estar social do New Deal foram gradualmente estendidas, mas suas desigualdades originais não foram corrigidas, como foram em muitos países nesse período. O racismo e o sexismo ainda permeavam o Estado de Bem-estar Social de dois níveis da América. Os poderes regulatórios e o planejamento macroeconômico cresceram, mas não tinham base popular e foram apropriados pelo complexo industrial-militar-congressional. Diferente da Europa continental, movimentos de massa de meados do século fracassaram em estabelecer seu poder dentro do Estado americano. O movimento sindical trabalhista, crítico para a organização da classe trabalhadora, sofreu uma morte lenta e dolorosa e os sentimentos liberal-trabalhistas declinaram de modo geral. O fracasso da Operação Dixie, uma guerra que somente empoderou os veteranos, a Lei Taft-Hartley, cisões de sindicatos de trabalhadores devido ao comunismo, a Guerra Fria, o mccarthyismo, um keynesianismo que não ousava falar seu nome, repressão judicial, a crescente intransigência de empregadores, o crescimento do bem-estar privado em vez do público e o contínuo racismo desagregador – nenhum desses foi individualmente decisivo, mas cumulativamente cascatearam na direção da direita. Os políticos careciam de pressão progressista até o surgimento do movimento pelos direitos civis (discutido no próximo capítulo). Embora isso tivesse sido bem-sucedido, ajudou a produzir uma reação dos brancos que liquidou a ligeira onda liberal-trabalhista da década de 1960.

Com a exceção do declínio da desigualdade, essa foi uma tendência conservadora (com um alarme na década de 1960). Havia um consenso anticomunista tanto na política interna quanto externa. O resultado foi tornar os Estados Unidos um país extremista entre os países avançados uma vez que até a década de 1970 ou 1980 eles estavam se movendo na direção oposta, para a centro-esquerda. Embora também fossem anticomunistas em política externa, internamente eles fundiram a democracia social e/ou democracia cristã e o corporativismo em um grande compromisso de classe que inseriu a cidadania social universal no capitalismo democrático. Em contraste, os Estados Unidos estavam se retirando do universalismo do New Deal, e seus direitos de cidadania social se tornando mais uma questão de privilégio por meio do bem-estar social corporativo e privado e do consumo entre aqueles que pudessem bancá-los, com doações direcionadas, residuais, para aqueles que não podiam. Todavia, a tributação progressiva permaneceu (até as administrações Reagan e Bush filho) o único consolo para os pobres durante esse período.

O que provocou ao fim e ao cabo a tendência conservadora? O New Deal havia perdido o ímpeto logo antes da guerra. O racismo, cuja ressonância política foi, no início, principalmente no sul, significava que os liberal-trabalhistas não podiam agora encontrar uma maioria no Congresso. A guerra mundial deu um breve estímulo para os sindicatos de trabalhadores e um estímulo mais duradouro para a igualdade. Mas, em geral, a guerra seguida pela Guerra Fria deu à América (e somente à América) um Estado militar-industrial grande. Isso prejudicou a esquerda americana, sujeitando-a à repressão judicial e exacerbando suas divisões internas. Seu centro sindical trabalhista recuou em autodefesa para uma organização seccional e segmentar em vez de classista, pressionando para obter privilégios sociais para seus membros em vez de direitos sociais universais. O conservadorismo ainda não estava definido, mas uma retomada liberal na década de 1960 foi eleitoralmente frustrada por uma reação de racismo velado e por uma guerra custosa e impopular. Conservadores e capitalistas foram depois capazes de reverter alguns dos ganhos do período anterior. Por sua vez, isso impactou nas relações estrangeiras, dando ao imperialismo americano sua posição distinta de direita (como veremos no próximo capítulo). Quando a próxima crise econômica surgiu – o colapso de Bretton Woods e do keynesianismo e o surgimento do neoliberalismo – restaram poucas defesas. Isso mostrou uma crise global na qual todos os países avançados sentiam os ventos frios do neoliberalismo (como veremos mais tarde), todavia, os ventos americanos já eram mais frios.

4
Direitos civis americanos e conflitos de identidade

O movimento pelos direitos civis americanos influenciaram globalmente os conflitos de minorias étnicas e religiosas, de mulheres, de pessoas portadoras de necessidades especiais, e mais tarde de pessoas com identidades sexuais não convencionais. Esses podem todos ser vistos como políticas de identidade, que dizem respeito a direitos que as pessoas têm por serem quem fundamentalmente são, não por sua posição em uma estrutura de classe. Assim, o movimento foi importante por desviar a esquerda política da política de classes para a política de identidade, e essa mudança foi especialmente marcada nos Estados Unidos uma vez que eram o único país importante no qual a opressão racial ocorria internamente em vez de nas colônias.

Teoria dos movimentos sociais

Muitos sociólogos analisaram o movimento dos direitos civis como o caso paradigmático para outros movimentos sociais recentes. Eles haviam tentado gerar conceitos aplicáveis a todos, incluindo os movimentos ambiental, *gay*, de preferência sexual e de pessoas portadoras de necessidades especiais. Os principais conceitos dessa teoria de movimentos sociais são "mobilização de recursos" (McCarthy & Zald, 1977), "estruturas de oportunidades políticas" (Meyer, 2004), "teoria do enquadramento" (Benford & Snow, 2000), e finalmente a teoria do "processo político" – um modelo abrangente que inclui todos os outros. O processo político envolve três componentes principais da formação do movimento social: o aumento da consciência insurgente, força organizacional e estruturas de oportunidade políticas. Esses conceitos são obviamente abstratos e universais, aplicáveis a todos os movimentos em toda parte – ao menos seus praticantes os veem desse modo. Contudo, essa escola de sociologia tem uma certa estreiteza. Tende a focar manifestantes progressistas, negligenciando aqueles favoráveis ao *status quo* ou reacionários que buscam restaurar condições como eram no passado. Eles também tendem a ver estruturas de oportunidade como somente políticas, negligenciando as estruturas de oportunidade econômica, militar ou ideológica que discutirei aqui. Teóricos da mobilização de recursos identificam os principais recursos como dinheiro, influência política, acesso à mídia de massa e militantes comprometidos – revelando uma preocupação com movimentos em países democráticos avançados. Para camponeses de subsistência, recursos monetários e de mídia poderiam ser menos relevantes, enquanto armas não figuram como um recurso. Esses sociólogos preferem estudar grupos muito pacíficos, não fascistas ou depuradores étnicos ou camponeses revolucionários. Assim, algumas de suas descrições do movimento de direitos civis focam sua não violência, negligenciando especialmente a violência de seus oponentes segregacionistas. Isso é rotineiro na sociologia, que negligencia sistematicamente o papel da violência organizada na sociedade.

Muitas teorias eram também muito racionalistas, retratando militantes ponderando suas opções e recursos de poder, desenvolvendo o que é chamado um repertório de contenção de estratégias e táticas. Na verdade, alguns no campo têm criticado essas abordagens como exageradamente estatísticas e exageradamente racionalistas (McAdam et al., 2001: 14-20). A insurgência é mesmo, racional? Não é melhor pegar carona na energia e na ousadia de outros? Melhor relaxar e assistir a outros assumirem riscos e esperar que vençam do que participar. Mas se todos tomarem essa decisão racional, ninguém assumirá o risco e novos movimentos sociais não se formarão. Todavia, eles se formam. Por quê? A resposta, dizem alguns, é acrescentar ao movimento social a teoria do "enquadramento". Movimentos sociais bem-sucedidos enquadram descontentamentos em um apelo mobilizador mais amplo, usualmente desenvolvendo um enquadramento de injustiça, ideias e símbolos que evocam a importância da exploração e da legitimidade cultural do movimento na busca de reparação (Ryan & Gamson, 2006: 14). Todavia, a noção de estratégias de enquadramento ainda parece muito racionalista, negligenciando o poder emocional bruto do compromisso ideológico que já vimos no século XX em meu terceiro volume entre muitos milhares de revolucionários bolcheviques, fascistas e chineses. Isso se aplicará também aos manifestantes pelos direitos civis.

O enfraquecimento do sistema Jim Crow*

Os manifestantes pelos direitos civis necessitavam de um grau inusual de comprometimento para que pudessem romper o sistema Jim Crow de segregação racial, um sistema de repressão sem igual no século XX. Por muito tempo, o Jim Crow mobilizou um surpreendente poder ideológico, econômico, político e militar contra negros nos estados do sul, e restringiu oportunidades para americanos negros em toda parte nos Estados Unidos. Como Omi e Winant (1994) dizem, o racismo branco foi fundamental para a vida americana (embora

---

* Conjunto de leis que reforçavam a segregação racial nos Estados Unidos entre o final do século XIX e meados do século XX. A denominação Jim Crow provém do personagem de mesmo nome, popularizado por Thomas D. Rice, uma caracterização racista dos negros americanos e de sua cultura [N.T.].

também fosse para os impérios europeus). Seu centro econômico no sul residia primeiro na cultura meeira de algodão, mas então se industrializou quando os moinhos do norte se dirigiram para o sul, atraídos pelos baixos salários e ausência de sindicatos, gerando lucros altos para as elites plantadoras-comerciantes-empresárias locais. O capitalismo racial foi fortalecido pelas relações de poder que negavam aos negros e brancos pobres o direito ao voto e permitiam que elites brancas controlassem as eleições, apoiadas constitucionalmente por direitos dos estados e federalmente apoiada pelo poder desproporcional do sul no Congresso. Observei no volume 3, quando discuti o New Deal, que como as tradições políticas das eleições incontestadas e do sistema de senioridade do Capitol Hill deu aos senadores e congressistas do sul muito mais poder do que seus números ou o poder econômico do sul poderiam garantir. O racismo do sul possuía uma garantia política no país.

Foi também fortalecido pelo poder ideológico. Os brancos acreditavam genuinamente que os negros eram racialmente inferiores e que sua presença corporal era moral e fisicamente contaminante. Emoções muito fortes mantinham os brancos menos privilegiados leais a Jim Crow. A ideologia estava arraigada nas práticas cotidianas – separação de banheiros, chuveiros, balcões de lanchonetes, assentos de ônibus etc. Se os negros entrassem por engano no espaço pessoal dos brancos, esses tinham uma sensação física de choque e ultraje, muitas vezes arraigadas em medos sexuais, especialmente de homens negros violando os corpos de mulheres brancas. O racismo era uma ideologia verdadeira do tipo mais forte, pois operava em níveis mais profundos do que a razão humana e intensificava a solidariedade imanente de cada comunidade. Com certeza, os negros não acreditavam que fossem inferiores. Essa noção contradizia tanto a Bíblia quanto a Constituição americana, ambas as quais tinham uma presença vibrante na cultura negra. Como os camponeses chineses discutidos no volume 3, eles sabiam que eram explorados, mas usualmente viam isso como uma realidade triste, imutável, e, portanto, adaptaram-se psicologicamente a fim de tornar essa realidade minimamente tolerável. Eles mostravam deferência a "pessoas de qualidade", dizendo: "sim, senhor, não, senhor", mostrando que "sabiam seu lugar", humildemente pedindo em vez de exigindo, enfatizando sua distância dos "negos [que] não sabem como falar ou agir num baile decente" (Bloom, 1987: 122-128). Essas eram autorrestrições ideológicas – já que a reparação parecia impossível. Entre os camponeses chineses, discutidos no volume 3, esse pessimismo sobre a reparação era o que os comunistas finalmente foram capazes de superar, e isso abriu as comportas da revolução.

Mas a Jim Crow repousava finalmente no poder militar. Protesto e resistência eram intermitentes, mas ubíquos. Todavia, foram enfrentados com brutalidade pela polícia, guardas do Estado e paramilitares brancos como a Ku Klux Klan, e com atos cotidianos de violência *impromptu*, como chutar um homem negro para fora da calçada ou de espancá-lo por olhar para uma mulher branca. A resistência não era desejável. Havia sido tentada muitas vezes, mas não funcionara. Esse poder era militar e não político, pois embora parte dele fosse exercido por autoridades locais, estavam agindo contra a lei do país. Mas a lei era impotente. De mais de cinco mil linchamentos executados entre 1882 e 1940, somente quarenta resultaram em ação legal, e essa era usualmente menor. Houve, contudo, um declínio no número de linchamentos da Primeira Guerra em diante, devido, primeiro, à substituição de instituições mais draconianas que desprivilegiavam afro-americanos, e depois da década de 1940 devido ao sentimento crescente de que linchamentos eram ultrapassados e inefetivos – o que era um sinal de progresso (Belknap, 1995: cap. 1).

Essa estrutura de poder formidável colocava todos os negros no mesmo barco, enquanto todos os brancos podiam chutar à vontade. Raça e não classe dominava o sul e algumas de suas características se espalharam nacionalmente. Praias segregadas circundavam os mares ensolarados, embora na Califórnia houvesse pouquíssimas praias abertas aos negros (apenas duas em Los Angeles e os negros perderam uma delas na década de 1920). Muitos brancos americanos continuavam a expressar visões racistas abertamente até a década de 1950.

Todavia, mudanças sociais desestabilizadoras também estavam em movimento. Duas guerras mundiais e imigração restrita do exterior haviam aumentado a demanda por força de trabalho. Isso, além da expulsão dos negros da terra e do declínio do algodão, produziram a grande migração de negros do sul rural para cidades ao longo do país. As cidades tinham mais trabalho e melhor educação, uma vez que o sistema Jim Crow lá era menos predominante. Negros urbanos viviam em bairros segregados, mas esses bairros davam mais autonomia em relação ao controle cotidiano por parte dos brancos. Escolas de ensino médio, igrejas e locais de trabalho para negros podiam mobilizar ações coletivas. Professores, organizadores sindicais, advogados e pastores emergiram para liderar a comunidade negra, e mais estudantes seguiram. A Associação Nacional pelo Progresso de Pessoas de Cor (National Association for the Advancement of Colored People – Naacp), que buscava direitos civis iguais, conquistou uma proeminência nacional respeitável, e líderes negros eram recebidos com simpatia em Washington pelos adeptos do New Deal. Eleitores negros fizeram sentir sua presença no norte no final da década de 1940. Todas essas forças aumentaram gradualmente a ação coletiva negra (McAdam, 1982: cap. 5)[1].

Mudanças econômicas impactaram sindicatos de trabalhadores, embora de modos diferentes. Sindicatos CIO de esquerda tentaram combater o racismo mais duramente do que outros sindicatos. O socialismo é, em princípio, antirracista, comprometido com valores humanos universais e vendo também o

---

1. O livro de McAdam é com certeza a melhor descrição geral do movimento pelos direitos civis. Sou cético apenas com relação à parte da teoria do movimento social que adota.

racismo mais praticamente como impeditivo da união da classe trabalhadora (Stepan-Norris & Zeitlin, 2003; Cohen, 1991: 337). Todavia, ainda assim, muitos funcionários e militantes antirracistas achavam que tinham de se submeter ao racismo dos subalternos. Uma pesquisa de opinião em Detroit no começo da década de 1950 mostrou que 85% dos trabalhadores brancos apoiavam a segregação racial, com membros do CIO não menos racistas (Kornhauser, 1952: 82-105; Nelson, 2003). Todavia, como muitas das pessoas locais da AFL mais conservadoras eram segregadas, isso paradoxalmente permitiu aos trabalhadores da AFL desenvolverem sua própria ação coletiva no nível do chão de fábrica, mesmo no sul (Honey, 1993). Estruturas de oportunidade econômicas estavam abrindo e sindicalistas negros gradualmente ficaram mais confiantes.

A Segunda Guerra Mundial abriu uma nova estrutura de oportunidade militar, como fizera para os nativos coloniais (no capítulo 2). Bloom (1987: 128) diz que "ela foi o único evento catalítico mais importante: oportunizou trabalho para negros, tirou-os das plantações, e os estabeleceu nas cidades; ela colocou armas em suas mãos e os treinou para usá-las, expôs os negros à educação e ao mundo e os tornou mais cosmopolitas. Como um resultado, ao final da guerra os negros estavam se tornando mais seguros de si". A segregação continuou nas forças armadas, mas isso também aumentou um sentimento compartilhado de camaradagem entre soldados negros. Portanto, os veteranos negros foram ativos na agitação pelos direitos civis pós-guerra. Tentativas de organização no pós--guerra no sul foram saudadas por uma série de linchamentos. Todavia, um incidente, em Colúmbia, Tennessee, em 1946, teve um desdobramento diferente. Um veterano negro golpeou um homem branco através de uma janela de vidro após esse ter dado um tapa em sua mãe. Como era costume, uma multidão de linchamento imediatamente se formou e avançou em direção ao seu bairro para pegá-lo. Mas encontrou uma resistência determinada de 150 veteranos negros auxiliados por ativistas negros da CIO de uma fábrica química local. Houve uma troca esporádica de tiros e quatro policiais ficaram feridos. Mas os brancos foram rechaçados. Um participante negro disse: "Não, não haverá mais problemas. Essa é uma coisa que aprendi de 1946. Eles sabem agora que os negros têm coragem... Sangue foi derramado, mas valeu a pena. Um homem de cor costumava não ter a chance de um cão matador de ovelhas. Mas 1946 mudou isso" (Bloom, 1987: 129).

Os linchamentos também pressionaram o Presidente Truman. Defrontado com deserções eleitorais potenciais da parte de negros e liberais considerando a opção de um terceiro partido na próxima eleição em 1948, ele criou um Comitê de Direitos Civis do Presidente no final de 1946. No ano seguinte ele tratou a Naacp em termos favoráveis aos direitos civis. Ele colocou os direitos civis em sua plataforma eleitoral de 1948 e emitiu decretos para desagregar o exército. Líderes negros o apoiaram devidamente na eleição. Mas, depois, ele relaxou mais o compromisso com os direitos civis. Os votos dos brancos eram mais importantes do que os dos negros. Por anos, não houve mais ajuda direta da Casa Branca[2].

A Naacp focou em esforços pelo registro de eleitores e processos legais contra educação e transportes segregados. Essas campanhas permaneceram estritamente dentro da lei e suscitaram poucas manifestações. Buscando a implementação de direitos constitucionais existentes, elas eram vistas com simpatia por liberais brancos do norte. Elites do norte começaram a desdenhar o sul, considerando-o como uma ordem social rústica e atrasada. No volume 3, enfatizei a diversidade regional dos Estados Unidos. Esse foi o início de uma nova divergência regional, o isolamento de um sul que parecia contradizer a liberdade que os Estados Unidos supostamente representavam no mundo. Isso foi se exacerbando à medida que a Guerra Fria se intensificava em continentes não brancos. Os soviéticos foram rápidos em denunciar o racismo americano, e enfatizavam os linchamentos em seus apelos aos africanos. A administração Truman não pôde negar a acusação, mas tentou enquadrar o racismo em uma narrativa de redenção democrática nacional que terminaria superando-o. Isso exigiu que os presidentes americanos buscassem reformas nos direitos civis, o que parecia mais fácil de ser feito na retórica do que na realidade (Deudziak, 2000: 49, 77). Se a Guerra Fria ajudou os negros americanos, essa ajuda não foi grande.

A porta política permanecia fechada. Os democratas do sul lançaram candidatos "Dixiecratas"* segregacionistas e receberam mais votos do que os liberais. Por medo do sul, nem o Congresso nem o presidente apoiariam a legislação dos direitos civis. Para se contrapor aos dixiecratas, o liberal Adlai Stevenson escolheu, como seu companheiro de chapa na eleição presidencial de 1952 o senador do Alabama, Sparkman, um líder segregacionista. Mesmo assim, os democratas perderam a eleição e também cinco estados do sul. Nem Eisenhower nem Stevenson mencionou a segregação na campanha presidencial de 1952 ou 1956. Eles tinham eleições para vencer, e estavam mais interessados em não alienar brancos do que negros.

Em contraste, a estrutura de oportunidade judiciária estava se entreabrindo. A Suprema Corte havia decidido, em 1896, em *Plessy v. Ferguson*, que a segregação não era inconstitucional, desde que a educação separada pudesse ser igualitária. Ao longo das décadas de 1930 e 1940, advogados da Naacp foram bem-sucedidos em casos que obrigavam as escolas distritais a seguir essa exigência (Patterson, 2001: 14-20), com a consequência inesperada de fortalecer as faculdades negras enquanto estados do sul eram forçados a gastar mais e ampliar a educação dos negros (McAdam, 1982: 102-103). A Suprema Corte – até então um corpo conservador – estava mudando. Ela havia decreta-

---

2. Estou em dívida para com Joshua Bloom por esse parágrafo.

* De "Dixie": apelido da área do Sul dos Estados Unidos composta pelos estados confederados [N.T.].

do, em 1944, que as eleições preliminares brancas, que tirou dos negros o direito de selecionar um candidato do partido, era inconstitucional. Entre 1945 e 1950, a Naacp ganhou mais de 90% das causas que levou à Suprema Corte. Mais tarde, em 1954, no julgamento do caso *Brown v. the Board of Education* (Conselho de Educação), em Topeka, Kansas, a Corte declarou, por unanimidade, inconstitucionais as escolas segregadas, uma vez que suas práticas eram inerentemente desiguais.

A Segunda Guerra Mundial havia mudado o clima ideológico com sua "ideologia democrática, com a consciência dos direitos civis que fomentou entre os negros, com as oportunidades políticas e econômicas sem precedentes que criou para os negros, e com o imperativo da Guerra Fria para a mudança racial que se sucedeu". As premissas ideológicas dos círculos sociais educados nos quais os juízes transitavam haviam mudado. As eleições mostravam que as decisões da Corte eram aprovadas por 73% dos egressos do ensino superior, mas por apenas 45% dos que abandonavam o ensino médio. Mesmo os juízes conservadores estavam mudando. O Juiz Reed considerava a segregação permissível constitucionalmente e apoiava a segregação escolar se as escolas dos negros pudessem ser melhoradas. Ele também era contrário à dessegregação em restaurantes, já que um "nego" poderia entrar "e sentar-se e comer à mesa logo ao lado da Sra. Reed. Todavia, ele reconhecia que "a segregação está gradualmente desaparecendo" e que, 'é claro' não havia 'raça inferior'". Klarman comenta que o "é claro" "diz muito a respeito do que um kentuckiano aristocrata afirmaria. A maioria dos sulistas brancos – com menos formação, menos prósperos e menos expostos à elite cultural da nação – teria relutado em admitir isso". Os juízes, afirma ele, eram agora culturalmente parciais (2004: 173, 308-310, 444; Patterson, 2001: cap. 3). O sul estava isolado da cultura de elite. A decisão de *Brown* foi reconhecida como um marco na época, embora outras decisões da Corte tivessem permitido que a dessegregação continuasse muito lentamente. Essa decisão encorajou negros e levou a alguma dessegregação escolar nos estados de fronteira. Isso foi um progresso, mas não penetrou o sul propriamente dito.

Reações de negros e brancos no sul: Conselhos de cidadãos, Movimento pelos Direitos Civis

Os brancos sulistas reagiram com fúria à "tentativa comunista" da Corte "de fazer mestiçagem". Eisenhower tentou explicar os sentimentos dos sulistas ao Chefe de Justiça Earl Warren. Os sulistas brancos, ele dizia, "não são pessoas ruins. Tudo o que lhes preocupa é que suas queridas filhinhas não tenham de se sentar ao lado de algum sujeito grande negro na escola". Mas não era apenas os sulistas. Em uma pesquisa de 1958, somente 1% de sulistas brancos e somente 5% de brancos de outros lugares aprovavam o casamento inter-racial. Em 1959, vinte e nove estados criminalizavam esses casamentos; contudo, em 1967, somente dezesseis o faziam (Romano, 2003: 45, 148, 168, 186). Emoções racistas afetavam americanos brancos.

Conselhos de Cidadãos Brancos apareceram no sul, determinados a resistir à dessegregação e a isolar os poucos manifestantes pelos direitos civis, explorando a vulnerabilidade econômica dos meeiros, clientes e empregados. Esse uso do poder econômico silenciou todos, menos os corajosos ou economicamente independentes (Bloom, 1987: 93-101; Moye, 2004: 64-73; Payne, 1995: 34-46; Thornton, 2002: 392-413). Eles denunciavam o movimento pelos direitos civis como parte de uma conspiração estrangeira, inspirada no comunismo, que ameaçava o "modo de vida do sul". Muitos eram sinceros o bastante nessas crenças. A violência era geralmente deixada à revivificada Ku Klux Klan, que até cerca de 1964 desfrutava da simpatia e apoio das autoridades policiais e júris, embora não dos políticos sulistas (ao menos não abertamente). Entre 1960 e 1965 ao menos vinte e seis trabalhadores pelos direitos civis negros e brancos, basicamente estudantes, foram mortos por racistas sulistas e centenas foram severamente espancados (Belknap, 1995: 121). Os conselhos também silenciavam políticos sulistas que preferiam focar temas de classe em vez de temas raciais, assim como liberais brancos e clérigos que esperavam por reformas graduais. Perguntavam-lhes: "Você apoia a raça branca contra agitadores negros e comunistas de fora?" Poucos ousavam responder "não" ou dizer que essa era a questão errada (Klarman, 2004: 318-320, 389-421; Bloom, 1987: 91-93). Assim, a luta seria racial, brancos contra negros.

Ativistas negros se organizaram no movimento pelos direitos civis, que Morris (1986) define como uma federação pouco coesa de centros locais do movimento. Pastores de classe média, anciões da Igreja, professores, líderes sindicais, empresários e outros profissionais inicialmente lideraram esses movimentos. Sua vitalidade, ativistas e grande parte de seus fundos eram da comunidade. Sindicatos contribuíam junto a mobilizações mais *ad hoc* de trabalhadores e agricultores, mas as igrejas podiam mobilizar apoio mais diverso e eram menos vulneráveis à violência pessoal (Morris, 1986: 54). Isso assegurava que as demandas do movimento permanecessem integracionistas, para a cidadania civil e política. Demandas econômicas pela cidadania social foram postas de lado e o nacionalismo negro, rejeitado.

Sua religiosidade cristã pretenciosa colocou esse movimento separado da maioria de outros movimentos sociais modernos, incluindo os revolucionários. Seu fervor cristão não foi sem ressonância na religião branca. Pastores brancos viajavam ao sul para ajudar, hospitais católicos ajudavam e uma retórica de perdão e redenção ajudaram a mudar as atitudes dos brancos. A religiosidade envolvia a mobilização de compromisso emocional de todas as classes e grupos etários. As mulheres, basicamente de meia-idade, experienciadas em igrejas e em redes de bairros, faziam a maior parte do trabalho de bastidores, organizando, (Morris, 1986; Payne, 1995: cap. 9). Robnett (1997:17-23) as chama "organizadoras de pontes" e "mobilizadoras de porta em porta". Os militantes que arriscavam a vida e a integridade física nas ruas eram basicamente estudantes. Mas moderados e radicais afins sentiam-se emocionalmente empoderados por uma ideologia que combinava religiosidade com valores americanos, com invocações frequentes de Abraham Lincoln e sua defesa da União. Em uma pesquisa de 1963, 47% dos negros e 58% de seus líderes diziam que estavam dispostos a ir para a cadeia por sua causa. McAdam (1982: 163) pergunta: "Alguém pode imaginar 47% da população americana professando uma disposição para ir para a cadeia por **alguma** causa contemporânea?"

As Igrejas produziam a interação carismática entre pregador e audiência que o mundo passou a conhecer pelos discursos políticos de Martin Luther King, que era comum na Conferência de Liderança Cristã do Sul (Southern Christian Leadership Conference – SCLC). Esse carisma não era um traço de personalidade inata nem verdadeiramente espontâneo; era polido nos serviços religiosos muito antes que fosse posta para usos políticos. Na época, contudo, havia se tornado a forma de retórica natural dos pregadores e era muito desconcertante para os brancos (Morris, 1986: 7-11). A retidão não era um enquadramento consciente dos temas calculados para efeito máximo, pois esse era o modo de os líderes religiosos da comunidade negra falar rotineiramente na igreja.

O SCLC era moderado, mas foi pressionado por mais vozes radicais quando ativistas do norte, brancos e negros, começaram a se juntar, estimulados pelo fermento nas universidades durante a década de 1960 sobre a Guerra do Vietnã. O Congresso da Igualdade Racial (Congress of Racial Equality – Core) e o Comitê Coordenador Não Violento de Estudantes (Non-Violent Co-Ordinating Committee – SNCC) introduziu mais militância, especialmente as Jornadas da Liberdade (Freedom Rides), ônibus cheios de pessoas que viajavam para o sul e invadiam instalações de restaurantes e transportes destinados apenas aos brancos, provocando reações violentas desses. Dois terços dos passageiros eram estudantes de faculdade, três quartos eram homens, e um pouco mais da metade eram negros (diminuindo mais tarde). Essa infusão de sangue jovem e de ideologia mais ampla foi a ajuda mais importante dos brancos ao movimento. Como os estudantes nas revoluções russa e chinesa, esses militantes tinham poucos interesses materiais em risco e eram em sua maioria ideologicamente motivados. Eram menos cuidadosos, mais impacientes, lideravam imediatamente ocupações de estabelecimentos somente para brancos no sul. Embora carecessem de uma base de massa, sua "forte independência e resistência às leis e costumes locais" inspiraram negros do sul a acreditarem que "eles, também, poderiam assumir o controle de suas vidas" (Dittmer, 1994: 424-425, 95, 244-245). Os líderes estavam muito conscientes de que a morte de um único estudante branco nas mãos de sulistas racistas valia mais na publicidade nacional do que a morte de dez negros. É por isso que muitas vezes os punham em situações perigosas.

O movimento agora tinha uma ala radical mais organizada prestando mais atenção aos descontentamentos econômicos, com algum apoio de negros da classe baixa, espalhando-se das cidades para as regiões rurais. No Delta do Mississipi, o SNCC e o Core ajudavam os pobres rurais, pequenos agricultores e meeiros analfabetos a se organizarem. Eles focavam o registro eleitoral, embora por trás disso estivessem exigências pelo empoderamento e justiça econômica para os negros (Moye, 2004: 90-104). Eles foram equiparados no norte por Malcolm X e um nacionalismo negro emergente. A Naacp e os líderes da SCLC que lideravam o movimento em muitas cidades do sul tendiam a ser negros mais refinados. Durante um tempo, embora confrontando uma estrutura de poder branco inflexível, as diferentes tendências do movimento trabalharam bem juntas.

A batalha se une

O movimento pelos direitos civis não endossava a violência. Após ter inicialmente comprado uma pistola, King começou a ver que os negros, sendo uma minoria, perderiam qualquer confronto violento. A revolução era impossível. O protesto não violento, mas muitas vezes ilegal, foi depois refinado como um modo de provocar a violência branca no sul, na esperança de provocar a intervenção de uma agência federal. Essa se tornou a tática dominante, e era altamente calculada. Era provocativa e destinada a dividir a raça dominante, mas dificilmente foi revolucionária. Ela meramente manipulava a divisão constitucional de poderes entre autoridade estadual e federal, pois se acreditava (ou esperava) que o governo federal tivesse de intervir e implementar reformas caso a violência nas ruas continuasse. Enquanto isso, a não violência daria legitimidade moral para o movimento, permitindo que conquistasse mais recrutas negros e mais simpatia dos brancos. A não violência é particularmente adequada a contextos (como na Índia britânica) onde os insurgentes são confrontados por forças superiores que apesar disso deseja ser vista como exercida dentro de limites constitucionais. Isso era verdadeiro somente em um sentido especial aqui. Muitos brancos sulistas não davam importância alguma para limites, embora alguns sim, e se esperava que os policiais também dessem. Embora alguns ativistas endossassem a não violência pela utilidade tática, outros o faziam por sua congruência com suas crenças religiosas e faziam analogias com o evento de Jesus expulsando os agiotas do templo.

O primeiro grande sucesso foi o boicote de um ano do ônibus de Montgomery, em 1955, após Rosa Parks ter sido novamente retirada de um ônibus (uma veterana do movimento, ela havia tentado duas vezes antes). Os líderes dos direitos civis locais a definiram como a vítima ideal devido à sua reputação imaculada, após sua primeira escolha, uma menina solteira de 15, ter aparecido grávida! O boicote envolveu uma ação em massa que não pôde ser reprimida pela força uma vez que a comunidade negra meramente evitava os ônibus. Como os negros constituíam dois terços dos passageiros, as companhias de ônibus perderam muito dinheiro. A Suprema Corte então julgou que os ônibus públicos segregados eram inconstitucionais. Mas o governo federal ainda estava cauteloso com o poder político do sul branco e não impôs a decisão.

Seguiu-se então uma espiral ascendente de boicotes, jornadas da liberdade, ocupações, campanhas de registro de eleitores e marchas – não violentos, mas tentando provocar violência popular por parte dos brancos ou prisões em massa pelas autoridades (McAdam, 1982). Seu sucesso dependia de uma disciplina quase militar de contenção diante da violência e da simultaneidade coreografada de sentarem-se, cantarem, entoarem frases de protesto, deixarem seus corpos inertes, e assim por diante. O sucesso ou fracasso resultava da interação dessas táticas com as das autoridades, cujas respostas variavam de repressão pesada à evasão, fosse para suprimir o protesto ou para ficar de fora, esperando que perdesse o ímpeto. A primeira tinha mais apoio dos ativistas brancos, embora a segunda tendesse a funcionar melhor, uma vez que o movimento não podia confiar nos habitantes locais para continuar a fazer sacrifícios em massa por longos períodos. O chefe de polícia de Albany, Georgia, Laurie Pritchett, infligiu uma derrota prejudicial em 1962. Desafiando o fervor extremista branco, ele mostrou o devido respeito aos direitos dos manifestantes durante as prisões. Se se ajoelhassem para orar, ele se ajoelhava e orava com eles. Depois, ele os dispersava para cadeias ao longo do país, embora conspicuamente mantendo espaço vazio na cadeia de Albany disponível para quaisquer outros manifestantes. Ele sobreviveu ao protesto. Mesmo a KKK no Mississipi enviou panfletos instando as pessoas a evitarem violência uma vez que era o que os agitadores queriam (Bloom, 1987: 181).

Nem todos os líderes brancos concordavam. Sabendo muito bem que a força do racismo no sul era mantida ao fim e ao cabo pela violência paramilitar, eles acreditavam que abandoná-la era perigoso. Ter de defender a segregação somente por meios legais era claramente um recuo, talvez o prenúncio que em breve destruiria o sistema. De sua perspectiva, essa não era uma crença irrazoável – exceto que subestimavam a evolução das pressões sobre os políticos do norte. O xerife de Birmingham, Bull Connor, não foi simplesmente estúpido quando, em 1963, atuando para seu eleitorado, os eleitores brancos eloquentes, usou mangueiras de incêndio e cachorros contra manifestantes do ensino médio diante de câmeras de televisão nacionais. Ele fez isso, a despeito de ter sido alertado pelo Chefe Pritchett de que a brutalidade policial era o desejado por King. Isso "revelou ao mundo o que os negros de Birmingham já sabiam, que para homens como Connor, o centro da supremacia branca era a violência" (Thornton, 2002: 311; cf. Lewis, 2006: 146-150). Selma, Alabama, viu eventos similares em 1965, quando uma marcha em massa, enfrentada com violência liderada pelo xerife Clark, foi televisionada nacionalmente. Essa violência branca se mostrou autodestrutiva. Ela inflamava as comunidades negras, obtendo mais apoio ao movimento. Se publicizada – e era grande a cobertura televisiva –, gerava simpatia e horror nacionais. Isso terminava levando à intervenção federal, caso as autoridades locais não se mostrassem dispostas a frear as atrocidades dos brancos e se mostrassem incapazes de frear a perturbação dos negros. Uma série de minicrises constitucionais seguiu-se, uma vez que os governos estaduais e locais falharam em cumprir seu dever básico, a preservação da ordem. As táticas do movimento dos direitos civis e a teimosia de muitos racistas brancos deram origem a um conflito tripartite, entre os dois e o governo federal.

O governo federal permaneceu relutante em intervir. A administração Kennedy ainda não queria antagonizar os sulistas brancos, e era particularmente difícil encontrar aliados no Senado. O procurador-geral, Bobby Kennedy, instou os líderes do Core e do SNCC: "Por que vocês não param com essa merda toda de Jornadas da Liberdade e ocupações, e se concentram em educar os eleitores... Se vocês fizerem isso, conseguirei para vocês uma isenção de impostos" (Morris, 1986: 234-235). Quando ignoraram esse conselho muito crasso e prosseguiram com as Jornadas da Liberdade, ele foi forçado a protegê-los com a polícia federal – de outro modo muitos teriam sido mortos. Nas manifestações televisionadas, parecia que as autoridades do sul, não os manifestantes, eram a principal ameaça à ordem. Isso permitiu que o carisma de King aumentasse, pois seus discursos identificavam o movimento com os valores morais eternos da nação. O contexto e a retórica permitiram o triunfo desse apelo aos direitos civis – mas não demandas por igualdade econômica (Thornton, 2002: 567, 570).

Isso não culminou em violência em toda parte. Muitos brancos sulistas ficaram horrorizados com a escalada da violência e começaram a desertar dos segregacionistas. A violência da KKK e da polícia e da guarda estadual declinou. Os pais ficaram infelizes com os confrontos nas escolas, pois os conselhos escolares brancos responderam fechando as escolas, de modo que nenhuma criança estava recebendo educação. Alguma integração já estava em curso em 1960. Empresários urbanos reconheciam que a menos que a violência parasse, ninguém investiria em suas comunidades. Embora muitos compartilhassem das visões dos membros da KKK e de xerifes como Bull Conner, e oferecessem termos de paz que eram insuficientes, favoreciam um acordo que lhes permitisse, de modo que poderiam retomar a vida normal e se livrar de conflitos, intervenção federal e perdas econômicas. Líderes empresariais de Nova Orleans não queriam a integração, mas formaram um Comitê para uma Louisiana Melhor para resolver questões raciais, uma vez que "não eram tão obtusos a ponto de não verem que a perturbação contínua sobre integração prejudicaria seriamente a economia da cidade" (Fairclough, 1995: 254; cf. Kirk, 2002: 139; Belknap, 1995; Jacoway, 1982; Dittmer, 1994: 248). Nacionalmente, o capitalismo corporativo, o CED e os republicanos moderados estavam buscando um fim para a desordem e começando a favorecer direitos civis limitados. O desejo capitalista por lucro estava rejeitando o capitalismo racial. Mas poucos brancos sulistas aceitaram a igualdade completa de direitos civis e políticos.

A cuidadosa pesquisa de McAdam (1982) sobre as sequências de eventos durante a era dos direitos civis mostrou que (usualmente houve causalidade) a causalidade usualmente foi do poder crescente do movimento pelos direitos civis no sul, e seu confronto com o racismo branco, às mudanças políticas no nível nacional. Embora forças macrossociais ao longo da nação também exercessem uma causalidade difusa em aumentar o sentimento negro de empoderamento durante esse período, a influência direta dos liberais brancos, do dinheiro dos brancos e das elites políticas nacionais era pequena, exceto em reação ao aumento do poder dos negros. Embora a decisão *Brown* tenha sido parte de uma estrutura de oportunidade judiciária ampliada, havia pouca ampliação das estruturas de oportunidade políticas, exceto o que o próprio movimento pudesse obter. Políticos, sobretudo, favoreciam sua própria reeleição, e não parecia que os votos dos negros seriam mais úteis do que os votos dos brancos.

No fim, a desordem pressionou a Casa Branca e o Congresso à legislação. A Lei de Direitos Civis de 1964 baniu a discriminação em locais de trabalho e públicos. A Lei do Direito ao Voto de 1965 suspendeu impostos eleitorais, testes de alfabetização e outros testes de eleitores e autorizou o procurador-geral a substituir registradores eleitorais locais por funcionários federais se necessário. Essas leis produziram um aumento na violência dos brancos, o que isolou mais as elites políticas do norte. Uma Lei de Direitos Civis de 1968 baniu a discriminação habitacional. Todas as três leis tiveram mecanismos de imposição efetivos. Elas foram aprovadas porque os republicanos do norte haviam parado de apoiar os flibusteiros do sul. Johnson observou que, ao assinar o projeto de lei de 1965, havia feito o Partido Democrata perder o sul. Ele estava certo. Embora os negros tenham comparecido em grande número para votar nos democratas, a emigração os havia tornado uma minoria em cada estado, e os brancos sulistas agora votavam solidamente nos republicanos em protesto. Embora tivessem concedido mais do que anteciparam, desse modo retiveram o controle político do sul e algum privilégio econômico.

As conquistas do movimento ampliaram suas divisões internas. Nem a antiga classe de liderança negra nem a Naacp de classe média nem ainda a maioria da SCLC trabalhariam com os meeiros, empregadas e diaristas das facções radicais exigindo igualdade econômica. Essa fissura foi equiparada no norte com o surgimento do nacionalismo negro e o Black Power. Isso e a posição antiguerra do Vietnã de King e de muitos líderes dos direitos civis, e as revoltas que varreram muitas cidades importantes americanas, geraram uma reação nacional dos brancos. Como vemos mais tarde, a administração Johnson associava os radicais à desordem e começou a se afastar. A ajuda do governo federal diminuiu. Nas cidades onde radicais haviam sido proeminentes, como Birmingham, eles foram substituídos pelos "acomodacionistas burgueses" negociando ganhos econômicos por ganhos políticos (Eskew, 1997; cf. Thornton, 2002: 571-573). Os radicais passaram a protestar contra a Guerra do Vietnã, e as necessidades econômicas dos negros pobres foram sacrificadas na busca de direitos civis e políticos universais e de avanço econômico para a classe média negra (Payne, 1995: cap. 13; Dittmer, 1994: 429; Eskew, 1997: 331-334). Talvez, isso fosse tudo que pudesse ser realisticamente obtido em um país que sob outros aspectos estava se tornando muito conservador. Mesmo alguns líderes SNCC radicais, que mais tarde se tornaram prefeitos e congressistas, passaram a acreditar nisso na meia-idade. Mas, é claro, eles eram parte da mudança da política de classe para a política de identidade.

Conclusão: explicando o movimento pelos direitos civis

O movimento, essencialmente, havia acabado. Conquistou seus objetivos integracionistas principalmente por meio da confiança coletiva crescente dos afro--americanos, nutrida dentro de suas comunidades segregadas e depois mobilizada por líderes que estavam integrados à solidariedade moral da comunidade. Eles começaram com uma forte percepção de injustiça, mas a mudança vital foi sua crença de que a reparação poderia ser assegurada. Isso era tanto ideológico quanto político. Seu poder crescente havia sido encorajado por forças sociais difusas – mudanças de poder econômico e guerras inter-regionais, quentes e frias. Isso gerou uma divisão crescente entre norte e sul, garantindo que os sulistas brancos terminassem perdendo o apoio. Todavia, os negros tiveram de tornar o sistema político impraticável antes que isso acontecesse, e não receberam muita ajuda direta dos brancos. Incentivos particulares vieram da Suprema Corte e de Truman, Kennedy e Johnson. Sindicatos de trabalhadores e liberais do norte deram algum dinheiro, e o crescimento de sentimentos liberais entre as elites e as universidades deram mais ressonância nacional à retórica negra. No fim, contudo, os brancos mais importantes eram políticos conservadores do norte e capitalistas do sul (e muitos sulistas comuns) que perceberam que o melhor modo de conter um nível inaceitável de desordem era conceder direitos civis e políticos. Como enfatizei no volume 3, se movimentos de protesto, especialmente em democracias, podem ameaçar não tanto a revolução como um nível moderado de caos que desestabiliza as relações de trabalho ou políticas, as forças de ordem mais sagazes reagirão com concessões. Como de costume, isso tinha a vantagem adicional de dividir o movimento de protesto pelos direitos civis e impedir demandas mais radicais de cidadania social. A esse respeito, era similar ao New Deal.

Sob alguns aspectos, minha descrição também se assemelha à variante de processos políticos da teoria do movimento social, enfatizando o aumento da consciência insurgente, a força organizacional e a ampliação de oportunidades para a ação. Todavia, não restringi minha análise às oportunidades *políticas*, e tentei dar tratamento igual ao inimigo – embora inadequadamente porque os segregacionistas foram subestudados. No fim, a política dos brancos reforçou a ideologia de integração da classe média afro-americana, garantindo que as demandas econômicas dos negros e os Panteras Negras perdessem seu apoio. O Presidente Nixon liquidou com eles oferecendo a ação afirmativa. Os Panteras Negras agora se dividiram, com seus remanescentes reprimidos pelas forças policiais paramilitares – muito semelhante aos movimentos de classe de ultraesquerda do passado.

A ideologia também desempenhou um papel muito maior do que o do mero enquadramento estratégico. Esse movimento tinha uma alma nacionalista religiosa combinada com a americana, radicada nas igrejas, gerando emoções pretenciosas. Ela também teve um incentivo radical do esquerdismo ideológico que varreu as universidades americanas na década de 1960, intensificado pela Guerra do Vietnã. Assim, ambos os conjuntos de militantes pelos direitos civis, agitadores locais e de fora, desenvolveram uma coragem descuidada que os levava a arriscar a vida e as liberdades. Em termos weberianos, eles eram orientados pela racionalidade de valor – compromisso com os valores últimos – muito mais do que pela racionalidade instrumental. Embora suas táticas revelassem raciocínio instrumental, sua habilidade para confrontar o poder paramilitar superior era orientada para valores. No outro lado, a "resistência massiva" segregacionista também tinha uma ideologia muito emocional, baseada no nacionalismo regional, medo desesperado de miscigenação e anticomunismo feroz. Se, em contraste, a ênfase na cultura e nas estruturas culturais da teoria do movimento social parece um pouco anêmica, isso é porque muitos dos movimentos que estuda *são* anêmicos. Eles não derramam sangue, somente sofrem escoriações. Isso demonstra que necessitamos ser cautelosos com modelos universais abstratos supostamente capazes de explicar todos os tipos de dissensão social, e que necessitamos entremear relações de poder econômico, ideológico, militar e político, usando os quatro para explicar o surgimento e o sucesso parcial do movimento pelos direitos civis de massa, e o declínio e o fracasso parcial da resistência branca em massa.

Assim, melhor do que comparar o movimento pelos direitos civis ao movimento *gay* ou ao movimento verde, melhor situá-lo no âmbito dos movimentos de classe de revolução/reforma discutidos neste volume. Uma população minoritária de 10% não poderia conquistar a revolução, mas esse era um movimento para grandes reformas, envolvia demonstrações em massa, provocando violência em massa, e teve êxito em uma versão racial da explanação de Lenin sobre as revoluções. Ou seja, ocorreu quando a raça dominada não desejava mais prosseguir do modo antigo, e a raça dominante não podia prosseguir desse modo. Mas minha análise se assemelha mais à minha descrição do conflito de classe reformista não revolucionário, pois defrontado pelo movimento dos direitos civis, o antigo regime se dividiu e o governo começou a intervir, a introduzir reformas e a comprometer o conflito. Amplas mudanças sociais aumentaram o poder de afro-americanos/classe trabalhadora para resistir a tal ponto que alguns dentro da raça/classe e especialmente dentro do Estado reconhecessem que a preservação da ordem social requeria reformas. Depois, isso, por sua vez, minou a ala radical/revolucionária do movimento. A principal diferença dos movimentos de classe é que, embora os negros ocupassem diferentes posições de classe, eram dura e coletivamente sentenciados a serem negros e a sofrerem opressão racial. Isso também significava que durante esse principal período de conflito a comunidade negra mostrou mais unidade, mais fervor moral e, portanto, mais bravura do que muitos movimentos da classe trabalhadora – certamente na América. A raça superou a classe, embora o sucesso exacerbasse mais as divisões de classe.

As consequências raciais

O movimento pelos direitos civis havia produzido ganhos duradouros. A violência racial estava evanescendo, direitos civis e políticos de cidadania foram adquiridos, e houve ainda algumas melhorias econômicas para muitos negros. A dessegregação escolar melhorou a educação dos negros, e as perspectivas de trabalho melhoraram ao longo da dessegregação no emprego público e nas empresas privadas que buscavam contratos federais. Minchin (1999; 2001) mostra que em fábricas têxteis e de papel do sul a proporção de operários negros aumentou gradualmente, principalmente porque negros recém-fortalecidos inundaram a Comissão de Oportunidade de Emprego Igual (Equal Employment Opportunity Commission) com processos de ação de classe alegando discriminação. Algumas firmas foram forçadas a contratar negros pelos tribunais; outras agiram primeiro para impedir ações. Administradores preferiam contratar afro--americanos de pele mais clara, superqualificados e depois lhes dar os piores trabalhos, enquanto os administradores e trabalhadores brancos continuavam a sustentar visões racistas. Mas os trabalhadores negros melhoraram seus salários, benefícios e acesso a banheiros e refeitórios – de fato, os trabalhadores da indústria do papel tinham o uso exclusivo deles, uma vez que os trabalhadores brancos deixaram de usá-los quando os negros começaram a trabalhar lá.

A disparidade nacional entre a educação e os níveis salariais dos brancos e dos negros diminuiu. Emprego e salários aumentaram para os negros, e tiveram ganhos em relação aos níveis de pagamento dos brancos em várias indústrias, especialmente no sul. Mas a classe média negra ganhou mais do que trabalhadores negros, e mulheres negras, exceto pelas mães solteiras, se deram melhor que os homens negros em taxas de emprego, salários e conquistas educacionais e ocupacionais. Em 2000, restava pouca diferença entre mulheres negras e brancas, exceto pela proporção muito maior de mães solteiras negras. Entre os homens negros os ganhos em 1980 haviam atingido entre 70 e 80% de ocupações comparáveis de brancos – na década de 1950, foram somente de 40 a 50%. Mas eles permaneceram lá, sem mais melhorias. Na parte inferior, a experiência afroa-mericana inclusive piorou. Em 1940, somente 9% dos homens negros não estavam na força de trabalho, mas em 2000 o número havia aumentado para 34%. A partir da década de 1980, índices de aprisionamento de negros, principalmente por crimes relacionados a drogas, estavam contribuindo alarmantemente para isso. Metade dos presos da nação em 2000 era de negros – embora os negros fossem somente 13% da população nacional (Katz et al., 2005; Massey, 2007; Western, 2006). (Mais sobre isso no capítulo 6.) Assim, os problemas raciais permaneceram muito importantes, mas somente quando reforçados pela classe. Políticas de classe e políticas raciais se tornaram combinadas, mas somente para os negros da classe baixa.

O racismo geral não foi encerrado, mas foi reduzido. Mais importante, as pessoas negras tinham vencido uma guerra e não sentiam mais que tivessem de se curvar aos brancos. Muito ao contrário. Fosse a dignidade negra expressa por meio do sucesso educacional e ocupacional, estilo dos negros, *rap*, gíria ou violência do gueto, os brancos sabiam que a intimidação não era mais apenas sua. A desvantagem permanecia: guetos do centro que eram despossuídos, casualmente empregados, não votantes, violentos, cercados pela polícia armada, excluídos da classe média negra e dos sindicatos de trabalhadores. O racismo permanece uma desgraça nacional visível, mas principalmente nos bolsões de classes. Ao recordarmos que esse período da década de 1950, 1960 e 1970 também viu o colapso dos impérios europeus, podemos ver que o racismo em 1980 não era mais a ideologia que dominava do mundo. Dominou meu volume 3. Não dominará o resto do volume 4. E essa é decididamente uma bênção para o mundo.

A retórica liberal do movimento pelos direitos civis se tornou depois a retórica nacional. Como o racismo não podia ser expresso abertamente, passou a ser expresso secretamente. A discriminação é informal, mas usualmente menos do que antes, com taxas de aprisionamento como a exceção. Muitos brancos ainda abrigam sentimentos negativos em relação a negros, mas são cautelosos em expressá-los abertamente. Pesquisas de opinião revelam que metade dos brancos acha que os negros tendem à violência e são menos inteligentes do que os brancos, e três quartos pensam que os negros preferem benefícios sociais a trabalhar. Muitos brancos aceitarão a presença de alguns negros como vizinhos, mas não uma maioria. Raça e classe reforçam uma a outra na medida em que as características de negros pobres, desempregados e criminosos são imputadas a toda comunidade negra (Massey, 2007: 65-112). Os republicanos exploraram esses sentimentos entre os brancos, especialmente racializando o crime (Western, 2006). Em 1981, Lee Atwater, o estrategista do Partido Republicano, foi cândido:

> Você começa 1954 dizendo: "Preto, preto, preto". Em 1968, você não pode dizer "preto"– isso magoa. Sai pela culatra. Então, você diz coisas como ônibus dessegregados, direitos dos estados e tudo aquilo. Você está ficando tão abstrato agora que está falando sobre cortar impostos, e todas essas coisas que você está falando são coisas totalmente econômicas, e um subproduto delas é que os negros se magoam mais do que os brancos (Bob Herbert, *New York Times*, 6 de outubro de 2005).

Identidade política

A influência do movimento pelos direitos civis foi global. Suas canções de protesto eram cantadas em todo mundo. Suas greves sentadas, seu apelo a valores que eram simultaneamente universais e centrais ao sentimento de identidade nacional, foram todas amplamente adaptadas às condições dos movimentos de protesto estrangeiros. Isso foi imediatamente evidente, por exemplo, no final da década de 1960 e começo da década de 1970 na Irlanda do Norte, onde a primeira fase de um conflito de trinta anos contra um Estado sectário (protestante) foi dominada pela retórica e táticas conscientemente inspiradas no movimento pelos direitos civis dos Estados Unidos. Isso mais tarde foi eliminado, uma vez que a comunidade unionista protestante conseguiu manipular o governo britânico para intervir a seu favor – o oposto do que havia acontecido nos Estados Unidos. Na África do Sul, Nelson Mandela se apercebeu completamente da importância de assumir a elevada base moral e provocar a violência a fim de assegurar a intervenção externa. Nesse caso, a intervenção estrangeira foi econômica e – como nos estados do sul dos Estados Unidos – terminou impactando o autointeresse da comunidade empresarial branca, induzindo-os a pressionar o governo do *apartheid* a negociar.

O movimento pelos direitos civis foi também influente como parte de um novo liberalismo focado nas políticas de identidade mais do que nas de classe. O que são geralmente chamados os novos movimentos sociais – feminismo e outros movimentos políticos de identidade recentes, e ambientalismo – incorporaram um discurso de direitos individuais. Isso emergiu dos conflitos baseados em classe para direitos completos de cidadania, mas a maioria dos novos movimentos depois rompeu com a classe política. A revolução dos direitos primeiro assegurou direitos para os afro-americanos, depois para outras minorias raciais.

O feminismo de segunda onda surgiu ao mesmo tempo que o movimento pelos direitos civis e foi influenciado por ele. Contudo, as mulheres já exerciam livremente o voto, e, portanto, o movimento focou os direitos civis e especialmente os sociais. Transformações sociais pós-guerra foram importantes em seu surgimento, especialmente aquelas que afetaram os mercados de trabalho.

Quando a Segunda Guerra Mundial terminou, o emprego das mulheres declinou agudamente, mas a partir da década de 1950 estava aumentando novamente em meio à escassez de força de trabalho da era de ouro. Em 1956, 35% de todas as mulheres adultas e um quarto das mulheres casadas estavam no mercado formal de trabalho. As mulheres foram particularmente úteis em trabalho do colarinho-branco, pois, a essa altura, estavam sendo bem formadas. No emprego, as mulheres experienciaram uma combinação de mais independência com discriminação persistente. Depois da década de 1970 o aumento de salários da era de ouro foi espremendo os lucros capitalistas, como discuto no capítulo 6. Um dos modos pelo qual os empregadores reagiram a isso foi empregando mais força de trabalho feminina, por vezes em posições de tempo integral, mas com mais frequência em tempo parcial e casual, e sempre com custos salariais mais baixos do que para empregar homens. Isso oferecia ao empregador a opção de uma folha de pagamentos mais baixa e mais flexibilidade. Agora, não a prosperidade, mas a recessão aumentou a participação da força de trabalho feminina. Ao longo das próximas décadas os salários dos homens ficaram estáticos e aumentar a renda familiar dependeu dos salários das mulheres. Isso tendeu a dar mais igualdade às relações homem-mulher dentro da família, embora isso tenha sido diminuído por várias décadas pela dupla jornada de emprego formal e doméstico que era imposta às mulheres casadas. Mas a ideologia do patriarcado estava enfraquecendo.

Ao mesmo tempo, normas tradicionais sexuais e de gênero estavam sendo questionadas, enquanto contraceptivos melhores estavam permitindo a mais mulheres escolherem se e o quão frequentemente ter filhos. Separação e divórcio se tornaram mais frequentes, permitindo às mulheres (e homens) decidirem se desejavam permanecer casados. Contudo, essa liberdade teve um aspecto negativo para as mulheres, uma vez que aumentou substancialmente o número de mães solteiras, mulheres deixadas para criarem os filhos sozinhas, e isso aumentou sua pobreza e sentimento de exclusão da sociedade.

Como na primeira onda, as feministas tiveram de lutar para conquistar seus direitos, mas fizeram isso em um grau menor do que os trabalhadores homens ou as minorias étnicas em suas lutas. Quase nenhuma violência organizada era requerida. Além disso, alguns eventos desencadeadores nos Estados Unidos foram muito de baixo para cima, como a influente Comissão sobre o *Status* das Mulheres, de 1963, do Presidente Kennedy, que levou à formação de muitos grupos femininos de pressão, até a Lei de Igual Pagamento (Equal Pay Act) de 1963, e com o acréscimo do Título VII, concernente aos direitos das mulheres, à Lei de Direitos Civis de 1964. O feminismo americano se beneficiou aproveitando a luta dos afro-americanos. Casos bem-sucedidos nos tribunais também foram distintamente importantes, uma vez que a lei do país declarava igualdade formal de direitos civis e políticos para todos, e não havia estruturas como a de Jim Crow impedindo os direitos das mulheres. Movimentos feministas emergiram, como em muitos países, de dentro de grupos de pressão de esquerda existentes, embora muitas vezes reagindo fortemente contra a discriminação de gênero praticada dentro daqueles grupos, como foi o caso nos movimentos da Nova Esquerda da década de 1960. A razão para a relativa facilidade com que as mulheres conquistaram direitos iguais pode ser que homens e mulheres não eram segregados – na verdade, suas relações são íntimas –, de modo que mulheres descontentes podem exercer pressão sobre seus parceiros, membros familiares, colegas de trabalho e camaradas políticos a partir de dentro. Quando as mulheres começaram a se organizar em números substanciais, a luta não organizou todas ou a maioria das mulheres contra todos ou a maioria dos homens.

As pressões estavam sendo sentidas ao mesmo tempo na maioria dos países avançados, indicando que as causas mais importantes do feminismo de segunda onda resultavam de tendências globais amplas, não de tendências especificamente americanas. Contudo, as exigências desse feminismo foram grandemente influenciadas pelas tradições institucionais de cada macrorregião e do Estado-nação, produzindo variações consideráveis nos tipos de direitos das mulheres que seguiram.

Correntes macrorregionais tendiam a se encaixar muito bem no modelo tripartido de Esping-Andersen (discutido no capítulo 6), como ele observou (Esping-Andersen, 1999). Os países anglófonos liberais tendiam a conceder às mulheres igualdade de direitos de cidadania civil, mas direitos sociais menos generosos. Seu modelo é um modelo de "igualdade de gênero", que dava os mesmos direitos a mulheres e homens, especialmente no mercado de trabalho. Eles encorajavam as mulheres a trabalharem, embora mantendo o modelo do homem provedor da família, pelo qual o bem-estar social era dirigido mais para apoiar os padrões de vida do homem como o cabeça da família do que para apoiar as mulheres como as portadoras e cuidadoras de crianças. Eles também encorajavam esquemas privados de bem-estar social enquanto os esquemas públicos exigiam um emprego formal de longo prazo para que homens ou mulheres obtivessem direito. Havia, com certeza, variações entre os países anglófonos: o Canadá se desviava levemente e a Grã-Bretanha mais substancialmente na direção dos direitos sociais do que os Estados Unidos, enquanto a Austrália combinava direitos de cidadania das mulheres com o reconhecimento do papel das mulheres como cuidadoras. E embora Grã-Bretanha e Austrália tivessem sido mais bem-sucedidas do que o Canadá e os Estados Unidos em reduzir a discrepância salarial de gênero, o segundo par foi mais bem-sucedido em enfraquecer a segregação de profissões entre homens e mulheres (O'Connor, Orloff, & Shaver, 1999).

Os países continentais conservadores, que chamo os euros, foram, sob muitos aspectos, o inverso. Eles não gostavam de intervir no capitalismo de mercado ainda que ajudassem qualquer um que saísse dos mercados. Eles mantiveram e ainda reforçaram as diferenças de gênero nos direitos de cidadania civil; desencorajavam as mulheres de participarem da força de trabalho, buscando proteger a autonomia da família da invasão dos mercados capitalistas; mas concederam consideráveis benefícios de transferência para mulheres como portadoras de crianças e cuidadoras da família. Inversamente, havia muito pouca provisão pública de serviços, especialmente de assistência à infância. Aqui, a família e não o indivíduo era a unidade do bem-estar social. Esse equilíbrio de direitos foi muito influenciado pelo catolicismo social, e, portanto, os Países Baixos e a França tinham menos dele. Os Países Baixos estavam muito mais próximos ao modelo aglófono enquanto a França se diferenciava tanto encorajando as mulheres a trabalharem quanto provendo empréstimos familiares generosos para o cuidado das crianças, o que, com efeito, socializou o custo desse benefício (Van Keesbergen, 1995; Pedersen, 1993). Isso foi uma consequência dos sindicatos de trabalhadores mais fracos e da pró-natalidade mais forte por razões de segurança nacional, como expliquei no volume 3, capítulo 9.

Os países nórdicos social-democratas combinavam tanto direitos civis como sociais. Aqui, movimentos pró-natalidade haviam encorajado fortemente as mulheres na direção da participação na força de trabalho, a fim de corrigir a escassez de força de trabalho, e isso foi apoiado pela provisão pública generosa de serviços de assistência à infância. Esse modelo abandonou basicamente o modelo homem provedor/mulher cuidadora da família em favor de um modelo de dois assalariados (Sainsbury, 1996). Todavia, especialmente na Suécia, não é um direito da mulher escolher emprego ou não. Os esquemas de impostos e seguros contributivos significavam que as mulheres praticamente tinha que trabalhar a fim de viver adequadamente. E, embora haja muito trabalho disponível para as mulheres, tende a ser restrito ao setor público, deixando o setor privado para os homens.

As mulheres ainda não adquiriram igualdade completa e o movimento feminista permanece dividido entre aqueles que defendem a igualdade de gênero e igualdade completa de direitos *versus* aqueles que enfatizam a diferença de gênero (com a consequência de que as mulheres seriam recompensadas por seus papéis distintos na sociedade). Todavia, no último século, o feminismo triunfou em muitos de seus objetivos, país por país, no processo de se tornar institucionalizado nos níveis nacional e internacional (mais recentemente através das Nações Unidas e de ONGs feministas internacionais). Como há pouco sugeri, os Estados Unidos geralmente ficavam atrás dos países nórdicos na conquista de direitos sociais, mas na esfera dos direitos civis têm estado entre os líderes. Esse ímpeto se estendeu às demandas dos movimentos pelos direitos *gay*, sexual e dos portadores de necessidades especiais que seguiram. Os Estados Unidos também se destacaram por liderar o acréscimo conservador à política de identidade: os direitos do feto não nascido. Lutas pelos direitos à sexualidade *versus* valores familiares tradicionais, e entre o direito de uma mulher de escolher (aborto) e os direitos da criança não nascida (antiaborto) agora criavam mais emoção política nos Estados Unidos do que as lutas de classe, e isso não é assim em qualquer outro país avançado, nem mesmo nos católicos. Algumas dessas lutas pelos direitos civis foram essencialmente ganhas. Isso vale para os direitos dos portadores de necessidades especiais e das mulheres, e direitos estão sendo rapidamente conquistados pelos *gays*. Em 2012, a maioria dos americanos apoiava a legalização do casamento *gay*, uma guinada notável em apenas alguns anos. Na América o novo liberalismo introduziu um grande salto adiante nos direitos civis e um grande declínio no patriarcado.

Todavia, quando os direitos foram conquistados, as divisões de classe se mostraram. A vitória do movimento pelos direitos civis enfraqueceu a solidariedade da comunidade afro-americana e aumentou as desigualdades de classe nela. O mesmo aconteceu com os sucessos feministas, o que sob alguns aspectos (discutidos no volume 3, capítulo 9) aumentou as desigualdades entre as mulheres. Podemos esperar a mesma sequência à medida que os *gays* conquistam sua vitória. Nos Estados Unidos, esses movimentos haviam recebido muito pouca contribuição dos trabalhadores e uma divisão emergiu entre a antiga esquerda e os novos liberais. Na campanha malsucedida de George McGovern em 1972 para a presidência, muitos líderes sindicais ficaram infelizes com o tom racial, feminista, de diversidade sexual e contracultural de seu apoio central. Foi nesse ponto que os democratas começaram amplamente a perder o apoio dos trabalhadores brancos. A estratégia sulista de Nixon continha nuança e murmúrios raciais dirigidos para assegurar os votos dos trabalhadores brancos, embora se retratasse nacionalmente como o defensor dos contribuintes oprimidos vitimizados pelos pobres inúteis (e negros) e pelos contraculturais privilegiados (Lichtenstein, 2002: cap. 5; Cowie, 2010). O liberalismo americano se bifurcou em lutas de classe e de identidade, com a primeira declinando, e a segunda aumentando, uma bênção muito misturada cuja fraqueza em temas econômicos seria em breve completamente exposta. Para os trabalhadores isso significava menos aliados em um momento em que o equilíbrio econômico de poder estava se inclinando dos trabalhadores para o capital. Empresários – corporações moderadas e pequenos empresários – estavam ficando inquietos com as tendências inflacionárias e taxas de lucro menores evidentes no final da década de 1960. Baixar os custos salariais parecia parte da resposta, como veremos no capítulo 10.

5
O Império Americano durante a Guerra Fria, 1945–1980

O mundo é um lugar muito variado. Embora no período pós-Segunda Guerra Mundial tenha experienciado globalização, todos os três principais pilares da globalização – expansão capitalista, a adoção da forma do Estado-nação e o Império Americano – se entremearam com estruturas sociais e oportunidades de desenvolvimento muito diferentes ao redor do mundo. A política americana foi dominada em toda parte pela Guerra Fria e pelo medo dos avanços comunistas, mas diferentes partes do mundo estavam situadas diferentemente em relação à Guerra Fria. Assim, discuto separadamente quatro macrorregiões, o Ocidente, o Oriente e sudeste da Ásia, a América Latina e o Oriente Médio. Farei isso através das lentes narrativas do Império Americano, embora isso não devesse ser tomado como indicativo de que acredito que a política americana foi decisiva em determinar seus padrões de desenvolvimento.

É útil começar recapitulando as principais variedades de império que distingui no volume 3.

Império direto. Ocorre quando territórios conquistados são incorporados ao domínio do centro, como nos impérios romano e chinês em seu auge. O soberano do centro também se torna soberano da periferia. Os Estados Unidos nunca tentaram isso.

Império indireto. Uma pretensão de soberania política do centro imperial, mas com governantes na periferia retendo alguma autonomia e na prática negociando as regras do jogo com as autoridades imperiais. Existe intimidação militar contínua, embora não usualmente conquista repetida, e o Estado imperial governa mais levemente, possuindo menos poderes despóticos e infraestruturais. Os americanos tentaram isso nas Filipinas em 1898, mas uma resistência massiva forçou uma retirada parcial. Os Estados Unidos não tentaram subsequentemente o império indireto senão em circunstâncias temporárias.

Esses dois primeiros tipos envolvem territorialmente a ocupação delimitada, *colônias*, diferente dos outros.

Império informal. Ocorre onde os governantes periféricos retêm soberania formal completa, mas sua autonomia é significativamente restrita pela intimidação do centro imperial, o que combina graus variados de poder militar e econômico. Essa se tornou a forma predominante nos impérios modernos, uma vez que o capitalismo pode acrescentar uma considerável coerção econômica. Mas como usos da expressão "império informal" são muitas vezes imprecisos quanto à natureza da coerção, distingo 3 subtipos, envolvendo diferentes formas de coerção.

(3a) *Império informal de canhoneira (Canhoneiro informal)*: o poder militar é empregado em intervenções militares curtas e incisivas. A canhoneira e seus equivalentes mais modernos não podem conquistar um país, mas podem infligir sofrimento bombardeando portos e desembarcando tropas para breves incursões. A "Diplomacia do dólar" americana no começo do século XX foi um exemplo da intimidação militar direta, mas sem colônias.

(3b) *Império informal através de intermediários*: esse arranjo usa intermediários locais para a coerção. Na década de 1930, os Estados Unidos haviam mudado para a adoção da subcontratação de coerção de déspotas locais que apoiavam a política estrangeira americana, dando-lhes em troca ajuda econômica e militar. Depois, no período pós-Segunda Guerra Mundial, os Estados Unidos usaram também operações militares secretas para ajudar seus clientes locais, principalmente por meio da recém-formada Agência de Inteligência Central (CIA). Isso era intimidação militar indireta na qual o poder autoritativo não é diretamente comandado a partir do centro.

(3c) *Imperialismo econômico*: aqui, a coerção militar é substituída pela coerção econômica. Os Estados Unidos têm interferido em economias periféricas por meio de organizações bancárias internacionais que eles lideravam. Nesse "ajuste estrutural", o país periférico é livre para dizer não, mas os dissuasores são poderosos – a negação do investimento e comércio estrangeiros. Como há pouca ou nenhuma força militar ou, na verdade, poder autoritativo de qualquer tipo, em minha definição de império usada no volume 3, isso não é estritamente imperialismo. Ainda assim, o termo "imperialismo econômico" é amplamente usado e eu continuarei usando-o aqui.

(4) *Hegemonia*: uso esse termo no sentido gramsciano de liderança rotinizada por um poder dominante sobre outros, o que é considerado pelo último como sendo "legítimo" ou ao menos "normal". A hegemonia é integrada às práticas sociais cotidianas da periferia e, portanto, necessita de pouca coerção aberta. Embora em impérios indiretos e informais os regimes periféricos se sintam constrangidos a servir o império senhor, na hegemonia, eles se submetem voluntariamente às regras do jogo da hegemonia, que são vistas como normais, naturais. O governo do dólar americano envolvia "senhoriagem", pela qual outros países compram dólares com baixas taxas de juros, beneficiando os americanos mais do que a si. Mas isso era visto pelos estrangeiros como simplesmente o que alguém faz com seus excedentes de

exportação. É poder difuso, não autoritativo. Ninguém é diretamente comandado. Estados mais fracos podem também pagar a um Estado hegemônico para estabelecer bases militares em seus territórios para defendê-los de outros – como os europeus solicitaram aos Estados Unidos.

Esses tipos envolvem níveis decrescentes de poder militar e níveis ascendentes de poder político, econômico e ideológico quando nos movemos do império direto para o indireto, através dos subtipos informais de império, para a hegemonia. De fato, a mera hegemonia não é um império, uma vez que não é experienciada como coerção. Como esses são "tipos ideais", nenhum império de fato se encaixa claramente em qualquer um deles. Na verdade, impérios tipicamente combinam várias dessas formas de dominação. Isso também valia para a dominação americana. Em alguns lugares, os Estados Unidos exercem o império indireto, em outros, o império informal, enquanto todos esses se converteram à hegemonia (sem emprego de poder militar) em muitas partes do mundo. Começo com o Ocidente.

A hegemonia no Ocidente

O Ocidente abrange os Estados Unidos, a Europa Ocidental e os ex-domínios brancos da Grã-Bretanha. O Ocidente continha a maior parte do capitalismo industrial do mundo e seus mais efetivos estados-nações. Como um resultado da guerra todos estavam agora comprometidos com o capitalismo e com a democracia política. Obviamente, o domínio americano aqui seria limitado. Não necessitava ser mais. Mas a Europa Ocidental era a região estratégica-chave, diretamente adjacente à Cortina de Ferro, contendo alguns grandes partidos comunistas e economias avançadas essenciais à prosperidade do capitalismo americano. Aqui, os Estados Unidos estavam defendendo países capitalistas aliados do comunismo soviético. Como queriam ser protegidos, muitas vezes requisitavam ainda mais defesa dos americanos. Isso era hegemonia americana, dominação legítima. Após um breve debate dentro de sua administração, Truman rejeitou o conselho de punir a Alemanha (Ocidental) privando-a de recursos industriais, decidindo em troca ajudar a reconstruí-la como um bastião próspero contra os soviéticos (Hogan, 1987; Beschloss, 2002). Governos europeus e americano reconheciam sua interdependência econômica e militar mútua, e os Estados Unidos encorajavam planos para a unidade na Europa, vendo isso como um modo de conter melhor os soviéticos e de vincular a Alemanha pacificamente à Europa. O processo de integração que levaria à União Europeia começou, embora durante esse período fosse mais uma livre-associação de estados-nações autônomos do que um corpo supranacional.

Os Estados Unidos requeriam somente que a Europa não buscasse se tornar uma "Terceira força", e que qualquer rearmamento europeu se encaixasse em uma "estrutura atlântica mais ampla" liderada pelos Estados Unidos, embora com a Grã-Bretanha como seu servo anglófono leal. Inversamente, os europeus entendiam que pagavam por sua defesa ao subsidiarem o dólar. Eles ganharam muito com o sistema Bretton Woods. Puderam buscar uma estratégia de desenvolvimento de uma moeda subvalorizada, controles sobre fluxos de capital e comércio, e acumulação de reservas. Eles usaram os Estados Unidos como um intermediário financeiro que emprestava credibilidade aos seus próprios sistemas financeiros, enquanto os Estados Unidos emprestavam a longo prazo para eles, geralmente por meio de investimentos estrangeiros diretos (Dooley et al., 2003). A hegemonia americana foi o preço necessário pago pelo crescimento econômico e proteção militar. Isso valeu também para a Austrália e Nova Zelândia, que na guerra haviam sido protegidas dos japoneses pelos Estados Unidos, não pela Grã-Bretanha.

Lundestad (1998) apropriadamente chama isso "Império por convite". Tornou-se mais leve também. Quando a recuperação econômica europeia foi finalizada, taxas de câmbio fixadas não eram mais necessárias, especialmente porque os Estados Unidos estavam recebendo grandes receitas de transferência de pagamentos por seus serviços financeiros. Em 1965, de Gaulle denunciou "esse notável privilégio, essa notável vantagem" do dólar. No ano seguinte, ele tirou a França da estrutura de comando da Otan. Mas não conseguiu tomar o domínio financeiro americano. Mesmo reclamando, os europeus aceitaram a hegemonia assim como os Estados Unidos os aceitavam como rivais econômicos.

Grã-Bretanha e Estados Unidos usaram seu poder militar para suprimir o comunismo na Grécia e os dois aliados apoiaram os ditadores existentes na Espanha e em Portugal. Nenhuma missão democrática aqui – essa estava subordinada a manter o comunismo a distância. Com certeza, os Estados Unidos não tinham uma missão democrática no resto da Europa, uma vez que não necessitavam de uma. A comunidade já tinha democracia ou a estava agora basicamente adotando. Os Estados Unidos não tinham muito poder sobre as políticas internas da Europa. Tinham bases, mas não eram destinadas à intervenção local. Elas apontavam para fora, para o leste. Esses países eram aliados, e os Estados Unidos não tinham colonizadores. A centro-direita foi ajudada contra os fascistas, a centro-esquerda contra os comunistas, o que foi importante na França e na Itália. A Alemanha Ocidental era somente uma "colônia temporária", conquistando seu governo autônomo em 1949. Na verdade, os britânicos e franceses persuadiram os Estados Unidos a mudarem de opinião sobre seu anticolonialismo, pois os Estados Unidos necessitavam de seu apoio, assim como necessitavam do apoio dos partidos e sindicatos socialistas da Europa. Embora insistissem com eles para focarem a produtividade e não a redistribuição, o crescimento resultante permitiu ambos. Muitos líderes trabalhistas aceitaram restrição salarial e produtividade mais alta em troca de estados de bem-estar social e crescimento (Maier, 1987a e b; Hogan, 1987).

Portanto, os Estados Unidos tiveram de aceitar políticas que teriam sido execradas nacionalmente, como a codeterminação alemã (sindicatos compartilhando a administração de corporações), nacionalização e planejamento keynesiano para o emprego pleno. O Plano Marshall promoveu soluções nacionais baseadas na negociação entre forças políticas locais. Isso ajudou a fornecer uma face mais humana do capitalismo, redefinindo a competição histórica entre capitalismo e socialismo (Cronin, 2001). A Europa continental avançou enormemente ao encontrar o compromisso democrata cristão/social democrata que havia falhado em obter na primeira metade do século. Os governos nacionais decidiram como usar os fundos Marshall. Os franceses os usaram para financiar guerras coloniais! Os governos americanos necessitavam da Europa quase tanto quanto a Europa necessitava deles. Ajudou o fato de que os europeus eram vistos como da mesma descendência racial e eram considerados, portanto, civilizados (Katzenstein, 2005: 57-58). O racismo ainda não tinha terminado.

Tudo isso garantiu o fortalecimento dos direitos de cidadania política e social, como descrito no volume 3, capítulo 9, combinado ao crescimento econômico europeu, que resultou do compromisso de classes, dinamismo tecnológico reprimido, da rápida difusão da tecnologia através das fronteiras, da migração da força de trabalho da agricultura, e de um nível elevado e contínuo de demanda. O comércio cresceu mais rápido do que a produção, uma vez que esse era a única fonte de dólares para contas de compensação, e então, devido à liberalização do comércio e do regime financeiro do Bretton Woods no qual estados eram livres para direcionar investimentos para a indústria nacional. O crescimento produziu inflação, mas os bancos centrais estavam relaxados quanto a isso uma vez que não havia pressão sobre as taxas de câmbio. Os investimentos permaneceram altos, uma vez que o gerenciamento de demanda keynesiana se mostrou bem-sucedido. Crescimento econômico sem precedentes e emprego pleno duraram mais de duas décadas, um milagre econômico (Aldcroft, 2001: 128-162; Eichengreen, 1996; Eichengreen, 1995). O crescimento foi combinado à estabilidade política, maior cidadania social e uma ausência de militarismo nacional para gerar uma idade de ouro do capitalismo com estados-nações democráticos (Hobsbawm, 1994). A hegemonia americana funcionou, tanto para americanos quanto para europeus. Foi uma forma bem-sucedida, racional e muito leve de dominação, limitada à política externa, incluindo o setor financeiro internacional.

Os estados-nações europeus permaneceram aliados. Os presidentes americanos muitas vezes consultavam seus líderes e o Império Americano era invisível para muitos europeus. Ikenberry (2001: cap. 6) observa que para manter o domínio americano, revitalizar a economia mundial e conter o bloco comunista, Europa, Japão e Estados Unidos se uniram em uma ordem econômica aberta e multilateral. Conflitos potenciais entre os aliados foram "capturados e domesticados em uma jaula de ferro de regras, padrões, salvaguardas multilaterais e procedimentos de resolução de disputas". Ele vê os Estados Unidos como um hegêmona relutante negociando poder por cooperação, transparente em seus objetivos, seus aliados desejando se vincular à segurança econômica e militar americana. Seu modelo de vinculação institucional funciona bem para o Ocidente, mas não em outros lugares. A diferença fundamental entre a Europa Ocidental e Oriental era que o Ocidente consentia em alguma subordinação; o Oriente não. Essa era a parte justificada da pretensão do Ocidente para constituir o mundo livre. No Ocidente não havia Império Americano. Mas no resto do mundo os Estados Unidos começaram mais vigorosamente.

Oriente e Sudeste Asiático, fase A: guerras imperiais

Para os Estados Unidos, a Ásia, estrategicamente, ficava atrás somente da Europa, uma vez que era adjacente aos dois maiores estados comunistas, e em toda parte havia movimentos nacionalistas comunistas e de esquerda ativos. Também continha uma população muito grande e um tremendo potencial econômico. A principal transformação em curso era a descolonização. Esses já eram basicamente estados nacionais; ou seja, muitos deles haviam sido por muito tempo estados soberanos com poderes infraestruturais moderados e culturas de elite coesivas, e os impérios coloniais haviam preservado (e fortalecido) suas fronteiras. Seus nacionalismos emergentes não eram artificiais e, em realidade, raciais, como na África, embora fossem agora mais populistas do que qualquer coisa previamente vista na região. Em breve, eles liquidaram os impérios europeus, estabeleceram estados soberanos governando em nome do povo, e tornaram o império indireto ainda mais difícil de obter. Em toda parte, o Estado-nação se tornou o ideal político hegemônico, e foi inerentemente anti-imperial. Todavia, pretensões rivais para representar a nação emergente foram feitas por membros da esquerda e da direita. Seus conflitos severos, aparecendo como conflitos de classe, apresentaram tanto problemas como oportunidades para o imperialismo americano.

Na Europa, os superpoderes haviam rapidamente concordado em dividir o continente, mas o leste da Ásia ainda estava sendo disputado. Contudo, a partir de 1949, China e Japão estavam, seguramente, nos campos comunista e capitalista, respectivamente. A União Soviética também tinha costas no Pacífico. Todavia, resultados em outros lugares permaneceram incertas. As superpotências poderiam se retirar caso seus aliados locais vencessem na região. Ambos os lados começaram o período como anticoloniais. Mas queriam um império mais informal, adquirindo estados independentes, mas clientes. Os Estados Unidos queriam também liberar o comércio, redirecioná-lo para sua própria economia, e rechaçar a tentativa soviética e chinesa de expansão através de revolucionários locais (McMahon, 1999: 218-221).

O Japão era o Estado-nação mais importante para os Estados Unidos, uma vez que já era uma potência industrial avançada e estava acostumado a ter um Estado infraestruturalmente poderoso e uma coesão ideológica. O General MacArthur, Comandante Supremo das Potências Aliadas (Supreme Commander of Allied Powers – SCAP) no Oriente, decidiu manter o imperador como o símbolo legítimo do novo regime a despeito da implicação do Imperador Hirohito na agressão japonesa. A visão de MacArthur dos japoneses era decididamente racista, como ele mais tarde revelou a um comitê congressional:

> Se os anglo-saxões tinham, digamos, 45 anos em seu desenvolvimento nas ciências, artes, divindades, cultura, os alemães eram igualmente maduros. Os japoneses, contudo, a despeito de sua antiguidade medida pelo tempo, estavam em uma condição muito de aprendizes. Medida pelos padrões da civilização moderna, eles seriam com um menino de 12 quando comparados a nosso desenvolvimento de 45 anos.

Isso vindo de um homem que quase nunca encontrou japoneses quando esteve em Tóquio! (Dower, 1999: 550). Mas MacArthur desejava produzir uma impressão quando voltasse para casa de um homem de ação (ele esperava se tornar presidente) e declarou que refaria o Japão, purgando o regime e desmantelando os conglomerados corporativos, os zaibatsu. Mas isso era mais fácil de dizer do que fazer, uma vez que essas eram instituições arraigadas. Depois, quando os aliados americanos na China e na Coreia começaram a parecer instáveis, e como a estagnação econômica japonesa gerou descontentamento popular, outros decisores políticos defendiam subordinar as reformas ao crescimento econômico para evitar a possibilidade comunista. Elites japonesas ameaçadas se estabeleceram no Estado e o capitalismo tirou vantagem habilmente de seus medos, e essa visão prevaleceu.

Assim, as reformas se enfraqueceram. A arrogância de MacArthur conseguiu isolar quase todo mundo, e seus inimigos denunciaram suas reformas como socialistas, agora, o beijo da morte em Washington. George Kennan, o cérebro do Departamento de Estado, insistia na reconciliação com as elites japonesas – a unidade diante do comunismo. A partir de 1947, os expurgos foram interrompidos, o desmantelamento dos zaibatsus diminuído, reparações cessadas e a ajuda econômica impulsionou o crescimento japonês e o redirecionou para a América. A reforma agrária já havia iniciado, impulsionada por MacArthur e popular entre os japoneses. Mas uma greve geral ameaçada de trabalhadores em 1947 piorou os medos americanos e, assim, o SCAP agora purgava, em troca, a esquerda. Os Estados Unidos favoreceriam uma quase democracia dominada pela elite. A nova constituição do Japão garantia direitos individuais, reduzia instituições militares e o papel do imperador, mas um corporativismo de cima para baixo se desenvolveu no qual interesses concorrentes eram negociados dentro de organizações autoritativas e não em conflitos públicos. As eleições produziram um governo de partido único, o Partido Democrático Liberal, enquanto os sindicatos de trabalhadores foram incorporados no zaibatsu. Isso revelou uma mistura de instituições japonesas tradicionais com desejos democratizantes encorajados até certo ponto pelos Estados Unidos. O Império Americano não tinha o poder de subjugar as instituições do mundo. Mas os Estados Unidos conseguiram essencialmente o que desejavam, uma sociedade ordenada em uma economia em crescimento orientada aos americanos, embora com uma versão corporativista patriarcal de democracia que estava dentro do mundo supostamente livre (Rotter, 1987: 35-43; Schaller, 1985; 1997: cap. 1; Dower, 1999; Shoichi, 1998; Forsberg, 2000; Katzenstein, 2005).

É comum ver as instituições japonesas como sendo tradicionais, representando a continuidade cultural com o passado. Todavia, vimos no volume 3 que o Japão pré-guerra continha diversas tendências e conflitos. A diversidade diminuiu à medida que a guerra liquidou a extrema-direita e o SCAP reprimiu a centro-esquerda. Mas, como na Alemanha, o governo militar americano depois fez uma transição para a hegemonia. A partir de 1952, o Japão desfrutou dos direitos de um Estado-nação independente, exceto por ter que havia sido pressionado, como a Alemanha, a renunciar declarar guerra. Seu exército se desenvolveu como quase inteiramente defensivo, mantido abaixo de 1% de seu PIB até 1986. O Japão conseguiu de fato o melhor acordo econômico, adquirindo tecnologia americana, embora protegendo sua própria economia mais do que os Estados Unidos. Como a Europa, tornou-se um rival econômico, resultado tanto da subestimação americana do potencial de crescimento japonês e de sua expectativa muito ingênua de que o crescimento levaria naturalmente a uma economia de mercado aberto (Forsberg, 2000: 6-9, 187-197). Muitos americanos não se aperceberam de que variedades mais estatistas e sociais de capitalismo nacional poderiam ser tão eficientes quanto sua própria versão liberal (e como havia sido em seu próprio passado). Todavia, como com a Europa Ocidental, os Estados Unidos aceitaram a rivalidade econômica como o preço para garantir o Japão dentro de sua esfera de influência. Uma vez mais, tinha bases, mas não as poderia usar para coagir os japoneses enquanto os comunistas estavam sacudindo os portões. E não tinham colonizadores. O Japão havia sido efetivamente uma colônia durante os anos imediatamente seguintes a 1945, mas subsequentemente a América governou apenas como um hegêmona.

Foi diferente em outras partes da região. Dois temas políticos dominavam: expulsar os colonizadores e resolver conflitos entre proprietários de terras e classes camponesas – e por vezes entre grupos étnicos – sobre qual nação deveria possuir o Estado. A queda dos impérios europeu e japonês deslegitimou os capitalistas e proprietários de terras que haviam colaborado com eles. Os comunistas venceram na China ao atraírem o apoio camponês por meio da reforma agrária e ao se apresentarem como os verdadeiros nacionalistas contra os japoneses. Esse modelo chinês de revolução parecia aplicável em outras partes. Em guerras civis na Coreia e Vietnã, os Estados Unidos apoiaram o lado proprietário de terras/capitalista, contra nacionalistas de esquerda que mobilizavam as classes baixas. Os Estados Unidos definiam como "inimigos" qualquer um que se aliasse com a URSS ou a China ou que buscasse a "revolução" interna. O inverso era verdadeiro para os soviéticos e chineses. Nessa região nenhum lado representava um mundo livre.

A crise coreana irrompeu primeiro. No final da guerra a Coreia foi dividida em duas. Tropas soviéticas enfrentaram os japoneses vindos do norte e forçaram os Estados Unidos a invadir pelo sul. O jogo imperial havia começado. Ambos avançaram para o Paralelo 38, e pararam lá por acordo. No norte, os soviéticos foram ajudados pelo exército coreano de Kim Il-Sung já combatendo junto às forças comunistas na guerra contra o Japão. Guerrilhas do sul foram lideradas pelo comunista independente Pak Hun-yung. Os soviéticos em breve partiram, entregando o governo do norte a Kim Il-Sung, que impôs reforma agrária e nacionalizou as fábricas, medidas populares na época. Ele foi um herói de liberação nacional e suas políticas eram atrativas para muitos no sul, que necessitava muito de reforma agrária. O governo militar americano havia imposto lei marcial. Sindicatos de trabalhadores e camponeses e comitês das comunidades locais depois se espalharam, exigindo reforma agrária e autogoverno. Membros da esquerda lideraram o conflito contra os japoneses, enquanto a maioria da direita estava manchada e contaminada pela colaboração.

Um debate agora ocorria com grande força em meio aos americanos, entre aqueles que favoreciam a tutela pela ONU de toda Coreia, incluindo os soviéticos, em oposição àqueles hostis aos soviéticos e ao movimento popular no sul. Eles duvidavam da capacidade dos coreanos para o autogoverno, uma vez mais, com bases raciais (Hunt, 1987: 162-164; Katzenstein, 2005: 55-58). O medo do caos que levasse à revolução havia uma vez mais aflorado. Os da linha-dura venceram esse debate, e embora os debates soviéticos internos fossem mais igualmente equilibrados, cada superpotência aumentou sua preferência pelo controle seguro de sua metade do país ao risco de que a outra pudesse ser capaz de se apossar da tutela de uma Coreia unida. De suas sondagens, os americanos também temiam que eleições livres pudessem resultar em uma vitória da esquerda (Matray, 1998). Assim, os Estados Unidos reprimiram os movimentos de esquerda e se aliaram às elites, mesmo que muitos deles tivessem colaborado com os japoneses. Dos funcionários civis e policiais superiores no novo governo, 70% foram colaboradores japoneses. Assim como mais de vinte mil policiais, que agora auxiliavam as forças americanas a suprimir as guerrilhas, sindicatos de trabalhadores e camponeses, e comitês populares. Cerca de mil coreanos foram mortos e trinta mil presos. Poucos deles eram comunistas e quase nenhum havia colaborado com os soviéticos, como alegou o mandatário americano. Revoltas populares em 1946 e 1948 foram duramente reprimidas. Em 1948, o governo de Syngman Rhee havia conseguido obter uma base de apoio mais ampla, embora seu regime ainda fosse autoritário.

A Coreia foi dividida entre comunistas repressivos enfrentando capitalistas repressivos, cada um organizando eleições falsas, com um alto nível de tensão entre eles. A maioria dos americanos não gostava de Rhe (eles teriam preferido um governante menos autocrata) e em janeiro de 1950, o secretário de Estado Dean Acheson observou tolamente que a Península Coreana e Taiwan se encontram fora do "perímetro de defesa" dos Estados Unidos. Isso foi interpretado localmente como significando que os Estados Unidos não defenderiam o sul contra o comunismo. O líder de guerrilha Pak Hun-yung agora assegurava Kim Il-Sung, que, por sua vez, assegurava Mao e Stalin de que os sulistas acolheriam uma invasão do norte. Stalin estava resistindo aos pedidos de Kim para invadir, mas agora consentia, embora Tivesse dito a Kim que se desse errado não iria ajudá-lo.

Quando a invasão ocorreu, muitas famílias camponesas do sul ajudaram tropas do norte a repelir os americanos para o sul. A Coreia inteira poderia agora se tornar comunista! Os Estados Unidos se sentiram compelidos a mostrar ao Japão e outros aliados que os defenderiam também, independentemente do que ocorresse. A política seria a conquista e o imperialismo direto temporário seguidos de uma retirada, com a simultânea manutenção das bases sobre as quais o império informal poderia ser mantido. Stalin havia se retirado das Nações Unidas em protesto diante de sua recusa em conceder estatuto de membro à China comunista, e, com isso, Truman conseguiu o apoio da ONU para um contra-ataque. Na época uma ONU sem os soviéticos era uma criatura ocidental. Truman reconquistou o território do sul e depois ordenou que suas forças lideradas por MacArthur continuassem além do Paralelo 38. MacArthur, sempre o irresponsável, então excedeu espetacularmente suas ordens enviando seus soldados para a fronteira chinesa do norte. Talvez, uma Coreia unida pudesse ser, no fim, governada por um Estado cliente americano.

Mas Mao não podia aceitar um imperialismo americano hostil em sua fronteira. Ele já estava contemplando a intervenção, e esperava que o nacionalismo revolucionário pudesse restabelecer o *status* de Reino Central imperial da China na Ásia, que a Revolução Chinesa pudesse servir como um modelo para a Ásia, e que o povo chinês pudesse ser mobilizado por meio da guerra a manter o ímpeto de sua própria revolução (Jian, 1994; Zhang, 1995: 253-254). Contudo, ele hesitou, até que a visão dos soldados americanos se aglomerando na fronteira da China, urinando provocativamente no Rio Yalu, pareceu lhe dar pouca escolha. Uma invasão chinesa ocorreu em seguida. Uma vez mais os americanos foram repelidos em uma retirada precipitada. MacArthur foi demitido e Ridgeway, seu sucessor, conseguiu um desembarque naval em Inchon por trás das linhas comunistas, apoiado por um poder aéreo massivo. Os chineses, por sua vez, tiveram de se retirar. Os presidentes Truman e Eisenhower rejeitaram pedidos militares para empregar armas atômicas. O exército americano conseguiu estabilizar a frente onde tudo havia começado, o Paralelo 38 – que ainda divide as duas Coreias.

Alguns chamam isso uma guerra limitada necessária para conter o comunismo. Ela conteve o comunismo. Todavia, não foi limitada nem necessária. Matou quatro milhões de coreanos, um milhão de chineses e cinquenta e dois mil americanos. O bombardeio americano foi política de terra arrasada, devastando o norte não apenas para vencer a guerra, mas também para mostrar aos outros países que o comunismo geraria apenas sofrimento. Mao também foi extremamente impiedoso ao sacrificar as vidas de um milhão de seus soldados subequipados[3], enquanto Stalin obstruía negociações de paz, uma vez que a guerra restringiu Estados Unidos e China e manteve a China dependente de suprimentos militares soviéticos (Mastny, 1996; Weathersby, 1998). A guerra só foi necessária quando os americanos e soviéticos fracassaram em acordar uma tutela, e quando os Estados Unidos falharam em reconstruir a Coreia do Sul de um modo aceitável ao seu povo. Isso encorajou a insurreição, que, por sua vez, levou à invasão do norte. Depois a guerra se tornou necessária. Mas o sul poderia ter vencido sem uma guerra, com reformas e uma transição para a democracia. Nesse erro, a falta de atenção desempenhou um papel, pois os americanos careciam de um conhecimento acurado da situação política na Península. Essa foi uma atração secundária e um mandatário militar muito conservador recebeu carta branca. Mas a Coreia também revelou uma preferência pelo autoritarismo, um medo de reformas que poderiam se tornar da esquerda, e uma visão racista de povos inferiores que poderiam produzir caos, não progresso. Como vimos no volume 3, essa foi uma história familiar na primeira fase do imperialismo americano.

Vista na China como um sucesso, a guerra solidificou o governo de Mao e intensificou a versão militarizada de socialismo da Coreia do Norte. No sul, paralisou o autoritarismo e as corporações de tipo chaebol, embora juntos propiciassem um Estado e capitalismo efetivos. Mas a principal consequência benéfica da guerra foi persuadir os Estados Unidos e Syngman Rhee a iniciarem a reforma agrária, que aumentou a igualdade, a produtividade e a popularidade do regime. Esse poderia ter sido um modelo para a prática imperial americana em outros lugares, mas, infelizmente, não foi. Grandes forças americanas permaneceram na Coreia, mas, como no Japão, não intervinham nas políticas locais. Uma ajuda econômica americana massiva também auxiliou o crescimento e a integração econômica na economia global liderada pelos americanos. Entre 1953 e 1960, a ajuda americana era 10% do PIB total e 74% dos investimentos totais. A Coreia do Sul se tornou um Estado-nação viável e amplamente independente. Em retrospecto, sabemos que os coreanos do sul estavam muito melhor sob um despotismo brando capitalista do que estariam sob a versão de comunismo local altamente despótica e repressiva.

---

3. Minha descrição é extraída de Armstrong, 2003; Cumings, 1981 e 1990, 2004; Lowe, 2000; Putzel, 2000; Stueck, 1995; ensaios em Stueck, 2004; Weintraub, 1999; e Zhang, 1995.

A guerra mostrou que os Estados Unidos lutariam para defender seus estados clientes. O documento 68 do Conselho de Segurança Nacional (NSC-68) se tornou política em 1950, comprometendo os Estados Unidos à defesa de um "perímetro" ao redor do mundo, uma vez que "uma derrota de instituições livres em qualquer lugar é uma derrota em todo lugar" (Gaddis, 1982: 90-92). Isso estimulou a construção de uma base mais global. Nos Estados Unidos a guerra quadruplicou o orçamento de defesa, introduziu a doutrina de um uso imediato de armas nucleares, se necessário, e produziu o estado de segurança nacional e o anticomunismo paranoico. Para o Japão, a guerra coreana, disse o diretor do Banco do Japão, gerou "ajuda divina" dos Estados Unidos, o "equivalente do Plano Marshall na Europa" (Forsberg, 2000: 84-85). O Japão foi a base de suprimentos para as forças americanas e a guerra revitalizou sua economia. Com o Japão integrado ao Ocidente em vez de à economia chinesa, os Estados Unidos terminaram a ocupação formal em 1952. As relações americanos-japoneses mudaram do colonialismo temporário para hegemonia. A abertura da economia americana permaneceu sua principal virtude, contanto que parceiros de comércio fossem avançados o bastante para competirem com as mercadorias americanas. A Guerra da Coreia produziu feitos importantes.

Os Estados Unidos também buscaram garantir a obtenção de matérias-primas do Japão ao longo da região, o que exigia mais estados clientes. Taiwan não tinha uma história nacional prévia, tendo estado anteriormente sob controle chinês mínimo, depois, um controle japonês muito firme, e, a partir de 1949, foi ocupada pela administração nacionalista de Chiang Kai-shek e por exércitos fugindo do continente, ocupando a ilha como uma nova classe governante, com coesão considerável e um Estado Kuomintang (KMT) de partido único até a década de 1980. Eles suprimiram rebeliões dos povos nativos, mas também aprenderam com seus erros na China e com a Guerra da Coreia a introduzir a reforma agrária, aumentando sua legitimidade (Putzel, 2000). A ajuda massiva americana nas décadas de 1950 e 1960 auxiliaram enormemente o desenvolvimento. O desenvolvimento industrial de Taiwan foi liderado por um Estado autoritário que disciplinou o capitalismo ao manter o controle sobre o setor financeiro. O Estado poderia alocar capital, assim como subsídios para indústrias de exportação protegidas por tarifas (Wade, 1990). Taiwan era segura para o mundo livre, e estava começando a prosperar, mas ainda não livre.

A política americana já havia mudado do anticolonialismo para a neutralidade nos conflitos de libertação, mas após a Guerra da Coreia a neutralidade foi subordinada ao combate ao comunismo. Colônias britânicas e francesas na região serviriam bem como aliadas, embora não as holandesas, cujos dias na Indonésia estavam claramente contados (McMahon, 1999: 27, 36-45). Regimes autoritários asiáticos eram aceitáveis como proteções contra o comunismo. Não havia missão democrática, independentemente do que os políticos americanos dissessem em seu país.

No Vietnã, os Estados Unidos foram relutantemente levados a ajudar a guerra colonial da França contra os insurgentes Viet Minh. Muitos líderes Viet Minh eram membros do Partido Comunista, embora sua principal preocupação fosse a independência nacional. Esse objetivo era amplamente aceito entre o povo vietnamita uma vez que o Vietnã havia sido historicamente um reino autônomo. Agora, como Ho Chi Minh coloca, antes que se pudesse praticar o comunismo era necessário ter um país para praticá-lo. Ele convidou todas as facções políticas vietnamitas para se juntarem à luta contra o domínio estrangeiro, e admirava a Revolução Americana como um modelo para sua própria luta pela independência. O Viet Minh tentou arduamente fazer amizade com os americanos (Schulzinger, 1997: 18-19; Hunt, 1996). Mas os americanos já haviam se decidido a favor da França durante a guerra, e desconfiavam racialmente dos vietnamitas. Os documentos americanos de planejamento da Segunda Guerra Mundial diziam que os vietnamitas "não possuíam habilidades ou iniciativas organizacionais"; "era muito incapazes de desenvolver uma organização de qualquer tipo, certamente não uma clandestina"; "eles farão qualquer coisa por dinheiro"; considerava-se que necessitariam de vinte e cinco anos de tutela em valores ocidentais antes de conquistar sua independência (Bradley, 2000: 44, 73-106). Lyndon Johnson mais tarde chamou as civilizações antigas da região "jovens e não sofisticadas", que necessitavam da orientação de uma América mais madura (Sherry, 1995: 251). Os Estados Unidos também desconfiavam de um nacionalismo acompanhado por qualquer programa social. Como Acheson disse em um telegrama para a embaixada de Hanoi: "A questão de se Ho [Chi Min] é tão nacionalista quanto um comuna é irrelevante, todos os stalinistas em áreas coloniais são nacionalistas. Com a conquista de fins objetivos nacionais (i.e., independência) seu objetivo necessariamente se torna subordinação do Estado aos propósitos comunas" (Gaddis, 1997: 156-157). Os Estados Unidos aceitavam os nacionalistas de direita na Indonésia e nas Filipinas, mas os nacionalistas de esquerda eram "comunas", incapazes de prover ordem, propensos a se aliarem aos soviéticos ou chineses. Essa percepção equivocada foi o erro persistente do imperialismo americano, criando mais, e não menos, comunistas – assim como mais tarde criaria mais, e não menos, terroristas (cf. capítulo 10).

Os vietnamitas derrotaram os franceses em 1954, mas os Estados Unidos assumiram o controle, estabelecendo um regime cliente. Mas mesmo aumentos repetidos nas tropas americanas não puderam vencer a guerra. Os soviéticos e a China relutantemente entraram para apoiar um aliado problemático, uma vez que foi atacado pelos Estados Unidos. Após sua dissensão com a China, os soviéticos buscaram um fim negociado ao conflito, mas foram frustrados pelos vietnamitas do norte e pela intransigência americana (Gaiduk, 1996; 2003). Ambas as grandes potências comunistas acreditavam equivocadamente que o poder americano estava declinando, mas embora Khrushchev geralmente acreditasse que isso aumentasse a chance da coexistência pacífica, Mao acreditava que "a maré alta do socialismo" poderia agora frontalmente derrotar o imperialismo americano. Ele também não estava disposto a aceitar a posição de irmão mais jovem que os soviéticos lhe concederam (Westad, 1998; Zhang, 1998; Chen & Yang, 1998). Mas o envolvimento chinês e o medo das armas nucleares soviéticas e da MAD garantiram que os Estados Unidos não usassem seu poder de fogo inteiro para devastar o Vietnã do norte como o fez na Coreia do Norte. Embora os conservadores americanos insistissem nessa política, as administrações americanas mostraram mais discernimento.

A política americana no Vietnã foi construída sob três ilusões: a guerra era contra o comunismo internacional, não contra o nacionalismo anticolonial; deveria ser travada basicamente em termos militares, não políticos; e os Estados Unidos deveriam persistir na "tarefa impossível de criar um Estado e uma sociedade separados na parte sul de um único país" (Schulzinger, 1997: 327, 96; Mann, 2001: 3). O conflito era entre duas diferentes versões de nacionalismo vietnamita, uma comunista e populista, a outra mais elitista com suas credenciais nacionalistas prejudicadas pelo apoio do que era identificado como sendo o novo poder colonial, os Estados Unidos. Dentro dos Estados Unidos, o movimento antiguerra gerado pela introdução da conscrição não pôde no início superar o anticomunismo da Guerra Fria, ou a normalidade de usar poder militar esmagador para assegurar fins americanos, tampouco a teoria do dominó (pela qual se um país cai outros também colapsarão), nem a necessidade de defender o prestígio nacional aos olhos do mundo[4]. Os americanos esperavam que seu Estado cliente vietnamita do sul, se politicamente reformado, pudesse derrotar os comunistas, mas o aliado não queria participar do jogo. O norte tinha a vantagem no nacionalismo, uma vez que havia derrotado os franceses, era mais independente, e tinha um programa mais popular. Os comunistas distribuíram o poder aos camponeses e impuseram impostos mais igualitários e um governo local. Os vietnamitas do sul buscaram segurança militar, deixando as relações de poder basicamente inalteradas, embora seu governo local fosse mais autoritário e corrupto (Race, 1972).

Elliott (2003) conduziu entrevistas com quatrocentos prisioneiros e desertores comunistas. Eles diziam que os camponeses mais pobres se beneficiaram dos programas de terra comunistas, mas quando isso os tornava camponeses médios, eles não queriam entregar sua propriedade para fazendas agrícolas comunitárias. Eles viam o Partido Comunista como autoritário e ficavam horrorizados com a tortura e morte daqueles suspeitos de serem simpatizantes dos viet-

---

4. Consciente de que o Vietnã poderia quebrá-lo, Johnson ainda achava que poderia não ser o primeiro presidente americano a perder uma guerra. Quando jornalistas lhe perguntaram por que os Estados Unidos estavam no Vietnã, ele "abriu seu fecho, tirou para fora seu órgão substancial e declarou: 'É por isso!'" (Dallek, 1998: 491; cf. Hunt, 1996: 106; Logevall, 1999: 389-393). A guerra ainda era meninos pequenos na área de recreação, como observei no volume 3.

namitas do sul. Todavia, acrescentaram que o poder de fogo americano matou muito mais inocentes do que os comunistas. Embora seu compromisso com os comunistas não fosse sincero, seu nacionalismo os fez odiar mais os americanos e o governo do sul. Eles os viam como meramente os novos exploradores coloniais e seus clientes. Soldados do norte e vietcongues foram, portanto, melhor apoiados pelos locais e tinham um moral mais elevado, embora a corrupção minasse o desempenho militar do sul.

A expansão militar de Nixon e Kissinger forçou o Vietnã do Norte à mesa de negociação, assegurando o que era visto então como uma retirada para salvar as aparências das forças americanas. Mas os acordos de paz levaram forças do norte a permanecerem em partes do sul. O norte esperou um ano, até março de 1975, antes de atacar. Esperava uma campanha de dois anos, mas um mês depois seus soldados marcharam para Saigon, desconsiderando o maior exército do mundo abundantemente suprido com tanques, artilharia e aviões americanos. Moral superior e poder ideológico haviam vencido a guerra (Long, 1998; Nagl, 2002; Willbanks, 2004)[5].

A guerra valeu a pena? Muitos americanos dizem que não, uma vez que foi uma derrota e levou a sérias divisões na sociedade americana. Esse foi o único episódio na Guerra Fria em que a oposição popular no país se tornou suficientemente grande para limitar as opções políticas americanas e tornar provável uma retirada. Isso se deveu provavelmente à conscrição, que colocou jovens americanos comuns em risco de ter de lutar em uma terra distante contra pessoas que não os tinham atacado, e por uma causa muito abstrata. Mesmo anticomunistas virulentos hesitavam diante dessa possibilidade. Alguns que não tiveram de lutar, contudo, consideram que a Guerra do Vietnã foi necessária em termos do conflito mais amplo da Guerra Fria, pois mostrou que o preço da vitória para outros comunistas seria muito alto (Lynd, 1999). Asselin (2002: 165) vê a expansão de Nixon como uma necessidade cruel, levando às negociações finais de paz. Mas as negociações nada obtiveram que uma retirada voluntária americana não pudesse ter obtido antes. A guerra valeu a morte de dois milhões de vietnamitas, além, talvez, de quase meio milhão de mortos nos vizinhos Laos e Camboja – e 58.000 americanos mortos? A expansão de Nixon valeu um extra de 300.000 vietnamitas e 20.000 americanos mortos? Isso foi mais uma vez tática de terra arrasada. Os bombardeios aéreos na Segunda Guerra Mundial, Coreia e Vietnã, no Iraque e Afeganistão foram uma grande mancha para o país.

---

5. Nixon e Kissinger mais tarde culparam o Congresso e os manifestantes antiguerra pela derrota por não permitirem que expandissem mais, enfraquecendo a posição de negociação americana ao não lhes oferecerem apoio. Muitos estudiosos veem a fraqueza política – e, no fim, a militar – do governo vietnamita do sul como irredimível. Para pontos de vista concorrentes, cf. Kissinger, 2003: 100-101, 561; Asselin, 2002: 187-190; Berman, 2001; Schulzinger, 1997; Willbanks, 2004.

A América perdeu a guerra, mas nenhum dominó caiu. A terra arrasada na Coreia e no Vietnã indubitavelmente ajudaram a garantir isso, mas o principal fator foi que as condições diferiram em outras partes. Na Coreia e no Vietnã, anticolonialismo e conflito de classes haviam se misturado ao nacionalismo revolucionário de esquerda que caracterizou a segunda fase das revoluções do século XX (cf. capítulo 9). Com as Filipinas foi diferente. O sentimento de nação centrou-se na estabilidade do governo efetivo dos *illustrados*, uma classe solidária de notáveis, ao longo dos períodos coloniais espanhol e americano. Como vimos no volume 3, capítulo 3, os Estados Unidos tinham estabilizado o governo por meio dessa elite proprietária de terras em instituições políticas formalmente democráticas, mas altamente clientelistas. A Segunda Guerra Mundial levou à completa independência, mas também, posteriormente, à continuidade do governo da elite, e o regime não ameaçado pelo nacionalismo mais populista se sentiu forte o bastante para sobreviver sem reforma agrária. Embora a reforma permanecesse muito necessária, foi apenas minimamente implementada (Putzel, 2000). Mas dada a estabilidade e o poder da elite, os Estados Unidos não tinham necessidade de reformas ou de intervenção militar para manter o país no mundo livre.

A Indonésia nunca fora governada por um Estado único, mas sua ilha central, Java, vira reinos dominantes, e o islã acrescentou uma dose de coesão social durante o período do governo holandês. Após a derrota dos japoneses, um exército nacionalista extraído de Java e das ilhas centrais derrotou os holandeses e seus aliados nativos, que eram principalmente das ilhas periféricas. O governo pós-independência impôs o que foi em efeito um "imperialismo javanês" sobre as ilhas, mas foi um regime orientado para o desenvolvimento com tons populistas de centro-esquerda. Os Estados Unidos não gostavam dele. A CIA tentou e não conseguiu durante um período de oito anos desestabilizar o governo do General Sukarno. Mas em 1965 um golpe fracassado de oficiais de esquerda levou à sua deposição pelo general de direita Suharto. O novo regime devastou a região javanesa na qual o movimento comunista tinha seus centros de operações. Ao menos 500.000 pessoas morreram em massacres atrozes da população. A CIA quis se livrar de Sukarno e foi implicada na elaboração de listas de pessoas por morte, todavia, essa foi amplamente uma atrocidade Indonésia. Mas os Estados Unidos acolheram esse regime anticomunista e inclusive aprovaram sua invasão do Timor Leste em 1985. A democracia ficou muito atrás do antiesquerdismo na orientação da política exterior americana na Indonésia.

Assim como o Vietnã, outros países foram sacrificados a interesses mais amplos da Guerra Fria. A Tailândia nunca foi colonizada. Era um reino de poder muito limitado até 1932, e depois permaneceu sob controle militar. Seu conservadorismo permitiu bases militares americanas, e as administrações americanas estavam mais preocupadas com preservar um governo de ordem do que com a democratização ou reforma agrária e se alinharam com o exército e facções autoritárias na política tailandesa: "Os objetivos da política americana eram incompatíveis com a democracia tailandesa" (Fineman, 1997: 261). Laos tinha uma história recente de desunião e permaneceu dividido, separado por uma guerra civil de classe e étnica vencida pelos membros do movimento de esquerda do Pathet Lao, que eram clientes dos comunistas vietnamitas. Seu governo foi depois desestabilizado pela ajuda da CIA ao povo minoritário Hmong, usado como guerrilha contra os vietcongues e os membros do Pathet Lao (Warner, 1996). Contudo, o Presidente Kennedy garantiu uma retirada americana, reconhecendo um atoleiro quando viu um. Nessas guerras, minorias étnicas eram muitas vezes usadas pelos Estados Unidos para atacar seus inimigos mesmo que não fossem numerosas o bastante para vencer. Quando os Estados Unidos se retiraram, suas vidas se tornaram ameaçadas. Ainda assim, os remanescentes do povo Hmong estão hoje vivendo vidas muito prósperas em Fresno e Los Angeles!

O Camboja fora um Estado dominante e depois subordinado na região, sujeito à dominação vietnamita antes que os franceses chegassem. Após os franceses partirem, o país sofreu um destino terrível. Tecnicamente, um país neutro durante a Guerra do Vietnã, foi bombardeado pelos Estados Unidos para interditar as linhas de suprimento vietnamitas do norte para o Vietnã do sul. Muitos milhares de cambojanos pereceram, enfraquecendo o governo do Camboja, embora fortalecendo as guerrilhas de camponeses do Khmer Vermelho, cujas bases principais estavam nas regiões bombardeadas. Essa não foi a causa principal da força crescente do Khmer Vermelho comunista, mas o bombardeio fortaleceu o apoio ao seu nacionalismo anticolonial. Em 1975, ele conquistou o país inteiro e depois perpetrou seu terrível "classicídio", massacrando cerca de 1,8 milhão de pessoas as quais definia como contrarrevolucionárias "burguesas". O Khmer Vermelho foi derrotado em 1979 por uma invasão do Vietnã provocada por seu assassínio indiscriminado da minoria vietnamita no Camboja, seguida por incursões militares estúpidas ao longo da fronteira vietnamita. O Khmer Vermelho não foi apenas assassino, mas também suicida (Mann, 2005: 339-350). Sua queda permanece o caso mais bem-sucedido de "intervencionismo humanitário", ironicamente obtido por um exército comunista.

O desempenho militar americano na Ásia pode não parecer muito bom. O lado apoiado pelos Estados Unidos perdeu as guerras civis na China e no Vietnã e empatou na Coreia. Falhou em guerras indiretas e golpes de Estado no Laos e na Burma do norte. Provocou danos no Camboja e na Tailândia. Esses resultados foram proporcionais à coesão dos estados e sociedades da região. Contudo, os Estados Unidos começaram a definir "sucesso" diferentemente, pois a ferocidade de seu bombardeio deteve o comunismo. Suas táticas de terra arrasada tornaram os regimes comunistas incapazes de prosperar ou de induzir outros na região a seguir seu exemplo. Na Indonésia, Filipinas e Tailândia, as administrações americanas fingiram que não viram violações de aliados aos direitos humanos. Eles teriam feito muito melhor se tivessem impulsionado a reforma agrária, como na Coreia. Certo, os Estados Unidos não tinham muito poder dentro dos países do Sudeste Asiático. Seus estados e povos tinham graus variados de coesão, mas foram receptivos ao nacionalismo anticolonial. A região ficava muito distante da América, continha poucos americanos e não muito de seu comércio estava com os Estados Unidos. A força militar americana havia ajudado a manter o comunismo distante na região, embora seu sucesso fosse devido principalmente à repressão por parte das elites locais que buscavam evitar a reforma agrária, sindicatos de trabalhadores independentes e democracia. Ambos os lados da Guerra Fria estavam pervertendo seus ideais originais quando operavam no exterior. A principal diferença foi que os soviéticos e chineses fizeram isso em seus países também, mas isso era irrelevante caso você fosse vietnamita ou cambojano.

Os Estados Unidos foram uma potência basicamente não colonial e poderiam ter se comportado diferentemente. Teriam se beneficiado de uma estratégia mais orientada para reformas com menos militarismo. Todavia, era difícil para aqueles em Washington enfrentar o descontrolado anticomunismo virulento nos Estados Unidos. Pegar leve com supostos comunistas não era uma opção política no país, pois ameaçava sua reeleição. Políticas nacionais ultrapassaram realidades políticas em países muito distantes. Todavia, não foram apenas grupos de tendências comunistas que foram escanteados, mas quaisquer grupos de centro-esquerda que buscassem reforma agrária ou direitos dos trabalhadores. Parece que os americanos também foram tragados pela estratégia militarista por seus vínculos estreitos com os conservadores da classe alta. Isso foi dependência do caminho: a primeira escolha de amigos determinava aliados e inimigos em guerras posteriores. É difícil ponderar a força relativa de dois motivos americanos principais: a grande rivalidade de poder global com potências comunistas *versus* apoio para capitalistas e proprietários de terras nos interesses dos capitalistas americanos. Administradores americanos provavelmente preferiam que regimes locais fossem mais democráticos, mas se isso não fosse uma opção então o autoritarismo serviria – e isso produzia ordem, ou assim se acreditava. Todavia, a relativa indiferença dos americanos ao tipo de regime significava que os atores decisivos não eram eles, mas as elites asiáticas locais, poucas das quais renunciariam uma partícula de seu poder. Embora as administrações americanas tivessem dado apoio militar aos autoritários, os atores decisivos que produziam regimes autoritários eram as elites locais.

Leste e Sudeste Asiático, fase B: na direção da hegemonia

Todavia, as guerras da América desestabilizaram as fronteiras asiáticas entre os mundos comunista e capitalista, e após o Vietnã isso permitiu que os Estados Unidos se concentrassem em sua força econômica real de comércio e investimentos em vez de em sua ilusória preponderância militar voltada ao anticomunismo precipitado (McMahon, 1999: 210). De 1976 em diante os Estados Unidos mudaram gradualmente para a hegemonia. O desenvolvimento capitalista liderado pelo condomínio americanos/japoneses, auxiliado pela vibrante diáspora chinesa para o exterior, cada vez mais contrastava com as economias autárquicas mais estagnadas da zona comunista. O milagre econômico do Japão foi seguido pelo dos Pequenos Tigres do Leste Asiático e depois pelo desenvolvimento ao longo de toda a macrorregião. Muitos estados-nações escolheram a mesma estratégia que a Europa e o Japão pós-guerra. Eles desvalorizaram suas taxas de câmbio, administraram intervenções no câmbio internacional, impuseram controles de capital, acumularam reservas e promoveram crescimento liderado pela exportação, enviando mercadorias para os países centrais, especialmente aos Estados Unidos (Dooley et al., 2003). Esse era o modelo de Estado de desenvolvimento, aceito um pouco relutantemente pelos Estados Unidos, uma vez que era impensável no país. A estratégia de poder econômico da América obteve muito mais em conjunto com estados-nações autônomos do que o poder militar. Uma dessas conquistas particulares foi encorajar um declínio do racismo em relação a e entre asiáticos.

Deveria estar claro a essas alturas que a política americana na região não era orientada por uma missão democrática. A segunda onda de democratização de Huntington, de 1944 a 1957, mal afetou essa região[6]. Estudos comparativos sobre a democratização nos séculos XIX e XX revelam que proprietários de terras foram a classe mais antidemocrática, seguidos pelos capitalistas, com outras classes tendo tendências mais variadas. No Ocidente, a América Latina e o Caribe, as classes médias, a despeito de serem alardeadas como democráticas por uma tradição de teoria que se estende de Aristóteles a Lipset (1960) e Huntington (1991: 66-68), por vezes favorecia, por vezes se opunha à democracia. A força mais pró-democrática desde o final do século XIX foi na verdade a classe trabalhadora organizada, seguida pelos pequenos camponeses. Partidos e sindicatos de trabalhadores e camponeses pressionaram com mais persistência pela democracia (Rueschemeyer et al., 1992), pela razão mais óbvia de que uma vez que a democracia é definida como sufrágio universal, eles são as classes mais numerosas. Durante a maior parte do período moderno a teoria da classe média de Aristóteles-Lipset esteve em geral errada.

Todavia, a Ásia pós-guerra diferia. Coreia do Sul é talvez o último país a ter experienciado um desenvolvimento industrial geral que produziu uma classe trabalhadora grande e organizada. Em Taiwan, o outro desenvolvedor relativamente precoce na região, firmas eram menores e geridas por famílias e, portanto, produziram menos sindicalismo – industrialização sem uma classe trabalhadora organizada. Em outros lugares na região (e em outras regiões do mundo) a industrialização tendeu a ocorrer em enclaves pequenos, cujos trabalha-

---

6. Segui as modificações que Doreenspleet (2000) faz da teoria da onda de Huntington (1991).

dores não eram representativos das classes populares como um todo. Seus sindicatos tendem a ser seccionalmente não orientados para a classe. Os dedos ágeis das mulheres jovens eram preferidos para a costura têxtil ou para a montagem microeletrônica, e não são usualmente bom material sindical. Grupos de subcontratadores e a concorrência internacional para atrair empregos na manufatura enfraqueceu sindicatos de trabalhadores e o interesse do governo em proteger os direitos dos trabalhadores. Eles permitiram que empregadores controlassem as vidas dos trabalhadores, que são muitas vezes migrantes de áreas distantes em escravidão por dívida com agências de recrutamento, sujeitos à deportação se provocassem problemas e forçados a usar a maior parte de seus salários no pagamento de custos inflacionados de seu transporte. O trabalho é em pequenas fábricas, com baixas margens de lucro, competindo pelos contratos de corporações ocidentais ou japonesas maiores que rejeitam toda responsabilidade por suas condições de trabalho. Esses todos são fatores que contribuem para menos organização coletiva de trabalhadores, incluindo menos pressão da classe trabalhadora para a democracia. Poderia-se esperar que isso mudasse lentamente à medida que um país se torna industrializado. Wallerstein (2003) vê uma exaustão gradual da habilidade do capitalismo para migrar para zonas de força de trabalho barata e altamente explorada. Ele estima que existe um atraso de cerca de trinta anos entre a entrada do capital em um país anteriormente rural e o tempo em que os trabalhadores se tornam organizados, e esse processo continua ao redor do mundo à medida que o capital se move para o exterior para encontrar zonas de trabalho mais baratas. A África será o último país a ser industrializado e organizado, ele diz. Mas nesse meio-tempo a organização trabalhista se atrasa, e, portanto, a pressão da classe trabalhadora pela democracia é menor do que no passado.

Wallerstein enfatiza o poder dos mercados capitalistas, mas Kohli acredita como eu que estados de desenvolvimento tardio tiveram alguma liberdade no processo de industrialização. Kohli chama os bem-sucedidos "estados capitalistas coesos". Eles encorajam alianças orientadas para a produção entre o Estado e as classes empresariais dominantes com um "compromisso político determinado e firme com o crescimento". Por vezes, regimes tentam corrigir os preços (como insistem os economistas neoclássicos); com mais frequência eles praticam distorções deliberadas de preços, desvalorizando taxas de câmbio, subsidiando exportações e mantendo salários atrás dos ganhos de produtividade. Isso usualmente envolve alguma repressão de trabalhadores e camponeses, uma vez mais atrasando sua organização coletiva (Kohli, 2004: 10-14; cf. Rodrik, 2011). Para Kohli, o caso paradigmático é a Coreia do Sul. Em 1961, com apoio militar, o Primeiro-ministro Park Chun Hee ofereceu subsídios estatais para chaebols orientados para exportação. Exigências trabalhistas foram reprimidas e práticas disciplinares militares introduzidas nas fábricas. Trabalhadores tinham salários baixos, embora com boa segurança no trabalho, e alguns tinham contratos vitalícios. Com lucros altos e salários e consumo baixos, transferências de tecnologia poderiam ser compradas com capital nacional, permitindo a atualização industrial sem dependência de capital estrangeiro. Empresários eram recompensados com benefícios fiscais conforme as metas de exportação os determinava, criando incentivos para os mais produtivos (Amsden, 2001; Wade, 1990). Isso, Kohli conclui, era um "Estado militarizado, de cima para baixo, repressivo e orientado para o crescimento" (2004: 88, 98-101). Havia alguma corrupção, mas muitos países não eram casos de capitalismo politizado no qual o acesso ao Estado confere o direito de dispor de seus recursos, por vezes como propriedade privada. Em termos de poder econômico coletivo, esses arranjos funcionavam. A desvantagem era em termos de poder político e militar, pois a combinação semiautoritária de poder econômico e político sobre os trabalhadores levou à repressão militar em vez de à cidadania política.

A despeito desses obstáculos o desenvolvimento capitalista teve efeitos moderadamente positivos sobre a cidadania civil (Marshall, 1963; Zakaria, 2003). Leis protegendo a propriedade capitalista privada tenderam a resultar em direitos de igualdade individual diante da lei, e liberdade individual de expressão, associação e religião. Isso encoraja a liberalização – direitos individuais mais do que coletivos – que é a concepção americana de democracia. A disposição americana para transferir tecnologia e abrir suas portas para importações foi extremamente benéfica e útil para a liberalização à medida que estendeu do Japão para Hong Kong, Coreia do Sul, Taiwan, Indonésia, Malásia, Singapura e Tailândia (McCauley, 1998: 103). Esses países também tinham estados competentes que garantiam a ordem pública e (até certo ponto) o Estado de direito. A recompensa ocorreu no final da Guerra Fria na terceira onda de democratização de Huntington que começou em 1987. Contudo, a democratização não foi simplesmente o produto da industrialização e estava também demorando mais. Da década de 1960 a meados da década de 1990, no Leste e Sudeste Asiático, não havia correlação geral entre desenvolvimento econômico e democratização. Fatores intervenientes como desenvolvimento econômico estatista, divisões étnico-raciais, a força do anticomunismo e repressão pelas elites e os Estados Unidos provocaram as diferenças (Laothamatas, 1997). O medo do comunismo levou os americanos a apoiar a repressão dos movimentos de camponeses e trabalhadores e isso atrasou a democratização até depois da queda da União Soviética.

Portanto, a democracia da Coreia do Sul teve eleições genuínas somente na década de 1990. Antes disso, o governo e os chaebols reprimiram sindicatos de trabalhadores, denunciando militantes como comunistas. Todavia, o modelo de desenvolvimento era baseado em uma força de trabalho com formação e altamente qualificada, e em um desenvolvimento limitado de direitos de cidadania social, com uma estrutura salarial comprimida e programas de educação pública e de habitação. Explorando seus direitos de associação, estudantes, profissionais e associações voluntárias religiosas se manifestaram em favor da democracia da década de 1960 em diante (Oh, 1999: 70). No Leste e Sudeste Asiático, na ausência de pressão da classe trabalhadora, grupos da classe média se tornaram mais proeminentes na dissensão pró-democrática (Laothamatas, 1997). Isso parece oferecer algum apoio para a teoria de democracia da classe média de Aristóteles-Lipset. Mas sem muito apoio efetivo de organizações de trabalhadores e camponeses seus ganhos foram limitados. Quando explosões de protestos maiores ocorreram, o padrão mudou. Na rebelião de 1980 em Kwangju, muitos dos líderes dissidentes iniciais tinham formação secundária, experiência em conflitos anteriores, embora trabalhadores de fábricas realizassem a maior parte do conflito de fato (Ahn, 2003: 16-20). Esse foi um divisor de águas, especialmente pelo apoio de Reagan ao ditador Chun e porque seu emprego das unidades militares coreanas que suprimiram a rebelião produziu uma onda de antiamericanismo. Isso assustou os americanos, que passaram a apoiar a democratização. A aliança entre classes de estudantes e trabalhadores reapareceu em 1987, quando os direitos políticos democráticos foram consolidados. Finalmente, após a queda do comunismo, os Estados Unidos relaxaram e se tornaram uma força moderadamente pró-democrática na região. Antes disso, a missão havia sido o anticomunismo, mas essa não incluía democracia.

O imperialismo americano terminou fazendo um ato de desaparição nessa região, substituído por uma hegemonia mais leve que permitia que estados-nações determinassem suas próprias políticas. Eles basicamente escolhiam a democracia, embora, por vezes, uma imitação pálida dela. Os nativos terminavam se beneficiando, embora tivessem sofrido no processo quando os Estados Unidos não se envolveram com o nacionalismo de centro-esquerda da região. Veremos que essa foi uma falha da política americana em outras regiões também. Mas, afortunadamente, isso foi excedido pelo fracasso dos movimentos nacionalistas impulsionados para a direção do comunismo, que não conseguiram produzir uma forma desejável de sociedade na região. Assim, os asiáticos conquistaram sua própria combinação de direitos de cidadania e sua própria versão de capitalismo. Ao final da Guerra Fria, o Império Americano não dominava mais o leste e sudeste da Ásia – mas tampouco o comunismo também não.

Canhoneiras no hemisfério americano

O hemisfério era o pátio dos fundos da América, mas era uma área de prioridade menor – com um olho cauteloso mantido sobre o petróleo da Venezuela e o Canal do Panamá – uma vez que possuía poucos comunistas e já estava seguramente dentro do império informal americano. Isso era refletido nas magras somas gastas na região. Muitos apologistas e críticos do Império Americano exageram igualmente seu poder no hemisfério, louvando ou culpando os Estados Unidos por muitos desenvolvimentos pelos quais não foram responsáveis. Essa era uma região de estados-nações soberanos há muito estabelecidos, que continha conflitos sociais muito intensos para serem resolvidos pelos Estados Unidos (e muito menos pela URSS). Os Estados Unidos tinham de continuar contando com os intermediários "filhos da puta" de baixo custo e em operações secretas que discuti no volume 3 (Cordell Hull disse famosamente sobre um ditador latino-americano da década de 1930: "Ele pode ser um filho da puta, mas é nosso filho da puta"). Tinham capacidade limitada para influenciar as forças sociais locais e os habitantes da região eram basicamente responsáveis por seu próprio destino. Membros da esquerda sabiam que a menor indicação de comunismo seria alvo da retaliação americana, mas esse não teria sido um grande problema uma vez que havia poucos comunistas lá. Somente dois países pequenos, Cuba e Nicarágua, tiveram revoluções durante todo o período e somente a cubana perdurou.

A região continha mais desigualdade de classes e regionais, muitas vezes reforçada por clivagens étnicas, do que qualquer outra macrorregião do mundo, e muitos movimentos que exigiam mudanças radicais surgiram. Alguns desses eram socialistas; alguns adotavam a violência. Todavia, fracassaram. A América Latina não estava envolvida nas guerras mundiais e viu muito poucas guerras entre estados, de modo que quaisquer pretensos revolucionários tinham de enfrentar regimes governantes determinados a não ceder às pressões sociais, cuja força não foi diminuída nem sua atenção desviada pela guerra. Os principais problemas na América Latina, como em outros lugares, eram internos. A assistência americana aos regimes repressivos não ajudou muito, pois fortalecia a repressão, alimentava o antiamericanismo e empurrava os movimentos de protesto para a esquerda e alguns para a violência. Mas tudo isso era exacerbação de conflitos já descontrolados. Como Brands (2010: 1-2) diz: "Rivalidade entre superpotências, intervenção estrangeira e conflito diplomático interamericano já dominavam as relações externas da América Latina; polarização ideológica, oscilações rápidas entre ditadura e democracia, e violência interna aguda constituíam as características essenciais da política interna". Portanto, foi "um período de perturbação intensa e muitas vezes sangrenta". Isso não era guerra fria, mas sim quente. A influência americana também foi muito maior na América Central do que na do Sul, cujos países eram muito distantes, e geralmente maiores.

A Segunda Guerra Mundial produziu a prosperidade econômica usual entre aqueles países neutros que não haviam sofrido bloqueios. A América Latina nesse período dependia da exportação de alimentos e matérias-primas e, assim, desenvolveu as políticas econômicas conhecidas como industrialização de substituição de importações (ISI). Esperava-se que a industrialização auxiliada pelo Estado e protegida por tarifas estimulasse a indústria manufatureira local e diminuísse a dependência das importações de manufaturados. Embora a ISI infringisse as políticas de livre-comércio americanas, os Estados Unidos a aceitaram, contanto que as corporações americanas não fossem discriminadas e pudessem estabelecer filiais lá. A ISI foi auxiliada pela prosperidade mundial e gerou um crescimento mais elevado durante as décadas de 1950 e 1960 do que em qualquer outra década do século XX (até a década de 2000, de fato). Ela elevou os padrões de vida da classe trabalhadora industrial e da classe média, embora o crescimento urbano massivo tenha criado muita perturbação social. De acordo com o teorema simples de Kutznets, a desigualdade aumenta com a industrialização inicial e depois diminui. Mas a desigualdade na América Latina não diminuiu em muitos países principalmente porque as classes baixas eram cindidas por divisões étnico-raciais e regionais. As classes altas culturalmente coesas e seus clientes extraíam arrendamentos da terra e do Estado e recorriam à repressão ou golpes militares quando defrontadas com reformadores radicais. Trabalhadores do setor público, estrategicamente muito poderosos dentro do Estado, eram por vezes admitidos num papel subordinado nessa oligarquia de busca por renda. Contudo, quando a prosperidade mundial terminou, a ISI piorou as dificuldades na balança de pagamentos e no endividamento, e as indústrias protegidas permaneceram ineficientes. As dificuldades econômicas aumentaram a partir da década de 1970 (Bulmer-Thomas, 1994; Bethell, 1991; Cardenas et al., 2000).

O hemisfério viu um padrão distinto de oscilação entre ditadores apoiados por militares e regimes democráticos (imperfeitos), nenhum dos dois produziu muito sucesso para seus países nesse período. A segunda onda de democratização de Huntington começou em 1944, afetou a América Latina, encorajada pelo New Deal, por uma guerra mundial vencida pelas democracias e pelo crescimento de tempo de guerra. Partidos se mobilizaram em torno de sindicatos e associações de classe média para insistir na democratização. Partidos de centro-esquerda na Costa Rica, Venezuela e Peru também exigiram reformas sociais. Esse foi provavelmente o período mais vibrante da democracia até a década de 2000. Mas os decisores políticos americanos estavam divididos entre liberais da Guerra Fria que desejavam se livrar dos ditadores "filhos da puta" e democratizar a fim de impedir o comunismo e os conservadores que favoreciam os ditadores como garantidores da ordem. Os conservadores eram geralmente apoiados pela CIA e pelos interesses empresariais americanos envolvidos nas indústrias extrativas, buscando os menores custos de força de trabalho possíveis. O elemento comum entre eles era que ambas as facções defendiam ferozmente as liberdades capitalistas. O liberal Spruille Brady pressionou por eleições no hemisfério, mas declarou: "A instituição da propriedade privada se equipara àquelas da religião e da família como uma proteção da civilização. Manipular a iniciativa privada precipitará uma desintegração da vida e da liberdade como as concebemos e valorizamos". Os americanos denunciaram como comunistas os economistas da Comissão para a América Latina (Ecla) da ONU que defendiam algum planejamento central de economias nacionais. Os Estados Unidos também rejeitavam os pedidos locais de ajuda econômica com base em que isso interferiria nas forças naturais do mercado – embora também fossem relutantes em gastar dólares em uma região de baixa prioridade.

Os liberais perderam essas batalhas. No começo de 1948, a pressão democratizadora americana cessou e as oligarquias estavam retaliando. Em 1946, mais de dois terços dos países da América Latina possuíam governos constitucionais; em 1954, mais de dois terços possuíam ditadores. Isso não foi basicamente a falha dos Estados Unidos, pois os oligarcas locais necessitavam de pouco estímulo de fora, embora a atitude americana fosse mais de indiferença do que de intervencionismo. Mas após os golpes, os Estados Unidos consideraram as ditaduras proteções contra o comunismo. Em 1954, Eisenhower condecorou Perez Jimenez, o ditador repressor venezuelano, com a Legião do Mérito por "conduta meritória especial no cumprimento de suas altas funções e atitudes anticomunistas". Os armamentos excedentes da Segunda Guerra Mundial foram entregues aos ditadores, indicando apoio para a repressão interna, mas a um custo baixo (Bethell & Roxborough, 1988; Bethell, 1991: 53-54, 67; Coatsworth, 1994: cap. 3, espec. 53; Ewell, 1996: 160; Leonard, 1991: cap. 7; Roorda, 1998: cap. 8; Rouquié, 1987: 24; Gambone, 1997; Schwartzberg, 2003).

A intervenção foi mais fácil na América Central. Em 1954, os Estados Unidos reagiram pontualmente contra o governo constitucional de Arbenz na Guatemala quando implementou a reforma agrária em meio a um aumento de sindicatos de trabalhadores e camponeses e de partidos de centro-esquerda. Terra ociosa era confiscada das famílias dominantes e da United Fruit Company (Ufco) americana e distribuída para camponeses sem terra, com a compensação paga a preços de mercados correntes pela terra não cultivada. O governo de Arbenz continha a presença de um pequeno Partido Comunista que constituía quatro de seus cinquenta e um votos na Assembleia e um comunista na liderança. As famílias oligarcas, a Igreja Católica, a Ufco (*United Fruit Company* – Companhia Unida de Frutas) e os Estados Unidos não gostaram. Reacionários locais foram os primeiros a se mover, mas o embaixador americano Peurifoy encorajou o exército guatemalteca a intervir e a CIA financiou e armou em 1954 uma invasão das forças de oposição da Guatemala. Quando isso chegou a um impasse, aviões da CIA bombardearam o exército guatemalteca e os Estados Unidos pediram aos oficiais militares seniores para voltarem suas armas contra Arbenz. Eles o fizeram, temendo que de outro modo Eisenhower enviasse fuzileiros navais (Cullather, 1999: vii-xv, 97-110).

Arbenz foi deposto. Nas eleições de 1955, o cliente americano Castillo Armas recebeu 99% dos votos – uma eleição ao estilo soviético! Ele devolveu à Ufco suas terras confiscadas, reduziu barreiras ao comércio e investimentos com os Estados Unidos, e baniu sindicatos e partidos de centro-esquerda. Isso radicalizou a oposição e empurrou-a para a resistência violenta. A economia cresceu um pouco, basicamente beneficiando as famílias oligarcas, enquanto a renda de três quartos da população declinava. A crescente oposição foi reprimida com armas fornecidas pelos Estados Unidos, que estavam agradecidos, disse o Departamento de Estado, por um "forte Estado de contrainsurgência". Camponeses e povos indígenas incitados pelas reformas de Arbenz se fizeram uma oposição dura, incluindo alguma insurgência. Em 1965, um especialista de segurança do Departamento de Estado, John Longan, chegou a organizar a Operação Limpeza pelo primeiro dos esquadrões da morte guatemaltecos. Ele matou os líderes sindicais e de federações camponesas. Boinas Verdes e agentes da CIA foram enviados para treinar o exército e a polícia de segurança guatemaltecos em métodos de contrainsurgência, e alguns foram envolvidos nas atividades dos esquadrões da morte. Durante os próximos vinte anos ao menos 200.000 dissidentes e indígenas foram mortos, enquanto outros 40.000 desapareceram. Isso não teria acontecido sem o apoio persistente, treinamento e armas dos Estados Unidos. Isso diminuiu durante o mandato de Carter para se intensificar durante o de Reagan. Registros da CIA e de diplomatas críticos às atrocidades e à cumplicidade americana foram enterrados. Reagan desobedeceu a normas sobre direitos humanos do Departamento de Estado ao entregar armas ao exército para cumprir sua terrível tarefa (Streeter, 2000: 108-136, 239-248; Grandin, 2004: 12). Em 1999, o Presidente Clinton anunciaria um pedido formal de desculpas ao povo da Guatemala. Eles eram as vítimas do que foi provavelmente a pior sequência de operações secretas americanas no hemisfério.

Funcionários americanos dizem que intervieram para impedir o comunismo. Mas como a história autorizada da CIA revelou mais tarde, não havia ligações entre Arbenz ou o pequeno Partido Comunista guatemalteco e a União Soviética, embora a CIA as tivesse falsificado (Cullather, 1999). As insurgências subsequentes, basicamente nas hinterlândias rurais, não mostraram quaisquer traços de vínculos comunistas soviéticos ou locais. Ideias marxistas haviam influenciado o programa de reforma agrária de Arbenz, embora combinado ao modelo keynesiano Ecla de desenvolvimento econômico nacional que visava a transformar camponeses sem terra em proprietários de terras para torná-los consumidores das manufaturas nacionais. A teoria era que plantadores, anteriormente tornados letárgicos pela força de trabalho e terra baratos, seriam forçados a investir em novas tecnologias, melhorando sua eficiência (Gleijeses, 1991: 3-7, 361-387; Grandin, 2004). Mahoney (2001: 212-216) diz que a política agrária era ironicamente similar à da subsequente Aliança para o Progresso da administração Kennedy. Ela não teria levado à revolução.

A reforma agrária foi o obstáculo para os Estados Unidos, todavia, essa era uma precondição para a democracia em grande parte do hemisfério, pois o governo de oligarcas proprietários de terras estava oprimindo os pobres e impedindo o crescimento econômico. Um funcionário da CIA denunciou a reforma agrária como algo que tornava "a terra disponível aos guatemaltecos sob o padrão comunista". O Departamento de Estado declarou que ela fortalecia "o controle político e comunista da população rural" (U.S. Department of State, 2003: 20, 70-71). A terra foi transferida a 100.000 famílias camponesas, muitas delas maias oprimidos. A terra empoderou as famílias, que formaram instituições da sociedade civil exigindo mais direitos civis. A oligarquia ficou horrorizada e resistiu, abençoada pela hierarquia da Igreja, armada pelos corpos de oficiais e com a Ufco fazendo *lobby* efetivo em Washington. Ambos irmãos Dulles, então secretário de Estado e diretor da CIA, foram empregados e acionistas presentes da Ufco (Grandin, 2004). Embora não seja provável que a companhia determinasse a política americana, sua influência informal parece importante. O Embaixador Peurifoy convidava para os eventos da embaixada guatemaltecas falantes de inglês e empresários americanos, não intelectuais de centro-esquerda ou maias falantes do quechua. Os americanos foram influenciados por seus amigos locais.

O comunismo era visto como um vírus global. Se a reforma agrária guatemalteca fosse um sucesso, poderia se espalhar a outros lugares. Embora alguns funcionários americanos privadamente concedessem que a reforma era uma "medida há muito protelada", ainda se opunham a ela, vendo-a como "fomentando perturbação destrutiva entre os habitantes rurais das outras repúblicas americanas". Um funcionário do Departamento de Estado declarou: "É uma poderosa arma de propaganda; seu programa social amplo de ajuda aos trabalhadores e camponeses em um conflito vitorioso contra as classes altas e grandes empresas estrangeiras tem um forte apelo às populações dos vizinhos da América Central, onde prevalecem condições similares" (Streeter, 2000: 17-23; Gleijeses, 1991: 365). O golpe e a subsequente assistência à contrainsurgência eram política imperial tradicional: doses de repressão exemplar, um exemplo do que aconteceria a outros se tentassem o mesmo. Funcionou. Assustou-os e fortaleceu os ditadores.

A administração Eisenhower havia começado a transferência de armas e programas de treinamento no hemisfério. Em 1957, o treinamento ocorria em quarenta e dois países, a maioria latino-americanos. O Documento NSC-5509 de 1955 dizia que isso garantia "a segurança da América Latina e a disponibilidade de matérias-primas lá com um mínimo de forças americanas" (Gambone, 1997: 85). Soldados locais treinados fariam o trabalho. Sessenta mil soldados e a polícia foram treinados na Escola das Américas em técnicas de contrainsurgência, incluindo muitos dos notórios violadores dos direitos humanos no hemisfério (Gill, 2004). Os filhos da puta voltaram a ter prestígio, recebendo ajuda militar barata para subjugar seus dissidentes (Lieuwen, 1961: 226-234; Holden, 2004: parte II; Rabe, 1988: 77-83). Por outro lado, como Brands (2010: 48) laconicamente coloca: "Nenhum oficial latino-americano necessitava que lhe dissessem para ser anticomunista" mesmo que recebessem agradecidamente ajuda militar americana.

O final da década de 1950 viu mais pressão a partir de baixo pela democracia. Entre 1956 e 1960 dez governantes militares no hemisfério foram depostos por movimentos prometendo reformas políticas e sociais. Os Estados Unidos haviam apoiado muitos dos ditadores até o último momento. Uma maioria democrata no Congresso pressionou por uma política mais liberal. Todavia, somente dias antes de Kennedy assumir suas funções, os Estados Unidos frustraram um golpe de reformistas em Honduras, substituindo-os por conservadores. Observe que as intervenções e repressões mencionadas até então visavam à esquerda reformista. Sua repressão bem-sucedida desacreditou a dissensão pacífica e levou a mais recursos da esquerda à violência e movimentos de guerrilha. Foi somente retaliação uma vez que a direita havia iniciado a violência. Essas intervenções e repressões ocorreram *antes* que Castro se voltasse para a esquerda após ter tomado o poder. Embora a Cuba de Castro e a União Soviética tivessem depois oferecido ajuda militar direta a numerosos movimentos de guerrilha, repressão sangrenta da esquerda já era normal e não a consequência de Castro ou dos soviéticos. O espectro do castrismo exacerbou a paranoia da direita (como Brands, 2010, enfatiza), mas por que eles não responderam conciliando reformadores pacíficos centristas e de centro-esquerda, minando, com isso, a esquerda violenta? A resposta é que muitos regimes oligarcas no poder já estavam se recusando a conceder quaisquer de seus privilégios durante a maior parte do período pós-guerra.

Mas a política americana estava agora em ebulição com relação a Cuba, traumatizada pela tomada do poder por Castro em 1959 do filho da puta Batista. Castro inicialmente esperava ser não alinhado na política estrangeira, embora perseguindo o nacionalismo econômico e a redistribuição nacional. Quando ficou claro que não alinhamento significava opor os Estados Unidos à União Soviética – por exemplo, obter a maior parte de seu petróleo dos soviéticos – os Estados Unidos endureceram, induzindo companhias de petróleo americanas e britânicas a se recusarem a refinar o petróleo soviético. O Congresso depois encerrou a cota de açúcar cubano, e a CIA começou a treinar exilados cubanos. Em resposta, Castro nacionalizou o petróleo e algumas outras companhias americanas e aceitou ajuda militar dos soviéticos, que agora ousavam pensar que outras revoluções poderiam estar em desenvolvimento (e poderiam ser auxiliadas) no hemisfério (Brands, 2010: 31-33). Em resposta, os Estados Unidos impuseram um embargo comercial, e Eisenhower autorizou a CIA a planejar uma invasão. Kennedy oportunisticamente criticou Eisenhower durante sua campanha eleitoral por pegar leve com o comunismo. Agora, ele achava que tinha de ser duro.

Pela primeira e única vez no hemisfério um regime de esquerda se tornou aliado da União Soviética e o nacionalismo cubano deu a Castro um incentivo Davi *versus* Golias nacional (Welsch, 1985). A intensificação foi mutuamente estúpida. A política americana intensificou o interesse soviético por Cuba e produziu uma reação antiamericana no hemisfério. Todavia, a tolice de Castro foi maior. Dado o histórico americano, por que ele não viu que uma aliança com a União Soviética a apenas noventa milhas da Flórida produziria isolamento político e estrangulação econômica? Os soviéticos foram pegos de surpresa, atônitos com sua sorte, em contraste com a falta de influência em outras partes do hemisfério. Os agora cínicos líderes soviéticos também ficaram encantados com o entusiasmo ingênuo do recém-convertido Castro pela revolução (Miller, 1989). A Revolução Cubana e a ajuda soviética encorajaram membros violentos da esquerda em outros lugares a tomar o caminho da violência, mas, por sua vez, isso também encorajou a extrema-direita à violência, e eles tinham um poder militar consideravelmente maior. Cuba foi contraprodutiva para todos.

Mas, como outros ditadores aliados pareciam vulneráveis, Castro seria tornado um exemplo. Alguns em Washington argumentavam prudentemente que o caso americano seria fortalecido se persuadíssemos os outros ditadores a fazer reformas. Na verdade, Eisenhower, tinha em 1950 buscado persuadir Trujillo a renunciar na República Dominicana, mas o ditador tinha muitos amigos no Capitol Hill. Kennedy expressou seus próprios sentimentos: "Há três possibilidades em ordem decrescente de preferência: um regime democrático decente, uma continuação do regime de Trujillo, ou um regime de Castro. Devemos visar ao primeiro, mas não podemos renunciar ao segundo até que estejamos seguros de que podemos evitar o terceiro" (Smith, 2000: 143). Essa declaração poderia ser aplicada a grande parte da política americana nos países menos desenvolvidos do mundo. Kennedy aprovou o assassinato de Trujillo em 1961. Mas ele ainda carecia de uma política para produzir sua preferida primeira opção.

Durante seus discursos de campanha, Kennedy declarou que trabalharia com o nacionalismo do Terceiro Mundo para satisfazer uma revolução global de expectativas crescentes. Ele encontrou a suposta nova política na Aliança para o Progresso, que começou em 1961. Ela aceitava o argumento de que desenvolvimento e reformas eram a infraestrutura necessária na qual a democracia poderia ser construída. Ela forneceu 20 bilhões de dólares em ajuda econômica, destinada a impedir o comunismo por meios econômicos, embora tenha sido fortalecida pela teoria da modernização do sociólogo Talcott Parsons e do economista Walt Rostow, que perceberam os estágios comuns do crescimento e desenvolvimento no mundo. A sociedade mais moderna, os Estados Unidos, poderia auxiliar as sociedades mais atrasadas induzindo-as a aplicar seu modelo de desenvolvimento (Latham, 2000; Smith, 2000: 146-148).

Infelizmente, não funcionou bem. O dinheiro entrou, mas grande parte foi sugada pelas elites corruptas. Funcionários americanos foram muitas vezes relutantes em trabalhar com reformadores locais, uma vez que a reforma agrária intensificava o conflito de classes e isso poderia ameaçar a estabilidade, o principal objetivo americano na região. Fundos também foram apropriados por funcionários da administração que pensavam que o dinheiro seria melhor gasto em medidas de contrainsurgência, denominadas por Bobby Kennedy "reforma social sob pressão". O Corpo de Paz foi o melhor programa, administrado por voluntários idealistas. Muitos voltaram aos Estados Unidos com uma consciência maior da realidade latino-americana, embora desiludidos com seu próprio governo (Fischer, 1998). Mostrou mais aliança do que progresso, pois havia se voltado para o suborno de governos para se manterem pró-americanos e derrotarem a esquerda. O presidente, indeciso entre anticomunismo e objetivos progressistas, tornou-se desiludido com a Aliança. As opiniões são divididas sobre se sempre esteve condenada ou se mais determinação poderia tê-la levado apropriadamente para resultados modestamente progressistas (Dallek, 2003: 222-223, 436-437, 519; Levinson & de Onis, 1970; Kunz, 1997: 120-148; Smith, 1991: 71-89; Leonard, 1991: 146-152). Mas seu fracasso desacreditou a reforma agrária, mais urgentemente necessitada na região. Na verdade, diz Brands (2010: 63), ela de fato piorou o conflito de classes ao permitir um aumento na agricultura comercial de grande escala às custas dos pobres agricultores arrendatários.

A pressão de Kennedy sobre Cuba levou os soviéticos a acreditarem que ele estivesse prestes a invadir, o que foi um fator na crise dos mísseis. Mas na própria crise sua conduta foi firme, ainda que contida, permitindo a Khrushchev uma saída sem humilhação, que Khrushchev gratamente aproveitou (uma vez que a essa altura ele se arrependera de seu aventurismo). A redução da crise nuclear foi um feito mútuo (Gaddis, 1997: cap. 9; Stern, 2003: 14, 82, 127, 424-426; White, 1997). Kennedy hesitou em outros lugares. Na Venezuela, Peru, Chile e Costa Rica, apoiou políticos centristas, mas em outros lugares lançou operações secretas para depor centristas. Minou os regimes constitucionais na Argentina e Guatemala. Identificou incorretamente João Goulart, presidente do Brasil, como um esquerdista perigoso e disse aos generais brasileiros que apoiaria um golpe caso acreditassem que ele estivesse "entregando o maldito país aos comunistas". Ele ajudou a depor Cheddi Jagan em uma Guiana que estava saindo do governo britânico. Os britânicos lhe garantiram que Jagan não era comunista, mas não acreditaram neles. Kennedy aprovou mais operações secretas no hemisfério do que qualquer outro presidente da Guerra Fria, embora fossem em pequena escala (Rabe, 1999: 63-70; 197-199; Dallek, 2003: 401, 520-522).

Lyndon Johnson ajudou a liquidar Goulart e Jagan. Na República Dominicana, Trujillo foi sucedido pelo reformador Juan Bosch, ressentido por ter seu orçamento cortado pelos militares e identificado pelos Estados Unidos como um comunista potencial. Após o fracasso militar dominicano em depô-lo, em 1965, isso foi obtido por uma invasão marítima americana, um incidente muito grande em um país pequeno. Seis mil dominicanos morreram no tumulto (Lowenthal, 1995; Atkins & Wilson, 1998: 119-149). Kennedy e Johnson viam a ditadura como forte e estável, enquanto a democracia, embora mais ideal, era na prática suscetível à subversão comunista (Wiarda, 1995: 69). O "espectro do comunismo assombrando os Estados Unidos" impediu uma política estrangeira mais racional, pró-democracia, diz Dominguez (1999: 33-34, 49). Os Estados Unidos pareciam compartilhar da visão de Che Guevara de que a América Latina estava madura para a revolução. Mas era bobagem. A crença de Guevara em um campesinato homogêneo, inclinado à revolução, que poderia ser incitado à resistência revolucionária pela violência levou a um beco sem saída que enviou movimentos de guerrilha isolados das massas à rápida derrota e ele à sua morte miserável. Brands (2010: 52-55) resume a estratégia de Che como "mais adequada para radicalizar a direita do que para radicalizar as massas".

Nixon espelhou a extrema-esquerda com suas políticas. Após o esquerdista Salvador Allende vencer a eleição chilena de 1970, os erros econômicos de seu governo provocaram muito descontentamento entre as classes alta e média e divisões em sua própria coalizão. Os planos para um golpe começaram, e liderados pelo General Pinochet os militares tomaram o poder. Mas Allende também enfrentou uma hostilidade incansável dos Estados Unidos. Nixon instruiu a CIA a "fazer todo possível... para impedir a confirmação de Allende". Kissinger supervisionou um programa de sabotagem econômica de 8 milhões da CIA "para fazer a economia gritar", raciocinando: "Não vejo por que deveríamos deixar um país se tornar marxista só porque o povo é irresponsável". Nixon raciocinava: "Se deixarmos os líderes potenciais na América do Sul pensarem que podem se mover como o Chile e ter tudo o que quiserem, estaremos com problemas. ...Ninguém na América Latina pode pensar que pode se safar disso, de que é seguro seguir esse caminho" (Brands, 2010: 116-120; Miller, 1989: 128-130; Gaddis, 1982: 320; Casa Branca, Reunião de Segurança Nacional sobre o Chile, Memorandum, Nov. 7, 1970). Desestabilização exemplar era o plano no que foi o programa de operações secretas mais extenso na América do Sul. No curto prazo, foi um sucesso. Na década de 1960, dez novos governos militares foram instalados no hemisfério, basicamente por forças locais embora com aprovação americana garantida de antemão. Em 1979, somente quatro países latino-americanos não eram ditaduras.

Decisores políticos americanos eram geralmente cuidadosos antes de uma intervenção para assegurar aliados locais capazes de formar um regime viável. Essa foi a chave para o sucesso, e permitiu aos Estados Unidos desempenhar um papel apenas de apoio e muitas vezes um papel secreto na maioria desses grupos. No Chile, por exemplo, a oposição local a Allende teve bases amplas, uma vez que o governo patinava em meio às suas próprias divisões. Os soviéticos não ofereceram ajuda a Allende porque o viam como um perdedor. A intervenção na Baía dos Porcos em Cuba foi a única exceção verdadeira, quando os Estados Unidos foram adiante com uma invasão sem garantir apoio local. Alguns na CIA e no governo previram o fiasco que ocorreu (Karabell, 1999: 173-205). Os Estados Unidos foram depois reduzidos a patrocinarem oito tentativas de assassinato de Castro entre 1960 e 1965 (Dallek, 2003: 439). Todas fracassaram; Castro permaneceu – mas no moedor de carnes das sanções, dependendo de uma aliança soviética que trouxe a Cuba pouco ganho. Os Estados Unidos aprenderam a viver com Castro, erodindo-o, usando-o como um permanente aviso para outros do que poderia acontecer se convidassem os soviéticos. Isso foi repressão exemplar, e ao menos no sentido econômico foi também terra arrasada. Outros países, outras insurgências prestaram atenção.

Mas, uma vez mais, a repressão provocou resistência. Na década de 1980, o ciclo oscilou novamente na direção da democratização, basicamente o produto de forças locais auxiliadas por uma Igreja Católica que adotou doutrinas mais socialmente conscientes e insistiu na reforma agrária. O Presidente Carter parecia simpático. Declarando: "Estamos agora livres daquele medo injustificável do comunismo", ele buscou "caminhos moderados de mudança", perseguindo "novas questões globais sobre justiça, igualdade e direitos humanos". Ele disse que inclusive negociaria acordos com regimes não amigáveis caso desejassem fazer comércio com os Estados Unidos (Skidmore, 1996: 26-51; Smith, 1986; Muravchik, 1986). A administração de Reagan enviou sinais misturados, por vezes apoiando regimes militares, por vezes se declarando verbalmente a favor da democracia, mas fazendo pouco para ajudá-la. Carrothers (1991) chama a segunda uma política de "democracia por aplauso" (cf. Wiarda, 1995: 73-75; Muravchik, 1986). Todavia, localmente, as políticas variavam. Na Nicarágua e em Granada os Estados Unidos intervieram militarmente contra governos civis de esquerda, e na Nicarágua esse foi um governo democraticamente eleito. Em El Salvador, na Guatemala e em Honduras, os Estados Unidos preferiram governos civis e os encorajaram com ajuda econômica e militar, embora em El Salvador e na Guatemala violações de direitos humanos aumentassem, cometidas por um exército sobre o qual os Estados Unidos também despejaram ajuda e treinamento de contrainsurgência. Nas repúblicas da América Central a política era ditada pela necessidade percebida de combater o vírus sandinista que se originava na Nicarágua. Mas no Chile, Paraguai, Panamá e Haiti, a segunda administração Reagan pressionou por eleições. A administração via agora a partir da tendência hemisférica que as democracias também poderiam ser estáveis (Carrothers, 1991; Leonard, 1991: 167-191). As mudanças dos Estados Unidos e do papado foram partes daquela terceira onda mais ampla de democracia identificada por Huntington.

Contudo, o período da Guerra Fria terminou com grande intervenção na Nicarágua, que matou mais de trinta mil nicaraguenses, minou sua economia e seu regime, e desestabilizou seus vizinhos. Carter tentou discretamente substituir o ditador Somoza com partidos conservadores dominados por empresários. Mas essa política foi sobrepujada à medida que manifestações de trabalhadores e camponeses, ajudados por liberais da classe média e mesmo por algumas famílias agricultoras, lançou os sandinistas ao poder. Forças similares no vizinho El Salvador não puderam tomar o poder e a guerra civil eclodiu (Paige, 1997). Carter vacilou, sob pressão da Guerra Fria em seu país, todavia, não desejando empurrar os sandinistas para a estrada cubana. A administração Reagan depois minou ferozmente esse pequeno país por meio de uma política de repressão exemplar indireta. Os Estados Unidos devastaram tanto a economia e a sociedade civil nicaraguenses que a legitimidade sandinista seria destruída, mostrando o que aconteceria a outros países que tentassem a revolução. Sanções econômicas provocaram privações, uma vez que o parceiro natural de comércio do país eram os Estados Unidos. Os Estados Unidos se opuseram às tentativas de vizinhos da Nicarágua de negociar uma solução. O plano de paz Arias que encerrou a guerra foi assinado por todas as partes com exceção dos Estados Unidos.

Pesquisas de opinião revelaram que muitos americanos se opunham ao uso das forças americanas e a administração reconhecia que uma invasão poderia criar um imbróglio (como em invasões anteriores). Em vez disso, Reagan empregou como intermediários os paramilitares Contras, ex-guardas de Somoza, acrescidos de camponeses insatisfeitos e homens jovens desempregados. O governo militar argentino havia começado a treiná-los em técnicas de guerra suja, incluindo tortura e assassinato, e havia desenvolvido uma rede de oficiais no hemisfério, um "tipo de legião estrangeira secreta cujo trabalho era erradicar comunistas onde quer que estivessem". Em 1982, os argentinos comandavam dois mil e quinhentos nicaraguenses Contras (Armony, 1997: caps. 1 e 2). Depois, os Estados Unidos assumiram o controle e os expandiram. Os Contras eram intermediários que não teriam sobrevivido sem a ajuda massiva americana. Carentes de apoio nacional, não poderiam ter vencido a guerra. Reagan descrever os Contras como guerreiros da liberdade foi um dos usos mais absurdos da linguagem do período. Suas táticas eram espalhar terror e destruir. O patrocínio americano dos Contras, que levou ao escândalo o Irã-Contra, encorajou a repressão de membros da esquerda em El Salvador e na Guatemala, mas isso prejudicou os Estados Unidos ao longo de grande parte do hemisfério e em outros lugares (Coatsworth, 1994: caps. 5 e 6; Carrothers, 1991; Brands, 2010: caps. 6 e 7).

Alguns americanos deploravam esses excessos, mas ainda consideravam a guerra necessária para manter o comunismo distante. O secretário de Estado Haig disse ao Senado que a Nicarágua era parte do "intervencionismo soviético mundial que impõe um desafio sem precedentes ao mundo livre". Isso era falso. Os sandinistas queriam boas relações com todos: os Estados Unidos, os soviéticos e a Europa. Os soviéticos, queimados pela crise dos mísseis cubana e agora entrando em crise em seu país, foram relutantes, mas após dois anos nos quais os Estados Unidos organizaram ataques com os Contra nos campos de petróleo e portos nicaraguenses, deram ajuda aos sandinistas. Percebendo que os Contras não poderiam vencer a guerra, quiseram restringir os Estados Unidos na Nicarágua. Mas Gorbachev depois sinalizou que queria sair. Para os soviéticos, essa nunca foi uma Cuba (Miller, 1989: 188-216).

Assim, a retórica da administração Reagan mudou da ameaça soviética para a ameaça do comunismo local, declarando que os sandinistas forneciam um modelo indesejável de revolução para o hemisfério. Os sandinistas queriam o desenvolvimento econômico nacional, reforma social e mobilização popular, e esses eram os objetivos de muitos latino-americanos de esquerda. O desenvolvimento nacional era amplamente apoiado pela classe média também, e mesmo entre algumas das famílias agricultoras. A extensão do apoio à reforma dependia de quão longe os sandinistas iriam, enquanto o programa de mobilização popular isolava a classe média. Mas, conscientes do poder dos agricultores, os sandinistas cederam. Eles começaram bem, dobrando a alfabetização e introduzindo um serviço de saúde que reduziu as taxas de mortalidade infantil. Eles começaram a reforma agrária expropriando terras ociosas (o programa latino-americano padrão). As nacionalizações foram quase todas de propriedades da família Somoza. Entre 1979 e 1983, o PIB *per capita* subiu 7% enquanto o da América Central como um todo declinou 15%. Eles encorajavam a participação em massa em organizações de base. Em 1984, organizaram as primeiras eleições que o país conheceu e conquistaram 63% dos votos (Walker, 1997).

O que teria acontecido se os Estados Unidos não tivessem devastado o país? Coatsworth (1994) sugere que os sandinistas poderiam ter se equiparado ao PRI mexicano, com um governo de partido único muito moderado. Os sandinistas teriam perdido o apoio dos agricultores de qualquer modo, mas a guerra de terra arrasada tirou muito mais apoio deles, forçando-os a colocar recursos na guerra e não no desenvolvimento, e a centralizar e militarizar. Eles se tornaram dependentes das partes mais extremas de sua base popular, que estava fornecendo a maioria de seus combatentes. A classe agricultora transferiu seu apoio para os Contras; a classe média preferia a paz (Paige, 1997: 37-41, 305-312). Na eleição muito concorrida de 1990, uma coalizão de centro-direita venceu, auxiliada na linha final por um generoso programa de ajuda americano somente para eles. A política de Reagan foi bem-sucedida ao remover os sandinistas do poder (hoje, eles, mais uma vez, formam o governo, mas um governo moderado). Mas o legado sandinista foi que as organizações de massa de trabalhadores, camponeses e mulheres continuaram a desempenhar papéis importantes (Walker, 1997).

Entre intervenções esporádicas, a vida no hemisfério prosseguiu. Os Estados Unidos eram vistos positivamente de outros modos. Sua cultura popular foi adotada através de Hollywood, do *rock* e do *basebol*, e muitos latino-americanos emigraram para os Estados Unidos. O provérbio era: "Ianque, volta pra casa – e me leve com você". Relações de comércio e de investimentos foram buscadas por meio de negociações, não de intimidação. Programas de ajuda aumentaram da década de 1950 e novamente na de 1980, embora seu nível absoluto fosse baixo e fossem subordinados a propósitos políticos (Griffin, 1991). Empresários americanos não agiam como um bloco único. Empresários buscando força de trabalho barata, como no agronegócio, apoiaram regimes mais conservadores do que os empresários de capital intensivo. A América Latina permaneceu basicamente uma fonte de matérias-primas e de alimentos. Mas algumas corporações americanas internacionalmente orientadas apoiaram políticas do ISI, o que podia ajudá-los a exportar bens de capital para indústrias locais ou estabelecer fábricas no hemisfério atrás dos muros tarifários do ISI. Eles também fizeram *lobby* para que os Estados Unidos reduzissem suas tarifas, de modo que pudessem exportar suas mercadorias de volta, mas isso foi negado (Cox, 1994). Interesses capitalistas eram usualmente unidos na oposição a reformas redistributivas. Depois, a crise de endividamento trouxe outra fase dura das políticas econômicas americanas para o hemisfério da década de 1980, embora no fim com alguns benefícios democratizadores, como veremos no capítulo 6. Embora interesses estratégicos dos Estados Unidos na América Central e especialmente do Sul fossem baixos, os *lobbies* de empresários eram mais importantes aqui do que em muitas partes do mundo, e eram dominados por preocupações com lucros de curto prazo. É por isso que marxistas ofereciam uma análise muito boa da política estrangeira americana nas Américas.

Conclusão latino-americana

Ao longo do período os Estados Unidos haviam praticado o império informal entrelaçado a operações secretas, intermediários e canhoneiras, especialmente nas proximidades da América Central. Conseguiram instalar e manter regimes clientes porque seu poder abalava o equilíbrio de poder local que favorecia as classes econômicas dominantes, os corpos de oficiais e a hierarquia da Igreja – os oligarcas – contracentristas e esquerdistas. Knight (2008: 36) diz que o apoio da elite tornou o Império Americano "uma espécie de 'império por convite'", mas isso é sobrecarregar o termo, pois ninguém perguntou ao povo. No hemisfério, os Estados Unidos venceram não porque representassem ideais mais atrativos (como Gaddis, 1997, sugere), mas porque colocaram mais poder econômico e militar nas mãos de seus clientes. Isso funcionou melhor aqui do que no Leste e Sudeste Asiático porque os poderes das elites não haviam sido enfraquecidos pela guerra ou pelo anticolonialismo. A política americana foi ditada por sua percepção de uma mistura de Guerra Fria com necessidades capitalistas. Líderes americanos diziam que a política era bem-sucedida em manter os soviéticos fora do hemisfério. Mas como os locais não queriam de qualquer modo os soviéticos, isso teria sido obtido por meios mais humanos. Podemos comer alho para manter os vampiros longe, e eles não virem. Mas isso é porque vampiros não existem. Interesses empresariais, especialmente em indústrias extrativas, consideravam a política bem-sucedida porque mantinha os lucros altos. Mas uma política americana mais progressista certamente teria incentivado o desenvolvimento econômico do hemisfério – e, com isso, também os lucros americanos.

Declarações americanas de estarem introduzindo a democracia no hemisfério, alardeadas em seu país, foram falaciosas. Na realidade, a estabilidade autoritária foi preferida. Alardeava uma democracia que era vista carregando o risco da instabilidade. Os Estados Unidos temiam a democracia porque sabiam que movimentos buscando-a também tinham objetivos de cidadania social, e temiam que a combinação pudesse levar ao comunismo. Empresários americanos que tinham operações de trabalho intensivo no hemisfério (sobretudo, plantações) tinham um interesse em suprimir movimentos de esquerda a fim de manter os salários baixos. Como essa era a fração capitalista que mais duramente fazia *lobby* em Washington, é difícil separar a paranoia dos políticos de seus interesses. Certamente, os americanos não viam isso como paranoia. Vendo reformas como arriscadas, eles raciocinavam: Por que assumir riscos se temos o poder militar para assegurar a estabilidade? É por isso que o capitalismo sozinho não é a explicação. O poder militar americano na região deu o motivo e o método de intervenção. A um custo relativamente baixo, os decisores políticos americanos achavam que poderiam deixar claro que os membros da esquerda não acederiam ou permaneceriam no poder. E estavam certos, mesmo que essa não fosse a melhor política em bases práticas ou morais. Portanto, essa parte do império informal americano tinha duas causas necessárias, e em combinação constituíam uma causa suficiente: um impulso para o lucro de curto prazo e uma evitação da instabilidade/comunismo cujo elemento paranoide era mascarado pela confiança no poder militar. Observe a continuidade do imperialismo americano nesse hemisfério no começo do século XX, descrita no volume 3, capítulo 3. A principal mudança foi que os medos da instabilidade tiveram anteriormente um sentido mais racista do que comunista.

Sempre houve dissidentes da política. O Departamento de Estado e a CIA por vezes se dividiam sobre a política. O Congresso na década de 1950 foi um bastião de anticomunismo fanático, mas mais tarde se tornou mais entusiasta na promoção da democracia. Algumas administrações democratas foram um pouco mais progressistas – os primeiros anos de Truman, Kennedy com reservas e Carter. Havia também diferenças regionais. O sul era a região mais conservadora e o sudoeste tinha muitas indústrias de defesa. Ambos favoreciam o internacionalismo agressivo (Trubowitz, 1998: cap. 4). Mas nacionalmente o clima de patriotismo anticomunista combinava com a indiferença pública (baixo custo, sem conscrição, pouco conhecimento) para suprimir o debate. Os custos da intervenção eram pagos pelos contribuintes sem seu conhecimento, não por políticos em tempos de eleições (Dominguez, 1999: 48). Quando operações secretas desagradáveis eram expostas, como as na Guatemala e Nicarágua, a publicidade que recebiam era limitada, ninguém era demitido, e políticos eram pouco prejudicados. Homens como Oliver North saíram impunes.

O efeito foi sentido nos níveis mais baixos da hierarquia burocrática. Embaixadas foram instruídas a despender uma quantia excessiva de tempo fazendo a crônica das atividades de alguns comunistas locais e outros membros da esquerda, e escreviam relatórios adaptados às expectativas da hierarquia. Se relatassem que comunistas locais eram lamentavelmente poucos e desorganizados, temiam perder crédito na carreira (Lowenthal, 1995: 154-155). Políticos americanos não entendiam um clima político local que diferisse daquele nos Estados Unidos. Reformas de todos os tipos e o simples antiamericanismo eram muitas vezes proclamadas por seus autores como revolucionárias, mas essa era a retórica vazia de facções que eram muitas vezes pouco mais do que redes de famílias ou caudilhos locais, com muito pouco lastro ideológico.

Contudo, os Estados Unidos não eram todo-poderosos, e muitas vezes foram ludibriados por seus amigos latinos. A ajuda e os programas de treinamento do exército americano não envolviam os Estados Unidos subverter militares latino-americanos (como Huggins, 1998, e Gill, 2004, sugerem). Militares locais se aperceberam da utilidade de dizerem aos adidos do exército americano, fornecedores de armas e amigos conquistados na Escola das Américas que seus oponentes políticos eram comunistas (Atkins & Wilson, 1998: 128-136). Americanos da embaixada se encontravam socialmente com elites educadas ricas, assimilando suas análises políticas. Uma perspectiva conservadora chamando todos os membros de esquerda comunistas era depois moldada à força na dicotomia simples da Guerra Fria para consumo em Washington (Gambone, 2001; Miller, 1989: 49). Elites latino-americanas estavam terminando sua formação nas universidades americanas, o embaixador boliviano em Washington jogava golfe com a família Eisenhower, Trujillo tinha seus amigos no Capitol Hill. A solidariedade de classe embasava o imperialismo americano informal no hemisfério. Isso tinha uma implicação progressista, pois minava o preconceito de raça. O racismo que havia permeado os documentos do Departamento de Estado nos períodos iniciais (vistos no volume 3, capítulo 3) desaparecera – auxiliado pelo sucesso do movimento pelos direitos civis nos Estados Unidos.

A política americana agora incitava não o racismo, mas o anticomunismo no hemisfério. A partir de 1959, as administrações temiam outra Cuba mais do que uma reação exagerada – como na decisão de Johnson de enviar os fuzileiros navais para a República Dominicana. Uma diferença imaginária de mísseis entre os Estados Unidos e a União Soviética foi explorada por Kennedy para vencer a eleição de 1960. O medo de Johnson de ser o primeiro presidente americano a perder uma grande guerra no Vietnã ajudou a superar sua percepção de que a guerra era fútil. Carter foi culpado de perder países sobre os quais os Estados Unidos de fato não tinham poder, como Afeganistão, Moçambique ou Iêmen do Sul. Mas, contrário ao medo revelado nas pesquisas de opinião pública na época, os soviéticos não estavam fazendo ganhos globais. Para eles, Cuba brevemente tremulou e depois se tornou um aborrecimento. O nacionalismo em ascensão feriu os soviéticos tanto quanto os Estados Unidos. Nenhum dos dois poderia controlá-lo ao redor do globo. Todavia, pôr em Carter a culpa por mudanças no Afeganistão ou sul do Iêmen ou Irã parecia plausível para muitos americanos, especialmente devido à sua tentativa malograda de resgatar os reféns americanos em Teerã (Wiarda, 1995: 70-73).

Aqueles com poder de ataque imperial pensam que não necessitam assumir riscos. O impulso para segurança imperial e a garantia aparentemente fornecida pelo poder militar eram básicos. Mas a garantia era ilusória. O controle americano era menor do que apologistas ou críticos afirmam. Os regimes intermediários não eram fantoches, e manipularam os medos americanos do comunismo. As sanções disponíveis para os Estados Unidos eram intervenção militar e bloqueio econômico. Esses poderiam bloquear e destruir mais do que construir. Os Estados Unidos poderiam bloquear a entrada de esquerdistas no governo. Se esses chegassem ao poder, os Estados Unidos poderiam desestabilizá-los. Se tudo isso falhasse, a distância poderiam lançar militares intermediários ou bloqueios econômicos para devastar o país, como fizeram em Cuba e na Nicarágua. Mas era improvável que repressão exemplar cumprisse objetivos positivos. Embora a política americana no Ocidente tivesse se conformado amplamente à declaração de missão americana de garantir paz, desenvolvimento e democracia, e a política no leste da Ásia tenha atingido um fim similar, nas Américas isso não foi assim. De um modo geral, o Império Americano continuou a obstruir a paz, o desenvolvimento e a democracia nesse hemisfério. A política era irracional, levando centristas no hemisfério para a esquerda, piorando a instabilidade e enfraquecendo economias. Quanto mais distante dos Estados Unidos estivesse um país, melhor para ele. Em seu próprio hemisfério somente oligarquias locais e empresários americanos de trabalho intensivo se beneficiaram do Império Americano. No final do século, diz Brands (2010: 268), a preponderância da democracia no hemisfério "era apenas levemente maior do que durante o final da década de 1950, e sua qualidade era provavelmente menor do que fora logo após a Segunda Guerra Mundial". O progresso latino-americano não começou realmente senão na primeira década do século XXI, quando a democracia, uma esquerda moderada e uma direita moderada estavam ascendentes e a atenção dos Estados Unidos estava em outra parte. Embora as atribulações da América Latina fossem principalmente por culpa dos locais, os Estados Unidos persistentemente a pioraram. O Império Americano foi negativo nas Américas – assim como o império soviético.

Frustrando intermediários no Oriente Médio

Essa região era muito estratégica, ficava próxima da União Soviética e tinha a maior parte do petróleo do mundo, a única mercadoria importante verdadeiramente indispensável para economias avançadas e especialmente para os exércitos. A Segunda Guerra Mundial havia mostrado aos Estados Unidos o quão crucial o petróleo do Oriente Médio seria. Dos suprimentos de petróleo dos aliados, 80% vinham dos Estados Unidos, mas os suprimentos nacionais estavam diminuindo enquanto as reservas sauditas eram enormes. Em 1945, o Departamento de Estado informou ao Presidente Truman que o petróleo saudita era "uma fonte estupenda de poder estratégico, um dos maiores prêmios na história" (Klare, 2004: 30-32). Embora os Estados Unidos pudessem possam ter deixado o petróleo às forças puramente do mercado, como aqueles que o possuem necessitam vendê-lo, os Estados Unidos nunca fizeram isso, preferindo a suposta segurança oferecida por métodos militares e políticos de controle. O petróleo já havia atraído a Grã-Bretanha e a França, e seu imperialismo não deixou um legado útil para a região. Eles dividiram as províncias otomanas entre eles no período de 1916-1920. O Irã também fora um protetorado britânico, fornecendo petróleo para a Grã-Bretanha, com poucos benefícios para os locais. Em ambas as guerras mundiais os árabes lutaram pelos britânicos em troca da independência prometida. Em ambas as vezes foram traídos. Os árabes perceberam que isso estava em contraste com os judeus, que não haviam lutado pelos britânicos, mas receberam um Estado retirado de terras árabes. Após 1945, os Estados Unidos substituíram a Grã-Bretanha como a principal potência imperial, mas permaneceram no exterior, focados em adquirir petróleo por meio dos aliados. O envolvimento similar dos soviéticos na região deteve a conquista imperial de fato (por ambas as superpotências). O poder máximo obtenível seria o império informal, por meio do equilíbrio e de intermediários externos. Na verdade, os Estados Unidos evoluíram gradualmente para uma doutrina explícita de intervenção indireta somente quando havia uma ameaça real de perturbação no suprimento de petróleo.

Durante a Guerra Fria, os Estados Unidos se aliaram predominantemente a monarquias tribais, enquanto os soviéticos se aliaram a nacionalistas urbanos que tinham objetivos mais progressistas. Mas como careciam de apoio de massa, esses regimes se voltavam para o despotismo. Somente na Turquia e no Irã pequenos proprietários de terras, pequenos comerciantes urbanos e trabalhadores desenvolveram mobilização coletiva. Os regimes "socialistas" de Nasser no Egito e dos Ba'athistas no Iraque e na Síria foram, na realidade, governos de oficiais militares tentando desenvolvimento, mas degenerando no despotismo. Monarquias possuíam a maior parte do petróleo tornando-se estados rentistas ricos, adquirindo e despendendo a riqueza do petróleo sem necessidade de tributar seus súditos. No Ocidente, a democracia foi propelida pela resistência à tributação, mas essa propulsão faltava aqui. Quando levamos em consideração variáveis intervenientes, o petróleo e as grandes posses de terras são correlacionados a regimes autoritários, não o islã (Bromley, 1997). Para muitos árabes, o petróleo era uma maldição, "o excremento do diabo", gerando déspotas corruptos e uma desigualdade grotesca.

Nem os Estados Unidos nem a União Soviética poderiam encontrar facilmente aliados intermediários que fossem úteis na região inteira. Os Estados Unidos conseguiram a Turquia como aliada, tendo-a protegido em 1946 da tentativa de Stalin de converter as províncias de fronteira turcas em um Estado cliente curdo. Em troca, a Turquia se tornou um membro da Otan, sediando bases americanas posicionadas contra os soviéticos. Mas a Turquia não era uma produtora de petróleo; nem concordaria em ser usada como uma intermediária contra outros países muçulmanos. A Arábia Saudita era uma aliada desde um acordo de 1945 no qual Roosevelt prometeu proteção militar em troca de acesso ao seu petróleo – e os sauditas tinham mais petróleo do que qualquer outro. A forma wahhabi saudita de islamismo era também ferozmente anticomunista. O acordo provia os Estados Unidos com um sexto de suas importações de petróleo bruto, cedia lucros a uma rede de empresas petrolíferas americanas e sauditas, e comprometia os sauditas a investirem os lucros do petróleo nos Estados Unidos. Uma vez feito isso, os investimentos sauditas se tornavam vinculados à saúde da economia americana, e isso e os mais de 50 bilhões que a monarquia saudita havia recebido em ajuda militar americana a tornavam disposta a extrair mais ou menos petróleo de acordo com o estado do mercado a fim de manter a estabilidade dos preços do petróleo (Klare, 2004). A Arábia Saudita era o aliado mais útil dos Estados Unidos no Oriente Médio. Mas sua relação tinha um problema: sua extensão devia permanecer oculta dos dois povos. Se revelada, seria embaraçador para ambos. Assim, os Estados Unidos não podiam abertamente influenciar as políticas nacionais sauditas ou abertamente usar o reino em iniciativas regionais, embora os sauditas estivessem pesadamente envolvidos em ocultar o caso Irã-Contra e em canalizar ajuda para os rebeldes islâmicos no Afeganistão. Mas isso era interdependência, não império. Cada lado ganhava uma coisa que queria, petróleo a preços estáveis em troca de proteção (O'Reilly, 2008: 70).

Os Estados Unidos tentaram aumentar sua influência apoiando golpes. Em 1949 na Síria e, em 1952, no Egito, seus clientes tomaram o poder, mas foram depois, por sua vez, depostos por oficiais nacionalistas. O maior sucesso ocorreu no Irã em 1953. O primeiro-ministro eleito, Mossadeq, chefiou uma coalizão nacionalista muito frágil de grupos políticos diversos. Eles foram unidos em seu desejo de nacionalizar a Companhia de Petróleo Anglo-iraniana, o que fizeram em 1951, mas em poucas outras coisas. Ele depois tentou negociar um acordo de petróleo melhor do que os britânicos aceitariam. Os britânicos jogaram duro e não cederam. Eles organizaram um boicote do petróleo iraniano e usaram seu controle dos campos de petróleo do Iraque e do Kuwait para extrair mais petróleo. A produção de petróleo iraniana caiu dramaticamente, como a popularidade de Mossadeq, mesmo em seu apoio de base nas seções dos escalões médios dos bazaaris (comerciantes, lojistas e artesãos), trabalhadores e da nova classe média dependente do Estado. Seus principais inimigos eram o xá, proprietários de terras e políticos conservadores, embora o liberalismo e secularismo de Mossadeq antagonizassem o exército e o clero também. Como a situação se polarizou, ele se tornou mais dependente dos membros da esquerda, especialmente o partido comunista Tudeh, e parecia pretender estabelecer uma república. Isso isolou mais os monarquistas, proprietários de terras e grande parte da classe média. Também colocou a administração Eisenhower contra ele. Deixar esse regime prosseguir poderia levar a dificuldades econômicas e depois (raciocinavam os americanos) ao caos, abrindo a porta a um golpe comunista – o pesadelo americano usual. Esse medo aumentou quando Eisenhower sucedeu

Truman e Churchill sucedeu Attlee. Os conservadores temiam que reformas nacionalistas levassem ao comunismo, com China e Coreia invocadas como casos análogos. Churchill explorou isso, fornecendo a Washington informações falsas sobre a força de Tudeh e das supostas tendências comunistas de Mossadeq (Kandil, 2012; Parsa, 1989: 41-45; Marsh, 2005; Bill, 1988: 85).

Como a situação se polarizou, Mossadeq se sentiu corretamente ameaçado por golpes iminentes. Sua resposta foi dissolver o parlamento, mas de acordo com a constituição somente o xá poderia fazer isso. Com esse movimento, ele perdeu grande parte de sua legitimidade, exceto pela esquerda. Multidões violentas foram mobilizadas por conservadores, proprietários de terras e aiatolás, ajudados pela distribuição da CIA de grandes propinas aos desordeiros, ignorando a vacilação da administração em Washington (Kinzer, 2004; Gasiorowski & Byrne, 2004). A polícia e o exército foram paralisados: eles apoiaram o primeiro-ministro constitucional ou os igualmente constitucionais monarquia e Parlamento? Eles nada fizeram até que Mossadeq tivesse sido expulso, e depois meramente ratificaram o resultado. Esse não foi um golpe militar ou uma iniciativa americana. Foi principalmente um incidente civil interno iniciado contra um homem que havia perdido o apoio da maior parte das forças que o haviam colocado no poder. A contribuição americana (e britânica), diz Kandil (2012), foi meramente "abrir uma porta destrancada".

O Partido Tudeh estava agora destruído e houve expurgos no exército, polícia e administração civil. O monarca, Mohammad Reza Shah Pahlavi, retornou com poderes ampliados. O golpe reduziu as chances de democracia e de autonomia nacional, isolando assim a crescente classe média e as classes trabalhadoras, e a oposição sempre viu o xá como uma marionete americano (Kian-Thiébaut, 1999: 99-119). Embora enredado no Vietnã, os Estados Unidos contavam com o xá e os sauditas para protegerem seus interesses regionais (O'Reilly, 2008). Por um tempo, o xá foi o único aliado leal que os Estados Unidos encontraram na área, ajudando forças pró-americanas na região, embora essa aliança tenha se enfraquecido com o tempo. Todavia, o Irã não era árabe nem sunita, o que significava que não poderia influenciar outros produtores de petróleo em uma linha pró-americana. Tampouco o xá durou para sempre. Lido com a revolução que em 1979 o depôs no capítulo 9.

As administrações americanas focaram o fluxo livre de petróleo, excluindo a influência soviética (como declarado nos documentos da política NSC 5401 E NSC 5820/1), e no início protegendo companhias de petróleo ocidentais contra uma maré crescente de nacionalismo econômico. Isso já havia tido sucesso na aprovação das resoluções da ONU contra concessões de recursos naturais soberanos para companhias estrangeiras, e a nacionalização estava começando a atrair todos os regimes produtores de petróleo, fossem da direita ou da esquerda. Eisenhower e Dulles esperavam que nacionalistas árabes moderados pudessem se tornar aliados, todavia, minaram isso ao ver sua posição declarada de "neutralismo positivo" como uma ferramenta do comunismo. Eles preferiam conservadores, mas como esses parecessem vulneráveis a revoltas, insistiram em que introduzissem reformas, embora com pouco sucesso. Eisenhower, Kennedy e Johnson também tiveram pouco sucesso em lidar com o conflito árabe--israelense. Isso se deveu mais à intransigência israelense e à ambição de Nasser do que às falhas americanas. Israel não abriria mão de suas preocupações com segurança nem de seu programa de armas nucleares, enquanto Nasser rejeitou tentativas de avanços americanos e não dissuadiu o Egito quanto às armas soviéticas (o cancelamento americano de ajuda para seu projeto da Represa de Aswan não ajudou). Os Estados Unidos não conseguiram isolar o Egito e foram reduzidos a defender seus amigos com intervenções impopulares no Líbano, Síria e Jordânia. Em 1958, a Síria aderiu a uma união com o Egito. As coisas pareciam ruins para os Estados Unidos, mas afortunadamente em 1962 Nasser partiu para seu Vietnã. Quarenta mil soldados egípcios intervieram contra conservadores apoiados por sauditas na guerra civil iemenita, mas falharam e se retiraram (O'Reilly, 2008: 71-74).

Isso foi acompanhado pelo fortalecimento de vínculos com Israel, reforçado por uma preferência religiosa combinada com racial por judeus em detrimento de árabes. No "Orientalismo americano" de Hollywood, judeus eram retratados cada vez mais como colonizadores bravos, substitutos dos americanos, fundando uma nação nova e democrática cercada de povos nativos mais primitivos (Little, 2002; Mart, 2006). Mas também havia preocupações eleitorais. Os políticos americanos em breve acreditariam que dois grandes estados, Nova York e depois também a Flórida, não poderiam vencer sem pacificar *lobbies* pró-Israel judaicos altamente organizados e bem custeados. As administrações americanas foram afligidas por objetivos estratégicos concorrentes. Eles queriam o apoio islâmico contra os soviéticos, mas sua dependência do petróleo saudita os deixou apoiarem um regime reacionário que estava tentando subverter mais regimes árabes de esquerda, enquanto as concessões impopulares das companhias de petróleo e o apoio americano a Israel isolou todos os árabes. O *lobby* das companhias de petróleo favoreceram estados produtores de petróleo e contenção dos israelenses. Embora as administrações americanas tenham tentado restringir os israelenses, fracassaram, uma vez que os israelenses sabiam que ao fim e ao cabo os Estados Unidos não os abandonariam. Assim, a despeito de suas dúvidas, Kennedy vendeu a Israel os modernos mísseis Hawk, uma vez que os soviéticos haviam fornecido tanques e aviões ao Egito. Johnson depois encerrou a pressão sobre Israel para abandonar seu programa nuclear ou se submeter a inspeções nucleares. Esperanças de um acordo israelense-palestino agora recediam e a influência americana entre árabes enfraqueceu ainda mais. O golpe de Estado Ba'athist no Iraque em 1963 tornou depois a nacionalização do petróleo lá inevitável. Os Estados Unidos, reconhecendo o os sinais de alerta, ignoraram as exigências das companhias de petróleo para uma intervenção forçada e tentaram mediar a disputa. Mas os iraquianos e libaneses, estimulados por promessas soviéticas de assistência e por acordos separados feitos com a França e outros países, rejeitaram isso e foram adiante com a nacionalização. No final da década de 1960 e começo da década de 1970 a formação do cartel da Opep também estava reduzindo o poder ocidental na região. Esse episódio revelou a divergência de interesses entre o governo americano e as companhias de petróleo, assim como os limites de ambos os seus poderes. A ideologia do nacionalismo continuou a reduzir o imperialismo econômico e político.

Afortunadamente, o declínio de Nasser e a degeneração do socialismo árabe em ditadura militar também enfraqueceram a influência soviética. Somente no Iraque os soviéticos tiveram uma chance de ter um produtor de petróleo como aliado (Bass, 2003; Ben-Zvi, 1998; Yaqub, 2003; Hahn, 2004). Atividades soviéticas depois focaram o Afeganistão e o Sudoeste Africano, que poderiam parecer estratégicos em um mapa do mundo, mas continham pouco valor. Dois dos objetivos estratégicos dos Estados Unidos (assegurar fornecimento de petróleo e manter os soviéticos fora) foram atingidos, a despeito de Israel. Houve poucas menções à missão democrática americana. Isso não teria sido realístico dada a natureza dos regimes aliados.

Em 1980, respondendo à pressão soviética no Afeganistão, a Doutrina Carter foi enunciada. Ele declarou: "Permita deixarmos muito clara nossa posição: uma tentativa de qualquer força externa de ganhar o controle da região do Golfo Pérsico será considerada um ataque aos interesses vitais dos Estados Unidos da América. E um tal ataque será repelido por quaisquer meios necessários, incluindo força militar". O petróleo era muito valioso para ser deixado para as forças do mercado. Os Estados Unidos permaneceriam exteriores até que uma crise de fato ocorresse, com sua marinha em uma postura ameaçadora, contando com um equilíbrio de poder entre estados locais para manter a paz – "equilíbrio exterior". Em 1981, Reagan acrescentou a defesa explícita da Casa de Saud, declarando: "Não permitiremos que seja um Irã", e expandiu o deslocamento militar de Carter ao Centcom, um Comando do Oriente Médio americano separado. A posição militar americana estava ficando mais dura (Klare, 2004). Mas a intervenção de Reagan na guerra civil libanesa foi um desastre, resultando nas mortes de 241 fuzileiros navais americanos no primeiro grande ataque suicida pós-guerra na região. A força se retirou – como os fuzileiros navais franceses, que também teve baixas no bombardeio. Contudo, ataques aéreos punitivos sobre a Líbia em 1986 tornaram o Coronel Qaddafi mais flexível. Essas intervenções não foram dirigidas principalmente pela Guerra Fria, mas pelo conflito entre o imperialismo americano e três expressões distintas de anti-imperialismo – o nacionalismo de um Estado unido, o nacionalismo pan-árabe e um islamismo nascente.

Os Estados Unidos se moveram para relações ainda mais estreitas com Israel. Wisenhower havia ameaçado Israel, Carter foi justo em suas tentativas de levar Israel e Palestina para a mesa de negociações, e presidentes posteriores insistiram em que os israelenses fossem para a mesa de conferência. Todavia, os israelenses sabiam que praticamente o que quer que fizessem levaria os Estados Unidos a abandoná-los – ou ao menos a diminuir sua ajuda a eles – por razões eleitorais. Israel tinha os Estados Unidos sobre um barril, não de petróleo, mas de votos. Isso não agradava as companhias de petróleo, que agora não queriam isolar os países do petróleo. Na guerra de 1973 eles insistiram em que a administração Nixon não corresse para apoiar Israel enviando suprimentos militares por ar, mas Nixon respondeu que sua primeira obrigação era para com Israel. O transporte aéreo foi adiante, revelando uma vez mais que o imperialismo americano não era simplesmente buscado no comando do capitalismo (Kelly, no prelo). Kissinger deu sua própria contribuição danosa, encorajando o militarismo israelense e as políticas de assentamento e rejeitando as aberturas soviéticas para negociações de paz mais amplas. Um viés pró-Israel depois caracterizou a política americana, ajudando a frustrar um acordo de paz e isolando estados árabes. Isso durou até o presente (Tyler, 2009; Khalidi, 2009). Certamente, Israel foi um aliado útil nas operações secretas na Guerra Fria, mas o Irã e os sauditas também o foram. As pressões decisivas foram do *lobby* pró-Israel judaico nos Estados Unidos e do emergente complexo industrial-militar dos dois países. Israel foi inclusive o parceiro dominante nessa aliança, capaz de expor o blefe americano sempre que quisesse – o rabo abanando o cachorro. A política estrangeira americana no Oriente Médio continha uma gigantesca contradição. O interesse mais vital dos Estados Unidos na região era garantir petróleo. Todavia, seu aliado mais próximo era sem dúvida Israel, o único país que mais enfurecia os países produtores de petróleo. Não *realpolitik*, mas confusão é o assento do condutor na política americana com relação ao Oriente Médio.

O cartel de petróleo da Opep do começo da década de 1970 aumentou os preços do petróleo. Esse foi a única época em que os produtores de petróleo atuaram coletivamente para reestruturar as forças de mercado. Como o cartel era liderado pelos aliados americanos, como a Arábia Saudita e o Irã (ainda sob o governo do xá), os Estados Unidos não interviriam, revelando a inutilidade de usar o poder militar para garantir os suprimentos de petróleo. Um país não invade os países de seus amigos, ainda que sejam aqueles que estão apertando os parafusos da economia. A política razoável do petróleo é deixar as forças do mercado comandarem, embora aceitando as manipulações de seus amigos no mercado.

Os Estados Unidos passaram os aumentos de preços para seus cidadãos, que agora pagavam muito mais por sua gasolina. Os aumentos de preços também diminuíram o PIB e aumentaram o desemprego. Todavia, as companhias de petróleo gostaram muito do embargo, uma vez que ele aumentou os preços e seus lucros – uma vez mais, seus interesses não eram os mesmos interesses do Estado. A administração então fez um acordo com os países produtores de petróleo. Eles poderiam ter lucro, mas investiriam no Ocidente, reciclando seus petrodólares. Os produtores de petróleo poderiam também usar seus lucros para comprar armas no exterior. Metade de suas compras foram dos Estados Unidos, uma política que fez outra grande indústria americana feliz. É claro, as consequências foram também sentidas pelos europeus: sofrimento para os cidadãos, lucro para suas companhias de petróleo e indústrias de armamentos.

Depois, houve duas mobilizações de filhos da puta. A primeira foi a mobilização de islâmicos contra os soviéticos no Afeganistão; a segunda foi Saddam Hussein mobilizado contra o Irã islâmico. Ambos receberam ajuda militar e foram úteis até que se voltaram contra os Estados Unidos. Embora os Estados Unidos estivessem aumentando sua pressão sobre a região, ainda não tinham encontrado clientes confiáveis e úteis. Alguns dentro de Washington reclamaram sobre a insegurança de seus interesses uma vez que os Estados Unidos pareciam presos a xeiques e ao impopular Israel como aliados. A queda da União Soviética facilitou enormemente a situação, mas o imperialismo informal americano ainda estava dependendo principalmente de intermediários não confiáveis. Não havia missão elevada, independente de qual fosse a retórica. O petróleo estava fluindo, mas muitos americanos achavam isso um assunto pendente e o colapso soviético parecia criar uma oportunidade aparente. Contudo, isso seria ilusório, pois o principal inimigo do Império Americano na região nunca fora a União Soviética, mas o anti-imperialismo local. Discuto os desastres que se seguiram no começo do próximo século no capítulo 10.

Conclusão

Enfatizei variações entre quatro macrorregiões na esfera americana de influência. Sendo geográfica e historicamente seletivos, podemos descrever as políticas americanas de modos diferentes, e isso é regularmente feito. Apologistas e negadores do império focam o Ocidente ou a Ásia contemporânea; críticos marxistas de um imperialismo subordinado ao capitalismo focam as Américas; outros críticos do imperialismo focam o período anterior na Ásia e o período inteiro no Oriente Médio. No Ocidente, o poder americano não foi imperial, mas hegemônico, aceito por países reunidos em uma rede densa de instituições sob a liderança americana, prosperando principalmente através de seus próprios esforços, embora assistidos por interdependência econômica e defesa mútua liderada pelos Estados Unidos. Na Ásia, o desenvolvimento bem-sucedido e alguma democratização efetiva foram obtidos por estados desenvolvimentistas distintos ajudados pela generosidade econômica americana. Isso era hegemonia americana leve atingida após um período de uma série amplamente malsucedida de intervenções militares americanas.

No hemisfério americano, conflitos sociais e políticos permaneceram perenes, não o bastante para provocar muitas guerras ou guerras civis, mas o bastante para impedir desenvolvimento econômico ou democrático. Aqui, um militarismo americano persistiu ao longo do período da Guerra Fria sob a forma de império informal apoiado por canhoneiras, operações secretas e intermediários. As canhoneiras foram empregadas contra pequenos países na América Central, mais fracos, mais próximos e mais fáceis de invadir. No sul do continente, operações secretas e intermediários predominaram, produzindo menos controle americano. Intervenções americanas não ajudaram a região, e uma política de apoiar iniciativas de reforma de centro-esquerda teriam se saído melhor. Todavia, as administrações americanas estavam razoavelmente contentes com os resultados em seu próprio hemisfério. Não era o comunismo mantido fora?, eles raciocinavam.

Finalmente, o imperialismo no Oriente Médio permaneceu um assunto pendente. A região sofreu em termos de desenvolvimento tanto econômico quanto democrático devido à maldição do petróleo, enquanto o conflito entre estados e o conflito israelense-palestino piorado comprometiam a política americana. Washington permaneceu menos feliz aqui (embora a União Soviética não se saísse melhor) com sua combinação de império estrangeiro informal, ameaças militares e aliados de utilidade ou confiabilidade limitada. O petróleo fluía, mas teria fluído de qualquer modo.

Onde os Estados Unidos sentiram que poderiam influir nos resultados políticos internos – e não puderam fazer isso na Europa ou no Japão após a década de 1950 –, foi normalmente no apoio de elites conservadoras contra forças mais populares. Havia cinco razões para isso. Primeiro, o anticomunismo paranoide, eleitoralmente popular nacionalmente, exagerava a ameaça comunista e identificava equivocadamente reformadores centristas e de esquerda com o comunismo. Isso revelou o poder da ideologia para superar a razão instrumental. Não foi assim na Europa, onde os Estados Unidos podiam ver a diferença entre comunistas e democratas sociais, provavelmente porque necessitavam de mais aliados contra a ameaça soviética vizinha. Mas a ameaça soviética raramente se materializava em qualquer algum. Trótsky no exílio havia acusado a União Soviética de conter e não espalhar a revolução, e ele estava em grande parte correto (Halliday, 1999: 110-116). Segundo, como a paranoia da Guerra Fria diminuiu, a tendência para o conservadorismo na América, revelado no último capítulo, substituiu o medo da União Soviética na redução do interesse por reformas no exterior. Terceiro, havia um motivo de lucro americano nas intervenções, enfatizado por escritores marxistas, de permitir que empresários americanos extraíssem lucro máximo no exterior. Contudo, essa visão era tacanha. Manter os salários baixos também mantinha baixos o consumo, o crescimento econômico e, por fim, o lucro. A economia americana teria se beneficiado mais de reformas políticas na América Latina e no Sudeste Asiático semelhantes àquelas iniciadas pelos europeus ou pelos leste-asiáticos. Quarto, a política era muitas vezes orientada mais por medos quanto à segurança do que por lucro. Dar assistência militar a regimes estrangeiros para reprimirem a esquerda, por mais exploradores que fossem, parecia menos arriscado do que ajudar uma transição para a cidadania política e social. Os Estados Unidos tinham poder militar o bastante para evitar risco econômico e político – ou era assim que os decisores políticos americanos a viam. Quinto, onde existiam ligações entre movimentos locais e comunistas soviéticos ou chineses, as técnicas americanas de terra arrasada funcionavam melhor para impedir outros de flertar com o comunismo. Essa era uma estratégia tão selvagem quanto as seguidas por impérios anteriores – a racionalidade do anjo da morte.

Esses motivos sobrepujaram a maioria das declarações de missão mais nobres que os líderes americanos recitavam em seu país. Na prática, as administrações americanas valorizavam a estabilidade do regime em detrimento da liberdade política, e identificavam regimes autoritários com estabilidade e democracia com risco. Os Estados Unidos apoiavam eleições se seus aliados locais as venciam, mas projetos de reforma agrária ou de redistribuição quase sempre eram obtidos pela arma, usualmente a arma de um intermediário. Alguns americanos defendiam políticas mais progressistas, e essas prevaleceram brevemente em 1945, na Aliança pelo Progresso de Kennedy, e nas proclamações de Carter sobre os direitos humanos – significando que as administrações democráticas eram ligeiramente mais benignas do que as republicanas. Como a democratização se espalhou pelo mundo, as pressões populares intensificaram a retórica democrática americana, mas não sua prática. Quando a União Soviética caiu, os políticos americanos finalmente entraram em ação, embora sua relutância permanecesse palpável e durasse até as revoltas árabes de 2011. Os Estados Unidos também deram assistência econômica útil contanto que também houvesse razões estratégicas para isso. No leste da Ásia, onde os Estados Unidos tinham medos realísticos de avanços comunistas, o Japão, a Coreia do Sul e Taiwan foram ajudados a prosperar na economia global liderada pelos americanos.

A lição que deveria ter sido extraída da Europa e leste da Ásia era que cidadania civil, política e social e crescimento econômico auxiliado pelo Estado e pelos Estados Unidos era bom para economias estrangeiras e para a americana. Esse capitalismo funcionou bem na Europa, mas os Estados Unidos a limitaram internamente e só a permitiram em outros lugares onde necessitavam desesperadamente de cooperação dos locais contra o comunismo. No fim, portanto, o imperialismo americano não foi muito benéfico nem muito racional, exceto onde o comunismo era muito iminente. A conclusão geral deveria ser que o imperialismo/hegemonia americano poderia ter se saído melhor se tivesse ajudado em vez de reprimir os reformadores. A esse respeito, era mais semelhante aos impérios britânico e japonês do que os americanos queriam reconhecer.

Contudo, o jugo imperial afrouxou com o tempo à medida que os americanos viram reacender as ameaças comunistas. O poder americano em solo estrangeiro se tornou menor do que apologistas ou críticos afirmam (como ocorreu com o Império Britânico). Os Estados Unidos tinham muito mais poder para destruir ou para bloquear do para induzir mudanças positivas no exterior. Tinham provavelmente menos do que muitos impérios anteriores, uma vez que não enviaram colonizadores e uma vez que o surgimento global do Estado-nação e do nacionalismo produziram uma resistência anti-imperial mais dura. A dominação americana se tornou mais hegemonia do que império, global, mas muito vazia. No novo milênio, os Estados Unidos tentaram resistir a essa tendência, como veremos no capítulo 10.

Finalmente, o inimigo soviético foi repelido. Como as armas de guerra se tornaram cada vez mais caras, os soviéticos tiveram de sacrificar crescimento econômico para a força militar, e como as armas nucleares tornaram a guerra irracional e a competição econômica se tornou o principal impulso da Guerra Fria, o Ocidente teve uma grande vantagem. Após 1951, a China sequer tentou rivalizar o Ocidente em termos militares, embora mais tarde adquirisse sucesso econômico comparável ao combinar socialismo com capitalismo. O fim do comunismo é geralmente visto nos Estados Unidos como um triunfo americano, e parcialmente foi. Mas devemos ver que o comunismo pereceu essencialmente devido às suas próprias contradições, principalmente políticas e econômicas, levando também à desintegração ideológica.

6
Neoliberalismo, surgimento e enfraquecimento, 1970-2000

Introdução: neoliberalismo

Aqui, mapearei a mudança na forma dominante de economia política do neokeynesianismo para o neoliberalismo antes de me mover para as atribulações neoliberais enquanto o século findava. O capítulo 11 seguirá analisando o que chamo a Grande Recessão Neoliberal de 2008. Já introduzi o neokeynesianismo nos capítulos 2 e 5, de modo que somente necessito recapitulá-lo brevemente aqui. A política econômica do pós-guerra não foi de fato keynesiana, mas uma síntese entre ela e as economias clássicas de mercado, denominadas variadamente neokeynesianismo (o termo que usarei), keynesianismo comercial ou liberalismo incrustado. A síntese resultou da introdução de mecanismos keynesianos aos modelos de equilíbrio gerais neoclássicos. Isso visava ao emprego pleno por meio da estimulação moderadamente inflacionária, embora com orçamentos que estavam quase equilibrados.

O neokeynesianismo não era meramente política econômica. Também foi o produto de uma ideologia de reformismo mais ampla que incorporava um acordo pragmático do conflito de classes que varreu o mundo ocidental como resultado da Segunda Guerra Mundial. Essa guerra, como a Grande Guerra, teve um efeito radicalizador no mundo. A explosão da agitação trabalhista após a guerra se assemelhou à da pós-Primeira Guerra Mundial, embora menor nos países avançados e muito maior nas colônias (Silver, 2003: 125-130). E embora a agitação no mundo colonial tenha levado a revoluções políticas, o resultado no mundo avançado foi consistentemente reformista, essencialmente pelos vitoriosos serem a essas alturas eles próprios reformistas – mesmo nos Estados Unidos – e porque ocuparam e reconstruíram as potências vencidas. Ao longo de quase todo Ocidente e no Japão, isso intensificou a cidadania social no sentido da busca pelo emprego pleno, redistribuição estatal por meio do sistema de impostos, reconhecimento pleno dos direitos dos sindicatos de trabalhadores e da negociação coletiva, e do Estado de Bem-estar Social. Essa foi a era de ouro do capitalismo.

A virada neoliberal começou no final da década de 1970 como uma reação contra não apenas o neokeynesianismo, mas também à industrialização de substituição de importações (ISI) em economias menos desenvolvidas, assim como o sistema Bretton Woods da repressão dos movimentos de capital. Esses todos enfatizavam o papel do Estado na promoção do desenvolvimento capitalista. A implementação de mais políticas neoliberais orientadas ao mercado começou seriamente após 1980. Neste capítulo, mapeio seu surgimento, sucessos e fracassos. Tento desvincular o neoliberalismo de outras pressões sobre o Estado e do conservadorismo com o qual o neoliberalismo se aliou. Distingo entre poderes coletivos e distributivos do neoliberalismo. Como veremos, seu poder coletivo – sua eficiência – foi baixo. O neoliberalismo durou mais devido ao seu poder distributivo, que tem sido exercido em favor das classes e nações poderosas em detrimento das menos poderosas. Todavia, a penetração do neoliberalismo no mundo tem sido desigual. Rejeito a tendência de alguns ao lhe creditarem um enorme poder global (e.g., Harvey, 2005; Wacquant, 2002). Somente nos países anglófonos ele possuiu um poder muito grande, e somente em aliança com um ressurgimento conservador.

O neoliberalismo envolve o fundamentalismo de mercado. Sua "hipótese do mercado eficiente" sugere que os mercados sempre maximizam o bem-estar social, enquanto a busca de valor acionário garante a eficiência máxima das empresas (Davis, 2009). Deixe as relações de poder econômico seguirem em frente, não obstruídas pelo Estado ou organizações coletivas, e elas produzirão o resultado ótimo. Um tal sentimento permeou a economia clássica dominante nos países anglófonos a partir da década de 1970 e permeia muitas revistas de negócios, notadamente a *Wall Street Journal* e a *Economist*. O neoliberalismo insiste na liberalização dos mercados de *commodities* e nos fluxos de capital internacional, na desregulamentação dos mercados de trabalho, no equilíbrio orçamentário dos estados e na redução geral da intervenção estatal na economia. No sul do mundo essas políticas foram implementadas em programas de ajustes estruturais impostos a países em dívida com o FMI, com o Banco Mundial e com outros bancos internacionais. No norte, os neoliberais buscam a desregulamentação do sistema financeiro e na privatização. Em toda parte defendem a eliminação dos sindicatos de trabalhadores e dos estados de bem-estar social. O neoliberalismo tem uma visão de libertar o capitalismo do Estado – o poder econômico dominando o poder político, o poder transnacional dominando o poder nacional.

A economia neoliberal está incrustada em uma ideologia que vê mercados como naturais e garantindo a liberdade individual, como no título do famoso livro de Milton Friedman *Capitalismo e liberdade* (1962). Abrangente, é uma ideologia genuína, como o socialismo ou o cristianismo, que percebe a presença do bem e do mal da sociedade – não era apenas que as políticas keynesianas fossem consideradas ineficientes, mas também que levariam à servidão. O neoliberalismo se afasta do liberalismo do século XIX sob dois aspectos: não vê problema com grandes corporações e é muito consciente dos horrores do estatismo socialista e fascista do começo do século XX, daí o título do livro de Friedrich Hayek *O caminho da servidão* (1944). Como um refugiado na Grã-Bretanha, convencido de que introduziria políticas socialistas após a guerra, afirmava que isso novamente levaria à servidão. Hayek não resistia a toda regulamentação estatal, mas favorecia limitá-la para assegurar o Estado de direito e acesso igual a todos ao mercado e fornecer um nível mínimo de segurança social para os necessitados.

O neoliberalismo possui quatro pontos fracos teóricos. Primeiro, os mercados não são de fato naturais. Como Polanyi coloca quando escreve sobre o *laissez-faire* do século XIX: "Nada havia de natural sobre o *laissez-faire*; livres-mercados nunca poderiam existir meramente permitindo que as coisas tomassem seu curso. Como fábricas de algodão foram criadas pela ajuda de proteção tarifária, prêmios à exportação, e subsídios salariais indiretos, o *laissez-faire* foi imposto pelo Estado" (edição de 1957: 139). Os mercados exigem regras e normas difundidas na sociedade, impostas por governos. Esses garantem direitos de propriedade, regras de comércio e formas de controle legítimo que tornam os mercados previsíveis e eficientes. Os estados não são antitéticos aos mercados; são necessários a eles. Além disso, Polanyi observou que, mesmo no "mercado autorregulado" do *laissez-faire* do século XIX, movimentos contraincorporação emergiram, garantindo intervenções governamentais tão diversas quanto leis trabalhistas, leis agrárias, proteções tarifárias, regulamentação de bancos centrais e coordenação monetária internacional. Através desses mecanismos, diversas classes – trabalhadores, proprietários de terras e capitalistas – se engajaram na autoproteção contra as perturbações dos mercados. O que Polanyi não podia ver era que após sua própria época poderia haver outro contramovimento na direção de mais desincorporação – o neoliberalismo.

Segundo, o neoliberalismo é uma ideologia utópica, como o socialismo. Um mercado autorregulado jamais poderia governar uma sociedade real. Como o socialismo, o neoliberalismo do mundo real necessita fazer acordos com a realidade e com outros atores do poder; isso significa que tem formas variadas, algumas moderadas, outras mais extremas – reformistas e revolucionárias. Existem aqueles que querem reduzir o Estado moderada ou seletivamente, e existem outros que querem mudanças totais. No mundo real, o neoliberalismo muitas vezes é capturado e usado por grupos de interesse distintos que depois minam seus princípios, como vemos no caso de privatizações corruptas. Como Harvey observa, o neoliberalismo como teoria e como prática vai em diferentes direções. Vendo a prática como básica, ele diz que o neoliberalismo é menos "um projeto utópico para realizar um plano teórico para a reorganização do capitalismo internacional" do que "um projeto político... para restaurar o poder das elites econômicas". Estou parcialmente de acordo, como ficará claro mais adiante. O neoliberalismo foi na prática também alinhado com políticos conservadores buscando promover o "interesse nacional" contra outras nações, e para impor moralidade, grandes orçamentos de defesa e polícia e políticas de prisão de tolerância zero – todas características paradoxalmente de estados poderosos. Harvey vê essas como necessárias para a dominação do mercado, uma vez que os mercados sozinhos produziriam caos (2005: 19, 82). Mas isso é muito funcionalista e não dá autonomia para os conservadores. Além disso, o neoliberalismo é inerentemente transnacional e não deveria ter conexão com o nacionalismo. Se os neoliberais endossam o estatismo ou o nacionalismo não é porque seu conservadorismo mina seu neoliberalismo ou porque veem uma aliança com conservadores como sendo seu melhor meio de obter algo de suas reformas desejadas. Os neoliberais, como os socialistas, devem fazer acordos com realidades de poder para atingir qualquer um de seus objetivos. Assim, dentro do que é muitas vezes chamado o movimento neoliberal, distingo quatro tendências: o neoliberalismo baseado em princípios que exalta mercados e o individualismo, os interesses dos capitalistas, os interesses de elites políticas e um conservadorismo que usa o Estado para impor moralidade, ordem pública, nacionalismo e militarismo. Embora exista uma sobreposição entre todos eles, é útil analiticamente separá-los.

Terceiro, os mercados não abolem o poder, como alegam os neoliberais; eles o distribuem diferentemente. Dar mais poder aos mercados aumenta o poder daqueles que já possuem mais recursos de mercado (como propriedade ou habilidades escassas) e reduz o poder daqueles com menos recursos de mercado. A tendência de alguns neoliberais a se oporem a leis antitruste (eles acreditam que grandes corporações incorporam eficiências em escala) encoraja ainda mais a concentração de poder nos mercados, o que, por sua vez, dá poderes maiores a grandes corporações (Crouch, 2011). Reduzir o poder político também nega ao povo o uso do poder estatal para efetivar mudanças radicais. Assim, ele tem uma tendência a emascular a democracia política. Como Streeck (2011) enfatiza, existe uma tensão inerente entre capitalismo e democracia que está em evidência no neoliberalismo.

Assim, a visão de eficiência dos economistas – poder coletivo – deve ser suplementada pela questão do pode distributivo: Quem se beneficia? Como todos os programas econômicos, o neoliberalismo beneficia alguns mais do que outros e provoca resistência entre aqueles que prejudica. Aqui, foco quais classes e nações foram vencedoras e perdedoras, e quais perdedores tiveram o poder para resistir. As políticas do neoliberalismo beneficiam investidores em detrimento de trabalhadores, ricos em detrimento de pobres. Os neoliberais concordam no curto prazo, argumentando que isso é necessário para fornecer incentivos para investimentos, mas acrescentam que no médio prazo o crescimento econômico resultante atingirá a todos. Como os mercados são naturais, é melhor deixá-los por sua própria conta. Se o governo tenta regulá-los, isso distorcerá os preços do mercado e piorará a economia para todos. Assim, avalio se o benefício atingiu os cidadãos. Para nações, isso difere parcialmente. Parece favorecer as nações cujos setores centrais são orientados internamente, especialmente o capital financeiro, mas, no fim, prejudica nações, ricas ou pobres, que têm relativamente pouca soberania econômica.

Quarto, a conexão neoliberal entre mercados e liberdade é apenas contingente. Outros fatores sendo equivalentes, os mercados descentralizados protegem contra o autoritarismo, enquanto o capitalismo de mercado mostrou sua superioridade econômica geral para economias geridas pelo Estado. Contudo, no mundo contemporâneo, um Estado mínimo dominado pelo mercado pode pôr em risco as liberdades democráticas. Argumentei em meus volumes anteriores que a liberdade requer um equilíbrio pluralista entre as fontes de poder social. A União Soviética destruiu a liberdade porque as quatro fontes de poder foram fundidas nas mãos de uma elite de um Estado de partido único. O neoliberalismo não é assim tão mau, mas ao subordinar o poder político ao econômico em um contexto onde o poder econômico se tornou altamente concentrado, restringe a liberdade humana. Não vivemos naquela sociedade inglesa idealizada do século XVIII na qual o poder econômico era amplamente distribuído entre agricultores arrendatários, artesãos, comerciantes e manufatureiros. As corporações e bancos gigantes de hoje não democráticos, mas autoritários, controlados por um conselho de diretores, que respondem legalmente somente aos acionistas, entre os quais instituições financeiras autoritárias também dominam. Existem fortes tendências ao oligopólio e monopólio, assim como a incursões na democracia política. Milton Friedman proclamou que o capitalismo "promove a liberdade política porque separa o poder econômico do poder político" (1962: 9). No passado, pode ter separado, mas não hoje. Muitos estados avançados hoje são muito mais democráticos do que corporações gigantes, e é importante mantê-los desse modo, e mantê-los livres da corrupção corporativa. Não pode haver democracia genuína sem controles políticos pluralistas contra o autoritarismo econômico.

O triunfo e as atribulações do neokeynesianismo

Como veremos, a virada neoliberal foi provocada por mudanças nas relações de poder econômico, político e ideológico. Embora o capitalismo pós-guerra também pressupusesse a pacificação global provida pelo poder militar americano (capítulos 2 e 5), na década de 1970, isso era em grande medida invisível, e, portanto, o poder militar desempenha apenas um papel marginal neste capítulo. Explicações sobre a virada neoliberal geralmente focam os problemas do keynesianismo, ISI e Bretton Woods.

Retomo a discussão dos países avançados em termos de uma classificação em três tipos básicos: os países anglófonos (anglos, para abreviar), os nórdicos e os europeus continentais (euros). A Segunda Guerra Mundial teve um efeito radical em muitos dos anglos enquanto os povos eram reembolsados por sacrifícios maiores do que durante a Primeira Guerra. O termo "Estado de Bem-estar

Social" foi usado pela primeira vez em um sentido positivo em 1941 pelo Arcebispo Temple, que o via como o ideal pelo qual a Grã-Bretanha estava combatendo o estado de guerra das potências do Eixo. Os níveis salariais britânicos aumentaram na guerra, e o imposto de renda se tornou mais progressivo. Em 1939, a taxa-padrão havia sido de 29% com sobretaxa de 41% sobre rendas acima de £50.000. Dez milhões de pessoas eram sujeitas a tributação. De 1944-1945 a taxa-padrão era de 50%, com sobretaxa de 48% para rendas acima de £20.000, e havia 14 milhões de contribuintes. Um imposto sobre lucros excessivos aumentou mais até 1946. Os Estados Unidos experienciaram mudanças ainda maiores. Reduções em níveis de isenção deixava contribuintes com rendas de apenas 500 dólares na taxa mínima de 23%; aqueles com renda maior de 1 milhão de dólares enfrentavam uma taxa máxima de 94%. O número de contribuintes subiu de 4 milhões em 1939 para 43 milhões em 1945.

Impostos progressivos ficaram difíceis de mudar depois, uma vez que agora tinham uma massa de eleitores para apoiá-los. Embora a guerra, seguida imediatamente pela Guerra Fria, tivesse impedido, por fim, as reformas de bem-estar social nos Estados Unidos, os conservadores não puderam desfazer conquistas prévias na previdência social nem alterar a estrutura da tributação progressiva. Em troca, os congressistas de ambos os partidos formularam todo tipo de isenções e incentivos especiais. O código tributário se tornou muito complexo, e isso reduziu, mas não eliminou, sua direção progressiva (Steinmo, 1993: 136-144; McKibbin, 1998: 118-119). A Segunda Guerra Mundial também incentivou impostos progressivos e estados de bem-estar social no Reino Unido, Austrália, Canadá e Nova Zelândia. Baldwin (1990: 116-133) enfatiza o papel da pressão da classe média nesse período, e a guerra havia aumentado a solidariedade do povo, uma aliança das classes trabalhadora e média desencantadas com as elites do antigo regime que os levou à guerra.

A Grã-Bretanha emergiu da Segunda Guerra Mundial com o Estado de Bem-estar Social mais desenvolvido – um serviço de saúde gratuito pago por imposto de renda progressivo e impostos sobre a riqueza, o maior programa de habitação pública subsidiada e pensões para aposentados e viúvas (um tanto básicas). Em 1950, a Grã-Bretanha tinha proporção de gastos governamentais mais alta para o PIB dentre os nove países europeus para os quais dados eram disponíveis (Kohl, 1981: 315). A partir da década de 1950, os anglos gastaram menos em políticas sociais (Iversen & Soskice, 2009: 472-473), mas introduzir a tributação muda a figura. Os impostos cobrados pelos nórdicos e pelos euros eram mais regressivos do que aqueles cobrados pelos anglos a partir da década de 1950 até a década de 1980 (Cusack & Fuchs, 2002). A combinação de gastos e impostos significava que os países britânico e nórdico formaram o grupo mais progressivo a partir da década de 1950 até cerca de 1970 (Castles & Obinger, 2008). Em 1965, Grã-Bretanha, Austrália e Nova Zelândia eram mais redistributivos do que França, Alemanha, Itália e Japão, enquanto os Estados Unidos estavam no meio. Os anglos ainda obtinham mais receita de impostos progressivos sobre renda e empresas do que os nórdicos ou os euros. Eles dependem de impostos mais regressivos sobre vendas e sobre folhas de pagamento (Tanzi, 1969; Prasad, 2006: 25-29; Kato, 2003; OECD, 2008). Além disso, até a década de 1970, Canadá e Estados Unidos lideraram em medidas de educação de massa (Lindert, 2004). Os anglos não corresponderam ao seu estereótipo mesquinho, não igualitário durante esse período.

Para os nórdicos, a Segunda Guerra Mundial trouxe a ocupação nazista ou a neutralidade difícil e um aumento na solidariedade nacional. Para a Finlândia, o fim da guerra significou o descrédito do governo de direita que havia se aliado a Hitler, e um aumento no movimento de esquerda. Embora cada país nórdico tivesse duas peculiaridades, todos se moveram para uma democracia social corporativa, auxiliada por instituições supervisionadas pelo Conselho Nórdico de Ministros. Cerca de trinta instituições transnórdicas coordenam atividades regionais que vão desde folclore a necessidades até a compilação estatística, passando pelas necessidades energéticas – um vasto estoque de informações compartilhadas sobre melhores práticas. Os democratas sociais suecos lideraram um governo de coalizão nacional durante a guerra. O *ethos* era que todas as classes e grupos de interesse que se sacrificariam pelo bem comum seriam recompensados depois. Não houve aumentos acentuados nos impostos progressivos durante a guerra, diferente dos anglos, e após a guerra eles continuaram focando os programas de transferência, que eram mais populares do que impostos.

Na Suécia, 1946 teve um grande aumento na taxa fixa uniforme da aposentadoria. A legislação sobre a saúde seguiu em 1953, um programa universal assemelhado ao britânico, inicialmente financiado por uma combinação de impostos sobre folha de pagamentos e impostos sobre renda e heranças, e mais tarde por impostos sobre consumo. A política ativa de mercado de trabalho seguiu na década de 1950 na Suécia, Dinamarca e Noruega, levando até a década de 1960 para amadurecer um programa abrangente, que intervinha em mercados, redistribuía entre as classes dos homens para as mulheres, tudo dentro de estruturas corporativas – embora a maturação da Noruega tivesse começado mais cedo enquanto a da Finlândia tivesse começado mais tarde (Steinmo, 1993: 91-93; Huber & Stephens, 2001; Klausen, 1999: cap. 5; Flora, 1983). Em todos os quatro países elementos corporativistas haviam estado presentes inicialmente, mas as guerras e a depressão os haviam reforçado.

Após a derrota do fascismo os euros se dirigiram para um modelo de acordo social já introduzido antes da guerra pela Bélgica e Holanda. Auxiliado pelas políticas de reconstrução militar americana e britânica, um grande acordo Vermelho-Negro emergiu entre socialistas reformistas e o catolicismo social dos novos partidos democratas cristãos. Eles haviam fugido desse acordo durante o período entreguerras, quando os socialistas eram anticlericais e os católicos associavam o socialismo com o demônio. Mas com a extrema-direita desacreditada e os comunistas enfraquecidos, exceto na França e na Itália (onde lideraram movimentos de resistência durante a guerra), os democratas cristãos se moveram para o centro político e foram mantidos lá por suas alas sindicais trabalhistas cristãs. Sob esse acordo eles amadureceram sua mistura de programas de transferência social sensíveis aos problemas de *status* e familiares. Seus aspectos de *status* e familiar se deveram mais aos democratas cristãos, enquanto sua tendência ligeiramente redistributiva se deveu mais à esquerda. A França incorporou um acordo similar, embora sem partidos cristãos formais (Bradley et al., 2003: 225-226). Em muitos desses países, o acordo foi inserido no Estado no corporativismo que compartilhava o poder – ou seja, os representantes do capital, trabalho e o Estado forjaram acordos nos escritórios do governo, diferente dos países anglos. Os partidos acreditavam que no período entreguerras o capitalismo *laissez-faire* havia ajudado a aprofundar os conflitos que levaram ao fascismo. Como o acordo corporativista parecia garantir a paz social, foi popular. A representação proporcional (RP) ajudou a garantir o acordo nos parlamentos, uma vez que nenhum grupo de interesse poderia dominar todos os outros. Mas a RP fracassou em impedir o fascismo no período entreguerras. Se funcionou agora, foi porque os principais grupos de interesse *queriam* estabelecer um acordo. Foi conquistada pela vontade política, não por meras técnicas de representação.

Os euros falavam muitas línguas e eram culturalmente diversos. Contudo, suas políticas tendiam a revolver em torno de partidos semissocialistas e semiconfessionais, ambos com fortes vínculos transnacionais. Ambas as principais religiões entraram no acordo. Itália, França, Espanha, Luxemburgo e Áustria são preponderantemente católicas, enquanto Alemanha, Países Baixos e Bélgica são divididos entre católicos e protestantes. Socialistas moderados e cristãos sociais, ambos católicos e protestantes, apoiavam a conciliação de classes, embora a redistribuição fosse minada pelo apoio religioso a *status* sociais tradicionais. Políticas católicas econômicas e de bem-estar social foram especialmente influenciadas pelo modelo de família com homem provedor, encorajando as mães a ficarem em casa. A França foi uma exceção parcial. Partidos conservadores franceses exibiam relativamente pouca marca de catolicismo e, portanto, careciam do modelo homem provedor (embora subsidiassem mães com filhos). Embora os católicos sociais legitimassem níveis moderados de desigualdade, receavam deixá-los para o mercado capitalista.

Em geral, nesse período o movimento trabalhista se moveu para se tornar um movimento geral de classes populares, garantindo uma tendência à cidadania social. Contudo, o impacto das duas guerras e a depressão sobre a cidadania social foram variáveis, reduzindo o poder de modelos que previam resultados de bem-estar social com base em variáveis atemporais como industrialização, densidade sindical, governos centro-esquerda, e assim por diante. Ela redirecionou caminhos entre os euros e reduziu a dependência do caminho entre os anglos. Embora houvesse alguma continuidade nas políticas liberal-trabalhistas, grandes incentivos e reveses menores sobreviveram à depressão e às guerras. Assim, as relações de poder militar também foram importantes, embora todos os três desastres tenham revelado o papel importante da loucura humana. Eles também encorajam contrafactuais – o que teria acontecido caso as guerras não tivessem ocorrido ou caso os vitoriosos tivessem sido os vencidos?

O crescimento econômico do período pós-guerra viu uma convergência em torno do crescimento sustentável de estados de bem-estar social e políticas macroeconômicas neokeynesianas. A prosperidade crescente significava que programas sociais poderiam ser melhor bancados – como argumentam os teóricos da lógica da industrialização. Mas a democracia também estava se intensificando. Incentivados pelos sacrifícios e pela coesão da guerra de mobilização de massa, os cidadãos acreditavam que também tinham direitos econômicos básicos, enquanto os governos assumiam que poderiam sustentar o crescimento através do emprego pleno e do consumo em massa. Governos centristas patrocinaram extensões do Estado de Bem-estar Social, enquanto governos da direita raramente ousavam repeli-las. Todos os estados de bem-estar social redistribuíram entre as classes, embora em extensões variadas determinadas principalmente por cada país por seus anos de governo de centro-esquerda e por sua densidade de afiliação sindical (Bradley et al., 2003: 226). Essa foi a idade do ouro do capitalismo, uma forma regulada de capitalismo, que espalhou cidadania social assim como civil e política entre a população como um todo. O capitalismo nacional regulado e auxiliado pelo Estado foi complementado pela repressão de Bretton Woods dos fluxos globais de capital para o exterior, permitindo aos estados a autonomia para desenvolver suas próprias políticas sociais e econômicas. Embora o capitalismo agora se tornasse mais global, não era mais uniforme, uma vez que a autonomia encorajava variedades diferentes de capitalismo, estados de bem-estar social e sistemas de impostos, permitindo que diferentes versões de keynesianismo e cidadania social fossem implementadas no nível nacional.

Em 1930, o gasto médio em programas de seguridade social foi menos de 3% do PIB. Em 1950, foi 5%, e em 1990, 20%. A parte estatal no PIB subiu similarmente de cerca de 25% em 1950 para 45% em meados da década de 1970 (Flora, 1983: introdução). Uma parte maior da vida social estava sendo enjaulada nacionalmente, primeiro durante a guerra nos países anglos e nórdicos e mais universalmente depois nos países da OCDE. Muitos programas de bem-estar também tiveram expansão integrada a eles. Um novo programa de seguridade social garantiria tipicamente benefícios baixos a alguns beneficiários primeiro. Depois, à medida que os benefícios sociais se espalhassem, mais pessoas se tornariam aptas com taxas mais elevadas de benefício requeridas do Estado, uma vez que o beneficiário também contribuía mais. Esse fator de maturação produziu aumentos inexoráveis nos custos que mais tarde pioraram a crise fiscal, como veremos no capítulo 11.

Esse não foi um triunfo perfeito para Keynes. A economia se tornara dominada por uma síntese de suas ideias e a economia clássica usualmente chamada a síntese neoclássica ou neokeynesianismo – embora lembre de Joan Robinson protestando contra o que chamava keynesianismo bastardo. As teorias de Keynes foram adaptadas à teoria do equilíbrio estático por economistas como Hicks, Modigliani e Samuelson. O modelo de investimento-poupança/preferência pela liquidez-base monetária de Hicks (modelo IS-LM) relacionava demanda agregada e emprego a três elementos exógenos: a quantidade de dinheiro circulando, o tamanho do orçamento do governo e as expectativas empresariais. A curva Phillips parecia mostrar que o emprego aumentado implicava salários nominais mais elevados e, portanto, inflação mais elevada: assim, desemprego e inflação estavam inversamente relacionados. Um economista usando o modelo ISL-M poderia predizer que um aumento na base monetária elevaria a produção e o emprego e depois usa a curva Phillips para prever um aumento na inflação. A mensagem positiva era que um equilíbrio de alto emprego poderia ser mantido tolerando-se um nível moderado de inflação. Os governos chegaram à mesma conclusão mais pragmaticamente. Defrontados com sindicatos de trabalhadores mais poderosos e aparentemente populares não queriam se isolar, toleravam aumentos de salários garantidos pela negociação coletiva moderadamente inflacionando suas economias. Emprego razoavelmente pleno e prosperidade se espalharam pelo Ocidente, e depois à Ásia, e com mais igualdade que existira no período pré-guerra. Nesse sentido, havia alguma convergência global.

Todavia, diferenças nacionais e macrorregionais também apareceram. Os anglos viram uma explosão de bem-estar social e uma expansão de tributação progressiva na década de 1940, consolidada ao longo das décadas de 1950 e 1960, embora sem agregar novos programas importantes. A necessidade de comprovar baixa renda assegurou que os custos crescessem menos do que em outros países, uma vez que menos cidadãos se beneficiavam. O governo conservador ou de centro-direita predominou nesses países na década de 1950, e a expansão agora diminuía. O Canadá se desviava, com expansão até o final da década de 1960, tanto de programas para baixa renda quanto de programas universais. Programas da Irlanda também cresceram mais tarde devido ao desenvolvimento econômico. Os anglos e os nórdicos estavam mantendo sua liderança conjunta na cidadania social. Esping-Andersen (1999: 87-90) mais tarde concedeu que se tivesse começado em 1960 e não em 1980, Grã-Bretanha, Austrália e Nova Zelândia teriam sido agregadas aos casos mais progressivos. A Grã-Bretanha, ele disse, era uma democracia estagnada, enquanto a Austrália e a Nova Zelândia eram pela primeira vez regimes completamente de bem-estar social-democráticos.

Dylan Riley e eu (2007) investigamos os coeficientes Gini de desigualdade, que fornece uma medida aproximada da desigualdade geral em um país. Entre os países ocidentais, distinguimos os três regimes de Esping-Anderson. Também encontramos dados adequados sobre dezoito países latino-americanos e vários países do leste e sul da Ásia. Em todas as regiões descobrimos que variações intrarregionais na desigualdade eram consideravelmente menores do que variações inter-regionais. Assim, macrorregiões forneciam ideologias compartilhadas que eram depois institucionalmente reforçadas no nível nacional por meio de partidos políticos, eleições e pelo Estado. Os países ex-soviéticos são outro grupo distinto (Castles & Obinger, 2008: 336-337). Descobrimos que a tipologia Esping-Andersen funcionava muito bem após 1980, mas os anglos foram até a década de 1960 muito mais iguais do que os outros. Os Estados Unidos eram o mais desigual entre os anglófonos, mas estavam aproximadamente nivelados com a média para os países nórdicos. Depois, na década de 1970, os países nórdicos se tornaram mais iguais do que os liberais, e nas décadas de 1980 e 1990 os euros também atingiram isso. Esses movimentos para cima e para baixo não foram meramente nacionais, mas "macrorregionais", pois envolveram a maioria dos países em cada grupo.

Atkinson e colegas (2007: cap. 13) examinam a proporção das receitas brutas procedentes dos ricos (os 10% superiores, 1%, ou 0,1% de contribuintes) durante o século XX nos seis países anglos, na França, Alemanha, Países Baixos e Suíça. Eles eram todos similares até a década de 1970, com alta desigualdade no começo do século, seguida pela queda até pouco antes da Segunda Guerra Mundial. Até então os anglos (exceto pelos Estados Unidos) foram ligeiramente iguais. A desigualdade declinou mais na Segunda Guerra Mundial, basicamente devido ao impacto da tributação progressiva da riqueza e de heranças sobre fundos de capital. A classe rentista foi atingida pela Grande Depressão e depois pelas tributações progressivas no tempo da guerra. Ela não se recuperou depois da guerra. No Canadá, Estados Unidos e Alemanha houve pouca mudança durante 1955-1975, mas a desigualdade continuou a cair na Austrália, Nova Zelândia, Reino Unido, Irlanda, França, Países Baixos e Suíça. Os anglos estavam um pouco mais iguais do que os euros, mas o crescimento econômico global içou todos os barcos. Combinado à tributação progressiva, isso elevou as rendas do quinto inferior da população principalmente, mesmo nos Estados Unidos e no Canadá. As taxas de pobreza caíram em toda parte.

Os países nórdicos, com a Finlândia para trás, desenvolveram gradualmente uma panóplia de programas universais mais custosos. A tributação sueca tomada como uma proporção do PIB ultrapassou o nível americano por volta de 1950 e o nível britânico por volta de 1955 e se manteve subindo (Steinmo, 1993: 28). À medida que os programas de bem-estar amadureceram e mais pessoas passaram a ter direito aos benefícios, seu efeito redistributivo aumentou. Os euros também expandiram o bem-estar social, embora com menos redistribuição. Em todas essas fases, alguma dependência do caminho foi evidente, uma vez que as primeiras escolhas foram institucionalizadas, gerando variedades relativamente coerentes de Estado de Bem-estar Social. As diferenças entre esquemas de pensão bismarckianos e de Beveridge se tornaram mais bem-estabelecidas – somente os Países Baixos mudaram do sistema Bismarck para o Beveridge. Esquemas birmackianos podiam ser gradualmente estendidos para mais grupos, de modo que virtualmente todos se tornaram cobertos por pensões públicas. Em contraste, esquemas beveridgianos seguiram dois caminhos diferentes. Nos países nórdicos, pensões estatais mínimas obrigatórias com base em ganhos foram introduzidas, um meio-termo entre os dois esquemas. Somente uma imitação pálida disso foi introduzida na Grã-Bretanha, onde as classes médias reagiram ao baixo nível das pensões Beveridge pelo desenvolvimento de pensões privadas (Ebbinghaus & Gronwald, 2009). Isso se tornou característico dos anglos e reforçou seu movimento posterior para a ampliação da desigualdade.

Os anglos financiaram programas de bem-estar anteriores por meio de impostos tornados possíveis pela guerra. Mas países derrotados e neutros não puderam fazer isso e era politicamente difícil elevar imposto de renda em tempos de paz. Os nórdicos e os euros se voltaram para impostos sobre o valor agregado sobre consumo e impostos de previdência social, mais regressivos, porém menos impopulares. Mas como a carga de tributação crescia, todos os países resistiam a novos impostos. Uma crise fiscal agora se aproximava, após os nórdicos e euros terem estimulado seus estados de bem-estar social, mas a um ponto ao qual os anglos não seriam capazes de se equiparar, uma vez que seus povos não aceitariam impostos mais altos. Isso ajudou a estabelecer as diferenças entre as três variedades.

Analisei o desenvolvimento da cidadania social no norte do mundo de 1945 até cerca de 1970. A visão geral era de alguma convergência, embora limitada por diferenças nacionais e macrorregionais. Todos os países da OCDE se tornaram capitalistas, industriais e depois pós-industriais, e todos se ajustaram ao conflito de classes, parcialmente pelo planejamento macroeconômico dirigido ao emprego pleno, parcialmente pelo desenvolvimento de direitos de cidadania social oferecendo autoproteção no sentido de Polanyi dos caprichos dos mercados capitalistas e do poder absoluto dos capitalistas. Ao introduzir direitos econômicos mais amplos para a população, e ao inserir sua administração em estados democráticos, isso estava reduzindo a concentração do poder econômico nos países avançados, garantindo que fossem um pouco mais pluralistas. Marshall estava certo em declarar que o século XX seria o século da cidadania social – ao menos no norte do mundo. A medida mais macro desse crescimento é a porção do gasto governamental na renda nacional. Nos países da OCDE isso foi menos de 10% no começo do século, acima de 220% pouco antes da Segunda Guerra Mundial, e mais de 40% em 1970. Esse capitalismo reformado metade nacional, metade global, foi o feito supremo do norte, inaugurando um período sem precedentes de coesão, estabilidade e prosperidade sociais – sua idade de ouro. Esse desenvolvimento foi amplamente provocado pela conjunção de forças capitalistas e relações de produção no sentido de Marx, embora com um resultado de reformas, não de revolução, e com alguma ajuda das consequências das guerras mundiais.

Todavia, vimos que não houve uma versão única de cidadania social. Noções das melhores práticas foram influenciadas pelas misturas específicas de fontes de poder configuradas em cada Estado-nação, e aqui as relações de poder ideológico, militar e especialmente político foram importantes. No curso de sua autoproteção, os cidadãos se tornaram mais enjaulados em seu Estado-nação, enquanto economias nacionalmente reguladas erigiam defesas contra as inseguranças produzidas pelo capitalismo. Todavia, estados-nações individuais foram também influenciados pelas culturas macrorregionais nas quais estavam imbricados. Variedades nacionais e macrorregionais de capitalismo e regimes de bem-estar social tiveram utilidade analítica crescente no período pós-Segunda Guerra Mundial. O modelo dos três regimes de bem-estar social de Esping-Andersen – que renomeei como anglo, nórdico e euro – se tornou mais apropriado à medida que o século avançou. Trajetórias nacionais e macrorregionais também aumentaram ou estagnaram pelas três das grandes crises do século: duas guerras mundiais e a Grande Depressão. No final do período o movimento ainda estava ocorrendo. Os países anglos haviam mostrado altos níveis de cidadania social até esse ponto, mas estavam agora enfraquecendo, ultrapassados pelos países nórdicos e mesmo por alguns dos países euros. Todas essas conquistas ocorrerem após lutas prolongadas nas quais os resultados não foram estabelecidos de antemão pela dependência do caminho. As tradições não foram desimportantes, mas encontraram crises que levaram os atores coletivos a conceber novos caminhos de desenvolvimento.

Ao explicar tanto o crescimento geral da cidadania social como as variações ente países empreguei o que é chamado um modelo de recursos de poder, enfatizando classes, alianças políticas entre classes, governos centro-esquerda e sindicatos de trabalhadores, embora por vezes também fosse necessário acrescentar igrejas e outras fontes de clivagem social. Alianças entre esses grupos também ampliaram a solidariedade das pessoas comuns. O sentimento de pertencer a uma nação única foi uma precondição ideológica para estabelecer grande parte da cidadania social nos países que considerei. Assim, as fontes de poder envolvidas foram principalmente políticas e ideológicas, embora as políticas derivassem das pressões de dentro da sociedade civil mais do que do próprio Estado.

Todavia, ao explicar a variação, enfatizei diferenças macrorregionais nas instituições corporativas *versus* voluntaristas, uma distinção visível no começo do século, mas que se tornou mais importante depois – e estaria para se tornar ainda mais importante quando defrontada pelo desafio neoliberal. Um apoio aparente para um modelo institucionalista político de sistemas eleitorais majoritário *versus* RP foi amplamente explicável em termos de países anglófonos *versus* o resto, e essa diferença atribuí principalmente aos diferentes períodos nos quais os sistemas eleitorais se tornaram institucionalizados – e as clivagens múltiplas que geraram múltiplos partidos, como enfatizado por Lipset e Rokkan. Contudo, uma vez institucionalizadas, essas diferenças importavam. Mas o papel autônomo das elites burocráticas ou de especialistas foi apenas ocasionalmente importante. Na primeira metade do século relações de poder militar expressadas em guerras mudaram especialmente as trajetórias dos países euros. O resultado da Segunda Guerra permitiu o grande acordo entre socialismo e cristianismo para consolidar a cidadania social distinta da maioria dos euros. As duas guerras também consolidaram a cidadania social anglo e a terminaram promovendo em toda parte. Essa é obviamente uma explicação multicausal, com os aspectos comuns da cidadania social basicamente impulsionados pelas relações de poder econômico, enquanto as diferenças internacionais e macrorregionais foram provocadas pelas quatro fontes de poder.

O surgimento da financeirização

O neokeynesianismo começou a experienciar crise na década de 1970, quando a economia ficou lenta e a inflação aumentou. Estados Unidos, Grã-Bretanha, Austrália e Nova Zelândia tiveram dificuldades econômicas um pouco antes, no final da década de 1960, levando a sequências "para e arranca" de políticas que nunca puderam reverter os ganhos anteriores nem estendê-los muito (Steinmo, 1993: 145-155). Isso abriu uma porta neoliberal. Embora muitos vissem o neoliberalismo como uma resposta a essa crise (e.g., Arrighi, 1994), ela primeiro reuniu forças durante o período neokeynesiano de sucesso na difusão da prosperidade por meio do emprego pleno, tributação progressiva e estados de bem-estar social generosos. A prosperidade difundiu a participação acionária, casa própria, pensões e seguro entre a classe média e mesmo trabalhadores, que também entraram pela primeira vez em faixas tributárias médias. Também significava um capitalismo globalmente mais competitivo, mais corporações transnacionais, mais comércio internacional e um desenvolvimento por endividamento (*debt-driven development*) moderado. Tudo isso expandiu um pouco o setor de serviços financeiros, que se tornaria a vanguarda do neoliberalismo. Recorrendo a uma metáfora de Marx, que ele usou para predizer a morte da burguesia, o neokeynesianismo, com seus sucessos, produziu seus próprios coveiros.

Krippner (2005: 174) define financeirização (*financialization*) como um "padrão no qual os lucros resultam basicamente de canais financeiros e não do comércio e da produção de mercadorias". Ações e outros instrumentos financeiros por muito tempo permitiram a combinação coletiva de poupança ou lucros para investimentos no comércio ou produção. Mas o mercado de ações se tornou dominado por investidores detentores de riqueza financeira em papéis mais líquida, transnacional e transferível do que ativos fixos de firmas de manufatura. Globalização econômica e comunicações melhoradas significavam que transferências de títulos de propriedade poderiam ser instantâneas e sem impedimentos ao redor do mundo, uma vez que transferiam símbolos eletrônicos, não mercadorias físicas ou serviços. Mas a emergência intersticial dos fluxos financeiros transnacionais forçou a repressão de Bretton Woods dos fluxos de capital internacional.

A financeirização possuía dois estados-base nacionais, as duas nações anglófonas, que haviam fornecido moeda de reserva e, portanto, já tinham os maiores setores financeiros. O dólar americano era a moeda de reserva corrente, mais internacionalmente negociada, embora sua dívida governamental e do consumidor estivessem escalando. Todavia, como os fluxos financeiros americanos estavam firmemente regulados desde o New Deal, a City of London, a sede principal de operações cambiais, foi a primeira instituição a liberar financiamento do Estado. O nexo de poder City of London-Banco da Inglaterra-Tesouro da Inglaterra por muito tempo subordinou os interesses da indústria manufatureira britânica ao setor financeiro por meio de políticas deflacionárias destinadas a preservar e sobrevalorizar a libra esterlina (Ingham, 1984). Essa prioridade tem sido recentemente questionada por preocupações keynesianas sobre o desemprego. A oscilação entre os dois produziu políticas para e arranca nas quais os estímulos keynesianos alternavam com deflação a qualquer sinal de superaquecimento. Na década de 1970, essa combinação instável gerou inflação elevada, déficits orçamentários e corridas especulatórias à libra. Isso foi a abertura para um neoliberalismo liderado pela City of London apoiado por *think tanks* conservadores e pela imprensa financeira (Fourcade-Gourinchas & Babb, 2002: 549-556).

Os mercados financeiros americanos se tornaram muito maiores (Krippner, 2005: 178-179). A década de 1950 também viu a emergência intersticial dos eurodólares, dólares mantidos e negociados por residentes não americanos. Eles aumentaram devido ao papel do dólar como moeda de reserva, a pela regulamentação firme dentro dos Estados Unidos. Pessoas que possuíam dólares queriam lucrar com eles em outros lugares. Londres aproveitou a oportunidade para atraí-los, e na década de 1960 suplantaram a libra como a moeda de negociação primária da City of London. A City estava se restabelecendo como um enclave no exterior (Shafer, 1995: 124) – um dos coveiros mais vigorosos de Keynes.

Os ainda mais robustos eram da América. Na década de 1960, o custo da "Grande Sociedade" de Johnson e a Guerra do Vietnã produziram superaquecimento nacional e grandes dívidas e déficits americanos. Aqueles com excedentes de exportação para os Estados Unidos ficaram com dólares, mas podiam trocá-los por ouro e, com isso, esvaziar Fort Knox. Assim, em 1971, o Presidente Nixon retirou o dólar do ouro e o deixou flutuar, e, em 1973, forçou os outros países importantes a flutuarem também. Bretton Woods colapsou, menos porque tivesse pontos fracos intrínsecos do que por pressão tanto dos Estados

Unidos quanto do capital financeiro que o havia destruído. Isso, uma vez mais, era parte de um novo movimento, nos termos de Polanyi, para desincorporar o mercado do controle do Estado – embora o funcionamento desse mercado favorecesse um Estado particular, os Estados Unidos. Mobilidade de capital aumentada, combinada a uma oportunidade econômica para o imperialismo econômico americano (discutido no capítulo 10), tornou difícil para os governos continuarem perseguindo políticas neokeynesianas. Isso foi contingentemente reforçado em 1973, quando aumentos dos preços do cartel do petróleo da Opep começaram, dando aos estados do petróleo excedentes massivos de exportação e petrodólares (pois a América era o protetor militar da maioria deles). Isso foi a origem dos desequilíbrios globais, a distribuição desigual das dívidas e excedentes ao redor do mundo que deu um ímpeto ao capital financeiro.

No começo da década de 1970, bancos americanos, fugindo da regulamentação americana, invadiram a City of London, agora redescobrindo seu papel histórico durante o reino da libra (Burn, 2006). A adoção por parte do Banco da Inglaterra das metas monetaristas em 1973 e 1976 foi outro passo neoliberal. Para que seus bancos pudessem competir, os Estados Unidos aboliram controles de capital internacional em 1974-1975, embora o capital doméstico permanecesse regulado. Todavia, quando Paul Volcker restringiu a inflação com taxas de juros muito altas, essa ação sugou massas de capital para os Estados Unidos. Os desequilíbrios globais cresceram. Houve um efeito secundário da financeirização para Alemanha e Suíça, que também possuíam moedas importantes. Seus banqueiros, feridos pela competição estrangeira anglo-americana, queriam se juntar a um setor que já gerava lucros mais altos do que empréstimos bancários nacionais. Muitos países na década de 1970 estavam aumentando seus controles de capital, tentando combater a volatilidade liberada pelas moedas flutuantes. Mas estava basicamente se mostrando uma batalha perdida contra a especulação.

O período neoliberal desde então não tem sido um sucesso econômico. Não conseguiu restaurar o crescimento real da economia ocidental. Também gerou seus próprios problemas. Seu epicentro financeiro era volátil e suscetível a crises. Todas as dezoito crises financeiras ocorridas desde 1945 irromperam a partir de 1973 (Reinhart & Rogoff, 2009). Desemprego alto, investimentos especulativos de curto prazo e demanda agregada ociosa produziram crescimento mais baixo na economia areal no período neoliberal do que no período neokeynesiano, e foi ficando cada vez menor (Brenner, 2002). Todavia, a financeirização não necessitava demonstrar sucesso. Alimentou-se do poder conferido por sua própria expansão. A crescente volatilidade nas taxas de juros tornou a negociação de títulos mais lucrativa, enquanto o excedente de petrodólares aumentou a força dos bancos. No final da década de 1970, a parcela manufatureira do PIB e dos lucros americanos declinou, enquanto a parcela dos serviços financeiros aumentou. Na década de 1980, seus lucros excederam os da manufatura, uma vez que postos de trabalho e fábricas eram cada vez mais exportados para o sul global. Podemos ver isso como outra fase da "criação destrutiva" de Schumpeter – manufatura destruída, setor financeiro criativamente se expandindo – e é isso que os incentivadores diziam, mas essa mudança não se mostrou benéfica ao capitalismo como um todo.

Em 1986, Thatcher autorizou o *Big-bang*, uma desregulamentação radical do mercado de ações britânico, que permitiu a fusão de bancos comerciais e de investimentos, e se abriu para fluxos de capital estrangeiros, o primeiro país a desregulamentar completamente o setor financeiro. Mas o papel pioneiro da Grã-Bretanha estava agora terminado. Os bancos americanos dominavam agora a City of London, enquanto os manufatureiros americanos, defrontados com o declínio dos lucros e com a maior concorrência internacional, retiraram capital da produção e o investiram, em troca, em instrumentos financeiros. Eles também diminuíram seus laboratórios de pesquisa e desenvolvimento (P&D). Na década de 1980, quase toda P&D estava sendo feita no governo e nos laboratórios da universidade, uma inversão da década de 1950 (Block & Keller, 2011). Assim, a financeirização estava se infiltrando na economia real (Krippner, 2005; Arrighi, 1994). Hoje, a General Electric, símbolo tradicional da América corporativa, deriva mais lucro do setor financeiro do que de atividades de manufatura.

O setor financeiro beneficia investidores e seus gestores de fundos, pessoas desproporcionalmente ricas. Privilegia o combate à inflação em detrimento do combate ao desemprego, e busca manter os salários baixos. Isso é viés de classe. O próprio setor financeiro contém pouco conflito de classes, e sua força de trabalho predominantemente do colarinho-branco raramente é sindicalizada. Seus acionistas raramente são organizados, e é altamente cartelizado, dominado por alguns grandes bancos em cada país. Em teoria, companhias de seguro e de fundos de pensão poderiam atuar como contrapesos populares, pois representam as economias de milhões de pessoas comuns (embora não os pobres). Metade dos lares da América agora possuía ações, predominantemente através de fundos mútuos. Mas um sistema de diretorias interconectadas entre esses fundos e os bancos assegura que as elites financeiras compartilhem interesses comuns, e não conflitantes. Os bancos estabeleceram o pagamento de seus executivos como orientado por pessoas de fora oriundas dos fundos de pensões e seguros e por consultores de gestão. Em troca, os banqueiros sentam em seus comitês de compensação. Assim, um coça as costas do outro e aumentam salários e opções de ações. O funcionamento do setor financeiro também se tornou abstrato, além da compreensão popular. Embora governantes de esquerda vissem que a financeirização ameaçasse seus objetivos, não havia pressão popular significativa a partir de baixo sobre eles para resistir. E os partidos democráticos sociais não tinham uma resposta real para a crise econômica. O neokeynesianismo aparentemente fracassou, havia um conflito aparentemente de soma zero entre as classes, e as tentativas dos trabalhadores de proteger salários às custas do capital foram derrotadas em uma série de lutas e eleições perdidas.

No final da década de 1980 e começo da década de 1990 quase todos os governos da OCDE abandonaram os controles sobre os fluxos de capital. Alguns (e.g., Mudge, 2008) veem isso simplesmente como a difusão das ideias neoliberais, mas ela envolve coerção também. Primeiramente, houve um conflito sobre como petrodólares resultantes das cinco altas de preço da Opep deveriam ser reciclados em investimentos produtivos no resto do mundo. Os europeus e japoneses defenderam fazer isso por meio de bancos centrais e do FMI, mas os Estados Unidos e a Grã-Bretanha insistiram em que os bancos privados lidassem com isso. Os Estados Unidos tinham mais influência com xeiques do petróleo e venceram o conflito de poder. Depois, como cada governo adotou a desregulamentação, tornou-se mais difícil para outros resistirem aos protestos de seus próprios banqueiros de que havia uma competição injusta dos bancos estrangeiros. Os governos defrontados com fluxos de capital maiores estavam agora menos capazes de controlar tanto suas taxas de câmbio como suas taxas de juros internas. Se um país quisesse manter as taxas de juros abaixo de taxas de juros correntes globais (para estimular sua economia), a especulação agora provavelmente depreciaria sua moeda, com consequências inflacionárias, um obstáculo poderoso contra essa tentativa. Isso era uma perda definida de soberania, embora tenhamos visto no capítulo 7 do volume 3 que especuladores financeiros também possuíam esses poderes na década de 1920. Especuladores estavam agora recobrando forças. Eles agora tinham uma identidade ambígua, transnacional, mas também desproporcionalmente americana. Os gerentes financeiros que lucravam com seus negócios estavam principalmente situados em Wall Street e na City of London, e, portanto, eram predominantemente anglófonos.

O Bundesbank alemão era a força propulsora da Comunidade Econômica Europeia (a CEE). Embora não liberal, também privilegiou o combate à inflação em detrimento do combate ao desemprego, um resultado da compreensão alemã incorreta do fracasso da República de Weimar e da ascensão de Hitler (o que se devera mais ao desemprego do que à inflação!). Depois, houve um impulso dos socialistas tecnocratas franceses que haviam se tornado protagonistas na CEE. Homens como Jacques Delors e Pascal Lamy se tornaram defensores do movimento do capital livre na década de 1980, pois viram de dentro o fracasso da tentativa de 1981 do Presidente Mitterand de impor controles de capital draconianos na França. A administração Reagan também atacou a França por meio de taxas de dólar e de juros altas, e isso mais um grande déficit comercial tirou a França das regras da (então) Comunidade Econômica Europeia. Em 1983, Mitterand abandonou os controles de capital, pressionado pelos outros europeus e tendo perdido sua luta contra os especuladores. Os ricos tinham evitado suas restrições e o peso havia caído principalmente sobre as pessoas da classe média com economias limitadas. Dado o poder do capital transnacional, os controles foram ineficazes e regressivos, concluíram esses socialistas. Eles achavam que tinham de se ajustar às novas realidades de poder – as primeiras capitulações socialistas importantes. Funcionários euros conquistaram mobilidade de capital livre dentro da CEE em 1988, e isso foi reforçado pela política monetária deflacionária do Tratado de Maastricht de 1992. Como todo fortalecimento da União, esse resultou não de pressões populares ou democráticas, mas da elite. O afastamento do Japão dos controles de capital estava basicamente completo em 1990 e a OCDE seguiu em1992 (Abdelal, 2007).

Isso dizia respeito somente ao setor financeiro. Por outro lado, CEE/UE e o Japão não eram muito neoliberais. Do orçamento total da CEE, 60% foi para subsidiar a agricultura, e hoje, após várias reformas, a proporção da UE é ainda 40%. É, por outro lado, um livre-mercado interno, mas altamente protegido externamente por tarifas e outras regulações da concorrência externa. O mesmo se dava com o Japão. Denominar todas as economias neoliberais não é apropriado. Os Estados Unidos também possuem muitas proteções tarifárias.

Mas, à medida que os fluxos financeiros aumentavam, os mercados de ações também aumentavam. Cerca de cinquenta países adquiriam seu próprio mercado de ações após 1980, e uma organização mais global do setor financeiro ajudou a espalhar mais investimentos de portfólio em mercados emergentes assim como nos países da OCDE, um aspecto positivo da financeirização – embora muitas vezes minado pelo aumento da volatilidade (Davis, 2009: 37). Bancos centrais também receberam mais autonomia, um produto também da relutância dos políticos em se responsabilizarem pela economia política em meio à recessão. À medida que as economias estagnaram, as relações de poder político passaram a atuar mais. Políticos mudaram da reivindicação de crédito para a economia para buscar evitar a culpa pela crise duradoura (Weaver, 1986; Krippner, 2007: 2011). Ninguém poderia ser culpado pelos programas de austeridade, argumentava-se. As forças impessoais do mercado poderiam compelir as mudanças necessárias.

Contudo, a política de governo ainda importava. Para restaurar a lucratividade, o combate à inflação em vez do desemprego se espalhou. Na década de 1970, as taxas de inflação eram em média de 10% ao ano, mas na década de 1990 era menos de 3%, com poucas diferenças entre países (Syklos, 2002: 64). Quando os bancos aumentaram as taxas de juros para combater a inflação, isso levou a um crescimento econômico menor e ao aumento do desemprego. Em vez de arriscar a inflação comprometendo-se com os trabalhadores e permitindo que os salários aumentassem, os governos e os bancos centrais preferiram regular a economia por meio do ajuste da oferta monetária e das taxas de juros. A desigualdade de classes se ampliou.

Todavia, muitos países do sul não desregulamentaram os movimentos de capital. Recebendo menos capital estrangeiro, estavam sob menos pressão para se abrirem – diferente das questões ligadas ao comércio, como veremos mais tarde (Shafer, 1995). Os países em desenvolvimento mais bem-sucedidos, Índia e China, receberam relativamente pouco capital estrangeiro até o século XX. Em 1995-1997, o FMI estava se dirigindo para a adoção da mobilidade do capital livre, mas em 1997 a crise financeira asiática revelou o lado negativo dos fluxos de capital de curto prazo irrestritos e o FMI se retirou. Não houve vitória global, pois os estados mais fortes do sul mantiveram mais de sua soberania e resistiram. Esse foi um raro caso no qual o sul (ou muitas partes do sul) se deu melhor que o norte. Mas no norte a financeirização foi descontrolada. Esse foi o maior triunfo neoliberal. Seria também seu maior desastre, como veremos no capítulo 11.

A crise do neokeynesianismo

O sucesso neokeyseniano aumentou o poder do capital financeiro, e depois seu fracasso deu aos neoliberais sua chance para impor suas políticas. O começo da década de 1970 viu um sério declínio no norte, vinculado à maior concorrência e sobrecapacidade global. A Europa teve uma recuperação completa da guerra e o Japão e o leste da Ásia recuperando o crescimento (Brenner, 2002). Não era uma crise global, como muitas vezes se afirmou, pois o leste da Ásia estava na verdade prosperando – assim como os produtores de petróleo. Mas as indústrias pesadas tradicionais no norte, como a de mineração, construção naval e ferro e aço, agora colapsavam em grande parte. Houve uma queda acentuada na taxa de lucros, especialmente no setor internacional de manufatura, que induziu uma desaceleração do crescimento e uma sobreacumulação de capital, que agora era colocado mais nos instrumentos financeiros do que nos investimentos de manufatura. O gerenciamento de demanda keynesiano por meio do déficit orçamentário contracíclico foi a principal resposta política à crise, mas esse estímulo só aumentou a sobrecapacidade de manufatura, dívidas e financeirização. A estagflação, pela qual a inflação e o desemprego subiam simultaneamente, que resultou no norte, confundindo aqueles neokeynesianos que haviam confiado na curva Phillips, que afirmava que as duas eram alternativas. A inflação estava eliminando os níveis de lucros, e os empresários se convenceram de que o lucro poder ser melhor restaurado cortando os custos trabalhistas.

A estagflação intensificou o conflito de classes no norte. Como capital e trabalho estavam sofrendo, cada um lutou para reter seus retornos econômicos em meio à economia estagnada. Anteriormente, redistribuição e mais cidadania social haviam sido financiadas por crescimento e inflação moderada. Logo, quando o crescimento perdeu a força, a inflação cresceu. Essa foi a primeira fase da crise. Os governos começaram, então, a atacar a inflação, mas no começo somente elevando as taxas de juros e o déficit orçamentário. O déficit orçamentário foi a segunda solução tentada para a crise, mas, assim como a inflação, não poderia ser sustentado. Esse estava se revelando agora como um conflito de classe de soma zero: para uma classe ganhar, a outra tinha de perder (Streeck, 2011; Krippner, 2011). O período anterior de emprego pleno e da produção fordista em massa havia colocado trabalhadores qualificados e semiqualificados juntos, e com isso fortaleceu os sindicatos de trabalhadores (exceto nos Estados Unidos). Isso permitiu aos trabalhadores obterem salários relativamente altos. Na década de 1960, a esquerda parecia estar aumentando sua força em muitos países, alimentando-se do descontentamento dos trabalhadores sobrepostos por novos movimentos sociais baseados em estudantes e políticas de identidade. Mas o poder dos trabalhadores foi ilusório, pois seus principais setores de força na manufatura estavam sendo exportados ao sul global e sua unidade estava enfraquecendo. O capital revidou, e o acordo de classe da idade de ouro se desintegrou nos países anglófonos junto à economia de alta produtividade/demanda na qual havia sido inserido no período pós-guerra. Nos Estados Unidos corporações anteriormente moderadas por trás do Comitê para o Desenvolvimento Econômico (discutidas no capítulo 3) culpavam os sindicatos pela inflação e decidiram reduzir seus poderes (Domhoff, no prelo). Eles conseguiram.

Os neoliberais argumentavam que a austeridade reduziria a produção de custo elevado e de lucro baixo e reduziria a inflação para melhorar a competitividade internacional. O modo mais simples de deflacionar era reduzir a base monetária, a solução monetarista oferecida por Milton Friedman. Os orçamentos deveriam ser equilibrados, os déficits impedidos. A desregulamentação financeira e o desmantelamento dos controles de capital produziriam crescimento financeiro. Sindicatos de trabalhadores e estados deveriam ser reduzidos. Mercados deveriam ser restaurados à sua condição transnacional natural, e o desemprego deveria subir ao seu nível natural. As corporações buscaram economias por meio de reduções drásticas de custos, reduzindo salários e programas de bem-estar social corporativos onde podiam, e poupavam ainda mais ao subcontratarem de pequenas firmas, que empregavam força de trabalho casual, de baixos salários e não sindicalizada. Corporações menos eficientes sofreram aquisições hostis na grande onda de fusões da década de 1980, encorajada pelas políticas de desregulamentações da administração Reagan. Para impedir esse prospecto, as corporações tentaram maximizar o valor acionário (Fligstein & Shin, 2007).

Legislação antitruste para restringir fusões corporativas foi anteriormente uma característica da economia política americana. O capitalismo tende a encorajar fusões e monopólios em mercados estabelecidos, e se considerava que diminuíssem a concorrência. Mas os neoliberais se afastaram dos liberais clássicos para argumentar que, quanto maior a corporação, maior sua eficiência e melhor o serviço oferecido aos consumidores. Eles reconheciam que o monopólio atual deveria ser evitado, pois diminuiria a concorrência, mas viam que a concorrência sobreviveria mesmo que houvesse apenas três corporações gigantes em qualquer setor econômico (Crouch, 2011). Ao mesmo tempo, o fim das restrições ao sistema bancário através das linhas estatais estava produzindo bancos gigantes nos Estados Unidos. Corporações conglomeradas de divisões múltiplas eram especialmente vulneráveis a aquisições, pois cada uma das divisões poderia ser vendida separadamente para seus competidores para produzir lucro imediato para o vendedor e reduzir a pressão de concorrência para o comprador. Somente trabalhadores e consumidores perderam, uma vez que resultaram demissões e preços altos (Fligstein & Shin, 2007). Assim, o desemprego subiu, tornando a demissão um dissuasor contra greves; a flexibilidade trabalhista aumentou; e os salários caíram. Isso visava a restaurar a lucratividade, e, após isso, o crescimento geral supostamente seria retomado, beneficiando todos. Mas, no curto prazo, não houve uma confluência de neoliberalismo e interesses de empresários, uma ofensiva de classe às custas dos trabalhadores (Harvey, 2005: 15; Davis, 2009: 84-94).

Nada disso se aplicava à Ásia, cujas indústrias pesadas e de bens duráveis estavam agora expandindo, enfraquecendo as do Ocidente. O Japão primeiro, e depois os Pequenos Tigres (Coreia do Sul, Taiwan, Singapura e Hong Kong) introduziram um novo estatismo desenvolvimentista não baseado em "corrigir os preços" nos mercados abertos nem em proteger a indústria interna através de políticas ISI, mas em subsidiar exportações por meio de créditos e incentivos de exportação apoiados por monitoramento governamental estrito de desempenho (Amsden, 2001). O neoliberalismo inicialmente os desconsiderou. Estava quase em casa nos países anglófonos, uma vez que em muitos países europeus corporações de manufatura tinham relações estreitas com bancos mais tradicionais e dependiam do bem-estar social dos trabalhadores provido pelo Estado. O surgimento do neoliberalismo não foi global fora do setor financeiro, e sua tomada do poder político centrou-se na Grã-Bretanha e nos Estados Unidos. Assim, devemos retornar a esses dois países.

A aliança com o conservadorismo: Thatcher e Reagan

Quando Margaret Thatcher e Ronald Reagan ascenderam ao poder em 1979 e 1980, respectivamente, implementaram grande parte da agenda neoliberal. Na Grã-Bretanha, o conflito de classes exacerbado pela crise econômica foi a principal causa da ofensiva conservadora-neoliberal. Duas greves nacionais de mineradores em 1972 e 1974 sobre questões salariais reduziram o fornecimento de energia, geraram falta de energia e forçaram o governo conservador de Ted Heath a declarar uma semana de trabalho de três dias. Durante a segunda greve Heath convocou uma eleição geral, mas perdeu por pouco, uma vez que uma parcela um pouco maior do eleitorado o culpava mais do que aos mineradores. O governo trabalhista que chegava resolveu a greve e tentou reagir à estagflação negociando políticas corporativas de restrição salarial. Todavia, isso sucumbiu ao voluntarismo britânico, uma vez que nem sindicatos nem empregadores puderam cumprir os acordos feitos. Vimos no volume 3 que o voluntarismo era uma característica tradicional dos países liberais anglófonos. Ao mesmo tempo, a esquerda trabalhista, recém-fortalecida pela década de 1960 e pela crise, propôs uma política econômica mais radical, desafiando a liderança do partido. Isso assustou os empresários, e a fuga de capital produziu uma queda rápida de 12% no valor da libra. O governo trabalhista agora sentia que tinha de ir ao FMI para pedir humildemente um empréstimo, uma humilhação que teve consequências eleitorais.

Veio, então, Magaret Thatcher. O fracasso macroeconômico e a inabilidade em gerar corporativismo para lidar com o conflito de classes levou à vitória dos conservadores (King & Wood, 1999). A crise colocou conservadores e empresários a favor do antissindicalismo, e isso agora era mais popular, dada a recente discórdia de classes. Thatcher brandiu o neoliberalismo com certeza ideológica, jogando com força sobre a mesa, em uma sessão do gabinete paralelo, uma cópia do livro de Hayek, *The constitution of liberty* (*A constituição da liberdade*), declarando: "**É nisso** que acreditamos". Todavia, não foram as apelos do neoliberalismo, mas o triste histórico econômico da Grã-Bretanha durante o mandato trabalhista que lhe trouxe a vitória em 1979.

As razões para a vitória de Reagan em 1980 foram mais variadas. É verdade que os Estados Unidos haviam sofrido com baixo crescimento e inflação alta durante a década de 1970, e Nixon, como Callaghan, havia tentado e falhado em fazer funcionar o controle de preços e salários em meio a uma tradição voluntarista. Todavia, como vimos no capítulo 3, os "liberal-trabalhistas" americanos já estavam num impasse e o conservadorismo estava em alta novamente. O declínio do sindicato de trabalhadores continuou, reduzindo a pressão dos trabalhadores. Diferente da Grã-Bretanha, essa crise econômica produziu conflito de classes assimétrico no qual a classe capitalista estava altamente organizada, mas a trabalhadora não. Na verdade, os democratas estavam enfrentando a insatisfação dos trabalhadores, expressa no racismo cifrado nas cidades pelo transporte de ônibus dessegregacionista, ação afirmativa e crime. A estagflação também frustrou a política usual dos democratas de redistribuição através do crescimento econômico, dividindo-os entre liberais ainda buscando retribuição e um centro mais amplo, com medo de isolar as classes médias. A resistência aos impostos aumentou. A Proposição 13 da Califórnia ocorreu em 1978, uma exigência por impostos mais baixos sem redução nos serviços públicos, uma combinação absurda que dominou a política californiana desde então. O endividamento do governo aumentou sem parar, para mais tarde ser equiparado, nos níveis individual e familiar, aos financiamentos habitacionais mais fáceis e cartões de crédito – uma nação crescendo por meio do endividamento.

O conservadorismo também se beneficiou do descontentamento econômico e ideológico. De cima, corporações e os CED apoiaram o ataque de Reagan aos sindicatos e suas promessas para desregulamentar e tiraram vantagem de leis de financiamento de campanha mais relaxadas para lhes fornecer dinheiro. De baixo, veio uma reação ideológica contra o que era visto como os excessos da década de 1960, exigindo um retorno aos verdadeiros valores morais americanos. A revolução dos direitos e políticas de identidade defendidas por liberais altamente educados, feministas e afro-americanos eram mais de esquerda, mas tiveram de se afastar das preocupações dos trabalhadores brancos. Nesse contexto, novos *think tanks* conservadores como o American Enterprise Institute e a Fundação Heritage proviam neoliberalismo, enquanto a direita cristã provia moralidade. Uma alternativa ideológica conservadora-neoliberal emergiu, oferecendo uma solução plausível aos infortúnios dos Estados Unidos.

Em sua campanha presidencial de 1980, Reagan enfatizou a paz por meio do fortalecimento contra a União Soviética. Ele ridicularizou a tentativa frustrada de libertar os reféns da embaixada americana no Irã. Reagan combateu o governo grande ao estilo republicano tradicional, declarando famosamente: "Governo é problema, não a solução", e apoiou os direitos dos estados, com seu apelo cifrado ao racismo branco. Finalmente, prometeu bons tempos adiante – 30% de impostos mais baixos e um orçamento equilibrado em três anos, uma vez que o corte de impostos para empresários supostamente promoveria crescimento e receita. Sua personalidade radiante combinava com sua mensagem positiva. Os republicanos também se beneficiaram de uma legislação de financiamento de campanha recente, que lhes permitiu solicitar contribuições de americanos ricos e corporações. O apoio empresarial deu a Reagan uma vantagem financeira e midiática importante na campanha (Berman, 1998: 70-72; Edsall, 1984: cap. 3). Essa foi uma ofensiva tanto de classe quanto conservadora, e um movimento trabalhista enfraquecido não poderia combatê-la.

Na eleição de 1980, os pobres votaram menos, desiludidos com Carter, enquanto os ricos votaram solidamente para Reagan, que também roubou um eleitorado democrata tradicional, obtendo uma maioria entre os trabalhadores brancos, católicos e protestantes evangélicos, revelando a importância de questões morais conservadoras e raciais. Por outro lado, pela primeira vez uma maioria de mulheres votou para os democratas. Reagan obteve mais votos no sul, mantendo a estratégia sulista de Nixon. Os republicanos ganharam nas duas casas do Congresso e em número de governadores. Conservadorismo aliado a neoliberalismo avançou e a mudança para a direita de ambos os partidos continuou (Busch, 2005; Wilentz, 2009; Berman, 1998; Edsall, 1984).

A nova administração perseguiu o que mais tarde foi chamado Reaganomia, uma agenda neoliberal que reduzia o gasto governamental e tributação sobre empresas, desregulamentando e reduzindo a base monetária. Ela desregulamentou menos por meio da nova legislação do que pela redução do número de regulamentações feitas pelas agências governamentais – especialmente o Conselho Nacional de Relações de Trabalho (contra os interesses dos trabalhadores) e a Agência de Proteção Ambiental (contra os interesses dos ambientalistas; cf. capítulo 12). A desregulamentação para proteger consumidores se tornou pró--negócios durante o governo de Reagan, desastrosamente quanto às instituições de poupança e de empréstimos, que quebraram no final da década de 1980, uma miniversão da Grande Recessão Neoliberal de 2008.

Políticas fiscais eram regressivas. Essa foi a primeira administração pós-guerra a não aumentar o salário-mínimo. Ganhos de capital, impostos sobre heranças e as taxas mais elevadas de imposto de renda foram todas reduzidas e 50 bilhões foram cortados de programas de bem-estar social. A taxa superior de imposto de renda caiu de 70 para 28% em sete anos. Os ricos ficaram mais ricos; os pobres, mais pobres. Embora a desigualdade salarial estivesse começando a aumentar, a crescente desigualdade da década de 1980 se deveu principalmente às políticas tributárias de Reagan (Edsall, 1984: 204-213; Massey, 2007). Os sindicatos, sob a forma dos controladores de tráfego aéreo, foram derrotados. Isso tudo era neoliberal tanto na sua versão por princípios quanto na sua versão de classe.

Todavia, a despeito das promessas de Reagan para reduzir o governo, o gasto federal de fato subiu em relação PIB devido ao aumento do gasto militar. Incomodado com a concorrência japonesa e europeia, o governo estava despejando dinheiro em projetos de alta tecnologia. Na verdade, embora sempre classificado como liberal ou neoliberal, os Estados Unidos são na verdade muito irregulares em sua economia política. Em algumas esferas, são muito estatistas. De um modo mais geral, possuem uma extensa agricultura, defesa e indústrias aeroespaciais altamente subsidiadas pelo Estado. A alta tecnologia é vista como parte do Estado de segurança nacional, como vital para competir com outras nações na vanguarda das novas tecnologias. Por isso, firmas de alta tecnologia são subsidiadas, conectadas em rede com o governo e laboratórios universitários, e mantidas muito em segredo – tanto por razões de segurança nacional como porque os políticos, especialmente republicanos, alegam publicamente serem fundamentalistas de mercado, não estatistas. Assim, o neoliberalismo entre políticos é sempre um pouco hipócrita (Block, 2008). Estatísticas da OCDE, usadas por muitos pesquisadores, habitualmente distorcem a imagem americana porque excluem seu setor militar. Na verdade, quase todo mundo negligencia as relações de poder militar. Como argumentei, estados não são unitários, mas polimorfos; suas múltiplas instituições se cristalizam de diferentes modos de acordo com suas diferentes atividades e os eleitorados para essas (Mann, 1986; 1993: cap. 3). Em sua cristalização agrária, os Estados Unidos desmercadorizam muito mais do que o faz sua cristalização como um Estado de Bem-estar Social. Seus subsídios agrícolas se assemelham aos do Japão, França e Alemanha mais do que aos dos seus países anglófonos associados. Sua cristalização militar é única e, é claro, nem remotamente liberal. O elemento consistente, como observei cinicamente, é que os Estados Unidos patrocinam redistribuição, mas para os ricos, não para os pobres!

Durante o governo de Reagan, o déficit escalou, o resultado de uma aliança eleitoral entre ideais incompatíveis de Estado pequeno e grande. Na economia política internacional, longe de deixar os mercados cambiais controlarem, a administração se envolveu em duas grandes intervenções, intimidando governos estrangeiros. O Acordo Plaza desvalorizou o dólar em 1985 e o Acordo Louvre encerrou essa revalorização dois anos depois, convenientemente para os americanos – o nacionalismo predominando sobre o neoliberalismo. Contudo, os neoliberais proclamaram Reagan seu porta-estandarte, uma vez que sua aliança com o conservadorismo da Guerra Fria era muito eleitoralmente útil para ser descartado. Reagan também buscou outras agendas conservadoras, bloqueando direitos civis e políticas da síndrome da imunodeficiência adquirida (Aids) e enchendo o judiciário de conservadores (Wilentz, 2009: 180-194).

O neoliberalismo sugeria que as pessoas fossem forçadas a sair das listas de bem-estar social para o *workfare**, que provia benefícios de tempo limitado somente se buscassem trabalho. Isso restauraria os incentivos de mercado para os desempregados. Wacquant (2002; 2009) depois vê uma progressão lógica do neoliberalismo para o bem-estar em troca de trabalho e depois para o que ele chama *prisonfare***, um crescimento no policiamento punitivo e no encarceramento. Peck e Tickell (2002) distinguem, similarmente, entre retirada do neoliberalismo (retirando as regulamentações) e implantação do neoliberalismo, no qual os problemas provocados pela retirada são remediados pelo ativismo do novo governo, seu principal exemplo sendo também a progressão do *workfare* para o *prisonfare*.

Wacquant escreve convincentemente sobre *workfare* e encarceramento. Todavia, ele é muito funcionalista quando vincula os dois e afirma que o aumento das taxas de encarceramento foi provocado pelo neoliberalismo. Ao falhar em gerar crescimento sustentado e ao priorizar a inflação, o neoliberalismo manteve o desemprego alto, e o *workfare* foi uma resposta neoliberal a isso, como Wacquant argumenta. Mas o desemprego mais alto não estava correlacionado ao aumento do crime, uma vez que a taxa supostamente alta de crimes do período era um mito, um pânico moral, não realidade. As taxas de crime estavam, na verdade, caindo, principalmente devido à demografia – o número de homens jovens estava diminuindo. Assim, Wacquant foca a taxa mais elevada de encarceramento, o que afunila para cima de meados da década de 1980 ao começo da década de 1990. Todavia, naquele período, o número daqueles em programas de bem-estar social estava estático. O principal impulso para exigências mais duras para bem-estar social só ocorreu mais tarde, após as reformas de bem-estar social de Clinton, e depois a população carcerária aumentou apenas levemente. Os afro-americanos se tornaram a maioria na população carcerária na década de 1980, embora fossem menos de 13% da população nacional (caíram levemente para 45% da população carcerária na década de 1990). O aumento foi domina-

---

* Trabalho em vez de bem-estar [N.T.].

** Programas de penalização da pobreza [N.T.].

do por prisões por crimes relacionados a drogas. Todavia, pesquisas indicam que muitos daqueles que consumiam ou lidavam com drogas não eram de fato negros. Era porque os negros jovens da classe trabalhadora tinham uma vida de rua muito visível que eram mais facilmente pegos – e porque os policiais eram racistas. Mas a guerra às drogas e o racismo foram menos uma consequência do neoliberalismo e mais do pânico moral com as drogas voltado para uma direção racista. Essa era uma preocupação distintamente americana em vez de neoliberal, e, como vimos, o racismo era há muito parte do conservadorismo americano. Muitos daqueles que ficaram desempregados como resultado das políticas neoliberais eram brancos, mas poucos deles eram presos.

Lacy (2010) acrescenta críticas a Wacquant. Ela observa as enormes diferenças nas taxas de encarceramento entre os estados americanos. As taxas da Louisiana em meados da década de 2000 eram cinco vezes maiores que as do Maine, enquanto as da região inteira do sul eram quase duas vezes mais altas que as do nordeste. Uma vez mais, essas diferenças pareciam se dever mais à influência do conservadorismo racial do que ao neoliberalismo. Lacy observa, como eu, que o neoliberalismo só adquiriu vantagem nos países (anglos) liberais. Ela observa quão excepcional foi o aumento repentino na taxa americana, que ficou quase quatro vezes mais alta que a do próximo país em sua amostra (Polônia). As taxas de muitos países são muito mais baixas e têm estado estáticas ou subiram apenas levemente. A Grã-Bretanha viu um aumento mais substancial, tendo a taxa mais alta entre os europeus ocidentais. No Reino Unido, criminosos relacionados a drogas eram cerca de um terço da população carcerária e a taxa de encarceramento de negros é três vezes a de brancos, sugerindo ainda que ameaças de raça, imigração e drogas estavam alimentando o aumento, não o neoliberalismo (Bewley-Taylor et al., 2009). Wacquant (2009: cap. 9) sugere que o neoliberalismo também permeou a política penal francesa. Todavia, as evidências que ele produziu dizem respeito somente à promoção de ideias liberais por alguns grupos de pressão e não quaisquer mudanças na política. Lacy mostra que as taxas de encarceramento francês permaneceram baixas e estáticas. Wacquant diz que os países anglófonos da Commonwealth também compartilhavam altas taxas de encarceramento e o neoliberalismo (2009: 305). Todavia, de fato, as taxas de encarceramento australiano, canadense e neozelandês permaneceram muito baixas. Parece que somente a terra de Thatcher segue a de Reagan na política penal. Mas os dois países partilhavam um conservadorismo e um neoliberalismo raciais, e parece que o primeiro teve a maior influência na política penal.

Thatcher e Reagan permaneceram no poder até, respectivamente, 1990 e 1988. Eles reduziram impostos sobre os ricos. Reagan desregulamentou, e seus indicados no judiciário, notadamente os neoliberais Robert Bork e Richard Posner, despedaçaram as leis antitruste (Crouch, 2011). Thatcher privatizou, liberalizou fluxos de capitais, introduziu legislação que incapacitou sindicatos, e introduziu mais concorrência e mais métricas capitalistas (custo-benefício, balanço final etc.) na alocação do financiamento governamental. O que se tornou conhecido como governança de auditoria (*audit governance*) buscou intermediários para mecanismos de mercado nas administrações públicas e sem fins lucrativos, que tiveram o efeito paradoxal de torná-las mais centralizadas e hierárquicas, controladas por contadores substitutos (Peck & Tickell, 2002: 387). Introduzir contabilidade empresarial na provisão de serviços sociais ao cidadão é também um passo na subordinação do poder político ao econômico. Ambos os políticos ajudaram a criar uma prosperidade econômica temporária que depois diminuiu, e ambos aumentaram a desigualdade, uma vitória do capital sobre o trabalho. Thatcher diminuiu levemente o Estado britânico. O gasto público era 43% do PIB quando ela chegou ao poder. Caiu para 39% quando saiu em 1990, principalmente devido às grandes vendas da indústria pública e da habitação. Mas em 1995 estava de volta ao nível de 1979. Com certeza, a proporção na verdade aumentou nos Estados Unidos durante o governo de Reagan devido aos grandes aumentos de gastos com o exército. Esses dois guerreiros frios foram também ajudados por suas vitórias militares. Os americanos acreditavam que Reagan derrotara o império mau, enquanto a Dama de Ferro levou a Grã-Bretanha à vitória na Guerra das Malvinas/Falklands, ambas incentivos do poder militar indireto para o neoliberalismo. Em termos de poder político, seus partidos de oposição se mostraram incapazes de elaborar uma alternativa coerente. Na Grã-Bretanha o Partido Trabalhista cindiu e um Partido Social Democrático se separou em 1981. Isso e a vitória militar de Thatcher tornaram os trabalhistas inelegíveis por uma década.

O neoliberalismo fez progressos menores em muitos outros países. Todavia, uma de suas políticas, a privatização de companhias de posse pública, espalhou-se globalmente. Isso se deveu parcialmente às relações de poder político. Indústrias nacionalizadas constituíam 12-15% do PIB na Europa. Alguns eram geridos ineficientemente e exibiram algumas das fraquezas das grandes burocracias. Todavia, sua venda poderia também aumentar a receita para aliviar orçamentos governamentais problemáticos na fase do déficit orçamentário. Quando isso começou, Harold Macmillan, o primeiro-ministro britânico, que era de uma família de classe alta, chamou isso "vender a prata da família". Thatcher também pensava que a privatização enfraqueceria os sindicatos de trabalhadores e transformaria as pessoas comuns em acionistas, levando-as a apoiarem o capitalismo e o Partido Conservador. Estrategistas republicanos pensavam do mesmo modo. Outros governos da direita que compartilhavam com esses motivos fizeram o mesmo, mas depois os membros da esquerda se juntaram, acolhendo o novo fluxo de receita em um período de déficits. A França e os países nórdicos se tornaram especialmente prolíficos nas privatizações. No novo século, as empresas públicas da Europa eram apenas 7-8% de seu PIB.

As primeiras privatizações no sul foram no Chile do General Pinochet em 1973-1974, embora no início tenha sido principalmente de companhias nacionalizadas pelo governo socialista anterior de Allende. Com a ajuda de seus "Garotos de Chicago", Pinochet depois privatizou a Previdência Social em 1981 e mais companhias públicas em meados da década de 1980. Na década de 1990, uma onda de privatizações engolfou a América Latina e o ex-bloco soviético, com ondas menores se espalhando em partes da Ásia e da África. Economistas dizem que a privatização usualmente gerava mais eficiência, mas no sul, e especialmente nos países muçulmanos e na ex-União Soviética, muitas vezes não foi de modo algum realmente neoliberal, nem a entrega do poder ao mercado, mas, pelo contrário, a entrega dos recursos anteriormente públicos às redes de clientes do regime governante. Isso não foi capitalismo de livre-mercado, mas "capitalismo politizado", no qual o acesso ao Estado concedia a posse de corporações privadas. Companhias estrangeiras também adquiriram muitos desses ativos. Por essas razões, a privatização raramente foi popular no sul, e a difusão global da democracia tendeu a diminuí-la. Após 2000, companhias públicas ainda constituíam cerca de 20% dos investimentos globais (López de Silanes & Chong, 2004; Sheshinski & López-Calva, 2003). Todavia, a motivação da privatização foi geralmente aclamada como um sucesso neoliberal, e certamente retirou a intervenção do Estado ao redor do mundo, mesmo que somente algumas vezes tenha levado a eficiências do mercado competitivo. Contudo, não podemos culpar os neoliberais pelas perversões de suas ideias na prática. Financeirização, privatização e independência dos bancos centrais foram as partes da ofensiva neoliberal das quais poucos países ficaram imunes. Os estados perderam o controle de suas taxas de juros e o poder para desvalorizar suas moedas periodicamente (para muitos dos europeus isso foi também uma consequência de terem se juntado à moeda comum do euro). Contudo, em outras esferas as conquistas neoliberais foram muito menos completas. Em 1994, a OCDE primeiro se comprometeu em reduzir os direitos trabalhistas a fim de aumentar a flexibilidade do mercado de trabalho, mas depois recuou. A União Europeia se comprometeu com um acordo, equilibrando o aumento da concorrência com um estatuto que garantia direitos sociais.

Análise comparativa de regimes de bem-estar social e desigualdade

Crescimento e produtividade baixos e aumento do desemprego provocaram recessão, enquanto a exportação de postos de trabalho na manufatura para países pobres aprofundou o desemprego, cujos custos de segurança se tornaram insuportáveis. Tendências demográficas também aumentaram as despesas governamentais à medida que a educação superior se expandiu e a população envelheceu, majorando pensões e custos médicos. Essas forças atuaram como uma tesoura geracional, uma vez que menos trabalhadores tinham de manter um número maior de jovens não produtivos e pensões de aposentadoria. A Alemanha tinha sete trabalhadores mantendo um pensionista em 1980, mas isso baixou para três em 2010. À medida que os estados amadureceram, mais pessoas se tornaram qualificadas para mais benefícios. Essas pressões não resultaram do neoliberalismo nem da globalização, e somente algumas inclusive foram de origem econômica. Mas sobrecarregaram o Estado neokeynesiano, provocando crise fiscal em todo o norte durante a década de 1980 (Pierson, 1998; 2001; Angresano, 2011). Para que os governos evitassem uma carga de endividamento esmagadora, teriam de cortar o gasto governamental ou aumentar a receita com impostos. Usualmente, aumentos de impostos eram considerados politicamente impossíveis. Assim, o gasto tinha de ser cortado e itens de seguridade social eram a maior parte dos orçamentos governamentais. A pressão foi sobre o Estado de Bem-estar Social e sobre os partidos de centro-esquerda que o haviam liderado. Alguns cortes foram feitos em toda parte (Huber & Stephens, 2001). Isso deu aos neoliberais a impressão de que sua hora havia chegado. O colapso da União Soviética e o movimento da China para reformas de mercado só aumentaram essa crença.

A esquerda enfraqueceu em muitos países avançados. Foi grandemente prejudicada pelo declínio da sindicalização que ocorreu a partir da década de 1980, espelhada em alguns países em desenvolvimento na década de 1990. As taxas de afiliação sindical de mulheres aumentaram, mas a afiliação de homens e jovens declinou mais. Sindicatos do setor público se mantiveram estáveis, mas os sindicatos do setor privado declinaram enormemente. A militância também declinou e as greves praticamente desapareceram em alguns países. A desindustrialização no norte foi a principal causa, motivada pelo desejo dos empregadores de baixar custos diminuindo salários e de evitar os sindicatos de trabalhadores movendo-se para países menos desenvolvidos, no que David Harvey e Beverly Silver chamaram o conserto espacial para o conflito de classes. Isso deixou poucos trabalhadores nos setores de força sindical tradicional no norte. Inversamente, esses postos de trabalho se expandiram em países em desenvolvimento, mas a resistência dos trabalhadores às suas formas duras de exploração da força de trabalho levou tempo para se desenvolver. Veremos no capítulo 8 que essa resistência está atualmente aumentando no que se tornou o país industrial líder do mundo, a China.

No norte, contudo, embora os trabalhadores em setores em expansão como transporte e serviços públicos tivessem mantido ou aumentado seus poderes coletivos, a nova revolução *high-tech* centrada nas indústrias de comunicações eletrônicas não era de trabalho intensivo, enquanto o setor de serviços privado em expansão tinha estabelecimentos menores, emprego mais casual e flexível e, com isso, menor sindicalização. A expansão foi de dois tipos de trabalho bem diferentes: trabalhadores bem-formados em escritórios, especialmente em serviços financeiros, e trabalhadores de baixo nível, muitas vezes casuais, no setor de serviços privado. O operariado coletivo identificado por Marx como o portador da revolução, a força de trabalho interdependente da grande fábrica, estava dando lugar no norte do mundo à estação de trabalho individualizada do escritório e ao trabalhador isolado de serviços pessoais. A exportação de postos de trabalho no setor de manufatura e de tecnologias de redução da necessidade de mão de obra em indústrias recentes também significava que o desemprego, especialmente o desemprego de longo prazo, subira, enquanto a inflação caíra. Ambas as tendências enfraqueceram mais os sindicatos (Silver, 2003: 97-123, 130; Ebbinghaus & Visser, 1999; Visser, 2006). Os políticos concluíram que havia menos necessidade de aplacar os sindicatos. Com o colapso do comunismo havia também menos pressão eleitoral sobre socialistas da extrema-esquerda. A pressão parecia ser somente da direita, e, assim, partidos ostensivamente da esquerda se moveram para o centro, como os partidos britânico e americano fizeram. De fato, Mudge (2011) mostra que eles adotaram uma retórica bastante neoliberal, embora menos do que os partidos conservadores. O socialismo em todas as suas facetas estava em crise em todo o lugar, e sua ofensiva freada por essas mudanças estruturais.

A opinião pública também mudou, embora de um modo diferente. Dados pesquisados em vinte países desenvolvidos revelam que não houve declínio no apoio a programas econômicos de esquerda, mas uma importância maior da retórica conservadora moral e nacionalista, um sinal do mal-estar no norte. Partidos de direita defendiam o nacionalismo, a moralidade conservadora e a ordem pública, e isso atraiu muitos trabalhadores. Sentimentos anti-imigração europeus se entremearam ao nacionalismo cultural, e visões de dupla face do Estado de Bem-estar Social emergiram. Embora muitos ainda favorecessem, em princípio, a redistribuição econômica, muitos também viam o bem-estar social como transferindo riqueza das pessoas comuns trabalhadoras como elas para parasitas do bem-estar social (muitas vezes imigrantes) apoiados por burocratas governamentais improdutivos. De um modo geral, a correlação entre classe e votação não declinou (Houtman et al., 2008: caps. 4 e 7; Manza et al., 1995), mas o populismo de direita se fortaleceu, e partidos de esquerda se moveram para o centro, tornando improváveis outros impostos progressivos ou programas de bem-estar social.

Esse foi o final do longo período pós-guerra do grande acordo de classe liderado pela centro-esquerda. O poder dentro do capitalismo estava se tornando mais assimétrico, uma vez que a organização da classe trabalhadora permanecia no nível do Estado-nação individual, e também declinava, enquanto a classe capitalista se tornava mais globalmente organizada. Essa assimetria fortaleceu neoliberais, capitalistas e conservadores. Parecia os últimos dias da classe trabalhadora. Na verdade, a desigualdade começou a se ampliar em muitos países avançados. No período de 1980 a 2000 os coeficientes Gini de desigualdade aumentaram em cerca de 70% dos vinte e quatro países da OCDE. Esse foi o ponto alto do neoliberalismo. Eles aumentaram mais nos países anglófonos, como veremos, mas poucos países foram completamente imunes. Depois, ao longo do período de meados da década de 1990 a meados da década de 2000, não houve padrão geral. Não houve mudança significativa em metade dos países, enquanto os coeficientes Gini aumentaram em um quarto dos países e caíram em um quarto (OECD, 2008). Talvez a ofensiva neoliberal tenha chegado ao auge.

Não houve uma resposta uniforme à crise, como revela a comparação de Prasad (2006) do Reino Unido, Estados Unidos, França e Alemanha. Os dois países anglos (como vimos no volume 3, capítulo 9) tinham impostos progressivos combinados com benefícios de bem-estar para a população de baixa renda voltados aos pobres. Os ricos pagavam mais pelo bem-estar dos pobres, mas as classes trabalhadora e média empregadas também pagavam algo. Como as pessoas comuns acreditavam que a adversidade também as poderia atingir, tinham um grau de empatia pelos beneficiários do bem-estar social. A solidariedade popular, que a esquerda chamava solidariedade de classe, embasou os estados de bem-estar social. Mas o próprio sucesso do neokeynesianismo ao longo das décadas de 1950 e 1960 promoveu grupos de renda média para faixas tributárias mais altas e estendeu a carga fiscal para posições inferiores da estrutura de classes. Quando a recessão ocorreu na década de 1970, a carga aumentou. Agora, as pessoas se tornavam mais receptivas às visões conservadoras da "dependência do bem-estar social" pelos "parasitas inúteis" – nos Estados Unidos com tons raciais. Prasad observa que a principal base eleitoral da ascensão de Thatcher/Reagan estava entre trabalhadores manuais qualificados e trabalhadores de colarinho-branco inferiores, os mais prováveis a mudarem seus votos para a direita nas eleições de 1979 e 1980. A classe trabalhadora foi dividida ao meio. Nos Estados Unidos, os homens brancos trabalhadores estavam cada vez mais abandonando sindicatos de trabalhadores e o Partido Democrata. A questão não era tanto o fato de França e Alemanha terem mantido uma classe trabalhadora mais poderosa, mas que tiveram menos impostos progressivos e menos benefícios de bem-estar social direcionados. Portanto, as classes médias recebiam benefícios iguais ou mais do que os trabalhadores e, assim, tiveram uma participação no Estado de Bem-estar Social. Desse modo, a despeito dos imigrantes e das atitudes de tom racistas aos "parasitas", reduzir o Estado de Bem-estar Social atacaria muitas pessoas, não apenas os pobres. Havia menos incentivo para políticos exigirem isso. A solidariedade popular em vez da de classe importou aqui.

Isso pode ser visto como meramente pospondo a consequência. No começo do século XXI, políticos do Partido Democrata Social alemão, buscando resolver a crise fiscal de déficits, desafiaram a opinião pública hostil e introduziram grandes reformas de bem-estar, o que, em geral, liberalizou ao reduzir benefícios, especialmente para os desempregados e para os idosos, embora isso fosse parcialmente contrabalançado por benefícios mais generosos para as famílias. Hinrichs (2010) diz que as reformas combinaram elementos dos modelos de bem-estar social nórdicos e anglófonos, encerrando, com efeito, o modelo bismarckiano tradicional da Alemanha. Outro programa de reformas foi abandonado, e os benefícios para os desempregados foram aumentados. Isso se deveu à pressão da opinião pública e ao surgimento de um partido que desafiava o Democrata Social em alguns de seus centros. O conflito em torno do bem-estar social ainda está em curso.

Todavia, Streeck (2009) vê um processo de liberalização, "um declínio no controle centralizado e na coordenação autoritativa", que se estende na indústria alemã nos cinco grandes setores da atividade econômica: negociação coletiva, sindicatos e associações de empregadores, corporativismo de bem-estar social, finanças públicas e governança corporativa. Um resultado, ele diz, é a estagnação salarial com ampliação da desigualdade. Ele diz que o processo começou antes da unificação alemã e não se deveu basicamente às pressões globais ou a ideias neoliberais. Tem a ver principalmente com pressões fiscais e com a inabilidade do antigo modelo corporativista alemão em lidar com mudanças estruturais na economia, quando o crescimento de um setor de serviço supera em tamanho a força manufatureira tradicional da Alemanha, quando as indústrias necessitam de uma produção e métodos de trabalho mais flexíveis e quando a própria diversidade da economia alemã aumenta. Ele pensa que esse é um processo de exaustão institucional – de instituições corporativas que terminam se sabotando. Mas há um lado negativo, e não apenas para os pobres que perdem para elas. A estagnação salarial e o aumento do desemprego e da desigualdade têm o efeito de reduzir a demanda agregada na economia, além de adicionar problemas fiscais, uma vez que as contribuições para o bem-estar social dependem basicamente do nível de emprego e salários. Como há uma esquerda ativa na Alemanha oferecendo mais políticas keynesianas, o país pode não continuar nesse caminho de liberalização.

A França é um caso diferente. Sob muitas pressões, incluindo o neoliberalismo, abandonou os controles de capitais, depois desnacionalizou radicalmente as indústrias, introduziu mais flexibilidade no mercado de trabalho e tornou a demissão de trabalhadores mais fácil. Todavia, tanto governos socialistas como gaullistas também introduziram medidas para compensar aqueles que provavelmente sofreriam com essas políticas, sob a forma de reabilitação profissional, programas de aposentadoria antecipada e a expansão do sistema de saúde, creches e subsídios para a habitação. No final do século, a França estava gastando 30% do PIB em programas sociais, mais do que qualquer outro país, exceto os nórdicos, o dobro do que os Estados Unidos gastavam e seu nível de desigualdade de modo algum havia se ampliado (Evans & Sewell, 2011; Levy, 2005; Palier, 2005). No começo da década de 2000, Nicholas Sarkozy defendeu brevemente remédios anglo-saxões para a França, mas, quando eleito presidente, mal pôde mordiscar as bordas do Estado de Bem-estar Social altamente protetor da França. Quando a Grande Recessão Neoliberal se deu, ele começou a atacar o "modelo econômico anglo-saxão".

A noção de *solidarité* ainda domina a política de bem-estar social francesa – estamos todos nisso juntos. Em 2004, o governo ficou preocupado o bastante com a depleção de fundos para pensões públicas que acrescentou um dia sem pagamento para todas as pessoas empregadas, pagamento esse transferido para o fundo nacional de pensão. Esse dia é chamado *la journée de solidarité*, o dia da solidariedade, pessoas trabalhando mais para o benefício dos doentes e idosos. A França ainda não introduziu as reformas que são provavelmente necessárias para resolver suas crises fiscal e de desemprego (Angresano, 2011: cap. 5), mas o desencantamento popular na França e em outros lugares com o que é visto como o neoliberalismo da UE restringe as opções. Embora parlamentos nacionais continuem a ratificar seus tratados intensificados, todos menos um dos referendos organizados de 2002 a 2008 os rejeitaram – na França, Holanda, Irlanda, Dinamarca e Suécia (Espanha foi um caso anômalo) – e cinco outros referendos foram cancelados pelos políticos por medo dos votos "não". As elites favoreciam uma intensificação da UE, mas o povo não. A principal razão para isso era o medo das pessoas comuns de que, embora poderem exercer algum grau de controle democrático sobre seu próprio Estado-nação, a UE parecesse distante e além de seu controle. Duas áreas políticas muito diferentes provocaram isso, o suposto neoliberalismo econômico da União Europeia e a crescente imigração de estrangeiros de países recém-admitidos e de outros lugares que a ampliação da União Europeia trouxe.

Se ampliarmos nossa perspectiva a todos os países avançados, os três regimes de bem-estar social de Esping-Andersen – que renomeei como anglo, nórdico e euro – nos ajudam a dar algum sentido às diferenças internacionais, embora não sejam estáticos, mas tenham trajetórias de desenvolvimento ou declínio. Sob pressão fiscal, todos mudaram. Todos os países operavam políticas fiscais deflacionárias quando foram atingidos pela recessão. Todos encontraram modos de reduzir os orçamentos governamentais, incluindo cortes no bem-estar social. Mas facilmente os maiores cortes foram nos anglos. Os dois sistemas de bem-estar social da Austrália e Nova Zelândia foram especialmente destroçados nas décadas de 1980 e 1990 (Huber & Stephens, 2001; Swank, 2002: cap. 6; International Government Office [ILO], 2008; Kato, 2003: 133-156; Starke, 2008)[7]. Os anglos tinham tradições liberais de economia clássica e individualismo moral. Em contraste, o neoliberalismo na Europa continental foi emudecido pelo acordo Democrata-cristão/Social-democrata. Seu neoliberalismo moderado, "ordo-liberalismo", ou o mercado social, foi muito pragmático e usualmente mantinha as proteções estatais (Mudge, 2008: 710-718). Prasad descarta essas explanações culturais ao observar que a economia pelo lado da oferta não era

---

7. Austrália e Nova Zelândia dependem muito das exportações de matéria-prima e produtos semiacabados. Eles foram atingidos quando a Grã-Bretanha entrou na UE e por um declínio nos preços das matérias-primas. O desemprego disparou, e houve sérias crises fiscais. Por isso, envolveram-se nos primeiros grandes cortes nos orçamentos de bem-estar social (Castles, 1998: 32-34; Starke, 2008). A pressão sobre os dois países terminou quando o crescimento econômico chinês aumentou a demanda por suas matérias-primas.

influente entre os políticos. Mas o neoliberalismo é mais profundo do que a economia. Para Thatcher, reduzir o Estado e os sindicatos de trabalhadores, vender indústrias nacionalizadas, reduzir impostos e permitir aos inquilinos de moradias públicas a comprarem suas casas representavam uma sociedade mais livre. Líderes políticos anglos diziam que privatizaram, atacaram sindicatos e remendaram códigos tributários para conquistar a liberdade. Essa ideologia ressoou poderosamente nos países com tradições liberais, mas não tanto nos nórdicos ou euros.

Ela se espalhou pelo espectro político anglófono. O Novo Partido Trabalhista de Blair adotou políticas orientadas ao mercado, como os Novos Democratas de Clinton. Suas "terceiras vias" declaravam que os cidadãos individuais tinham responsabilidades assim como direitos – direitos eram condicionais, não universais. Na reforma de bem-estar social de Clinton, o trabalho se tornou compulsório mesmo para pais solteiros em troca de assistência financeira temporária, que não poderia durar mais de dois anos (cinco anos ao longo de uma vida). Isso e exigências de elegibilidade severas diminuíram pela metade as listas de bem-estar social, embora muitos dos que foram excluídos continuassem na pobreza, afligidos por problemas crônicos de creche, acesso a assistência médica, precarização salarial e classificação descuidada feita por funcionários sobrecarregados (Handler, 2004). Os Novos Trabalhistas de Blair despolitizaram a regulamentação estatal, de modo que novas regras parecessem resultar de pressões de mercado. O Banco da Inglaterra estabeleceu taxas de juros altas e valores altos da libra para agradar os mercados, e o governo não poderia ser culpado pela consequente pressão para baixo sobre os salários, embora o setor público fosse gerido por métodos impessoais de cálculo de custos (Burnham, 2001). Os partidos trabalhistas da Austrália e da Nova Zelândia introduziram políticas de conformidade ao mercado no comércio, privatização e reforma de bem-estar social (Swank, 2002: cap. 6; Starke, 2008: cap. 4). Blair foi influenciado pelo primeiro-ministro australiano Paul Keating e pelos *rogermonics** da Nova Zelândia. Novas noções de melhores práticas se difundiram livremente entre os anglos. Elites políticas na Austrália e Nova Zelândia muitas vezes recebem sua formação superior no Reino Unido, enquanto os canadenses vão tanto para os Estados Unidos quanto para o Reino Unido.

Se a teoria neoliberal está correta, seriam necessários cortes maiores nos estados de bem-estar mais caros. Todavia, o contrário ocorreu. Os maiores redutores foram os já mínimos anglos. Outros cortaram apenas nas margens, com pouco impacto regressivo. Os países nórdicos não abandonaram os direitos a be-

---

* O termo *Rogernomics* (uma palavra-valise de "Roger" e "economics") foi cunhado por jornalistas na revista *New Zealand Listener* por analogia com o termo *Reaganomics* para descrever as políticas econômicas seguidas por Roger Douglas após sua nomeação em 1984 como ministro das finanças no Quarto Governo Trabalhista da Nova Zelândia. [N.T.]

nefícios universais; os euros se afastaram um pouco de seus sistemas de direitos universais, mas de *status* desiguais. Um estudo comparativo entre eles (Palier, 2010) revela algumas reformas liberalizadoras, incluindo mais benefícios voltados especificamente para os pobres como pensões não contributivas do tipo rede de proteção. Essas lhes economizaram dinheiro, assim como aumentar a idade para aposentadoria, e as pessoas são também encorajadas a aderirem a esquemas de pensão privada. Mais deles se moveram um pouco na direção do dualismo, ou, como um dos autores de Palier coloca, do "universalismo seletivo". Como a Alemanha, muitos países euros emprestaram programas dos nórdicos e dos anglos, com serviços de saúde baseados nos cidadãos e não no direito ao emprego (embora esse seja o padrão britânico também). Exceto por economizar dinheiro, não se parece muito com um padrão geral entre os euros (Palier, 2010). Angresano (2011) mostra que programas de reformas relativamente bem-sucedidos na Suécia e nos Países Baixos chegaram a consenso por meio da introdução de reformas pragmáticas graduais que não ameaçavam os princípios básicos de seus programas (ele diz que as reformas neozelandesas fizeram isso também, embora ao custo de desigualdade e pobreza maiores). Ambições neoliberais emergiram em muitos países, mas reduzidas diante da oposição popular. Reformadores franceses e italianos foram frustrados desse modo. O Partido Moderaterna sueco conquistou o poder em 1991, mas já havia abandonado a maior parte de seu programa neoliberal, tendo se apercebido de quão popular era o Estado de Bem-estar Social. Os democratas sociais depois retornaram ao poder e fizeram cortes menores para equilibrar o orçamento. Quando os neoliberais retornaram ao poder em 2006, cortaram programas e impostos levemente e alegaram estar comprometidos com impostos mais baixos no longo prazo, mas, se o Estado de Bem-estar Social permanece inviolável, é difícil ver como. Como o Partido Venstre neoliberal dinamarquês, voltaram-se, em troca, para uma *Kulturkampf* focada no declínio moral, nacionalismo e no combate aos imigrantes para conquistar votos (Lindbom, 2008). Os nórdicos e euros perceberam uma crise no bem-estar social e não foram mais adiante. As pressões fiscais permaneceram, e, se os níveis de desemprego da Grande Recessão continuassem, eles intensificariam.

O equivalente europeu do *workfare* foi a ativação do programa, no qual os candidatos ao bem-estar social tinham de entrar em contratos individuais acordados com funcionários responsáveis por seus casos: trabalhadores que buscassem emprego, enquanto os funcionários responsáveis os ajudariam e lhes concederiam benefícios temporários. Mais postos de trabalho também foram criados com subsídios governamentais. Um excesso de casos, similar ao que ocorria na força de trabalho americana, forçou os funcionários a fazerem seleções descuidadas dos desempregados a fim de dedicar mais tempo aos casos merecedores (Peck, 2001; Handler, 2004). O sistema sueco forneceu o modelo para a estratégia de emprego da UE de 1998, o que impôs o dever aos desempregados de participarem dos programas de mercado de trabalho após um determinado período de desemprego. Mas diferente dos Estados Unidos, os países europeus pagavam benefícios de desemprego de curto prazo mais altos, e assistência social menor com duração mais longa do que os programas americanos. A experiência euro é que a ativação de programas baixaram as taxas de desemprego, embora ao custo de reforçar o dualismo, pois os empregos criados desse modo usualmente tinham salários e benefícios baixos (Palier, 2010: 380-383). Mas, uma vez mais, se a Grande Recessão durar muito mais, esses programas estarão sob uma pressão maior.

Os nórdicos e os euros mais ao norte diferiram pelo fato de terem estados corporativistas nos quais capital e trabalho haviam atingido acordos vinculantes. Como essas estruturas são institucionalizadas, grandes corporações muitas vezes favorecem benefícios universais relacionados a emprego e políticas de mercado de trabalho, uma vez que reduzem a pressão da concorrência de indústrias de salários baixos – embora tenhamos visto o corporativismo alemão enfraquecer. Sob o sistema Ghent operando em vários países os sindicatos participaram do desembolso de benefícios relacionados a trabalho. Aqui, a afiliação sindical se mostrou de 20-30% melhor do que entre os anglos, onde benefícios são distribuídos por funcionários públicos e sindicatos são restritos a negociações de mercado descentralizadas (Western, 1993; Scruggs & Lange, 2002; Ebbinghaus & Visser, 1999; ILO, 2008; Huber & Stephens, 2001; Pontusson, 2005). Isso produziu poderes infraestruturais maiores sob a forma de acordos vinculantes para lidar com dificuldades econômicas e fiscais. Instaurou a resolução de conflito dentro do Estado e permitiu a *defesa* dos benefícios do bem-estar social, não sua extensão.

O conservadorismo da esquerda estava se entrincheirando, tentando congelar grande parte do sistema de bem-estar existente, dobrando-se um pouco às pressões fiscais, incapaz de fazê-lo avançar. O maior regresso foi um novo. Os imigrantes de fora da Europa Ocidental experienciaram mais desemprego, precarização e benefícios de bem-estar social restritos. Alemanha e Suécia também careciam de leis de salário-mínimo, o que não havia sido um problema em tempos de emprego pleno, mas agora isso colocava mais pressão sobre os pobres. Isso era parte da virada para a emergência de um mercado de trabalho dual nos países corporativistas. Trabalhadores nativos qualificados e sindicalizados mantiveram suas defesas, mas um mercado de trabalho casual crescente para trabalhadores menos qualificados e imigrantes significava menos direitos para eles. Essa tendência pareceu especialmente forte – ou talvez apenas especialmente chocante – na Alemanha. O racismo defensivo e mercados de trabalho dual obviamente enfraqueceram os movimentos da classe trabalhadora.

Os anglos tinham muito poucas proteções. Como a participação dos empregadores, sindicatos e o Estado anglos nas instituições de negociação permaneceu voluntária, eles podiam livremente se retirar delas. Quando Thatcher se recusou a convidar líderes sindicais para a 10 Downing Street, ela encerrou uma instituição de negociação com um golpe. Seus predecessores resolveram com frequência disputas industriais entre cervejas e sanduíches lá. Ela, depois, aprovou uma legislação restringindo direitos sindicais a greves. Todavia, acordos de negociação coletiva não declinaram nos países euros, com a notável exceção da Alemanha, e expandiram nos países nórdicos, nos Países Baixos e na França, onde aumentaram para 90% da força de trabalho em 2000[8]. Isso estava ocorrendo ao mesmo tempo que os avanços neoliberais na financeirização e privatização, revelando quão desigual era a pressão neoliberal. Em contraste, a cobertura de negociação declinou e todos os anglos – abruptamente no Reino Unido e na Nova Zelândia, de (respectivamente) 70 e 60% em 1980 para 30 e 25% em 2000. Em 2005, a densidade sindical australiana e irlandesa também havia caído abruptamente (Pontusson, 2005: 99; ILO, 2008: tabela 3.2, p. 82). Governos conservadores aboliram os tribunais de arbitragem da Nova Zelândia entre 1987 e 1991 e emascularam os da Austrália em 2006. Isso reduziu grandemente a singularidade anterior desses dois países e tornou os anglófonos mais semelhantes uns aos outros. Em todos os países anglos os conservadores puderam relançar conflitos de classe que se considerava resolvidos.

Essas diferenças macrorregionais foram refletidas nos níveis de desigualdade. Os anglófonos haviam estado entre os países mais igualitários na década de 1950, mas os nórdicos saíram na frente deles no final da década de 1960, e os euros na década de 1980. A partir da década de 1970, a desigualdade se ampliou muito entre os anglos, especialmente nos Estados Unidos, Reino Unido e Nova Zelândia, com menos mudanças em muitos países europeus. Uma nova tendência emergiu na Europa. Três países mediterrâneos, Grécia, Itália e Espanha, estavam alcançando os anglos em seu nível de desigualdade (Mann & Riley, 2007; Smeeding, 2002; Kenworthy, 2004; Pontusson, 2005: cap. 3; Alesina e Glaeser, 2005: cap. 4)[9]. Portanto, essas macrorregiões não deveriam ser reificadas. Elas mudaram ao longo do tempo. Todavia, empresas anglófonas também se tornaram dominadas pelo objetivo de maximizar o valor acionário e dar participações acionárias a altos executivos. Assim, renda e riqueza dispararam para o 1% do topo. A revolução gerencial, prevista por Berle e Means na década de 1940, havia finalmente quase chegado. Altos executivos nas empresas capitalistas anglos estavam agora pagando a si mesmos salários equivalentes à riqueza de seus rentistas predecessores. Mas o que Berle e Means não tinham antecipado foi que grandes acionistas estavam colaborando com eles, donos e controladores

---

8. Vários sociólogos afirmam que os sindicatos franceses são fracos devido à baixa densidade de afiliação (e.g., Prasad, 2006; Wilensky, 2002; Kato, 2005). Isso é equivocado. Na França, apenas militantes tendem a ser membros de sindicatos, mas as negociações coletivas cobre quase todos os trabalhadores, e, quando uma greve é convocada, membros e não membros aparecem.

9. Quando a União Europeia de 15 estados foi ampliada para cobrir os países do Leste Europeu, a desigualdade entre os países da UE se ampliou, uma vez que alguns aram agora muito pobres.

de capital unidos (ILO, 2008: caps. 1 e 2; OECD, 2008: figuras 1.1, 1.2 e cap. 8; Castles & Obinger, 2008; Atkinson et al., 2007)[10].

Um componente do aumento da desigualdade de classes é o aumento da igualdade de gênero. Isso foi mais longe nas ocupações de renda alta, onde é acompanhada por um aumento na formação de casais intraclasse. Homens de renda alta casam ou coabitam com mulheres de renda alta, aumentando grandemente sua renda familiar. Mais abaixo na escala de renda, mulheres trabalhadoras ganham menos do que seus companheiros, muitas vezes em trabalhos casuais e/ou de tempo parcial. Assim, suas rendas familiares quase não aumentaram. Além disso, os padrões de divórcio da revolução feminista têm sido inúteis para os pobres. Em vez de o divórcio ser mais comum entre as ocupações superiores, como no passado, é agora mais comum entre os níveis inferiores. Mães solteiras estão agora concentradas entre os pobres, e suas dificuldades em combinar trabalho com o cuidado das crianças as torna ainda mais pobres. Mas existem diferenças entre os dois lugares do feminismo maduro, os países nórdicos e os anglos. Em ambos, mais de 75% das mulheres trabalham em tempo integral ao longo da maior parte de suas vidas adultas, mas somente os nórdicos fornecem creches gratuitas, de modo que mães solteiras podem trabalhar em tempo integral, normalmente no setor público, por salários decentes. Assim, a desigualdade feminina é mais alta entre os anglos do que entre os nórdicos. Sob esse aspecto, os euros não são um grupo coerente, uma vez que as taxas de participação das mulheres são mais baixas, enquanto os países mediterrâneos não experienciaram ainda taxas ascendentes de divórcio como os pioneiros anglos e nórdicos (Esping-Andersen, 2011).

De um modo geral, a desigualdade de renda se ampliou mais onde os sindicatos se enfraqueceram mais e onde a negociação salarial foi mais descentralizada. O corporativismo nórdico e da parte norte dos euros protegeram um pouco. Os limites impostos pela confiança empresarial foram maiores em alguns países do que em outros. Impostos anglos também se tornaram muito mais regressivos à medida que os impostos sobre as faixas de renda mais alta e sobre corporações foram reduzidos. A redistribuição não era mais uma prioridade alta de seus sistemas de impostos. Na Grã-Bretanha, "o sistema de impostos passou a ser considerado uma fonte em vez de um remédio para distorções no mercado", enquanto a previdência social se tornou um problema para a eficiência econômica mais do que uma solução para a pobreza (Kato, 2003: 85, 89; cf. Starke, 2008: 87). Como os anglos dependiam mais de impostos para realizar a redistribuição,

---

10. Neoliberais por vezes argumentam que o crescimento da desigualdade, especialmente nos cortes de impostos para os ricos, resulta de pagarem uma proporção mais alta dos impostos americanos. Isso é verdade, mas somente em um sentido negativo. Os ricos pagavam mais impostos porque taxas de impostos mais baixos para eles aumentavam seus números. Os ricos pagam mais impostos porque ganham mais, os pobres pagam menos impostos porque ganham menos, e o número dos ricos permanece menos do que 1% da população.

seu nível de desigualdade pós-impostos e pós-transferências aumentaram mais. Nos países nórdicos cristãos sociais do norte, a desigualdade pós-impostos e transferências ampliou menos do que as desigualdades de renda no mercado (ILO, 2008: tabela 2.2, p. 53, 136-139; Castles & Obinger, 2008; Kato, 2003; Mahler & Jesuit, 2006; OECD, 2008: figura 4.4). Steinmo (2010) enfatiza o contraste entre transferências pós-impostos na Suécia e nos Estados Unidos. O gasto social geral é um terço mais alto na Suécia do que nos Estados Unidos. Mas as transferências pós-impostos são duas vezes mais altas na Suécia. O sistema tributário sueco é simples: tributa todos (incluindo os beneficiários do bem-estar social); todavia, redistribui para os pobres. Em contraste, os impostos americanos são complexos, envolvendo numerosas concessões e isenções, cujo efeito é redistribuir de um modo oculto para as classes média e alta.

Vimos que diferenças macrorregionais permaneceram importantes durante o período, embora em uma extensão reduzida. Como observei persistentemente que um país ou outro não se conforma ao seu tipo macrorregional, estados-nações também permanecem distintos. Embora Harvey esteja correto ao afirmar que o período de maior poder neoliberal viu redistribuição na direção das classes mais altas, isso não foi muito universal. Muitos estudiosos anglófonos (que dominam esses debates) tendem a pensar que sua experiência local é típica do mundo. Não é – ao menos não ainda. E, portanto, a quarta tendência era que os Estados Unidos se tornaram extremo no norte – embora equiparado no mundo em termos de desigualdade por ex-países comunistas. Discuto mais a desigualdade americana no capítulo 11, uma vez que desempenhou um papel importante na Grande Crise Neoliberal de 2008.

Eficiência e igualdade

Contudo, a desigualdade crescente pode ter sido uma coisa boa. Os neoliberais veem compensações entre eficiência e igualdade: igualdade demais reduz inventivos, regulamentação e negociação coletiva demais são um dreno nos empregadores, gasto estatal demais expulsa os investimentos privados. Membros pessimistas da esquerda concordam, vendo pessimistamente uma corrida ao fundo do poço, enquanto os governos reduzem gastos e regulamentação para atrair investimentos. Ambos veem a eficiência capitalista, e especialmente a "confiança empresarial", impondo limites estritos aos estados. Os mercados prosperam, afirmam os neoliberais, e a confiança empresarial será mais elevada quando os mercados estiverem liberados. O mundo convergirá para o modelo liberal – usualmente o americano –, ou fracassará, como prossegue o argumento.

Nesse cenário de eficiência, deveria haver efeitos de gotejamento (*trickle-down effects*) dos programas neoliberais que após um tempo começassem a reduzir a incidência da pobreza. Brady (2009) examinou dados em dezoito países da OCDE. Como muitos outros, ele acha que a generosidade do bem-estar social está correlacionada à força da esquerda política. Ele mostra, não inesperadamente, que existe um pequeno efeito de crescimento econômico na taxa de pobreza: o crescimento reduz a pobreza. Mas esse efeito é muito menor do que aquele da intervenção governamental nos mercados, especialmente através de programas de bem-estar social, que reduzem muito mais a pobreza. Ele também mostra que a produtividade dos trabalhadores e os recursos de capital humano quase não tiveram impacto no nível de pobreza. Parece que se quiser reduzir a pobreza, você não confia nas forças do mercado; o governo deve tratá-la diretamente, e os governos de esquerda o fazem.

No cenário neoliberal, a taxa de crescimento dos países com mais igualdade e estados de bem-estar social maiores deveria também ser menor. Mas esse não é o caso, seja no Ocidente, na Ásia ou na América Latina (Amsden, 2001). Lindert (2004: caps. 10-14) mostrou que gastos sociais e impostos mais altos não levaram a crescimento menor, contanto que os impostos fossem universais, simples, e destinados a estimular o crescimento. Swank (1992) mostrou que o gasto em bem-estar social mais elevado não levou a investimentos menores. Garrett (1998) mostrou que isso não tornou uma economia menos competitiva. Pontusson (2005) confirmou tudo isso com dados mais recentes. No volume 3, discuti as variedades de modelos de capitalismo, achando-os de alguma utilidade, a despeito de muitas variações entre países individuais. Entre 1960 e 1980, as Economias Sociais de Mercado (ESMs) da Europa se deram melhor economicamente do que as Economias Liberais de Mercado (ELM anglos), enquanto entre 1980 e 2000 não houve diferença significativa entre elas. Nesse estudo, os Estados Unidos só mantiveram o ritmo com o aumento do número de horas que as pessoas trabalham – os americanos suportam mais pressão e menos lazer por crescimento igual, não a opção mais desejável!

Iverson acredita que cada um dos dois sistemas tem vantagens comparativas. O nível elevado de investimentos em educação técnica nas ESMs e suas políticas ativas de mercado de trabalho deram aos jovens no extremo educacional inferior incentivos para trabalharem duro para entrarem em escolas e estágios profissionalizantes, dando "uma vantagem comparativa para companhias que competem em mercados onde há um adicional sobre a habilidade de desenvolver competências profundas nas tecnologias estabelecidas e para atualizar e diversificar continuamente as linhas de produtos existentes". Em contraste, diz Iverson, a educação bifurcada americana deu às companhias uma vantagem comparativa em serviços de baixa qualificação e produtos de alta qualificação e alta tecnologia, com maior flexibilidade de contratação e demissão e "alta receptividade a novas oportunidades de negócios e... rápidas estratégias de inovação de produtos" (Iverson, 2005: 14-15). Todavia, Streeck (2009) vê uma mistura das duas como sendo mais adequada à atual economia alemã.

Bradley e Stephens (2007) analisam as taxas de emprego em dezessete países avançados entre 1974 e 1999. Eles revelam que taxas elevadas de substituição de curto prazo de desemprego (i.e., seguro-desemprego alto), políticas ativas de mercado de trabalho e estruturas de negociação neocorporativistas (políticas nórdicas) são melhores para estimular os níveis de emprego, embora taxas de substituição de desemprego, impostos de previdência social altos e leis estritas de proteção ao desemprego reduzam o emprego agregado. Mas no desempenho educacional a inferioridade dos anglos é clara. Nelson e Stephens (2009) mostra que o desempenho dos anglos é muito pior que o dos nórdicos, com a maioria dos euros posicionados entre eles. Embora na década de 1950 Canadá e Estados Unidos liderassem o mundo em educação pública, na década de 1990 ficaram para trás. Particularmente danosa é uma medida da "alfabetização na era da informação" considerada necessária pela OCDE para o crescimento econômico futuro. Aqui, os anglos ficaram muito para trás (embora Canadá e Austrália menos). Aquelas universidades de elite americanas e britânicas de prestígio mundial são basicamente para as elites em vez de para as massas (cf. Iversen & Stephens, 2008; Hall & Soskice, 2001: 38-44; Estevez-Abe et al., 2001). As desigualdades de capital humano reforçam as desigualdades materiais – e a OCDE considera que isso limita o potencial de crescimento. É possível ter crescimento econômico mesmo privando 30% da população de cidadania social? Um modelo assim teria custos consideráveis.

Panic (2007) analisa o desempenho de sete países ao longo dos períodos de 1989-1998 e 1999-2004. De um modo geral, os anglos tiveram pior desempenho. Noruega e Suécia se posicionaram melhor em seu resultado agregado, que combinava cinco componentes de saúde econômica (crescimento do PIB, desemprego, preços ao consumidor, coeficiente Gini de desigualdade e balanças comerciais). Depois, vinham os Países Baixos e a Alemanha; em seguida, França; depois, no fim da lista, o Reino Unido e os Estados Unidos. Mas, diz Panic, bem-estar social e não crescimento econômico deveria ser o objetivo. Ele reúne onze medidas de bem-estar: três medidas de desigualdade, a taxa de pobreza, taxas de mortalidade, obesidade, analfabetismo, segurança econômica, tamanho da população carcerária e percepções de corrupção e confiança. Em nove das onze os Estados Unidos estavam pior posicionados. O Reino Unido se posicionou próximo ao último em oito das nove medidas. Suécia e Noruega foram melhores em todos exceto um (os suecos eram surpreendentemente obesos), seguidas pelos Países Baixos e Alemanha. Panic vê uma conexão entre bem-estar econômico e social: quanto mais compartilhada é a boa vida, maior a coesão social, e mais efetivamente as pessoas trabalharão – uma visão democrática social e não neoliberal de eficiência.

Kangas (2010) usa uma medida ainda mais direta de bem-estar: a expectativa de vida. Coletando dados para dezessete países da OCDE, ele mostra que, quanto mais alto o PIB *per capita*, mais longa as vidas dos cidadãos. Isso não é inesperado, embora o efeito diminua nos padrões mais elevados de vida. Mas ele encontra uma relação mais forte entre expectativa de vida e cobertura de Estado de Bem-estar Social universal. Direitos universais a bem-estar social são mais importantes do que o tamanho geral do gasto em bem-estar social – embora isso também melhore a qualidade de vida, segundo ele. É melhor ter uma cobertura mais ampla ou acesso universal à assistência do que ter benefícios mais generosos dirigidos apenas a alguns cidadãos. Estados de bem-estar social são bons para você, independentemente do que os neoliberais dizem.

Assim, no norte do mundo a virada neoliberal teve impactos variados no bem-estar social e na desigualdade. Teve maiores efeitos nos anglos, onde ressoou em meio a antigas ideologias liberais e instituições voluntaristas e onde pôde se aliar a conservadores e lucrar com mudanças no meio da estrutura de classes e com o declínio dos sindicatos de trabalhadores. Em outros lugares, pressões neoliberais não foram as mais importantes em forçar cortes orçamentários, e os resultados foram apenas parcialmente neoliberais. Democratas sociais e cristãos tentaram manter seu acordo histórico, embora se dobrando a algumas pressões fiscais. No todo, o neoliberalismo foi menos eficiente e também menos humano. Mas, para os estados mais infraestruturalmente poderosos do mundo, escolhas variadas permaneceram possíveis. Há mais do que um modo de operar o capitalismo. Os ricos se dão melhor no modelo anglo-americano; pessoas comuns, nos modelos europeus. A confiança empresarial é obviamente muito importante, mas poderia ir numa ou noutra direção: elites econômicas poderiam desejar ver suas próprias receitas imediatas aumentarem, ou poderiam preferir que seus negócios fossem bem-sucedidos graças à demanda de massa mais elevada. Como normas são influenciadas pelo ambiente, cada macrorregião pensava que seu próprio modelo era a versão natural do capitalismo e, assim, manteve suas próprias práticas institucionais (Hall & Gingerich, 2003: 22). Mas e quanto aos estados supostamente menos poderosos do mundo?

O sul: I. Programas de ajuste estrutural e depois deles

Até agora discutimos desigualdades dentro dos países no norte global. Como todos esses países possuem padrões muito similares de vida, a desigualdade entre países no norte não é grande. Certamente, a desigualdade global realmente grande é entre o norte e o sul. O desenvolvimento econômico no sul ainda não mudou esse grau de desigualdade. Considere Índia e China os países experienciando o maior crescimento. A pessoa média nos 5% superiores da população da Índia ganha quase o mesmo que a pessoa média nos 5% inferiores dos americanos, uma estatística incrível. Para a China, a lacuna absoluta no bem-estar social entre um americano médio e um chinês médio foi ampliada significativamente desde a explosão de crescimento da China. Os 10% mais ricos da população mundial (quase todos no norte) detêm 56% da receita global, enquanto os 10% mais pobres, apenas 0,7% (Milanovic, 2010: cap. 2). Parte do problema foi que o crescimento da China, Índia e outros estava ocorrendo na maré alta do neoliberalismo quando se considerava em grande medida que essa desigualdade fosse boa para o crescimento. Todavia, no sul os países com a menor desigualdade interna de fato tinham o maior crescimento, uma vez que isso produzia uma nação mais homogênea e coesa, oferecendo mais apoio às políticas governamentais de subsídios à exportação e a setores selecionados da economia (Amsden, 2001).

A força plena do neoliberalismo no sul foi sentida nos países que se endividaram nas décadas de 1970 e 1980. O aumento do preço do petróleo da Opep em 1973 inundou os bancos europeus e americanos de petrodólares e os bancos americanos recém haviam se liberado do investimento em notas do Tesouro. Isso gerou uma sobreacumulação, uma massa de riqueza líquida incapaz de encontrar vias suficientes de investimentos produtivos (finalmente, a explanação Hobson/Lenin do imperialismo poderia funcionar!). Agora, os bancos queriam emprestar aos países menos desenvolvidos, oferecendo-lhes taxas de juros baixas, permitindo-lhes tomar emprestado massivamente para financiar suas economias em queda sem ter de se mostrar merecedores de crédito. Depois, em 1979, o presidente do Federal Reserve, Paul Volcker, repentinamente triplicou as taxas de juros americanas, principalmente para combater a inflação no país. Outros países seguiram as taxas americanas ascendentes. O custo para reembolsar empréstimos aumentou e seguiu-se uma crise de endividamento. Quando um país está muito endividado, os limites impostos pela confiança dos investidores se tornam muito mais rígidos, correspondendo estreitamente à noção marxista de que estados modernos são dominados pelo capitalismo. Aqui, de fato, são.

O Banco Mundial e o FMI agora mudavam seu foco do norte para o sul. Seus programas de ajuste estrutural se tornaram a vanguarda de um imperialismo econômico ainda mais efetivo porque seus praticantes acreditavam sinceramente que fosse economia racional, boa para todos, encorajando a liberdade. Assim, resultou o neoliberal Consenso de Washington: os bancos ajudariam países endividados, concordando em reestruturar seus empréstimos em troca de um programa de austeridade de corte de gastos governamentais, impondo taxas de juros altas, estabilização da moeda, privatização de empresas estatais, abolição das tarifas, liberação dos mercados de trabalho das restrições sindicais e abertura dos mercados de capital interno e da propriedade de empresas nacionais a estrangeiros.

Isso foi reduzindo a soberania dos países pobres. A imposição dos termos de empréstimo enfraqueceria infraestruturas governamentais na saúde, educação e transporte e aumentaria sua dependência do norte. O Estado periférico permaneceu formalmente soberano e pôde, em princípio, rejeitar a oferta de empréstimo, embora a consequência pudesse ser a falência, futuras taxas de juros mais altas e mesmo a possível exclusão da economia internacional. Foi uma oferta que muitos países soberanos achavam que não poderiam recusar. O endividamento os havia enfraquecido.

Embora liderado pelos Estados Unidos, e beneficiando seus interesses empresariais, essa ofensiva foi do capital financeiro global apoiado por muitos estados do norte. O FMI e o Banco Mundial são organizações internacionais e transnacionais. Seus conselhos governamentais são compostos de representantes dos estados cuja influência depende de seu poder geopolítico e geoeconômico. Os representantes europeus estavam endossando políticas no exterior muito divergentes de sua economia política nacional. Mas eram também banqueiros, economistas e advogados corporativistas protegendo os interesses de seus amigos e relações. A política garantiria que seus empréstimos fossem pagos e poderiam adquirir ativos estrangeiros a preços baixos. A geopolítica também esteve envolvida. Os empréstimos do FMI e do Banco Mundial tendiam mais a ser concedidos, e as condições de empréstimo tendiam a ser menos impositivas, onde estados estavam muito endividados com os bancos americanos, receberam ajuda americana, ou votaram na ONU com os Estados Unidos – ou, na verdade, com a França (Oatley & Yackee, 2004; Stone, 2004). Os Estados Unidos foram o líder, mas todo setor financeiro do norte se beneficiou.

Os programas continham elementos com diferentes efeitos. Países em melhores condições foram capazes de pagar suas dívidas – e esse era o principal objetivo dos programas. Eles também promoveram a integração dos países na economia global, encolhendo déficits orçamentários e terminando com a hiperinflação – todos efeitos benéficos. O término da hiperinflação no Brasil na década de 1990 durante o governo do Presidente Cardoso foi uma precondição importante para o crescimento econômico posterior. Onde o Estado local era incompetente ou corrupto, reduzi-lo poderia também ser bom. Benefícios estatais de bem-estar social latino-americanos existentes não eram universais, mas reservados a um setor público privilegiado e a redes de patrões-clientes de regimes governantes. Reduzi-los pode ter clareado o caminho para o desenvolvimento posterior de programas mais universais. O neoliberalismo tinha virtudes e no início muitas elites do sul acreditavam que eram necessárias.

Todavia, a destruição de sindicatos, o encorajamento de mercados de trabalho mais flexíveis e a eliminação de tarifas protetoras da indústria nacional aumentaram as importações, o desemprego e a pobreza, reduzindo assim a demanda, redistribuindo dos pobres para os ricos, do trabalho para o capital e do capital local para o estrangeiro. Muitos se deram bem graças ao neoliberalismo, mas não as massas. Vreeland (2003; cf. Morley, 2001) calculou que a parcela de trabalho na renda nacional caiu uma média de 7% onde programas de ajuste estrutural do FMI foram implementados. As reformas financeiras também aumentaram os ingressos de capital estrangeiro de curto prazo, o que tendeu a desestabilizar a economia local, embora permitindo a empresas e bancos do norte comprarem ativos por preços baixos. Programas de ajuste estrutural e o nivelamento do serviço da dívida prejudicaram particularmente os sindicatos de trabalhadores em países menos desenvolvidos, reduzindo sua substancialmente afiliação (Martin & Brady, 2007). Isso foi completamente intencional, é claro. Foi uma mudança no poder do povo para os capitalistas.

O resultado final deveria ser o crescimento econômico, o que poderia no longo prazo justificar o que os neoliberais admitiam que fossem efeitos colaterais de curto prazo. Todavia, o crescimento raramente se materializava. Vreeland examinou 135 países que entre 1952 e 1990 estiveram sujeitos ao equivalente de mil anos de programas do FMI. Levando em conta variáveis intervenientes, quanto mais assistência do FMI receberam, pior foram. O custo da tutela foi em média 1,6% menos crescimento econômico por ano, uma quantidade substancial. Quando repetiu a análise sobre um conjunto de dados da década de 1990, obteve 1,4% menos crescimento (2003: 123-130). Depois, Kose et al. (2006) não encontraram relação entre crescimento e abertura da conta de capital até meados da década de 2000, enquanto Prasad et al. (2007) e Gourinchas e Jeanne (2007) verificaram que o crescimento da produtividade foi mais alto nos países que evitaram o capital estrangeiro! Parece que os empréstimos estrangeiros não são bons para sua economia, talvez porque sejam usados mais para incentivos de curto prazo da demanda do consumidor (muitas vezes para vencer eleições) do que para crescimento de longo prazo (Rodrik & Subramanian, 2008). Finalmente, os países que se deram melhor nas décadas de 1980 e 1990, quando os países em desenvolvimento como um todo chegaram à média de crescimento exatamente zero, foram aqueles que mais ignoraram as normas do FMI e do Banco Central. China, Índia, Coreia do Sul, Taiwan, Botswana, Ilhas Maurício, Polônia, Malásia e Vietnã combinaram práticas locais existentes com reformas econômicas neoliberais e heterodoxas (Roberts & Parks, 2007: 51; Lim, 2010). Esses dados sugerem que neoliberalismo e crescimento baixo não estavam apenas correlacionados – o neoliberalismo puro *provocou* baixo crescimento.

Dado esse histórico pobre, o apoio do sul para reformas de ajuste estrutural declinou acentuadamente. Contudo, alguns estados persistiram com programas do FMI. Muitos países pobres se sentiram coagidos pela dívida. A alternativa ao cumprimento dos compromissos era inadimplência e a completa fuga de capital. Alguns não estavam fazendo muito melhor do que isso, pagando de 20-25% de seus ganhos com exportações em juros da dívida (Sassen, 2010). Mas algumas elites locais acolheram os programas, uma vez que poderiam agora introduzir reformas que lhes beneficiassem enquanto desviavam a crítica para o FMI. As elites se beneficiaram da redistribuição do trabalho para o capital. Vreeland calcula que, enquanto a parcela de trabalho na receita nacional caiu em média 7%, o capital obteve um ganho líquido, a despeito da diminuição geral do PIB (2003: 126, 153; cf. Hutchinson, 2001; Biersteker, 1992: 114-116). Políticos ficaram felizes também. Durante um período no qual pouco capital estrangeiro estava disponível, eles agora tinham acesso aos ricos. Aceitar empréstimos lhes permitia distribuir benefícios para seus clientes, uma forma de capitalismo politizado. Nas democracias, ajudou-os a vencerem eleições ao incentivarem a demanda de consumo imediata e as importações, raramente uma receita de crescimento de longo prazo. Agora, neoliberais lamentavam sua incapacidade de eles mesmos implementarem os programas e se queixavam dos políticos corruptos.

A crise foi posterior no leste da Ásia. A elevada poupança nacional desses países os havia mantido fora do endividamento e em controle do ingresso de capital estrangeiro. Na época, quando o neoliberalismo estava provocando seu maior impacto no Ocidente, o leste da Ásia permaneceu estatista. A industrialização de subsídio à exportação da década de 1970 havia gerado sucesso econômico. Mas no começo da década de 1990, seguindo a sabedoria econômica corrente e a pressão de agências internacionais, alguns países do Leste Asiático começaram a liberalizar os fluxos de capital sob pressão americana e da OMC. Na Coreia do Sul, as corporações chaebol já estavam muito endividadas quando o governo perversamente abriu para empréstimos estrangeiros de curto prazo, ao mesmo tempo que controlava os empréstimos de longo prazo. Assim, muito capital quente ingressou, e, no primeiro sinal de dificuldades econômicas, evadiu-se novamente (Gemici, 2008). Essa vulnerabilidade foi encorajada pelas políticas apoiadas pelo FMI e pelo Banco Mundial, como a taxa de câmbio fixada, a esterilização dos ingressos de capital para impedir valorização da moeda e inflação, a liberalização das contas de capital e liberalização financeira interna. Os fundos hedge foram, então, autorizados a se tornar muito ativos na especulação contra as economias leste-asiáticas, alavancando posições de até 100 para 1 (investimentos para reservas) para focar uma moeda e ganhar dinheiro com sua subsequente desvalorização (Krugman, 2008). Esse pacote de políticas e ações provocou a crise asiática de 1997. A despeito disso, o Tesouro americano, firmas financeiras americanas, o FMI e a OCDE continuaram a pressionar as autoridades sul-coreanas a abrirem seu setor financeiro aos estrangeiros, que em 1998 foram autorizados a estabelecer filiais bancárias e corretoras na Coreia. "Fazer *lobby* para firmas de serviços financeiros americanos, que queriam quebrar o mercado coreano, foi a força orientadora por trás da pressão do Tesouro sobre a Coreia", diz Blustein. Funcionários do FMI não gostavam desses "motivos ulteriores". Um disse: "Os Estados Unidos viam isso como uma oportunidade, como fizeram em muitos países, para trazer a público todas essas coisas que por anos os haviam incomodado". Os Estados Unidos também derrotaram uma tentativa japonesa de liderar um consórcio financeiro leste-asiático rival para resolver a crise (Blustein, 2001: 143-145, 164-170; Amsden, 2001).

Outras crises financeiras ocorreram novamente na Ásia, na Rússia e no Brasil entre 1997 e 1999, muito vulneráveis a fluxos de capital de curto prazo e especificamente a manipulações de fundos hedge. Finalmente, contudo, o neoliberalismo passou a ser atacado dento do *establishment* internacional. O Relatório de Desenvolvimento Mundial de 1997 do Banco Mundial aceitou a utilidade do que chamou um Estado efetivo, não um Estado mínimo, que deveria ser armado com programas infraestruturais e de investimento (World Bank, 1997: 27). A complementaridade do Estado e mercados se transformou em um "Consenso Pós-Washington". Stiglitz argumentou que políticas de Estado para promover regulamentação financeira, financiamento de P&D, sustentabilidade ambiental, igualdade e democracia no local de trabalho eram todos necessários – mas apenas temporariamente: "O governo deveria servir como um complemento aos mercados, adotando ações que fizessem os mercados funcionarem melhor e corrigindo falhas no mercado. Em alguns casos, o governo se mostrou um catalisador efetivo... Mas, uma vez desempenhado seu papel catalisador, o Estado necessita se retirar" (Stiglitz, 1998: 26). Todavia, como os mercados são sempre imperfeitos, o Estado está aqui para ficar.

Países em desenvolvimento aprenderam com a crise asiática. Para cumprirem as regras da OMC, os governos retiraram formalmente seus subsídios às exportações, mas de fato as renomearam como apoios à ciência, tecnologia ou regiões pobres (Amsden, 2001). O governo sul-coreano deixou quatorze chaebols irem à falência e fechou ou reestruturou doze dos maiores bancos, enquanto canalizava 60 bilhões de dólares para renegociar empréstimos ruins e estimular as reservas de caixa dos bancos remanescentes. Como as chaebols foram subjugadas, a autonomia do banco central foi reduzida, restaurando a regulamentação das mãos privadas para o controle estatal (Lim, 2010). Países com taxas de crescimento altas se aperceberam de que eram atrativos a investidores estrangeiros e assim puderam impor condições a eles. Gemici (2008) diz que o objetivo é (1) atrair dinheiro frio produtivo de longo prazo, não dinheiro quente especulativo de curto prazo, pela imposição de impostos de retirada de fundos de curto prazo, e (2) colocar o capital estrangeiro em investimentos produtivos, não em estímulo ao consumo (o que contrai as importações) ou reduzindo os déficits governamentais. Se um governo busca usar empréstimos para vencer a próxima eleição estimulando o consumo sem aumento da produtividade, depois resultarão inflação, aumento das importações e crises de equilíbrio de pagamento, seguido de mais ajustes estruturais exigidos pelo capital estrangeiro. A habilidade do governo importa e Gemici mostra que no Chile, Coreia do Sul e Turquia, as políticas adotadas, algumas sábias, outras tolas, foram explicadas principalmente por configurações nacionais de poder, não por pressões estrangeiras. Esses estados permaneceram soberanos o bastante para ajustar os limites de confiança do investidor – e para cometer seus próprios erros.

A lição era que os governos retêm alguma autonomia soberana a menos que suas dívidas aumentem ou que estejam vulneráveis a fluxos voláteis de dinheiro quente. Muitos países de receita média em breve retomaram o crescimento econômico e assim puderam aumentar suas reservas para evitar débitos com bancos internacionais (isso teve o lado negativo de estimular os desequilíbrios globais que contribuíram para a Grande Recessão Liberal de 2008, discutida no capítulo 11). Todo o Leste Asiático e os países da Ansea (Associação das Nações do Sudeste Asiático) fizeram isso. O neoliberalismo perdurou entre os funcionários treinados em seus modelos; nenhum país busca voltar simplesmente para os dias pré-neoliberais, e às vezes permanece o modo padrão de política. Contudo, em muitos países houve adaptações, criando variações das quais algumas poderiam ser chamadas neoliberalismo centrista, com planejamento governamental mais ativo, regulamentação restrita e alguns programas de bem-estar social, enquanto outras adaptações foram formas mais corruptas de capitalismo politizado. O neoliberalismo do modo anglo-americano não subjugou o mundo. Estados-nações em desenvolvimento podiam resistir ou pervertê-lo. É irônico que embora no final do século XX a regulamentação do setor financeiro tivesse sido revivida por alguns países em desenvolvimento, no antigo norte regulamentações do setor financeiro ainda estavam sendo desmanteladas. Lá, as lições das crises financeiras do Leste Asiático e russa estavam sendo ignoradas. O Ocidente estava afundando; o Resto estava se erguendo.

Esse contraste inesperado entre o Ocidente e o Resto é também revelado nas políticas de bem-estar social. No Leste Asiático os regimes autoritários da década de 1970 e começo da década de 1980 não haviam desenvolvido programas de bem-estar social, com a notável exceção da educação. Mas a democratização aliada ao crescimento econômico no final da década de 1980 havia levado ao aumento do gasto em bem-estar social e a crise asiática não interrompeu isso. A cobertura de programas de saúde em Taiwan e na Coreia do Sul ampliou continuamente ao longo da década de 1990 para o todo da população, com a Coreia do Sul também se dirigindo para o modelo de seguro público universal que Taiwan já havia estabelecido. Como os coreanos ainda devem contribuir com cerca de 40% dos custos em copagamentos, e os taiwaneses com cerca de metade disso, esses não são ainda sistemas de saúde ao estilo europeu, mas estão se movendo nessa direção. A crise de 1997 teve, de fato, um efeito positivo no bem-estar social, expondo as lacunas nos programas de bem-estar social que haviam anteriormente focado em empregados de grandes corporações. Em resposta, programas foram estendidos para cobrir aqueles que não estavam trabalhando, incluindo os pobres, os idosos e os desempregados, para quem programas de reabilitação profissional também foram introduzidos. Isso também aumentou a demanda de massa na economia. Como o crescimento econômico em breve retornou, não houve crise fiscal duradoura para impedir essa expansão do Estado de Bem-estar, ao meamo tempo em que a retórica de desenvolvimento democrático agora o promovia (Wong, 2004; Haggard & Kaufman, 2008).

A América Latina se recuperou mais lentamente de sua crise de endividamento. Mas o crescimento econômico terminou ocorrendo. Parte do trabalho preliminar havia sido estabelecido pelos programas neoliberais que haviam atingido estabilidade macroeconômica; reduzido desequilíbrios, a inflação e a dívida; privatizado indústrias ineficientes; tornado mais eficiente o governo; e aumentado os fluxos de capital estrangeiro. Contudo, essas conquistas tiveram um custo severo. Havia desemprego mais elevado, salários mais baixos e mais pobreza, o que reduzia a demanda e levava ao crescimento mais baixo – no Brasil, a taxa de crescimento mais baixa do século inteiro. Reformas neoliberais não foram uma história de sucesso, mas puderam ser uma plataforma. O Brasil começou a lucrar quando o governo Lula (a partir de 2003), embora mantendo programas de mercado, introduziu mais planejamento macroeconômico proativo, incluindo mais investimento governamental, programas de bem-estar social (especialmente o Bolsa Família), salários-mínimos, todos voltados ao aumento da demanda de massa. A educação fundamental foi também grandemente expandida, programas de larga escala de transferência de dinheiro e de terras para os pobres começaram, e o Estado canalizou investimentos para infraestruturas incluindo transporte e energia e indústrias de alta tecnologia. Programas de bem-estar social deixaram de ser o privilégio de trabalhadores altamente pagos para serem direitos universais. Na década de 2000, essa combinação havia produzido mais diversidade na economia brasileira, capaz de explorar sua abundância de recursos naturais com corporações internacionalmente competitivas. Outros regimes de centro-esquerda na região fizeram o mesmo com políticas macroeconômicas ativas, ajudadas pelos países andinos por pressão de povos indígenas recém-organizados.

Os resultados foram taxas de crescimento mais altas combinadas ao declínio da pobreza e da desigualdade em muitos países latino-americanos na primeira década do século XXI (López-Calva & Lustig, 2010; Evans & Sewell, 2011). O Brasil durante o governo Lula foi o caso exemplar do que poderia ser chamado neoliberalismo de esquerda. Entre 2004 e 2010, a economia brasileira cresceu em 4,2% por ano, mais do dobro da taxa atingida entre 1980 e 2004, a despeito da Grande Recessão Neoliberal de 2008, que produziu crescimento zero em 2009. No Brasil, um Estado menor, mas mais produtivo, incorporando maior cidadania, ajudou a projetar o país para ingressar como membro do grupo Bric de países (Brasil, Rússia, Índia e China), que alguns acreditavam herdaria a Terra. Assim, durante as décadas em que os direitos sociais no Ocidente estavam sob ameaça, estavam sendo expandidos no Leste Asiático e na América Latina.

Na África, até 2000, o declínio econômico persistiu independentemente da estratégia de desenvolvimento (Nugent, 2004: 326-347). Alguns estados pós-coloniais haviam seguido a estrada capitalista; outros introduziram o socialismo africano. Mas todos enfrentaram dificuldades em meio à pobreza nas favelas provocada pela dependência das exportações de matérias-primas, muitas vezes de um único produto; pelo declínio da década de 1970; pelo preço volátil e em geral em queda das mercadorias; pelo crescimento populacional; pelo aumento do comércio e déficits orçamentários e das dívidas; e pela corrupção política. Na década de 1980, os estados foram humildemente aos bancos internacionais pedir empréstimos; receberam em troca programas de ajuste estrutural para abrirem mercados e enfraquecerem seus estados. O programa parecia apropriado em um sentido, pois muitos estados africanos eram corruptos e ineficientes. Eram essencialmente muito pequenos, tipicamente captando receita de somente 10% do PIB, comparado aos 30-50% dos estados avançados. Isso significa que careciam de infraestruturas de saúde, educação e de comunicações, e instituições de justiça e policiais necessárias para um Estado moderno. No topo disso, muitos são também corruptos e alguns experienciam considerável violência. Nenhum dos três pré-requisitos de Fukuyama (2011) para o bom governo – a provisão da ordem, o Estado de direito e a responsabilidade governamental – estavam presente em cerca de metade dos países africanos.

Se as reformas neoliberais funcionaram ou não na África é difícil de determinar, dadas as estatísticas inadequadas e às perturbações trazidas pelos fatores contingentes como guerras civis (destrutivas) e descobertas minerais (minas de ouro). Repagamentos de dívidas sempre excediam a ajuda total estrangeira, e no final da década de 1990 a dívida para a proporção do PNB na África se situava em 123%, comparada aos 42% na América Latina e aos 28% na Ásia (Sassen, 2010). A privatização de indústrias estatais ineficientes produziu benefícios especialmente onde os direitos sindicais estavam estabelecidos na lei. Onde não estavam, os ganhos de eficiência pelos novos proprietários, usualmente estrangeiros, eram basicamente devidos aos salários baixos, enquanto os lucros iam para o exterior, com pouco benefício para os africanos. Onde a privatização meramente entregava indústrias nacionalizadas para amigos do regime, não houve muito benefício. No geral, a taxa anual de crescimento na África Subsaariana declinou de 1,6% durante 1960-1980 para -0,3% durante 1980-2004, uma tendência terrível (Chang, 2009). Programas neoliberais aumentaram a desigualdade entre as políticas que deliberadamente reduziram programas de saúde e educação – quando o vírus da imunodeficiência humana (HIV/AIDS) assolava o continente. Sem crescimento econômico maior do que crescimento populacional, o endividamento também aumentou.

Depois, ocorreu uma mudança salutar na economia desenvolvimentista. Harrison (2005) diz que isso foi uma fase de implementação neoliberal, implementando poderes estatais para criar mercados eficientes através da construção de mais infraestruturas físicas, desenvolvimento de escolas e da extensão de poderes infraestruturais governamentais centrais e locais em áreas rurais, de modo que direitos de propriedade pudessem ser garantidos. Os programas também envolvem redução da pobreza, parcialmente por meio da extensão das redes de segurança do bem-estar social para os pobres. ONGs eram parceiras nos programas a fim de fortalecer a sociedade civil. Mas parece um pouco exagerado continuar chamando essas políticas de neoliberais, uma vez que estavam agora encorajando um estatismo bom e mercados mais livres. O neoliberalismo estava na realidade enfraquecendo e fazendo concessões na África e em outros lugares. Isso parece ter sido um estímulo para o crescimento econômico de cerca de 5% que estava ocorrendo na primeira década deste século, estimulado pelas economias do petróleo de Angola, Nigéria e Sudão; pelo aumento da demanda da China por matérias-primas; por grandes ingressos de investimentos lucrativos estrangeiros diretos especialmente da China; por ajuda estrangeira e por alívio da dívida; por vezes por privatizações relativamente bem-sucedidas; e por governos capazes de reinvestir parte dos lucros na redução da dívida e na melhoria de infraestruturas. A taxa de crescimento médio africano durante a década de 2000 foi aproximadamente a mesma da asiática. Muitas economias africanas se recuperaram muito rapidamente da Grande Recessão Neoliberal discutida no capítulo 11, embora o desemprego, especialmente entre os jovens, permaneça alto e em alguns países o crescimento populacional ameaça engolir o crescimento econômico. Contudo, o continente está se beneficiando do crescimento global, e especialmente da mudança no poder econômico na direção da China.

Movimentos de protesto de trabalhadores e camponeses também estão agora crescendo no sul do mundo, especialmente na China (como veremos no capítulo 8). A força de trabalho mundial dobrou nas últimas três décadas, com quase toda expansão no sul. A feminilização e a informalização do trabalho aumentaram, e os sindicatos de trabalhadores tiveram de desenvolver estratégias para lidar com isso. A desindustrialização está no norte, uma vez que os trabalhos na manufatura são realocados para o sul. O capitalismo tentou resolver sua crise de lucratividade com o que Harvey (2005) e Silver (2003) chamam um conserto espacial, não terminando o conflito de classes, mas realocando-o. Mas tendências na direção da democratização no sul dão aos movimentos de protesto dos trabalhadores e dos povos indígenas mais poder político. Há limites para isso, pois uma tendência para economias de enclave torna trabalhadores organizados um grupo privilegiado em alguns países do sul, enquanto a maior concorrência internacional entre manufatureiros enfraquece a habilidade dos trabalhadores de exigirem condições de emprego melhores e mais custosas, como ocorre com a prevalência da subcontratação e da automação (o que Silver chama o conserto organizacional/tecnológico). Contudo, programas de ajuste estrutural foram saudados com uma grande onda de movimentos de protestos populares ao redor do mundo, e os protestos parecem fadados a continuar.

Portanto, padrões globais e limites capitalistas têm sido variados, como estatísticas sobre a desigualdade também indicam. Mais países viram alguma ampliação na desigualdade durante o período de 1990-2006 (ILO, 2008). No estudo de Van Zanden et al. (2011), a média global de coeficientes Gini nacionais subiu de 0,35 em 1980 (mais baixa do que no ponto anterior, uma vez que os dados começaram em 1820) para 0,45 no ano de 2000, um aumento substancial. Mas duas regiões contribuíram para isso. Os maiores aumentos foram nos países pós-comunistas (incluindo a China), durante o comunismo os países mais iguais, agora usualmente os mais desiguais. Os outros maiores aumentos foram nos países anglos. Mas duas regiões se desviaram. O leste da Ásia, exceto pela China, permaneceu relativamente igualitário, embora após 2000 muitos países latino-americanos tenham se tornado mais iguais (López-Calva & Lustig, 2010). O desenvolvimento econômico sustentado da Ásia também estava reduzindo a desigualdade entre a população mundial considerada como um todo. Embora a desigualdade entre os *países* do mundo ainda esteja aumentando, como indicado previamente, isso se deve ao grande número de países pequenos, mas pobres. O único coeficiente Gini global entre os *povos* do mundo caiu de 0,56 em 1980 para 0,51 em 2000 (Van Zanden et al., 2011: tabela 5A). Como Índia e China ainda estão reduzindo a pobreza, e equivalem a 40% da população mundial, ela ainda está caindo. Portanto, essas são boas notícias globais.

O sul: II. Falso livre-comércio

Globalização econômica crescente, maior comércio internacional e os interesses mútuos de estados cujas indústrias são fortes o bastante para resistir à concorrência estrangeira produzem resultados positivos para o mundo. Isso inclui países em desenvolvimento, uma vez que desenvolveram competitividade por meios inicialmente protecionistas e estatistas. No capítulo 5, vimos essa transição para mais abertura ocorrendo em países como Taiwan, Coreia do Sul e Índia. Ainda a veremos no caso da China no capítulo 8. Portanto, a recente globalização aumentou o comércio mundial para o benefício da maior parte da população do mundo. Padrões de vida aumentaram. Tradicionalmente, havia relativamente poucas pessoas de renda média no mundo. Agora, elas são a maioria.

Os neoliberais pressionam pela liberalização do comércio, o que não é uma coisa ruim. A liberalização resultou principalmente do Acordo Geral sobre Tarifas e Comércio (General Agreement on Tariff and Trade – Gatt), que em 1995 se tornou a Organização Mundial do Comércio (OMC). Na década de 1970, como os dois bancos, o Gatt estava se voltando para um foco no sul, estendendo o comércio mais livre para um domínio maior de manufatura e de serviços, especialmente de serviços financeiros. Seu controle também estava aumentando, uma vez que suas decisões passaram a ser apoiadas por um corpo de direito internacional restringindo o norte e o sul. No século XXI, o protecionismo como as tarifas de Bush filho sobre o aço recebeu multas pesadas. Isso reforçou a mudança de poder que ocorreu no capitalismo do norte, diminuindo o poder de setores que favorecem proteção e aumentando o daqueles que favorecem a liberalização, especialmente corporações em setores lucrativos, como o do setor financeiro e o do farmacêutico. Havia prática crescente de *lobby* corporativo no Gatt e na OMC.

O interesse de todos os países é liberar os mercados dos outros. Países pobres sabem que outros ficam ricos protegendo suas indústrias nascentes, reprimindo o setor financeiro e subsidiando exportações. Mas tarifas que redistribuem dos países ricos para os pobres não são geopoliticamente factíveis, e, portanto, a segunda melhor solução para os pobres é o genuíno livre-mercado para todos, uma vez que suas exportações agrícolas e de manufatura de produtos de baixo custo seriam depois competitivas – o aspecto negativo seria ser condenado a se especializar em mercadorias de valor baixo e baixa tecnologia. Mas os países pobres tinham uma opção pior. A OMC os pressionou a abrir seus mercados enquanto os países ricos subsidiavam suas próprias agriculturas. Esse falso livre-comércio é combatido pelos genuínos neoliberais, pois eles querem a remoção de todas as barreiras ao comércio. Mas no mundo real, ideologias utópicas são minadas pelo autointeresse das classes e nações que as proclamam.

A despeito de uma constituição ostensivamente democrática, a OMC foi dominada pelo norte, especialmente por uma aliança informal conhecida como a Quad – Estados Unidos, UE, Japão e Canadá. Países mais pobres reclamam sobre negociações de tarifas que carecem de transparência, com sessões a portas fechadas tarde da noite, liberação tardia de transcritos de reuniões e exclusão das reuniões decisivas. Países que se recusam a apoiar iniciativas da Quad foram colocados em uma lista negra de estados não amigáveis e alguns tiveram seus acordos preferenciais de comércio suspensos (Jawara & Kwa, 2003). Isso caracterizou especialmente do acordo dos Aspectos Relacionados ao Comércio de Direitos de Propriedade Intelectual (Trade-Related Aspects of Intellectual Property Rights – Trips) de 1994. Isso protegia os direitos de patente de inventores e os direitos autorais de escritores, músicos e artistas, mas seus principais beneficiários foram as grandes companhias farmacêuticas. Drogas patenteadas da indústria farmacêutica (Big Pharma) contra a Aids eram muito caras para serem usadas extensamente em países pobres, e, assim, centenas de milhares morreram. Drogas "genéricas" custando uma fração do preço foram produzidas pela Índia e pela China, mas o Trips impedia sua venda. Ele também mantinha no norte um bloqueio sobre a criatividade em tecnologias de ponta. Ele registra mais de 90% das patentes do mundo. O Trips resultou amplamente do trabalho conjunto dos estados Quad e suas grandes corporações. Essa ofensiva atingiu inclusive recursos naturais, uma vez que direitos de propriedade de monopólio sobre a água, o solo e plantas foram cada vez mais defendidos. Remédios ervais naturais do sul estavam sendo patenteados por corporações do norte. Isso, diferente de muitas nacionalizações, era realmente privatização de bens comunitários, um novo movimento de confinamento (Drahos & Braithwaite, 2002: 72-3, 114-19; Roberts & Parks, 2007: 52-54). Foi a perversão de um sistema de patentes que vimos no volume 3, capítulo 2 ter sido uma parte importante da inovação tecnológica da Segunda Revolução Industrial. Agora, estava impedindo a difusão global de conhecimento tecnológico.

Terminou havendo uma reação no sul. O ressentimento transbordou nas reuniões ministeriais de Seattle em 1999, que terminaram em desordem. Após negociações ressentidas, algumas brechas do Trips foram permitidas. Em 2003, países em desenvolvimento foram autorizados a importar drogas genéricas para tratar doenças epidêmicas que constituíssem ameaças à saúde pública. Esse conflito continua, uma vez que companhias indianas e chinesas em 2011 estavam se aproximando da manufatura de drogas muito mais baratas para combater o diabetes, câncer e doenças cardíacas. Como nenhuma dessas pode ser definida como epidêmica, países pobres estão pressionando por mais relaxamentos do Trips. Os Estados Unidos também falharam em se comprometer com a OCDE para conceder às corporações liberdade completa para estabelecerem filiais estrangeiras e comprarem companhias locais até onde pudessem dominar os mercados de produção locais. Em 1998, a França, seguida por outros, recusou-se a assinar. A Rodada de Desenvolvimento de Doha das negociações da OMC foi bloqueada a partir de 2001 e abandonada em 2008. Estados Unidos, Japão e UE tiveram de se revezar para bloquear o progresso na agricultura, o item de maior preocupação para os países pobres. A entrada da China trouxe um grande aliado à Índia, Brasil e os outros membros do G-20, que começaram uma organização formal na reunião de Cancun em 2003. Quatro países muito grandes com níveis médios de riqueza estavam agora experienciando taxas elevadas de crescimento sustentado: Brasil, Rússia, Índia e China – os países do Bric. Seu crescimento estava agora sinalizando uma importante mudança no poder na economia global, longe da dominação do norte liderada pelos Estados Unidos, na direção de um globo com mais atores de poder múltiplo.

A organização coletiva do sul liderado pelo Bric permanece uma oposição direta ao imperialismo americano/do norte, e tem sido ajudada nas ruas por uma aliança heterogênea de protecionistas e antiglobalistas, ambientalistas, feministas, povos indígenas e outros, novos movimentos sociais que começam a coordenar em uma escala global. Seu Fórum Social Mundial, que rivalizava o Fórum Econômico Mundial das classes dominantes do mundo, é agora um fórum de apoio que recebe atenção global. Seu poder para perturbar e chamar atenção da mídia no começo do século XXI forçou a OMC e o Banco Mundial a fazerem grandes mudanças retóricas e mudanças menores na atual política (Aaronson, 2001; Rabinovitch, 2004). A OMC estava em um impasse e isso não era boa notícia, uma vez que países pobres se beneficiariam do comércio mais livre. Mas foi um sinal de resistência coletiva ao falso livre-comércio. Os Estados Unidos e a UE tentaram conter isso fazendo acordos bilaterais com países mais pobres, como a China também fez com os países Ansea. Todavia, na América Latina não foi bem-sucedida. A Área de Livre-Comércio das Américas, proclamada pelo Presidente Clinton em 1994, mostrou-se incapaz de funcionar. Os latino-americanos objetaram a proteção americana de sua agricultura por meio de subsídios e observaram que as propostas americanas para a Área de Livre-Comércio frustrariam suas vantagens econômicas comparativas. Em troca, os países do Mercosul do Cone Sul fizeram seu próprio acordo de livre-comércio regional e depois o estenderam aos países andinos e à Índia. A China substituiu os Estados Unidos como o principal parceiro comercial do Brasil e assinou acordos bilaterais com alguns países latino-americanos. Os Estados Unidos foram especialmente deixados de fora, negociando acordos com países menores e aliados do hemisfério.

O neoliberalismo estava enfraquecendo quando o novo milênio começou. Anteriormente havia surgido em quase todo lugar, embora somente entre os anglófonos e os países pós-soviéticos não se tornou verdadeiramente dominante. A privatização era uma tendência global, embora por motivos mistos e com resultados muito variados ao redor do mundo. O capital financeiro também se tornou globalmente poderoso. Todavia, nos países nórdicos e em alguns países da Europa continental, bem como em países em desenvolvimento bem-sucedidos do sul, o neoliberalismo encontrou alguma resistência e estava sendo misturado com estados mais proativos no começo do século XXI. Isso teve o efeito de criar novos regimes econômicos que não se adequavam tão bem às variedades de capitalismo ou modelos de regime de bem-estar social. A chave era não se tornar muito endividado. Caso não se endividasse, um país rico ou pobre poderia resistir muito bem aos ventos gelados do neoliberalismo, que no fim não era tão global. Talvez, a conclusão mais importante para este capítulo seja a de quão variado e maleável o mundo é. Embora possamos detectar crescimento neoliberal seguido pelo enfraquecimento, os diferentes estados-nações e macrorregiões do mundo reagiram a isso de modos variados. O capitalismo não impõe limites estritos aos estados. Uma vez mais, tanto estados-nações como capitalismo transnacional estavam se expandindo juntos. Depois, contudo, ocorreu o desastre neoliberal, a Grande Recessão de 2008, que será discutida no capítulo 11.

7
A queda da alternativa soviética

No volume 3, tentei explicar a Revolução Bolchevique. Aqui, examino a queda do socialismo de Estado, construído por aquela revolução, e sua substituição por versões de capitalismo e democracia. A queda foi um evento que mudou o mundo. Junto às reformas econômicas do Partido Comunista chinês (analisado no próximo capítulo), garantiu o fim da Guerra Fria, o abandono do socialismo de Estado e o triunfo global do capitalismo sobre o último segmento alternativo remanescente da economia mundial. Explicar a queda é de importância sociológica óbvia. Por mais de sessenta anos o socialismo de Estado havia sido mantido pelo poder soviético. Seu colapso levou consigo em quase toda parte o desejo pela revolução mundial. Ideais marxistas para uma sociedade completamente melhor foram basicamente extintos, somente o marxismo como uma análise pessimista do capitalismo permaneceu útil.

A queda diferiu da Revolução Bolchevique. Começou de cima para baixo quando tentativas de reforma pelo Partido Comunista falharam e geraram crise. O termo usual para isso é uma revolução a partir de cima, mas foi uma revolução afinal? Conteve relativamente pouca turbulência vinda de baixo, poucas manifestações de massa, com grande exceção da Europa Central, e relativamente pouca violência, exceto na Romênia e entre alguns grupos étnicos. Portanto, este capítulo dá uma explanação mais centrada na elite, o inverso do que dei nos capítulos anteriores. A queda foi tripla – o final do socialismo de Estado, o colapso das Repúblicas Socialistas da União Soviética e o fim do Império Soviético no exterior. As transições subsequentes foram duplas, na direção do capitalismo e na direção da democracia. Discuto todas aqui.

Degelo hesitante 1945-1985

No volume 3, descrevi duas realizações da União Soviética sob a liderança de Stalin: bom crescimento econômico depurado em melhorias modestas na cidadania social; e um formidável poder militar que moeu Hitler até sua derrota. Isso veio a um custo considerável. Quase não havia cidadania civil ou política e um Estado-partido despótico havia provocado milhões de mortes. A vitória na Segunda Guerra Mundial, depois, teve efeitos conservadores, aumentando a legitimidade de instituições enquanto debilitava a capacidade soviética de se adaptar a mudanças. Todavia, deixando o governo de Stalin incontestado, a guerra lhe permitiu baixar o nível de repressão. Desconfiando de todos, ainda garantia que seus subordinados vivessem com medo. Embora associados como Beria e Malenkov soubessem que reformas do sistema prisional Gulag e da agricultura fossem essenciais, não ousaram iniciá-las. Stalin permitiu ao Conselho de Ministros mais autonomia em assuntos econômicos, enquanto pessoas mais jovens do partido com qualificações técnicas podiam exercer suas competências de especialistas (Gorlizki & Khlevniuk, 2004). O regime fez concessões mínimas em habitação e saúde ao povo para vencer a guerra (Zubkova, 1998). No geral, houve pouca mudança e o povo começou a trabalhar intensamente, na esperança de uma vida melhor após a morte de Stalin. O crescimento econômico foi retomado. Em 1950, a economia prejudicada pela guerra havia se recuperado ao seu nível de 1940, e após isso se recuperou rapidamente.

Mudanças importantes vieram a partir de 1953, após morte de Stalin. Durante o governo de Khrushchev (1954-1963), a coerção diminuiu, o terror acalmou, campos fecharam, restrições à mobilidade dos trabalhadores encerradas e houve mais investimento em bens de consumo e em habitação, e um alívio moderado da censura. O regime persistiu com grandes projetos de desenvolvimento, como o programa agrário Terras Virgens, uma tentativa malsucedida de resolver a crise agrícola com o cultivo mais extensivo das terras marginais da estepe. O programa espacial foi mais bem-sucedido, culminando no lançamento da nave *Sputnik I*, em 1957, a primeira aeronave a orbitar a Terra, seguida pela viagem de Yuri Gagarin ao espaço em 1961, feitos tecnológicos notáveis. Em 1960, cheio de confiança, Khruschev declarou que os soviéticos "enterrariam" o Ocidente e prometeu ao seu povo socialismo em 1984. Mas seu comportamento pessoal errático afastou muitos, e sua humilhação na crise dos mísseis cubana levou à sua substituição por Leonid Brezhnev, que permaneceu primeiro-secretário até sua morte em 1982.

Brezhnev expandiu o sistema *nomenklatura*, por meio do qual membros confiáveis do partido eram apontados a posições estatais seniores. Órgãos do partido administravam praticamente todas as instituições – de organizações jovens Komsomol, a sindicatos de trabalhadores, até o Estado de Bem-estar Social –, mas o socialismo de Estado não era mais tão centralizado. O regime fingia que não via as redes informais, *blats*, pelas quais pessoas trocavam favores. Funcionários exploravam suas posições na busca por renda, enquanto as pessoas eram compradas por um pequeno consumismo. A era Brezhnev foi de estagnação. As elites tiveram tranquilidade, as tensões com o Ocidente diminuíram, e a urbanização continuou. A Primavera de Praga foi facilmente reprimida, enquanto nacionalmente a repressão diminuía. Embora a dissensão política não fosse tolerada, a educação superior se expandiu e os intelectuais podiam ler muita coisa do Ocidente e cautelosamente testar os limites da censura. A economia começou a andar lentamente, com sua inovação basicamente confinada a um complexo semiautônomo industrial-militar, amortecido por excessivo planejamento central, pois os preços de cerca de 60 mil mercadorias eram estabelecidos centralmente. Hayek identificou o ponto fraco mais importante das economias centralizadas: custos de informação e coordenação aumentam mais rápido quando a escala e a complexidade de uma economia crescem, em comparação a uma economia de mercado. Mas no chão da fábrica houve algum relaxamento. Atrasos e ausências foram descriminalizados, normas de produção foram formuladas com menos frequência, e o pagamento de salários fixos por hora substituiu o pagamento por peça (Ellman & Kontorovich, 1998: 10-11). Os resultados irônicos foram mais atrasos, ausências e rotatividade, e mais exibição aberta de protestos no chão da fábrica. A União Soviética estava degelando, mas perdendo sua direção.

Os trabalhadores haviam obtido um acordo adequado de segurança no trabalho, um salário-mínimo e alguns benefícios de bem-estar social para os quais não haviam trabalhado muito. Enquanto acreditaram nos ideais socialistas, eles se revoltaram para protestar contra a realidade socialista imperfeita. Mas os ideais foram "eliminados da consciência de massa pelo conformismo, consumismo e individualismo da era Brezhnev" e, portanto, os tumultos pararam (Kozlov, 2002: caps. 12-13; citado das p. 313-314). O desenvolvimento de uma classe trabalhadora urbana, educada e hereditária produziu trabalhadores com um senso de identidade coletiva e oposição – um modelo nós-eles de trabalhadores contra a administração –, mas com qualquer alternativa socialista apropriada pelo regime e desacreditada. Havia ação coletiva ritualizada e pacífica no nível do chão da fábrica, e essas greves obtinham algumas concessões (Connor, 1991).

Os controles sobre os estratos dos trabalhadores do colarinho-branco e gerenciais enfraqueceram. Os planos e metas dos cinco anos definidos para cada empresa foram reduzidos. Os administradores tinham menos incentivo para trabalhar duro ou para inovar e mais oportunidade para usar redes de favores para extrair renda e trocar recompensas econômicas por favores. Funcionários podiam também usar suas redes para atingir suas metas por meios informais. O partido não era mais a correia de transmissão para grandes planos de desenvolvimento. Ele mantinha os privilégios do *nomenklatura*, cujos membros viviam em bairros segregados com *dachas* de fim de semana no interior, comprando artigos de luxo em suas próprias lojas. Suny (1998: 436) conta a história de quando Brezhnev foi visitado por sua mãe. Sua vida de luxo a preocupou: "Qual é o problema, mãe?!", Brezhnev perguntou. "Mas Lyonya", ela perguntou, "o que você fará se os bolcheviques voltarem?"

A desigualdade permaneceu menor do que no Ocidente e a corrupção não era grande, ainda que ambas eram menos fáceis de legitimar em um suposto país socialista. Todos reclamavam da corrupção e um debate sobre igualdade começou. Alguns sociólogos argumentavam que a eficiência aumentaria caso fossem introduzidos mais incentivos e desigualdades baseadas em habilidades; outros argumentavam que reduzir as desigualdades levaria a um moral coletivo melhor, restaurando o compromisso com a eficiência socialista (Grant-Friedman, 2008). Mas o crescimento econômico continuou. Entre 1950 e 1975, o consumo real *per capita* aumentou a uma taxa de 3,8% ao ano. Em 1975, a União Soviética avançou para algo em torno de 40 e 60% do nível americano do PIB e os soviéticos tinham mais alfabetização, mais médicos e leitos de hospital, emprego pleno e generosos benefícios de bem-estar social pelos padrões dos países em desenvolvimento comparáveis. Até esse ponto, as massas podiam acreditar que os sacrifícios poderiam valer a pena, que os controles poderiam ser reduzidos e a vida ficar melhor, enquanto as elites pudessem acreditar que o regime poderia reconquistar sua popularidade e sua capacidade de entregar algo vagamente semelhante ao socialismo.

Infelizmente, depois, a taxa de crescimento econômico começou a cair. O crescimento do PIB continuou, mas a uma taxa de declínio constante, de 5-6% durante o período de 1928, 3% durante 1970-1975, 1,9% em 1975-1980 e 1,8% em 1980-1985 (Lane, 2009: 153-154, 162). A produtividade dos trabalhadores e o progresso tecnológico languesceram. Era uma economia ineficiente, produzindo muitos produtos que ninguém queria e sacrificando 40% de seu orçamento estatal e ao menos 20% do PIB com o exército (comparados aos 5-7% nos Estados Unidos). Gorbachev (1995: 215) confirma a precisão desses números, acrescentando que eram o dobro do que o próprio Politburo acreditava e do que lhe haviam dito quando assumiu o posto. O complexo industrial-militar tinha muito mais autonomia do que nos Estados Unidos e provocou um grande dano ao resto da economia. No bloco oriental, os bancos ocidentais estavam cada vez mais oferecendo investimentos; todavia, suas próprias exportações nunca foram suficientes para restituir isso e, assim, a dívida para com o Ocidente estava aumentando continuamente (Kotkin, 2009). Todavia, só em 1990 o crescimento de fato ficou negativo, como consequência de reformas frustradas. Um bloco soviético não reformado, de baixo crescimento econômico, poderia provavelmente ter sobrevivido por um tempo, restringindo o processo de globalização universal.

Os soviéticos já haviam explorado o crescimento extensivo ao máximo. Não havia mais excedente de trabalho agrícola e os recursos naturais estavam diminuindo, exceto pelo petróleo e gás natural. O único crescimento baseado em tecnologia estava no complexo industrial-militar. Diferente dos Estados Unidos, preocupações com segurança significava que inovações militares não derivassem em produtos civis. Os soviéticos colocaram 80% dos fundos de P&D em projetos militares, diz Gorbachev, enquanto a taxa dos Estados Unidos girava em torno de 40 e 60%. As autoridades depois pioraram o problema, despejando vários recursos em cidades siberianas massivas e reequipando fábricas obsoletas (Allen, 2004: cap. 10). O modelo ainda era o da industrialização por equiparação para o qual o planejamento central era apropriado, mas o capitalismo era superior com a "destruição criativa" na era pós-fordista de alta tecnologia, mais complexa e fluida. Todavia, a inflação era baixa, os padrões de vida estavam ainda recém aumentando, a classificação de crédito do país permanecia alta, e quedas na produção eram modestas comparadas às recessões capitalistas (Ellman & Kontorovich, 1998: 17; Kotz, 1997: 34-47, 75-77). Só ficou evidente que a crise estava se aproximando em meados da década de 1980.

Todavia, alguns do *nomenklatura* começaram a temer o desastre com antecedência. Eles tinham acesso não apenas às estatísticas econômicas de declínio como também a estatísticas de mortalidade crescente. A partir do final da década de 1960, as taxas de mortes de homens em idade produtiva começaram a aumentar, especialmente mortes devidas a acidentes e outras causas externas, que tipicamente resultavam do álcool, cujo consumo era agora o mais alto entre todos os países que mantinham estatísticas (White, 1996: 33-40). A mortalidade infantil também começou a subir no começo da década de 1970. A combinação foi o suficiente para parar a publicação das estatísticas de mortalidade soviéticas. Agora, parece provável que o aumento da taxa de mortalidade infantil se devesse principalmente a melhores registros nas repúblicas atrasadas da Ásia Central, que também tinham taxas de nascimento elevadas. As taxas de mortalidade infantil não indicam necessariamente declínio – embora ao mesmo tempo os líderes soviéticos não soubessem disso. Mas eles atribuíam o aumento do alcoolismo entre os homens ao baixo moral no ambiente de trabalho, o que provavelmente estava correto.

Essa não foi uma crise no sentido comum da palavra. Eles poderiam ter prosseguido por décadas. Mas a desaceleração contínua do crescimento e o aumento da dívida foram claramente estruturais, e aqui a ideologia soviética entrou. A liderança havia substituído um objetivo material pela utopia socialista. O sistema socialista seria julgado por sua habilidade em ultrapassar o Ocidente, especificamente os Estados Unidos, medida pelas taxas comparativas de produção e crescimento. Esse objetivo concreto sobreviveu às dúvidas sobre o socialismo utópico e pareceu atingível enquanto a distância dos Estados Unidos estava diminuindo, até cerca de 1975. Mas, depois, a liderança americana começou a aumentar novamente. Grande parte da liderança não pôde aceitar uma economia de baixo crescimento, uma vez que tornava impossível a superação. Eles pensavam que a raiz do problema residisse na economia. Mas o socialismo de Estado havia claramente fracassado de dois modos, na economia, porém mais fundamentalmente na política, onde, embora o despotismo tivesse diminuído, não havia movimento na direção da democracia. Mas o fracasso foi exacerbado pela ideologia – esperava-se que fosse muito, muito melhor. Esse foi um fracasso do poder ideológico, e foi especialmente marcado na elite do Estado-partido.

O que deveria ser feito? Dentro do partido surgiu um movimento de "pensamento novo" entre uma nova geração de tecnocratas que durante os governos de Khrushchev e Brezhnev havia sido autorizada a estudar no Ocidente e a apreciar seus pontos fortes econômicos e tecnológicos. Eles se tornaram a principal influência de reforma durante o governo de Gorbachev (English, 2000). Eles acreditavam na reforma para criar um socialismo com uma face humana (Kotkin, 2001). Aperceberam-se de que a URSS presentemente constituída simplesmente não poderia se equiparar aos Estados Unidos que era uma sociedade consumidora rica e uma superpotência global. Na década de 1970, Gorbachev (então um apparatchik) foi levado a um supermercado canadense, uma catedral de consumo. Ele ficou impressionado, mas suspeito que uma aldeia Potemkin falsa tivesse estocado para beneficiá-lo. Ele pediu para seu motorista fazer uma parada não programada em um segundo supermercado. Era tão abundante quanto.

O capitalismo era um sucesso e os quadros sabiam disso. Sua aspiração histórica pela liderança mundial havia decaído. "Se o socialismo não era superior ao capitalismo, sua existência não poderia ser justificada", diz Kotkin (2001: 19). A ideologia agora desempenhava um papel menor, porém desestabilizador, pois obstruía a possibilidade de continuar com uma existência confortável de segunda divisão. Uma renovação fundamental parecia necessária. Na época de Stalin, o partido vira a industrialização forçada como um passo necessário para o desenvolvimento do socialismo. Independentemente do sofrimento, quando a União Soviética se tornasse uma sociedade industrial como o Ocidente, ela se tornaria depois mais genuinamente socialista. O sofrimento era necessário para um futuro melhor. Após Stalin, tornou-se um pouco mais humana, as pessoas se tornaram um pouco mais ricas e muito mais educadas. Mas a denúncia de Stalin por Khrushchev no vigésimo congresso do partido disse ao partido chocado que seu período de sofrimento não fora um estágio necessário no desenvolvimento do socialismo, mas uma "liderança criminosa". A subsequente liberalização não produziu socialismo, mas consumismo crasso e corrupção. Os membros do *nomenklatura* eram mentiras vivas, combinando adulação ao marxismo-leninismo com exploração do posto por ganhos materiais. Como outros, foram dissolvendo a contradição em álcool. Seus filhos preferiam *jeans* ocidentais e música *pop* ao Programa do Partido e ao marxismo-leninismo (Service, 1997: 370). Ninguém acreditava mais na ideologia. A tecnocracia havia substituído a ideocracia (Hall, 1995: 82). Contava-se a história de um homem entrando numa clínica de saúde, pedindo para ver um médico de olhos e ouvidos. Disseram-lhe que não havia tal especialidade, mas ele persistiu. Um funcionário exasperado perguntou-lhe por quê. "Porque", o homem respondeu, "continuo ouvindo uma coisa e vendo outra". Em meados de 1917, quase ninguém na Rússia acreditava na monarquia; em 1980, quase ninguém acreditava no marxismo-leninismo. O regime conseguiu manter a população obediente sem muita violência, mas carecia de coração e alma, moral e legitimação (Hollander, 1999). Houve uma "depleção moral", diziam comentadores soviéticos, abertamente. Seu poder ideológico havia sido despedaçado.

O regime estava em declínio, mas não a ponto de romper. Isso não era a França em 1789 com sua crise financeira nem a Rússia em 1917 nem a China na década de 1930, ambas devastadas pela guerra. A pressão americana não era grande. A liderança coletiva permanecia sólida. A União Soviética poderia ter prosseguido, com um olho repressivo aberto na Europa Oriental, mas mantendo um contrato implícito em outra parte – o regime oferecia um padrão de vida adequado; o povo aquiescia ao seu governo. Não foi o colapso que trouxe reformas. As reformas trouxeram o colapso.

A elite percebeu que o problema fundamental era a falta de disciplina. Havia muito debate sobre os dois modos de obtê-la. Os conservadores falavam em acirrar os controles, fazer as pessoas trabalharem mais, voltar ao sistema de pagamento por peça. Os liberais falavam em introduzir a disciplina de mercado para gerar produtividade. Experimentos com o segundo ocorreram no final da década de 1970 e na década de 1980, mas não pareceram funcionar bem em uma economia que ainda era preponderantemente dominada pelo planejamento, partido e *blats*. Muitos funcionários do partido subverteram os experimentos. Reformas conservadoras seguiram durante o governo de Yury Andropov, brevemente primeiro-secretário, que produziu uma pequena retomada econômica (Ellman & Kontorovich, 1998: 14-15). Se Andropov não tivesse morrido repentinamente, a União Soviética poderia ter sobrevivido por mais tempo.

Andropov queria que Gorbachev fosse seu sucessor, mas a velha guarda do partido indicou o idoso Chernenko; ele estava doente e não permaneceu muito tempo. Após sua morte, a sucessão de Gorbachev em 1985 foi incontestada. Ele inicialmente retomou a estratégia conservadora de Andropov com uma estrutura de comando mais racionalizada por meio da criação de superministros, maior controle de qualidade e uma repressão ao absenteísmo e ao alcoolismo. Ele acrescentou investimentos na construção de máquinas, computadores e robótica. Todavia, também acrescentou elementos para reduzir a burocracia, aumentar a autonomia empresarial e permitir cooperativas privadas. Mas a combinação pareceu não funcionar bem. Ele depois anunciou que intensificaria as reformas de mercado, como o modo de preservar o socialismo. Ele não tinha noção de que isso poderia ser o caminho para o capitalismo.

Grande parte do que seguiu dependeu do poder de Gorbachev e de seu posto. Talvez nenhum outro líder tivesse reformas profundas assim. Gorbachev era respeitado por suas habilidades, mas não havia sido escolhido como um grande reformador e nesse ponto não era um. Mas usando os imensos poderes do secretário-geral do Comitê Central do Partido Comunista, que nem o Politburo nem outra pessoa estavam acostumados a desafiar, ele insistiu em reformas e promoveu reformadores afins a posições elevadas. Isso teve de ser feito gradualmente, exceto no domínio da política estrangeira, onde o poder do secretário-geral era quase absoluto (Brown, 2007: 201, 230, 256-257). Após um ano ou mais ele tinha um grupo de reformadores em torno dele. O principal problema era induzir o Estado-partido a implementar de fato as reformas.

O período de reformas, 1987-1991

Na política estrangeira, Gorbachev estava preparado para fazer concessões ao Ocidente sobre controle de armas e disputas regionais. Isso desativaria uma corrida armamentista que desviava recursos escassos para o complexo industrial-militar e erigia barreiras contra cooperação econômica com o Ocidente. Na economia, ele via dois problemas: uma ausência de disciplina e motivação para o trabalho, e uma estrutura de comando super-rígida. Ele fez a mudança radical de ver a disciplina e a competição de mercado como as soluções duplas. Para aumentar a disciplina, o pagamento deveria ser baseado na produtividade. Gorbachev atacou "a tendência de nivelamento", que "influenciava negativamente a qualidade e quantidade do trabalho". Em troca, ele declarou: "as rendas das pessoas trabalhadoras deveriam estar vinculadas ao seu desempenho no trabalho". Assim, as pessoas trabalhariam mais duro, enquanto diferentes níveis de habilidades deveriam receber diferentes recompensas (Kotz, 1997: 57). Mas Gorbachev também via a produtividade como exigindo menos hierarquia e mais democracia no local de trabalho. Gerentes e trabalhadores juntos tomariam decisões coletivas sobre objetivos e métodos de produção. As empresas deveriam competir entre si no mercado em vez de serem protegidas para atingir uma meta planejada básica. Isso tudo soava bem em teoria. Ele e seus aliados estavam emprestando do capitalismo, ainda assim viam as reformas como compatíveis com o socialismo. Não haveria posse privada, apenas mais descentralização da propriedade do Estado, uma forma de socialismo mais eficiente e democrática. Isso foi chamado *perestroika*, reestruturação, inicialmente, entendida como sendo econômica.

Durante as reformas de Gorbachev de 1986-1987, foi concedido às empresas estatais independência na produção, embora dentro de metas planejadas gerais não vinculantes. Eles eram capazes de alocar livremente a receita da empresa e pôr mais em fundos de incentivo para os trabalhadores. Mas não podiam demitir trabalhadores ou determinar preços, muitos dos quais ainda controlados pelo Estado. Essa não era uma boa combinação. A autonomia empresarial significava que não tinham de suprir o Estado com seus produtos a um preço fixo. Em troca, poderiam vendê-los por maior lucro a quem quisessem, ou poderiam permutar entre si em vez de vendê-los no mercado por rublos. Como a permuta cresceu em cerca de metade do comércio, o mecanismo de alocação central colapsou, como o comércio entre as repúblicas. Os governos republicano e municipal recém-empossados tiraram vantagem da devolução para reduzir suas entregas a outras áreas. A descentralização e democratização no local de trabalho levou a aumentos imediatos de pagamentos uma vez que os trabalhadores estavam agora se pagando. Como muitos preços eram fixados, o resultado não estava aumentando os preços e a inflação, mas como as pessoas tinham mais dinheiro para gastar, compravam tudo que podiam, acumulando e esvaziando as lojas. Por isso, as enormes filas e a incapacidade de comprar produtos básicos durante 1990 e 1991 refletia mais erros políticos do que pontos fracos da economia geral. Mas isso agora era uma crise econômica.

A crise atingiu duramente o Estado. Ele se tornou incapaz de extrair impostos das empresas e repúblicas mais autônomas justo quando os preços do petróleo e as receitas começaram a cair. Depois, o governo se deu outra dor de cabeça em relação à receita. Uma medida enérgica contra o álcool foi minada pela sede dos russos e pela massiva quantidade de destilarias e cervejarias ilícitas – como no período da Proibição da América. Como um quinto da receita do Estado vinha do álcool legal, isso agravou a crise de receita. O déficit orçamentário aumentou e o governo adotou a saída fácil de imprimir moeda e tomar emprestado no exterior. A inflação subiu vertiginosamente.

Uma piada falava de um homem esperando na fila para comprar vodka. Devido às restrições impostas por Gorbachev, a fila é longa. O homem perde a paciência, gritando: "Não posso ficar esperando mais. Eu odeio o Gorbachev! Estou indo ao Kremlim agora mesmo para matá-lo!" Meia hora depois, ele retorna. As pessoas na fila lhe perguntam se conseguiu, e ele responde: "Não, fui ao Kremlin, mas a fila para matar o Gorbachev era longa demais, então, decidi voltar e esperar na fila pela minha vodka".

Essas reformas não foram voltadas para dois objetivos principais: reduzir os subsídios estatais às indústrias e permitir que os preços aumentassem na direção dos níveis de mercado. Gorbachev, como mais tarde os neoliberais, subestimaram o problema da autoridade envolvida em uma transição de controles do Estado para o mercado. Ele destruiu as instituições socialistas estatais, que proviam autoridade e estabilidade, e colocou pouco em seu lugar. Ele ignorou as evidências antes dele com as reformas chinesas. Lá, cuidadosamente controladas, as reformas de mercado administradas pelo Estado já estavam gerando sucesso econômico. Havia também o exemplo bem-sucedido do socialismo goulash (misto) húngaro, no qual a agricultura, e não a indústria, havia sido entregue ao mercado (Hough, 1997: 16-22, 119, 269-273, 491). Líderes chineses, influenciados pelos modelos de desenvolvimento do Leste Asiático, viam um Estado forte como necessário para implementar reformas, preservar tarifas contra importações, subsidiar exportações e limitar os fluxos de capital internacional. Mas os soviéticos desdenharam seus irmãos mais jovens, esperando que os chineses aprendessem com eles, não vice-versa. Com certeza, todos os governos cometem erros, e aqueles tentando transformações em grande escala cometerão mais. No capítulo 9, vemos que as reformas iniciais dos comunistas chineses foram muitas vezes contraprodutivas. Mas a liderança do PCC aprendeu por tentativa e erro o que parecia funcionar e o que não. A precondição, eles reconheciam, era manter o controle do Estado, de modo que o topo possa julgar os programas a serem promovidos. Os soviéticos, em contraste, decidiram por uma dupla revolução, tanto no poder econômico como no político, simultaneamente, e fracassaram (Pei, 1994).

Diferente dos chineses, Gorbachev foi obstruído pela desunião do partido. Embora o faccionalismo tivesse surgido na China quando Mao foi escanteado, chefes do partido foram disciplinados por sua experiência infeliz durante a Revolução Cultural. Eles discutiam sobre reformas, mas não em público, e apoiavam coletivamente as decisões tomadas. Em contraste, os líderes soviéticos retiveram memórias do oposto: disciplina demais durante o governo de Stalin. Suas discussões sobre reformas se transformaram em faccionalismo ressentido.

Distingo cinco facções emergentes. Na direita de Gorbachev havia dois tipos de conservadores: conservadores reformadores buscando estreitar os controles, e conservadores temperamentais que temiam qualquer mudança (o que pudesse ameaçar suas próprias posições). Terceiro, a própria facção socialista de reformas de Gorbachev. Em sua "esquerda" havia dois tipos de liberais: liberais ideológicos genuínos, que acreditavam nos mercados capitalistas e na democracia liberal, e liberais oportunistas, que viam que poderiam enriquecer rapidamente com os mercados – a "autoemancipação da elite" determinada a dirigir as reformas para vantagem própria (Tucker, 2010). Cada vez mais aliados a esses oportunistas estavam os nacionalistas, explorando a descentralização do poder envolvido nas reformas de Gorbachev, ampliando o poder das repúblicas e províncias. Seu *nomenklatura* poderia obter mais autonomia, acenando bandeiras nacionalistas, mas se favorecendo. Uma aliança nacionalista-liberal, liderada por Boris Yeltsin, terminou vencendo. Mas, infelizmente, o faccionalismo estava florescendo justo quando Gorbachev estava enfraquecendo o Estado-partido.

Gorbachev ainda poderia ter promovido suas reformas por meio do partido, mas careceu de uma noção clara das prioridades econômicas. Dobrynin, um colega membro do Politburo, diz que ele "jamais ouviu Gorbachev apresentar qualquer plano amplo e detalhado para reformar a economia – fosse um plano de um ano ou de cinco anos ou algum outro tipo de plano que tivesse realmente sido detidamente analisado". Ele deixou isso ao presidente do Conselho de Ministros, Ryzhkov, que tinha menos poder para fazer acontecer coisas. Gorbachev focou a reforma política onde podia decretar as mudanças necessárias. Denunciando os conservadores como um "aparato gigante do Estado-partido que, como uma represa, colocava-se no caminho das reformas" (Hough, 1997: 105), ele foi para fora do partido e dos ministérios, apelando ao povo com a *glasnost* (abertura). Isso foi popular, mas também fortaleceu os liberais que queriam reformas de mercado mais do que ele. A liberdade de expressão e organização floresceu assim como os movimentos de oposição. Diferente do pragmatismo da facção de reformas de Gorbachev e as reações instintivas dos conservadores, alguns liberais tinham uma ideologia, uma visão de uma sociedade alternativa. Lawson (2010) diz que suas ideias "de liberdade, justiça e igualdade podem não ter sido novas, mas eram certamente utópicas", e se aplicavam igualmente às relações de poder político, econômico e militar.

A *glasnost* começou em março de 1986, quando Gorbachev encorajou a mídia a criticar o governo. Como era composto basicamente por liberais, eles entusiasticamente o fizeram. Não ajudou Gorbachev que os preços do petróleo e do gás natural estivessem agora caindo. No fim de abril, a estação de energia nuclear em Chernobyl explodiu, sua radiação terminou matando milhares. Gorbachev viu isso como provocado pela autonomia do complexo industrial-militar, que administrava a indústria nuclear. Embora o poder militar fosse subordinado ao controle político do partido, o preço pela aquiescência militar fora sempre a autonomia e os grandes recursos em sua própria esfera. Até o Politburo fora deixado na ignorância com relação à segurança nuclear. Isso fortaleceu seu desejo de diminuir a autonomia militar. O debate polêmico que seguiu sobre confidencialidade solidificou seu compromisso com a *glasnost* (Chernyaev, 2000: 8; Service, 1997: 445-447). Em 1986-1987, prisioneiros políticos foram libertados e a censura à imprensa suspensa. Em janeiro de 1987, ele exigiu a democratização em toda sociedade, incluindo liberdade de reunião e organização. Em resposta, pequenos movimentos começaram a organizar *lobbies* e manifestações. Os liberais exigiram a mercantilização, clubes democráticos exigiam democratização e investigação honesta do passado soviético, grupos de trabalhadores exigiam reformas econômicas para beneficiar trabalhadores, e nacionalistas exigiam autonomia regional.

Gorbachev era um democrata e esperava com muito otimismo que eleições livres dentro do partido, incluindo votações secretas e candidatos múltiplos, pudessem lhe dar um mandato para continuar as reformas. Mas o partido há muito era mais uma agência administrativa do que um partido no sentido ocidental. Quando Gorbachev diminuiu seu papel administrativo, seus membros não puderam mudar com facilidade para debater política ou estratégias de eleição. O partido manteve um viés conservador, mas tinha vida política coletiva e tendeu a se fragmentar em suas partes locais (Gill, 1994: 184). Agora, havia dois resultados inesperados. Primeiro, a *glasnost* começou a originar inúmeros movimentos sociais, geralmente pequenos, mas ativos, que debatiam uma plétora de ideias, incluindo ideias distintamente ocidentais. Segundo, funcionários do partido começaram a ver que podiam aproveitar os ativos estatais locais para se tornar empresários. Eles eram mais experienciados em manobras de autopromoção do que nos partidos políticos. O Comitê Central estava perdendo seu controle. O modo de restabelecer o controle político de Gorbachev, sugeria Yakovlev, um de seus assistentes, era dividir o partido e liderar um partido de reforma Democrática Social contra um Partido Comunista conservador. Gorbachev rejeitou isso. Brown (2007: 204-205) acha que isso poderia ter funcionado a despeito de risco de precipitar os conservadores a lançarem um golpe. Poderia ter produzido uma estratégia de reformas mais coerente e uma transição mais fácil para a democracia.

Quando democratizar o Partido Comunista não funcionou, Gorbachev se dedicou a reduzir seus poderes. Os poderes do Politburo e do Comitê Central do Partido foram amplamente destruídos em 1989. O Secretariado do Comitê Central foi reduzido a nove departamentos dos vinte que possuía, eliminando todos os de economia, exceto pela agricultura; o Goslplan, a autoridade de planejamento central, foi abolido em 1991, assim como o Gosnab, que supervisionava cadeias de suprimento entre as empresas. A economia foi separada do Estado. A eleição de 1989 foi a primeira disputada por candidatos oferecendo diferentes políticas, e aqueles eleitos prontamente rejeitaram alguns dos ministros do Primeiro-ministro Ryzhkov. Gorbachev se afastou um pouco da democracia quando concordou no começo da década de 1990 em ser nomeado ao novo posto de presidente de Estado executivo pela legislatura em vez de se arriscar a concorrer a uma eleição nacional pelo posto. Isso foi um erro, como ele próprio mais tarde reconheceu. Naquele ponto, teria derrotado seu principal rival, Yeltsin, em uma eleição, obtendo mais legitimidade para preservar a União Soviética. Se Yeltsin tivesse vencido, ele, então, não teria incentivo para destruir a União. Os apoiadores-chave também achavam que o novo posto presidencial necessitava de mais poder do que Gorbachev lhe havia dado, pois alguns poderes haviam ido para as lideranças das repúblicas individuais. Depois, em 1990, Gorbachev forçou o partido a renunciar ao seu papel principal na sociedade. Embora a União Soviética só tenha caído em 1991, o comunismo havia realmente terminado ali (Brown, 2007: 202, 209-210, 298-302; Kenez, 2006: 258-261).

Durante essas mudanças políticas chocantes, muitos do *nomenklatura* estavam recalculando como manter suas posições e vantagens. Nas repúblicas, altos funcionários estavam desfrutando de maior autonomia que a destruição do partido central por Gorbachev lhes havia dado. Lane (2009: 162-164) enfatiza a emergência de uma classe de consumo, essencialmente uma classe média gerada pela expansão educacional dos períodos Khrushchev e Brezhnev, composta de técnicos, administradores e trabalhadores profissionais. Ela foi atraída pelas políticas de Gorbachev de direcionar recompensas para a produtividade e habilidades e aumentar sua representação no partido às custas de trabalhadores e camponeses. Hough vê paralelos com a Revolução Francesa, identificando o desdobramento de eventos como "uma verdadeira revolução da classe média... dos burocratas, dos burgueses que gerenciavam os meios de produção", apoiados pelas massas de "trabalhadores bem formados e qualificados e do corpo de funcionários do colarinho-branco que havia sido criado pelo regime comunista" (1997: 1, 24). No começo, esses grupos formaram o principal eleitorado de

Gorbachev, e ele começou com um considerável apoio popular. Somente em maio ou junho de 1990 ele ficou atrás de Yeltsin nas pesquisas de popularidade.

Gorbachev achou fácil desmantelar os poderes do Estado, mas reformas malogradas foram difíceis de desfazer. Suas próprias reformas econômicas cautelosas não funcionaram bem, uma vez que os conservadores dentro da burocracia o obstruíram. Vários planos de reforma foram tornados públicos. O padrão leste--europeu de no início manter preços fixos para os produtos básicos, preços livres para artigos de luxo e preços máximos para outras mercadorias era defendido por alguns. Claramente, alguns preços tiveram de ser aumentados – e pelo Estado e não por um mercado não existente. Uma vez que as reformas começaram no Leste Europeu e na União Soviética, duas escolas de pensamento surgiram sobre como deveriam ser. Os neoliberais defendiam a terapia de choque rápido, liberalizando tudo rapidamente. Os gradualistas diziam que as coisas deveriam ser feitas mais lenta e seletivamente, de acordo com as particularidades de cada país, assegurando que instituições que fornecessem normas e regras para as transações econômicas fossem preservadas. Mecanismos de preço de mercado poderiam ser introduzidos gradualmente, produto por produto, com uma redução concomitante nos pedidos do Estado. O gradualismo era a estratégia de reforma menos problemática. Mas os neoliberais queriam desmantelar os controles do Estado e privatizar indústrias para instituir um mercado, supondo que a destruição do controle do Estado permitiria que os mercados prosperassem. Muitos viam os mercados como naturais. Afinal, essa era a visão correntemente dominante dos economistas ocidentais.

O Primeiro-ministro Ryzhkov, que favorecia aumentos graduais de preços, disse que Gorbachev tornou o gradualismo mais difícil, pois "propunha liquidar os mecanismos existentes de administração econômica sem criar absolutamente nada em seu lugar". Gorbachev (1995: cap. 17) descreve a delegação repetida de planos para comissões que vinham com diferentes modelos que nunca eram reconciliados. Como a deterioração econômica e a desintegração política no centro continuou, líderes republicanos, especialmente Yeltsin na Rússia, começaram a obstruir também. Qualquer plano teria provocado sofrimento para o povo soviético. Talvez Gorbachev estivesse protelando a administração do sofrimento até após as eleições soviéticas de 1989 e as russas de 1990. Se esse foi o caso, esse foi outro erro de cálculo, pois perdeu ambas (Hough, 1997: 16-22, e cap. 4, citações de 130 e 104; Kenez, 2006: 267-270).

Stalin, Khrushchev, Brezhnev e Gorbachev estavam sentados em um trem que de repente havia parado. Nada poderia pô-lo em movimento. "Atire no motorista", gritou Stalin. O trem não se moveu. "Diga ao parceiro do motorista que o socialismo está logo depois da curva", gritou Khruschev. Nada ocorreu. "Vamos baixar as cortinas e fingir que o trem está se movendo", sugeriu Breezhnev. Finalmente, Gorbachev abriu as janelas e pediu a eles que pusessem a cabeça para fora e gritassem: "Não há trilhos! Não há trilhos!"

A economia ficou negativa em 1990. Os trabalhadores estavam inquietos, desiludidos, primeiro, com o comunismo, depois, com Gorbachev. Greves enormes de mineiros em 1989 fizeram exigências amplas em meio à economia deteriorada, e Gorbachev teve de fazer concessões de salários e preços custosas (Connor, 1991: cap. 7). A crise era sentida agora em quase todo lar no país. À medida que a economia vertiginosamente caía, caía a popularidade de Gorbachev. Uma pesquisa no outono de 1990 revelou que 57% pensava que a vida ficara pior durante seu governo e apenas 8% pensava que havia melhorado (Levada, 1992: 66; Kotz e Weir, 1997; 77-83). Seus oponentes liberais e nacionalistas triunfaram nas eleições de 1990-1991. Muitos do *nomenklatura* e da classe de consumo agora decidiram se livrar da burocracia enfraquecida e se arriscar em uma economia de mercado, sem qualquer socialismo. A intelligentsia liberal era agora proeminente. Quanto mais bem formada uma pessoa, maior a probabilidade de apoiar reformas de mercado. No parlamento, profissionais e a intelligentsia liberal eram pequenas minorias entre os conservadores, mas a maioria entre os reformadores e dominavam o grupo pró-capitalista de Yeltsin (Lane, 2009: 168-169). No final de 1990, Gorbachev ficou alarmado com o movimento liberal e voltou para buscar apoio dos conservadores, mas isso foi um erro. Ele não faria o que os conservadores realmente queriam e isso só os deixou furiosos. Liberais e oportunistas estavam agora buscando meios similares para fins bem diferentes – mais descentralização de poder para aqueles de posse de recursos nos mercados.

O fim do Império Soviético

Essa crise política levou rapidamente ao colapso do Império Soviético. O Império Tsarista havia sido herdado, mas os bolcheviques haviam dado a muitas nacionalidades não russas seus próprios governos republicanos ou provinciais e subsidiaram e lhes concederam privilégios linguísticos e culturais. Contudo, as minorias aprenderam o russo como o passe para a modernidade. A União Soviética não era um império no sentido da exploração central da periferia – muitos russos acreditavam que fosse o inverso! Mas era diferente nas terras que foram conquistadas próximo à Segunda Guerra Mundial, pois os satélites europeus e as repúblicas bálticas tinham histórias anteriores de independência nacional, e revoltas pós-guerra intermitentes haviam revelado sua impaciência durante o governo soviético. Eles terminaram sendo contidos pela força, embora também fossem subsidiados por Moscou.

Tão logo perceberam o enfraquecimento soviético, oposições polonesas e húngaras começaram a protestar por mais autonomia, depois por independência. Rompendo com o passado, Gorbachev os encorajou. Em 1985, ele já havia dito aos líderes do Leste Europeu para não esperarem mais intervenções militares para ajudá-los. Eles haviam se tornado mais populares. Seu ministro de relações exteriores, Shevardnedze, deu-lhes uma resposta curta a uma questão do governo húngaro quando em 1989 houve um influxo de alemães do leste para a Hungria viajando para fugirem para a Áustria e para a Alemanha: "Esse é um assunto que concerne à Hungria, à RDA e à RFA" – não a nós, ele estava implicando (Brown, 2007: 242, 235). Gorbachev e seus associados de fato queriam que os regimes da velha guarda do Leste Europeu caíssem, esperando que fossem depostos por comunistas reformadores como ele. Ele não se apercebeu de que não existia um na Europa Oriental (Kramer, 2003b; Kotkin, 2009: xvi-xvii).

Gorbachev também ficou infeliz com os regimes comunistas satélites uma vez que eles apoiavam seus oponentes conservadores no país. Mas Ligachev, um conservador importante, disse que ninguém no Politburo sugeriu enviar o Exército Vermelho para subjugar os distúrbios de 1989 em Berlim. Como o Ocidente não ameaçava mais, por que manter esses estados amortecedores custosos? Esses estavam agora fazendo pressão para chegar a um acordo com suas oposições. Sem isso, teriam rejeitado reformas e reprimido a população. Qualquer que fosse o resultado dessa repressão, revoluções de veludo teriam sido improváveis. Mas agora o fim do império satélite era inevitável, contido por um poder militar, que os soviéticos agora se recusavam a usar.

O novo pensamento incluía uma política estrangeira que enfatizasse a autodeterminação política e visse o mundo como interdependente, incorporando interesses e valores universais que superassem interesses de classe e a Guerra Fria. Gorbachev se tornou o homem que terminou a Guerra Fria. Em vez de reagir à altura à Iniciativa de Defesa Estratégica (*Strategic Defense Initiative* – SDI) e à interferência no Afeganistão de Reagan, rejeitou o jogo de soma zero da Guerra Fria ao oferecer negociações sobre reduções de armas e muito mais. Depois, fez muitas das concessões, oferecendo reduções de armas nucleares e convencionais, renúncia da força nos países satélites, e tolerância na discordância interna. Foi sorte que seu adversário fosse Ronald Reagan, que, a despeito de uma retórica linha-dura anterior, converteu-se à mesma causa a partir do final de 1983. Sua conversão não se deveu a considerações eleitorais ou a uma mudança de conselheiros. Três incidentes mudaram Reagan: a derrubada de um avião da Korean Airlines fora de curso pelos soviéticos e a interpretação equívoca dos soviéticos do exercício Able Archer da Otan na Europa como um ataque a eles o fez perceber que realmente temiam a agressão americana, enquanto um filme televisivo *The day after*, descrevendo os efeitos da guerra nuclear em Lawrence, Kansas, assustaram-no. Ele acreditava no Armagedom, mas não queria isso em seu mandato (Fischer, 1997: 112-138). Quando Gorbachev fez movimentos em 1985, Reagan o encontrou no meio do caminho e teria ido adiante caso seus conselheiros tivessem deixado. O Marco II de Reagan, o pacificador, era boas notícias para o mundo. Mas Gorbachev estava melhor nas notícias. Ele odiava seu complexo industrial-militar, carecia do poder para confrontá-lo diretamente, mas pensava que o desarmamento faria isso indiretamente. Ele também havia se apercebido de que mesmo que se livrasse de todas as armas nucleares de seu país, ninguém o atacaria (Chernyaev, 2000: 103-104; 192-198; Brown, 2007: 266-274; Leffler, 2007: 466ss.). É dubitável que qualquer outro líder soviético tivesse começado esse processo de paz, embora outros presidentes americanos pudessem ter respondido caso defrontados por Gorbachev e o enfraquecimento soviético. Gorbachev convenceu inclusive Margaret Thatcher de sua sinceridade.

Gorbachev quase sempre fazia a escolha moral certa. Na Europa, isso uma vez mais envolveu um erro de cálculo otimista. Ele assumiu que por meio de eleições os países satélites endossariam o socialismo com uma face humana, mas eles viam o socialismo como um imperialismo opressor. Todavia, mesmo quando o Solidariedade assumiu o poder na Polônia, enquanto o Muro de Berlim era demolido por multidões eufóricas, e enquanto os Ceausescu eram executados na Romênia, os reformadores de Gorbachev apoiavam regimes não comunistas que emergiam. Nem um único tiro foi disparado pelo Exército Vermelho enquanto o bloco soviético caía. Como todos os satélites estavam inflamados, nem mesmo o Exército Vermelho poderia tê-los subjugado agora.

Gorbachev agora recuava aos benefícios de segunda ordem da não intervenção, dizendo que melhoraria as relações Oriente-Ocidente e permitiria que o gasto com defesa fosse realocado para investimento em indústrias de consumo para salvar a economia. Mas não houve tempo suficiente para que isso tivesse efeito uma vez que o gasto com defesa somente começou a reduzir em 1990, quando o colapso soviético começou. O custo geopolítico foi enorme: o colapso do Pacto de Varsóvia e do mercado comum soviético, a unificação da Alemanha dentro da Otan e o avanço da Otan nas fronteiras da União Soviética. De fato, Gorbachev havia sido enganado pelo secretário de Estado americano, Baker, e pelo chanceler alemão, Kohl. Ele havia concordado com a unificação da Alemanha, ao que inicialmente se opôs veementemente, em troca das promessas de Baker e Kohl de que a Otan não seria estendida ao Leste Europeu. Mas eles mentiram, e a estenderam. Não haveria zona desmilitarizada na Europa Central. Em troca, a região foi incorporada ao Ocidente, atingindo agora a fronteira russa (Sarotte, 2009; Kramer, 2003). Conservadores e nacionalistas russos ficaram horrorizados com as falhas geopolíticas surpreendentes de Gorbachev.

A perda da Europa Central depois encorajou o nacionalismo dissidente dentro da própria União Soviética. Somente alguns dos 127 grupos nacionais oficialmente reconhecidos da União provocariam problemas, e estavam quase todos na borda oeste e sul da União. Beissinger (2002) mostra que eram as nacionalidades mais urbanizadas e bem formadas no controle das repúblicas e distritos autônomos. Alguns também haviam sido recentemente incorporados. Nacionalistas lituânios, letões e estonianos foram os primeiros a realizar manifestações, em julho de 1988, inicialmente por mais autonomia. As três repúblicas bálticas haviam sido incorporadas pela força à URSS no final da guerra, e isso foi apoiado pelo assentamento de um grande número de russos lá, uma política que criou tensões coloniais nativos-colonos. Os eventos de 1989 no Leste Europeu depois impactaram pesadamente os estados bálticos, especialmente porque a televisão polonesa, agora transmitida lá, havia rompido o controle soviético dos fluxos de informações. A independência era agora exigida, fomentando o descontentamento entre os colonos russos, cuja causa foi depois assumida pelos nacionalistas dentro da Rússia.

As repúblicas bálticas foram em breve anexadas pela Geórgia e Moldávia, onde alguns nacionalistas também queriam independência. A Geórgia havia sido brevemente um Estado independente após a revolução bolchevique e a Moldávia havia sido parte da Romênia até 1944. Seus conflitos eram menos entre as nacionalidades locais e russas do que entre duas nacionalidades locais. Isso foi verdadeiro também no sul no conflito armênio-azeri, onde as autoridade soviéticas estavam conscientes do perigo dos banhos de sangue interétnicos. Nessas situações uma interpretação nacionalismo *versus* imperialismo não é apropriada (diferente da Europa Oriental e dos Bálticos). Isso era sobre concepções étnicas rivais sobre a quem cada república pertencia. Exigências pela democracia depois alimentaram o conflito e limpeza étnicos aqui, como fizeram ao longo do século XX em muitos países (Mann, 2005). Mas as autoridades soviéticas foram atraídas contra a sua vontade para esses conflitos, que eram um teste público de sua habilidade de preservar a ordem pública.

O regime tinha uma visão diferente da visão dos nacionalistas dentro da União Soviética. Secessão, aqui, era considerada inaceitável, uma brecha da constituição soviética. Embora Gorbachev negociasse formas apropriadas de autonomia, não toleraria a independência. Mas a liderança subestimou a intensidade dos nacionalismos bálticos. Membros do Politburo enviados para investigar ficaram horrorizados com a repressão ainda que relutantes em apoiá-la. Quando defrontados em 1988 com a limpeza criminosa entre azeris e armênios sobre o enclave disputado de Nagorno-Karabakh, o chefe da KGB insistiu na intervenção militar, mas Gorbachev e a maioria do Politburo rejeitaram seu pedido. Gorbachev simpatizava com os armênios, mas não queria isolar os azeris, e assim hesitou. Em Baku, quando defrontado com um *pogrom* de armênios, autorizou a intervenção militar, a única vez que o fez. Mas quando soube que ela havia matado pessoas inocentes, parou. Nos outros casos de repressão no Cáucaso e nas repúblicas bálticas as autoridades locais decidiram reprimir e Gorbachev as revogou. Isso parecia sinalizar fraqueza e fortaleceu os nacionalistas a fazerem manifestações ainda maiores entre 1988 e meados de 1991(Tuminez, 2003; Kramer, 2003a; Beissinger, 2002; Chernyaev, 2000: 181-191).

Beissinger (2002: cap. 7) identifica o enfraquecimento de "regimes de repressão" na União Soviética. A repressão da era stalinista havia sido exercida pelas tropas de segurança da NKVD usando força devastadora, sem muita participação de grupos locais. Durante o período de Khrushchev isso mudou quando funcionários locais foram encarregados de manter a ordem pública. Durante o período de Brezhnev o foco foi em reunir chefes de grupos e lidar moderadamente com o resto. Assim, a repressão violenta se tornou rara. Como parte da *glasnost* Gorbachev permitiu assembleias e manifestações livres. Como no Ocidente, os organizadores tinham de obter permissão das autoridades locais e negociar o tamanho, local, rota e duração da manifestação. A polícia e forças de segurança eram enviadas com equipamento de controle de rebeliões em vez de armas letais. Todavia, como as manifestações nacionalistas aumentaram, seus organizadores simplesmente ignoraram as regulamentações, contando com o apoio popular e por vezes com os funcionários locais favoráveis. As reformas da ordem pública de Gorbachev estavam fracassando, e na década de 1980 as autoridades tinham pouca experiência de repressão mais séria. Beissinger vê uma janela de oportunidade para a abertura da repressão no final de 1988 e começo de 1989, mas se fechando depois quando a agitação nacionalista se espalhou, envolvendo greves industriais, especialmente de mineiros (cf. Connor, 1991: cap. 7). O exército, diz Beissinger, não podia ter interferido em toda parte ao mesmo tempo, enquanto os generais estavam recalcitrantes em serem usados para repressão interna. Ele afirma que essa foi uma maré de nacionalismo (2002: 160) sem a qual a URSS não teria colapsado. Kramer (2003a: 24-29) discorda, dizendo que o regime ainda tinha a opção da força, mas a rejeitou. Ele enfatiza os valores conciliatórios da facção de Gorbachev. Beissinger também subestima o modo de os líderes republicanos usarem o nacionalismo como uma cobertura para suas apropriações de poder.

Em 1990, a oposição comum à repressão estava unindo liberais e nacionalistas. Gorbachev não se sentiu consistentemente forte o bastante para se impor fosse os nacionalistas-liberais ou os conservadores linha-dura e ziguezagueou. Sua própria visão era a de uma União Soviética socialista reformada por meios pacíficos e políticos. Ele terminou deixando as repúblicas bálticas e da Europa Central irem, e reconheceu as limitações de qualquer governo soviético lidando com Nagorno-Karabakh ou Moldávia. Sua racionalização final era que esses casos difíceis eram em torno da periferia. O império periférico poderia ser abandonado. O centro da União Soviética poderia ser preservado, ele acreditava.

Mas, em 1990, foi forçado a reconhecer uma ameaça nacionalista mais séria. Ela ocorreu na Rússia, o centro mesmo da União. Seus movimentos de oposição agora alegavam que haviam sido explorados pelo Império Soviético (Hough, 1997: 216, 238). Yeltsin e seus aliados liberais se associaram a nacionalistas russos e Yeltsin se tornou o líder não oficial de uma aliança nacionalista-liberal russa que exigia mais reformas do que Gorbachev toleraria. Em uma eleição de janeiro de 1990, Yeltsin garantiu estreitamente o controle do governo da República Russa, que continha quase 60% da população inteira da União Soviética e 75% do território. No mês seguinte, ele conseguiu aprovar uma resolução declarando o governo russo soberano sobre seus territórios. Outras repúblicas depois aprovaram resoluções de soberania, mesmo assim Yeltsin conseguiu se afastar. Portanto, agora, o conflito se tornava também em conflito entre elites russas e soviéticas, personalizado pelo ódio mútuo entre Gorbachev e Yeltsin. Isso provocou um cerramento das fileiras entre Gorbachev e os conservadores soviéticos, usualmente percebido como seu movimento para a direita.

Entre os economistas soviéticos, espalhava-se agora uma desilusão com planejamento e admiração pelo desempenho econômico ocidental. Eles sabiam tudo sobre as falhas do planejamento, nada sobre aqueles mercados não regulamentados, e essa era a maré alta do neoliberalismo. Auxiliados por conselheiros ocidentais, com a promessa de ajuda do Ocidente, muitos russos se tornaram neoliberais comprometidos com a terapia de choque. Eles se voltaram a Yeltsin como o homem mais provável para fazer isso. Seus inimigos eram os mesmos deles, mesmo que ele carecesse de muito compromisso com princípios econômicos. Como a economia mista planejada por Gorbachev só parecia piorar as condições, a terminologia usada pela economia desejada mudou de uma "economia de mercado socialista", comum em 1988-1989, para uma "economia de mercado regulada" em 1990, e depois para uma "economia de livre-mercado". Gorbachev não estava disposto a percorrer o caminho inteiro, diferente de Yeltsin e dos liberais do movimento democrático russo. Por dois anos, houve conflitos sobre quão longe os mercados ou a privatização deveriam ir e como os preços deveriam ser fixados. A elite soviética foi faccionalizada, defendendo numerosos planos rivais.

Essas disputas foram resolvidas por duas apropriações de poder político, uma bem-sucedida, a outra fracassada. Em dezembro de 1990, Yeltsin usou sua estreita maioria no parlamento russo para reduzir a contribuição russa aos impostos soviéticos de metade para um décimo da receita total, um revés para Gorbachev. Havia agora um poder duplo: instituições russas e soviéticas. Contudo, os líderes das outras repúblicas importantes, Ucrânia, Belarus e Cazaquistão, ainda não queriam destruir a União, e Yeltsin parecia não acreditar que isso fosse possível. Havia alguns separatistas nessas repúblicas. No referendo ucraniano, em março de 1991, quase três quartos haviam apoiado "preservar as Repúblicas Socialistas da União Soviética como uma federação renovada".

A segunda apropriação de poder foi pelos conservadores, e seu golpe malogrado desferiu, inadvertidamente, o golpe mortal da União Soviética. Um putsch foi lançado em agosto de 1991 por homens que o próprio Gorbachev havia nomeado como vice-presidente, primeiro-ministro e chefes do exército e da KGB. Mas os putschistas careceram da coragem para usar as forças completamente à sua disposição na ausência da autorização de Gorbachev ou de outros líderes civis. Na URSS, o exército jamais interveio nas relações políticas, e os generais dificilmente podiam se livrar de hábitos de obediência. Gorbachev estava descansando em sua residência de férias na Crimeia. Um grupo de conspiradores se deslocou até lá para obter sua autorização para o golpe, mas ele se recusou e o golpe se dissipou. Aqueles escolhidos para liderar o que teria sido um ataque sangrento ao prédio do parlamento (a Casa Branca) não tiveram estômago para o combate. Kryuchkov, o líder da KGB, escreveu uma humilhante carta a Gorbachev, dizendo: "Em geral, estou muito envergonhado" (Brown, 2007: 366-371; Taylor, 2003; Knight, 2003; Dunlop, 2003; Beissinger, 2002: 366-371). Dois dos conspiradores-chave estavam bêbados durante o golpe. Valentin Pavlov, o primeiro-ministro de Gorbachev, faltou à primeira conferência dos conspiradores à imprensa, por estar bêbado no momento, enquanto Gennady Yanaev, o vice-presidente de Gorbachev, presidente interino do golpe, estava muito bêbado para reconhecer as pessoas que vieram prendê-lo (White, 1996: 60, 163; Hough, 1997: 429-430). Isso, presumivelmente, diminuiu seu sofrimento na época, embora sua ressaca na prisão deva ter sido verdadeiramente horrível.

O fracasso do putsch, lançado pelos nomeados de Gorbachev, foi definitivo. O Partido Comunista já havia evanescido, extinto pelas reformas de Gorbachev. Mas União agora colapsava, e o capitalismo começava a substituir o comunismo. A denúncia corajosa e altamente politizada de Yeltsin do golpe diante da Casa Branca, de pé sobre um tanque de guerra blindado, contrastou com a ausência de Gorbachev em um sanatório do sul, em meio a falsos rumores sobre sua cumplicidade. O líder ucraniano Kravchuk anunciou na televisão sua disposição como um nacionalista e (muito menos plausivelmente) como um democrata. Mas ele manteve o controle da polícia de segurança de sua república, o que já foi muito.

Assim, um referendo ucraniano no começo de dezembro de 1991 favoreceu a independência. Mais tarde naquele mês, Yeltsin fez um acordo conjunto com os líderes ucranianos e da Bielorrússia para dissolver a União Soviética e criar uma comunidade frouxa de estados independentes. Os líderes das repúblicas agora esqueciam o comunismo e se apropriavam da retórica nacionalista a fim de se apossar dos recursos materiais de seus governos, apoiados pela crescente classe de consumo (Lane, 2009: 174-175). O nacionalismo que desferiu os golpes mortais finais na União Soviética foi menos ideologia sincera do que apropriação dos espólios. A morte da União Soviética resultou da maré nacionalista de Beissinger na Europa Oriental e nas repúblicas bálticas, mas em outros lugares alguns conflitos foram caracterizados por nacionalismo *versus* imperialismo (Suny, 1993; Pearson, 1998; Bunce, 1999).

O papel direto do Ocidente no colapso não foi grande. A Guerra Fria certamente piorou as dificuldades econômicas soviéticas ao desviar uma grande proporção dos recursos soviéticos para necessidades militares. Isso e o crescimento econômico continuado foram facilmente as maiores contribuições do Ocidente, pressões indiretas de longo prazo. O mito americano em torno de Reagan é que a pressão de sua administração foi uma grande causa do colapso, as tensões crescentes da Guerra Fria tenderam a fortalecer os conservadores soviéticos, justificando o socialismo militarizado e a busca por inimigos internos. Muitos russos acreditavam que a pressão da era Reagan havia prolongado a União Soviética e tornado mais difícil iniciativas de reformas. Alguns enfatizam o impacto do programa Iniciativa Estratégica de Defesa (SDI) Guerra nas Estrelas de Reagan; no entanto, reuniões entre Gorbachev e seus especialistas militares e espaciais concluíram que isso não poderia funcionar e que o arsenal de mísseis balísticos soviético existente, equipado com ogivas múltiplas, oferecia uma defesa mais efetiva e barata do que tentar desenvolver um sistema SDI (Brown, 2007: 246).

Tampouco os números dos gastos com defesa apoiam a história da pressão militar americana. Embora o gasto de defesa americano tenha aumentado no começo da década de 1980, declinou novamente a partir de 1985. O gasto de defesa soviética continuou aumentando até os cortes forçados de 1989-1991, mas vieram muito tarde para ajudar a economia. No começo da década de 1980, Gorbachev considerou que o emprego americano de forças nucleares de alcance intermediário (*intermediate-range nuclear forces* – INFs) na Europa era sua grande dor de cabeça e se retirou parcialmente do Afeganistão para ajudar a chegar a um acordo sobre as INFs. A guerra afegã foi uma derrota, mas somente em uma escala muito pequena. As tropas soviéticas lá eram apenas um quinto das forças americanas no Vietnã, e suas baixas foram apenas um quarto das americanas, e o regime pró-soviético em Cabul sobreviveu à saída soviética em 1989 e durou até 1992 (Halliday, 2010). Bush pai não pressionou os soviéticos. Ele insistiu com Gorbachev para não usar a força na Europa Oriental, mas de qualquer modo Gorbachev não pretendia isso. Na verdade, a administração Bush temia que o colapso soviético pudesse produzir caos na região e preferia que Gorbachev fosse bem-sucedido em sua busca por um comunismo reformado. No final de 1989, quando a Romênia foi tomada pela violência entre o regime de Ceausescu e dissidentes, o secretário de Estado Baker disse a Gorbachev que os Estados Unidos não se opunha a uma intervenção soviética armada lá. Shevardnadze, o ministro das relações exteriores soviético, riu da ideia, dizendo que era estúpido (Pleshakov, 2009). Mas, embora os diplomatas soviéticos jamais tivessem temido a ajuda direta aos dissidentes, os reformadores esperavam obter ajuda americana para auxiliá-los a sair da dificuldade econômica.

Por outro lado, o Marco II de Reagan ajudou, sim, as reformas (e, com isso, a queda). As negociações entre Gorbachev e Reagan, continuadas por Bush, fortaleceram as mãos dos liberais e enfraqueceram o poder do exército, da KGB e dos conservadores pois mostrou que o Ocidente era benigno (Brown, 2009: 601-602). Os liberais também foram estimulados pela maré de neoliberalismo que varria instituições econômicas e financeiras ocidentais, especialmente americanas. Isso foi importante na ampliação das fissuras com as elites soviéticas e em estimular a certeza dos liberais de que realmente possuíam as chaves para o futuro. As denúncias morais do comunismo pelo Papa tiveram uma influência sobre os dissidentes poloneses, fortalecendo seu moral. Mas, em geral, as maiores influências do Ocidente foram indiretas, mediadas pelas percepções russas. Para eles o Ocidente parecia economicamente dinâmico, e poderiam introduzir reformas para obter o mesmo resultado. O Ocidente, e especialmente os Estados Unidos, estavam *simplesmente* lá e só isso exercia pressão sobre os soviéticos, muito mais do que quaisquer intervenções ocidentais diretas – ao menos até a chegada dos neoliberais. Mas as principais causas da queda foram internas. Os cidadãos do bloco soviético destruíram seu regime (Wallander, 2003; Kramer, 2003a: 31-39; Brown, 2007: cap. 9).

Explicando a queda: ela foi uma revolução?

A queda envolveu erros, contingências e consequências não intencionais de ação. Em retrospectiva, a derrocada em virtude dos erros teve um ar equivocado de inevitabilidade, mas um resultado diferente poderia ter resultado de uma ação mais decisiva e especialmente seguindo o caminho chinês da economia antes da reforma política. A falibilidade de Gorbachev foi importante. Ele esteve no poder durante todo o período de reformas, e era qualificado na luta interna política. Mas obteve quase o exato oposto do que pretendia. A União Soviética era notoriamente difícil de reformar. Sua economia era antiquada, seu Partido Comunista obstrutivo, seus líderes divididos. Todavia, indiquei direções alternativas de reformas que provavelmente teriam sido melhor sucedidas. Gorbachev fez uma diferença pois foram suas iniciativas dentro e fora que fizeram a União Soviética cair mais rápido e mais completamente do que de outro modo. A teoria do grande homem, com poder justamente o bastante para demolir instituições, mas não o bastante para reconstruí-las, mudou o curso da história.

A queda foi inesperada. Quase ninguém a havia previsto, muito menos na URSS. Ela resultou de uma sequência de consequências muitas vezes não intencionadas de ações, nas quais reformadores moderados que queriam permanecer dentro do sistema existente descobriram que suas reformas iniciaram outros movimentos e demandas que não puderam controlar. A esse respeito, ela se assemelha à Revolução Francesa. Mas havia uma diferença, pois os reformadores radicais que acabaram vencendo não emergiram de baixo, mas da própria elite. A causa inicial da fraqueza soviética foi a prolongada desaceleração econômica, que, quando contrastado ao desempenho econômico do Ocidente, contradizia a base ideológica do regime. Isso levou ao forte desejo de reformas dentro da elite. Mas em um Partido Comunista que era mais uma agência administrativa do que um produtor de programas políticos não havia consenso sobre quais deveriam ser as reformas. As propostas de Gorbachev depois produziram divisões entre cinco facções importantes, o que frustrou não apenas suas reformas como todas as outras linhas de reformas consistentes.

Esse se tornou um Estado semelhante àqueles descritos nos primeiros capítulos enquanto engendram a revolução: faccionalizados, incapazes de reprimir severamente ou reformar consistentemente. Mas isso resultou do processo de reformas; não foi sua causa original. Gorbachev depois reagiu ao fracasso enfraquecendo o Estado-partido, sem colocar em seu lugar alguma alternativa que garantisse a ordem pública. Isso encorajou as nações da Europa Central e bálticas a exigirem independência, praticamente a única vez que os movimentos de massa que vinham de baixo avançaram (junto às greves de mineiros de 1989). Então, veio o recuo do militarismo repressivo pelas únicas duas facções que poderiam tê-lo exercido – os reformadores de Gorbachev e os conservadores coalescidos. O golpe conservador apático revelou a subordinação em regimes comunistas do exército ao Estado-partido. Mesmo quando esse Estado estava cambaleando, os generais não puderam se mover decididamente – ou sobriamente!

O golpe precipitou a queda final, permitindo aos ex-comunistas se tornarem liberais, como Yeltsin, para combinar com uma classe de consumo oportunista já muitas vezes pregando nacionalismo. A própria União Soviética colapsou de cima para baixo, com ataques decisivos em situações fluidas de um grupo muito pequeno de líderes, muitos dos quais cometeram erros graves que produziram consequências não antecipadas. Nos estágios finais, as forças populares se tornaram mais importantes, sobrepondo-se aos dissidentes no Estado-partido, e na Europa Oriental e nos Bálticos foi diferente. Lá, movimentos de massa foram bem-sucedidos em desafiar a elite do Estado-partido. Ninguém conseguiu o que havia originalmente desejado, mas muitos se adaptaram ao longo do caminho, posicionando-se para colher os benefícios da queda. Ninguém deveria derramar uma lágrima pela queda da União Soviética. Ela já havia perdido seus atrativos ideológicos. Havia implementado com sucesso a industrialização por equiparação, mas depois estagnou na obsolescência econômica. Foi um grande poder militar, mas perdeu a Guerra Fria. Ergueu-se acima de suas piores atrocidades políticas, mas permaneceu repressiva. Não era mais vista como uma alternativa viável ao capitalismo democrático. A China permaneceu assim, mas para as pessoas do ex-bloco soviético o problema em 1991 foi: Eles poderiam ter se dado melhor se o tivessem deposto?

Transições políticas: para a democracia e ditadura

A União Soviética foi substituída por quinze estados. O império satélite foi sucedido por mais seis estados, com a Alemanha Oriental sendo absorvida em uma Alemanha unida. Isso é usualmente descrito como uma transição para o capitalismo e para a democracia, embora essa seja uma fórmula muito simples. Relações de poder político são mais fáceis de entender, uma vez que houve uma grande divisão. De um lado estão os estados sucessores da União Soviética além das repúblicas bálticas. Essas nunca tiveram instituições parlamentares de profundidade alguma, e o governo comunista havia permitido quase nenhuma organização civil – grupos independentes de negócios, sindicatos de trabalhadores, associações de camponeses, jornais, universidades ou religiões. Partidos políticos emergentes, portanto, tinham pouca base organizacional na sociedade civil. Eram basicamente redes de notáveis. Onde repúblicas ou províncias existentes declararam independência, formaram frentes populares únicas, muitas vezes regimes de partido único. O desmantelamento do Estado comunista e o declínio econômico também enfraqueceram a capacidade política (Strayer, 2001: 386-388). Não houve muita democracia aqui.

Além disso, a democratização ocidental foi muito mais fácil. Os países da Europa Oriental e bálticos eram vizinhos da Europa Ocidental democrática; eles tinham experiência anterior com instituições parlamentares; não haviam estado por muito tempo sob o domínio soviético; e seus regimes comunistas abandonaram em vez de permanecerem no poder disfarçados de nacionalistas. Esses países também queriam se juntar à União Europeia, e os termos de acesso exigiam a democracia. É difícil pesar a relativa importância dessas pressões pela democratização, uma vez que estavam altamente inter-relacionadas. O momento de suas reformas democráticas estava, contudo, relacionado à sua candidatura para entrar na UE. Mais tarde, portanto, foi o momento de reformas de muitos países da ex-Iugoslávia e da Albânia (Cameron, 2007). Huntington (1991) classificou essa zona como parte dessa terceira onda de democratização, que começou no sul da Europa e na América Latina, e depois continuou no leste da Ásia. Contudo, foi realmente uma onda regional separada, não influenciada por outras regiões, nem por mudanças na política estrangeira americana ou papal como em outros continentes. Sua democratização começou quando as políticas de Gorbachev entremeadas com as tentativas da Europa Central de se libertarem do Império Soviético, depois se intensificaram por pressões da União Europeia (Brown, 2007: 216-223).

Essas foram democracias imperfeitas. Quatro países – Eslováquia, Romênia, Croácia e Sérvia – levaram uma década para que seus governos se aproximassem remotamente de democracias. Alguns permaneceram prejudicados por extremismo étnico dirigido contra minorias (incluindo ciganos) como estiveram mais seriamente nos anos entreguerras. Sob alguns aspectos, a Europa Central retornou ao seu formato entreguerras. Os cidadãos locais diziam que esse era o retorno para a Europa, pois as fronteiras da Europa haviam sido empurradas para o leste de volta aos seus limites entreguerras. Estados da Europa Central, bálticos e alguns iugoslavos ganharam com a queda, pois todos são livres e basicamente democráticos. Habermas (1990) sugeriu que esses estavam retificando ou recuperando revoluções, rejeitando o desvio de cinquenta anos do comunismo e retornando aos modelos de modernidade liberal ocidentais anteriores. Todavia, houve também duas mudanças importantes. Primeiro, em sua estrutura econômica a Europa Ocidental havia mudado fundamentalmente para a União

Europeia. Segundo, nas relações de poder militar a extensão da Otan do leste para as fronteiras da Rússia de fato colocou grande parte da Europa Central e Oriental no domínio americano.

Políticas são mais complicadas mais ao leste nos estados da CEI (Comunidade de Estados Independentes – *Commonwealth of Independent States*). A transição foi politicamente desastrosa em países onde o colapso soviético significava a explosão de reivindicações étnicas e religiosas rivais de que cada uma era a alma real do novo Estado-nação. Moldávia, Armênia, Azerbaijão, Geórgia e Tajiquistão foram devastados por guerras civis sobre quem deveria possuir o Estado e que terras deveria controlar. Muitos nesses países teriam preferido a mão de ferro de Stalin ou um Brezhnev, capazes de manter a paz étnica, a uma tentativa de democracia, que se tornou etnocracia. Essas aspirações nacionais perigosas foram acompanhadas pelo desejo das elites comunistas dominantes de preservar seus poderes sob um disfarce nacionalista. O resultado combinado foi um movimento durante a década de 1990 e começo da década de 2000 *para longe* das instituições democráticas. Isso foi verdadeiro na Rússia, Moldávia, Belarus, Armênia, Azerbaijão e Uzbequistão, enquanto a Geórgia, Quirguistão e Tajiquistão oscilavam, mais próximos do autoritarismo do que da democracia. Em 2003-2005, Geórgia, Ucrânia e Kirguistão tiveram aparentemente revoluções Rosa, Laranja e Tulipa, embora as rivalidades étnico-regionais também estivessem envolvidas, limitando a subsequente democratização. Os países da CEI têm presidências mais fortes e parlamentos mais fracos do que quase todos os países mais a oeste (Cameron, 2007).

Regimes duraram ou foram depostos por meios não parlamentares. Dos presidentes republicanos comunistas que assinaram o Tratado da CEI original em 1991, Nazarbaev no Cazaquistão e Karimov no Uzbequistão ainda governam repressivamente. Niyazov no Uzbequistão governou até sua morte em 2006 e foi sucedido por outro ditador. Vários outros presidentes foram depostos ou forçados a abdicar, com suas mãos de ferro enferrujando e quebrando em meio a crises. De todos aqueles presidentes de estados da CEI somente Snegur na Moldávia deixou o posto como resultado de uma eleição disputada normal. A Rússia chegou o mais próximo de eleições democráticas ainda que Yeltsin tivesse sido essencialmente capaz de apontar seu próprio sucessor, Putin. A Rússia nunca teve uma eleição nacional inteiramente justa, enquanto a Geórgia teve uma mistura variada de eleições e golpes. Todavia, a despeito da falta de democracia nos estados da CEI, e exceto por simulações de guerras civis, isso é um melhoramento em relação à era soviética, ainda que suas liberdades sejam tolhidas. Acrescente os melhoramentos mais radicais encontrados entre os ex-países satélites e os estados bálticos, e a queda da União Soviética foi em geral positiva em termos de relações de poder político.

Transições econômicas: capitalismo e neoliberalismo

A transição econômica foi complicada pelo fato de que o bloco soviético estava se tornando capitalista justo quando o neoliberalismo estava na maré alta no Ocidente. Conversas iniciais sobre um novo Plano Marshall para os estados pós-comunistas não foram a lugar algum. Eles conseguiram, em troca, programas de ajuste estrutural no modo de terapia de choque. Embora 90% da ajuda do Plano Marshall tenha sido sob a forma de concessões, 90% dos fundos agora estavam em empréstimos, com certas condições. Os neoliberais acreditavam que o Estado deveria ser aniquilado para que o mercado pudesse automaticamente assumir seu lugar. Esse era o pensamento de neoliberais russos como Burbulis e Gaidar e seus conselheiros americanos.

O principal americano na Rússia era Lawrence Summers, subsecretário do Departamento do Tesouro americano, então um homem de influência no MFI, mais tarde principal conselheiro econômico do Presidente Obama. Ele explicou ao vice-primeiro-ministro, Victor Chernomyrdin, os princípios que o FMI estava impondo à Rússia em troca de empréstimos: "As regras que governavam os empréstimos do FMI não eram arbitrárias ou intrusivas", ele disse, "eram um reflexo dos princípios imutáveis da economia, que operava de um modo similar às regras da física" (Talbott, 2002: 82). Essa é versão neoclássica da noção de que o capitalismo impõe "limites" estritos no que o Estado pode (racionalmente) fazer. Mas isso é falso. As regras humanas são diferentes das regras da natureza. Não são objetivas, representam interesses particulares de poder e, assim, sempre favorecem alguns em detrimento de outros, e exigem normas, leis e instituições para seu cumprimento. Se Summers tivesse lido sociologia – e, dos clássicos, ele poderia ter escolhido qualquer um, dentre Marx, Durkheim ou Weber – saberia que, para que mercados livres prosperem, é necessário que as instituições humanas e suas regras e normas sejam amplamente aceitas. Economistas institucionais como North e Stiglitz chegaram tardiamente à mesma conclusão. São necessários um legislativo atuante, um judiciário independente, uma administração honesta, relações de propriedade privada institucionalizadas, comércio pacífico de mercadorias, empresas genuinamente competitivas e, sobretudo, solidariedade normativa entre os participantes. Praticamente, nenhuma dessas condições existia; na verdade, os reformadores estavam tentando destruir algumas delas. Tampouco aperceberam-se de que os mercados sempre incorporavam relações de poder, e que são usados por aqueles com poder no mercado para aumentar seus próprios recursos e somente depois (e às vezes não) para aumentar os recursos da sociedade como um todo. Voltar a Rússia para seus mercados, que eram na realidade dominados por monopólios massivos, meramente reforçaria o poder do monopólio.

Os princípios imutáveis de Summers submeteram a Rússia ao que ele chamou "as três ações – privatização, estabilização e liberalização", que "devem ser completadas o mais breve possível" em uma única onda. A privatização de todas as indústrias estatais criaria incentivos para buscar eficiência e lucro, a estabilização viria através do combate à inflação pela austeridade fiscal, e a liberalização dos preços e do mercado permitiria aos mercados realocarem recursos. Jeffrey Sachs, outro neoliberal que também isolou os russos com sua ignorância, descartou qualquer crítica à terapia de choque como "politicamente motivada em vez de analiticamente fundada" e argumentava que "existe um enorme escopo para aumentos nos padrões médios de vida em alguns anos" (apud Pomer, 2001). Essa forma de neoliberalismo é uma ideologia transcendental que aplica os mesmos princípios a todos os tempos e lugares, embora alguns dos neoliberais defendessem as privatizações em estágios – as de pequena escala primeiro, depois as grandes – e mostrassem alguma sensibilidade quanto ao desemprego.

O maior defensor da terapia de choque neoliberal é o economista sueco Anders Aslund (2002; 2007), conselheiro dos governos russo, ucraniano e quirguiz. Ele diz que muitas economias eficientes são sempre livres-mercados. Os estados apenas acrescentam distorções e busca por renda, e a transição pós-comunista foi uma luta contra a busca por renda, a busca por lucros em ambientes de monopólio não competitivos. Se os funcionários de governo permanecem no controle dos recursos econômicos durante um processo gradual de liberalização, diz Aslund, irão extrair renda de cada monopólio que controlarem, abortando o desempenho econômico geral. Somente pela abrangente e rápida liberalização, ou seja, pela terapia de choque, essa busca por renda transicional pode ser evitada. Ele aceita que isso vai aumentar o desemprego e ampliar a desigualdade, mas fornecerá incentivos aos empreendedores e trabalhadores e produzirá mais crescimento do que busca por renda.

Seus dados sobre vinte um ex-países comunistas pareciam mostrar que países que experienciaram a terapia de choque na década de 1990 se deram melhor do que aqueles que experienciaram uma transição mais gradual ou mínima. Praticantes da terapia de choque como a Polônia e a República Tcheca sofreram quedas no PIB de menos de 20% ao longo dos primeiros três ou quatro anos, enquanto outros, como a Romênia, tiveram uma queda de 25%. Isso foi seguido então por crescimento substancial na Polônia e por um crescimento muito menor na Hungria e Eslováquia. Em 1998, seus PIBs (em paridade de poder de compra) foram mais altos do que em 1989, enquanto o da República Tcheca foi aproximadamente o mesmo. Em contraste, a Bulgária e a Estônia sofreram quedas iniciais no PIB de cerca de um terço, e em 1998 a Estônia estava quase de volta ao seu nível de 1989, enquanto as recuperações da Bulgária e da Romênia foram mais lentas. As duas repúblicas bálticas, Lituânia e Látvia, tiveram quedas iniciais mais altas, próximo a 50%, e depois se recuperaram, embora não aos níveis de 1998. Em geral, os países da Europa Central e bálticos experienciariam taxas de crescimento estáveis na faixa de 4-6% ao ano no final da década de 1990, enquanto Romênia e Bulgária acompanharam a Rússia na séria crise macroeconômica no período de 1996-1998. Os estados da CEI basicamente foram pior do que na década de 1990. O PIB georgiano caiu 76%. Os da Ucrânia, Azerbaijão, Moldávia e Tajiquistão caíram 50-60%; os do Quirguistão e da Armênia cerca de 50%; os da Rússia e do Cazaquistão cerca de 40%; os de Belarus e do Turcomenistão cerca de 30%; e o do Uzbequistão somente 20%. No final da década de 1990 houve alguma recuperação na Armênia, Geórgia e Quirguistão, enquanto Belarus, Azerbaijão e Uzbequistão permaneceram constantes. Rússia, Ucrânia, Moldávia e Cazaquistão continuaram a declinar em cerca de 4% ao ano e o Tajiquistão e o Turcomenistão declinaram cerca de 10% ao ano. Os estados da CEI que inicialmente pareceram ir melhor foram aqueles que fizeram menos reformas, enquanto os de pior desempenho foram aqueles devastados pelas guerras civis étnicas que também foram um legado da queda (Aslund, 2002: 115-120).

Todavia, deveríamos ser cautelosos em relação às conclusões de Aslund. Os países com melhor desempenho da década de 1990 foram países bálticos e da Europa Central, que eram geográfica e ideologicamente mais próximos do Ocidente. Eles podiam fazer mais transações comerciais com o Ocidente e receber mais investimentos dele, muitos já tinham setores privados e/ou instituições da sociedade civil maiores, e tinham mais experiência com o capitalismo. Logo depois, muitos deles entrariam na União Europeia. Essas foram vantagens importantes, que podem ter sido mais decisivas do que programas de terapia de choque em contribuir para um ajuste mais rápido ao capitalismo, embora também tenham permitido programas de terapia de choque com menos oposição política. Dentre os estados formados a partir da Iugoslávia comunista, a Eslovênia e a Croácia são os mais próximos ao Ocidente e uma vez mais os que tiveram o melhor desempenho econômico.

O gradualismo levou a mais busca por renda do que a terapia de choque? O ex-ministro das finanças polonês, Kolodko (2000), e o ganhador do Prêmio Nobel Stiglitz (1999), apoiados por outros quatro ganhadores do Prêmio Nobel em economia, argumentam que a privatização neoliberal em massa de bancos e de empresas industriais permitiu aos capitalistas do *nomenklatura* assumirem o controle de grandes ativos e deles extrair ganhos de monopólio enquanto a liberalização do setor financeiro lhes permitia enviar secretamente seus lucros para o exterior. Quanto maior o choque, eles diziam, maior a busca por renda. Isso não era capitalismo de mercado, mas o que chamei capitalismo politizado. Os ganhadores do Nobel enfatizaram a necessidade de manter as instituições e o capital social para restringir isso. Como a transição foi a partir do comunismo, as instituições e o capital social praticamente se encontravam no setor público. Os premiados também acreditam que um senso de igualdade era essencial para estabelecer a legitimidade de uma economia de mercado, e, portanto, eram cautelosos com relação às reformas neoliberais, que tipicamente beneficiavam os ricos e ampliava a desigualdade. Essa disputa entre os economistas prossegue.

Na primeira década do século XXI o ordenamento do crescimento do PIB se inverteu. Gradualistas e mesmo estados minimamente reformados no leste agora cresciam mais do que os neoliberais do oeste. Ao longo de todo o período de 1989-2008, essas tendências praticamente se anularam, dando aos três principais grupos de países – neoliberais, gradualistas e minimalistas – taxas similares de crescimento. A proporção do PIB real em 2008 em relação ao de 1989 nos estados da CEI foi somente ligeiramente menor do que dos ex-países satélites e bálticos. Houve mais variação entre os estados da CEI, especialmente na Ásia Central. A maior taxa de crescimento de todos foi no Turcomenistão (226), rico em gás natural, e a mais baixa de todos foi o Tajiquistão (61), enquanto os europeus e bálticos variaram somente entre a da Látvia, 118, e a da Polônia, 178. O Turcomenistão, com desempenho elevado, ficou na posição mais baixa da classificação de transição do Banco Europeu para Reconstrução e Desenvolvimento [EBRD] – uma medida de progresso na direção da liberalização econômica. Como um grupo, os países do Leste Asiático se classificaram muito mais abaixo em liberalização do que os europeus, ainda que sua taxa de crescimento fosse apenas ligeiramente mais baixa. A própria Rússia praticamente não teve crescimento durante o período (uma proporção de 108) e uma classificação de liberalização mais alta do que a média. Belarus teve uma taxa de crescimento alta de 161, mas uma classificação baixa em liberalização, enquanto a Ucrânia teve o inverso, com crescimento negativo (61), mas com uma alta classificação de liberalização (a mesma da Rússia). Em todos os países pós-comunistas, *não* há de qualquer modo relação geral entre liberalização e crescimento econômico (European Bank for Reconstruction and Development [EBRD], 2009: tabelas 1.1 e A1.1.1; Tridico, 2009).

Dois grupos de países foram melhor ao longo do período em termos de crescimento do PIB. O primeiro é composto pela Eslovênia, República Tcheca, Eslováquia, Polônia e Hungria, os países mais ocidentalizados. Eles liberalizaram suas economias, embora somente a República Tcheca e a Polônia tenham experienciado o tratamento de choque completo. O segundo grupo de desempenho elevado é constituído pelo Turcomenistão, Belarus, Uzbequistão e Azerbaijão, que reformaram muito pouco. Petróleo e gás natural beneficiaram três deles, enquanto o quarto, Belarus, beneficiou-se com a obtenção de petróleo com preço baixo da Rússia. Esses países experienciaram privatização lenta e parcial. A presença de recursos naturais como petróleo e gás é também muito favorável a regimes autoritários, como vemos no Oriente Médio.

Após vinte anos de transição, poucos países foram melhor do que poderiam ter ido caso tivessem continuado sob o comunismo. A proporção média do EBRD de 2008 em relação a 1989 para todos os países do ex-bloco soviético (ou seja, excluindo os Bálcãs, a Mongólia e a Turquia, que o EBRD bizarramente inclui entre os países de transição) foi 127. Essa é uma taxa de crescimento médio de 1% ao ano. Isso não é muito sucesso, e, como Lane (2009) mostrou, os países ex-comunistas na União Europeia foram atingidos mais duramente pela Grande Recessão Neoliberal de 2008 do que os estados da CEI porque estavam mais integrados à economia ocidental, e especialmente em seu setor financeiro, que provocou a crise.

Aslund (2007) respondeu aos números anteriores do EBRD, que já estavam lançando dúvida sobre seu argumento ao culpar o atraso no crescimento da Europa Central e do Báltico em uma armadilha do bem-estar social provocada pelos excessivos pagamentos de bem-estar. Mas é difícil de afirmar que a terapia de choque tenha sido melhor do que reformas graduais ou mesmo mínimas na geração de crescimento. Essa não é a principal razão pela qual alguns países foram marcadamente melhor do que outros. Nenhum modelo se adéqua a todos: o crescimento dependia de políticas sintonizadas com as condições em cada país.

Os argumentos reclamavam da qualidade desses números de PIB, especialmente dos últimos tempos da União Soviética, mas estatísticas de mortalidade e pobreza são mais simples de construir, mais confiáveis e mais reveladoras dos impactos nas vidas das pessoas comuns. Em apenas um pouco mais da metade dos países do ex-bloco soviético a expectativa de vida se recuperou em 2006 aos níveis de 1990, e isso valia para menos de metade dos países da CEI (World Bank, 2007). O Programa das Nações Unidas para o Desenvolvimento [Pnud] (1999) diz que dez milhões morreram prematuramente como resultado dessas transições – aproximadamente o mesmo número das atrocidades de Stalin (Mann, 2005a: 329-330). As atrocidades dos mercados não são tão visíveis quanto a daqueles planos, mas o sofrimento e as taxas de morte podem ser similares.

Programas de privatização de massa lideraram o caminho para o desastre. Milanovic e Ersado (2008) dizem que foram responsáveis pelo aumento da pobreza e da desigualdade, assim como grandes cortes em subsídios para programas infraestruturais. Stuckler, King e Hamm (2009) em um estudo de vinte e um países pós-comunistas mostram que programas que transferiram ao menos 25% de grandes empresas estatais para o setor privado em um ano foram responsáveis por um aumento médio na taxa de mortalidade masculina de quase 13%. Onde a privatização foi ausente ou gradual, as taxas de mortalidade aumentaram muito menos. Esses autores também descobriram que a privatização em massa reduziu o crescimento econômico, a capacidade do Estado e a proteção aos direitos de propriedade. Essa conclusão foi também apoiada por dados obtidos junto a empresas de uma amostra de administradores em 3.550 companhias em vinte e quatro países pós-comunistas. Eles descobriram que em países que implementaram a privatização em massa firmas recém-privatizadas tinham uma tendência menor de se envolver na reestruturação industrial, mas uma tendência muito maior para usar permuta e para acumular dívidas fiscais do que suas contrapartes estatais. Eles dizem que seus dados apoiam um modelo neo-weberiano de crescimento econômico, que, assim como livres mercados, pressupõe um Estado autônomo, eficiente e burocrático. A privatização em massa não produzia propriedade privada autônoma ou a separação do poder econômico do político, como seus defensores pretendiam. Em troca, enfraqueceu a autonomia tanto do Estado quanto da propriedade privada e levou os países na direção do capitalismo de compadrio ou político. Veremos alguns exemplos disso adiante. Portanto, um tipo diferente de capitalismo político, enfatizando vínculo patrão--cliente e um Estado não burocrático, emergiram em muitos dos países pós-soviéticos, enquanto países que procederam mais gradualmente na criação de um setor privado, como a Polônia e a Eslovênia, estão agora muito mais próximos ao ideal capitalista ocidental, com uma separação relativa de poder político e econômico (Hamm; King & Stuckler, 2012). Um estudo de Davis (2001) também mostrou que a privatização em massa também aumentava o desemprego e diminuía os programas de saúde e de bem-estar social, basicamente fornecidos por meio de empresas estatais. O término dos subsídios estatais de gêneros alimentícios básicos, bens de consumo e utilidades também foi fortemente sentido também, especialmente entre os aposentados, trabalhadores mais velhos e minorias étnicas. A terapia de choque foi um desastre.

Os neoliberais certamente sabiam que a privatização provocaria o aumento do desemprego. Países de socialismo estatal forneciam muitos benefícios de bem-estar social no local de trabalho junto ao emprego pleno, de modo que dificilmente havia quaisquer sistemas de seguro-desemprego disponíveis. Esses foram apressadamente concebidos com a ajuda do Banco Mundial e da OCDE. Em meados da década de 1990, quando partidos de esquerda pareciam estar fazendo um retorno na Europa Central, houve um grande aumento no financiamento do Banco Mundial e da Europa Ocidental – uma tentativa de tipo distintamente bismarckiana de reduzir o conflito de classes por meio do bem-estar social, como aconteceu um século antes. O seguro-desemprego na Europa Central subiu para 30% dos níveis de pagamento comparados a apenas 10% ou menos nos países da CEI (Orenstein, 2008). Outros esquemas de bem-estar social chegaram mais devagar, mas os países da Europa Central começaram a introduzi-los no final da década de 1990. Planos de pensão assumiram a forma de uma combinação regional única de dois regimes de bem-estar social Esping-Andersen, esquemas liberais privatizados promovidos por agências internacionais e um bem-estar social corporativo conservador mais nacional foi desenvolvido primeiro na região pelos impérios alemão e austro-húngaro (Cerami e Vanhuysse, 2009). A União Europeia pressionou por melhores padrões trabalhistas, regulamentações de saúde e segurança, saúde pública e tratamento de minorias nacionais depois estados de bem-estar social ampliados. Em 2007, a Europa Central e o Báltico tinham provisões de bem-estar social mais generosas do que muitos países no seu nível de desenvolvimento, embora os países da CEI fossem muito menos generosos.

A influência passada austro-húngara e a alemã atual nessa região foram claras, disse Tridico (2009; cf. Cerami & Vanhuysse, 2009). Ele distingue duas medidas de sucesso. Embora o capitalismo competitivo, um modelo liberalizador (usualmente, a terapia de choque), foi melhor em crescimento do PIB, um modelo corporativista foi melhor no Índice de Desenvolvimento Humano das Nações Unidas, o qual combina expectativa de vida, mortalidade infantil, educação e gasto com bem-estar social. Os países corporativistas foram anteriormente austro-húngaros: a República Tcheca, Hungria e Eslovênia tinham a menor pobreza, os maiores salários mínimos, o desemprego mais baixo e os maiores investimentos sociais – assim como um crescimento econômico muito bom. Países capitalistas estatais (Turcomenistão, Uzbequistão, Belarus) também foram melhor do que os países capitalistas competitivos no Índice da ONU, assim como os países híbridos. Muitas pessoas prefeririam viver mais do que ter um PIB alto, pois poderiam não estar vivas para se beneficiar dele! A palavra "liberalização", aplicada aos ex-países satélite, necessita refinamento. As transições mais bem-sucedidas foram liberal-sociais, uma mistura dos modelos euro e anglo de cidadania social.

Uma história de transição neoliberal feliz não é contada por cidadãos pós-comunistas. Em pesquisas nas décadas de 1990 e 2000 conduzidas pelo Eurobarometer e Pew Charitable Trust revelam que a maioria das pessoas em muitos países do ex-bloco soviético dizem que as condições econômicas haviam deteriorado. Existem grandes variações sobre se preferem capitalismo ou socialismo de Estado, com aqueles agora na União Europeia preferindo o capitalismo, e aqueles mais ao leste ou igualmente divididos ou preferindo o socialismo de Estado. Geralmente, maiorias desejam mais reformas, uma palavra muito positiva, mas suas respostas não indicam a direção das reformas desejadas. Coeficientes Gini para vinte países pós-comunistas revelam ampliação da desigualdade, e pesquisas indicam que isso é percebido e malvisto pelas pessoas nesses países. Aslund (2002: 311) comenta como um verdadeiro neoliberal que os crescentes coeficientes Gini de desigualdade são "esperados e desejados" – mas não pelos próprios cidadãos.

Os países mais ocidentalizados do bloco soviético tiveram uma transição muito boa, combinando democracia com o crescimento do PIB alto ou com alto desempenho de Desenvolvimento Humano. Mais ao leste vieram déficits democráticos e pior desempenho econômico exceto pelos países dotados de recursos naturais. No leste, guerras e guerras civis geradas pelo colapso soviético trouxeram desastre. Uma vez mais, vemos a variedade contínua de estados-nações e macrorregiões. Após duas décadas de situações flutuantes, o panorama econômico geral é que os países variados do ex-Império Soviético convergiram para o desempenho econômico de seus vizinhos não soviéticos. Isso é um tipo de progresso. Sob determinados aspectos, o ponto médio nesse âmbito é a própria

Rússia, ligeiramente abaixo da média em desenvolvimento econômico e humano, mas com mais democracia do que muitos estados da CEI. Como é também o maior e mais importante país, vamos focá-la agora.

A transição russa: capitalismo político, democracia pervertida

As políticas de Gorbachev desmantelaram os poderes administrativos do Estado enquanto permitiam aos membros do *nomenklatura* adquirirem indústrias e bancos de controle. Eles podiam agora se dedicar à busca por renda, fosse sob a terapia de choque ou o gradualismo. Enfatizar seja suas origens como estatistas ou suas destinações como capitalistas parece relativamente desimportante para esse capitalismo político, uma mistura dos dois. Eles eram barões ladrões (*robber barons*), chefes de máfia e como o público podia ver isso, o processo de liberalização, e especialmente de privatização, tornou-se profundamente contestado. Foi nesse contexto que o vice-presidente americano, Gore, respondeu a Summers observando que a política americana deveria ser "uma síntese entre as leis de ferro da economia e as duras realidades da política russa" (Talbott, 2002: 85). Não havia leis de ferro, mas na Rússia e em vários outros países as realidades políticas frustraram a terapia de choque ao torná-la muito impopular para ser completada, exceto pela força.

O governo russo tentou no começo implementar a terapia de choque capitalista inteira (diferente de muitos países da CEI). Dias após a dissolução da União, no começo de janeiro de 1992, o presidente russo Boris Yeltsin nomeou Gennady Burbulis como seu vice-primeiro-ministro e Yegor Gaidar como o supervisor dos ministros da economia. Esses neoliberais, orientados pelos americanos, ordenaram prontamente a liberalização do comércio estrangeiro, preços e moeda. Os controles de preço soviéticos foram removidos em uma tentativa de mover de volta as mercadorias para as lojas russas desabastecidas, barreiras legais para o comércio privado e a manufatura foram removidas, e subsídios para propriedades agrícolas e indústrias estatais foram reduzidas, embora permitindo importações estrangeiras para frear o poder de monopólios estatais locais.

A inflação começou quando o Banco Central imprimiu dinheiro para facilitar a falta de receita do governo, mas essas reformas produziram uma inflação estratosférica aumentando dois dígitos ao mês. Isso aniquilou as pensões e as economias da classe média. Durante o programa de estabilização, o governo deixou muitos preços flutuarem, elevando taxas de juros e impostos, e cortou drasticamente subsídios governamentais para indústria, construção e bem-estar social. Essas políticas provocaram dificuldades generalizadas. Muitas empresas estatais agora não tinham ordens ou meios de financiamento. Muitas fecharam, produzindo uma depressão prolongada. Tanto a renda pessoal *per capita* quanto a produção geral declinaram em surpreendentes 50% entre 1991 e 1994, e os investimentos declinaram em mais de dois terços, muito pior do que na Grande

Depressão discutida no capítulo 7 do volume 3 (Klein e Pomer, 2001: apêndice estatístico). As regiões dependentes de empresas e indústrias gigantes foram devastadas.

O impacto social foi surpreendente. Embora 1,5% da população russa fosse definida como vivendo na pobreza no final da era soviética, em meados de 1993, isso havia subido para algo em torno de 39 e 49% (Milanovic, 1998: 186-190). A renda *per capita* russa caiu em 15% em 1998, de acordo com os números do governo. A expectativa de vida caiu dramaticamente, para homens a partir dos sessenta e quatro anos em 1990 para abaixo de cinquenta e oito em 1994, enquanto a das mulheres caiu de setenta e quatro para setenta e um anos. As pessoas estavam morrendo em decorrência da transição! Mesmo em 2004, a expectativa de vida não havia recobrado os níveis de 1990. Mortes relacionadas ao consumo de álcool subiram 60% na década de 1990, surpreendentemente concentrada entre homens, indicando moral baixo. Mortes devidas a infecções e doenças parasíticas dobraram. Os pobres não podiam mais pagar por medicamentos. Havia agora aproximadamente uma vez e meia mais mortes do que nascimentos por ano na Rússia. Tikhomirov (2000: 8) mostra que a escala da crise econômica na Rússia pós-soviética até 1996 foi maior do que as crises induzidas pela Primeira Guerra Mundial, pela Guerra Civil e pela Segunda Guerra Mundial. O colapso econômico no período de transição excedeu sobremaneira a extensão do declínio no final da era soviética.

Mais tarde, Gorbachev (2001: xiii) descreve a terapia de choque assim:

> A "terapia de choque" produziu danos irreparáveis. Os mais perigosos são as consequências sociais – a queda aguda nos padrões de vida, a enorme desigualdade de rendas, o declínio da expectativa de vida – sem mencionar o empobrecimento da educação, ciência e cultura. Tudo isso estava ligado à privatização profundamente falha, a explosão da criminalidade e a degradação moral.

Os conselheiros econômicos americanos foram acusados de buscar deliberadamente pôr a Rússia de joelhos aos interesses dos Estados Unidos! Como Arbatov disse: "Muitos dos meus cidadãos compreendem agora a terapia de choque como um plano consciente para minar completamente a Rússia como uma grande potência e transformá-la em um tipo de país do Terceiro Mundo. O resultado efetivo da terapia de choque não ficou muito distante desse objetivo" (2001: 178). Isso é injusto. Muito da culpa reside não na má intenção, mas na estupidez, o parceiro normal da ideologia transcendental nas macrotransações, como fora durante o stalinismo e agora novamente durante o neoliberalismo. Acreditava-se que em ambas as ideologias um conjunto limitado de princípios simples desse o significado último do funcionamento das sociedades e economias, que são na realidade variadas, complicadas e delicadas. Se submetidas a revolução ou ajuste estrutural, mostram-se frágeis. Neoliberalismo, como stalinismo e fascismo, usavam antolhos que permitiam uma visão clara, porém estreita. Seus proponentes chegaram na Rússia não como cientistas, mas como missionários (Cohen, 2001: 50).

Cabe ressaltar que Summers e Sachs também favoreceram programas de ajuda extensiva e ficaram desapontados pelo exíguo empréstimo de 16 milhões dado pelos Estados Unidos para a Rússia. Eles também tentaram persuadir o FMI a financiar programas de rede de segurança social russos (Talbott, 2002: 107, 286). Eles sabiam que os mercados russos necessitavam de estímulo, haviam pedido muito mais, e os políticos americanos inicialmente haviam prometido. Mas a ideia de dar dinheiro ao recente inimigo mau não repercutiu muito no Congresso e pouca ajuda foi disponibilizada. Os países pós-comunistas tiveram de pagar mais às organizações governamentais ocidentais para dívidas de serviço contraídas no período comunista do que recebiam em créditos e concessões agora (Aslund, 2002: 411ss.). De qualquer modo, a ajuda foi predominantemente dirigida para os países da Europa Central e bálticos, não mais ao leste. Os investimentos privados foram maiores, mas foram para os mesmos lugares. A ajuda ocidental estava tentando mais separar os países europeus da Rússia do que construí-la.

Os russos estavam tentando fazer algo que nunca haviam tentado: introduzir o capitalismo em uma sociedade já industrial. De qualquer modo, teria sido uma tarefa difícil, uma vez que havia muitas fábricas dinossauro gigantes com uma pequena chance de ser globalmente competitivas. Qualquer regime teria tido dificuldade em recuperar essa economia. Mas a China enfrentou problemas que não foram diferentes e permitiu que muitas empresas estatais falissem sem destruir a economia. Discuto a comparação com a China mais sistematicamente no final do próximo capítulo. Todavia, o neoliberalismo adotado na Rússia focou a destruição dos dois garantidores das leis e regras na sociedade e na economia – o Estado e o Partido Comunista. Ele também destruiu a ideologia legitimadora de ambos. O sistema de comando foi destruído e nada foi colocado em seu lugar. Considerava-se que os mercados livres seguiriam automaticamente. Não seguiram então; tampouco depois.

Com certeza, nenhum líder político soviético ou russo buscando reeleição poderia contemplar a terapia de choque completa. Poderia ter chocado o povo em outra revolução. Em 1992-1993, o Partido Comunista estava revivendo devido ao desastre em curso e com os nacionalistas formou uma maioria de representantes no Soviete Supremo russo. Realidades econômicas também eram estranhas aos remédios neoliberais. Deixar para o mercado não produziria muita competição interna, como se pretendia. Uma única empresa grande, o Estado, produzia 77% de todos os produtos. Era uma economia de monopólios, que se recebesse liberdade cobraria o que quisesse. Era racional para eles não reestruturar, mas aumentar preços, provocando inflação massiva. A terapia de choque também envolvia abrir o mercado russo para a competição estrangeira, mas as importações eram geralmente melhor produzidas e mais baratas e aniquilariam muitas empresas russas. Nenhum político poderia permitir isso, e, assim, o governo continuou a subsidiar indústrias com créditos. O governo Gaidar, ostensivamente neoliberal, restaurou subsídios em meados de 1922. Mas isso não foi o bastante para abafar críticas, de modo que Yeltsin demitiu Burbulis e depois Gaidar no final de 1992.

A maioria comunista/nacionalista no parlamento não aprovou o programa de terapia de choque de Yeltsin. Sua resposta foi militar. Ele já havia lançado um ataque militar à Chechênia, em contraste com as políticas conciliatórias de Gorbachev. De acordo com um ministro do exterior russo, as duas guerras na Chechênia lançadas por Yeltsin e Putin mataram tantos russos quanto a guerra no Afeganistão (Brown, 2007: 316). Mas em outubro de 1993 Yeltsin enviou forças para invadir a Casa Branca e prender os deputados refugiados lá. Centenas de mortos nesse ataque. Os Estados Unidos não protestaram porque queriam que Yeltsin fosse adiante com a terapia de choque. Nesse momento, o neoliberalismo era mais importante para os Estados Unidos do que a democracia. Yeltsin agora concebia uma nova constituição concentrando mais poderes na presidência. Isso ainda perdura, como a ausência de um judiciário independente. Os poderes presidenciais permitiram a Yeltsin levar adiante a privatização em massa entre 1994 e 1996, mas maus resultados nas eleições posteriores o forçaram a fazer concessões. O Primeiro-ministro Chernomyrdin exigiu o fim do romantismo de mercado e ia lidando com o Estado e os mercados, mitigando o desastre.

Mas um desastre neoliberal não pôde ser desfeito. Gaidar removeu as restrições sobre os fluxos de capital, e chefes de empresas não puderam exportar capital como parte dos acordos suspeitos de comércio exterior. Como eles sabiam o quão não econômicas suas empresas eram, sua estratégia pessoal mais segura foi fazer tudo o que tinham desaparecer (principalmente os créditos do Estado) em contas em bancos estrangeiros. A fuga de capital foi enorme, provavelmente cerca de 100 bilhões no período de 1992-1997. Se a privatização era considerada a solução, deveria ter sido combinada a mais proteção tarifária e mais regulamentação de fluxos de capital. Mas na época a privatização foi empreendida, muitas empresas estatais estavam tão arruinadas financeiramente que os políticos não puderam recusar os subsídios do Estado (Tikhomirov, 2000: 16-22, 60-63, 141-158).

Assim, os russos não conseguiram o capitalismo que haviam vislumbrado, mas um capitalismo de compadrio. Na ausência do bom governo, e em uma economia originalmente configurada por monopólios, não por competição, o poder econômico se baseava em conexões políticas, roubo, monopólio e exploração da disjunção entre o sistema antigo e o novo. Como era difícil impor contratos legalmente, os chefes da KGB usavam empresários como seus testas de ferro ou sicários ao estilo da máfia que ajudavam. Em uma pesquisa de novembro de 1996, 52% dos russos diziam acreditar que "a máfia" governava a Rússia. Havia várias rotas para a riqueza. Aqueles que comandavam recursos do Estado, como altos funcionários do Partido Comunista, a KGB e o Komsomol (a Liga da Juventude Soviética), podiam liquidar os ativos de suas organizações e os enviavam secretamente para contas e investimentos no exterior. Outros exploravam os preços fixados do período de Gorbachev. Ao usarem suas conexões dentro da elite do Estado-partido para comprar mercadorias soviéticas escassas a preços baixos, eles podiam vendê-las na Rússia a um preço de mercado mais alto. Lucros ainda maiores vinham do uso discreto de conexões para comprar matérias-primas soviéticas, especialmente petróleo, exportar e vender e manter os lucros no exterior – não fazendo bem algum para a economia russa. Outra rota foi através da especulação monetária, em ouro soviético ou dólares e ienes, assumindo que a deterioração da economia produziria grandes lucros quando as revendessem depois. Essas oportunidades significavam que a Rússia obtinha lucros sem mercados, "capitalistas sem capitalismo" – em contraste para muitos dos ex-países satélite dominados pelos mercados, repletos de pequenos proprietários, pequenos acionistas e redes de propriedade cruzada (*cross-ownership*), "capitalismo sem capitalistas" (nas palavras de Eyal et al., 1998).

Vladimir Gusinsky ganhou dinheiro pela primeira vez como o rei dos braceletes de cobre (uma moda russa). Suas conexões no governo o levaram ao desenvolvimento imobiliário e ao sistema bancário. Ele especulava com moedas, vendendo rublos por dólares, esperando o rublo cair, depois vendendo os dólares, restituindo o empréstimo em rublos e embolsando a diferença. Enquanto a taxa de lucro estava abaixo do ritmo de desvalorização, esse era um modo infalível de ganhar dinheiro. Apostar no fracasso era uma grande ideia. Depois, voltou-se para a mídia de massa. Ele recebeu a rede de televisão NTV em troca de favores políticos feitos para Yeltsin, com um empréstimo de mais de um bilhão de dólares, que desapareceram e jamais foram restituídos (muitos detalhes biográficos dos oligarcas foram retirados de Hoffman, 2003).

Então vieram os programas de privatização em massa de Yeltsin, que tinham o objetivo de difundir a posse de ações para criar apoio para suas reformas. Títulos de ações gratuitos eram distribuídos à população, e depois aos empregados das companhias que estavam sendo privatizadas. Todavia, em meio ao desastre econômico, muitas pessoas estavam desesperadas por dinheiro e venderam suas ações a intermediários ricos. Yeltsin, com poucos fundos para as próximas eleições nas quais o Partido Comunista reapareceu, lançou um programa de troca de empréstimos por ações em 1995, leiloando pacotes de ações em empresas desejáveis como garantia para empréstimos ao governo feitos por bancos. Em troca do empréstimo, o Estado garantia ao banco ativos que valiam muitas vezes mais o valor do empréstimo. Se o governo não pagasse os empréstimos em um ano (o que não estava em posição de fazer), o credor adquiria o direito às ações. Os leilões eram organizados por um Estado corrupto, que permitia apenas a alguns bancos fazerem lances baixos. Isso mantinha os preços do leilão baixos e recompensava amigos. Grandes pacotes de ações foram transferidos a alguns bancos, que se apropriavam de ativos econômicos de primeira linha a preços extremamente baixos. O acordo informal foi que os impérios midiáticos dos oligarcas endossariam Yeltsin na eleição. Isso não era neoliberalismo, mas capitalismo politizado, e na verdade Summers, o neoliberal, tentou persuadir Clinton a impedir Yeltsin. Clinton rejeitou seu conselho, decidindo que esse era um preço pequeno a pagar para financiar Yeltsin contra os comunistas (Kotkin, 2001: 130; Tikhomirov, 2000: 236-254; Cohen, 2001; Talbott, 2002: 206-209). O poder econômico, embora politizado, estava invadindo e pervertendo uma democracia política e os Estados Unidos estava ainda sacrificando ideais pelo anticomunismo.

O oligarca Mikhail Khodorkovsky era em 2004 o homem mais rico na Rússia. De antecedentes de classe média, ele se juntou ao Komsomol como um meio de subir. Suas primeiras iniciativas empresariais usaram propriedades do Komsomol, das quais se apropriou e seus apoiadores no Komsomol e na KGB. As pessoas confiavam nele porque sabiam que tinha apoiadores poderosos. Em 1987, ele abriu um centro de ciência e tecnologia, Menatep, originalmente importando e revendendo computadores, o brandy "francês" e a vodka "suíça" (provavelmente ambos falsos). Com dinheiro desses e usando suas conexões, obteve uma licença de banco para a Menatep em 1989. Ele recebeu grandes depósitos de agências do governo para financiar operações de importação e exportação, e pode ter roubado fundos do Tesouro Soviético durante o período do colapso da União. O Banco Menatep lhe permitiu fazer uma oferta à companhia estatal de petróleo Yulos em 1995. Esse foi um acordo empréstimos-por-ações, usando suas conexões dentro do governo. Ele pagou apenas 350 milhões para adquirir 78% da Yukos, que valia muitas vezes mais esse preço. Uma oferta maior foi excluída por seus associados internos. Após alguns anos nos quais Khodorkovsky ludibriou bancos e companhias de petróleo ocidentais por métodos dúbios, ele havia construído um império substancial baseado em petróleo. Depois, viu que para crescer mais tinha de se tornar respeitável. Suas empresas se tornaram modelos de transparência e meios de comunicação opostos ao Presidente Putin. Ele encontrou o vice-Presidente Cheney para discutir uma possível fusão com uma gigante de petróleo americana, que lhe ofereceria um apoio estrangeiro poderoso contra Putin. Todavia, Putin não se intimidou e Khodorkovsky agora padece na prisão após ser condenado em 2005 e 2010 por fraude e evasão de impostos. Atualmente, sua sentença vai até 2017. Embora provavelmente fosse culpado de alguns crimes, isso era comum nos negócios russos, o que indica que ele foi escolhido por razões políticas. O poder político superou o poder econômico e muitos russos aprovaram.

Alexander Smolensky começou a fazer transações comerciais no mercado negro nos tempos soviéticos. Foi preso em 1981 e sentenciado a dois anos de trabalho forçado por crimes econômicos. Depois, foi para a construção e com a ajuda do prefeito de Moscou transformou seu negócio no Banco Stolichny, que se especializou em especulação monetária. No acordo empréstimos por ações ele obteve a rede bancária agroindustrial *Agroprombank*, a segunda maior na Rússia. O ministro que supervisionou os acordos, Anatoly Chubais, recebeu um empréstimo de 3 milhões sem juros do Stolichny na mesma época. Smolensly fundiu seus bancos no Banco SBS-Agro, que se transformou no maior banco russo. Colapsou na crise financeira de 1998, mas o Banco Central forneceu ao banco 100 milhões em créditos, que misteriosamente desapareceram. Desde então Smolensky tem sido regularmente acusado de peculato e fraude monetária, mas com poderosos amigos na política e na segurança vinha se livrando de problemas. Ele agora era proprietário dos principais jornais.

Muitos capitalistas bem-sucedidos pelo mundo começaram a usar métodos dúbios; muitos exploram conexões políticas para garantir contratos governamentais e privilégios, e muitos exploram monopólios em vez de mercados. O termo capitalismo dos "barões do roubo" foi inventado nos Estados Unidos no começo do século XX. Mas duvido que qualquer país jamais tenha sido tão dominado por capitalistas barões do roubo ou da máfia como a Rússia na década de 1990. Todavia, como suas contrapartes em outros lugares, os russos se tornaram respeitáveis com o tempo, entrando em iniciativas conjuntas no exterior, integrando conselhos de corporações ocidentais, convertendo seus saques em corporações privadas operando em mercados mais ou menos privados. As origens podem ser esquecidas quando o negócio é institucionalizado.

Como as conexões políticas e o acesso interno aos recursos produtivos importavam mais do que o conhecimento técnico ou habilidades manufatureiras, muitos empresários eram ex-apparatchiks do Estado-partido. Khodorkovsky exagerou isso, declarando: "90% das pessoas prósperas nos negócios vinham das antigas estruturas do *nomenklatura* e daqueles próximos a eles". Mas em um estudo 68% das empresas de Moscou eram chefiadas por ex-gerentes de empresas estatais; em outro estudo nacional dos cem principais empresários na Rússia, 62% eram anteriormente da elite do Estado ou do partido. Os principais promotores de um livre-mercado eram pessoas da elite do Estado-partido que acreditaram mais tempo no socialismo, mas viram a oportunidade de adquirir riqueza sem ter que bajular o partido e o socialismo em troca de favores. Agora, eles podiam também mostrar sua riqueza abertamente e passá-la para seus filhos.

A elite política não mudou muito também. Cerca de 75% dos principais conselheiros e ministros de Yeltsin eram da classe dos ex-apparatchick soviéticos. Em 1995, ex-secretários dos comitês locais do Partido Comunista chefiavam oitenta e três das oitenta e nove administrações regionais e locais russas. Cerca de um quinto das maiores empresas que foram privatizadas se tornaram a propriedade privada de seus ex-"diretores vermelhos" e outros 60% eram controladas por eles (Kotz e Weir, 1997: 117-118, 121, 126, cap. 7; Kotkin, 2001: 7; Tikhomirov, 2000: 289). Máfias violentas ajudavam secretamente oligarcas e reduziram o monopólio dos meios de violência que as elites políticas devem exercer. No final da década de 1990, diz Kenez (2006: 291), a Rússia "foi governada por uma combinação sindicatos de crimes, burocratas corruptos e oligarcas". Melhor do que o stalinismo, sim, mas melhor do que o comunismo tardio? Não era inteiramente claro.

A Rússia se arrasta para fora do abismo – a década de 2000

A crise financeira do Leste Asiático se espalhou para a Rússia em 1998, atingindo uma economia que recém-começava a se recuperar. Contudo, a recuperação em breve recomeçou e foi contínua até a crise financeira de 2008. Os governos russos estavam pragmaticamente gerenciando uma economia rica em energia que gerava um crescimento muito constante, embora mantivesse a desigualdade alta em meio aos conflitos de poder entre oligarcas, chefes políticos regionais e o Estado central. Durante o governo de Vladmir Putin, o sucessor de Yeltsin, o neoliberalismo foi abandonado.

O Estado adquiriu formalmente mais poder, renacionalizando indústrias, empregando forças de segurança revigoradas e mais controle da mídia. Cerca de 35% do PIB russo em 2006 estava nas mãos do Estado. Putin desfrutava de um grau de legitimidade de desempenho. Ele era popular porque durante seu governo salários e pensões foram pagos regularmente, os padrões de vida aumentaram, um Estado mais forte combateu tanto os oligarcas quanto os chefes governamentais regionais e ofereceu mais ordem pública, embora o próprio Putin expressasse um nacionalismo russo genuíno que se opunha às intrusões em seu quintal. Durante uma década, mesmo que as eleições não fossem manipuladas, Putin as teria vencido.

Durante o governo de Putin, uma economia monetária foi amplamente restaurada e a permuta informal declinou. O crescimento econômico ficou em média em torno de 7% ao longo dos primeiros oito anos do novo século. Isso foi seguido por um ano de crescimento negativo em 2009, devido à Grande Recessão Neoliberal, mas desde então o crescimento foi retomado em cerca de 4% – melhor do que os países ocidentais. Como era menos vinculado à economia global, exceto como um fornecedor de energia, a Rússia sobreviveu à crise financeira melhor do que os países do Leste Europeu, que adotaram o neoliberalismo (Lane, 2009). Há abundantes investimentos estrangeiros e capitalistas ficaram menos preocupados com liquidação de ativos, mais com racionalização e investimento em produção. Contudo, a economia russa depende muito de petróleo, gás natural e metais e não atualizou ainda sua tecnologia para ser capaz de competir com mercadorias mais semiacabadas ou manufaturadas nos mercados ocidentais. Hanson (2003) enfatiza a variedade. Em alguns setores, a despeito do Estado de direito fraco e dos direitos de propriedade inseguros, empreendedores reconhecem uma estrutura viável de regras informais e estão dispostos a investir e expandir a produção. Em outros, a intervenção estatal rudimentar e ilegal amaina a racionalidade capitalista. Essa é uma economia dinâmica, ele conclui, mas poderia ser melhor se as regras do jogo fossem mais formais e previsíveis. Embora Voigt e Hockmann (2008) percebam algum crescimento em eficiência técnica na indústria (não na agricultura), atribuem grande parte do crescimento recente às desvalorizações do rublo após a crise financeira de 1998 e ao aumento dos preços das matérias-primas, especialmente a energia, que a Rússia possui em abundância. Choques externos e não o sucesso da transição, eles concluem, alimentaram o crescimento da Rússia.

A desigualdade permanece alta e parou de aumentar. Milanovic (1998) e Milanovic e Ersado (2008) estimaram que o coeficiente Gini quase dobrou entre 1988 e 1993 de 0,24 para 0,48, com os 10% mais ricos indo muito melhor, os 10% mais pobres indo muito pior, e a classe média indo apenas um pouco pior. Estimativas mais recentes veem o coeficiente Gini permanecendo relativamente estável após 1995, em torno de 0,40, com cada parcela do decil permanecendo também relativamente estável. Isso é uma desigualdade menor do que nos Estados Unidos. Milanovic e Ersado concluem que os grandes pacotes de privatização corrupta contribuíram mais para a desigualdade. A desigualdade mais visível repousa entre Moscou e o resto do país. Moscou, o vínculo com o mundo exterior, "o feudo dos ladrões", viu a difusão de riqueza entre uma nova classe média, em contraste acentuado com a Rússia extremamente pobre.

Putin reduziu parte dos oligarcas. Eles haviam sobrestimado seu poder, acreditando que seu capitalismo agora fosse mais importante do que o Estado. Putin provou que estavam errados ao prendê-los e confiscando seus ativos. Em 2000, Gusisky foi brevemente preso, e isso foi o bastante para ele fugir para a Espanha. Berezovsly fugiu para Londres. Khodorkovsky, o homem mais rico da Rússia, foi tolo em não sair do lugar e padece na prisão com vários de seus associados da Yukos. No geral, muitos russos pareciam achar isso aceitável, embora houvesse rumores de que muitas das indústrias confiscadas dos oligarcas tivessem sido entregues aos camaradas de Putin. Tucker (2010) argumenta que essa foi uma segunda onda de autolibertação do *nomenklatura*, e especialmente da KGB. Aqueles deixados para trás na primeira onda de privatização agora conseguiam sua parte no processo. Praticamente, todos os burocratas em torno de Putin dobraram como gerentes de grandes corporações controladas informalmente pelo Estado. Em 2008, a principal revista de negócios estimou que o pessoal e os aliados políticos de Putin chefiavam os conselhos de companhias que controlavam 40% da economia russa. Esse capitalismo altamente politizado implica uma reemergência parcial do poder político e econômico após um interlúdio de mais completa separação capitalista (Aron, 2009). A grande descoberta do WikiLeaks sobre os documentos do Departamento de Estado americano continha relatórios de diplomatas americanos que o Ministério do Interior (o MVD) e os serviços de inteligência federal (Federal Security Services – FSB) agora dominavam. Um telegrama diz: "Empresários de Moscou entendem que é melhor ter proteção do MVD e do FSB (em vez da proteção de grupos do crime organizado), uma vez que temos não apenas mais armas, recursos e poder que os grupos criminosos, mas eles também são protegidos pela lei. Por essa razão, a proteção de gangues criminosas não tem uma demanda tão alta".

Contudo, não é claro até que ponto Putin ou quaisquer agências administrativas podem controlar esse Estado de compadrio em expansão e o capitalismo. O Estado-partido se fora, pois o partido havia sido dissolvido e as agências administrativas estatais haviam sido fragmentadas e não foram recompostas. Harding comenta sobre o vazamento do WikiLeaks dos telegramas diplomáticos de Moscou: "Privadamente, parece, os diplomatas americanos em Moscou assumem a mesma visão sombria do Kremlin que eu tenho: a de que é menos um Estado do que uma empresa lucrativa do setor privado, no qual roubar é um hábito patológico". Ele cita uma estimativa da Transparência Internacional de que a propina custa à Rússia 300 bilhões por ano, o que representa não menos do que 18% do PIB do país (2011: 230, 242). O Estado de Putin tem poder o bastante para fazer coisas simples como burlar eleições e assassinar dissidentes inoportunos, mas uma cleptocracia é o oposto de uma burocracia, pois não é controlável a partir de cima. Mesmo os compadres podem se tornar difíceis de controlar caso tenham seus próprios feudos. Um diplomata americano observou em 2006 que "no topo do controle de Putin em uma economia próspera – o rumor dentro da administração presidencial era o de que cerca de 60% de suas ordens não estavam sendo seguidas" (*New York Times*, 2 de dezembro de 2010). Em 2011, muitos russos se voltaram contra o Estado de Putin precisamente por esta combinação: o Estado não pode reprimir a corrupção, mas pode burlar eleições e matar dissidentes.

Contudo, a Rússia é muito mais democrática do que foi a União Soviética, e a autonomia militar foi reduzida desde os tempos soviéticos. Em negociações com os Estados Unidos sobre o tratado de limitação das armas nucleares de 2010, o exército soviético pressionou o Kremlin a rejeitar as reduções de armas a menos que os Estados Unidos concordassem com limites recíprocos sobre seu escudo antimísseis no Leste Europeu. Mas o exército foi rechaçado por razões políticas. Isso não aconteceu nos tempos soviéticos, como Gorbachev pesarosamente observou. Talvez a Rússia de Putin possa se voltar para uma distribuição do poder mais democrática e igualitária beneficiando os cidadãos russos em geral. Mas isso ainda não aconteceu.

A queda do Império Russo foi uma boa notícia para os estados da Europa Oriental e Central e bálticos. Foi boa para o desarmamento nuclear, a paz mundial e para a globalização. Isso representa um bem considerável. Os poucos progressistas que ainda viam os soviéticos como um modelo do socialismo sofreram um sério golpe, enquanto que para muitos membros da esquerda a queda foi um alívio, pois pensavam que poderia eliminar a mancha de sua própria causa com as atrocidades soviéticas. A queda em breve levaria a melhorias na maioria dos países do bloco soviético do Leste Europeu. Mas, até agora, a Rússia e muitas das ex-repúblicas da União Soviética tiveram somente a alternativa capitalista despótica e desigual ao socialismo de Estado que poderia ter sido atingido no primeiro terço do século na ausência da Primeira Guerra Mundial. Enquanto isso, milhões de pessoas morreram em experimentos tanto socialistas como neoliberais. Revoluções, raramente, são uma boa ideia, uma vez que introduzem imensas perturbações no funcionamento das estruturas de poder, e suas consequências são usualmente versões pervertidas de seus objetivos utópicos originais. A Rússia foi desafortunada o bastante no século XX para ter duas delas. Ela pode certamente se colocar como o caso exemplar tanto do papel limitado da razão nos assuntos humanos como do fracasso dos humanos em resolver adequadamente as crises que eles próprios causam. O que os russos em 1914 teriam desejado por um século assim!

8
A alternativa maoista reformada

Consolidação e crises: o maoismo, 1950-1976

O comunismo chinês teve uma trajetória muito diferente. Compartilhava das aspirações utópicas soviéticas em meio a um ambiente similarmente inóspito e estabilizado durante um regime altamente repressivo. Todavia, após um começo desastroso falso, os comunistas chineses encontraram uma solução econômica, que até então evitava as perturbações de outras revoluções. Eles produziram um crescimento econômico duradouro e restauraram o *status* histórico da China como a gigante da Ásia. Embora isso ainda não tenha levado seja à democracia seja à igualdade, tem sido um resultado muito melhor para o grosso da população. Como essa trajetória notável ocorreu?

Havia diferenças importantes da União Soviética. Tempo era uma, pois a China se tornou comunista mais tarde, em um ambiente geopolítico menos ameaçador, e pôde aprender com os erros soviéticos. A China era muito mais homogênea etnicamente, o que oferecia mais coesão social e permitiu um governo menos centralizado. Seu maior nível de autonomia política provincial e municipal se mostrou uma vantagem. Todavia, na época de sua revolução, a China era muito mais atrasada do que a Rússia. Sua revolução não foi urbano--industrial, mas agrária, baseada no apoio central entre os pobres e os camponeses de classe média. Muitos líderes, diferente dos bolcheviques, eram de origem camponesa. A ascensão ao poder também diferiu, seguindo a guerra civil, não a precedendo. Os Exércitos Vermelhos receberam grande parte do crédito dentro da China pela vitória na guerra contra o Japão, e derrotaram os Exércitos Nacionalistas na guerra civil que seguiu. Em 1950, o governo comunista e a liderança pessoal de Mao Tsé-tung eram incontestados. O apoio era generalizado, especialmente no interior, onde viviam 85% da população. Os comunistas restauraram a paz, a unidade nacional e a liberdade frente à dominação estrangeira – e os camponeses tinham a terra.

O Estado-partido comunista embarcou em um projeto radical de nivelamento de classes. Seus dois princípios permaneceram inalterados: o "papel principal do partido" (i.e, seu monopólio de poder) e um "centralismo democrático" mítico. Eles fizeram disso um Estado-partido despótico. Todavia, o país foi conquistado aos poucos por vários Exércitos Vermelhos que se expandiram a partir de suas áreas de base, estabelecendo seus próprios governos regionais, como vimos no volume 3, capítulo 14. No centro, a liderança de Mao era incontestada, pois sua facção havia aparentemente tomado as decisões corretas na longa jornada ao poder. Mas ele agora tinha de coordenar as facções regionais dos topos de montanhas e nos novos arranjos constitucionais os partidos regionais e administrações tinham quase a mesma força que o partido central e ministérios (Huang, 2000). Muita coisa dependia de Mao para funcionar.

Os comunistas continuaram a redistribuição forçada de terras que já haviam praticado em suas áreas de base. Embora a política fosse ordenada a partir de cima, era adotada entusiástica e violentamente por camponeses pobres quando se apercebiam de que o KMT e as classes governantes locais não estavam retornando. A terra dos camponeses e proprietários de terras ricos era apropriada e entregue aos camponeses pobres e médios para manterem como propriedade familiar privada. Em meados de 1952, 90% da China rural era uma massa muito homogênea de camponeses médios liberados da exploração de classes, capazes de "desenvolver fortuna familiar" e manter suas culturas habituais (Friedman et al., 1991). Nesse momento, o regime estava desfrutando de apoio popular, a produtividade no campo estava aumentado e as elites comunistas locais focadas na manutenção desse estado de coisas feliz.

Nem todo mundo foi tão afortunado. Entre um e dois milhões de "contrarrevolucionários" – proprietários de terras, camponeses ricos e apoiadores do KMT e japoneses – foram mortos, e entre quatro e seis milhões foram enviados para campos penais de trabalho e reeducação. O PCC foi inicialmente cauteloso nas cidades, onde tinha menos apoio. Necessitava de cooperação daqueles com habilidades técnicas, incluindo empresários. Todavia, em cinco anos havia se voltado contra qualquer um que considerasse contrarrevolucionário ou criminoso. Talvez mais de um milhão tenha morrido e dois milhões tenham sido dispersados pelos campos. Esses são números muito grandes, embora pequenos em relação aos 580 milhões da população chinesa naquela época, e muitos funcionários qualificados permaneceram em suas posições anteriores. Dali em diante, houve o inverso da discriminação de classes. Aqueles de famílias proprietárias de terras tinham antecedentes ruins e perderam privilégios, enquanto aqueles com antecedentes da classe de camponeses e trabalhadores receberam privilégios.

A China foi geopoliticamente agressiva durante a Guerra da Coreia e persistentemente usou toda força necessária para manter o Tibete obediente. Durante o governo do sucessor de Mao, Deng Xiao Ping, ela fez uma incursão desastrosa no Vietnã em 1979 e ocasionalmente houve lutas em Taiwan e nas fronteiras soviéticas e indianas. O exército foi politicamente importante na Revolução Cultural e foi usado para reprimi-la em algumas áreas. Mas, a despeito das forças armadas grandes, o comunismo chinês foi basicamente muito defensivo. Seus soldados eram empregados com mais frequência em brigadas de trabalho do que como combatentes.

Os comunistas se defrontaram com o mesmo problema econômico dos bolcheviques. Sobretudo, eles queriam industrializar seu país, mas para fazer isso teriam de retirar recursos do consumo e da agricultura. Todavia (como na União Soviética), os camponeses agora controlavam a terra e era improvável que acolhessem isso. A participação chinesa na Guerra da Coreia tornou a liderança duplamente inclinada à industrialização, uma vez que o equipamento pobre do Exército de Libertação Popular havia contribuído para terríveis perdas nas mãos dos americanos. Por uma década, o PCC permaneceu sofrivelmente dependente dos suprimentos militares soviéticos.

Mao buscou manter o impulso revolucionário com o nivelamento de classes e "projetos heroicos" de mobilização de massa, enquanto sua retórica de política exterior carregada instigava o nacionalismo chinês (Chen, 2001). O nivelamento de classes foi redistributivo, embora entre aqueles com "bons" antecedentes de classe, um segundo critério introduziu privilégios de classe. Os 10-20% designados como "ativistas", politicamente confiáveis, foram melhor do que os outros. Esses dois princípios políticos e ideológicos de mérito estiveram em tensão contínua ao longo do período de governo comunista (Andreas, 2009). Mas, ao mesmo tempo, Mao não queria emular a industrialização forçada de Stalin, que ele disse ter sido equivalente a pescar "esvaziando o lago". Ele encontrou formas secundárias de aumentar o controle sobre os camponeses. O mais severo foi que os camponeses foram proibidos de se mudarem de suas casas. Essa foi realmente uma versão socialista de servidão, vinculando forçadamente os camponeses à terra. Outros controles foram moderados. A partir de 1952, as agências de compras do Estado compravam a produção agrícola por preços baixos fixados, por vezes para subsidiar o consumo dos trabalhadores industriais, por vezes para vender a consumidores por preços mais altos. De um modo ou de outro forneceu mais capital de investimento para a indústria ao manter os salários industriais baixos e ao usar o excedente para investimentos. Mas, embora o Estado monopolizasse o comércio, inicialmente deixou a produção aos camponeses.

Mao, depois, buscou mais controle sobre os camponeses por meio de cooperativas agrícolas que também lhes ofereciam algum benefício, pois lhes permitia compartilhar ferramentas e animais de carga. A partir de 1949, grupos de cerca de cinco a quinze famílias eram reunidos em equipes de ajuda mútua, que foram aumentados em 1953 para cooperativas agrícolas elementares de vinte a quarenta famílias. Essas mudanças não pareceram encontrar muita resistência. O regime também ergueu as indústrias pesadas administradas pelo Estado – carvão, eletricidade, ferro e aço, de materiais de construção, química e de engenharia. Seguindo o modelo soviético, fábricas de capital intensivo foram estabelecidas, muitas vezes com assistência técnica e financeira soviética. Em 1953, o primeiro

Plano de Cinco Anos ao estilo soviético moveu os recursos para a indústria pesada e projetos de construção importantes. Os trabalhadores eram controlados por meio de sindicatos administrados pelo Estado, secretários do partido eram colocados em cada fábrica, e trabalhadores eram recrutados no partido. Quase todos nas cidades eram incorporados a uma unidade de trabalho que fosse responsável por seu bem-estar, e, nas aldeias, todos eram membros da brigada de produção. Mesmo as viúvas foram gradualmente levadas ao sistema de unidade de trabalho. Um nível básico de bem-estar social foi obtido por meio do que era chamado "o pote de arroz de ferro", organizado pela unidade de trabalho. Em mobilizações periódicas importantes de trabalhadores semelhantes aos projetos heroicos da União Soviética trabalhadores eram exortados a trabalhar mais duro pelo bem do país. Em meados da década de 1950, o partido tinha destruído esse capitalismo como existira na China republicana, e em 1960 havia integrado a economia doméstica a formas mais coletivistas.

Uma vez mais, na União Soviética, o socialismo de Estado foi aplicado com sucesso ao desenvolvimento tardio. O PIB subiu 9,2% ao ano no período de 1952-1957 e 6,8% quando ajustou o *per capita* para levar em conta o crescimento populacional. Isso estava tão bom quanto em qualquer lugar do mundo naquela época, embora o consumo não aumentasse tanto. Como a União Soviética, a China comunista foi bem-sucedida no desenvolvimento de programas de educação, alfabetização e saúde e em manter o nível de desigualdade abaixo do nível de desigualdade da maioria das sociedades industrializadas (Bramall, 2000: tabela 2.2; Naughton, 2007: 80-82)[11]. No geral, a expectativa de vida subiu rapidamente de trinta e cinco em 1949 para cinquenta e cinco em 1980, e a taxa de mortalidade se reduziu pela metade entre 1953 e 1970. Essas são medidas mais confiáveis do que as estatísticas do PIB, indicando conquistas substanciais, maiores do que muitos países em um nível comparável de desenvolvimento econômico. As virtudes do comunismo – elites políticas relativamente incorruptas comprometidas com o desenvolvimento relativamente igualitário – puderam mobilizar as vantagens do desenvolvimento planejado dos parâmetros conhecidos de industrialização por equiparação. É importante notar que o crescimento não começou com as reformas do período pós-1978. O comunismo tinha suas virtudes. Também tinha seus vícios, pois era uma estrutura rígida de controle, o partido penetrando a maior parte da vida social, mobilizando campanhas de perseguição intermitentes, mas duras, contra supostos inimigos de classe. Essa era a combinação comunista familiar de progresso econômico, despotismo ideológico-político e poder militar subordinado ao partido.

Um grande revés ocorreu em 1956, quando, em decorrência da retirada de muita força de trabalho do campo, a produção agrícola caiu, gerando fome e

---

11. Há muito debate sobre a precisão das estatísticas econômicas chinesas (cf. Naughton, 2007: cap. 6, para uma revisão). A visão da maioria é que são inflacionadas, embora apenas ligeiramente.

desemprego. Mao agora reforçou os controles. Cooperativas mais fortes de mais de cem famílias camponesas foram introduzidas. Essas eram impopulares, uma vez que os camponeses eram controlados nelas por funcionários do partido que mantinham os preços baixos embora exigindo que produzissem mais. Mas o aumento no controle foi gradual, efetivamente encerrando os camponeses nas comunas sem a terrível coerção à qual Stalin recorreu. No geral, portanto, os primeiros anos do governo comunista foram uma história de sucesso econômico, a menos que você estivesse numa das classes expurgadas; enquanto a ditadura rígida do partido único oferecia ordem, que era valorizada após décadas de guerra e guerra civil. As atrocidades do regime também declinaram após a primeira onda. Foi uma melhoria no período entreguerras republicano. A grande incógnita é se os nacionalistas teriam feito conquistas similares caso tivessem vencido a guerra civil. Em Taiwan, fizeram, embora essa fosse uma proposição muito mais fácil.

Contudo, o ambiente geopolítico parecia ameaçar enquanto as tensões aumentavam com a União Soviética e com os Estados Unidos. Mao ficou impaciente com a lenta melhora econômica. Ele se voltou para os projetos heroicos, que perenemente seduziram regimes comunistas. O segundo Plano de Cinco Anos de 1958 incluiu o Grande Salto Adiante. Mao declarou: "Três anos de trabalho duro e sofrimento e mil anos de prosperidade". Ele incitou as tensões dos Estados Unidos em relação ao Estreito de Taiwan a fim de mobilizar o nacionalismo chinês por trás do Salto (Chen, 2001). Foi uma solução aparentemente atrativa para o problema dos dois setores da China, o desenvolvimento tanto dos setores agrícola quanto industrial pela exploração de uma grande vantagem natural da China: a força de trabalho barata. A China podia se industrializar substituindo força de trabalho abundante por maquinário pesado. Economias de escala seriam obtidas pela fusão de cooperativas em comunas contendo cerca de cinco mil famílias. A parte rural do Salto também continha alguma descentralização. Muitas empresas controladas pelos ministros do Conselho de Estado foram transferidas para governos locais, cujos funcionários junto aos líderes das comunas recebiam alguma autonomia e recursos para desenvolver indústrias de brigada e projetos de construção, capazes de despender parte dos lucros de suas empresas. A proporção da produção de empresas industriais sob o controle do governo central caiu repentinamente em um ano, de 40% em 1957 para 14% em 1958 (Wu, 2004: 44-47). Fornos de aço de fundo de quintal foram a peça central do Grande Salto Adiante. Lideradas por funcionários locais pegos pelo entusiasmo do Salto, nos fornos queimavam qualquer madeira que pudessem encontrar a fim de derreter qualquer ferro, muitas vezes restos, que pudessem encontrar. Foi removida força de trabalho da agricultura para operar esses projetos.

Foi um desastre. O aço produzido era ferro gusa de baixa qualidade, os estoques locais de madeira e ferro estavam muitas vezes exauridos, e o desvio da força de trabalho agrícola significou espantosamente que os campos não poderiam ser colhidos. As pessoas estavam exaustas em meio à escassez de alimentos, e isso gerou a grande fome de 1959 e 1960. O sofrimento foi agravado por um sistema de cotas pelo qual funcionários locais relataram níveis de produção muito mais altos do que a realidade, e com isso oficiais superiores não se deram conta no começo da extensão do desastre. Mesmo depois de se aperceberem, Mao foi relutante em mudar o que eram basicamente suas próprias políticas, e quase ninguém ousava lhe dizer a verdade. No fim, em janeiro de 1961, veio a ordem para abandonar o Grande Salto Adiante. Alguns funcionários provinciais já a haviam discretamente descartado (Macfarquhar, 1983; Yang, 1996).

Enquanto isso, talvez pelo menos 30 milhões de chineses morreram de fome, de uma população total que era de 650 milhões – uma taxa de mortalidade de quase 5%. As mortes não foram deliberadas, diferente dos assassinatos iniciais de proprietários de terras e outros. Não fora concebida como um ataque aos camponeses, como a coletivização de Stalin parcialmente fora. Resultou de chocantes erros políticos cometidos por um ditador inflexível apoiado por entusiastas radicais do partido local. Revelou um vício ideológico característico dos regimes comunistas: a ideologia utópica insistindo na total transformação da sociedade podia em troca devastá-la. Aquelas províncias cujos líderes adoraram com mais fervor a política sofreram mais. A grande fome garantiu que o crescimento geral fosse negativo entre 1957 e 1965, a despeito da contínua industrialização (Bramall, 2000: tabela 2.2). Como Naughton observa: "Que bem resulta de oferecer aos seus cidadãos necessidades básicas por 27 anos se você lhes impõe políticas de fome nos outros três anos?" (2007: 82).

Assim, o Grande Salto Adiante também teve consequências políticas. Abalou a autoridade de Mao e ele teve de se afastar da liderança pública. O faccionalismo do partido se tornou mais aberto em meio a uma entre radicais e moderados, que foi por vezes atravessada por conflitos regionais. O Estado enfraqueceu. Shirk (1993) analisou o seletorado, os principais quinhentos ou mais do partido e funcionários do Estado que participaram na seleção dos principais líderes. Ela descobriu uma pesada representação entre eles de funcionários provinciais do Estado-partido. Sempre que houvesse um líder fraco ou um conflito sobre a sucessão, esses líderes provinciais eram cortejados e lhes eram oferecidas concessões. Agora era um momento. A fase pós-revolucionária de liderança forte havia terminado, e as províncias readquiriram mais autonomia.

Mas um benefício antecipado foi que a descentralização econômica do Grande Salto continuou. A pressão fez com que as comunas fossem desmanteladas e a equipe de produção individual e as indústrias de brigada recebessem mais independência. Um sistema de responsabilidade familiar foi encorajado durante um tempo (Yang, 1996: 98), refletindo uma visão de que camponeses produziriam mais e pudessem se beneficiar diretamente dos frutos de seu trabalho. O Estado reteve o controle dos preços agrícolas, mas os camponeses foram autorizados a aumentar alguns preços. Investimentos em infraestruturas rurais aumentaram. A força de trabalho voltou das cidades para o interior, uma vez que durante a fome não podiam ser alimentados nas cidades, e os investimentos industriais foram reduzidos a recursos livres para a agricultura. Assim, após um período no qual se supunha que a ideologia triunfasse sobre a realidade, o PCC se inverteu, ajustando-se pragmaticamente às motivações dos camponeses. Havia aprendido o pragmatismo décadas anteriores, como vimos no volume 3, capítulo 4. Agora, era repetido.

Entre 1965 e 1978, o PIB aumentou novamente, para respeitáveis 4,9% ao ano (2,6% quando ajustados *per capita*). A parcela da indústria no PIB continuou a aumentar, de 10% em 1952 para 35% em 1978, enquanto a área de terra irrigada da China triplicou. As reformas de mercado posteriores puderam partir dessa base. O mercado sozinho não poderia ter atingido isso (Bramall, 2000: tabela 2.2, 130, 300, 415; cf. Maddison, 1998). Embora os mercados permanecessem ideologicamente um anátema, a descentralização foi mais incentivada em 1970 quando Mao decidiu que tensões geopolíticas poderiam levar a outra guerra mundial. Nesse caso, a melhor defesa militar para a China seria totalmente desenvolvida (como durante a invasão japonesa). Assim, o país foi dividido em dez regiões de cooperação, que foram ordenadas a planejar suas próprias indústrias de defesa, sob a dúbia máxima: "Descentralização é uma revolução e quanto mais descentralização, maior a revolução" (Wu, 2004: 53). Variações regionais aumentaram. Em algumas províncias a família camponesa reapareceu como a unidade produtiva primária; em outras (especialmente províncias anteriormente radicais), vestígios do Grande Salto Adiante permaneceram nas empresas rurais menores, mas em crescimento, produzindo mercadorias variadas, por vezes com a posse concedida a famílias ou grupos de famílias, por vezes a autoridades públicas locais. Essas tiveram uma importância maior no período tardio de reformas (Yang, 1996).

Mas a visão ideológica coerente do desenvolvimento socialista havia enfraquecido em meio às divisões políticas. Em 1966, Mao lançou as radicais Guardas Vermelhas estudantis em uma Revolução Cultural que questionava os privilégios estabelecidos do Estado-partido. Andreas (2009) diz que isso estava produzindo uma convergência da elite política ex-camponesa e da *intelligentsia* com elevado nível educacional em uma classe dirigente única. Mao estava preocupado com o fato de que ambos os grupos agora eram com efeito capazes de transferir seus privilégios aos seus filhos, uma vez que a confiabilidade política e a meritocracia eram os dois principais critérios de admissão tanto para o partido quanto para a educação superior. Mao queria reduzir seu poder, renovar o projeto de nivelamento de classes e restabelecer seu próprio poder. Ele encorajou as demandas estudantis por uma renovação revolucionária, mas a Revolução Cultural saiu do controle no outono de 1966 quando se espalhou entre trabalhadores e camponeses. Os estudantes se dividiram em facções moderadas e radicais e as rivalidades internas se espalharam das universidades para as cidades e para o interior. Inclusive alguns comandantes do exército apoiaram os radicais. Houve caos, com um impacto severo sobre a economia e o partido.

Mao adquiriu mais poder, embora sem uma renovação revolucionária. A unidade do partido foi retoricamente restabelecida. Castigados, todos os lados expressaram seus objetivos em termos dos *slogans* de Mao. Em 1968, ele retomou o controle, expurgando oponentes e promovendo os lealistas, e depois se voltando aos radicais. Quando uma mostra de força não os intimidava, ele enviava o exército. Talvez, um milhão e meio de pessoas tenham morrido na Revolução Cultural, incluindo mais de 100.000 dos quadros do partido (Chen, 2001: 846). Foram necessários vários meses para as instituições efetivas do partido e administrativas serem restabelecidas. As universidades foram fechadas, e cerca de um milhão de estudantes de escolas de ensino médio e superior, toda uma geração, foram deportados para o interior para reeducação em tarefas manuais. Foi uma experiência ruim para a liderança. Mas, embora todos agora se ajoelhassem diante de Mao, o faccionalismo entre a radical Gangue dos Quatro que atacava os moderados perdurou. Mao sempre dividiu e governou, promovendo e depois expurgando líderes caso ameaçassem se tornar seus rivais.

Mao morreu em 1976. Seu sucessor ungido, Hua Guofeng, conseguiu com que prendessem a Gangue dos Quatro, embora o poder real fosse devido a Deng Xiaoping, que efetivamente conquistou o poder ao final de 1978. Ele restabeleceu outros como ele que haviam sido expurgados pela Gangue e reabriu as escolas em 1978 e as universidades a partir de 1980. A autoridade e unidade do partido foram restauradas com Deng como líder incontestado. O efeito último da Revolução Cultural foi restabelecer a unidade da elite do partido e dos tecnocratas com formação. Seus sistemas de credenciamento político e educacional foram restaurados e as universidades retornaram à forma (meritocrática) da meritocracia. Os líderes anciãos, que detinham autoridade política desde 1949, foram aposentados, abrindo posições para uma geração mais jovem de comunistas tecnocratas, Engenheiros Vermelhos, que governariam a China durante o período de reformas (Andreas, 2009). Ela também consolidou seu compromisso para com a ordem, se necessário por meio do poder militar, e, com isso, a influência do Exército de Libertação Popular (ELP) em círculos superiores do partido aumentou.

A política de um filho foi introduzida em 1978-1979, reforçando o efeito da transição demográfica normal da industrialização. Combinados, eles estabilizaram a população, ajudando o crescimento. Em 1979, o reformismo de Deng foi fortalecido por uma debacle militar, uma invasão do Vietnã na qual o ELP foi derrotado pelos vietnamitas, mais acostumados a batalhas. As forças armadas necessitavam claramente de modernização, e isso dependia de mais crescimento econômico. Uma vez mais, a geopolítica pressionou mudanças e Deng agora liderava um longo período de reformas econômicas que adentraram o século

XXI. Diferente das reformas tardias da União Soviética, a reforma econômica não foi acompanhada por muita reforma política, embora uma reforma ideológica viesse com a dominação de uma ideologia de mercado aliada a critérios meritocráticos em vez de políticos para o avanço.

Reforma econômica: a era Deng, 1979-1992

As reformas econômicas começaram semelhantes às reformas soviéticas. Embora, na China, não houvesse o estímulo das taxas de crescimento inclinadas, a liderança passou a se preocupar com o atraso em relação aos capitalistas Japão e Tigres do Leste Asiático – incluindo, com irritação, Taiwan, governado pelo KMT. Não é verdade, como Harvey (2005: 211) diz, que a reforma chinesa "foi, em parte, uma consequência não intencional da virada neoliberal no mundo capitalista avançado". A China tinha que se equiparar e, como veremos, sua mercantilização foi limitada e não muito capitalista. A reforma veio de cima. Nas imediatas repercussões da Revolução Cultural estavam reformas (como as de Andropov e do início do governo de Gorbachev) que tentaram recentralizar e aumentar a disciplina. Quando essas também fraquejaram, uma noção muito insossa de Quatro Modernizações da agricultura, indústria, tecnologia e defesa propostas originalmente pelo moderado Zhou Enlai em 1975 assumiu o controle. Essa não continha inicialmente uma visão da liberação das forças de mercado. Isso se mostrou mais uma consequência não intencionada das reformas graduais. Deng e sua facção se referiam constantemente ao critério da prática de Mao como o único guia para a verdade, que significava: se uma coisa funcionou, continue com ela; se não, descarte-a – o pragmatismo, uma vez mais.

Em meados da década de 1980, ficou evidente que fora a indústria pesada a liderança estava adotando um caminho diferente em direção à União Soviética. O partido tinha um papel dual. Ainda atuava como um Estado desenvolvimentista, indicando diretores de empresas, estabelecendo critérios para o sucesso, e tendo o controle direto de alavancas financeiras – diferente da trajetória pós-comunista russa. Mas, segundo, a coerção estatal era um mecanismo de segurança: se as reformas econômicas produzissem efeitos políticos indesejados, o partido poderia tomar medidas duras. A polícia de segurança era ativa, os tribunais eram subordinados ao partido, e as prisões e campos de trabalho permaneceram. A ordem tinha de vir primeiro. Embora a Rússia tivesse experienciado ordem stalinista contínua e depois tivesse reagido a ela, os chineses haviam sido resgatados da desordem pelo comunismo e depois experienciaram mais desordem resultante da desunião do partido. Portanto, houve apoio popular para o "papel de liderança" do partido, embora isso significasse ordem. Em 1979, Deng foi tão explícito sobre democracia quanto Gorbachev, mas na direção oposta: "Falar sobre democracia na vontade abstrata inevitavelmente levará à difusão descontrolada da ultrademocracia e do anarquismo para a completa perturbação da estabilidade política, e para o fracasso total de nosso programa de modernização. [...] A China uma vez mais será mergulhada no caos, divisão, retrocesso e escuridão" (Deng Xiaoping, 1984: 171). Mas as reformas econômicas envolveram pouca coerção. A manipulação macroeconômica foi o principal impulso da política. O poder econômico estava um tanto separado do poder político.

Havia também outras diferenças da União Soviética. Em termos de poder político, a facção de Deng tinha muito mais controle sobre o Estado-partido do que a facção de Gorbachev, e por isso nunca sentiu a necessidade de se voltar contra ele. Tampouco o planejamento chinês jamais foi tão centralizado quanto o soviético. A indústria foi apenas metade nacionalizada e Empresas independentes de Cidades e Aldeias (ECAs) e propriedades agrícolas coletivas já estavam se expandindo. Na década de 1970, as ECAs foram denominadas "empresas de comuna e de brigada" e quase toda agricultura era coletiva. Na década de 1980, as ECAs eram basicamente administradas por funcionários de aldeia e do município, mas a atividade agrícola coletiva havia desparecido. Pouco mais além dos preços de seiscentas mercadorias eram agora alocados nacionalmente (Strayer, 2001: 394). A liderança detinha o controle da demanda agregada, equilibrando as necessidades da agricultura, comércio, indústria e defesa e buscando uma agenda de promoção do crescimento e da tecnologia. Beneficiando-se da facilitação das relações com os Estados Unidos, que haviam começado com a visita de Nixon em 1972, Deng abriu a China para investimentos diretos estrangeiros (IDE). A China estava lentamente se juntando à economia mundial, mas inicialmente focando as empresas estatais (EEs) Deng limitou sua autonomia.

Contudo, os principais incentivos ao crescimento foram domésticos. A China poderia desenvolver as conquistas do maoismo assim como as próprias vantagens comparativas do país. Não havia dívida estrangeira, um grande suprimento de força de trabalho rural, infraestruturas boas o bastante, padrões de educação e saúde que forneciam uma força de trabalho qualificada, disciplinada e taxas de poupança interna muito altas, o que contribuiu para grande parte do capital de investimento. Isso foi responsável por mais da metade do aumento da produtividade de trabalho durante o período de reforma (Hofman & Wu, 2009: 11). O primeiro ano no qual o crescimento atingiu 11% foi 1981, antes que a reforma tivesse realmente começado. Nem toda recuperação econômica da China pode ser atribuída às reformas de mercado. E todos os líderes de Mao em diante, independentemente de sua adesão variável ao plano *versus* mercado, asseguraram que essas primeiras precondições para o crescimento fossem mantidas. Os padrões de vida subiram, embora não tanto, uma vez que recursos foram dirigidos mais para o investimento industrial do que para o consumo, e o setor de serviços permaneceu comparativamente atrasado. A aproximação com os Estados Unidos significava que o exército não era um dreno de recursos, diferente do que ocorreu na URSS. Assim, a parcela de investimento no PIB subiu à medida que o planejamento diminuiu, acelerando, com isso, o crescimento geral e o crescimento da produtividade. Entre 1978 e 1988 o PIB subiu cerca de 8,4% ao ano, enquanto o PIB *per capita* subiu quase 7%, taxas igualadas ao longo de um período de dez anos na história apenas por três outros países: Japão, Coreia do Sul e Taiwan, os únicos países que poderiam também igualar à taxa de investimentos da China (Bramall, 2000: tabela 2.3; Naughton, 2007: 142-148). As taxas de pobreza foram reduzidas na década de 1980. Somente os chineses depois conseguiram continuar com uma taxa de crescimento assim durante um período mais longo. Durante os primeiros trinta anos do período de reformas a média de crescimento anual foi mais de 9,5% (8,1% *per capita*), absolutamente sem paralelo no mundo. As inevitáveis desacelerações periódicas (em 1981, 1989 e 1990) foram seguidas por mais crescimento acelerado (Hoffman & Wu, 2009: 10-12).

A fase inicial do período de reforma econômica refletiu as virtudes de um socialismo de Estado relativamente pragmático e tecnocrático, que havia abandonado a coletivização, projetos heroicos e a força militar em sua economia. Isso foi possível porque a liderança de Deng foi firmemente estabelecida, os radicais foram eliminados e a burocracia se tornou subserviente. As reformas foram pragmaticamente controladas a partir de cima. A pressão por uma certa reforma poderia vir de baixo, mas tipicamente a liderança concordaria que fosse experimentada em uma localidade particular. Se funcionasse, era aplicada em outros lugares também. Mas a liderança decidia se tinha funcionado. Nenhum grupo de poder, como os proprietários de terras, industrialistas ou oligarquias de partidos locais, poderia frustrar a política. Tampouco os funcionários poderiam ainda iniciar coalizões significativas de busca por renda a partir do Estado. Contudo, Deng fez um acordo com os líderes provinciais para garantir sua liderança aumentando sua representação no Comitê Central do partido. Em 1987, eles constituíam 43% do comitê, o maior bloco único. Isso fez com que as reformas tendessem a se manter descentralizadas, fazia quaisquer reformas provavelmente manterem a descentralização (Shirk, 1993: 149-152).

As políticas ao longo de grande parte da década de 1980 variaram entre os setores urbano e rural. Nas cidades, o setor estatal permaneceu dominante, com forças do mercado restritas e pequenos provedores de serviços. Aqui, o objetivo socialista tradicional era racionalizar produção e preços com o plano. Como de costume, isso se mostrou inatingível. Os planejadores tentaram repetidamente, mas fracassaram em especificar preços ótimos, o que poderia funcionar localmente, dado que a opção stalinista de força havia sido abandonada. Na prática, portanto, empresas estatais (EEs) começaram a exercer maior autonomia a fim de obter um balanço saudável. Os planejadores permitiram algum relaxamento de controle de preços. Quando uma empresa atingia sua cota estabelecida pelos planejadores, podia vender a produção adicional e comprar mais recursos a preços de mercado. Isso deu um incentivo para administradores e trabalhadores de empresas para buscarem lucros, e isso revelava uma divisão crescente entre EEs lucrativas e não lucrativas, com as primeiras vivendo substancialmente do mercado, e as segundas, subsidiadas pelo Estado, e ainda dominavam. Contudo, os planejadores não as favoreciam, pois eram custosas. Durante a década de 1980, o poder para se apropriar dos lucros foi transferido dos ministérios para os administradores locais das EEs. O Estado agora tributava empresas em vez de se apropriar diretamente das receitas delas. Administradores de EEs ainda tinham de buscar fundos nos bancos estatais, mas isso não era uma grande restrição orçamentária uma vez que os bancos operavam sob suposições antigas de que deveriam socorrer empresas fracas em vez de recusar empréstimos a elas (Lardy, 2002). O governo ainda estava protegendo indiretamente as grandes EEs, a um custo econômico, pois muitas eram ineficientes e geravam programas de bem-estar social custosos para os trabalhadores. Mas o regime parece ter temido mais o custo potencial do que reformas mais radicais que pudessem provocar descontentamento em massa dos trabalhadores. Esses eram forças de trabalho grandes e concentradas muito capazes de ação coletiva.

Gorbachev tentou resgatar a economia soviética ao reformar radicalmente empresas estatais que dominavam a economia. Quando isso pareceu não funcionar, elas foram privatizadas. Mas se mostrou impossível introduzir essas mudanças radicais enquanto se esperava que esse setor provesse a saúde geral da economia. Em contraste, só houve tentativa séria na China de privatizar as grandes EEs após 1992, bem depois que as reformas em setores não estatais no interior as tivessem tornado lucrativas o bastante para apoiar uma parcela maior da economia geral. As reformas chinesas mais fundamentais estavam "emergindo do plano" (como Naughton, 1995: 129-230 e 2007: 92, coloca), deixando sozinho o setor estatal planejado nas cidades, mas expandindo a autonomia e os mercados em empresas agrícolas não estatais e rurais administradas pelo governo em cidades pequenas. Não houve tentativa de uma grande expansão. As reformas foram graduais, mas cumulativas. Deng expressou isso como "cruzar o rio apalpando as pedras".

Assim, por quase duas décadas dois diferentes modos de produção coabitaram: o socialismo de Estado no setor urbano e empresas centradas na família e pequenos negócios no setor rural, que eram, contudo, subsidiados pelo Estado e estreitamente ligados aos funcionários do governo local (Wu, 2004: 64, 434-435; Pei, 2006: 22-26; Naughton, 2007: 91-98; Andreas, 2008: 127-129). O sistema maoista de registro familiar, o racionamento de comida e o controle policial rígido à mobilidade reforçaram a criação de dois mundos diferentes. As cidades continham emprego permanente, o governo fornecia habitação, pensões, educação e a maior parcela de investimento. A economia rural tinha padrões de vida mais pobres, menos bem-estar social, mas podia crescer, mas deixada por sua própria conta.

Os camponeses se tornaram mais livres. O tamanho da equipe de trabalho foi reduzido e entre 1980 e 1984, após experimentos em algumas províncias, famílias de camponeses receberam completa autonomia sobre a produção. A China estava de volta a uma economia familiar, dessa vez sem os proprietários de terras. O Estado retinha a posse formal da terra (e ainda detém) e controles de preços. Em 1983, a família substituiu contratos de equipes para quase todos os camponeses, e eles puderam comprar seus próprios meios de produção. A agricultura prosperou por um tempo em consequência. Na transição soviética a agricultura desempenhou um papel muito menor (absorvendo 14% da força de trabalho, comparada aos 71% na China), e os camponeses pareciam conservadores, contentes em permanecer em propriedades agrícolas coletivas, rejeitando os incentivos de Gorbachev para privatizar (Strayer, 2001: 397-398). Na China, as Comunas Populares perderam seus poderes administrativos para os governos municipais, cujos funcionários podiam agora conceber suas próprias políticas para aumentar a prosperidade local e sua própria arrecadação de impostos. As concessões feitas aos camponeses e aos funcionários locais durante e após o Grande Salto Adiante e à Revolução Cultural haviam aumentado sua autonomia embora também aumentando os preços agrícolas fixados do Estado. Uma sucessão de boas colheitas depois promoveram um florescimento de indústrias leves rurais, as ECAs, ainda de posse coletiva e administradas por funcionários da aldeia e municipais até o final da década de 1980. Huang (2088) afirma que o grande crescimento da década de 1980 se deveu à dominação da empresa privada nas áreas rurais, mas porque combina empresas e o número ainda grande de autônomos tradicionais – artesãos, vendedores ambulantes e outros. Na verdade, o crescimento na década de 1980 foi principalmente de empresas coletivas de manufatura pequenas ajudadas pelas políticas do governo de crédito fácil e ao direito de negociar suas taxas de impostos com os ministérios. Em 1985, receberam o poder de comprar e vender produtos fora do plano pelo preço que escolhessem. Podiam inclusive entrar em acordos de iniciativas conjuntas com firmas estrangeiras. Uma economia de mercado dinâmica estava emergindo do plano (Huang, 2008: cap. 2; Andreas, 2010: 68; Wu, 2004: 64-65; Gittings, 2005: 123-125; Pei, 1994: 43-44 74-76: Naughton, 2007: caps. 10 e 11).

Contratos e direitos de propriedade em empresas rurais eram garantidos menos pela lei do que pelas estruturas de poder nas quais funcionários e as linhagens familiares locais haviam chegado a um acordo. Na Província costeira Fujian, empresários que empregavam trabalhadores migrantes desenvolveram pequenos negócios têxteis em suas salas de estar. Alguns se transformaram em grandes negócios de linhagem familiar – uma versão distinta do clássico capitalismo de baixo para cima. Mas na Província vizinha Jiangsu algumas grandes fábricas de manufatura que empregavam força de trabalho local eram basicamente administradas por funcionários locais. Chen (2003) diz que secretários do partido na aldeia haviam se tornado chefes capitalistas orientados pelo lucro, influenciando o desenvolvimento econômico da China, uma versão dos empresários-burocratas pós-soviéticos que buscavam renda. Cooperativas privadas floresceram, dado o crédito governamental preferencial. Algumas usavam remessas de dinheiro de chineses no exterior. O exército estabeleceu suas próprias empresas, que se transformaram em um império industrial-militar. Em meados da década de 1980, até mesmo as terríveis condições nos campos prisionais melhoraram quando os diretores das prisões se aperceberam que elas também poderiam se tornar empresas de manufatura, e, para tanto, seus trabalhadores tinham de ser saudáveis e bem alimentados (Lau, 2001).

A variedade foi promovida pela decisão do regime de subsidiar as províncias costeiras, que poderia muito facilmente importar matérias-primas, produtos semiacabados, capital e tecnologia e exportar mercadorias acabadas. Quatro zonas econômicas especiais foram estabelecidas em 1980, e quatorze cidades portuárias foram abertas ao comércio e investimentos estrangeiros em 1985. O interior pôde se especializar em industrialização de substituição de importação, capitalizando a rede de excedente comercial da China. A partir de zonas de empresas especiais modelos de propriedade privada baseadas inicialmente em investimentos feitos por chineses no exterior se difundiram amplamente pelo país. Nessas zonas, o segmentarismo chinês estava terminando. Todavia, direitos de propriedade permaneceram mal definidos e ligeiramente protegidos uma vez que o privado estava tão entrelaçado ao público (Oi & Walder, 1999; Wu, 2004: 66-69; Wedeman, 2003: 35-36).

Funcionários locais estavam envolvidos em todos esses projetos. Eles podiam usar os lucros industriais para aumentar suas receitas em uma época em que planejadores centrais estavam reduzindo seus fluxos de receitas. "A empresa rural – esse é nosso segundo tesouro!", disse um. Em troca, funcionários podiam auxiliar empresas locais direcionando a elas empréstimos de bancos estatais a taxas de juros preferenciais sobre crédito insuficiente, renomeando uma empresa de modo que se qualificasse para financiamento de início de operações, informando que uma empresa era administrada por uma escola (o que lhes dava uma isenção fiscal), ou inflacionando o tamanho de uma força de trabalho para maximizar alegadas saídas. A evasão de impostos era a norma, e a corrupção aumentou à medida que as relações entre funcionários locais e empresas se estreitaram. Após experienciar déficit de receita, o Estado central endureceu o sistema de impostos, mas os funcionários ficaram criativos no desenvolvimento de seus próprios impostos locais.

As ECAs poderiam tirar vantagem da força de trabalho rural abundante. Onde o Estado havia fixado preços altos para os produtos, elas podiam vender as EEs por preço inferior vendendo-as pelos preços fixados. Quando expandiram, o ambiente competitivo aumentou e os preços caíram. Isso pôs mais pressão nas EEs ineficientes, enquanto os funcionários centrais, buscando maior eficiência, começaram a preferir processos de mercado. Mesmo os conservadores como o Primeiro-ministro Li Peng apreciaram a contribuição que as empresas rurais deram à estabilidade, enquanto os conservadores também queriam impedir os funcionários provinciais de se aliarem aos seus rivais reformadores. Os mercados foram muitas vezes as consequências não intencionais da descentralização (Shirk, 1993: 154, 177, 195). As reformas estavam funcionando, gerando crescimento e satisfação pública, embora mantendo elites do partido apaziguadas. Mesmo as EEs se beneficiaram de uma forma mais tortuosa. Elas podiam subcontratar trabalho para as ECAs. Como não havia benefícios de bem-estar social no setor da ECAs, e sob a política de um filho, os candidatos à aposentadoria não podiam obter muito apoio dos filhos na terceira idade. Assim, os trabalhadores e camponeses poupavam em bancos estatais, que então investiam os lucros nas EEs.

Em meados da década de 1980, funcionários regionais inclusive introduziram embargos de exportação para impedir a produção local de deixar sua região e restringiu as importações para proteger os produtores locais. Guerras de mercadorias ameaçavam a integração dos mercados nacionais e contribuíram para um arrocho de crédito que visava conter a inflação para um período de crescimento menor entre 1988 e 1991 de 5,5% no PIB e 4% no PIB *per capita* (Braman, 2000: tabela 2.3). Todavia, a indústria rural permaneceu próspera, ajudando a compensar o enfraquecimento do crescimento agrícola, embora as regiões fossem suficientemente grandes, e os incentivos para abertura de novas empresas fossem suficientemente fortes, essas pressões competitivas eram fortes. Alguns governos regionais depois pararam de proteger indústrias não competitivas e fizeram acordos de comércio inter-regionais entre si (Naughton, 1995: 153-158, 186; Shirk, 1993).

O Estado-partido capitalista: de 1992 em diante

Jiang Zemin se tornou presidente em 1989. O apoio da população urbana para as manifestações estudantis na Praça Tiananmen naquele ano alarmou a liderança, que respondeu com repressão. Todavia, essa reação política conservadora não reverteu as reformas econômicas. Em 1992, Deng fez sua visita ao sul, fazendo discursos elogiando as reformas, declarando: "Ficar rico é glorioso", e "Vamos deixar algumas pessoas ficarem ricas primeiro". O papel distinto dos pequenos *slogans* homílicos permaneceu sempre uma característica da ideologia comunista chinesa. O 14º Congresso do Partido declarou pela primeira vez que o objetivo da reforma era uma economia de mercado socialista. Embora líderes anteriores temessem o crescimento de grandes empresas privadas e por isso subsidiassem tanto EEs como ECAs, Deng ficou impressionado em sua visita com a eficiência das firmas de investimento estrangeiro orientadas à exportação nas zonas econômicas especiais. Ele concluiu que as empresas privadas de grande escala que operavam sob princípios capitalistas eram necessárias para competir com negócios estrangeiros. A partir de 1992, o governo abriu mais canais para o IDE e a

China se tornou mais dependente da economia internacional, com o comércio estrangeiro constituindo não menos que 60% do PIB. A privatização das EEs e das ECAs começou no mesmo ano, as empresas privadas se tornaram muito maiores e mais independentes em relação ao governo, o governo parou de dar crédito fácil e outros benefícios para pequenas empresas coletivas, e a redução dos ministérios industriais começou (Pei, 1994: 43-44, 81; Naughton, 1995: 273-274; Wu, 2004: 82-83; Yang, 2004: 25-26, 37; Andreas, 2008: 130; 2010: 69-74).

Essas foram mudanças dramáticas. A partir desse ponto é difícil encontrar um termo que resuma a economia chinesa. "O socialismo com características chinesas" é a própria designação do regime, mas isso é vago e exagera o socialismo. Alguns ocidentais a veem como uma forma variante de um modo capitalista de produção (e.g., Andreas, 2008). A China está agora vinculada à economia global única, o último baluarte autárquico contra a globalização universal a colapsar. Todavia, internamente, a China permanece muito diferente do capitalismo ocidental. Permanece sob pesada tutela estatal, e como não há propriedade privada como entendida no Ocidente, não é bem capitalismo, nem mesmo capitalismo politizado, uma vez que o Estado ainda domina as corporações privadas. Fan et al. (2011: 1) muito gentilmente a chamam "um salteado bem-sucedido de mercados, socialismo e China tradicional que não é completamente nenhum dos três, [...] todos misturados sob fogo muito alto".

Oi e Walder (1999) introduzem a noção de um maço de direitos de propriedade, que diferencia direitos de controlar, direitos de obter renda de propriedade, e direitos de transferir propriedade. Eles percebem um padrão gradual e desigual de mudança na China que envolve uma transição de firmas estatais e coletivas para firmas reformadas, para firmas contratadas e alugadas, e para firmas completamente privadas, embora complicadas por variações regionais, e variações entre relações de propriedade capitalistas com muito envolvimento estatal no interior e empreendedorismo privado mais importante em áreas costeiras. Diversidade e competição entre essas diferentes formas ajudam a explicar como a expansão econômica foi possível a despeito de direitos de propriedade altamente imperfeitos. Os chineses parecem ter demonstrado, contrário à sabedoria convencional de economistas, que direitos absolutos de propriedade não são uma precondição de sucesso econômico – pois foram mais bem-sucedidos do que as economias capitalistas. Como Fukuyama (2011: 248-250) observa, economistas ocidentais exageram a importância dos direitos absolutos de propriedade: direitos apenas "suficientemente bons" funcionarão, ele diz. Na China, o partido pode revogar qualquer direito à propriedade, mas, pelo desejo de crescimento econômico, isso raramente ocorre. Atores econômicos parecem considerar isso como bom o bastante para arriscar enterrar seus recursos em empresas. O que também importava na ausência de direitos de propriedade completamente garantidos era que formas de posse alinhavam os interesses do governo local com empresas locais.

A década de 1990 testemunhou muita privatização, embora também tenha transformado muitas empresas estatais em companhias de propriedade de acionistas, ainda com o governo mantendo um controle ou uma participação majoritária. Muitas ações eram vendidas a investidores estrangeiros ávidos para obter um pedaço do crescimento econômico da China, mas parece que as maiores companhias permanecem nas mãos do governo embora aparentemente a hierarquia administrativa interna e não os ministérios tomem as decisões administrativas.

Mas o Departamento de Organização do PCC, não o conselho de diretores da companhia, controla decisões sobre o corpo de funcionários. É sigilosa, não tem número de telefone ao público, e não possuí sinalização alguma no enorme edifício que ocupa próximo à Praça Tiananmen. O departamento lida com decisões funcionais de nível elevado, secretamente. Se um corpo assim existisse nos Estados Unidos, diz McGregor (2010: 72),

> supervisionaria a indicação do gabinete americano inteiro, governadores de estados e seus deputados, os prefeitos das grandes cidades, os chefes de todas as agências reguladoras, os executivos-chefes da GE, Exxon-Mobil, Wal-MArt e cerca de cinquenta das maiores companhias americanas remanescentes, os juízes da Suprema Corte, os editores do *New York Times*, do *Wall Street Journal* e do *Washington Post*, os chefes das redes de TV e das estações de TV a cabo, os reitores de Yale e Harvard e de outras grandes universidades, e os chefes de *think tanks* como a Brooks Institution e a Heritage Foundation.

Isso vale para aquelas que ainda eram administradas pelo Estado, pois muitas mais foram privatizadas. Mas o partido era do seu modo altamente meritocrático. Os principais critérios para promoção eram uma habilidade comprovada para fomentar o crescimento, para criar empregos, para atrair IDE, para controlar perturbações sociais, e para atingir ambas as metas de controle. Como Hoffman e Wu (2009: 20) observam, quatro desses cinco estavam estreitamente alinhados com o crescimento. Para alguns, isso recorda a meritocracia do serviço público baseado em concurso confuciano do passado imperial da China – incluindo a ênfase colocada na manutenção da ordem. Mas, agora, incentivos eram também mantidos. Funcionários locais que promovessem crescimento eram autorizados a manter grande parte de seu excedente para reinvestimento, enquanto o sucesso no nível local era recompensado com promoções à hierarquia do governo central.

Em 2004, direitos de propriedade foram supostamente garantidos pela constituição, e foram fortalecidos em 2007, mas como é também o caso com os direitos trabalhistas, a implementação foi retardada. Estado e economia permanecem entremeados e o Estado central estabelece os parâmetros macroeconômicos, parcialmente por meio da estabilidade do setor estatal, parcialmente por meio de sua robusta poupança e investimentos. Líderes do partido são membros de "pequenos grupos importantes", que reúnem ministros, especialistas, administradores de companhias, e funcionários em áreas políticas-chave. O corpo econômico, o Grupo Principal do Partido Comunista em Economia e Finanças, é chefiado pelo próprio primeiro-ministro, Wen Jiabao. Os grupos principais depois dão ao ministro relevante suas ordens. Há uma preocupação em manter o controle sobre o setor financeiro. O grupo principal em economia e finanças diz ao Banco Popular da China para ajustar as taxas de juros. Esses grupos principais são poderosos, mas, como em outros corpos do partido, sua afiliação é secreta (McGregor, 2010; Naughton, 1995: 13). No topo, há muito mais regulamentação do Estado do que em qualquer país capitalista, e o principal regulador permanece o partido, não as burocracias ministeriais, uma vez mais diferente de países capitalistas relativamente estatistas como o Japão ou a Coreia do Sul. O Estado central retém a posse da terra enquanto os governos locais são ativos em desapossar camponeses para propósitos de desenvolvimento. O mercado de ações chinês não é como os outros. É um cassino monetário engraçado (Walter & Howie, 2003). De suas ações, 70% são posse do Estado e uma participação majoritária em cada empresa chinesa listada é reservada ao Estado. Estrangeiros aplicam a maior parte do dinheiro, mas o Estado controla. O propósito do mercado de ações não é gerar lucro seja para os indivíduos ou para o Estado, mas dirigir a poupança para seu valor de uso mais alto. E, embora muito investimento formal de bancos seja em EEs, um setor financeiro informal surgiu para fornecer crédito a outras empresas híbridas. A taxa de poupança privada é alta na China, como em grande parte do Leste Asiático. Mas os chineses têm mais incentivo para poupar uma vez que o seguro de saúde e as pensões permanecem atrofiados. Sua poupança financia o crescimento (Fan et al., 2011: 6-8, 13). Isso não parece capitalismo, embora o movimento futuro na direção do capitalismo permaneça possível.

Nos níveis inferiores e no nível local, quadros do partido e empresários ou os membros de suas famílias se fundem em uma única classe capitalista Vermelha de grupos de magnatas. Desde os fracassos do Grande Salto Adiante e da Revolução Cultural, funcionários locais passaram a desconfiar do Estado central e conseguiram lutar por alguma autonomia para si. Agora, podiam lucrar com a descentralização econômica. Funcionários sentam nos conselhos da empresa, cobram taxas de mediadores para organizar empresas coletivas, e abastecem com impostos a si e seus superiores. Essa é uma versão mais estatista do capitalismo político que é difundida no mundo, e seus dois componentes, funcionários e empresários, geralmente têm relações muito harmoniosas. Dickson descobriu que funcionários e empresários tinham visões conservadoras similares. Os empresários estavam incrustados no Estado mesmo antes que fossem formalmente admitidos no partido. Como o Estado tinha criado instituições dentro das quais os empresários poderiam prosperar, não favoreceram a democracia (Dickson, 2003: 84-85; Tucker, 2010). Em 1993, Jiang Zemin mudou a constituição para permitir capitalistas no partido, onde agora são sobrerrepresentados. A ação afirmativa para trabalhadores e camponeses desapareceu. A inclusão de empresários no partido tinha a intenção de discipliná-los, mas também de usar seu controle sobre seus trabalhadores para aumentar o poder do Estado. Na Província de Fujian, o partido local recrutava chefes de linhagem empresarial a fim de manter o controle local unido. Capitalistas se integraram ao Estado-partido local, explorando aldeões de formas em parte capitalista e parte estatista (Chen, 2003). Esse não é capitalismo de Estado no sentido de Trótsky/Djilas, indicando uma elite estatal unificada, um *nomenklatura*, controlando todas as fontes de poder social, explorando todos abaixo delas. Tampouco, é o capitalismo politizado que agora começa a dominar grande parte do mundo. O acesso ao Estado confere recursos econômicos, mas o resultado não é corporações completamente privadas. O equilíbrio de poder permanece mais inclinado para o Estado do que em outras versões de capitalismo político, de modo que prefiro o termo "Estado-partido capitalista", retendo um senso de dualidade entre o poder econômico e político e entre direção estatal central e autonomia partidária local – com o Estado-partido firme no final.

Existem mercados econômicos e políticos entremeados. Nenhum é autor-reprodutor; cada um necessita dos ativos do outro. Sato (2003) diz que famílias rurais com a maior parte do capital eram as mais empreendedoras. Ele também encontrou variações regionais. Na Província de Wujiang, os quadros do partido e do Estado assumiram a economia, enquanto em Wenzhou empresários privados assumiram o Estado local. O mercado econômico intercambia mercadorias e fatores, enquanto o mercado político cria, comercializa e desvia ativos estatais para interesses privados, na corrupta busca por renda. Proprietários privados são muitas vezes parentes de funcionários. No período maoísta, funcionários locais podiam agir de modo arbitrário, mas o desvio de fundos públicos para ganho privado não era fácil de ocultar uma vez que ia contra a ideologia de muitos funcionários. A corrupção descontrolada seguiu da introdução de processos de mercado no Estado local (Yang, 2004: 12-13; Wu, 2004: 74; Wedeman, 2003: 27, 242; Lin, 2001: 3-6, 18, 98, 144-145). Yang analisou mil e trezentos casos de corrupção para concluir que a corrupção aumentava em frequência e escala e penetrou mais acima na hierarquia após 1992 – após as principais erosões da economia planejada. Huang (2008) está errado em ver a corrupção como sendo puramente burocrática, situada dentro do Estado. Ela caracteriza as empresas econômicas também, e sua liberação parcial aumentou a corrupção. A abertura ao comércio internacional, investimentos e intercâmbios culturais também concedia a funcionários do comércio, aduanas e educação um papel de porteiros do qual podiam extrair renda. Quanto mais diversos os mercados e suas regulamentações, mas oportunidades para renda (Zweig, 2002: 44, 162). Elas eram muitas vezes apropriadas agradecidamente em sua forma extrema de capitalismo político.

Durante o período de reformas, funcionários chineses tinham mais autonomia dentro do sistema administrativo oficial do que seus equivalentes soviéticos/russos (Solnick, 1996). Eles podiam lucrar com o desempenho de um papel duplo como acionistas no Estado e coletores de impostos para o Estado. Alguns funcionários se apropriavam de recursos do Estado em uma oferta de privatização, não com tanta frequência quanto os funcionários soviéticos/russos no momento em que sentiam que o Estado estava enfraquecendo, mas de um modo mais contínuo. Por meio de todas essas práticas de capitalismo político, a hierarquia chinesa permanece, contudo, intacta, oferecendo uma estrutura surpreendentemente organizada para o desenvolvimento. À medida que as desigualdades provinciais aumentaram, e que os funcionários locais aumentaram sua busca por renda e se tornado semicapitalistas, o governo central buscou rerregulamentar. Jian e o Primeiro-ministro Zhu Rongji foram instados pelas crises como a insurgência da Praça Tiananmen de 1989, o colapso da União Soviética e as crises financeiras asiáticas de 1997-1998, que derrubaram outros governos na Ásia. A liderança demitiu milhares de funcionários corruptos, executando os mais notórios. Ela aumentou sua autoridade sobre a coleta de impostos, empréstimos bancários, investimentos, os mercados de ações e de títulos, padrões ambientais, aduanas e vários outros domínios políticos. Ela buscava uma burocracia mais enxuta, porém mais disciplinada, mais transparente, com mais responsabilidade dos funcionários, embora não seja claro quão bem-sucedida foi. Parece haver ciclos nos quais uma fase de mercados e empresas maiores, mais autônomos, é depois contraposta por uma irrupção de desregulamentação pelo Estado, que, contudo, continua a reformar, gerando outra fase de corrupção – e assim por diante (Whiting, 2001; Bramall, 2000: 459; Yang, 2004: 20-21; Oi e Walder, 1999).

Isso não é apenas dois passos adiante, um passo para trás. A eficiência desse Estado-partido capitalista derivava de uma dialética entre o dinamismo empresarial de funcionários locais e de empresários e a habilidade de líderes partidários para restringir sua busca por renda, para manter alguns fragmentos de sua incorruptibilidade anterior, de sua ideologia de desenvolvimento igualitário anterior, de seu próprio despotismo. Enquanto o Estado soviético estava paralisado na época da transição, o Estado chinês permaneceu intacto, manipulando seu maquinário político e continuamente renovando os niveladores econômicos que ainda possuía (Yang, 2004: 297-298). Isso não está perdido no povo chinês. Embora muitas vezes expressem desprezo pelo partido, muitos o veem como necessário para impedir o caos e a corrupção descontrolada que veem na transição russa para o capitalismo e a democracia (Gittings, 2005: 12-13).

O Estado-partido capitalista continuou a entregar mercadorias. Entre 1991 e 1996, o crescimento do PIB foram notáveis 12% e o *per capita* foi de 11%. Isso, a despeito de um período de deflação! Um crescimento de 8-10% por ano foi mantido até a crise financeira mundial no final de 2008, em um país de mais de um bilhão de pessoas. A China também se recuperou mais rápido do que qualquer outro país para aquele nível de crescimento em 2009-2010. Nenhum outro país jamais manteve um ritmo de crescimento como esse por um período tão longo. Competidores do Leste Asiático o mantiveram durante dez, doze anos, e o Japão seguiu seu período de crescimento alto com estagnação. O crescimento chinês continua devendo muito a um alto nível de investimentos, no novo milênio ultrapassando o de qualquer outro país. Como o crescimento está concentrado na indústria, a China se tornou a fábrica do mundo. A Índia, atualmente com o segundo maior nível de crescimento, possui muito menos indústrias, mais serviços e agricultura. Permanece cerca de quinze anos atrás da China. Mas observe que a Índia também mudou de uma economia relativamente planejada com altos níveis educacionais para uma economia mais de mercado – como a China, cresceu a partir do plano. China e Índia também ascendendo no cenário tecnológico internacional, embora a China esteja agora entre os líderes em tecnologia verde (Naughton, 2007: 143, 153-156; Maddison, 2007: 169). As taxas de mortalidade infantil caíram praticamente pela metade entre 1990 e 2006, e a expectativa média de vida subiu para setenta e três anos, apenas cinco anos abaixo da média nos Estados Unidos.

Durante esse tempo, a China também emergiu como um importante ator na economia mundial. Ela se candidatou à adesão ao Gatt em 1986, quando suas tarifas estavam na média de 43%. Negociações com o Gatt e com a OMC duraram até o novo milênio, com a China reduzindo continuamente suas tarifas a 15% em 2001 a menos de 10% em 2005. Com o estabelecimento da área de livre-comércio da China e dos países da Ansea em 2010, todas as tarifas foram abolidas. Houve completa conversibilidade de conta-corrente em 1996. Auxiliada pela sobrevalorização do renminbi no novo milênio, a China emergiu como o maior exportador do mundo e o segundo maior beneficiário de investimentos estrangeiros diretos, atrás dos Estados Unidos. Ela recebe muito pouco dinheiro quente de curto prazo, evitando assim a volatilidade das operações financeiras que afligem a era neoliberal do capitalismo. Em 2000, quase um terço da manufatura chinesa estava em fábricas afiliadas com companhias estrangeiras (Lardy, 2002: 4, 8, 32-33, 61; Naughton, 2007: 401-423; Andreas, 2008: 130). Quando a crise financeira atingiu o mundo em 2008, as exportações de manufatura chinesa foram imediatamente atingidas. Contudo, ao implementar imediatamente o maior programa de estímulo interno mundial, a China se recuperou rapidamente e embarcou em um caminho mais saudável de economia política para aumentar o consumo doméstico e talvez inclusive reduzir as desigualdades regionais. Isso parecia provar as virtudes da parte Estado-partido no Estado-partido capitalista.

Isso equivaleu a um milagre chinês, uma taxa de desenvolvimento única no mundo durante os séculos XX e XXI, e que provavelmente ainda continuará por um tempo. O número e proporção de pessoas na pobreza entre 1981 e

2004 também reduziu, embora dois terços disso tenham ocorrido durante a década de 1980 e foi provavelmente devido às ECAs e ao crescimento agrícola que seguiu a descoletivização, reforma agrária igualitária e ao aumento dos preços estatais pela produção agrícola. Como Perry Anderson (2010: 95) observa, essa foi a forma mais dinâmica tanto de capitalismo como de comunismo. Nunca indústrias modernas e infraestruturas urbanas cresceram tão rápido, nunca as pessoas saíram da pobreza tão rápido, mas nunca tanto desigualdade quanto corrupção cresceram tão rápido, e nunca trabalhadores e camponeses, anteriormente senhores teóricos do Estado, foram tratados tão impiedosamente. O equilíbrio para muitos chineses parece positivo. Eles não gostam muito do regime, mas ele satisfaz tanto desejos materiais quanto ideais. A China come e a China é grande.

Céticos veem a economia como contendo problemas, com setores financeiros e contábeis funcionando mal, EEs ineficientes, um grande número de excedente estimulando um setor industrial urbano que cria relativamente poucos empregos, e grande desigualdade urbano-rural, que se combina a baixos salários aos trabalhadores para mitigar o consumo interno. Lin e Liu (2003) mostram que quando mais investimentos foram colocados nas províncias do interior, foram desproporcionalmente para indústrias pesadas de capital intensivo ECAs não lucrativas. Melhor, eles dizem, se os investimentos tivessem ido para setores nos quais as províncias do interior tivessem vantagens comparativas, sobretudo, indústrias de trabalho intensivo. O ingresso da China na OMS em 2001 em termos não muito favoráveis foi provavelmente uma tentativa de corrigir esses problemas com mais investimentos e comércio estrangeiro (Lardy, 2002). Contudo, no fim das contas, esse crescimento continua e a China rapidamente se recuperou após a Grande Recessão Neoliberal, diferente dos Estados Unidos, Japão ou grande parte da Europa.

Desigualdade e resistência

O grande problema concerne à desigualdade e não ao crescimento. Mercados descentralizados ampliaram enormemente a desigualdade, e a emergência do Estado-partido capitalista aumentou enormemente a corrupção. Taxas de pobreza foram reduzidas e todas as receitas das províncias aumentaram, mas as cidades e as províncias costeiras foram privilegiadas em relação ao interior e as províncias do interior, especialmente durante a época de Deng. O PIB *per capita* na Xangai metropolitana e em Zhejiang, uma província costeira, são, respectivamente, treze e cinco vezes o de Guizhou, uma província do oeste (Lin & Liu, 2008: 56). Os mercados criaram divisões de classe de tipo weberiano, permitindo àqueles que levavam recursos econômicos ou políticos para o mercado se beneficiarem às custas daqueles que tinham apenas seu próprio trabalho para vender. Assim, a desigualdade entre pessoas e famílias disparou. Estimativas de coeficientes Gini de desigualdade entre indivíduos em 1979-1981 foram no âmbito de 0,29-0,31, entre as mais baixas no mundo. Elas subiram a cerca de 0,38 em 1995-1998, a 0,43 em 1994, e a quase 0,50 em 2006, ligeiramente mais alta do que nos Estados Unidos. De acordo com o Banco Mundial, metade do aumento se deveu a diferenças urbano-ruais, um terço disparidades inter--regionais, e o restante a diferenças dentro dos setores rurais ou urbanos. Na era Deng isso foi piorado pelo privilegiamento de grandes empresas privadas e pelas zonas especiais de empresas. Os números das últimas eram excedidos apenas pela Rússia e por alguns países da América Latina. A tendência ao longo de todo período de reformas foi o aumento da desigualdade e uma forma de exploração de classes distinta desse sistema dual. Preocupava o regime agora que isso pudesse levar a sérios conflitos (Lee & Selden, 2007; Chai & Roy, 2006: 191-192; Naughton, 2007: 217-225; Huang, 2008; Andreas, 2008: 134-138). Mas o desmantelamento de programas de saúde e de educação começou antes, embora tenha se intensificado durante o fim das ECAs e o declínio das EEs. O pote de arroz de ferro desaparecera. Essas tendências não se enquadravam facilmente à alegação do regime de estar dando uma forma mais genuína de direitos humanos ao seu povo – não liberdades civis ou políticas, mas direitos de cidadania na forma de segurança material, libertação da pobreza absoluta. Comparada a outros países em desenvolvimento, especialmente a história de sucesso rival, a Índia, o comunismo chinês significava libertação da pobreza absoluta, mas não libertação da pobreza relativa.

Isso não é um problema apenas para a China, mas para o mundo. A pobreza relativa das massas em meio à enorme produtividade da economia significa que há demanda interna insuficiente para as mercadorias chinesas. Elas devem ser desproporcionalmente exportadas. A China exporta muito mais do que importa e com isso ganha enormes somas de moeda estrangeira, especialmente dólares, que devido à demanda interna insuficiente tem de ser investido em países avançados. Isso alimenta os "desequilíbrios globais" que, como veremos no capítulo 11, foi uma das maiores causas da Grande Recessão de 2008. Portanto, o mundo tem um interesse em aumentar o padrão de vida das massas chinesas.

Talvez os chineses possam remediar isso por meio do conflito de classes. A China tem uma longa história de resistência trabalhadora e camponesa, e existe muito descontentamento recente. Na década de 1980, os estudantes tomaram a iniciativa, com uma série de manifestações que culminaram no protesto da Praça Tiananmen de 1989. Os estudantes queriam mais liberalização política, mas foram galvanizados à ação pelo aumento de preços e pela corrupção de funcionários, e esses descontentamentos atraíram o apoio de trabalhadores urbanos e de muitos funcionários do partido. Isso parecia muito perigoso para os conservadores e seus argumentos persuadiram o Comitê Central à repressão. Depois, os trabalhadores se tornaram mais importantes. Para os trabalhadores de EEs, as reformas reduziram gradualmente as vantagens de bem-estar social anteriores de seu sistema de bem-estar social do "pote de arroz de ferro". Os oitenta milhões de trabalhadores migrantes nas indústrias privadas costeiras jamais desfrutaram desses benefícios. Até 2008, esse setor da economia era próspero, o desemprego era um problema menor, e a força de trabalho feminina era mais dócil. Todavia, a exploração nos dois setores era severa. Agora, protestos no setor de exportação são mais frequentes, muitas vezes envolvendo greves, que são menos comuns nas EEs. A "segunda geração" de trabalhadores migrantes (muitos dos quais não retornarão à aldeia) estão se tornando mais autoconfiantes e mais inclinados ao protesto. Assim, protestos trabalhistas se multiplicaram, como o volume de arbitragem de disputas trabalhistas – parte do grande aumento na litigação popular nos tribunais contra empregadores e funcionários que se desenvolveram a partir do final da década de 1990. Como Lee (2002) diz, a transição do socialismo de Estado para o que ela chama socialismo de mercado produziu uma radicalização dos trabalhadores muito diferente da União Soviética.

Lee (2007a) comparou movimentos de protesto de trabalhadores no final da década de 1990 em duas regiões. Na cidade do norte, Liaoning, no cinturão da ferrugem, o colapso das EEs, gerado pelo próprio programa de reformas do governo, produziu um desemprego substancial, enquanto muitos trabalhadores não eram pagos por meses ou não tinham suas pensões ou outros benefícios pagos aos quais tinham direito por lei. Cerca de metade das EEs colapsou ou foi terminalmente declinando, incapazes de continuar pagando benefícios. Os trabalhadores acreditavam que fosse a responsabilidade dos governos locais e regionais intervirem e pagá-los, mas isso não foi feito. Assim, trabalhadores reclamaram incessante e repetidamente a funcionários, organizando petições e manifestações barulhentas nas ruas e fora dos escritórios governamentais regionais. Havia muito apoio comunitário bem como simpatia por parte de funcionários. Mesmo a polícia que cercava suas manifestações mostrava simpatia. Embora os trabalhadores tivessem acolhido o apoio externo, foram cuidadosos em confinar sua mobilização dentro de unidades de trabalho únicas, as *danwei*, que no sistema de Estado socialista também foram unidades de bem-estar residenciais e sociais. Isso resultou em movimentos de protesto celulares, com rara organização translocal – um ponto fraco óbvio.

Lee acrescenta duas principais razões para isso. Primeiro, embora a exploração pesada fosse generalizada, assumia várias formas em diferentes fábricas e entre diferentes categorias de trabalhadores (de acordo com idade, qualificação e *status* de classe anterior). Assim, muitos descontentamentos variavam localmente. Segundo, os trabalhadores sabiam que as autoridades seriam rápidas em reprimir movimentos mais amplos. Protestos de nível de unidade eram OK, mas, como colocou um trabalhador: "Não havia necessidade alguma de se associar com outras unidades. O Estado considerará que estamos provocando distúrbios se nos coordenarmos com outros". Os trabalhadores apelavam para as normas e leis às quais o regime formalmente aderira. Isso não era uma oposição ao Estado, mas um apelo para que o Estado fizesse o que deveria fazer, expresso nas normas de classe, camaradagem e de cidadania do socialismo chinês. Os trabalhadores pediram que o regime aderisse às normas do socialismo de Mao durante o qual perceberam que tinham sido tratados muito bem e justamente. É pouco provável que essa tática funcione. Eles teriam de continuar criando problemas para obter concessões, mas a tragédia dessa rota, como usual no socialismo de Estado, é que aqueles que lideram as manifestações e rebeliões se arriscam a um tratamento muito duro pelo Estado. O melhor resultado aqui seria que se mais direitos democráticos fossem adquiridos pelos trabalhadores chineses, suas demandas poderiam se transformar em um movimento democrático de trabalhadores. Até agora, contudo, há pouco sinal disso.

Nas prósperas indústrias costeiras do cinturão do sol, Lee enfatiza os baixos salários e o mau tratamento principalmente dos trabalhadores migrantes. Muitas vezes trabalhando doze horas por dia, seis ou mesmo sete dias por semana, por vezes fisicamente maltratados, com frequência sequer saber sua própria remuneração, isso era exploração em um nível comparável ao daquele descrito por Friedrich Engels em seu clássico *A condição da classe trabalhadora na Inglaterra em 1844*. Leis que supostamente protegiam os direitos dos trabalhadores foram ignoradas muitas vezes com a conivência do governo, uma vez que queria atrair capital estrangeiro e obter grandes lucros que dependiam da transgressão da lei. Os tribunais apoiavam os trabalhadores, argumentando que se as leis trabalhistas fossem observadas, não haveria investimentos estrangeiros. Lee observa que os salários chineses nos setores prósperos são baixos não apenas devido ao excesso de oferta de força de trabalho, mas também porque não os empregadores, mas as comunidades rurais pagam os custos da reprodução da força de trabalho. Assim, eles também estão sendo explorados indiretamente. Esses trabalhadores protestavam somente esporadicamente, mas geralmente carecendo de estrutura de unidade de trabalho das indústrias mais antigas. Trabalhadores migrantes são mais difíceis de organizar e havia poucos protestos, geralmente de pequenos grupos de trabalhadores unidos por vínculos nativos de lugar. Eles focavam em questões salariais e uma vez mais apelavam aos valores e normas do regime, especialmente sua ênfase recente no Estado de direito. Na China, trabalhadores e camponeses apelam à lei, e a burguesia – empregadores e funcionários – a transgridem (Lee, 2002). Aqui, trabalhadores também caminham numa linha fina entre manifestações apelando ao Estado de direito e formas de ação que poderiam parecer mais ameaçadoras aos empregadores e funcionários, que estão usualmente estreitamente conectados.

Assim, muitos protestos foram ineficazes. Os trabalhadores não podiam mais contar com a proteção dos secretários do partido que costumavam se encontrar dentro da empresa. Funcionários do partido muitas vezes participam dos lucros da empresa, e, por isso, são contra salários ou benefícios mais altos. As reformas não trouxeram liberdade para os trabalhadores. Com frequência, as condições para os trabalhadores são melhores nas companhias europeias, americanas e japonesas na China, dado que essas não subcontratam sua produção. Elas são piores em empresas privadas chinesas, de Hong Kong e em empresas chinesas e coreanas no exterior. Mas o regime acredita que a exploração é necessária para a vantagem comparativa da China de uma força de trabalho com boa formação, porém mais barata (Taylor et al., 2003; Chan, 2001; Lee, 2007b, é menos otimista sobre a influência das firmas ocidentais).

Regimes sucessivos declararam que desejavam inverter o aumento da desigualdade de renda, ainda que as reformas minassem sua capacidade de fazê-lo. Funcionários locais autônomos não querem mudar um sistema que os beneficia. Como o Estado delegou atividades para atores privados ou locais, seus próprios recursos caíram. A receita caiu de 35% do PIB em 1979 para apenas 10% em 1996. Reformas de descentralização também deslocaram custos de saúde e educação básicas para o governo local. Como aldeias pobres tinham poucos recursos, o sistema de saúde enfraqueceu no interior, assim como as pensões, especialmente depois que as EEs começaram a ser reduzidas, provocando disparidades regionais mais amplas nas taxas de mortalidade. Contudo, o governo começou a reconquistar poderes no final da década de 1990, e em 2005 sua receita havia aumentado a 20% do PIB. Agora, era possível mais.

Mas há problemas políticos. Jiang postulava: "O PIB primeiro e o bem-estar social depois", apoiado pelo partido nas grandes cidades e províncias costeiras. Hu Jintao o sucedeu como secretário-geral do partido em 2002 e junto ao seu primeiro-ministro, Wen Jiabao, proclamou um interesse em diminuir a desigualdade e melhorar o bem-estar social. Com grande alarde eles visitaram as regiões mais pobres da China e prometeram melhor provisão de bem-estar social e mais postos de trabalho. Impostos rurais foram reduzidos, subsídios aumentados e ligeiras melhorias feitas na educação rural e na saúde. A intenção declarada era afastar a economia dos investimentos e exportações e encaminhá-la para o consumo doméstico e serviços públicos. Mas o ritmo das reformas foi lento e as regiões mais ricas se opuseram a ela. Essa é uma disputa política onde quer que percebamos uma divisão esquerda *versus* direita (Naughton, 2007).

Embora o regime tenha tomado providências para controlar a corrupção, as opiniões diferem quanto a quão efetivas foram. Isso é potencialmente um problema sério para o regime. Se o Estado-partido perde o controle de seus próprios funcionários e o crescimento econômico é minado pela massiva busca por renda, então o Estado se torna vulnerável ao descontentamento a partir de baixo. Lee (2007b) viu base para otimismo nisso uma vez que os movimentos trabalhistas haviam recentemente produzido ganhos para os trabalhadores envolvidos e o governo havia feito reformas em pensões, desemprego, procedimentos de falência, iniciativas anticorrupção e fundos de emergência para desastres. O regime teme perturbação social, embora permaneça hostil a movimentos de base mais extensa. Assim, ela vê a força de trabalho chinesa mais como uma força para as reformas políticas sociais do que para a mudança política, o que seria mais gradualismo.

Em contraste, Pei (1994; 2006) vê o desastre espreitando. No começo, ele via a China buscando uma transição autoritária evolucionária razoavelmente bem-sucedida para a coordenação de mercado e posse privada. Embora notasse alguns efeitos "em cascata", a transferência de poderes do Estado para a sociedade civil, possivelmente encorajando alguma democratização, esses foram muito limitados. Mais recentemente, percebeu uma contradição no caminho chinês. À medida que o Estado se mercantiliza, funcionários no topo da hierarquia do Estado extraem cada vez mais renda de suas posições e a corrupção se expande a tal ponto que o Estado se torna predatório e ameaça a eficiência do mercado. A China, ele argumenta, está aprisionada em uma armadilha que a derrubará. O partido é muito consciente dessa possibilidade, mas lida com isso de seu modo caracteristicamente secreto. Na luta anticorrupção, se um funcionário está envolvido em corrupção, a Comissão Central para Inspeção da Disciplina, um órgão elevado do partido, investiga as acusações. Não é restringido pela legalidade e suspeitos podem ser raptados, duramente interrogados, e detidos por meses. O veredito dependerá não apenas dos fatos, mas também de negociações secretas entre as cliques do partido. Se o funcionário é declarado culpado, ele ou ela é entregue às cortes. Esse julgamento é uma formalidade, embora a sentença seja por vezes negociável. Mas a fonte de maior corrupção é o próprio partido. Seus níveis mais elevados dos funcionários do topo do partido, Estado e empresas se comunicam através de sua própria rede telefônica não incluída em uma lista, a Máquina Vermelha. Um vice-ministro confidenciou que "mais de metade das chamadas que recebia em sua 'máquina vermelha' eram pedidos de favores de funcionários seniores do Partido, do tipo: 'Pode dar um trabalho para meu filho, filha, sobrinha, sobrinho, primo ou um bom amigo, e assim por diante?'" (McGregor, 2010).

A China, certamente, permanece despótica. O poder econômico foi parcialmente separado do Estado, mas é em si também despótico. Durante o período inteiro de reformas não houve qualquer *glasnost*. As massas estavam se tornando mais impacientes, ainda que temessem caos ou retaliação caso o barco fosse agitado. Uma cláusula da constituição bane a subversão do poder estatal e a punição permanece certa e dura. As mídias são controladas pelo governo. Desde 2001, as leis *hukou* de passe que impedem pessoas definidas como rurais migrarem para as cidades foram mitigadas. Mas caso migrem, ainda são tratadas nas cidades como cidadãos de segunda classe. Leis trabalhistas foram intensificadas, mas não é claro se são de fato implementadas. Desde 1988, eleições para os governos locais de aldeias se espalharam para cobrir a maior parte do povo chinês, mas não são realmente livres e não existem direitos políticos no nível nacional ou regional. O governo em Xinjiang, partes da Mongólia Interna e Tibete ainda depende do poder militar, embora outras minorias sejam tratadas bem caso não busquem autonomia.

Comparando os caminhos de reforma chinês e russo

A China não abandonou completamente o comunismo. Algumas das seis características-chave de Brown dos regimes comunistas (apresentadas no capítulo 6) permanecem, como ele observou (2009: 604-606). No poder econômico, o plano foi substituído pelo mercado quanto a detalhes, mas não no controle macroeconômico geral, que a elite do Estado-partido detém. Ideologicamente, os dois princípios do comunismo são abandonados: a conquista de longo prazo de uma sociedade comunista de fato (da qual ninguém mais fala) e qualquer sentido de pertencimento a um movimento comunista mundial. O nacionalismo, crescimento e ordem chineses proveram o novo princípio legitimador. Seu poder ideológico desapareceu, e esse declínio é a causa central da corrupção enormemente aumentada. Mas o monopólio do poder político por um partido permanece inalterado, embora não seja democrático nem especialmente centralizado. Não poderíamos chamar essa combinação de comunismo. Mas também não é capitalismo. Chamei-a Estado-partido capitalista. Esse rótulo se enquadraria amplamente no Vietnã e no Laos também. Cuba tinha menos capitalismo, mas um Estado-partido mais leve. Somente a Coreia do Norte parece sobreviver sombriamente como um bloco do granito stalinista em meio à massa macia dos ex-regimes comunistas.

Em termos de poder econômico coletivo o contraste com a União Soviética é extremo. Em 1978, a renda *per capita* chinês ainda era apenas 15% da renda *per capita* da União Soviética, mas em 2006 a ultrapassou e cada ano desde então continua a fazer isso (Maddison, 2007: 170–174). Embora a economia russa dependa do preço do petróleo e do gás natural – a vasta maioria de suas exportações –, a economia da China é baseada em manufatura diversa e força de trabalho barata, mas disciplinada e qualificada. Em resposta à Grande Recessão Neoliberal ela investiu mais em sua economia interna a fim de ampliar essa base. Vimos no último capítulo o desastre que sucedeu à transição da União Soviética a partir do planejamento econômico comunista altamente centralizado. Este capítulo, em contraste, revelou uma história de sucesso chinesa. Contra isso, podemos equilibrar o respeito maior pelos direitos civis e políticos individuais na Rússia pós-comunista. Embora a democracia russa seja imperfeita, é muito menos autoritária que a da China. Na verdade, a razão mais comumente citada para o sucesso econômico da China é que ela manteve um controle político firme sobre a transição econômica, enquanto os controles soviéticos colapsaram devido à *perestroika* econômica e à *glasnost* política/ideológica serem perseguidas simultaneamente (e.g., Pei, 1994). Isso também significava que a transição chinesa foi mais relaxada ao longo do período de trinta anos, comparada à soviética de seis anos. A China pôde crescer a partir do plano, enquanto Gorbachev e depois Yeltsin destruíram o plano e falharam em colocar qualquer coisa em seu lugar. Essa foi a chave. Isso foi como fizeram.

Mas por que fizeram desse modo? Diz-se muitas vezes que a China teve a vantagem de possuir um nível inicial mais baixo de desenvolvimento econômico, com muito menos gigantes industriais irreformáveis. Todavia, o atraso não é geralmente benéfico e inicialmente deu aos chineses muito menos tecnocratas altamente treinados – cientistas, engenheiros, diretores de fábrica, economistas, agrônomos e assim por diante. Como Strayer (2001: 402) observa, as economias de desempenho mais elevado da Europa Oriental, incluindo Hungria, Polônia e República Tcheca, eram melhor sucedidas porque eram mais avançadas e mais próximas ao Ocidente do que Rússia ou China. A repentina perda da Europa Oriental e as repúblicas bálticas perturbaram as relações de comércio soviéticas/russas. O alcoolismo e suas ramificações fiscais também eram distintamente russas. Nada comparável afetou os chineses. Os chineses se beneficiaram de outras redes econômicas asiáticas – do desenvolvimento japonês e coreano e da diáspora chinesa para o exterior, que havia revivido nas décadas de 1950 e 1960 (Arrighi, 2007). Mas como também se beneficiaram das redes americanas e europeias, foram feitas adaptações a partir de modelos globais e macrorregionais.

Todavia, as relações de poder provavelmente importavam mais. A elite do Estado-partido chinês era menos centralizada, ainda que mais unida do que o Estado-partido soviético. Medidas descentralizadoras na economia começaram muito antes, na década de 1960, iniciando com medidas encorajando a indústria rural no Grande Salto Adiante, continuando como o retorno à produção familiar camponesa em 1963 após seu fracasso desastroso, ambos ainda mais estimulados em 1970 – todas durante o governo de Mao. É a partir de 1979 que geralmente datamos o período de reformas, mas sua base foi estabelecida antes e incluiu descentralização e pragmatismo. Após a Revolução Cultural e seus ecos de desunião da guerra civil, a reação levou à conciliação política entre as elites com formação e políticas, embora o expurgo pós-1976 dos radicais tivesse restaurado a unidade do partido. A nova liderança coletiva foi baseada em uma nova geração, mais jovem, de Engenheiros Vermelhos, tecnocratas, mas também comunistas, comprometidos com o desenvolvimento por meio de reformas tecnocráticas e menos com seu próprio favorecimento (Andreas, 2009).

Assim, a China pôde patrocinar a descentralização, liberando o dinamismo de mercado das indústrias e propriedades agrícolas locais, sob a tutela de regras e planos macroeconômicos estabelecidos por uma elite do Estado-partido coesa. Havia na China uma valoração ideológica mais duradoura e elevada da ordem, e isso restringiu, embora não pudesse eliminar, as tendências à corrupção e à busca por renda inerentes ao capitalismo político. Em contraste, elites do Estado-partido soviético haviam perdido suas orientações ideológicas; elas já eram mais corruptas durante o comunismo e estavam mais sintonizadas com as oportunidades pessoais oferecidas pela privatização dos ativos estatais e republicanos. Os reformadores soviéticos e russos que mantiveram uma fé ideológica se converteram à fé nos mercados, e isso foi encorajado por seus vínculos ideológicos muito maiores com o Ocidente, depois, com a maré alta do neoliberalismo.

Os chineses estavam certos; os russos e seus conselheiros neoliberais estavam errados. Economias necessitam de ordem e mercados não a fornecem automaticamente. Como vimos no capítulo 2, uma certa quantidade de estatismo geralmente ajudou o desenvolvimento econômico recente, especialmente na equiparação – contanto que a elite estatal esteja genuinamente comprometida com o desenvolvimento e não com seu próprio favorecimento. O problema em muitos países em desenvolvimento é que suas elites não estão comprometidas assim. Os chineses combinaram as duas ideologias, o que até agora foi muito favorável ao baixo desenvolvimento de corrupção: o comunismo e a combinação leste-asiática (compartilhada pelo Japão e os Tigres) de solidariedade normativa, trabalho duro e uma frugalidade geraram altas taxas de poupança e investimentos.

Os neoliberais que viram suas falhas na Rússia argumentaram ou que os mercados não tinham sido suficientemente estimulados ou que a Rússia era inerentemente irreformável, muito corrupta, possuindo também muitos gigantes industriais (Aslund, 2002: 13-15). Todavia, uma alternativa era possível. Caso a liderança soviética tivesse adiado a *glasnost* até que a *perestroika* fosse firmemente institucionalizada, supervisionada por um Estado e Direito, depois a Rússia também teria se beneficiado economicamente, embora as liberdades civis e políticas tivessem de esperar um pouco. Gorbachev provavelmente não poderia ter feito isso, uma vez que passou a se comprometer mais com a *glasnost* do que com a *perestroika*. Como ele era secretário do partido ninguém mais poderia fazê-lo. Isso era possível ser atingido, em princípio, mas princípios não governam o mundo. Todavia, à medida que muitos chineses acolheram a combinação crescimento-ordem que seus líderes proviam, muitos russos aplaudiram Putin, porque ele incorpora parcialmente esse ideal.

McGregor (2010) também se opõe, mas é mais ambivalente. Ele conclui que o sistema comunista chinês era "podre, custoso, corrupto e muitas vezes disfuncional. Mas o sistema também se mostrava flexível e adaptável o bastante para absorver tudo que havia sido jogado nele, para surpresa e horror de muitos no Ocidente. Para o futuro próximo, parece que seu desejo, de dominar o mundo como um colosso em seus próprios termos implacáveis, se tornará verdade". Mas, embora o comunismo tenha mais do que sua parcela de horror, os mercados capitalistas também tiveram seus problemas, enquanto o comunismo também teve seus sucessos. No desenvolvimento por equiparação, primeiro a União Soviética e depois a China e o Vietnã foram melhor do que qualquer outra sociedade em desenvolvimento comparável. Na adaptabilidade e criatividade econômicas em ir além do comunismo – e em crescimento de longo prazo e no aumento dos padrões básicos de vida – o feito chinês é sem paralelos. A União Soviética proveu uma força militar, que salvou a maior parte do Ocidente do fascismo, enquanto a China desde 1950 usou suas forças armadas mais para o desenvolvimento interno do que para aumento do poder imperial. A China foi cuidadosa em fazer as pazes com os Estados Unidos e não alegar liderança sobre sua região. Suas relações com os países Ansea permanecem muito boas, embora estratégias hegemônicas possam estar agora emergindo. As relações com o Japão são ruins por razões históricas; o problema com Taiwan permanece potencialmente perigoso, assim como as pretensões da China a várias ilhas no Mar da China – e quase todos os residentes do continente acreditam que Taiwan seja parte da China. O nacionalismo chinês jogou lenha em todas essas fogueiras, antagonizado pelos nacionalismos japonês e taiwanês. Mas, no presente, a China é mais pacífica do que os Estados Unidos e em termos de crescimento econômico é mais bem-sucedida. Dentro de um crescimento geral de uma globalização mais universal, na qual regimes comunistas não apresentam mais um segmento distinto da sociedade humana, uma mudança completa no poder global está a caminho.

E com relação ao futuro? Observadores otimistas da China veem um movimento gradual na direção de mais direitos civis e políticos. Yang (2004) acredita que a corrupção e poderes arbitrários de chefes locais estão sendo reduzidos, a adesão à constituição está aumentando, os tribunais estão se tornando mais independentes e efetivos, e as legislaturas locais estão fornecendo supervisão genuína do executivo. Esse pode ser o caminho para mais democracia e igualdade. Outros discordam. Se a resposta à corrupção e à desigualdade regional for um protesto sério, é difícil vislumbrar o regime diminuindo seus controles. O regime fornece ordem, o que é um recurso valorizado e escasso entre os países em desenvolvimento. Parece especialmente valorizado na China. Um otimismo mais realista é que a elite do partido, alarmada pela maré crescente de protestos, possa fazer esforços mais determinados para reduzir a desigualdade e corrupção – embora isso possa aumentar o despotismo, não a democracia. A democracia genuína pode estar fora do alcance por um bom tempo ainda, enquanto mais descentralização sem democracia não tenderia a reduzir a desigualdade nem a corrupção. Afinal, a descentralização do mercado foi o que levou à sua intensificação, para começar.

9
Uma teoria da revolução

Defini uma revolução como um movimento insurgente popular que depõe um regime governante e depois transforma substancialmente ao menos três das quatro fontes de poder social – ideológico, econômico, militar e político. Uma revolução política é aquela que só muda as relações políticas, como ocorreu na China em 1911, e como a Primavera Árabe de 2011 tentou fazer. Dei explicações mais completas das principais revoluções do século XX – as bem-sucedidas e as malsucedidas – no volume 3 e acrescentei um pouco mais sobre os casos latino-americanos e asiáticos pós-Segunda Guerra Mundial no capítulo 5. O capítulo 7 apresentou o que era inicialmente uma revolução a partir de cima na queda da União Soviética, e dedicarei algum tempo discutindo o caso especial da revolução iraniana de 1979 mais adiante neste capítulo. Outros capítulos discutiram o desenvolvimento das principais alternativas reformistas à revolução ao longo do século. De tudo isso, algumas generalizações comparativas e históricas amplas, equivalendo a uma teoria da revolução aproximada, são possíveis, embora a história sempre apresente novos desafios a revolucionários e contrarrevolucionários. Essas generalizações envolvem todas as quatro fontes de poder social.

Primeiro, nas revoluções do século XX até a revolução iraniana de 1979, líderes iranianos insurgentes adotaram teorias marxistas de exploração, conflito e transformação revolucionária de classes, embora nem sempre fizessem isso no começo de sua luta, mesmo o marxismo se mostrando um instrumento ideológico maleável em suas mãos. Um componente substancial de poder ideológico era necessário para revoluções modernas, pois isso dava uma visão da marcha da história, que solidificava uma elite de poder ideológico insurgente e a incitava a realizar ações altamente arriscadas durante a insurgência e as transformações sociais em grande escala após tomarem o poder. Isso significava que os insurgentes mantiveram em linha de conta seus objetivos transformadores últimos mesmo quando engajados em ações pragmáticas e reformistas no presente, como foi notadamente o caso entre os comunistas chineses. Também garantiu que a tomada do poder político não era o fim da revolução. Esses revolucionários não se acomodaram ao confortável gozo do poder, mas animados por sua ideologia buscaram transformar as outras fontes de poder.

Segundo, a plausibilidade de noções de exploração de classe para números muito grandes de trabalhadores e camponeses indicava que a luta de classes era uma causa-chave das revoluções modernas – como afirmam os marxistas. Mas encontrei pouco apoio para a noção marxista de que relações distintas de produção no setor rural – propriedade camponesa, força de trabalho-salário – eram especialmente úteis para a causa revolucionária. Foram concepções muito mais amplas de classe, muitas vezes focadas tanto no Estado quanto nas classes superiores, que alimentaram a revolução. A elite revolucionária depois teve de acrescentar uma explicação de seu próprio papel na revolução apressadamente, pois eram principalmente não trabalhadores, mas intelectuais burgueses. Mais importante ainda, como as revoluções ocorreram em países relativamente atrasados, eles achavam que tinham de estender a teoria do conflito industrial de Marx para o domínio dos camponeses, mas foram rápidos em fazer isso – uma vez que sua própria sobrevivência dependia disso! O conflito de classes foi a principal contribuição das relações de poder político para a revolução. Significava que os partidos liderados pelas elites ideológicas tinham apoio de massa, fosse persistentemente, como na China, ou no momento vital como na Rússia. Sem isso, todas as revoluções teriam fracassado mesmo contra estados e exércitos fracos e dominados por facções.

Terceiro, como o próprio Lenin observou, e como muitos desde então repetiram, fraqueza política ou divisão dentro do regime governante foi também uma característica necessária da revolução. Aqui, eu mudo levemente a visão convencional para dizer que o Estado que é repressivo, exclusivo e *ou* infraestruturalmente fraco ou faccionalizado é mais vulnerável à revolução. Esse é o papel principal das relações de poder político em provocar a revolução. Como veremos mais tarde, os revolucionários também tiveram de estender sua própria teoria de exploração e revolução para fora do domínio econômico mais em direção ao domínio político do que haviam previamente feito. Observe, portanto, que democracias são apenas muito raramente vulneráveis à revolução. Elas normalmente podem processar o descontentamento por meio de processos eleitorais. Foi necessário uma série de crises, e durante uma década, na qual essas instituições se tornaram muito desgastadas, antes que a República de Weimar caísse.

Quarto, nas revoluções desse período, exceto por muitos casos latino-americanos (muitos dos quais não foram bem-sucedidos), a derrota em uma grande guerra precipitou revoluções, como no modelo de revolução de Skocpol. Todavia, a guerra também continuou a determinar a forma da própria revolução. A revolução, e, em resposta, a contrarrevolução, tornou-se militarizada, acompanhada pela guerra civil. Isso foi verdade na Rússia, China, Coreia, Vietnã, Laos, Cuba, Nicarágua – e é verdadeiro no Nepal hoje. Esse foi o principal papel das relações de poder militar.

Portanto, todas as quatro fontes de poder social forneciam as precondições necessárias para a revolução, e como todas eram requeridas não é realmente possível afirmar que qualquer uma delas fosse primária. Na verdade, era possível para um componente maior de uma substituir um componente menor da outra. Assim, o Estado nacionalista chinês não era particularmente fraco. Era muito mais forte do que os soviéticos comunistas que se opunham a ele, mas era crucialmente mais fraco do que o Estado japonês, cujo exército destruiu seus poderes. Terminou permitindo que os comunistas se apropriassem da vitória. As poucas revoluções e tentativas de revoluções na América Latina fizeram isso sem guerra, porque seus regimes tinham se tornado altamente personalizados e exclusivos. Similarmente, como veremos, no caso iraniano a ausência da guerra era compensada pelo personalismo extremo e pelas infraestruturas fracas do regime do xá.

Esses são elementos amplamente comuns. Contudo, nem todas as revoluções foram o mesmo. Podemos perceber o desenvolvimento de duas (que podem se tornar três) ondas históricas distintas de revolução. A primeira onda ocorreu nos anos de 1917 a 1923, liderada pela Revolução Bolchevique na Rússia, depois se espalhando sem sucesso ao centro e leste da Europa. Como observei no volume 3, capítulo 6, a Revolução Bolchevique permanece o único caso de uma revolução bem-sucedida em uma sociedade relativamente industrializada. O ator principal, como Marx previra, foi o proletariado organizado, a classe trabalhadora industrial. Os bolcheviques começaram em 1917 como atores apenas marginais. Eles cresceram rapidamente em influência, mas parcialmente pela equiparação com trabalhadores cujas ações já eram revolucionárias. Os trabalhadores necessitavam de apoio armado de soldados camponeses, enquanto ocupações camponesas da terra imobilizaram o regime no interior, e os trabalhadores terminaram também necessitando da liderança dos bolcheviques. Todavia, os trabalhadores permaneceram o centro das forças insurgentes ao longo tanto da revolução quanto da guerra civil. Todavia, no resto do mundo industrial – e no mundo correntemente se industrializando – o destino da classe trabalhadora industrial não era fazer a revolução, mas reformar o capitalismo. Os trabalhadores eram os atores principais (embora, uma vez mais, não os únicos) na reforma do capitalismo e no fortalecimento da democracia, gerando não revolução, mas o que T.H. Marshall chamou cidadania social. Assim, por que unicamente os bolcheviques e a classe trabalhadora russa foram bem-sucedidos em realizar a revolução?

A resposta inicial é simples: guerra. A Primeira Guerra Mundial provocou o colapso do poder infraestrutural do Estado russo, com consequente perda da legitimidade popular. Mas a Rússia foi o único caso de um país com um grande setor industrial (especialmente importante em suas cidades capitais) no qual uma grande guerra gerou uma série de derrotas militares massivas por um exército de infantaria usado como bucha de canhão para compensar pelas deficiências em logística e armamento, o que levou a uma grande revolta de soldados *durante a própria guerra*. Os soldados eram basicamente ex-camponeses, enquanto ex--trabalhadores fossem proeminentes na marinha. Em sua revolta, usaram suas armas para ajudar nas greves dos trabalhadores, manifestantes exigindo pão e camponeses tomando terras. Para todos esses grupos uma versão mais política e militar da noção marxista de exploração fazia sentido. Somente os trabalhadores tendiam a identificar capitalistas como o principal inimigo, mas todos os dissidentes identificaram o Estado como explorador, especialmente quando o regime estava sacrificando milhões de suas vidas em uma guerra sem sentido e infrutífera. Os bolcheviques eram agora o único partido falando sobre exploração no sentido mais amplo. Eles ofereciam um programa de terra, pão e paz, que poderia plausivelmente terminar com as maiores fontes de exploração e, por isso, as pessoas os ouviam. Foi o fracasso de todas as alternativas monarquistas ou liberais ao que Trótsky estava se referindo quando declarou: "Uma revolução ocorre somente quando não há outra saída". Observe que os soldados fizeram mais do que simplesmente se recusar a reprimir a revolução: eles foram suas tropas de choque e especificamente eliminaram as diferenças entre trabalhadores e camponeses, que em outros lugares da Europa ajudaram a derrotar a revolução.

Trótsky mais tarde fez uma análise econômica da revolução em termos de "desenvolvimento combinado e desigual", no qual argumentou que na Rússia as contradições do feudalismo (que impactou principalmente os camponeses) e o capitalismo (que impactou os trabalhadores) explodiram ao mesmo tempo. Isso era acurado, mas por si só isso teria gerado revoltas separadas, que seriam reprimidas separada e bem-sucedidamente, como na Espanha na época. Os bolcheviques também dependeram da guerra para seu sucesso. Na Rússia, duas sequências causais importantes se destacam: primeiro, uma sequência causal envolvendo o conflito de classes liderado pelo proletariado industrial, ideologia marxista e organização política bolchevique; depois, uma segunda consequência envolvendo derrotas repetidas em uma grande guerra que enfraqueceu o regime governante, armou a revolução e permitiu aos soldados eliminar diferenças importantes entre trabalhadores e camponeses. Combinadas, essas duas sequências resultaram em sucesso.

Essa conclusão foi reforçada no volume 3, capítulo 6, pela análise da onda revolucionária fracassada na Alemanha, Áustria, Hungria e Itália durante o período de 1918-1923. Uma vez mais, a derrota na guerra enfraqueceu os regimes existentes (as forças italianas abatidas foram vitoriosas somente em um sentido formal). Nesses países, a diferença na experiência de guerra em relação à Rússia foi que os exércitos derrotados se rebelaram somente no final da guerra. Conselhos de soldados se formaram imediatamente junto aos conselhos de trabalhadores, e alguns dos dois tipos de conselho exigiram revolução. Mas os novos regimes centristas pós-guerra tinham uma solução: eles desmobilizaram as tropas e as deixaram ir para casa, sem suas armas. Os soldados se dispersaram, deixando somente um núcleo de soldados revolucionários enfrentando paramilitares contrarrevolucionários mais efetivamente organizados, liderados por oficiais armados. Isso também significava que soldados não poderiam eliminar as diferenças entre trabalhadores e camponeses, um ponto fraco importante nesses países, uma vez que muitos camponeses permaneceram passivos nas rebeliões pós-guerra. Havia também outras diferenças entre esses países e a Rússia. Na Alemanha e na Áustria trabalhadores reformistas puderam obter ganhos nas repúblicas pós-guerra, minando revolucionários de esquerda. Na Hungria, um exército contrarrevolucionário romeno invadiu para ajudar a derrubar um regime revolucionário que havia capturado o Estado na capital, o único caso no qual contrarrevolucionários estrangeiros desempenharam um papel importante após a Primeira Guerra Mundial.

Os bolcheviques tomaram o poder muito facilmente, e não houve tentativa imediata de uma contrarrevolução nas capitais. Contudo, conservadores se reagruparam e formaram paramilitares Brancos em várias províncias, forçando os bolcheviques a criar um Exército Vermelho para repeli-los. A guerra civil que seguiu durou vários anos e foi muito destrutiva – especialmente para os recursos dos bolcheviques. Todavia, como os aliados ocidentais pararam substancialmente de ajudar os Brancos, suas atrocidades contra civis e seu faccionalismo interno resultou em uma vitória Vermelha. Dali em diante não houve movimento sério de contrarrevolução interna, exceto na mente de Stalin. Os líderes bolcheviques usaram supostas ameaças contrarrevolucionárias para legitimizar seus crescentes poderes despóticos, mas a principal causa dessas foi seus próprios objetivos transformacionais utópicos sobre uma população relutante. É verdade que houve uma ameaça contrarrevolucionária à União Soviética representada pelas potências estrangeira, especialmente após Hitler tomar o poder na Alemanha. Aumentar as forças de defesa soviéticas significava priorizar a rápida industrialização, o que, por sua vez, significava desviar o excedente agrícola para investir na indústria – o que requeria coagir um campesinato relutante. Assim, a Revolução Russa aumentou o poder despótico do Estado além do nível muito ineficiente atingido pelo tsarismo. Essa foi uma combinação do poder e de objetivos transformacionais dos bolcheviques e especialmente do Estado stalinista que enfrentava pressão geopolítica e uma população camponesa relutante.

Isso não foi correto em relação à Revolução Francesa (como observei no volume 2). Valeu para a Revolução Russa, embora de um modo distinto da nova invenção de um Estado-partido. O poder infraestrutural do Estado não dependia somente do aumento de agências administrativas governamentais, mas também de um partido, exercendo seus próprios serviços de segurança, vigiando tanto funcionários estatais como a população em geral. O partido não era uma burocracia no sentido muito desapaixonado de Weber dos meios mais racionais de realizar objetivos conhecidos, mas um instrumento permeado ideologicamente e dedicado a valores últimos. Além disso, sua tendência a lançar projetos heroicos de mobilização em massa não era de modo algum burocrática. Mas os limites do poder do Estado foram expostos pelo distanciamento psicológico dos cidadãos (e finalmente do próprio partido) do regime. Contudo, essa revolução aumentou tanto os poderes despótico como infraestrutural do Estado – no geral, provavelmente não foi uma coisa boa.

A segunda onda revolucionária foi inspirada pelos comunistas chineses. Sua revolução foi liderada também por marxistas, mas como quase todas as revoluções subsequentes foi perpetrada não em nome dos trabalhadores, mas dos camponeses. O Partido Comunista Chinês (PCC) liderado por Mao transformou o marxismo em uma teoria de exploração rural e de conflito de classe rural: camponeses pobres e médios contra camponeses ricos e proprietários de terras, explorados por trabalho, arrendamento, impostos e outras dívidas. Essa versão de exploração faz sentido para a massa de camponeses, e se tornou crucial para o sucesso comunista uma vez que muitos camponeses passaram a reconhecer que obteriam mais ajuda material dos comunistas do que dos nacionalistas ou dos japoneses. Como a bolchevique, essa foi uma revolução de classes, proclamada em termos marxistas, liderada por um partido comunista coeso. Todavia, como os camponeses temiam o poder das classes proprietárias e do Estado (e, depois, o dos japoneses), raramente tentavam mais do que manifestações-insurreições locais, em vez de ritualizadas, com objetivos limitados, e usualmente não acolhiam a entrada dos comunistas em suas aldeias, uma vez que acreditavam que isso mais tarde traria a repressão do regime.

A segunda exigência essencial para a revolução era que os comunistas poderiam proteger militarmente os camponeses das áreas de base soviéticas nas quais entrassem e governassem. O PCC *foi* um exército do período do primeiro soviete em Kiangsi em 1931 até sua vitória final em 1949, e sua política sempre incluía aumentar as milícias de autodefesa para as áreas de base de modo que inicialmente a redistribuição reformista de terras, arrendamentos e impostos poderia ser introduzida nelas. A outra precondição militar foi a invasão japonesa de 1931, que, misturando-se à Guerra do Pacífico, durou até 1945. Essa guerra desviou as forças nacionalistas de Chiang Kai-shek da provável eliminação final dos comunistas, e seu regime foi enfraquecido por sua incapacidade de derrotar os japoneses. Os comunistas puderam, então, proteger e gradualmente estender suas áreas de base, prontos para finalmente confrontar os nacionalistas após a rendição japonesa.

Uma vez mais, encontramos causas gerais similares: conflito de classes, dada uma virada ideológica rural maoista segundo uma sucessão de derrotas em guerras no próprio território da China, permitindo uma elite do partido comunista ideológica e coesiva aumentar a força militar defensiva necessária para construir sovietes locais e conquistar adeptos camponeses e depois conquistar a vitória militar final.

Quase todas as revoluções posteriores na segunda onda que agora ocorreram após 1949 foram em nome dos camponeses, e muitas foram influenciadas pelos comunistas chineses, embora também ajudadas materialmente pela União Soviética. Entretanto, havia uma diferença da China e da Rússia. Fora da América Latina as revoluções foram também anticoloniais, e isso colocava juntos conflito de classes camponês e anticolonialismo nacionalista. Especialmente na Ásia, os camponeses perceberam dois inimigos vinculados: o Estado colonial e seus principais colaboradores, que haviam sido proprietários de terras e comerciantes locais. Todos esses foram enormemente enfraquecidos pela Segunda Guerra Mundial, primeiro, quando os japoneses derrubaram as colônias britânica, francesa e holandesa na Ásia, e, segundo, quando os Estados Unidos, o Império Britânico e a China derrotaram o império do Japão. Na África, no Caribe e em outros lugares a guerra havia enfraquecido mesmo as vitórias imperiais britânicas aos olhos dos locais. Os franceses, belgas e holandeses que foram derrotados, mas depois se restauraram, foram enfraquecidos ainda mais. Movimentos nacionalistas agora conquistavam a independência nas colônias do mundo, principalmente através de revoluções puramente políticas, mas ocasionalmente por meio de revolução social onde o conflito de classes se entremeava com nacionalismo anticolonial. Na Ásia, movimentos insurgentes revolucionários na Coreia, Vietnã, Laos e Camboja se combinaram a ideologias marxistas e nacionalistas. O mesmo ocorreu com as insurreições mais sociais na África, Argélia e Angola. Todavia, em Angola, como nas muitas revoluções políticas anticoloniais na África, uma nação era somente um lampejo aos olhos das elites revolucionárias. Na realidade, quase não havia sentido algum de identidade nacional, diferente de muitos dos países asiáticos do leste e sudeste com longas histórias políticas. Na África, o apelo era mais à raça – expulsar os brancos –, na África muçulmana misturado com expulsar os cristãos. Embora eu tenha rejeitado a explanação de Chalmers Johnson da revolução chinesa em termos de nacionalismo camponês, sua teoria esteve muito mais perto da verdade em todos esses casos, uma vez que prosperaram no nacionalismo anti-imperial.

Assim, essa segunda onda revolucionária teve três causas principais: conflito de classes rural, anticolonialismo nacionalista/racial, e derrota dos regimes governantes em uma grande guerra. Observe que os britânicos, que foram vitoriosos na guerra mundial, sofreram somente revoluções políticas e reprimiram com sucesso insurreições armadas na Malásia e no Quênia. Condições macroeconômicas e relações precisas de produção importaram mais, mas não usualmente muito. Os camponeses que adoraram o comunismo eram por vezes agricultores arrendatários, por vezes pequenos proprietários, por vezes trabalhadores sem-terra. Os movimentos tinham bases sociais diferentes, como mostra Goodwin (2001: 82-84) em comparação aos argumentos mais economistas de Paige e Wolf. O que mais importava era um conflito interno, rural e militar entre camponeses e proprietários de terras cúmplices no governo colonial externo e enfraquecidos por sua derrota.

Assim, as revoluções bem-sucedidas não tiveram usualmente de enfrentar contrarrevolucionários internos poderosos após a tomada do poder. Isso foi verdade para a China, Coreia do Norte e Vietnã, onde, para começar, os regimes tinham muito mais popularidade entre as massas do que seus oponentes nacionais. Contudo, esses revolucionários tiveram de enfrentar forças contrarrevolucionárias mais poderosas representadas por um novo contexto geopolítico. Isso centrou-se na determinação dos Estados Unidos não de perderem mais Chinas, mas de derrotarem revoluções comunistas com toda força necessária. Os Estados Unidos deram a regimes ameaçados bilhões de dólares em ajuda e estavam também preparados, caso fosse necessário, a usar a estratégia de terra arrasada de repressão exemplar, matando muitas pessoas ou destruindo tanto de uma economia que qualquer regime comunista estaria enormemente enfraquecido e permaneceria não atraente para nacionalistas em países vizinhos. No começo, União Soviética e China corresponderam a esse esforço ao darem apoio aos revolucionários na Coreia e no Vietnã, mas cansaram seus incontroláveis aliados locais antes que os Estados Unidos o fizessem. Em contraste, os revolucionários russos foram deixados basicamente sozinhos no final da Primeira Guerra Mundial, a despeito de intervenções ocidentais breves e mal-concebidas em sua guerra civil. Diferente dos revolucionários na segunda onda eles não tinham apoio externo; tampouco os revolucionários da Europa Central e Oriental. Poderíamos dizer que a debilidade da intervenção das potências ocidentais após 1918 se deveu também ao cansaço pela guerra após a Segunda Guerra Mundial, todavia, todas intervieram mais. Os Estados Unidos se envolveram em ajudar os nacionalistas chineses durante a Guerra do Pacífico, mas quando a guerra civil começou, eles ficaram basicamente de fora. Mas, como um resultado dessa derrota a estratégia contrarrevolucionária se fortaleceu junto ao poder global americano para reduzir os prospectos gerais para a revolução.

A estratégia americana poderia não parecer muito bem-sucedida, uma retirada na Coreia e um fracasso no Vietnã, enquanto as consequências no Laos e no Camboja também não foram boas. Todavia, isso pode ser visto diferentemente. Na Coreia, o bombardeio devastador do norte ajudou a defender o regime do sul e a produzir um governo capitalista e, por fim, democrático obediente no sul do país. Mas a devastação e a militarização do norte na guerra civil também ajudou a tornar seu regime comunista não atrativo no sul e no exterior. No Vietnã, o bombardeio também ajudou a inutilizar seu regime comunista, embora terminasse se recuperando – para se dirigir depois ao capitalismo. No Camboja, campanhas de bombardeio ajudaram a produzir um regime comunista tão terrível, o Khmer Vermelho, que um regime comunista vizinho, o Vietnã, invadiu o Camboja para depô-lo. No Laos, intervenções americanas (e também vietnamitas) resultaram em guerras civis e muitos regimes fracos, principalmente comunistas, que não puderam efetivamente governar o país. Assim, houve, com efeito, dois níveis de sucesso para os contrarrevolucionários americanos. O nível superior seria produzir um regime capitalista democrático, que raramente era atingido. O nível inferior era terra arrasada, de modo que devastar um país que constituísse um incentivo poderoso para as pessoas em todas as classes abandonarem os revolucionários, e para as pessoas nos países próximos não seguirem seu exemplo. A política americana se mostrou bem-sucedida na segunda estratégia, constituindo um grande bloqueio à revolução, especialmente em pequenos países, os quais poderiam ser devastados mais facilmente.

Minha explanação é reconhecidamente marxista ao enfatizar o conflito de classes, mas não é marxista sob qualquer outro aspecto. Tampouco os destinos macroeconômicos do capitalismo nem as microrrelações de produção importaram grandemente para os resultados revolucionários. As revoluções não ocorreram em pontos particulares nos ciclos econômicos ou através da expansão do sistema mundial capitalista. Elas muitas vezes ocorreram em períodos de sofrimento econômico incomum, usualmente quando esse foi provocado pela guerra. Os trabalhadores que adotaram a revolução eram por vezes qualificados, por vezes não; os camponeses eram por vezes agricultores arrendatários, por vezes pequenos proprietários, por vezes trabalhadores sem terra. Os movimentos tinham diferentes bases sociais, embora ativistas fossem com muito mais frequência homens do que mulheres, e os que assumiam riscos eram basicamente jovens, adultos solteiros. Mas as classes populares nesses casos partilhavam em comum de um senso profundo de exploração, emanando de mais do que apenas relação capital-trabalho, pois envolvia também um senso de exploração política, militar e ideológica (nos casos coloniais, racial). A combinação permitiu a ideólogos marxistas flexíveis plausível e, muitas vezes, corretamente identificarem as causas e remédios da exploração.

Após a revolução eles em breve não seriam tão sensíveis. Após um período de lua de mel, eles endureceram com classes contrarrevolucionárias assim como qualquer dissensão política. O poder despótico da elite estatal aumentou do mesmo modo e basicamente pelas mesmas razões que na União Soviética. Objetivos transformacionais utópicos, pressão geopolítica e relutância dos camponeses em se sacrificar em nome da indústria e armamentos se combinaram para aumentar os poderes despóticos. Poderes infraestruturais exercidos por um Estado-partido intermitentemente lançando projetos heroicos também aumentaram, com aparentemente menos distanciamento psicológico do que na União Soviética. Mas depois na China a extraordinária flexibilidade econômica foi introduzida pelo regime, depois imitada no Vietnã, que deu ao regime uma combinação de ferramentas econômicas de mercado e estatistas, que permitiu ao país obter crescimento massivo e ainda contínuo. Essa é, sem dúvida, a linha mais feliz de desenvolvimento dos revolucionários do século

XX, mesmo que as reformas não tenham ainda se espalhado significativamente ao domínio político.

Contudo, nem todas as revoluções modernas podem ser interpretadas em termos seja da soviética seja da chinesa. A África diferiu um pouco, embora suas revoltas anticoloniais fossem encorajadas pelas duas guerras mundiais nas quais os africanos foram encorajados a matar europeus, uma grande mácula na suposta superioridade europeia. A América Latina diferiu mais, pois o continente não viu grandes guerras. Em troca, tinha uma extrema desigualdade reforçada pelo desprivilégio étnico-racial e uma longa tradição de insurgência camponesa. Sobretudo, talvez, tinha regimes governantes vulneráveis, altamente personalistas e de exclusão. Esses fatores levaram a muitas tentativas de revoluções, mas somente duas foram bem-sucedidas, em Cuba e na Nicarágua, junto a um grande número de movimentos de guerrilha revolucionários tanto em meados da década de 1960 como em meados da década de 1970. Houve vagos ecos aqui de anticolonialismo, pois as elites governantes eram geralmente apoiadas pelo Império Americano, os intelectuais com formação universitária espalharam ideias marxistas utópicas de revolução anti-imperialista como reinterpretadas por Fidel Castro e Che Guevara, reconduzindo tradições latinas de insurgência que remontavam a Zapata e Sandino. Em geral, contudo, os regimes locais estavam prontos para a tarefa de combater esses insurgentes, se tivessem uma pequena ajuda dos Estados Unidos. As duas revoluções bem-sucedidas foram lançadas contra exemplos extremos daquele Estado repressivo, de exclusão, infraestruturalmente fraco e personalista geralmente identificado por sociólogos como sendo especialmente vulnerável a insurgentes. Eles inclusive alienaram muitos grupos de elite; recusaram-se a conciliar descontentamentos populares, que poderiam ter afastado reformistas de revolucionários; e careciam de profissionalismo militar que poderia ter reprimido a insurgência. Esses eram guardas pretorianos pessoais, não exércitos reais (Wickham-Crowley, 2001). Mas ambas essas revoluções depois encontraram contrarrevoluções lideradas por americanos e suas políticas de terra arrasada destruíram a credibilidade dos sandinistas nicaraguenses e da Cuba de Castro.

Assim, grande parte das causas individuais relevantes, como identificadas por teóricos anteriores ou por mim, não foram estritamente necessárias para a revolução. Uma guerra grande, devastadora e contínua na China ou um Estado inusualmente ineficiente em Cuba e na Nicarágua poderiam compensar pela ausência relevante de algumas outras causas. A compensação foi ainda mais clara no caso anômalo do Irã em 1970, que não foi significativamente marxista, que não ocorreu em resposta à guerra, e que teve um resultado diferente. Ela também levanta a possibilidade de que, como as Revoluções Russa e Chinesa, poderia inaugurar outra onda de revoluções. Volto-me para ela mais detalhadamente.

Precursor da terceira onda? A Revolução Iraniana de 1979

Antes de 1979, o Irã era governado pela monarquia Pahlavi[12]. Essa foi de origem recente, fundada em 1925 por um oficial do exército, Reza Shah, filho de um major do exército com uma origem camponesa humilde. Em 1941, durante a Segunda Guerra Mundial, os britânicos começaram a duvidar de sua lealdade para com o esforço de guerra aliado, e o território iraniano era crucial para abastecer a União Soviética com ajuda ocidental. Assim, os britânicos invadiram e facilmente destruíram seu exército, e o substituíram por seu filho, Mohammad Reza Pahlavi, que governou até 1979. Como sua dinastia não fora consagrada pelo tempo, ele permaneceria ou cairia por seu sucesso ou fracasso pessoal. O xá aumentou a pressão sobre si para criar uma monarquia absoluta, que repousava inicialmente em uma aristocracia feudal proprietária de terras, um tipo de regime que havia se tornado obsoleto em toda parte no mundo. Na década de 1960, contudo, ele buscou reformas agrárias para destruir o poder da classe proprietária de terras e construir uma classe de camponeses leais. Infelizmente, muitos desses não obtiveram terra o suficiente para sobreviver, e foram forçados a migrar para uma existência marginal (Kian-Thiébaut, 1998: 127; Kandil, 2012).

A economia era estreitamente baseada no petróleo, que em 1978 representava 98% das exportações. Isso fez com que as importações de mercadorias estrangeiras minassem as empresas iranianas, especialmente de comerciantes e artesões dos bazares, os bazaaris, os quais o xá considerava atrasados. O dinheiro do petróleo financiava o Estado, incluindo todos os seus projetos capitalistas estatais. Isso levou a um crescimento econômico substancial no começo da década de 1970, mas os benefícios não foram muito além das redes clientes do xá, e para as pessoas comuns a inflação eliminava os benefícios do crescimento. O xá era um verdadeiro reacionário, evitando termos como "modernização" ou "desenvolvimento", declarando, em troca, que reconstruiria a grande civilização, o que significava manter a corte, os ornamentos, a retórica do direito divino e o clientelismo do monarquismo passado. Os direitos das mulheres e a educação e a saúde melhoraram, e o regime era bem secular. O xá imaginava que poderia governar absolutamente por meio de uma nova classe tecnocrática, embora o clientelismo da corte e a corrupção minassem isso. Seus clientes *nouveau riche* se apropriaram conspicuamente de grande parte da riqueza, provocando um sentimento generalizado de privação relativa em meio à população. A persistente e grandiosa propaganda monarquista do xá criava meramente o tipo de cinismo de massa também encontrado na União Soviética (Azimi, 2008: cap. 8). Arjomand (1988) acrescenta que a riqueza dos petrodólares criou confusão moral. Alguns iranianos enriqueceram, muitos não, e suas aspirações materiais se tornaram perturbadas, aumentando a privação relativa e percepções de que o regime era injusto e imoral, alimentando assim ideias islâmicas de justiça social.

---

12. Estou em dívida nesta seção para com o trabalho de Hazem Kandil (2012).

Geopoliticamente, o xá adotou inicialmente a postura de policial do Golfo, embora fosse principalmente seu petróleo que lhe tivesse concedido quantidades enormes dos mais recentes equipamentos militares americanos (e outros). Isso atraiu acusações persistentes de que era um instrumento do imperialismo estrangeiro, o que não era realmente verdade na década de 1970, durante a qual ele tentou jogar os Estados Unidos contra os soviéticos. Mas ele estava gastando enormes somas em uma defesa que não era necessária, e com o equipamento militar mais recente, que suas tropas não podiam operar. Como o regime se tornou mais corrupto e autoritário, perdendo apoio popular, organizando eleições fajutas, aprisionando milhares de dissidentes, isso gerou um problema fundamental. O desenvolvimento estatista baseado quase inteiramente no petróleo estava criando classes média e trabalhadora maiores, mais pessoas com formação e mais advogados, em suma, um eleitorado maior para um governo mais constitucional. Todavia, ele se recusava absolutamente a ir por esse caminho e todos os pretensos reformadores podiam ver isso. Como Tocqueville há muito observou, a liberalização de um governo despótico é perigosa para o monarca. Dada a ausência de reformadores dentro do regime iraniano, a reforma de fora – isto é, uma revolução – tornou-se mais provável (Azimi, 2008: 348-353).

Muitas teorias da revolução veem ditadores personalistas como os mais vulneráveis à revolução. Esse regime era altamente pessoal, pois o xá dividia e governava entre seus acólitos, todos os quais prestavam contas individualmente a ele. Isso também valia para seus comandantes militares e não havia alto comando coletivo. Ele não tolerava qualquer dissensão de suas políticas e não havia garantia de posto na administração civil nem militar. Como Kandil (2012) observa, esse era um absolutismo monárquico no sentido de que sua política era a corte real, que dominava os órgãos do exército e de segurança do Estado. Para o xá, enfraquecer seu poder militar era obviamente perigoso, e todo seu sistema de governo enfraqueceu severamente o poder infraestrutural do Estado. Como os americanos, o xá estava mais focado no perigo representado pela oposição de esquerda, mas ele também foi cuidadoso em dividir e governar entre a hierocracia islâmica, os ulama. Embora secretamente reprimisse e exilasse os poucos clérigos dissidentes como Khomeini, tolerava a maior parte dos líderes ulama, que eram politicamente conservadores e ferozmente anticomunistas. Houve pouca ameaça do islã ao seu regime até seus dias finais.

As classes desempenharam uma parte nessa revolução, mas não em um sentido especificamente marxista. Em meados da década de 1970, a estagflação global atingiu tanto a classe média quanto os pobres urbanos. Foran (2005: 75-80; cf. Moshiri, 1991: 124) diz que esse declínio econômico precipitou a revolução, confirmando as teorias da curva-J da revolução, uma vez que o declínio seguiu de um período de crescimento. Contudo, Kurzman (2004: 91-104) observa que a recessão não foi pior do que nos países em desenvolvimento comparáveis, que não tiveram revoluções, e no Irã aqueles que sofreram mais não eram mais inclinados a se juntar aos dissidentes. Apesar disso, o grande problema para o xá era que ele havia politizado e mesmo personalizado a economia. Sua própria família e dez outras famílias aliadas possuíam todas as quinhentas maiores corporações industriais e financeiras do país (Kandil, 2012). Essa foi uma versão muito extrema de capitalismo político, mas tinha uma desvantagem para aqueles que se beneficiaram dele. O regime – ou seja, o xá – pode ter sido elogiado nos bons tempos, mas criticado nos tempos difíceis em uma economia dependente do petróleo e do mesmo modo em uma economia capitalista internacional não controlada pelo xá. O neoliberalismo foi a resposta em alguns outros países; o descontentamento que levou à revolução foi o resultado no Irã. Alguns foram mais prejudicados do que outros, claro. Parsa (1989: cap. 5) diz que o movimento centrado nos bazaaris, prejudicados pelas políticas anti-inflacionárias do xá (ele aprisionava comerciantes que aumentavam seus preços), ajudados pelos trabalhadores relativamente privilegiados das indústrias do petróleo e da construção, e os trabalhadores do colarinho-branco e estudantes de esquerda – uma oposição ampla, mas predominantemente de classe média. Considerando que classe desempenhou um papel causal na revolução ela colocou uma corte limitada e a elite capitalista contra grande parte da classe média – embora os pobres urbanos, no fim, também tivessem sido mobilizados.

Havia também descontentamentos ideológicos – desgosto diante da corrupção e da suposta libertinagem da corte ocidentalizada Pahlavi. Sua combinação de liberalismo cultural – incluindo a tolerância por minorias religiosas e direitos das mulheres – e o despotismo político era um anátema para os níveis inferiores dos ulama e jovens seminaristas. O clérigo exercia um poder ideológico considerável em um país religioso, e isso estava baseado em seu estilo simples de vida e notável ausência de corrupção. A hierarquia conseguiu um acordo com o xá: o regime os deixaria em paz e eles não o criticariam. Todavia, houve agitações entre clérigos jovens, mais radicais (Arjomand, 1988: 201; Moshiri, 1991: 126; Azimi, 2008: cap. 9). Essa revolução obviamente dependeu do amplo descontentamento econômico, mas agitou mais bandeiras ideológicas e políticas do que econômicas (Kian-Thiébaut, 1998: 202-209). A oposição organizada era pequena e variada, indo desde o partido comunista Tudeh e movimentos de pequenas guerrilhas da esquerda, passando por liberais e nacionalistas, até os populistas islâmicos da direita. A experiência comum de repressão os impeliu à cooperação mínima sob *slogans* nacionalistas e populistas. O descontentamento era crescente, como diplomatas estrangeiros, mas não o xá, puderam perceber. Ele estava aprisionado em suas ilusões de grandeza institucionalizada em uma corte orientalista. Cercado por acólitos obsequiosos e negociantes de armas, ele não conseguia acreditar no perigo em que estava.

A política americana estava em seu dilema usual, apoiando um filho da puta devido ao seu anticomunismo, enquanto esperava sem esperança que pudesse se mover na direção de um governo constitucional liberal. Kennedy tentou pressionar, com poucos resultados. A política de Jimmy Carter era ambígua. Ele declarava que a ajuda estrangeira só seria dada a regimes que reconhecessem os direitos humanos, mas na prática fez uma exceção ao xá, a quem também elogiava abundantemente como uma proteção contra o comunismo – e do qual o petróleo necessitava. Embora os americanos não estivessem infelizes agora com as tentativas do xá de colocar as superpotências uma contra a outra, seu papel na Opep e nos embargos ao petróleo árabe e sua nacionalização do petróleo iraniano, ele ainda tinha os americanos sobre um barril de petróleo.

Os movimentos de oposição sobreviveram, uma vez que a repressão no local era um pouco esporádica, como um resultado das próprias políticas do xá. Savak, a polícia secreta, era mantida com carência de pessoal e de fundos, uma vez que o xá a temia como um rival potencial (Kandil, 2012). Não era tão todo-poderosa como muitos argumentavam. O exército era equipado com as armas mais modernas de guerra, mas carecia de armas de baixa letalidade adequadas ao controle de multidões, como as da polícia. Não havia força policial paramilitar. Greves e manifestações aumentaram ao longo de 1978. Movimentos islâmicos puderam mobilizar redes de pessoas situadas nas mesquitas, e aprenderam a explorar a tradição do luto público no quadragésimo dia após a morte de alguém, transformando funerais em marchas de manifestações de protesto contra as vítimas da repressão. Algumas redes de mesquitas foram depois tomadas por clérigos inferiores mais radicais articulando *slogans* do Aiatolá Khomeini. Khomeini havia adaptado alguns *slogans* da esquerda, embora adicionando que somente o islã poderia combater o imperialismo americano e seus patetas. Do exílio, ele era o crítico mais enérgico e articulado do regime, e os outros grupos de oposição achavam difícil discordar do que dizia. Seus seguidores aceitavam cada palavra sua e o identificavam como outro líder carismático (Azimi, 2008: 342-347). No outono de 1978, os islâmicos estavam colaborando muito estreitamente com trabalhadores operários e do colarinho-branco em greve e com a esquerda de um modo mais geral.

Em meados de novembro de 1978, o xá mostrou alguma determinação quando dissolveu o governo civil e instalou um regime militar. Durante alguns dias uma mostra de poder militar nas ruas parecia intimidar os manifestantes, mas ele foi relutante em aumentar a repressão quando as manifestações foram retomadas, e se recusou a indicar generais linha-dura para as posições superiores do governo. Uma visão favorável dele (oferecida por Kurzman) é que estava usando tanto a cenoura quanto o bastão, repressão de manifestações de massa junto a conciliação de liberais. Mas a oposição – e muitos estudiosos posteriores – o viam como vacilando. Um câncer severo enfraqueceu sua capacidade de tomar decisões, já deficiente em outras crises. Consciente de sua mortalidade iminente, foi relutante em legar a seu filho de dezoito anos um regime de terror. Recusou pedidos do exército por mais repressão, enquanto o exército, enfraquecido por anos de dividir para governar, não pôde organizar seu próprio golpe.

Os manifestantes aumentaram em confiança e números. Os dias 10 e 11 de dezembro de 1978 presenciaram enormes manifestações exigindo que a monarquia fosse substituída por uma república constitucional. Observadores estrangeiros estimaram seu número em Teerã em mais de um milhão, com centenas de milhares marchando em várias outras cidades. Em seu auge, 10% da população estava mobilizada, o que seriam uma proporção maior do que em muitas revoluções. Era predominantemente a classe média. O campesinato jamais se envolveu muito; os pobres urbanos se envolveriam mais tarde, após a deposição do xá. Defrontado com manifestações muito grandes, o exército e o chá foram pegos em um dilema. Eles careciam de armas de controle de multidões como gás lacrimejante, balas de borracha e armaduras. O exército só pôde reprimir com armas de alta letalidade, provocando muitas mortes e isolando ainda mais a população. Apesar disso, alguns generais insistiam em que o xá autorizasse mais disparos, mas ele foi indiferente. Houve alguns desertores, embora o exército permanecesse basicamente intacto, mas inativo (Kurzman, 2004: cap. 6; Parsa, 1989: 241-247; Arjomand, 1988: 120-128).

A administração Carter hesitou. O Conselho de Segurança Nacional insistiu em um "punho de ferro", mas o Departamento de Estado preferiu conciliação e uma monarquia mais constitucional. O general americano Huyser foi enviado para trabalhar com os generais iranianos na preparação de um golpe, mas foi frustrado pela total inabilidade daqueles de se moverem coletivamente. Eles permaneceram leais ao xá, mas foram incapazes de organizar uma pressão coletiva sobre ele. Oficiais militares careciam de solidariedade corporativa como um resultado do extremo personalismo do regime do xá (Kandil, 2012). De qualquer modo, Carter foi relutante em endossar a força e esteve focado em problemas em outras partes do mundo até que foi tarde demais. O funcionário do Departamento de Estado para o Irã na época escreveu uma narrativa descrevendo confusão e inação em Washington (Precht, 2004; cf. Moshiri, 1991: 129). Os iranianos não estavam certos sobre o que fazer com os sinais americanos que detectaram, mas em meados de dezembro muitos pensaram que os Estados Unidos estivessem abandonando o xá, e ele próprio acreditava nisso (Arjomand, 1988: 128-133). Funcionários americanos já estavam em contato com os auxiliares de Khomeini e pareciam ter acreditado em suas garantias de que trabalhariam tanto com liberais quanto com o exército para formar um novo governo constitucional. Esse foi o beijo da morte.

Em janeiro de 1979, o desmoralizado e muito doente xá, agora consciente de que os Estados Unidos poderiam não defendê-lo, fugiu do país (ele também fez isso quando confrontado em 1953 pelo Primeiro-ministro Mossadeq). A lealdade militar encerrou com sua fuga. Em fevereiro, as manifestações se transformaram em uma insurreição liderada por bandos armados de islâmicos e membros da esquerda. O exército ficou de fora e houve uma transição pacífica para um regime republicano aparentemente liderado por políticos liberais. Mas os partidos liberal, nacionalista e de esquerda haviam enfraquecido por anos de repressão, e o herdeiro da revolução foi Khomeini, um operador político perspicaz capaz de mobilizar, após a partida do xá, por meio das mesquitas, os mais numerosos bazaaris e marginais urbanos contra as partes modernas das classes média e trabalhadora (Arjomand, 1988; Keddie, 2003: 222-239; Moshiri, 1991; Foran, 2005: 80-87). Um referendo em abril de 1979 votou a favor de uma república islâmica e em dezembro o Aiatolá Khomeini foi instalado como líder supremo.

Isso foi uma revolução? Certamente, envolveu uma insurgência popular, embora seu tamanho tenha sido muitas vezes exagerado. Estimativas sobre os números de mortos variam amplamente, mas as mais prováveis totalizam cerca de mil ao longo de quinze meses em 1978-1979, o que não é particularmente alto. É o mesmo número dos que morreram em três semanas nas manifestações egípcias de 2011. Esses números "não correspondem à imagem das vastas massas enfrentando os disparos das metralhadoras" (Kurzman, 2004: 71; cf. Kandil, 2012). Foi uma revolução política, substituindo uma monarquia autoritária por uma constituição republicana supervisionada por uma teocracia. Ela também se transformou em uma revolução ideológica, do secularismo ocidental para o islamismo, embora mais de dois terços dos membros do primeiro parlamento de 1980 fossem intelectuais leigos ou clericais (Arjomand, 1988: 202), semelhante aos revolucionários franceses cujas atividades intelectuais documentei no volume 2, e muito semelhante às elites comunistas discutidas anteriormente neste volume.

O desdobramento do novo regime após o golpe também se assemelhou à França. Para muitos participantes "a revolução de 1978-1979 foi sob aspectos cruciais uma tentativa de realizar os objetivos da Revolução Constitucional" (Azimi, 2008: 440). Todavia, não foi assim que os eventos ocorreram. Os liberais e os nacionalistas cívicos que formaram o primeiro governo pós-revolucionário possuíam somente pequenas organizações. Careciam de mobilização de massa. Sua falta de coragem também isolou tanto a esquerda quanto os islâmicos, e a cooperação entre qualquer um dos três principais grupos revolucionários foi um fim. Khomeini venceu a resultante luta pelo poder porque prometera formar um governo constitucional, tirando o vento das velas de seus rivais; porque fez um acordo com o exército, que a esquerda não conseguiu fazer (prometendo-lhes isenção de qualquer represália caso ficassem de fora); e porque, após a deposição do xá, Khomeini mobilizou apoio de massa com promessas de benefícios econômicos para todos. Os bazaaris e as classes urbanas pobres foram especialmente atraídos. No fim, ele foi o líder com mais apoio de massa. Ele não manteve suas promessas, é claro, e suas represálias foram ferozes.

A economia permaneceu capitalista, embora o regime de Khomeini tenha nacionalizado muitas indústrias, perseguido projetos econômicos infraestruturais e como consequência dobrado o tamanho da administração estatal. Mas a versão iraniana de um Estado-partido foi única, pois o Estado era supervisionado não por um partido, mas pela poderosa elite clerical – uma teocracia. Essa estrutura de poder foi reforçada por uma transformação militar com o estabelecimento da versão islâmica da milícia partidária, as Guardas Revolucionárias, que até agora duraram mais do que quaisquer Guardas Vermelhas. Seu poder foi enormemente aumentado pela Guerra Irã-Iraque. Embora essa guerra tivesse sido provocada pelos apelos de Khomeini a uma maioria xiita do Iraque para se rebelar contra o regime sunita de Saddam Hussein, a guerra de fato começou com uma invasão iraquiana do Irã. Assim, a elite religiosa pôde proclamar a guerra como sendo uma "defesa sagrada". Ela também foi vista como "um presente providencial", a "bênção da guerra", como Khomeini a descreveu, pois produziu tanto uma mobilização patriótica em torno da bandeira e do regime como um fortalecimento das Guardas Revolucionárias (Azimi, 2008: 336). O regime não manteve sua popularidade por muito tempo, claro. Os últimos anos indicaram que a maioria dos iranianos desejaria se libertar dos aiatolás.

No geral, as mudanças no Irã foram importantes o bastante para serem consideradas revolucionárias. A revolução teve principalmente causas internas. Diferente de muitas outras revoluções modernas, o regime não foi enfraquecido pela instabilidade geopolítica. O Irã não esteve envolvido em guerra antes de sua revolução de 1979, tampouco seu Estado enfraquecido por eventos externos. A principal influência externa foi que o xá foi enfraquecido por sua dependência dos Estados Unidos, embora na época da revolução sua aliança estivesse muito abalada e os Estados Unidos não o tivessem ajudado de fato na crise. Mas sua relação era percebida no Irã como imperialismo americano. Essa pode ter sido uma causa necessária, pois foi um fator na geração de uma aliança inclusiva ampla contra seu regime, abrangendo centristas liberais, membros da esquerda e islâmicos – dificilmente aliados naturais. Todavia, não foi o único fator envolvido. Fatores geopolíticos contribuíram, mas não fundamentalmente, para essa revolução.

Como não houve guerra, crise financeira e nenhuma revolta camponesa, o Irã não se encaixa no modelo de revolução de Skocpol. Ela reconheceu isso, considerando o Irã um caso excepcional (Skocpol, 1994; Arjomand, 1988: 191, 202-203). Essa foi também uma revolução exclusivamente urbana, sem envolvimento dos camponeses, o único caso no século XX em que isso ocorreu. Foi excepcional também em dispor revolucionários religiosos contra um Estado secular, o inverso da revolução moderna usual, que tende a ser um secularismo de esquerda lançado contra o Estado e a religião. Finalmente, foi inusual em ter um governante que nem reformaria nem reprimiria incondicionalmente. Caso o xá tivesse autorizado o exército a reprimir as manifestações disparando com todas as armas, ele poderia ter sobrevivido, como muitos déspotas. Mas ele carecia de estômago para isso, dados os seus autoenganos, sua doença e sua preocupação com seu filho jovem e herdeiro. Essas qualidades fazem do iraniano um caso diferente.

Todavia, sob outro aspecto muito importante o Irã se enquadra muito bem nos modelos-padrão de revolução. Era um regime personalista, repressivo e de exclusão – o tipo de regime considerado mais vulnerável à revolução. Como era excepcionalmente personalista, também era excepcionalmente vulnerável. O xá e sua família e amigos próximos também haviam se apropriado da economia, de modo que qualquer recessão econômica também seria culpa dele. Fora desse círculo estreito, ele havia deliberadamente dividido e governado entre todos os grupos de elite que poderiam de outro modo lhe oferecer apoio orquestrado. Isso não resultou em um regime faccionalizado com sérios desacordos em relação à política do tipo que obstaculizou a reação de alguns outros regimes defrontados por séria insurgência. O problema foi que o regime produziu passividade entre seus aliados potenciais e um fracasso em agir coletivamente. O ferimento-chave autoinfligido foi o exército. Esse exército parecia poderoso, pois era muito grande e magnificamente equipado pera guerra. Mas nunca lutara em uma guerra e carecia das habilidades para operar grande parte de suas armas modernas. Isso não pode ser bom para o moral dos oficiais. Mas sua fraqueza crucial foi a ausência de um alto comando. Todos os generais prestavam contas individualmente ao xá. Muitos deles eram leais ao xá. Mas eram incapazes de ação coletiva ou conselho coletivo. Se o xá não estava disposto a reprimir, eles não podiam, e tampouco puderam organizar um golpe. Em um sentido, portanto, o grau inusualmente intenso do personalismo do regime compensou pela falta de instabilidade geopolítica e de apoio dos camponeses, transformou o que poderia ter sido descontentamentos durante uma recessão econômica em ataques virulentos ao regime governante. A fraqueza política e militar do regime foram, aqui, a causa mais importante da revolução, para a qual os descontentamentos ideológicos e econômicos apenas contribuíram.

Poderia o Irã se tornar o inspirador de uma terceira onda de revoluções, nesse caso, confinado aos países muçulmanos, e, diferente das outras ondas, sendo liderada por grupos religiosos? Até agora, o marxismo e o socialismo foram muito fracos na região, sem possibilidade de gerar muitos revolucionários. A experiência com o socialismo árabe não foi feliz, uma vez que partidos baathistas supostamente socialistas degeneraram em clientelismo despótico e repressivo, falhando em produzir muito desenvolvimento econômico. Sozinho, o Partido Baathista sírio continuou a governar, sem grande aclamação popular e encontrando resistência massiva, primeiro, em 1982, que ele conseguiu reprimir, e, depois, novamente em 2011 e 2012. Seus irmãos baathistas em outros países desapareceram. A partir da década de 1990, muitos dos movimentos popularmente aclamados do Oriente Médio foram islâmicos e são revolucionários no sentido de que buscam depor regimes políticos e instalar a lei da Xaria. Exceto pela Irmandade Muçulmana, eles endossam a violência e formam seus próprios paramilitares. Mas não devemos exagerar seus poderes. O cisma entre os dois ramos do islã, xiitas e sunitas, limita a colaboração na região. O Hezbollah, como o regime iraniano, é xiita, enquanto o Hamas, a Irmandade Muçulmana, o Talibã e a Al Qaeda são sunitas. A cooperação na divisão cismática pode ocorrer, uma vez que têm inimigos estrangeiros comuns, mas não é frequente. Na verdade, Hezbollah e Hamas se assemelham a movimentos de libertação nacional mais do que a revolucionários islâmicos cismáticos. A Irmandade Muçulmana, embora buscando a lei da Xaria, foi forçada pela repressão ao reformismo no nível da comunidade local. Os movimentos terroristas mais radicais sunitas que foram os antecedentes da Al Qaeda se separaram da Irmandade, desgostosos porque ela não endossava a violência. A Al Qaeda hoje é uma força polarizadora no mundo muçulmano. Osama bin Laden atingiu popularidade nas ruas árabes principalmente por sua coragem em se opor ao imperialismo americano. É o imperialismo americano que mantém a Al Qaeda, os aiatolás iranianos e outras formas de extremismo islâmico muito vigorosas. Sem isso, sua carência de programas sociais e econômicos reais, seu extermínio de cidadãos e sua ideologia fundamentalista os deixariam com muito pouco apoio. Isso equivaleria, no máximo, a uma terceira onda artificial e externamente induzida de revolução, com pouco poder de resistência local.

Tentativas têm sido feitas para emular a revolução iraniana, embora sem muito sucesso. O Talibã tomou o poder quando os afegãos estavam resistindo à invasão soviética de seu país, mas não foram bem-sucedidos em governar o país inteiro. No Sudão, Iêmen e Somália, movimentos islâmicos lutaram muito, sem conquistar ou reter o poder. Até agora, o fundamentalismo islâmico se mostrou capaz de lucrar com e de reforçar um grau de caos (especialmente quando ajudado pelo imperialismo estrangeiro), mas sua única revolução permanece iraniana. Grande parte de sua força (exceto pela Irmandade Muçulmana reformista) deriva da reação contra o imperialismo americano e o colonialismo israelense. Um acordo para o conflito palestino enfraqueceria seriamente as forças revolucionárias islâmicas, assim como a retirada americana do Iraque e do Afeganistão. O primeiro parece improvável no futuro próximo; o segundo está em curso. Mas os radicais como a Al Qaeda foi basicamente derrotada em suas tentativas de organizar uma revolução no Oriente Médio, embora só necessitem de alguns terroristas para manter uma certa quantidade de caos. Esses revolucionários são melhor em criar (um pouco de) caos do que revolução. Parece improvável que essa venha a ser um tipo de terceira onda, ao menos no futuro imediato.

Contudo, é possível que o desejo em todo Oriente Médio por mais representação política e mais justiça econômica, como revelado nas revoltas árabes de 2011, pudessem interagir com alguns desses movimentos e seus resultados para gerar movimentos dissidentes com uma base mais ampla e mesmo revoluções que não fossem meramente políticas. Muitos países do Oriente Médio são governados por regimes despóticos cujas dinastias e elites não foram consagradas pelo tempo e que se apropriam de grande parte da riqueza do país por meio de um nexo Estado-capitalista coercivo e corrupto – semelhante ao Irã do xá.

As agências repressivas do Estado permanecem sua principal forma de poder infraestrutural, e nenhum outro governante buscou o caminho suicida do xá de emascular o exército. Todavia, em outros casos, a unidade do exército e das agências de segurança não pode ser tomada como certa. Como esses déspotas não confiam completamente no exército, aumentam sua própria guarda pretória sob a forma de agências de segurança paramilitar que realizam a maior parte da repressão. Contudo, isso pode isolar o exército, especialmente se achar que está perdendo na luta pelos recursos do novo capitalismo estatal. Isso aconteceu no Egito e foi o fator-chave na recusa do exército de se juntar à repressão das massas nas manifestações de 2011, que envolveu algo em torno de dez a quinze mil pessoas. A deslealdade militar a Mubarak possibilitou o sucesso delas (Kandil, 2011; 2012).

Na Tunísia, Egito e Líbia em 2011, dissidentes vociferavam contra a corrupção econômica e a exploração incorporadas nas agências estatais e capitalistas entremeadas. No Egito, a combinação de ajuda americana e privatizações neoliberais permitiram a amigos e parentes de Mubarak se apropriarem de grande parte dos recursos econômicos do país. Essa nova classe recém-enriquecida estava estreitamente ligada ao aparato do regime. Havia considerável crescimento econômico, mas não chegava a melhorar a vida das pessoas. Embora impostos corporativos tivessem sido reduzidos, os impostos para o povo foram aumentados. Subsídios alimentares foram reduzidos e as condições de trabalho pioraram, embora um ciclo de dívidas garantisse que investidores estrangeiros também se dessem bem no neoliberalismo. Esse novo nível de exploração pelo regime e bancos estrangeiros foi o descontentamento econômico que alimentou a revolta no Egito (Kandil, 2011). Vimos na Tunísia e no Egito duas condições persistentes para a revolução: o descontentamento e o sentimento de injustiça pelas massas e uma divisão dentro do regime governante, que enfraqueceu especialmente sua capacidade repressiva. Como no Irã, alianças temporárias foram formadas entre dissidentes da esquerda, liberais e islâmicos, criando a base ampla que poderia potencialmente depor mais do que apenas a forma de Estado – e depois talvez gerar uma luta revolucionária pós-política entre os vitoriosos. Onde os governantes são de uma seita ou etnicidade diferente daquela de grande parte da população, esse populismo se torna regulado por sentimentos religiosos ou étnicos também, como no Bahrein e na Síria, embora aqui o grupo governante étnico/sectário esteja também mais determinado a resistir e reprimir, temendo o pior de qualquer revolução política.

Permanece, portanto, a possibilidade de que o Irã possa ter inaugurado uma terceira fase revolucionária, embora isso dependa, primeiro, de se os movimentos dissidentes não violentos atuais podem ou não obter a estabilidade política e se envolver em reformas econômicas e políticas substanciais. Se o Ocidente deseja ordem, reformas e modernidade no Oriente Médio, poderia ajudar esses dissidentes – embora não por intervenções militares. Mas se os reformistas fracassam e são reprimidos, isso estimulará o apelo dos revolucionários, provavelmente de um tipo islâmico. Mas muitas revoluções nas primeiras duas fases não foram bem-sucedidas. Os revolucionários fracassaram com mais frequência do que triunfaram.

A queda soviética: Revolução a partir de cima?

O colapso da União Soviética foi substancialmente revolucionário, embora diferisse de todos os outros considerados aqui. A partir de 1990, a União Soviética satisfaz todos os critérios, com exceção de um, para uma revolução. Politicamente, quinze estados substituíram um único Estado, e um império colonial deu lugar a mais seis estados; um Estado-partido único foi transformado em uma democracia em metade desses casos e numa ditadura personalista em outra metade. Essa foi claramente uma revolução política. A economia foi transformada de um socialismo perverso em um capitalismo por vezes perverso, também revolucionário. A ideologia do marxismo-leninismo foi descartada em favor de ideologias liberais ocidentais, novamente revolucionário. Mesmo o poder militar foi parcialmente transformado, uma vez que uma superpotência colapsou e a Guerra Fria terminou. Havia outras semelhanças com outras revoluções. Prosseguiu ao longo de uma sequência de agravamentos, como em outras revoluções discutidas neste livro, embora muitos desses "revolucionários" carecessem de muita ideologia, exceto pelos liberais e neoliberais, que, no fim, não venceram. Também diferente de outros casos, exceto pela revolução iraniana, foi a ausência de crise geopolítica ou de uma abertura ao sistema mundial. Não houve causas externas importantes da queda, salvo a existência de um modelo mais bem-sucedido de desenvolvimento no Ocidente, que corroeu o poder ideológico da elite do Estado-partido. Influências externas se tornariam mais importantes após a queda, pois asseguravam a dominação das ideias e práticas ocidentais sobre o ex-bloco soviético. Embora essas fossem adaptadas e muitas vezes pervertidas para servirem aos detentores do poder local, os países ex-soviéticos não ofereciam mais uma alternativa à democracia capitalista ocidental liderada pelos Estados Unidos. A globalização universal estava se aproximando da realidade. Os efeitos da queda foram na verdade revolucionários em um sentido geopolítico também.

Todavia, essa foi uma revolução insurgente? Podemos realmente chamá-la uma revolução quando grande parte da classe governante comunista permaneceu uma classe governante, porém capitalista após, e foi motivada menos por ideologia do que por materialismo crasso? Eram usualmente as mesmas pessoas que estavam transformando as fontes do poder social e se beneficiando pessoalmente da mudança! A insurgência popular também foi muito menor do que em 1917. Em 1991, grandes multidões com apoio da massa se envolveram na Europa Central e nas repúblicas bálticas, e aqui houve menos continuidade do governo da elite. Esses lugares viram, na verdade, revoluções – e por sorte revoluções sem muita violência. Entre esses casos, o movimento Solidariedade polonês se apresenta como o único movimento insurgente da classe trabalhadora, embora não fosse violento. Somente multidões romenas foram muito violentas na deposição de seu regime comunista, com centenas de mortos. As outras foram revoluções de veludo, não violentas. Enfatizei conflitos de poder militar em muitas revoluções do século XX, mas não aqui. Os regimes mal resistiram à sua deposição e forças armadas poderosas não puderam se prontificar para agir efetivamente. Mais ao leste, parte das elites existentes fizeram os ajustes ideológicos necessários para se manter no poder, e com isso evitar uma revolução necessária. A diferença em todo bloco soviético foi governar por meio de um regime profundamente ideológico, que agora estava ideologicamente corroído a partir de dentro. Sua elite não acreditava mais que tivesse o direito moral de intervir, e muitos de seus membros preferiram se enriquecer com a queda.

A queda pressupunha uma população isolada do socialismo de Estado. Todavia, foram principalmente as elites que decidiram o que aconteceria. A famosa manifestação de apoio à posição de Yeltsin em frente à Casa Branca foi estimada na época ter reunido de vinte a quarenta mil pessoas, abaixo do tamanho de manifestações anteriores a favor de uma variedade de causas. A classe de aquisição de Lane e a burguesia de Hough ofereceram uma base social maior, mas não representaram as massas como um todo e foram movidas por sentimentos mais calculistas do que é normal em revoluções. Muitos cidadãos queriam algum tipo de reforma que lhes trouxesse padrões de vida mais elevados e liberdades políticas. Essa era a base de massa importante a partir da qual os reformadores poderiam atuar. Mas não há indicação de que as massas quisessem se mover para o capitalismo ou dissolver a União Soviética, e não agiram para fazê-lo. Havia, contudo, apoio popular para políticos que se inclinavam para essas direções. Yeltsin era pró-democracia, e tinha apoio popular. Ele também foi um oportunista que conseguiu mobilizar o antielitismo e o nacionalismo russo e prometeu aos mercados gerar abundância a todos. O público inclusive tolerava seus ataques de inebriação em público. Ele ascendeu ao poder por meio de eleições basicamente livres. Mas durante as campanhas jamais favoreceu publicamente a economia de livre-mercado e nunca mencionou a palavra "capitalismo". Isso foi sábio. Em uma pesquisa na Rússia europeia em maio de 1991 54% disse que queriam continuar com uma versão de socialismo. Muitos desses queriam uma forma mais democrática de socialismo existente, enquanto outros 23% escolheram o modelo sueco de democracia social. 81% queriam que o Estado garantisse alimento e moradia para todos. Em um referendo conduzido em quase toda União Soviética, em março de 1991, 76% dos eleitores aprovavam a União, exatamente enquanto estava sendo desmantelada. Eles queriam o fim do comunismo, mas não a dissolução da União Soviética, ou, melhor, sua reforma, e não adotar o capitalismo.

Contudo, não deveríamos levar essas pesquisas muito a sério. Como o pesquisador Levada (1992) relatou, a opinião era volátil, mudando à medida que a situação se deteriorava e à medida que novas panaceias vinham de cima. As massas eram basicamente reativas, respondendo nas eleições e pesquisas às últimas iniciativas, mas sem fazer sacrifícios para atingir qualquer objetivo. Isso começou como uma revolução a partir de cima e permaneceu assim fora da parte europeia do bloco soviético. Isso a torna diferente de outras revoluções importantes discutidas neste livro. Felizmente, também, a tornou praticamente não violenta – exceto por algumas poucas repúblicas envolvidas em guerras civis étnicas.

Conclusão

Como as sociedades humanas em geral, a revolução mistura o universal, o particular e o desenvolvimentista. Distingui algumas características de revoluções modernas, mas estabelecidas em meio às peculiaridades de cada país e em meio tanto a processos amplos de desenvolvimento histórico mundial como a processos de interação de regimes, insurgentes e estrangeiros. Isso inseriu erros, consequências não intencionadas e incertezas em resultados revolucionários. Durante o século XX vemos um processo de aprendizagem entre insurgentes, que tiraram lições de tentativas anteriores de revolução e adaptaram suas próprias estratégias apropriadamente. Do outro lado, vinham estratégias de aprendizagem contrarrevolucionária, com o poder central militar americano em sua habilidade de fazer a revolução um objetivo altamente indesejável. E sempre os participantes argumentavam sobre estratégia e táticas, respondendo às suas percepções sobre a ameaça e as táticas do outro lado, e ponderando sobre como poderiam obter mais apoio (ou armas) de outras classes, de moderados e de estrangeiros. Uma teoria geral de tudo isso não pode ser muito precisa. Nas ciências sociais, as leis não são possíveis, mas algumas generalizações amplas funcionam muito bem para muitas revoluções do século XX.

Três generalizações parecem particularmente adequadas. Primeiro, muitas revoluções resultaram de conflito de classes vinculado a uma sequência de derrotas de regimes autoritários em guerras. Segundo, muitas revoluções envolvem sequências muito infelizes de eventos. Os revolucionários aproveitam sua chance devido a contingências de poder inesperadas e têm objetivos transformadores utópicos em divergência com preferências seja da massa do povo ou daquelas de atores particularmente poderosos, nacionais ou estrangeiros. No violento conflito que seguiu com contrarrevolucionários os revolucionários ou perdem (como ocorre a maior parte do tempo) ou triunfam pela imposição de um nível de coerção sobre as pessoas tal que induz muito sofrimento e as impede de atingir muitos de seus objetivos. A exceção está na esfera do poder econômico, onde revolucionários comunistas conquistaram algum sucesso em apoiar o crescimento. Não pretendo com isso fazer uma condenação geral dos revolucionários. Enfatizo que desastres seguem como o resultado das ações combinadas, mas conflitantes, de revolucionários e contrarrevolucionários. Quando os dissidentes sentem com Trótsky que não há saída, no sentido de que o sofrimento já é grande e o regime só reprimirá, então devem se apropriar dos meios revolucionários. Mas eles deveriam estar buscando formas de reforma estrutural que não exigissem coerção pesada da massa da população para serem atingidas.

Terceiro, contudo, revoluções não acontecem em democracias, onde reformas de compromisso sejam, em troca, institucionalmente privilegiadas, e onde as infraestruturas de agências administrativas mais rotinizadas e responsáveis possam de fato difundir as reformas ao longo do país. À medida que as democracias se espalharam cautelosamente pelo mundo, a revolução recuava. A menos que alguma grande crise irrompa no mundo – e, como veremos, isso pode ser produzido pela mudança climática – podemos ver revoluções gradualmente diminuindo em frequência e escala. O ponto alto das revoluções foi provavelmente o século XX.

10
O Império Americano na virada do século XXI

Em fevereiro de 1941, Henry Luce proclamou o começo do século americano. A América, ele declarou, deve agora: "aceitar sinceramente nosso dever e nossa oportunidade como a mais poderosa e vital nação no mundo... para exercer sobre o mundo o completo impacto de nossa influência, por esses propósitos escolhidos e por esses meios escolhidos... Devemos agora assumir que somos os Bons Samaritanos do mundo inteiro..." Isso era imperialismo global por uma boa causa. Como vimos no capítulo 5, o imperialismo americano após a Segunda Guerra Mundial foi muito variado. Ao longo da Europa, foi hegemônico, inclusive legítimo. Ao longo do Leste Asiático foi uma mistura de império indireto e império informal por meio da intervenção militar, ainda que a dominação depois tenha se tornado mais benigna e agora a hegemonia legítima predomine lá também. A América Latina e o Oriente Médio estavam na extremidade receptora do império informal por meio da intervenção militar ou de intermediários, embora isso tenha recentemente declinado na América Latina enquanto aumentou no Oriente Médio. Os Estados Unidos não tiveram colônias em todo esse período e tenderam a se mover para formas mais moderadas de dominação. Todavia, como Chalmers Johnson (2000, 2005) diz, o tamanho e a expansão de sua rede de base militar constitui um novo tipo de império global, pensado para coagir militarmente sem ocupação formal.

Este capítulo trata de duas cristalizações recentes do imperialismo americano: o imperialismo econômico, centrado na senhoriagem do dólar que ocorreu a partir do começo da década de 1970; e o imperialismo militar que se intensificou nas décadas de 1990 e 2000. Tento explicá-los e pergunto se os dois foram de fato distintos ou se fundiram em uma única estratégia imperial global, como teóricos do sistema mundial e outros argumentam. Perguntarei quão bem-sucedidos os dois foram e se inverteram a tendência para formas mais leves de Império Americano. Como o capítulo 6 já discutiu parte da intensificação econômica, foco aqui mais nas relações de poder militar, e especialmente nas duas principais guerras do século XX e um até o momento, no Iraque e Afeganistão. Começo com a economia.

O novo imperialismo econômico, 1979-1995: senhoriagem do dólar

A economia global pós-guerra se beneficiou da hegemonia americana, que estabeleceu suas regras. Prosperou nas décadas de 1950 e 1960, estimulada, primeiro, pelo crescimento americano, depois, pelo europeu e japonês. O dólar era a moeda de reserva, apoiada pelo ouro, e um regime de tarifa mais baixa estimulou o comércio. Todos os continentes participaram até certo ponto do crescimento. Embora o sistema Bretton Woods tenha dado privilégios aos Estados Unidos, era administrado por acordos multilaterais entre estados-nações, permitindo-lhes implementar seus próprios planos de desenvolvimento e reprimir fluxos de capital internacional. Isso era mais hegemonia do que Império Americano. Mas, depois, veio a crise, como vimos no capítulo 6. Uma desaceleração no final da década de 1960 se tornou estagflação, a qual as políticas contracíclicas keynesianas pareceram apenas piorar. Os preços de mercadorias de exportação das quais dependiam países mais pobres estavam caindo, criando dificuldades na balança de pagamentos, que seus Programas de Substituição de Importações não puderam resolver. A alta acentuada dos preços do petróleo em 1973 piorou os problemas.

O sistema financeiro do Bretton Woods colapsou entre 1968 e 1971. A desaceleração somada aos déficits americanos constituídos pelos gastos no Vietnã, e a crescente volatilidade financeira, representavam um enfraquecimento de sua repressão financeira. Os Estados Unidos estavam importando e gastando no exterior muito mais do que exportando, resultando em grandes déficits. Como o dólar era, no início, ainda o padrão ouro, isso resultou no final da década de 1960 em uma corrida aos bancos para trocar dinheiro por ouro. Fort Knox estava sendo esvaziado. Isso perecia uma ameaça ao poder americano. Os Estados Unidos poderiam em breve ter sido forçados a vender seus investimentos externos para pagar por sua atividade militar no exterior. Estrangeiros também poderiam ter usado seus dólares excedentes para comprar indústrias americanas, como os americanos fizeram anteriormente na Grã-Bretanha. Mas após algumas pressões de diplomatas americanos, os grandes bancos centrais chegaram a um acordo para uma solução provisória de interromper a conversão de seus dólares em ouro, sacrificando com isso seus interesses econômicos imediatos pelo bem comum produzido pelas responsabilidades globais americanas. Nesse ponto, nem eles nem a administração americana se aperceberam de quão custoso isso se tornaria. Essa restrição informal mútua se manteve até agosto de 1971, quando o Presidente Nixon retirou o dólar do padrão ouro – para salvar sua guerra, suas políticas econômicas expansionistas e suas chances de reeleição (Kunz, 1997: 192-222). As razões eram internas e o Vietnã não foi um impulso premeditado para o imperialismo econômico. Essa foi uma consequência não intencional – embora alguns discordem (e.g., Gowan, 1999).

O dólar permaneceu a moeda de reserva. O único uso para os dólares excedentes americanos detidos no estrangeiro era agora investi-los nos Estados Unidos. Como grande parte era detida por bancos centrais, eles compraram notas do Tesouro Americano em grandes quantidades, o que diminuía sua taxa de juros. As aventuras americanas no exterior poderiam agora ser financiadas por estrangeiros, a despeito dos déficits da conta-corrente, e a uma taxa de juros muito baixa. A alternativa, os estrangeiros achavam, era pior: a perturbação do sistema monetário mundial, enfraquecendo a decisão americana de defendê-los, embora uma queda no valor do dólar tornasse as exportações americanas mais baratas do que as suas. Os governos americanos estavam agora livres das restrições da balança de pagamentos enfrentadas por outros estados. Se necessário, o Federal Reserve Bank poderia simplesmente imprimir mais dólares, agora polidamente chamado flexibilização quantitativa. Os americanos poderiam gastar mais em serviços sociais, lutar no Vietnã e consumir mais, tudo ao mesmo tempo. Isso afastou a ameaça europeia na economia real, assim como a ameaça do capitalismo japonês, que sobrecarregavam os políticos americanos na década de 1970. O poder ainda não estava passando para a Ásia. Se premeditado ou visto em retrospecto, para os Estados Unidos isso não foi uma crise, mas uma oportunidade para aumentar sua senhoriagem sobre a economia mundial. Nenhuma força militar foi envolvida, somente a exploração e uma senhoriagem do dólar já existente. O fim da repressão financeira contribuiu para mais volatilidade na economia mundial, mas outros estados foram forçados a reter quantidades ainda maiores de dólares, reforçando assim sua dependência dos Estados Unidos. A alternativa de deixar de ter o dólar como moeda de reserva ainda parece mais arriscada aos atores. Assim, esse regime é visto como parcialmente legítimo, uma forma híbrida de imperialismo/hegemonia econômicos.

Teorias do sistema mundial (e algumas outras) consideram essa mudança para a dominação pelo setor financeiro como um sinal do declínio americano. Todavia, não houve mais declínio na força agregada da economia americana com relação a outras. Devido à Segunda Guerra Mundial, a economia americana foi inusualmente dominante na década de 1940. A parcela americana do PIB mundial (medida em termos de paridade do poder de compra) foi de extraordinários 35% durante a guerra, devido às condições peculiares de tempo de guerra. Foi recuperada ainda a 27% em 1950. Depois, à medida que as economias europeias e do Leste Asiático se recuperavam da guerra, caiu a 21% em 1973. Mas desde então duas medidas alternativas a colocaram como ou estabilizada em cerca de 21% para todo o período até 2005, ou subindo levemente para 24% em 2010 e depois se estabilizando (IMF, 2010; Maddison, 2001: Tabela 1-3; Chase-Dunn et al., 2003). Alguns (e.g., Boswell, 2004: 518-520) dizem que o declínio americano é evidenciado pelo fato de que seu PIB agora não é mais alto do que o da UE, mas isso porque a UE admitiu cada vez mais países. Embora a UE tenha um mercado único, não é apoiada por um Estado ou tesouro único, e se move no ritmo do país mais lento. O problema da UE como um pretenso hegêmona é que pode ser raramente apontada em uma única direção, sem falar em estabelecer regras para qualquer outro.

Além disso, durante a década de 1990 e começo da década de 2000, os níveis de produção e produtividade americanos ultrapassaram os da Europa e do Japão por uma margem considerável, ajudados pelo aumento de investimentos estrangeiros nos Estados Unidos (Schwartz, 2009: cap. 5; Dooley, 2003). Teóricos dos sistemas mundiais dizem que os Estados Unidos estão agora indo pelo mesmo caminho que a Grã-Bretanha no final do século XIX: uma mudança de manufatura para operações financeiras e serviços garante seu declínio. Mas, embora corporações de manufatura britânicas do final do século XIX ficassem atrás de suas rivais americanas e alemãs em tecnologia, práticas gerenciais e produtividade, isso não vale para as corporações americanas de hoje. A parcela de reservas de câmbio estrangeiro do dólar aumentou enormemente na década de 1990, permitindo às corporações americanas tomar emprestado e investir com taxas baixas de juros. Ajudados também pelo melhor sistema educacional do mundo para as camadas mais altas da classe média, e pelas práticas tecnológicas e gerenciais sua produtividade melhorou na década de 1990 para permanecer em torno de 2% ao ano superior à de seus rivais. Schwartz sugere que a clara separação feita pelos teóricos dos sistemas mundiais entre manufatura e setor financeiro compreende mal a natureza do capitalismo contemporâneo. O controle das cadeias de produtividade global, a circulação de capital entre unidades produtivas, é o que importa para a força econômica, e a profundidade e alcance das instituições financeiras são cruciais nisso. A maior quantidade de investimentos estrangeiros nos Estados Unidos e na forma de detenções passivas de obrigações do Tesouro e hipotecárias de baixa rentabilidade, que gera demanda agregada adicional em investimentos habitacionais nos Estados Unidos. Isso aumenta os lucros dos Estados Unidos e permite a arbitragem americana de modo que muitos investimentos americanos no exterior são em ativos, ações de maior rentabilidade e IDE. Essa arbitragem toma empréstimos com juro baixo e empresta com juro alto, como os britânicos por volta de 1900. Agora, ela garante o domínio americano na economia global. Com certeza, como observei no capítulo 6, muitos americanos comuns se beneficiaram muito pouco disso, enquanto a Grande Recessão de 2008 realmente serviu de aviso para a hegemonia americana no longo prazo.

Como vimos no capítulo 6, a teoria dos sistemas mundiais estava correta em ver que essa intensificação imperial econômica também envolvia uma mudança de poder de estados que não os Estados Unidos para o capital financeiro transnacional, manifesta após 1970 em programas de ajuste estrutural. Essas intervenções em países do sul foram poderosas a ponto de constituir o imperialismo. Foi também global uma vez que um país depois do outro foi forçado a entregar o controle de fluxos de capital para o capital financeiro internacional. Assim, embora isso *fosse* dominação econômica americana, não estava tão sozinha. Ela também mudou algum poder do nível entre estados para o nível do mercado transnacional, uma tendência desencaixadora (*disembedding*). Um crédito do Estado agora dependia menos de acordos entre bancos centrais e o FMI do que de mercados financeiros privados administrados sob princípios neoliberais. A teoria dos sistemas mundiais vê esse crescente capital transnacional como escapando do controle da hegemonia americana em declínio (Arrighi & Silver, 1999: cap. 2). Todavia, havia de fato uma estreita coordenação entre o governo americano e operações financeiras privadas. Gowan (1999: cap. 3, 2004; cf. Soederberg, 2004) chama isso "Regime Dollar-Wall Street", uma vez que dava tanto ao governo americano quanto aos investidores muito mais poder sobre as relações monetárias e financeiras mundiais do que o regime Bretton Woods. Isso incluía o capital financeiro europeu e japonês. Portanto, foi um tipo dual de imperialismo, do capital financeiro americano e transnacional, às custas de outros estados-nações, embora tenhamos visto no capítulo 6 que a resistência a isso estava aumentando no novo milênio.

Durante o período pós-guerra, os Estados Unidos buscaram abrir os mercados mundiais. Em muitas negociações do FMI relacionadas a crises econômicas dos países, os Estados Unidos buscaram a linha mais neoliberal. Na crise asiática de 1997, eles também derrubaram uma tentativa japonesa de liderar um consórcio financeiro leste-asiático rival para resolver a crise (Blustein, 2001: 143-145; 164-170). As potências imperiais não gostam de organização coletiva em torno da periferia. Todavia, essa ofensiva foi paralisada à medida que as economias asiáticas encontraram novas formas de restringir capitais e cortar o empréstimo estrangeiro e que membros da esquerda ressurgente latino-americana obstruíram o plano americano para a Área de Livre-Comércio das Américas. A Grande Recessão Neoliberal mudou ainda mais o equilíbrio de poder contra o capitalismo americano e do norte.

Todavia, o novo imperialismo econômico freou o relativo declínio econômico americano por três décadas. A ascensão continuada da China, Índia e de outros terminarão encerrando essa fase, mas o dólar continua a operar como o centro dos mercados financeiros mundiais. Em 2009, apenas menos de 90% dos 3 trilhões em transações diárias de câmbio estrangeiro envolveram o dólar americano, enquanto Wall Street e Nasdaq comercializaram 60% de todas as transações do mercado de ações, e as obrigações do governo incluíam cerca de todas as obrigações mundiais. Os Estados Unidos necessitam disso para continuar financiando seu comércio e déficits orçamentários sempre crescentes. Em 2009, a dívida total dos americanos para com estrangeiros totalizou cerca de 3,8 trilhões, mais do que um quarto de seu PIB, enquanto a dívida do governo é 85% de seu PIB, mais baixo apenas do que a do Japão (cuja dívida é 90% para com os cidadãos japoneses), Irlanda e Grécia. Os Estados Unidos dependem de um massivo influxo de capital estrangeiro. Eles devem, portanto, manter os mercados de capital abertos e impedir qualquer retorno a políticas de desenvolvimento nacional que envolva controles de capitais. Eles continuam a promover o neoliberalismo financeiro (Soederberg, 2004: 125; *New York Times*, 7 de fevereiro de 2010).

Estrangeiros devem continuar investindo nos Estados Unidos em vez de em outro lugar. A despeito de muitas vozes dizendo que isso não pode continuar, continua. Algumas economias com excedente de exportações, como a Alemanha ou os estados petrolíferos ou o Japão, têm pouca escolha uma vez que suas próprias economias não podem gerar muito mais demanda interna e os Estados Unidos permanecem o refúgio mais seguro para seu capital excedente. Os chineses desejam manter seus níveis de exportações, que eles acreditam aumentar o emprego e a estabilidade social na China. Economistas chineses acreditavam que se a economia americana sofresse um declínio de 1%, o mesmo ocorreria com a chinesa. Há sinais de que, como as indústrias chinesas continuam ascendendo para produtos de mais alta tecnologia, elas criam menos emprego. Mas todos os países com excedentes de dólares teriam uma perda substancial de capital caso notadamente se abstivessem de deter dólares. Não há estratégia de saída imediata para eles. As classes dominantes americanas e chinesas se dão muito melhor fora do arranjo, às custas de seus povos – e são aqueles que tomam as decisões (Schwartz, 2009: cap. 6). Fundos Soberanos – a atividade direta de estados em mercados financeiros – que agora emergem podem levar a mais compra de ações do que obrigações americanas. Isso desfaria a arbitragem global americana. Não diminuiria a interdependência desses países da economia americana, mas dentro dessa relação algum poder poderia mudar para os estados estrangeiros. Isso poderia iniciar um elegante declínio hegemônico americano.

O PIB chinês terminará ultrapassando o dos Estados Unidos. Estimar não é uma ciência exata, mas estimativas atuais datam em 2019 a ultrapassagem do PIB em termos de dólares convertidos em taxas de mercado cambial (Economist.com/chinavusa), enquanto o FMI estimou recentemente que o reino do dólar terminará em 2025, sendo substituído por uma cesta de três moedas, o dólar, o euro e o renminbi. Todavia, isso poderia ser perturbado por rebeliões políticas, desastres ambientais ou escassez de água ou combustível, que poderiam afetar a China mais do que os Estados Unidos. Se a China escolhesse se tornar um rival militar isso poderia também diminuir seu crescimento econômico. A economia da Índia também cresceria, talvez tão rápido quanto a da China. Mas ela está quinze anos atrás da China em seu nível de desenvolvimento. Brasil e Rússia estariam um pouco mais atrás. A Europa provavelmente não avançaria muito em relação aos Estados Unidos. É uma força positiva em sua periferia, encorajando especialmente a democracia entre seus vizinhos, que querem se juntar à UE. A democratização é formalmente uma exigência para ingressar como membro, embora na prática isso seja por vezes violado (por exemplo, o Chipre foi admitido, mas não a Macedônia). É verdade que existem condições, uma das quais é a democratização, mas os incentivos econômicos são considerados grandes e compensadores. Todavia, a UE não tem unidade nos domínios financeiro, militar ou geopolítico, enquanto a maioria dos referendos ao longo das duas últimas décadas mostrou claramente que seus cidadãos não querem intensificar a União. Tudo isso torna mais provável que os Estados Unidos sobrevivam como a potência líder de uma ordem econômica mundial multilateral em evolução durante a primeira metade do século XXI.

Império informal por meio da intervenção militar, 1990-2011

O poder militar americano é agora hiperativo. O gasto militar (em valores em dólar ajustados à inflação de 2008) é mais alto do que em qualquer época desde 1945. Entre 2001 e 2009, o gasto em defesa subiu de 412 para 699 bilhões, 70% de aumento, maior do que em qualquer época desde a Guerra da Coreia. Incluindo o gasto suplementar no Iraque e no Afeganistão, gastamos 250 bilhões mais do que a média de gastos de defesa americanos durante a Guerra Fria – quando os Estados Unidos enfrentavam adversários potenciais soviéticos, chineses e leste-europeus. Na década de 2000, os Estados Unidos não tinham adversários sérios, ainda assim seu gasto com defesa subiu de cerca de um terço para metade do total do gasto mundial com defesa. Tampouco, a tendência ascendente se deve somente ao gasto nas guerras iraquiana e afegã, pois o gasto normal também subira significativamente. Os Estados Unidos gastam atualmente cerca de metade dos gastos militares inteiros do planeta! Nenhuma outra potência jamais teve o que o Pentágono chama de dominância de espectro completo, que é a dominância sobre terra, ar, mar e espaço, capaz de derrotar qualquer adversário no campo e controlar qualquer situação no alcance das operações militares (Bacevich, 2002). A Marinha da Grã-Bretanha do século XIX foi mantida no padrão duas potências, equivalente às duas próximas combinadas, e seu exército era mais fraco do que os de alguns de seus rivais. Não há comparação entre a dominação militar americana e qualquer outra conhecida na história. A falta de uma ameaça militar real aos Estados Unidos quando comparada a outros impérios é também surpreendente. Para que serve o poder militar?

Na verdade, as guerras da América são agora inteiramente guerras de escolha, uma vez que nenhum Estado ameaça os Estados Unidos. A guerra se tornou o modo-padrão de diplomacia americana, como a diplomacia europeia de séculos anteriores. Entre 1989 e 2001, os Estados Unidos chegaram à média de uma intervenção militar de grande escala a cada dezoito meses, mais alta do que todos os períodos, exceto de 1899 a 1914 (discutidos no volume 3, capítulo 3). Desde 2001, a guerra tem sido contínua. Em 2012 fez doze anos que os Estados Unidos estão em guerra no Afeganistão e dez no Iraque – o período mais longo de guerra contínua na história dos Estados Unidos. 2011 viu uma intervenção menor e mais multilateral na Líbia liderada um tanto secretamente pelos Estados Unidos. Em 2001, a administração Bush pretendia mais guerras. Ameaças militares foram feitas abertamente por funcionários americanos contra a Síria, Coreia do Norte e Irã. Os locais projetados de mísseis antibalísticos de Bush na Europa Oriental foram uma ameaça intencionada contra a Rússia e o Irã. Para os russos, se os mísseis americanos realmente pudessem interceptar os seus, a Rússia careceria de dissuasão contra um ataque nuclear como primeiro recurso pela primeira vez desde a década de 1940. Não admira que estivessem alarmados. Israel recebeu muito mais ajuda econômica e militar do que qualquer outro e recebeu uma carta branca militarmente, sentindo-se livre para invadir o Líbano em 2006 e a Faixa de Gaza em 2008. Somente os Estados Unidos e seus aliados agora fazem guerras. Até agora não houve outras guerras internacionais no século XXI. O Presidente Obama diminuiu um pouco o ritmo, oferecendo mais linguagem diplomática conciliatória e dizendo que desejava negociar com o Irã sobre seu programa nuclear. Ele retirou a maior parte dos soldados do Iraque. Todavia, equilibrou isso com o aumento de tropas no Afeganistão e ataques com drones Predator no Paquistão e no Iêmen. A despeito do desconforto da administração com o encorajamento de Israel à apropriação de terras dos colonos, os Estados Unidos nada faz para refrear Israel e isso alimenta o conflito no Oriente Médio. Os Estados Unidos também aumentaram discretamente sua presença militar na América Latina, especialmente na Colômbia, onde junto com um governo colombiano revigorado teve algum sucesso contra os rebeldes das Farc. Como chegaram a isso – um poder altamente militarista em um sistema internacional pacífico?

A expansão imperial prolongada na década de 1990

O colapso da União Soviética deixou uma enorme preponderância militar americana no mundo. Gastos militares no ex-bloco soviético foram reduzidos, enquanto Europa, Japão e China continuaram a focar o crescimento econômico. Os Estados Unidos já possuíam quase 40% do orçamento militar do mundo durante a década de 1990. Essa década viu o que foi divulgado como a Revolução nos Assuntos Militares (RAM), mísseis de precisão e sistemas de comunicações avançados. A América era tão superior militarmente aos seus inimigos que não necessitava realmente das armas RAM, mas elas lhe permitiam mais combates a distância, e isso salvava vidas americanas. Martin Shaw (2006) chama isso "guerra de transferência de risco", transferindo o ônus das baixas das forças americanas ao inimigo, incluindo civis. As guerras não necessitam mais envolver mobilização de massa cujo consentimento da população tinha de ser comprado. Parecia mais fácil. As tentações para a agressão militar eram obviamente fortes em meio ao clima de triunfalismo ingênuo que varreu a América na década de 1990.

Como parecia não haver ameaça aos Estados Unidos, essa preponderância militar deu origem à famosa questão da secretária de Estado Madeleine Albright colocada ao Chefe do Estado-Maior Conjunto, Colin Powell, em 1995: "Para o que você está guardando esse soberbo exército, Colin, se não podemos usá-lo?" (Albright, 2003: 182). Poderia haver duas respostas: reduzir o exército ou usá--lo. Cada vez mais, os Estados Unidos o usou. Em um nível, não necessitamos encontrar explanações elaboradas para isso. É o que todas as potências imperiais fazem até sentirem que atingiram um ponto de saciedade. Os Estados Unidos ainda não se sentiam saciados. Enfatizei ao longo deste volume, com os teóricos realistas clássicos, que as grandes potências expandirão se acharem que *podem* fazê-lo. Estados mais fracos existem para serem tomados caso um Estado tenha a capacidade militar de fazê-lo, acompanhado, é claro, de uma bela retórica sobre melhorar o mundo. Foi isso que a Assíria, Roma, Espanha, Grã-Bretanha, França e outros fizeram no passado. Eles terminaram se saciando. Roma se voltou para a construção de uma muralha, Grã-Bretanha e França começaram a se sentir sobrecarregadas. Mas os Estados Unidos haviam recentemente visto seu principal rival colapsar, deixando-os dominantes e armados com militarismo de transferência de risco e diminuição de baixas americanas. Eles estavam longe de se sentirem saciados, na verdade, alguns pensavam que seu maior período imperial estava apenas começando. A única diferença de muitos impérios anteriores era que os Estados Unidos não estavam buscando um império direto de colônias, mas um império informal de estados clientes.

Assim, Bush pai e Clinton expandiram a Otan para as fronteiras da Rússia, lucrando com os medos do Leste Europeu da Rússia e com o desejo pela ajuda americana. Os americanos argumentavam que o propósito da extensão da Otan era estabilizar a democracia e a reforma de mercado na Europa Oriental (Ikenberry, 2001: 234-239, compra isso), ainda que a pacífica União Europeia fosse suficiente para esse propósito. O principal propósito da expansão da Otan era estender a influência americana e intimidar a Rússia. Essas duas administrações também estenderam as intervenções militares americanas contra os assim chamados Estados párias (*rogue states*). O pequeno Panamá foi invadido por ordem de Bush pai em 1989. Seu ditador, Manuel Noriega, anteriormente um funcionário da CIA, exibia comportamento ostensivo, isolando os panamenhos e os Estados Unidos. Havia muita oposição local com a qual os Estados Unidos puderam reunir um regime mais popular. Uma pronta invasão americana rapidamente estabeleceu esse regime. A lição militar extraída foi que o sucesso resultaria do lançamento da força esmagadora que os Estados Unidos possuíam. Não a missão prolongada do Vietnã, melhor intervir com força máxima imediatamente. Essa se tornou a Doutrina Powell, embora o próprio Powell fosse cuidadoso em combiná-la a uma clara estratégia de saída. A estratégia política de ter um regime alternativo pronto não foi considerada mais tarde.

A lição militar foi visível na Primeira Guerra do Golfo liderada pelos Estados Unidos de 1990-1991, lançada por Bush pai após Saddam Hussein ter invadido o Kuwait. Diferente da invasão do Panamá, denunciada pela ONU, essa se deu com o apoio da ONU e árabe, uma vez que Saddam havia desrespeitado o direito internacional ao invadir o Kuwait e como os outros estados do Golfo agora também se sentiam ameaçados por ele. As forças lideradas pelos Estados Unidos, com quase 400.000 soldados, rapidamente resgatou o Kuwait e se dirigiu ao sul do Iraque para devastar as forças iraquianas expostas no deserto. Somente 293 baixas americanas foram registradas. Depois, as forças americanas se retiraram, deixando Saddam escoriado, desgastado e (pensava-se) vulnerável a um golpe militar. Quando, mesmo assim, Saddam sobreviveu, os Estados Unidos e a Grã-Bretanha começaram um bombardeio intermitente, impondo uma zona de exclusão aérea de modo que curdos pudessem estabelecer seu próprio governo regional.

Também houve ataques aéreos na Iugoslávia, lançados pelo Presidente Clinton, permitindo aos muçulmanos bósnios e croatas e albanianos de Kosovo recuperarem suas terras da dominação sérvia. Não houve perdas americanas nessas iniciativas, as quais puderam ser vistas como operações defensivas para o resgate de pessoas que haviam sofrido agressão. Não foram num sentido óbvio imperiais. O bombardeio americano forçou o presidente sérvio Milosevic a reconhecer a derrota, e isso precipitou sua queda quando a Rússia o abandonou, relutantemente, porque pensava que a Sérvia se encontrava na sua esfera de interesse. Na realidade, a Rússia não tinha mais interesses.

Mas o sucesso americano na Iugoslávia se deu junto com as forças locais que operavam em terra. Forças croatas, bósnias e albanianas de Kosovo puderam tirar vantagem da desordem sérvia e recuperar seus territórios perdidos. Os Estados Unidos ajudaram a produzir o que poderia parecer uma solução lamentável, uma série de limpezas étnicas em estados na ex-Iugoslávia, um projeto ainda sendo completado em Kosovo. Todavia, essa foi provavelmente a melhor solução disponível quando muitas pessoas foram coagidas a verem sua identidade étnica como a principal e outras como inimigas (cf. Mann, 2005: cap. 13). Os Estados Unidos podem ter encontrado a solução menos pior por meio de seu uso limitado da força militar. Em 1994, Clinton também ameaçou a junta militar haitiana, que em 1991 havia deposto o governo eleito de Jean-Bertrand Aristide e depois se recusou a se retirar. Os motivos de Clinton foram mistos, pois ele também queria conter o fluxo de refugiados haitianos na direção dos Estados Unidos. Ele enviou uma força de invasão naval, que estava a caminho da ilha quando o exército haitiano cedeu e deixou Aristide retomar o posto. Isso não acabou com os problemas haitianos, é claro. Todavia, essas intervenções pareceram bem-sucedidas, alimentando a confiança de que a América tinha soluções militares para os problemas do mundo. Elas também eram conduzidas dentro de limites definidos, com aliados locais, e principalmente em resposta à agressão de outros. Esses sucessos foram contrastados com a desastrosa pouca intervenção de Clinton na Somália na qual dezoito Rangers americanos foram mortos. Mas essa foi uma intervenção de algumas tropas americanas sem objetivos claros em um ambiente local muito confuso.

Esses casos foram acompanhados pela retórica que implicava o direito da América de decidir sozinha quando uma intervenção era justificada, mesmo que o Iraque fosse invadido sob o manto da legitimidade da ONU, e a ex-Iugoslávia sob o guarda-chuva da Otan. Clinton declarou a América ser "a nação indispensável" em sua campanha de eleição de 1996, enquanto os membros de sua equipe cunhavam a frase: "multilateralismo se pudermos, unilateralismo se precisarmos". A secretária de Estado Albright declarou absurdamente: "Se tivermos de usar força, é porque somos a América. Somos a nação indispensável. Somos Altivos. Vemos adiante no futuro" (cf. Gelb, 2009). Ela e outros democratas reivindicavam um direito ao intervencionismo humanitário, a intervenção militar por propósitos humanitários. Isso incluía intelectuais liberais como o especialista em segurança e conselheiro de Clinton Kenneth Pollack, Paul Berman, um importante falcão (*hawk*)* liberal, Michael Ignatieff (mais tarde líder do Partido Liberal canadense), e Philip Bobbit, um especialista em direito e conselheiro de Bush pai e de Clinton.

O livro enorme de Bobbitt (2001) concluiu que se um Estado não é democrático e não protege os direitos humanos, seu "manto de soberania" não deveria mais protegê-lo de intervenção militar. Quem decide se um Estado infringiu a democracia e os direitos humanos? Bobbitt diz que a ONU não é capaz disso, uma vez que o interesse de seus membros é proteger a soberania do Estado. O único candidato possível é os Estados Unidos. Imensamente poderoso, mas também democrático e comprometido com os direitos humanos, os Estados Unidos são a *única* potência que combina tanto o poder quanto o direito de atacar estados anômalos. Os Estados Unidos deveriam ter imunidade do direito internacional nesses ataques. Os Estados Unidos são o soberano de Hobbes, a única potência capaz de restringir a anarquia global. Como mais da metade dos estados do mundo não são genuinamente democráticos nem muito respeitosos dos direitos humanos, a teoria de Bobbitt colocaria grande parte do mundo sob o risco de uma invasão americana – especialmente se desafiaram os Estados Unidos, têm algo que os Estados Unidos querem ou meramente ocupam um pedaço de um território altamente estratégico. O liberal se torna indistinguível do neoconservador.

Os democratas argumentavam que na Somália e no Haiti "restaurar governos democraticamente eleitos, com força militar se necessário, era a coisa moralmente correta a fazer". A expansão democrática se tornou o ideal. A Estraté-

---

* Na política americana, nome dado àqueles que defendem ou apoiam políticas de guerra ou belicosas [N.T.].

gia de Segurança Nacional de Clinton em 1996 usou as palavras democracia ou democrático mais de 130 vezes (Chollet & Goldgeier, 2008: 98, 318-319). Os republicanos eram um pouco mais realistas e tendiam a justificar intervenções em termos do interesse nacional, mas não se opunham às políticas. Ninguém via isso como nacionalismo agressivo. O nacionalismo era mais implícito do que explícito e a agressão era dirigida somente contra déspotas e seus acólitos – ou assim diziam. Era justificado, assim argumentavam todos os líderes americanos, pelas responsabilidades da América para com o mundo. Tampouco o mundo pareceu objetar. A ONU aceitou a liderança americana nessas iniciativas. Rússia e China mal objetaram, mostrando nenhum interesse em equilibrar o poder americano – porque não podiam. Tampouco os europeus. Jamais houve um único império antes.

O próprio Clinton teve de ser pressionado para essas intervenções. Ele carecia de muito interesse pela política externa, exceto pelo comércio global. Dito de um modo mais enfático, ele odiava a guerra e buscou reduzir suas baixas. Bombardear alvos selecionados a partir de uma distância segura se tornou seu forte na Iugoslávia e no Iraque, enquanto disparar mísseis de cruzeiro Tomhahawk na direção de bin Laden ou Saddam Hussein completou sua política externa mais dura (Chollet & Goldgeier, 2008; Hyland, 1999; Cohen, 2005). Isso era melhor do que guerra, mesmo que por vezes atingisse civis inofensivos e fábricas farmacêuticas. Defrontado com um 11 de setembro, Clinton provavelmente teria invadido o Afeganistão e poderia ter inclusive ido à guerra contra Saddam Hussein, embora não até que a guerra afegã tivesse terminado (Indyk, 2008). Como a ameaça de proliferação de armas de destruição em massa (ADMs) e o apoio do Estado ao terrorismo se agigantavam, Clinton alternou cenouras (ajuda) e bastões (sanções e ameaças de guerra) para o Irã e a Coreia do Norte. Com a eleição do presidente moderado Khatami no Irã em 1997, Clinton se voltou para a política mais orientada para a cenoura dos europeus e da Rússia. Parecia haver uma possibilidade de um acordo. Coreia do Norte e Iraque eram mais problemáticos devido às enormes suspeitas mútuas. A pressão republicana forçou Clinton a medidas mais duras. Assim, quando o agravamento se deu durante a administração Bush filho, os democratas estavam mal equipados para se opor às intervenções disfarçadas na missão moral de levar a democracia ao mundo.

A ascensão dos neoconservadores na corte de Bush filho

Quando os republicanos assumiram o controle do Congresso em 1994, exigiram uma política externa mais dura. Durante a década de 1990, os republicanos conservadores se juntaram aos democratas Scoop Jackson [anticomunistas] de linha-dura para se tornarem pretensos neoconservadores insistindo em orçamentos militares maiores e em mais intervenções militares, situados em meio a uma missão global de levar a democracia ao mundo. Eles não chamavam isso imperialismo, exceto alusivamente, como no cartão de Natal da família Cheney enviado em 2003 que continha algumas palavras de Benjamin Franklin: "E se um pardal não pode cair no chão sem seu conhecimento, é provável que um império possa surgir sem sua ajuda?" A pressão neoconservadora, quando combinada à falha de sanções e bombardeios para precipitar uma revolta iraquiana contra Saddam, resultou em 1998 em um compromisso congressional de depô-lo, financiando uma oposição iraquiana exilada. Os democratas estavam agora encurralados. Eles haviam aumentado a pressão sobre Saddam, comprometidos com depô-lo, mas não conseguiram efetivar isso. Eles tinham de fato contido Saddam mais do que sabiam, porque ele abandonara as armas de destruição em massa (ADMs). Mas argumentos realistas sobre contenção e equilíbrio de poder externo eram para superespecialistas em política externa, não para a mídia de massa ou para o público que cada vez mais aceitavam a visão republicana de Clinton como fraca (Cohen, 2005: cap. 5).

Neoconservadores também podiam operar dentro de um mito mais amplo cultivado eleitoralmente pelos republicanos, de que o Presidente Reagan havia destruído o império mau. No capítulo 7, argumentei que cidadãos do bloco soviético, não americanos, haviam destruído a União Soviética, enquanto o próprio Reagan havia contribuído mais para essa destruição após ter se convertido à trégua. Mas o mito Reagan de triunfalismo ingênuo se deu para minimizar memórias antigas de húbris militar no Vietnã. Quando Bush filho assumiu o posto, entre os principais decisores políticos somente o moderado secretário de Estado Colin Power e seu vice, igualmente moderado, Richard Armitage, haviam combatido no Vietnã. Os falcões importantes da administração haviam evitado o alistamento para o Vietnã, incluindo o presidente e o vice-presidente. Era impossível obter uma resposta direta de Bush sobre sua própria evitação, mas o direto Cheney declarava: "Tinha outras prioridades nos anos sessenta que não envolviam o serviço militar". John Bolton, embaixador de Bush na ONU, era ainda mais direto: "Confesso que não tinha desejo de morrer em uma plantação de arroz do Sudeste Asiático" (apud Packer, 2005: 26). Esses eram falcões medrosos.

Embora neoconservadores tivessem políticas internas, focavam a política externa. Buscavam uma restauração do patriotismo, um exército poderoso e uma política externa expansionista, que preveniria ameaças estrangeiras com agressão americana. Kristol, Paul Wolfowitz, Douglas Feith e outros proclamaram uma missão para espalhar liberdade pela expansão militar: poder com um propósito moral. Essa missão foi adotada especialmente por intelectuais que não tinham postos na administração, como a equipe do *The Weekly Standard* e o American Enterprise Institute. Mas eles focavam uma potência subpovoada, de terceira categoria, do Oriente Médio cujo ditador insignificante por muito tempo desafiou os Estados Unidos, o Iraque.

Não havia razão necessária pela qual essas pessoas devessem passar a dominar a política externa americana. Todavia, os falcões tiveram três grandes golpes de sorte – mais do que a cota justa de qualquer político. Primeiro, Al Gore provavelmente venceu a eleição presidencial em 2000, a Suprema Corte votou junto a linhas partidárias para dar a presidência a Bush filho. Acho que Gore não teria invadido o Iraque. Segundo, reconhecendo sua própria ignorância em política externa, Bush pediu ao seu experiente companheiro de chapa, Richard Cheney, ex-secretário de defesa, para escolher seu time de relações exterior e de defesa. Por agora, Cheney era um falcão, lamentando seu apoio à decisão de 1991 de não endossar o ataque americano no Iraque a Bagdá. Ele escolheu basicamente integrantes com ideias afins. Nem o próprio Cheney, nem o secretário de defesa Donald Rumsfeld, nem a conselheira de segurança nacional Condoleeza Rice eram realmente neoconservadores. Eles eram menos ideológicos, mais inflexíveis. Eles viam sua principal missão como aumentar o poder americano ao redor do mundo, embora (como todos os imperialistas) pensassem que isso seria uma força para o bem. Eles tinham quatro crenças principais, compartilhadas pelo próprio Bush, dizem Daalder e Lindsay (2003): (1) A América não deveria ser restringida por alianças, tradições ou amizades; (2) O poder americano deveria ser usado em benefício da América – mas isso também traria benefício para o mundo; (3) Nenhum igual ou competidor estratégico deveria ser permitido; (4) A América é mais bem protegida contra ameaças por ataques preventivos.

Não é fácil categorizar o Presidente Bush, um homem apático, que raramente lia relatórios oficiais, ignorando orientações baseadas em conhecimento sério dos fatos, preferindo ouvir sugestões simples de uma camarilha da Casa Branca e de falcões do Pentágono. Ele dizia repetidamente sobre suas próprias ações: "Segui o instinto". Seu secretário do Tesouro, Paul O'Neil, achava que essas qualidades indicavam um ideólogo, uma vez que "ideologia é muito mais fácil, porque você não tem de saber coisa alguma ou procurar coisa alguma. Você já sabe a resposta para tudo. Não é penetrável pelos fatos. É absolutismo" (Suskind, 2004: 165, 292). A Casa Branca foi tomada por ideólogos.

Eles podiam contar com o apoio do lado religioso conservador das guerras culturais da América. Alguns americanos acreditavam que os judeus deveriam ocupar o Monte do Templo para se prepararem para a Segunda Vinda de Cristo. Muitos mais preferiam o judaísmo ao islamismo. Duvido que o próprio Bush se interessasse por um cenário retirado direto do Livro das Revelações, mas ele necessitava dos votos do Cinturão Bíblico e ele próprio havia renascido durante a campanha pelas pequenas cidades do Texas para seu pai. É improvável que o direito religioso fosse influente na formulação da política externa. Não figura nas descrições dos membros da administração. Todavia, a linguagem do presidente acrescentava quiliasmo ao imperialismo: o bem deve triunfar sobre o mau, Deus sobre o demônio. Isso, por sua vez, ressoava entre os eleitores republicanos, muitos dos quais estavam priorizando questões morais em detrimento das materiais, o que tento explicar no capítulo 11. Embora não muitos considerassem a política externa como uma prioridade principal, apoiavam um nacionalismo americano impondo moralidade ao mundo – o Antigo, em vez do Novo Testamento, o Jeová vingativo em vez do Cristo pacificador, a imagem espelhada do islã jihadista. Ao longo das décadas de 1980 e 1990, o Partido Republicano foi capturado pelo direito religioso em temas morais, por conservadores de grandes empresas em temas econômicos e por falcões na política externa. Essas foram cristalizações distintas, mas como Bush filho endossava todas as suas visões – talvez fosse o único que fizesse isso – cada um recebia uma carta branca em sua própria esfera. Havia uma unidade geral nesse polimorfismo. Dadas as diferentes facções e a confusão de rótulos aqui, prefiro usar o termo falcões quando escrevo coletivamente sobre eles em vez de neoconservadores, Vulcanos (James Mann, 2004), ou nacionalistas assertivos. Eles eram apenas nacionalistas implícitos, embora esse fosse um imperialismo que não ousava dizer seu nome.

O Oriente Médio se tornou a região mais problemática e os falcões puderam expandir a política americana tradicional. Como vimos no capítulo 5, as administrações anteriores desde Eisenhower haviam ameaçado ação militar contra qualquer um que interferisse com o livre-fluxo de petróleo para o Ocidente. Saddan Hussein havia bloqueado por tanto tempo os interesses americanos que a oposição do *establishment* à guerra emudeceu. Homens como Brent Scowcroft e Zbigniew Brzezinski só objetaram a forma pela qual a intervenção foi conduzida. O fato de que durante os governos de Bush pai e de Clinton o Iraque tivesse sido contido e a um custo muito baixo para os Estados Unidos não influenciou em meio ao desejo quase universal de depor Saddam e em meio à confiança no poder militar-moral americano.

Poucos americanos se aperceberam de que estados do Oriente Médio agora representavam uma ameaça menor do que terroristas não estatais. O radicalismo sunita criou terroristas jihadistas, ironicamente alimentados durante anos pelos Estados Unidos como aliados anticomunistas. Eles pareciam representar uma ameaça importante para os regimes seculares do Oriente Médio como Egito e Argélia no começo da década de 1990, mas esses regimes os haviam reprimido com sucesso. Os militantes fugiram para países muçulmanos periféricos como Afeganistão, Sudão e Iêmen, e também para a Europa Ocidental. Eles se moveram do terrorismo nacional combatendo o regime de seu próprio país para o terrorismo internacional dirigido igualmente aos Estados Unidos e seus aliados ocidentais que apoiavam Israel e regimes muçulmanos apóstatas. bin Laden havia sido forçado a sair do Sudão para o Afeganistão. Seu governo talibã não o expulsou, mas tentou restringir suas atividades quando Clinton disparou mísseis de cruzeiro em direção ao Afeganistão (Ensalaco, 2008: 265).

Todavia, os imperialistas estavam focados em estados, não em terroristas sem Estado. A administração Bush que chegava começou imediatamente a planejar uma invasão do Iraque. Embora Clinton fosse consciente dos perigos do terrorismo não estatal, adotou algumas medidas contra a Al Qaeda, não desenvolveu uma política abrangente. Mas a equipe de Bush que entrava agora considerava sarcasticamente o terrorismo um problema de Clinton. Cheney, Rice, Rumsfeld e especialmente Wolfwitz estavam focados no Iraque, diz Richard Clarke (2004), o então coordenador de contraterrorismo da Casa Branca. Seus avisos sobre as ameaças terroristas foram ignoradas e embora tivesse desfrutado de acesso direto a Clinton, nunca conseguiu ver Bush. Ele viu a conselheira de segurança nacional Condoleeza Rice, mas diz que ela ignorou seus avisos. O secretário do Tesouro O'Neil observou sobre sua primeira reunião do Conselho de Segurança Nacional, dez dias depois da nova administração assumir, que a discussão era sobre o Iraque e uma possível invasão (Tenet, 2007: 225-238; Suskind, 2004: 75, 129; cf. Ensalaco, 2008: 242-260; Chollet & Goldgeier, 2008: 310; Gordon & Trainor, 2006: 14-16; Packer, 2005: 39-40; Suskind, 2006: 1-2). Todavia, tudo isso foi em privado e até o 11 de setembro a equipe de Bush duvidava que a deposição de estados distantes fosse popular entre americanos. A política estrangeira não havia figurado muito nas campanhas eleitorais de 1992, 1996 e 2000. Em 2000, Bush havia argumentado contra formação de nação no exterior. Iniciativas no exterior teriam de ser provocadas por estrangeiros maus.

O 11 de setembro foi o terceiro golpe de sorte para os falcões. Bush confidenciou ao seu diário: "O Pearl Harbor do século XXI se deu hoje" (Woodward, 2004: 24). Como Pearl Harbor poderia libertar o Império Americano. Eram as galinhas voltando para o poleiro em casa, pois foi a política externa americana, não os valores americanos ou ocidentais, que levou os terroristas islâmicos existentes, focados em questões locais, a se voltarem contra os Estados Unidos. Osama bin Laden (2005), o testa de ferro da rede terrorista Al Qaeda, fizera três exigências aos Estados Unidos: a remoção das tropas americanas dos lugares sagrados (na Arábia Saudita); o fim do assassinato em massa de crianças iraquianas (por meio de sanções e bombardeios); e o fim do apoio à expansão sionista, os assentamentos judaicos na Palestina. Em outras épocas, ele acrescentou o apoio aos regimes muçulmanos apóstatas e sua ganância pelo petróleo árabe. Outros terroristas empregaram o mesmo repertório (Ensalaco, 2008, cap. 9; Bergen, 2011).

O terrorismo islâmico havia começado com descontentamentos locais. O fracasso dos regimes socialistas e militares árabes deram aos islâmicos sua chance para atacarem esses governantes seculares, corruptos e autoritários – o que eles chamam o inimigo próximo. Argumentando que a adesão à lei da Xaria levaria ao renascimento do Oriente Médio, eles lançaram ataques locais durante a década de 1990. Mas Saddam, Mubarak e o exército argelino eram muito fortes para eles e seus soldados haviam sido dizimados pela repressão. Os sobreviventes fugiram para o exterior. Alguns agora defendiam atacar o "inimigo distante", os Estados Unidos e o Ocidente, cujo compromisso com o Oriente Médio eles consideravam fraco. Se os Estados Unidos fossem forçados a se retirarem, isso minaria o inimigo próximo e estados islâmicos poderiam ser fundados. Essa era a visão do egípcio Zawahiri, e sua influência sobre bin Laden gerou a Al Qaeda.

O terrorismo se tornou global, embora os jihadistas focassem o inimigo próximo sempre oposto à estratégia global (Gerges, 2005). Mas o inimigo distante, os jihadistas, podiam agora explorar a hostilidade difundida para os Estados Unidos, o bastante para gerar muito apoio muçulmano aos terroristas do 11 de setembro. bin Laden subestimou grosseiramente a reação americana. Em uma entrevista com Peter Bergen da CNN em 1997 ele ridicularizou as retiradas americanas do Líbano e da Somália quando, respectivamente, somente duzentos e vinte de seus soldados foram mortos. Ele esperava que o ataque de 11 de setembro precipitasse a retirada americana do Oriente Médio (Bergen, 2011). Houve muitos equívocos em toda parte.

O 11 de setembro foi um incidente sem precedentes na história americana. 3.000 pessoas foram mortas em um ataque suicida extremamente afortunado em Nova York e em Washington usando aviões de passageiros civis para demolir prédios que simbolizavam o poder americano. Houve ultraje compreensível entre americanos, como no exterior. O desejo de vingança foi a emoção popular dominante. Bush disse: "Minha primeira reação foi ultraje. Alguém havia ousado atacar a América. Eles vão pagar por isso" (2010: 127). O 11 de setembro tornou quase impossível para os democratas discordarem publicamente de uma política agressiva para o Oriente Médio. As guerras afegã e iraquianas receberam um apoio surpreendente no Congresso e no Senado, e com isso aumentando orçamentos militares. A resolução conjunta aprovada por ambas as casas em 14 de setembro não apenas autorizava o presidente a "usar toda força necessária e apropriada contra aquelas nações, organizações ou pessoas" que haviam perpetrado o 11 de setembro, mas também o autorizava a "impedir quaisquer atos futuros de terrorismo internacional contra os Estados Unidos". Isso foi, na verdade, um cheque em branco. As campanhas presidenciais de Kerry e de Obama de 2004 e 2008 foram notadamente leves em relação a oposições externas ou militares à política republicana. Os democratas por muito tempo preferiram focar o que acreditavam que fossem seus pontos fortes – a economia, o sistema de saúde, a educação e o ambiente –, enquanto a geopolítica dura foi deixada para uma agenda republicana.

Houve um enorme apoio dentro da América para retaliação contra o talibã, que estava abrigando Osama bin Laden, universalmente assumido como tendo estado por trás do 11 de setembro. Escrevi em *Incoherent empire* (*Império incoerente*) (2003: 124) que teria sido melhor se em primeiro lugar os Estados Unidos tivessem apoiado uma proposta pela qual o talibã entregaria bin Laden ao Paquistão para ser julgado lá por acusações terroristas. Essa proposta teria trazido muito mais apoio muçulmano aos Estados Unidos independentemente de o talibã tê-la aceitado. Todavia, não surpreendeu que um *establishment* político americano enfurecido rejeitasse isso e fosse à guerra. Duvido que um Presidente Gore tivesse feito diferentemente. Nós, humanos, temos emoções, não somos apenas máquinas calculadoras.

Todavia, havia mais coisas em preparação dentro da Casa Branca. Paul Wolfowitz, minutos após fugir de seu escritório no Pentágono em 11 de setembro, disse a assistentes que suspeitava do envolvimento iraquiano no ataque. George Tenet, então diretor da CIA, conta que, no dia após o 11/9, ele correu a Richard Perle, o neoconservador chefe do Conselho de Política de Defesa, fora da Casa Branca. Perle disse: "O Iraque tem de pagar um preço pelo que ocorreu ontem. Eles são os responsáveis". Isso, diz Tenet, a despeito do fato de que "a inteligência então e agora" não mostrara "quaisquer evidências da cumplicidade iraquiana" nos ataques de 11/9 (Tenet, 2007: xix). Richard Clark recorda que Bush lhe havia ordenado que "encontrasse uma ligação" com o Iraque. Seis dias depois do ataque Bush disse ao seu Conselho de Guerra: "Acredito que o Iraque esteja envolvido"; enquanto Wolfowitz insistia em que essa era a oportunidade para atingir o Iraque. De acordo com Bob Woodward, o vice-presidente estava "determinado", uma "força de pressão, poderosa" pela intervenção militar no Iraque. Mas Cheney falou pouco nessas reuniões (Packer, 2005: 40-44), uma vez que via que a vingança exigia atacar o Afeganistão primeiro. Grande parte dos governos mundiais apoiaram a invasão do Afeganistão, como não apoiaram a do Iraque, e Powell também argumentou fortemente contra qualquer iniciativa iraquiana. Wolfowitz foi rechaçado. "Não atacaremos o Iraque agora", concluiu o presidente, "estamos postergando o Iraque. Mas terminaremos retornando a essa questão". Foi em menos de três meses, em 21 de novembro de 2001, que Bush ordenou Rumsfeld a começar a planejar a guerra com o Iraque. "Vamos começar com isso", Bush se recorda de ter dito. "E põe Tommy Franks para ver o que seria necessário para proteger a América pela remoção de Saddam Hussein caso tenhamos de fazer isso". Rumsfeld informava Bush a cada mês sobre o progresso (Woodward, 2004: 26).

O 11/9 e a Guerra ao Terror foram bênção para os falcões. Eles agora podiam cultivar uma mentalidade de guerra permanente, que apoiaria seus projetos ambiciosos. Rumsfeld comparava a guerra ao terror aos "50 anos, mais ou menos", da Guerra Fria. O Secretário de Estado Powell avisou que a guerra "poderia jamais terminar, não em nossa vida". O diretor de segurança nacional, Tom Ridge, avisou que a ameaça do terrorismo "é uma condição permanente à qual este país deve permanentemente se adaptar". Esse clima tornou possível para os imperialistas enquadrarem as intervenções militares como defesa contra o terror. Melhor se envolver com eles lá do que aqui, disse o presidente. Alguns fazem analogias com 1898 e 1945: colônias temporárias eram necessárias para criar regimes clientes, democráticos e encerrar com a ditadura e o terrorismo (Boot, 2002).

Os objetivos das invasões

No Afeganistão, o objetivo era simples e como declarado: capturar bin Laden e derrubar o regime que o havia abrigado. O segundo objetivo foi atingido rapidamente, aparentemente reforçando o caso para também atacar o Iraque. Assim, em fevereiro de 2002, Bush ordenou ao General Franks que começasse a mudar as forças do Afeganistão para o Golfo. No mês seguinte, ele interrompeu uma reunião com Condoleeza Rice, sua conselheira de segurança nacional, e três senadores com as palavras: "O Saddam que se foda. Nós vamos tirá-lo" (Packer, 2005: 45). O então chefe das forças especiais da Grã-Bretanha diz que em fevereiro de 2002 o exército britânico recebeu ordem para começar a se planejar para o Iraque (Gilligan, 2009). Blair e Bush discutiram o plano em 6-7 de abril no rancho de Bush no Texas e Blair prometeu apoio britânico, embora quisesse que a ONU apoiasse também. Foi tudo decidido mais cedo do que os governos americano ou britânico declarariam. Mas a decepção é normal na política externa.

A oposição dentro da administração evaporou quando Colin Powell dramaticamente encerrou sua oposição à guerra do Iraque. Apercebendo-se de que era inevitável, em 5 de fevereiro de 2003, na Assembleia Geral das Nações Unidas, ele apresentou um argumento transparentemente falso para a existência de ADMs de Saddam. Ele nos pediu para acreditar que caminhões, que em suas laterais têm claramente lados de lona, estavam carregando armas químicas ao longo do Iraque. Os caminhões teriam levantado poeira tóxica enquanto cruzavam o deserto, tornando as armas químicas inúteis! Como os iraquianos declararam, os caminhões estavam carregando balões meteorológicos. Contudo, a despeito do desdém com que a Assembleia saudou a apresentação de Powell, ela foi acriticamente divulgada e recebida pelo público americano. A despeito de consideráveis manifestações antiguerra nas cidades americanas, 70% dos americanos concordaram que "ir à guerra com o Iraque era a coisa certa a fazer". Números similares acreditavam que Saddam Hussein tivesse laços estreitos com a Al Qaeda, que tivesse ADMs, que poderiam atingir os Estados Unidos, e que se envolvera no planejamento dos ataques de 11/9.

Não deveríamos esperar oposição de massa em um contexto assim. O público geralmente permanece indiferente enquanto crises internacionais germinam e a política externa tende a ser dominada por elites políticas e grupos de pressão interessados (Mann, 1988b). Judeus americanos e companhias de petróleo desempenharam papéis importantes na política americana no Oriente Médio. Discuto o petróleo adiante. Os judeus foram influentes em insistir no apoio para Israel contra os palestinos e contribuíram com visões negativas dos árabes em geral e de Saddam em particular, que doava fundos para famílias de terroristas suicidas. Alguns em torno da administração – Richard Perle, Douglas Feith e Elliot Abrams, especialmente – parecem ter favorecido a deposição de Saddam porque seria bom para Israel (Packer, 2005: 32). Mas quando um governo declara que uma crise irrompeu, emoções nacionalistas populares tendem a explodir. A liderança política se envolve na bandeira, enfatiza o perigo para o país e manipula os fluxos de informação para um eleitorado ignorante. As administrações percebem utilidade eleitora em uma boa guerra – uma que podem vencer facilmente. Eles normalmente exageram a ameaça real, explorando estereótipos de estrangeiros ameaçadores e seu monopólio dos significados da comunicação nacional com relação a países distantes. Em 1939, Hitler inventou ataques poloneses a alemães junto à fronteira; em 1964, os Estados Unidos inventaram o incidente do segundo Golfo de Tonkin para justificar a guerra no Vietnã. O governo japonês justificou Pearl Harbor como uma resposta ao estrangulamento do Japão pelo comércio e embargos americanos ao petróleo. Bush filho inventou conexões entre Al Qaeda, Saddam Hussein e Irã e exagerou as ADMs que Saddam poderia possuir.

Saddam Hussein foi, de fato, um ditador cruel, e pode ter tido algumas ADMs. Ele não tinha vínculos com terroristas, ainda que alguns soubessem que adotasse o nacionalismo árabe secular, e por isso era odiado pela Al Qaeda e por outros. Os aiatolás xiitas no Irã também desprezavam a Al Qaeda sunita e o Talibã. Era extremamente improvável que xiitas de Khomeini, nacionalistas árabes baathistas e a Al Qaeda sunita colaborassem e compartilhassem tecnologia letal. A administração exagerou especialmente a ameaça de Saddam ao mundo, e céticos (como eu) foram denunciados como antipatriotas ou antissemitas[13]. Saddam contribuiu enormemente para sua própria queda ao blefar que tinha ADMs – um enorme erro. De nenhum lado a razão prevaleceu.

Subjacente às respostas da administração, e na verdade de muitos americanos, estava um excesso de confiança. Patriotas americanos no Congresso e em bares proclamavam rotineiramente os Estados Unidos como o maior país do mundo e com maior queriam dizer poderoso e com o direito ao seu lado. A memória do Vietnã fora obliterada pelos triunfos contra a União Soviética e inimigos menores na década de 1990, seguidos pelo aparente sucesso no Afeganistão (na realidade, foi longe disso). Alguns esperavam que a do Iraque fosse uma guerra difícil. Não achavam que fosse durar muito e não achavam que lhes pediriam para fazerem sacrifícios importantes. Estavam imbuídos com o que descrevi como militarismo de esporte para audiências, torcendo por seu time pelas laterais, sem terem de fazer sacrifícios (Mann, 1988b).

Se o inimigo concede a derrota ou a guerra é vencida rapidamente, a legitimidade do regime é aumentada e eleições podem ser vencidas – como Thatcher mostrou na Guerra das Falklands/Malvinas. Se a guerra dura muito, o compromisso emocional gradualmente diminui. Se a guerra parece estar indo mal, a resposta irá variar conforme for percebida como em defesa genuína da pátria ou como uma guerra de escolha, onde podemos escolher desistir sem consequências graves. Assim, mesmo quando as coisas pareciam muito ruins, o compromisso das populações britânica, russa, alemã e japonesa na Segunda Guerra

---

13. Minhas próprias visões no começo de 2003 sobre o provável desastre que ocorreria no Iraque e no Afeganistão foram expressas em *Incoherent Empire*.

Mundial permaneceu forte, embora os britânicos durante vários séculos e os americanos no período de 1898-1902 pudessem ter escolhido se envolver e depois se retirar de guerras coloniais, e os Estados Unidos pudessem também se opor a se envolver no Vietnã – e no Iraque.

A administração Bush limpou o exército, o Estado e a CIA, dispensando ou pondo de lado críticos e mesmo aqueles que escreviam relatórios equilibrados sobre dificuldades iminentes. Esses eram rotulados como derrotistas. Inimigos eram vistos em toda parte, dentro da administração, entre liberais e no mundo muçulmano. No livro neoconservador de Richard Perle e David Frum (que cunharam a frase eixo do mal), estados muçulmanos são vistos como hostis, mas o Pentágono, a CIA e o Departamento de Estado também são. Eles recomendam expurgo para todos (2003: 194-228). Os falcões conseguiram encontrar substitutos compatíveis (Gordon & Trainor, 2006; Tenet, 2007). Com tanto ceticismo vindo do Departamento de Estado, os falcões o ignoravam. Desgostosos com a CIA, estabeleceram sua própria agência de inteligência, o Escritório de Planos Especiais, operando a partir do escritório de Cheney sob a direção de Douglas Feith. Ele fornecia relatórios de inteligência confirmando suas predileções ideológicas. O Escritório Gestapo de Feith, como Powell o chamava (Woodward, 2004: 292; Packer, 2005: cap. 4). Isso era uma conspiração, alguns atores-chave agindo secretamente, adulterando as informações, ocultando motivos e fornecendo informações falsas aos americanos.

É difícil saber se as razões alegadas para a invasão do Iraque foram erros ideológicos, satisfação de desejos ou mentiras racionalizadas como os fins justificam os meios. Que suas alegações sobre as ADMs de Saddam foram grosseiramente exageradas era de conhecimento da CIA e de seu diretor Tenet (Tenet, 2007: 321). Wolfowitz admitiu que "por razões que têm muito a ver com a burocracia do governo, chegamos a acordo sobre o único ponto em relação ao qual todos podíamos concordar, que era as armas de destruição em massa" (Packer, 2005: 60). Quando li extensamente em preparação para meu livro *Império incoerente* (2003), descobri que muitos especialistas suspeitavam que Saddam pudesse ter alguns foguetes de curto alcance e alguns barris de armas químicas, que na época estavam provavelmente degradadas e imprestáveis. Defensores da invasão (e.g., o próprio Bush, 2010: 262, 268-269; James, 2006: 108-109) afirmam que muitos americanos informados acreditavam que havia um risco significativo de Saddam soltar ADMs. Isso não era verdade. Os inspetores de armas da ONU não encontraram coisa alguma ao longo de vários anos de busca diligente. Buscas pós-invasão americana nada descobriram também. As alegadas ligações entre Saddam e a Al Qaeda e o 11/9 eram simplesmente absurdas. Elas podem ter sido mentiras embora é muito mais provável que os imperialistas desejavam tanto a invasão que aproveitavam qualquer oportunidade – a alternativa da satisfação do desejo.

Isso, provavelmente, foi verdadeiro para o próprio Bush, que só lia o que os falcões queriam que lesse. Em suas memórias (2010) ele diz: "Um relatório da inteligência resumiu o problema: 'Desde o final das inspeções de 1998, Saddam manteve esforços para armamento químico, energizou o programa de mísseis, fez um grande investimento em armas biológicas e começou a tentar se mover para a área nuclear'" (2010: 229). Isso provavelmente revela que via somente relatórios adulterados. A única evidência que Bush ofereceu na época para as relações entre as ADMs iraquianas e a Al Qaeda foi baseada no interrogatório de um militante líbio, ainda que a Agência de Inteligência de Defesa e a CIA tivessem concluído que sua evidência fora fabricada – muito antes de o presidente usá-la publicamente (Bergen, 2011). Depois, quando nada foi encontrado, Bush culpou as informações falsas. Caso tivesse se dado ao trabalho de ler mesmo os documentos no domínio público não teria se equivocado tanto. Ele comenta, pateticamente: "Ninguém ficou mais chocado ou furioso do que eu quando não encontramos as armas. Ficava enojado a cada vez que pensava sobre isso. Ainda fico" (Bush, 2010: 262).

Tenet é leal ao seu presidente e polido sobre o vice-presidente, dizendo somente que seus discursos belicosos sobre Saddam "excederam a inteligência disponível". Ele é mais rude em relação a Wolfowitz, Feith e suas equipes, que ele diz terem circulado relatórios de pseudointeligência. "A análise baseada em Feith", em discordância com as dos profissionais (2007: 348). As agências de inteligência escreviam relatórios descartando alegações de reuniões entre o líder sequestrador do 11/9, Mohammed Atta e um agente iraquiano em Praga, e alegações de supostas tentativas de Saddam de comprar urânio e tubos da Nigéria para centrífugas nucleares. Mas o presidente, o vice-presidente e outros simplesmente ignoraram as agências e continuaram fazendo alegações. O vice-presidente disse, muito notavelmente: "Não é sobre nossa análise, ou encontrar uma preponderância de evidência. É sobre nossa resposta" (Suskind, 2006: 308). Condoleeza Rice mentiu ao menos duas vezes. Ela testemunhou que a Casa Branca estava em alerta elevado contra o terrorismo mesmo antes de 11/9, e nos garantiu que "os Estados Unidos não transportou e não transportará ninguém para um país quando acredita que será torturado" – ambas as afirmações "demonstravelmente falsas" (Bergen, 2011).

Abu Zubaydah, um auxiliar insano de nível inferior da Al Qaeda, foi rotulado pelo presidente como o chefe de operações da Al Qaeda. Ele foi repetidamente torturado e assim revelou muitas tramas imaginárias. Ele escrevia um diário na prisão no qual adotou três vozes esquizofrênicas diferentes. Isso induziu o alto funcionário da CIA que lidava com a Al Qaeda a dizer a um colega: "Esse homem é insano, louco, personalidade dupla". O comentário vazou e o presidente se dirigiu ao diretor da CIA, dizendo: "Eu disse que ele era importante. Você não vai me deixar mal com isso, vai?!" "Não, Sr. Presidente", respondeu Tenet, obedientemente, uma vez que o presidente o manteve no trabalho mesmo após o 11/9 (Suskind, 2006: 99-100). O medo de ficar mal perante a opinião pública é de importância perene em geopolítica, como vimos.

Após a guerra, quando nenhuma arma nem ligações com a Al Qaeda foram encontradas, a justificação pública mudou para levar a democracia ao Iraque – embora para alguns neoconservadores esse sempre fora um motivo importante. Todavia, as chances de levar a democracia ao Iraque eram pequenas. Estudos quantitativos de tentativas de exportar a democracia pela força não são encorajadores. Em todas as intervenções americanas nos séculos XX e XXI, a taxa de fracasso em levar mesmo um modesto nível de democracia (o nível de escore +4 do Polity usado por cientistas políticos, do qual o Irã até 2011 era um exemplo) foi 60-70%, pior do que probabilidades iguais. Grande parte dos sucessos veio logo após 1945 em países com tradições democráticas existentes, como Alemanha e Itália, ou nos casos da América Central no final da década de 1990, quando a corrente regional de democratização estava forte. Com países como Iraque ou Afeganistão, carentes de tradições democráticas, os prospectos foram quase zero – com exemplos recentes como Somália ou Haiti em mente (Coyne, 2007). Peceny (1999) oferece uma vaga esperança a partir de sua análise de casos de intervenção. Onde os Estados Unidos intervêm com a intenção de introduzir reformas liberais, alguma liberalização tende, em geral, a ocorrer, mas somente onde outras condições são favoráveis. Condições favoráveis não incluem a prevalência de conflito étnico/religioso como encontrado nesses dois países. Se o objetivo era democratização ao longo do Oriente Médio, seria muito melhor começar com o Egito ou a Jordânia ou algum dos pequenos estados do Golfo, nos quais ocorreram movimentos de oposição da classe média e algumas eleições limitadas. De qualquer modo, no Iraque a retórica sobre democracia não foi apoiada por um plano para instalá-la de fato.

No fim, nenhuma dessas razões alegadas foram realmente o que importou. Saddam foi escolhido como a primeira vítima por três outras razões.

(1) Porque já estava disponível como um homem que havia desafiado e supostamente humilhado os Estados Unidos e assim foi vilificado para o povo americano por uma década. A vingança foi desejada tanto pela administração Bush quanto por muitos americanos, para reafirmar seu *status* imperial.

(2) Não porque fosse forte e perigoso, mas porque era fraco, debilitado pela Guerra do Golfo de 1991 e depois por sanções e bombardeios. Ele era um alvo odiado e ainda assim fácil, um bom exemplo para todos os inimigos do que aconteceria se você desafiasse os Estados Unidos. Wolfowitz disse isso abertamente – é por isso que considerava o Iraque mais factível do que o Afeganistão (Woodward, 2004: 21; Suskind, 2004: 187-188). Que Saddam também tivesse desafiado os Estados Unidos tão abertamente foi sentido como uma humilhação. A fim de manter a credibilidade americana como uma superpotência, os falcões achavam que tinham de destruí-lo. Uma vez mais, o *status* importou na geopolítica. Havia somente um modo restante de destruí-lo, os outros haviam fracassado.

(3) No clima de aumento de apoio a Israel e à guerra contra o terror, os falcões haviam ficado infelizes com a aliança saudita. Eles detestavam o estilo wahhabi de islamismo saudita, que estava financiando escolas madraças dedicadas a ensinar o corão. Eles eram considerados terrenos férteis para terroristas. Esse era um medo exagerado e os sauditas odiavam tanto o Irã xiita quanto movimentos sunitas radicais como a Al Qaeda, que os ameaçavam tanto quanto os Estados Unidos. Mas era uma estratégia de risco muito elevado pensar em substituir o petróleo saudita pelo iraquiano. Esse existia em quantidade menor, levaria uma década para se desenvolver, e os iraquianos não teriam a flexibilidade de preços que os sauditas haviam manipulado para os interesses dos Estados Unidos.

Todavia, os neoconservadores tinham uma confiança suprema de que o curso da história e o poder militar os tornaram invencíveis, e ao afirmar que os democratas eram fracos, os republicanos haviam praticamente se forçado a uma invasão para manter a credibilidade imperial americana. Essa guerra foi principalmente sobre manter o *status* imperial, apoiada pela confiança no poder militar. Objetivos materiais concernentes ao petróleo vinham somente através de seu prisma.

Como nosso petróleo foi parar sob a areia deles?

Contudo, havia petróleo. Em 1991, uma guerra no Iraque ocorreu quando Saddam invadiu o Kuwait, um país soberano, adquirindo assim recursos petrolíferos muito maiores. Aquela guerra foi basicamente sobre petróleo. Em 2003, uma das principais razões para invadir o Iraque era obviamente o petróleo. Ele possuía a segunda maior reserva de petróleo do mundo, depois da Arábia Saudita. Em 1991, Saddam invadiu o Kuwait enfurecido por esse ter excedido sua quota acordada de exportação de petróleo, o que reduzia o preço que ele poderia obter pelo seu. Depois, Bush pai havia declarado publicamente: "Não podemos permitir que um recurso tão vital seja dominado por alguém tão impiedoso" (Ensalaco, 2008: 188). O Relatório da Força Tarefa de Energia do vice-Presidente Cheney de 2001 também identificou Saddam Hussein como "uma influência desestabilizadora para os aliados americanos no Oriente Médio, assim como para a ordem regional e global, e para o fluxo de petróleo para os mercados internacionais". Suas políticas recomendadas incluíam uma potencial "necessidade de intervenção militar". Por agora, a Quinta Frota americana, com sede em Bahrain, estava gastando a maior parte de seu tempo patrulhando o Estreito de Hormuz, garantindo essa linha de navegação para o fluxo livre de petróleo. Bush também teve de acrescentar conselheiros militares na Geórgia e uma força de reação rápida no Cazaquistão para proteger reservas de petróleo e gás natural no Cáucaso e Mar Cáspio (Klare, 2004: caps. 3 e 4).

A equipe de Bush discutiu o petróleo no Iraque privadamente. Se o Iraque não tivesse petróleo, provavelmente teria escapado da invasão, ainda que o Afeganistão também tivesse sido invadido e não tivesse petróleo, ou, na verdade, nada de valor – a menos que os Estados Unidos seguisse o exemplo do Império Britânico e começassem a produção em massa de ópio. Os Estados Unidos invadiram o Afeganistão porque abrigava bin Laden e o Talibã e os líderes americanos queriam vingança para reafirmar seu *status* imperial. O Iraque foi invadido porque tinha petróleo e Saddam Hussein – mau, insubordinado, uma fonte de suposta humilhação de *status* para os líderes americanos, ainda que fácil de derrubar e substituir por um Estado cliente.

Todavia, o petróleo é um recurso econômico com um preço. Isso parecia convidar a um cálculo racional. A forma mais racional de obter petróleo poderia ser fazer amizade com Saddam ou, ao menos, não deixar o conflito ideológico interferir com termos de mercado. O contraste com a Venezuela é surpreendente. Os Estados Unidos são o maior importador do petróleo venezuelano, a despeito da retórica hostil expressa entre os dois países. Saddam, como o Presidente Hugo Chavez na Venezuela, tinha todo incentivo para vender seu petróleo, e os americanos para comprá-lo. Mas Saddam invadiu o Kuwait e os Estados Unidos depois levaram dez anos sancionando-o e bombardeando-o. Admitir que a *realpolitik* deveria triunfar sobre a moralidade é especialmente difícil para impérios que proclamam sua missão nobre ao mundo. Mas isso significaria que esses motivos são mais densos do que o petróleo.

Apenas 10% do petróleo dos Estados Unidos vêm do Oriente Médio. Depende muito menos dele do que dos europeus, chineses ou japoneses, que conseguiram seu acesso ao petróleo do Oriente Médio por meio de acordos bilaterais pacíficos com os países produtores. Certamente, eles não têm o poder militar para fazer de outra forma. Alguns pensam que o motivo do petróleo era para privar os rivais econômicos da América do petróleo. Harvey diz: "Quem quer que controle o Oriente Médio controla a torneira do petróleo global, e quem quer que controle a torneira do petróleo global controla a economia global". Defrontado com a maior competição global, ele diz, "que forma melhor de os Estados Unidos evitarem essa competição e garantirem sua própria condição hegemônica para controlar o preço, condições e distribuição para o recurso econômico-chave do qual seus competidores dependem?" (Harvey, 2003: 19, 25). Isso não é plausível. Lembre o que aconteceu em 1940, quando os Estados Unidos privou o Japão do acesso à torneira global. A consequência imediata foi que o Japão foi, com tudo, para a guerra. Os Estados Unidos fazerem isso agora seria praticamente um ato de guerra. Dissolveria a Otan e levaria a China a ser muito mais agressiva na busca por petróleo. Romperia com a busca tradicional da América por mercados abertos. Mas, se, apesar disso, esse fosse o motivo americano, não necessitaria de uma invasão do Iraque. Poderia ter fechado a torneira meramente pelo poder militar aéreo ou marítimo, sem uma invasão (Brenner, 2006b).

É verdade que, no Oriente Médio, as políticas do petróleo americanas nunca foram estritamente em termos de mercado. A securitização do petróleo, sua conversão em uma questão de segurança nacional, era, agora, tradicional, e a segurança nacional para os Estados Unidos por muito tempo fez acordo com produtores de petróleo contra os soviéticos. Depois, aliou-se a Saddam, posicionando-o como um aliado para equilibrar contra o Irã, outro grande produtor de petróleo. Agora, os Estados Unidos estavam aliados somente a uma Arábia Saudita malvista pelos neoconservadores e pelos pequenos estados do Golfo, talvez vulneráveis à insurreição, tanto contra o Iraque como contra o Irã. Esse equilíbrio exterior pode ter parecido um pouco desequilibrado. Ao longo deste volume, como no volume 2 (1993: 33), distingui entre concepções de lucro de mercado e territoriais. Podemos buscar lucro por meio da vantagem de mercado ou por meio do controle impositivo do território, no extremo, pela guerra e pelo império. Vimos o segundo perseguido por britânicos, japoneses e mesmo pelos americanos, em períodos anteriores. Eles estavam fazendo isso novamente aqui? O plano poderia ser invadir o Iraque para torná-lo um aliado estratégico por seu petróleo. Mas se a segurança nacional e a geopolítica eram importantes deveríamos acrescentar outros motivos: para proteger melhor Israel, para intimidar a Rússia e a China, para tornar os aliados americanos gratos por garantirem seu petróleo e para transferir bases militares americanas no Oriente Médio da Arábia Saudita, cujo futuro parecia incerto, para o novo Estado cliente do Iraque. Muitos falcões exageraram o apoio dos sauditas ao terrorismo (pelo financiamento de escolas madraças) e queriam libertar a Arábia Saudita. Nesse cenário o desejo material por petróleo desempenha um papel entremeado de motivos estratégicos e imperiais. Isso é mais provável.

Contudo, o vice-Presidente Cheney pensava muito sobre o petróleo iraquiano. Sua força-tarefa de energia elaborou mapas dos campos de petróleo iraquianos indicando que companhias controlavam todos. Houve várias reuniões entre a força-tarefa e chefes da indústria petrolífera americana e britânica. Os americanos negavam isso, mas documentos vazados do serviço secreto confirmam as reuniões, enquanto o ex-chefe da Conoco admitiu ter participado delas. Alguns críticos concluem que elas envolveram uma conspiração entre a administração e a indústria petrolífera para invadir o Iraque (Juhazs, 2006). Mas as evidências indicam uma imagem mais complexa, pois dois planos rivais estavam concorrendo, com falcões e neoliberais imperialistas apoiando um plano, os magnatas do petróleo o outro.

A primeira política se originou no documento "Movendo a Economia Iraquiana da Recuperação para o Crescimento Sustentável", produzido pelo Departamento de Tesouro com ajuda no Iraque da Usaid. Esse documento foi depois retrabalhado em 2003 por uma firma de consultoria americana para se tornar um programa de ajuste estrutural neoliberal similar àquele discutido no capítulo 6. Paul Bremer escreveu boa parte dele em seu projeto dos

Decretos, que se tornaram as leis do Iraque durante seu mandato como procônsul. O projeto incluía a privatização de todas as indústrias estatais, exceto as petrolíferas. Estrangeiros poderiam possuir 100% de qualquer outra empresa e repatriar todos os lucros para fora. Impostos sobre empresas e direitos sindicais trabalhistas foram ambos reduzidos, mercados fortalecidos e estrangeiros receberam imunidade em ações por infrações dentro do Iraque. O próprio Bremer considerava liberdades política e de mercado idênticas, típico dos neoliberais (Juhazs, 2006: cap. 6; Bremer, 2006). Alguns de seus Decretos foram inseridos na Constituição iraquiana, mas legisladores iraquianos hostis bloquearam sua implementação. No final de 2009, o Iraque ainda tinha 240 fábricas estatais empregando entre 100 e 4.000 trabalhadores cada e o ministro da indústria e minérios dizia que não haveria privatizações até depois de 2012, enquanto utilidades como água e eletricidade, e indústrias como a de manufatura de cigarros não seriam privatizadas. Ele preferia iniciativas conjuntas entre indústrias estatais iraquianas e empresas privadas estrangeiras, e muitos desses acordos foram com firmas não americanas (Reuters, 28 de julho de 2009). Como muitos aspectos da ocupação, a bonança neoliberal se mostrou desapontadora.

Contudo, antes da invasão, os falcões esperavam que após a vitória companhias petrolíferas estrangeiras começariam a bombear petróleo o bastante para pagar pela ocupação. Isso também provocaria a queda global do preço do petróleo, enfraquecendo a Opep, o Irã e a Arábia Saudita. Regimes poderiam cair, substituídos por uma mistura de dominação e democracia americana (Perle & Frum, 2003). Mas, de qualquer modo, as principais companhias petrolíferas ficaram horrorizadas com esse plano. Qualquer colapso nos preços reduziria seus lucros, e ficaram chocadas com a noção de que os Estados Unidos pudesse minar a Opep. Toda estratégia de seu negócio era dividir os espólios com os estados produtores de petróleo, não miná-los. Eles sequer se importavam que o petróleo iraquiano fosse mantido sob o solo para uso futuro. Como a ocupação fracassou e a violência se prolongou, o fornecimento de petróleo permaneceu prejudicado enquanto a demanda aumentava, aumentando os lucros. Obviamente as companhias petrolíferas não haviam planejado isso. Mas obstruíram o programa de privatização de Bremer ao colocarem um ex-CEO da Shell Oil USA, Philip Carroll, como o chefe dos recursos petrolíferos iraquianos. Como mais tarde disse à BBC: "Não haveria privatização dos recursos petrolíferos ou infraestruturais enquanto eu estivesse envolvido". Ele via a privatização como pura ideologia. O plano rival da indústria petrolífera, liderado por Carroll, era formar uma única companhia de petróleo iraquiana nacionalizada, que, depois, atuaria como um membro responsável da Opep. Isso estava colocando neoliberais e imperialistas que buscavam mudanças radicais contra conservadores da indústria que queriam manter as coisas como estavam (Greg Palast, BBC Newsnight Report, 17 de março de 2005).

O impasse entre as Grandes Petrolíferas e os neoliberais/imperialistas ajudou a empoderar o novo governo iraquiano para insistir na posse estatal dos campos de petróleo. Essa foi a primeira área política na qual o novo governo mostrou que não era apenas um pateta americano. Uma companhia petrolífera estatal iraquiana possui o petróleo, mas as companhias petrolíferas produzem o petróleo e desenvolvem novos campos, em troca de um royalty de 2 dólares pagos ao governo por barril vendido. O leilão dos direitos aos campos de petróleo começou em dezembro de 2009. Os primeiros compradores foram principalmente companhias petrolíferas europeias, chinesas e russas, não americanas. Contudo, permanecem ainda sem solução as pretensões conflitantes das comunidades xiitas, sunitas e curdas à posse do petróleo no Iraque. Isso permanece profundamente controverso.

Não foi o lucro imediato pelo petróleo que ajudou a iniciar a invasão, mas visões estratégicas regionais. Essas envolviam o petróleo, mas estabelecido em uma estratégia imperial defendida pelos falcões, não pela indústria petrolífera, que favorecia a continuidade e a estabilidade. Os falcões acreditavam que, mostrado o poder da superpotência no Iraque, outros estados párias cairiam; se não, poderiam ser confrontados também. Rumsfeld enfatizou o efeito demonstração do Iraque (Gordon & Trainor, 2006: 4, 19, 131; Suskind, 2004: 85-86, 187). O presidente rotulou Iraque, Irã e Coreia do Norte como os outros eixos de países maus, mas Síria, Líbia e Cuba também receberam advertências. O General Wesley Clark (2007) diz que um general sênior lhe dissera duas semanas após o 11/9 que a administração havia decidido atacar o Iraque. Seis semanas depois, ele encontrou o mesmo general e perguntou se o plano do Iraque permanecia ativo. A resposta veio: "Oh, é pior que isso... Aqui está o documento do Escritório da Secretaria de Defesa traçando a estratégia. Vamos eliminar sete países em cinco anos". Ele nos nomeou, começando com Iraque e Síria e terminando com o Irã. O General Clark mais tarde respondeu à minha pergunta acrescentando que os outros quatro eram Líbano, Líbia, Somália e Sudão. Haveria reestruturação punitiva do Oriente Médio, seguida por seu renascimento como estados muçulmanos tornados pacíficos, democráticos e tolerantes a Israel, sob tutela americana. Em 2011, o secretário de defesa Gates parecia dar algum apoio discreto a essa pretensão sugerindo que havia contido Bush em uma política mais agressiva para com o Irã.

Isso era imperialismo em uma escala sem precedentes. As invasões no Afeganistão e no Iraque marcaram uma inversão da tendência histórica dos Estados Unidos para formas mais moderadas de dominação. Agora, os Estados Unidos estavam subindo na hierarquia da dominação, do imperialismo informal, por meio de intermediários, à intervenção militar massiva. 300.000 soldados foram reunidos para apoiar a invasão do Iraque e 150.000 ocuparam o país por seis anos. As tropas permaneceram por tanto tempo que o Iraque e o Afeganistão foram, com efeito, colônias temporárias. O'Reilly (2008) e Porter (2006) afirmam que isso foi império direto, mas a intenção sempre foi partir em breve, deixando no lugar um regime cliente amigável.

A invasão e ocupação do Iraque

A forma pela qual a invasão do Iraque foi conduzida foi também sem precedentes. Muito diferente foi o unilateralismo. Primeiro, praticamente, não houve aliados estrangeiros. Embora vários países tivessem participado nominalmente, somente os britânicos tinham regras de envolvimento permitindo o uso de suas tropas em todas as situações de combate. E embora muitos estados do Oriente Médio tivessem ficado privadamente contentes com o fato de Saddam Hussein estar sendo deposto, eles não ofereceram apoio visível. Os americanos e britânicos estavam sozinhos. Bush estimava Blair, dizendo ao principal conselheiro de Blair: "Seu homem tem *cojones*" – ainda meninos na área de recreação. Alguns aliados normais, como França e Alemanha, e, mais tarde, Espanha, opuseram-se à intervenção. Toda vez que os americanos se tornavam desagradáveis – em Fallujah, Baía de Guantánamo, Abu Ghraib e na tortura e a extradição extraordinária* pelo mundo, perdiam mais legitimidade, especialmente porque todos esses lugares, exceto Abu Ghraib, eram defendidos pelos níveis mais elevados da administração. Poderia ser retorquido que um império tem apenas de ser temido, não gostado. Mas, como vimos, a América muitas vezes desfrutou de hegemonia legítima. Isso estava sendo ideologicamente minado por ações que tornavam difícil sustentar quaisquer afirmações morais. Podemos acreditar que uma administração que tortura e desafia as Convenções de Genebra espalha democracia? Como os países avançados não podem contestar a liderança americana, seu desgosto pode não importar muito. Mas a destruição do prestígio americano no mundo muçulmano foi mais danosa, encorajando muitos terroristas a pensar que *eles* tinham a superioridade moral.

O segundo aspecto do unilateralismo foi mais imediatamente prejudicial: a ausência de aliados locais importantes em terra, exceto pelas forças curdas no norte. Alguns generais americanos esperavam que unidades inteiras do exército iraquiano pudessem passar para seu lado e depois lutar por eles, mas não garantiram de antemão a cooperação de um único oficial iraquiano, e isso não aconteceu. Esperanças de um exército de milhares de combatentes iraquianos livres no exílio também desapareceu antes da invasão de fato. Somente setenta e três iraquianos exilados passaram pelo treinamento que os capacitou para a ação (Gordon e Trainor, 2006: 105-106). Em todas as intervenções anteriores desde a Segunda Guerra Mundial (exceto pelos fiascos na Baía dos Porcos e na Somália), os Estados Unidos haviam contado com aliados locais importantes.

---

* Extradição extraordinária (*extraordinary rendition* no original) é a prática extrajudicial, realizada por agências governamentais americanas, de transferir prisioneiros para um país estrangeiro para detenção e interrogatório [N.T.].

Como vimos em capítulos anteriores, esses eram usualmente o exército e ou as classes superiores ou grupos étnicos particulares. Na ex-Iugoslávia, os aliados foram forças croatas, bósnias e albanianas kosovanas, e foram os únicos que capturaram o território em terra. Mesmo no Afeganistão havia aliados sob a forma da Aliança do Norte e vários líderes tribais descontentes. Havia muito poucos líderes iraquianos exilados com os americanos e a confiança em um indivíduo de caráter muito duvidoso parecia patética. O diretor da CIA Tenet observou: "Você tinha a impressão de que algum escritório do vice-presidente e algum representante do Departamento de Defesa estivessem escrevendo o nome de Chalabi repetidamente em suas notas, como garotas de escola com sua primeira paixão" (2007: 440). Chalabi explorou isso com inteligência falsa fornecida diretamente para seus amigos no Pentágono e na Casa Branca, evitando os profissionais de inteligência (Bergen, 2011).

Isso não era incompetência em manter os aliados, uma vez que nenhum estava disponível, exceto pelos curdos. Durante o século XX ficou mais difícil encontrar aliados locais uma vez que o nacionalismo se tornava o princípio legitimador do poder político. Ser um traidor da nação – ou, alternativamente, nesse caso, do islã –, um sentimento comum no século XIX, era agora um dissuasor para elites locais insatisfeitas se juntarem ao lado imperial. O império estava se tornando mais difícil. Aliados de classe foram dominantes na Ásia e na América Latina, como vimos no volume 3, capítulo 3 e, neste volume, capítulo 5, mas não eram apropriados ao Iraque, onde não havia nem uma classe militar nem capitalista independente de Saddam, e sequer um movimento popular insurgente. Somente conflitos étnicos/religiosos podiam potencialmente produzira aliados, embora se aliar com um grupo para atacar outro dificilmente pudesse conduzir para a paz social após a intervenção. O Iraque foi um bom exemplo disso. Nacionalistas curdos tinham interesse em se aliar aos Estados Unidos, pois viram corretamente que isso era uma oportunidade para criar seu próprio Estado. A divisão religiosa xiita/sunita poderia também permitir aos xiitas tirarem o controle do Estado iraquiano do regime de base sunita de Saddam. Contudo, na época da invasão nem os xiitas nem os americanos pensavam nesses termos, os xiitas porque as negociações, caso vazassem, acarretariam em represálias de Saddam, os americanos porque teriam de negociar por meio do Irã xiita, um inimigo. Após a invasão os dois gradualmente se tornaram aliados, o que depois alimentou a insurgência sunita. Para aumentar o imbróglio, várias correntes de anti-imperialismo surgiram – um nacionalismo iraquiano muito secular, uma solidariedade pan-islâmica e um sentimento ainda maior de solidariedade islâmica. Como com o anticolonialismo anterior, o nacionalismo não foi de fato o principal condutor. Mas estava claro que os Estados Unidos careciam de poder ideológico e político para a iniciativa imperial na qual haviam embarcado.

Shadid (2005: 280-288) entrevistou combatentes iraquianos, tanto insurgentes que combateram os Estados Unidos quanto iraquianos que combateram com os Estados Unidos. A essas alturas, muitos se opunham aos Estados Unidos por um sentimento de orgulho e honra nacional, combinado a uma desconfiança do colonialismo ocidental do apoio inabalável a Israel. Esses sentimentos diversos poderiam ser reunidos no islã: "Nós" somos muçulmanos, "Eles" são imperialistas infiéis. Mas embora os insurgentes expressassem razões ideológicas para combater, aqueles que ajudavam os americanos diziam que o faziam pelos salários. "Eu deveria dormir sem jantar e não trabalhar com os americanos? Não. Deveria trabalhar com os americanos e jantar". Denunciados como infiéis pelos clérigos locais, eles respondiam ironicamente: "Se nos pagarem, paramos de trabalhar com os americanos". Eles tinham medo de represálias de suas comunidades. Somente os curdos eram aliados comprometidos. Em termos de poder realista, essa era a principal razão pela qual os americanos não deveriam ter invadido.

Essa era também a principal razão pela qual o tamanho da força de ocupação americana era tão pequeno. Cheney, Rumsfeld, Wolfowitz e Feith acreditavam que uma força leve de 120.000 soldados americanos bastaria. Eles se mostraram certos quanto a derrotar o exército iraquiano. Mas quanto à ocupação, pacificação e reconstrução subsequentes, a ausência de aliados exigiu um enorme número de americanos. Em suas memórias, o embaixador Bremer, o procônsul do Iraque de maio de 2003 a maio de 2004, diz que solicitou mais soldados, mas em vão. Uma força de ocupação de 250.000 (sugerida por generais dissidentes) poderia ter sido sustentável durante um tempo. Todavia um relatório da Corporação RAND considerava que 500.000 poderiam ser necessários, e que teria sido necessário reintroduzir a conscrição, o que seria profundamente impopular e poderia inclusive destruir toda a operação. Mas estava colocando uma carga política inadequada sobre suas forças armadas.

De qualquer modo, a administração mal se planejara para os resultados. Oficiais britânicos reclamavam da falta de planejamento americano (Gilligan, 2009). Funcionários americanos no Iraque entrevistados por Ferguson (2008) dizem que não havia plano algum e suas próprias tentativas de conceber planos foram frustradas por ideólogos em Washington (vemos mais tarde que havia um plano de petróleo). Na verdade, planos foram concebidos com muito atraso dentro do Pentágono. As preparações para a invasão tomaram dezoito meses, o planejamento pós-guerra somente dois meses antes da invasão. O Departamento de Estado, com apenas alguns funcionários experientes no Oriente Médio, estava à margem, mas o Pentágono exauriu de recursos e de influência seus próprios funcionários de planejamento na Casa Branca. Rumsfeld tinha seu próprio time político, sarcasticamente chamado "o buraco negro" por um funcionário do Estado-Maior Conjunto. "Saberemos o que fazer quando chegarmos lá", disse Jay Garner, o ex-general designado na última hora para chefiar a administração de ocupação (Gordon & Trainor, 2006: cap. 8, citações das p. 142, 152, 157). O exército assumira que o governo seria imediatamente entregue aos iraquianos

(Wright & Reese, 2008: 25-28). Disseram ao exército para fazer planos para uma redução de tropas americanas a alguns meses depois da queda de Saddam.

A administração Bush pensava que os iraquianos os acolheriam com doces e flores, a segurança seria entregue a uma polícia e unidades do exército iraquianas amigáveis, as instituições governamentais permaneceriam intactas e um governo amigável seria prontamente formado. O modelo era talvez o da Europa Oriental de 1989: "Deponha o líder, derrube sua estátua e deixe a sociedade civil assumir o controle" (Kopstein, 2006: 88). O secretário assistente de defesa Paul Wolfowitz testemunhou ao Congresso que os custos da invasão seriam pagos com o dinheiro do petróleo. Barbara Bodine, vice de Garner, contou que lhe disseram: "Estaremos fora de lá em alguns meses". Isso foi então prolongado para o fim de agosto, quatro meses e meio depois da queda de Bagdá. O porta-voz de Rumsfeld disse: "Estaremos fora de lá em três ou quatro meses" (Ferguson, 2008: 88; Packer, 2005: 132-133; Gordon & Trainor, 2006: 162, 463-464). O "plano" era sair rápido.

O cientista político Larry Diamond serviu na administração civil. Ele observou que para construir uma democracia no Iraque "a primeira lição é que não podemos chegar a Jefferson e Maddison sem passar por Thomas Hobbes. Você não pode construir um Estado democrático a menos que, primeiro, você possua um Estado, e a condição essencial para um Estado é que ele deve ter um monopólio efetivo dos meios de violência" (2005: 305). Saddam fora um soberano hobbesiano muito sombrio, mas os Estados Unidos o derrubaram sem colocar outro em seu lugar. Comunicações, fornecimento de eletricidade e de água foram devastados, ministérios e estações de polícia foram desertados. Garner não podia sequer se comunicar com seus funcionários na cidade, que dirá manter a ordem pública.

Uma orgia de pilhagem varreu as cidades com as tropas americanas observando ao largo, aparentemente preocupadas com guardar o Ministério do Petróleo e os funcionários de Garner. Milhares se juntaram a uma pilhagem altamente profissional de Bagdá, que começou em 9 de abril de 2003, o dia em que o regime de Saddam parou de funcionar. Ao menos dezesseis dos vinte e três ministérios foram devastados, assim como estações de polícia, hospitais, escolas e centros de distribuição de alimentos. Equipamentos foram removidos de estações de energia, retardando a restauração da eletricidade em Bagdá. Funcionários da ocupação americana estimaram o custo da pilhagem em 12 bilhões, equivalendo às receitas de petróleo iraquianas projetadas para um ano após a guerra (Packer, 2005: 139). A ideia de pagar os custos da invasão com a receita do petróleo teria de esperar um pouco. De fato, os lucros com petróleo pós-invasão nunca foram suficientes para isso.

Muitos funcionários e muitos oficiais no Iraque sentiram que o exército deveria ter impedido a pilhagem. Permanece incerto por que não tentaram. Seu armamento de alta tecnologia era inadequado para policiamento, mas Barbara Bodine acrescenta que "as necessidades do iraquiano médio simplesmente não eram tão altas em nossa lista de prioridades. Esse foi o dia em que sua... precaução se tornou ceticismo sobre nosso compromisso para com eles (Ferguson, 2008: 138)." A resposta de Rumsfeld piorou isso: "A desordem da liberdade", ele declarou, "liberta as pessoas para cometerem erros e crimes e coisas ruins. Também as liberta para viverem suas vidas e fazerem coisas maravilhosas. E é isso que vai acontecer aqui". "Coisas acontecem", ele acrescentou como consolo. Packer (2005: 136-137) comenta: "O secretário de defesa olhou para a anarquia e viu os primeiros estágios da democracia. Em sua visão e na de outros na administração a liberdade era a ausência de restrições. A liberdade existia na natureza humana dotada divinamente, não em instituições e leis artificiais. Remova uma tirania de trinta e cinco anos e a democracia se desenvolverá no lugar dela". Essa é a teoria neoliberal da política – simplesmente remova o despotismo e eles florescerão novamente. Nenhum sociólogo concordaria.

Em maio de 2003 Bremer agravou o problema com duas decisões, uma política, outra militar. Houve uma desbaathificação radical à medida que aqueles nos quatro níveis superiores do Partido Baathista que governava foram banidos do posto público que ocupavam. Eles equivaliam a cerca de 30.000 e 50.000 pessoas. Todos os baathistas de nível inferior tiveram de passar por procedimentos rigorosos de controle, que levaram um longo tempo, prejudicando a eficiência administrativa. Assim, muitos funcionários demitidos se juntaram à insurgência, acompanhados por outros sunitas que perceberam que essa política garantia a dominação xiita e curda. O General Garner disse a Ferguson que sua política havia sido a de seletivamente expurgar somente nos dois níveis superiores (cerca de seis mil pessoas) e Bodine disse que estavam mais preocupados com os funcionários corruptos e incompetentes do que com os baathistas. Douglas Feith em Washington escreveu a Ordem de Des-Baathificação e Rumsfeld, Wolfowitz e Cheney o apoiaram. O presidente também, após Bremer tê-lo notificado (quando Bush mais tarde tentou negar isso, um Bremer enfurecido disponibilizou as cartas relevantes). Mas Powell, Rice, os diretores do Conselho de Segurança Nacional e os generais não haviam sido consultados. No Iraque, Garner, funcionários da CIA e muitos generais ficaram furiosos, alguns dizendo que era loucura. Chalabi era o homem implementando a política no Iraque e tinha um interesse pessoal em um expurgo geral (Gordon & Trainor, 2006: 475-485; Tenet, 2007: 426-430; Ferguson, 2008: cap. 5; Bremer, 2006: 39-42, 53-59). A falta de poder político americano piorou.

A segunda decisão desastrosa foi desmobilizar o exército iraquiano. Mais de meio milhão de homens, mais de 7% da força de trabalho nacional, perderam seus empregos – mas não suas armas. Muitos se juntaram à insurgência. Muitos funcionários americanos e muitos iraquianos queriam a desmobilização da temida Polícia de Segurança e dos Guardas da República, mas não do exército regular. Eles sabiam que os soldados tinham de obedecer às ordens de Saddam ou eram mortos. Aqui, a decisão de desmobilização parece ter sido tomada por três pessoas: Bremer, seu principal conselheiro de segurança; Walter Slocombe, e Rumsfeld, embora Bush a tenha aprovado imediatamente, ainda que em termos vagos. Outros ficaram surpresos e basicamente horrorizados. Esperavam reconvocar grande parte do exército iraquiano, e uma lista de mais de 100.000 soldados aceitáveis havia sido preparada (Ferguson, 2008: cap. 6). Como levaria anos para treinar uma nova força, seria impossível partir em três ou quatro meses. Desenvolver um poder militar local levaria muito mais tempo. Bush mais tarde admitiu que esses foram erros (2010: 259).

Muitos ficaram chocados com a incompetência da administração Bush ao tomar essas duas decisões políticas e militares, de fazerem o trabalho sem o exército iraquiano, e sem administradores baathistas. Mas não foram apenas erros. Junto à falha de não se importar com os aliados locais, foram inteiramente consistentes. Revelavam a grande arrogância imperial. Primeiro, veio a suposição de que as forças armadas americanas poderiam conquistar, pacificar e criar uma *tabula rasa*, uma lousa branca, da qual instituições benignas surgiriam em um país com uma cultura vastamente diferente. Segundo, veio a suposição de que os valores americanos de liberdade e democracia de algum modo sobrepujariam nas mentes iraquianas todos os horrores da invasão e ocupação estrangeiras. Isso revelava tanto uma ignorância das condições necessárias para a democracia (incluindo a provisão segura de ordem pública) como uma incapacidade de se identificar com um povo derrotado. Grande parte da equipe de ocupação não tinha conhecimento local. Eram ex-lobbistas de Washington, membros de equipes do Congresso e especialistas em relações públicas – republicanos entusiastas, mas sem qualquer conhecimento do Iraque ou do islã. Eles eram aventureiros, não colonizadores. Uma vez mais os Estados Unidos carecia de americanos que quisessem se estabelecer em um lugar assim. Um império sem colonizadores necessita de amizade de grande parte da população local, mas isso não podia ser obtido. Uma vez que no Iraque raramente eles ousavam pisar fora da Zona Verde, a cidadela americana em Bagdá. Os americanos visíveis para muitos iraquianos eram soldados pesadamente blindados e empreiteiros militares. Eles não podiam conquistar os corações e mentes iraquianos (Shadid, 2005: 260-261). Como os Estados Unidos careciam do poder ideológico e político necessário para a intencionada política imperial, a influência americana tinha de ser muito mais pesada. Mas, embora o poder militar possa destruir, raramente pode construir.

Custos e benefícios da invasão

E, portanto, o número de mortos foi enorme. Essa disjunção tecnológica crescente entre os Estados Unidos e seus inimigos gerou um "militarismo de transferência de risco", pelo qual os Estados Unidos podiam transferir os riscos da guerra de seus próprios soldados para forças inimigas e para civis. O bombardeamento americano no Afeganistão provavelmente matou cerca de três mil civis – embora como em guerras coloniais anteriores, mortes de nativos não contavam. No Iraque a onda de bombardeio choque e pavor foi seguida por intermitentes rebeliões reprimidas, ataques suicidas e tiroteios envolvendo disparos indiscriminados de soldados americanos e britânicos tensos e assustados.

Ninguém sabe quantos morreram. Os Estados Unidos jamais liberaram dados sobre as mortes iraquianas enquanto a exigência muçulmana de que os mortos sejam enterrados em vinte e quatro horas significa que muitas mortes não foram registradas. O Ministério da Saúde iraquiano apareceu com uma estimativa de 150.000, mas isso considerava somente aqueles recebidos em hospitais e necrotérios. A ONG Iraq Body Count (Contagem dos Corpos do Iraque) contou cuidadosamente os mortos registrados em fontes jornalísticas de língua inglesa e esse total chega a cerca de cem mil, mas como o inglês não é a língua do Iraque, essa pode ser uma grave subcontagem. Em 2010, o WikiLeaks liberou 400.000 registros militares americanos sigilosos do Iraque cobrindo o período de janeiro de 2004 a janeiro de 2010. Esses detalham 109.000 mortes testemunhadas por tropas americanas, 65% delas de civis. Essa também deve ser uma subcontagem, uma vez que as forças não podiam ver tudo. Essa convergência de estimativas em torno de 100.000 persuadiu muitos jornalistas a se fixarem nesse como o total. Todavia, deve ser baixo demais.

Uma pesquisa de opinião sobre as mortes nos lares iraquianos como resultado da guerra conduzida por uma equipe de epidemiologistas publicada na *Lancet* também incluía mortes resultantes da crescente desordem, infraestruturas degradadas e sistema de saúde mais deficiente. Ela permitia à família decidir se cada morte era relacionada à guerra. Apareceu com um total massivo de 650.000 até junho de 2006 (Burnham et al., 2006). Dos lares solicitados a apresentar um atestado de óbito, 92% o fizeram. Um número ainda mais alto de um milhão até janeiro de 2008 foi publicado pela Opinion Research Business Survey (2008), mas seus métodos foram mais duvidosos. Dada a natureza explosiva dos achados do artigo da *Lancet*, tem havido tentativas para desacreditá-la. Todavia, epidemiologistas e pesquisadores de opinião confirmaram que ela estava conforme às melhores práticas correntes, embora acrescentando que é difícil conduzir pesquisas de opinião em países com infraestruturas pobres. Essa poderia ser somente uma estimativa aproximada. Contudo, pode ser a melhor disponível, mas penso que deveríamos reduzi-la um pouco devido ao arbítrio permitido às famílias na definição das mortes relacionadas à guerra. Isso produziria uma estimativa aproximada de cerca de 500.000. Eu deveria acrescentar que muitos não foram mortos por soldados americanos. Os documentos do WikiLeaks revelam muitos assassinatos de militares, polícia e forças paramilitares iraquianos. Essa seria o total de mortes provocadas pela invasão e ocupação.

A ONU estima adicionalmente que ao menos 2,5 milhões de iraquianos fugiram para se refugiar no exterior, e outros 2,5 milhões foram deslocados dentro do país – de uma população total de cerca de trinta milhões. Essa é uma enorme quantidade de sofrimento. Cada morte deixa uma família devastada; e muitas fugas de refugiados provocam o mesmo. As mortes da coalizão parecem triviais em comparação: 4.500 soldados americanos, 2.000 soldados de outros países, e 1.300 empreiteiros militares. Cerca de trinta mil soldados americanos foram feridos. Os mortos e feridos deixam um rastro menor de sofrimento nas famílias americanas também. O custo da guerra agora excede 2 trilhões (alguns dizem inclusive que é de 3 trilhões). A violência ainda está em curso. Esteve em uma trajetória de queda durante 2009 e 2010, mas aumentou novamente em 2011. No Afeganistão e no Iraque a proporção de mortes de soldados americanos para civis nativos foi provavelmente na ordem de 1:50, o militarismo de transferência de risco com uma vingança. O poder de fogo a distância insuficientemente discriminado previsivelmente resultou em mortes em massa de civis. Numa época dominada por antiimperialismo, é incapaz de atingir os resultados desejados, pois enfurece a população afetada e traz mais recrutas terroristas e mais assassinatos para ambos os lados. Ninguém foi processado por bombardeio ou poder de fogo desproporcional.

Mas tudo isso se justificava para garantir um futuro melhor para o Iraque? Do lado positivo, um ditador terrível foi deposto e executado, e eleições foram organizadas. Saddam era, de fato, terrível. O número de mortes que ele infligiu foi alto, embora fosse estratégico em vez de estúpido, pois subiu enormemente em resposta a duas revoltas. A primeira veio em 1988, durante a guerra com o Irã, quando mais de 100.000 curdos xiitas foram provavelmente massacrados. Alguns curdos foram considerados colaboradores do Irã. Essa atrocidade ocorreu quando os Estados Unidos estavam apoiando Saddam e quando Donald Rumsfeld estava lhe enviando armas. Depois, em 1991, a derrota de Saddam nas mãos dos americanos desencadeou revoltas no norte curdo e no sul xiita. Uma vez mais, Saddam retaliou violentamente, matando talvez 100.000 curdos e xiitas. Outras ondas menores de repressão, incluindo a perseguição de árabes do pântano, podem ter levado a outras 50-100 mil mortes. Qualquer suspeita de oposição a Saddam poderia resultar em tortura e talvez morte. Isso teria produzido uma quantidade final de 300.000 a 400.000 mortes, embora alguns tenham declarado mais, até 800.000, sem fornecer evidências de apoio. Uma vez mais, são apenas estimativas aproximadas.

Talvez baste dizer que a invasão americana e o regime de Saddam podem ter provocado um número similar de mortes. Embora as mortes provocadas por Saddam fossem intencionalmente infligidas, isso foi muito menos verdadeiro sobre as dos americanos. Podemos apenas supor o que Saddam poderia ter infligido caso não tivesse havido a invasão. Isso teria dependido de se era ameaçado por revoltas e se sobreviveria. O melhor resultado poderia ter sido se um golpe bem-sucedido contra ele tivesse sido organizado Ambos os regimes também trouxeram uma cultura de violência ao país. A de Saddam é evidente no testemunho angustiado de sobreviventes de suas prisões, enquanto a do regime pós-invasão é evidente no testemunho angustiado de soldados americanos nos registros de guerra do WikiLeaks, testemunhando as atrocidades terríveis de insurgentes, camaradas e aliados iraquianos. Os assassinatos de Saddam eram geralmente mais previsíveis. Caso você se opusesse a ele, estaria em perigo. O regime de hoje também tortura e mata seus inimigos, embora a violência terrorista de hoje também ameace meros observadores. Durante o regime de Saddam, a vida nas ruas e social permanecia mais ou menos normal. Hoje, não (Rosen, 2010: 9).

Os Estados Unidos encorajaram a democracia, mas também (sem intenção) o sectarismo, erroneamente identificando o regime de Saddam como exclusivamente sunita e entregando o Iraque a grupos organizados que eram quase exclusivamente xiitas ou curdos. O resultado foi que em 2005 a primeira eleição produziu satisfatoriamente grande comparecimento, mas 95% votaram para os partidos de seu próprio grupo étnico/religioso – mais etnocracia do que democracia, com grupos majoritários tiranizando minorias. Uma coalizão desconfortável entre partidos xiitas e curdos depois governou, dominando a comunidade sunita. Os partidos curdos permaneceram inteiramente com base curda, embora alguns partidos xiitas e sunitas tenham recentemente projetado uma imagem mais secular e nacionalista e houvesse sinais de que as pessoas estivessem cansando do sectarismo. Todavia, eles são mais fisicamente segregados hoje, uma vez que os vizinhos multiétnicos desapareceram quando suas minorias foram aterrorizadas até que fugissem (Rosen, 2010: 17-18, 45-49, 64-65, 549-550). Esse é como outros casos de limpeza sectária, como na Irlanda do Norte e nas ex-repúblicas iugoslavas. Os regimes baathistas do Oriente Médio, incluindo o de Saddam, eram mais seculares, mais tolerantes em relação às minorias étnicas e religiosas (exceto pelos judeus), favoreciam mais direitos para mulheres do que os aliados árabes da América. No Iraque de hoje, temas constitucionais importantes são definidos etnicamente, pois especificam que a etnicidade dominará cada província e a nação. Na prática, isso significa determinar que notáveis chefiarão as administrações locais, distribuindo postos de trabalho e receitas governamentais para seus amigos e relações. De acordo com diplomatas americanos, cujos telegramas foram vazados pelo WikiLeaks e publicados pelo jornal libanês *Al Akhbar*, em 2010 sob o pretexto de desbaathificação o Primeiro-ministro Maliki demitiu membros da equipe de segurança e inteligência experientes e competentes e os substituiu por seus lealistas partidários.

Se três comunidades étnicas/religiosas rivais pudessem se comprometer por meio de procedimentos mais representativos seria uma melhora política em relação a Saddam, embora um golpe interno contra Saddam pudesse ter produzido o mesmo resultado. O general Ray Odierno, o comandante americano no Iraque, respondeu muito candidamente a um jornalista quando perguntado sobre se os Estados Unidos teriam piorado o conflito étnico: "Não sei. Há todos esses problemas que não compreendíamos e com os quais tivemos de encontrar um modo de lidar. E isso talvez tenha feito a situação piorar? Talvez" (*New York Times*, 6 de fevereiro de 2011). Essa foi decididamente uma avaliação pessimista vindo de um homem em sua posição.

Os Estados Unidos haviam finalmente aprendido como adquirir aliados locais. Isso acrescentou um apoio xiita aos seus aliados curdos e em 2006 chefes tribais sunitas contra os insurgentes sunitas. Seu sucesso foi importante para o "aumento", a infusão no começo de 2007 de um adicional de 21.000 soldados americanos. Em suas memórias, Bush (2010) afirma que seus comandantes militares em terra, e Rumsfeld, opuseram-se ao aumento, mas que ele agiu aconselhado por quatro neoconservadores. "Fred Kagan, um estudioso militar no American Enterprise Institute, questionou se tinha soldados suficientes para controlar a violência. Robert Kaplan, um jornalista proeminente, recomendou adotar uma estratégia contrainsurgente mais agressiva. Michael Vickers, um ex--agente da CIA que ajudou a armar os mujahidins afegãos na década de 1980, sugeriu um papel maior para as Operações Especiais. Eliot Cohen... me disse que necessitava manter meus comandantes responsáveis para resultados". Rumsfeld foi demitido e o aumento começou. Envolveu também iraquianos, colocando quase 100.000 milicianos sunitas na folha de pagamentos americana, a um custo de 30 milhões ao mês, e isso encorajou o Primeiro-ministro Maliki a lançar um ataque-surpresa às milícias sadristas xiitas, muitas das quais haviam degenerado em gangues criminosas.

A combinação de forças iraquianas e americanas terminou levando ao sucesso e o desarmamento das milícias sadristas em 2008 encerrou a guerra civil sectária (Rosen, 2010: 363-375). Tropas americanas foram depois gradualmente reduzidas, para cerca de 15.000 em setembro de 2012. O aumento funcionou. O Status of Forces Agreement de novembro de 2008 estabeleceu uma data de retirada para todas as tropas americanas em outubro de 2011. O Acordo ratificou a soberania completa do Iraque, a posse iraquiana de toas as indústrias, incluindo a do petróleo, e todas as ex-bases e estabelecimentos militares americanos, e a sujeição de todos os empreiteiros à lei iraquiana. Havia agora mais subempreiteiras militares no Iraque do que soldados americanos, dois terços dos quais de cidadãos estrangeiros, mais de um terço deles armados e desempenhando funções de segurança – outra tentativa de afastar o risco dos soldados-cidadãos americanos. O Iraque ainda está em dificuldades e as mortes continuam. O número daqueles mortos conforme especificado pelos ministérios iraquianos subiu levemente de 3.481 em 2009 para 3.605 em 2010. Em 2011, o nível de mortes permaneceu quase o mesmo. Tampouco é o novo regime no Iraque um aliado confiável dos Estados Unidos. É xiita, apoiando o Irã e o Hezbollah embora se recusando a reconhecer Israel. A invasão estimulou o poder iraniano.

Os Estados Unidos ainda confiam na Arábia Saudita e em Israel, como confiava antes da invasão.

Além da morte de Saddam Hussein, nenhum dos objetivos americanos originais foi atingido. Saddam Hussein pode ter sido um filho da puta, mas o seu foi um regime iraquiano. Ele era o filho da puta *deles*. Ele podia fornecer mais ordem que os americanos. Essa foi uma intervenção militar realmente sem sentido e extremamente custosa.

O imbróglio afegão

Havia uma razão mais óbvia para invadir o Afeganistão, uma vez que o provável perpetrador do 11/9 estava se escondendo em seus campos de treinamento lá. Não houve motivos ulteriores importantes uma vez que o Afeganistão nada tinha que servisse aos interesses nacionais americanos. No começo, tudo correu bem. O governo talibã foi derrubado pelo poder de fogo americano e por aliados afegãos locais. Com aliados locais em terra, foram necessários menos de 300 americanos em terra para capturar Cabul. Metade deles era de identificadores de alvos com telefones GPS, e metade de agentes da CIA com valises recheadas de dólares para os líderes militares aliados. Mas, então, vieram as dificuldades. Permanece incerto por que em novembro de 2001 a Casa Branca e o Pentágono recusaram os pedidos militares para inserir outros 6.000 Rangers do exército nas montanhas Tora Bora quando a CIA tinha informações da inteligência de que Osama estava lá. Muitos assumem, como Ensalaco (2008: 227; cf. Bergen, 2011) diz, que "o planejamento da administração Bush para a guerra futura no Iraque sufocaram os esforços para matar bin Laden". O general Tommy Franks, o homem que tomou a decisão final em Tora Bora, foi abruptamente removido para preparar o plano de batalha no Iraque. Agora, os Estados Unidos estão presos em um Afeganistão do qual a maior parte da Al Qaeda já partiu.

Em 2011, não era claro o que os Estados Unidos e seus aliados da Otan fariam lá, exceto por tomar partido em uma guerra civil, que seguia um curso violento há trinta e cinco anos, colocando pessoas urbanas, com formação, mais seculares do norte contra os pastós mais rurais e tradicionais. O talibã se reagrupou, encontrou aliados no Paquistão e assumiu a liderança de muitos clãs pastós. Embora o próprio Karzai seja um pastó, os pastós são substancialmente sub-representados em seu regime. Como eles formam mais de 40% da população, não podem ser suprimidos, especialmente em um terreno que favorece guerrilhas, e recebe auxílio do Paquistão e provavelmente também do Irã. O exército afegão foi aumentado para 134.000 homens, mas permanece de utilidade duvidosa, tem um índice de evasão de 24%, e não pode operar independentemente das forças da Otan. O melhor resultado seria um acordo entre o talibã e o regime de Karzai que durasse o bastante para a Otan sair de lá rapidamente, salvando as aparências. Karzai parece querer isso, mas as partes uzbeque e tadjique de seu regime são contra qualquer acordo e suas receitas independentes com drogas lhes dão muita autonomia em relação a Karzai. Considera-se que alguns líderes talibãs favoreçam conversações, mas recentes percentagens de perdas levaram talibãs mais jovens e mais radicais a posições de liderança. Eles podem não ter muito incentivo para negociar, uma vez que acreditam que podem sobreviver aos Estados Unidos. Os talibãs estão "perfeitamente integrados nas comunidades" e são mais ideologicamente comprometidos do que o regime de Karzai com sua corrupção e líderes militares brutais. Como a ideologia dominante é o nacionalismo islâmico, aqueles que se alinham com os americanos infiéis são automaticamente odiados (Rosen, 2010: cap. 11, citado da p. 491).

Mostrou-se um conflito duro contra guerrilhas capazes de nadar como peixes em um mar tribal. Até meados de 2011 quase 2.500 soldados da Otan haviam sido mortos. 100.000 soldados americanos mais 40.000 aliados da Otan podem expulsar o talibã das cidades, mas o controle de aldeias e montanhas se mostra passageiro. Tropas aliadas expulsam combatentes talibãs, mas depois partem, e então os talibãs voltam. Se repetirmos os cálculos feitos para o Iraque pelos generais americanos e pela Rand Corporation, o Afeganistão exigiria uma força geral entre 250.000 e 500.000 soldados. Ninguém propôs um aumento dessa magnitude. As mortes aumentaram até 2011 e depois caíram levemente. A ONU estima que mais de 3 milhões de refugiados afegãos tenham fugido para o exterior. Tentativas de eliminar o talibã matam também civis. A ONU estima que quase 10.000 civis tenham sido mortos entre 2006 e 2010, mais de dois terços pelas forças aliadas talibãs, menos de um terço por forças da coalizão e governamentais. Assim, é improvável que cada lado possa capturar corações e mentes o bastante para convencer o país inteiro, muito menos ainda podem as muitas outras milícias de líderes militares locais ao longo do país. O Afeganistão obteve seu título de cemitério de impérios ao derrotar tanto os britânicos como os soviéticos. Agora, pode estar acrescentando o Império Americano. É improvável que qualquer vitória resulte antes dos prazos finais estabelecidos por Obama para uma série de retiradas de tropas iniciadas em julho de 2011 e terminando em 2014. O próprio compromisso de Obama com essa guerra não foi incondicional nem sincero uma vez que resultou de um oportunismo eleitoral, para equilibrar sua retirada do Iraque. Ele está buscando uma estratégia de saída, encorajada pelo vice-Presidente Biden e por outros democratas, enquanto os generais o pressionam para a política oposta, mais um aumento de soldados, que permaneceriam por mais tempo. Ele está muito consciente de que isso poderia ser seu Vietnã.

Os Estados Unidos uma vez mais assumiram erroneamente que o poder militar poderia entregar a democracia. Mas essa permanece uma sociedade tribal, com cada aldeia, cada província sendo controlada por grandes homens locais e pequenos paramilitares – embora alguns duvidem de que esses inclusive controlem seus bairros. Eleições consistem de votações fraudulentas e de eleitores mobilizados por líderes militares tribais que controlam o único comércio lucrativo do país, a papoula de ópio. O defeito de uma democracia majoritária em países étnica ou religiosamente divididos é revelado aqui, como foi no Iraque: as pessoas votam para os partidos que representam seu próprio grupo étnico ou religioso, intensificando assim as tensões étnicas. O regime de Karzai é corrupto, como as eleições fraudulentas em 2009 e 2010 revelaram ao mundo. A liberação de documentos do Departamento de Estado pelo WikiLeaks, registrada no *New York Times* (3 de dezembro de 2010), revela as frustrações americanas com a corrupção. Em outubro de 2009 o embaixador americano Eikenberry, após uma reunião com o irmão do Presidente Karzai, comunicou por telegrama seu desespero sobre "como combater a corrupção e conectar o povo ao seu governo quando os funcionários-chave do governo são corruptos". Os documentos forneciam as evidências. O primeiro vice-presidente foi pego contrabandeando 52 milhões em dinheiro para os Emirados Árabes Unidos; o ministro dos transportes coletava 200 milhões ao ano em taxas de transporte de carga, mas registrava somente 30 milhões com o governo; o ministro da saúde disse a diplomatas americanos que os deputados parlamentares haviam oferecido confirmar sua nomeação por 1.000 dólares por voto. Havia muitas instâncias mais. Muitos diplomatas internacionais e trabalhadores de ONGs entrevistados por Rosen (2010: cap. 11: esp. p. 462-463) permaneciam pessimistas sobre o resultado, e pensavam que a nova "estratégia contrainsurgência" (*counterinsurgency strategy* – Coin) mudaria pouco. Muitos dos entrevistados afegãos acreditavam que depois que os americanos partissem, Karzai fugiria e o talibã formaria um governo de coalizão com outros grupos de oposição. Acho isso um pouco pessimista. O governo de Karzai pode provavelmente manter mais cidades e estradas importantes, uma vez que as forças de segurança afegãs melhoraram e como os talibãs não atraem muitos afegãos urbanos. Todavia, o talibã e seus aliados provavelmente controlarão áreas rurais, especialmente no Oriente. As eleições prometidas para 2014 poderiam dividir mais os afegãos em termos étnicos e tribais. O Afeganistão permanece uma bagunça.

Pior, contudo, é que o Paquistão também foi desestabilizado pela bagunça afegã, e possui armas nucleares, que podem não ser seguramente protegidas de roubo ou venda. O Centro de Monitoração de Conflitos diz que em 2011 a CIA executou 132 ataques de drone em áreas tribais do Paquistão, tomando as vidas de 938 pessoas, predominantemente civis paquistaneses. Isso ultrapassou o número total de ataques durante toda a administração Bush. Os Estados Unidos estão trocando sua política de novas invasões por drones, não apenas no Paquistão, mas também no Iêmen e na Somália. Drones podem bombardear com precisão alvos determinados, e matam muito menos inocentes do que invasões – e zero americanos. Mas dependem de relatórios de inteligência de precisão mais variável. Quando acrescentados aos numerosos ataques secretos em terra pelas forças americanas no Paquistão isso gera um *blowback**, especialmente entre os paquistaneses tribais do nordeste. A política americana fez o oposto ao que pretendia: fortaleceu o islamismo jihadista no Paquistão e enfraqueceu o governo paquistanês. Os matadores dos moderados paquistaneses são aclamados por grandes multidões.

Um certo sucesso se deu em 2 de maio de 2011, quando forças americanas encontraram e mataram Osama bin Laden em um ataque a um complexo fora de Islamabad, a capital do Paquistão. Ele já estava marginalizado por ser forçado a viver em clandestinidade extrema. Documentos retirados de seu complexo e liberados pelo exército americano em maio de 2012 revelam um homem infeliz com o que ele pensava que fosse a tomada da al Qaeda por defensores da estratégia do "inimigo próximo", e se queixava de terroristas que atacavam seus companheiros muçulmanos. Sua morte provavelmente fez pouca diferença para o movimento terrorista internacional, que depende muito mais das rebeliões árabes correntes contra regimes despóticos. Se as rebeliões triunfarem, o terrorismo será desacreditado, mas, se fracassarem, ele pode crescer como resposta. Mas a morte de bin Laden oferece um modo rápido e sujo para os americanos saírem do Afeganistão. O assassinato do principal alvo da invasão das forças americanas poderia ser uma desculpa para partir, deixando Karzai por sua própria conta. Isso acontecerá em breve, uma vez que o apoio para a guerra nos Estados Unidos diminuiu. Seria uma retirada para salvar superficialmente as aparências, como no Vietnã, embora poucos políticos americanos, percebendo a humilhação, apoiem isso. Os americanos deveriam considerar as palavras do capelão do exército britânico, Reverendo G.H. Gleig, um dos poucos sobreviventes da Primeira Guerra Anglo-Afegã. Ele escreveu em suas memórias de 1843 que foi

> uma guerra que começou sem um propósito razoável, executada com uma mistura estranha de precipitação e timidez, encerrada após sofrimento e desastre, sem muita glória vinculada ao governo que a conduziu, ou ao grande número de soldados que nela combateram. Nenhum benefício, político ou militar, foi adquirido com essa guerra. Nossa eventual evacuação do país se assemelhou à retirada de um exército derrotado.

O *blowback*

Os aspectos negativos dessas duas invasões e ocupações não dizem respeito aos dois países, mas ao *blowback* internacional. Antes da invasão, o Afeganistão continha alguns terroristas nacionais e o Iraque quase nenhum. As invasões criaram muitos mais em vários países muçulmanos. Mesmo Bush (2010) reconhece

---

* Literalmente, tiro pela culatra. É um termo criado pela Agência Central de Inteligência dos Estados Unidos (CIA), para se referir, originalmente, às consequências negativas não intencionais infligidas a um país por suas próprias operações de espionagem [N.T.].

isso: "Quando a al Qaeda perdeu seu local seguro no Afeganistão, os terroristas foram buscar um novo. Após removermos Saddam em 2003, bin Laden exortou seus combatentes para apoiar a *jihad* no Iraque. Sob muitos aspectos, o Iraque era mais desejável para eles do que o Afeganistão. Tinha reservas petrolíferas e raízes árabes. Com o tempo, o número de extremistas afiliados à al Qaeda no Afeganistão declinou para poucas centenas, enquanto o número estimado no Iraque ultrapassou dez mil". A al Qaeda se tornou mais ativa no Iraque, Jordânia, Líbano, Iêmen, Somália, Europa Ocidental e em outros lugares como uma consequência das invasões. A Estimativa de Segurança Nacional americana para 2006 admitiu: "O conflito iraquiano se tornou a 'causa célebre' para os jihadistas, alimentando um ressentimento profundo com o envolvimento americano no mundo muçulmano e cultivando apoiadores para o movimento jihadista global" (Ensalaco, 2008: 273). As melhorias para o Iraque que poderiam terminar fluindo são excedidas pela escalada internacional do terror e da guerra ao terror. Os jihadistas permaneceram globais, e, como Rosen (2010) observa: "Os Estados Unidos adotaram a visão da al Qaeda do mundo, e também tratavam o cenário mundial inteiro como um campo de batalha". Isso, diz Gerges (2005), é um grande erro dos dois lados. Há muita oposição entre os jihadistas quanto a atacar o inimigo distante, mas a agressão do inimigo distante mina o poder da facção próxima. Nem os Estados Unidos nem os terroristas podem vencer esse confronto. Tudo o que podem fazer é levar o caos para alguns lugares e muita inconveniência a vários.

Os Estados Unidos estão protegidos por grandes oceanos do *blowback* terrorista e suas comunidades muçulmanas são pequenas, diversas e conservadoras. Os britânicos possuem uma população islâmica proporcionalmente muito maior, basicamente vinda de um Paquistão agora sendo desestabilizado pela política de governo americano e britânico. Das 119 pessoas, condenadas por crimes de terrorismo islâmico na Grã-Bretanha entre 1999 e 2009, 69% eram descendentes paquistaneses nascidos no Reino Unido com passaportes britânicos. *Todos* aqueles pegos tentando ou planejando atentados a bomba deram como sua principal razão a política externa britânica (Centre for Social Cohesion report de 5 de julho de 2010). A maioria preponderante dos paquistaneses na Grã-Bretanha são cidadãos britânicos cumpridores da lei. Muitos estão enfurecidos com o assassinato britânico de grande número de muçulmanos no Afeganistão e no Iraque, e com o fracasso em lidar com o conflito Israel-Palestina. Em uma pesquisa sobre paquistaneses britânicos no jornal *Guardian*, 13% defendiam os ataques suicidas. Quando perguntados, caso tivessem de viver na mesma situação que um palestino, se poderiam considerar se tornar um terrorista suicida, surpreendentes 47% disseram que sim (Guardian, 15 de março de 2004; cf. UK Foreign and Commonwealth Office/Home Office "Draft Report on Young Muslims and Extremism", abril de 2004). O ex-diretor geral do MI5, a principal agência de inteligência britânica, revelou a uma investigação oficial que um grande aumento de avisos sobre ameaças terroristas internas após a invasão do Iraque deu ao MI5 um aumento de 100% em seu orçamento. Ele continuou: "Nosso envolvimento no Iraque radicalizou... toda uma geração de jovens – alguns entre uma geração – via nosso envolvimento no Iraque e no Afeganistão como sendo um ataque ao islã. Possivelmente, demos a Osama bin Laden sua *jihad* iraquiana, de modo que foi capaz de se mudar para o Iraque de um modo que não fora antes" (*The Independent*, 21 de julho de 2010). Uma mensagem diplomática americana liberada pelo WikiLeaks revela que muçulmanos britânicos proeminentes, incluindo dois membros do Parlamento, avisaram o governo britânico em 2007 sobre o *blowback* na comunidade muçulmana britânica da "debacle no Iraque" e da invasão israelense do Líbano. O diplomata americano não gostou do que chamou "ato reflexo". Ele escreveu: "A comunidade muçulmana não é o único elemento em culpar a política externa britânica por incitar elementos radicais... mesmo a mídia de massa expressou a crença, supostamente difundida, de que o terrorismo interno é uma resposta 'inevitável' ao envolvimento do Reino Unido no Iraque e à relutância de exigir um 'cessar-fogo imediato' no Oriente Médio" (*The Guardian*, December 13, 2010). Ele não acrescentou que estavam certos.

A Espanha teve seu principal ataque terrorista em 11 de março de 2004, seguido por uma tentativa fracassada no mês seguinte, durante o período em que seu governo conservador se aliou à política americana no Iraque. 191 pessoas morreram nesse terrível incidente. Após o governo socialista sucessor se retirar do Iraque não houve mais ataques jihadistas na Espanha.

Robert Pape analisou cada caso registrado de terrorismo suicida ocorrido entre 1980 e 2005 (315 casos). Ele concluiu que houve "pouca conexão entre terrorismo suicida e fundamentalismo islâmico, com qualquer uma das religiões do mundo... Em troca, o que praticamente todos os ataques suicidas têm em comum é um objetivo secular e estratégico específico: compelir as democracias modernas a retirarem as forças militares do território que os terroristas consideram sua pátria". "A raiz central do terrorismo suicida é o nacionalismo..." É "uma estratégia extrema de liberação nacional" (2005: 4, 79-80). Pape (2010) recentemente estendeu sua análise para os 2.200 ataques entre 1980 e 2010. A cada mês a partir de 2002 houve mais terroristas suicidas tentando matar americanos e seus aliados em países muçulmanos do que em todos os anos antes de 2001 combinados. De 1980 a 2003 houve 343 ataques suicidas no mundo. No máximo 10% foram dirigidos contra americanos. Mas quando os Estados Unidos ocuparam o Afeganistão e o Iraque os ataques suicidas totais mundiais subiram dramaticamente – de cerca de 300 em 1980-2003 para 1.800 de 2004-2009. Contudo, os ataques terroristas chegaram ao pico e estavam recentemente declinando e são agora predominantemente perpetrados por locais contra locais em zonas de guerra do Afeganistão, Iraque, Paquistão e Somália. Em 2010 apenas, somente 15 das 13.000 pessoas mortas em ataques terroristas eram americanas.

Mas o perigo para nós diminuiu. O terrorismo muçulmano dirigido contra americanos é agora insignificante, mais como uma consequência da dominação de facções do inimigo próximo entre terroristas e provisões de segurança nacional do que da política externa americana. Em seu pico foi uma resposta à nossa política externa duradoura, mas recentemente agressiva no mundo muçulmano, e à agressão crescente de nosso aliado Israel. Isso é o que os próprios terroristas suicidas enfatizaram, é isso que a própria Al Qaeda disse. Se respondermos às atrocidades terroristas com agressão no mundo muçulmano e atrocidades contra muçulmanos, simplesmente criamos mais terroristas nos visando. Mas as consequências são ainda piores do que isso poderia sugerir. Em suas tentativas de negar que suas próprias políticas criaram a ameaça terrorista contra nós, os governos britânico e americano recorrem a argumentos sobre civilização, cultura e valores. O Presidente Bush descreveu os terroristas como "uma ameaça à civilização e ao nosso modo de vida", empregando "a lógica demente do fanático", insistindo em que organizemos uma "cruzada" contra eles; o Primeiro-ministro Blair percebia "um ataque aos nossos valores". Para outros, o conflito é entre a civilização ocidental e o terrorismo islâmico enraizado em uma civilização muçulmana mais primitiva, atrasada e inclusive selvagem. Políticas podem ser rapidamente mudadas, infelizmente, a "cultura" se altera muito mais lentamente. Visões culturalistas condenam os Estados Unidos a guerras de longo prazo (Jacoby, 2010).

Elas também encorajam atrocidades. Muitos profissionais da CIA duvidam da eficácia da tortura. Khalid Shaikh Mohammed, o aparente mentor do 11/9, foi submetido ao afogamento simulado (*waterboarded*) 183 vezes, contudo sem revelar mais sobre o 11/9 do que já havia livremente dito a um jornalista da Al Jazeera dois anos antes (Bergen, 2011). A Baía de Guantánamo e a extradição extraordinária tiraram dos Estados Unidos a base moral elevada. Essas atrocidades e os ataques a mesquitas e a muçulmanos no Ocidente encorajaram mais reações extremas do lado muçulmano. Como sempre, em várias situações de conflito, os grupos de extremistas rivais dançam juntos o tango, cada um aumentando a importância do outro. O fundamentalismo islâmico não é intrinsecamente popular no Oriente Médio. Tampouco em suas formas sunitas ou xiitas (e.g., os aiatolás iranianos) se deu melhor no desenvolvimento social do que em movimentos mais seculares anteriores. A Al Qaeda em particular não oferece qualquer visão positiva para construir uma sociedade melhor. Nada tem a dizer sobre educação, assistência média e postos de trabalho. Mata indiscriminadamente, incluindo muitos civis muçulmanos, e alguns compartilham seus valores fundamentalistas. Aqueles que bombardeiam civis violam tanto o Iluminismo como os valores muçulmanos. Mas o mesmo faz o terrorismo de Estado e o bombardeio aéreo. Como os terroristas são brutais e impopulares, deveríamos ser capazes de ocupar a base elevada aos olhos de grande parte do mundo. Mas não. Perdemos nosso poder ideológico.

O segundo *blowback* é a proliferação nuclear. A política americana era admirável em uma frente, a tentativa de diplomatas e políticos americanos de manter bem guardados (com a cooperação da Rússia) os materiais do ex-programa nuclear soviético. Esse esforço começou na década de 1990 e o Presidente Obama prometeu finalizá-lo, assegurando todo material remanescente em quatro anos. Embora esse objetivo tivesse sido obstaculizado pela recusa do Congresso em votar os fundos para o projeto, documentos do WikiLeaks (*The Guardian*, December 19, 2010) revelam diplomatas americanos monitorando incansavelmente o contrabando suspeito de materiais nucleares pelo mundo. Devemos lhes agradecer por isso.

Um sucesso diferente foi alegado pelas administrações Bush: que o desenvolvimento de armas nucleares da Líbia foi detido pela invasão do Iraque. Na verdade, Muhammed Qaddafi anunciou que estava abandonando seu programa de armas apenas três dias após a queda de Bagdá – em troca do aumento da cooperação econômica, militar e de segurança com os Estados Unidos e outros países ocidentais. A invasão americana o persuadiu? Talvez isso tenha ajudado, embora Qaddafi viesse negociando com britânicos e americanos por anos, as conversas estavam fazendo progresso, e seus principais motivos pareciam ser o fim de seu isolamento internacional e sanções econômicas de modo que seus filhos não herdassem um regime pária – o que parece irônico hoje! Apesar disso, a Líbia poderia oferecer algum apoio ao caso de Bush.

Contudo, os casos iraniano, coreano e paquistanês não são histórias de sucesso. Mesmo antes de se tornar óbvio que a ocupação do Iraque seria malograda, o suposto efeito "demonstração" saiu pela culatra. O presidente reformista do Irã Khatami quis negociar com os Estados Unidos no que ele chamou um "Diálogo entre civilizações". Sob sua liderança o Irã condenou os ataques de 11/9, reuniu os agentes da Al Qaeda e auxiliou os Estados Unidos no Afeganistão. Mas a belicosidade de Bush minou Khatami, fortaleceu os conservadores clericais e levou o Irã a intensificar os esforços para obter um dissuasor nuclear. Khatami foi sucedido como presidente em 2005 pelo negador do Holocausto Ahmadinejad. Os norte-coreanos também se moveram mais rápido para as armas nucleares. O efeito demonstração compreensivelmente assustou esses regimes, uma vez que Saddam e colegas foram mortos. Mas também aumentou seu desejo de obter armas nucleares em autodefesa. Quando a ocupação do Iraque se enredou, nada poderia ser feito para parar os governos coreanos e iranianos, e a equipe de Bush havia parado de focá-los, deixando a política para os europeus, russos e chineses (Cohen, 2005: 135-139, 184-186). Isso ajudou a impedir os Estados Unidos a considerarem o conselho do rei saudita Abdullah de "cortar a cabeça da serpente", ou seja, bombardear sítios nucleares iranianos (documentos do Departamento de Estado do WikiLeaks, *New York Times*, 28 de novembro de 2010)! O *blowback* das intervenções americana e israelense no Iraque, Afeganistão e Líbano também fortaleceu o poder regional do Irã, um resultado bizarro, uma vez que anteriormente os Estados Unidos haviam sido bem-sucedidos em usar o Iraque durante o governo de Saddam para equilibrar o Irã. Se o Irã adquirisse armas nucleares (embora serviços de inteligência começassem a lançar alguma dúvida sobre isso em meados de 2011) pode ser difícil de dissuadir Israel de ataques preventivos, incluindo ataques nucleares, e também faz com que os rivais regionais do Irã como Iraque, Arábia Saudita e Turquia os adquiram também. Nos contextos do Oriente Médio e paquistanês, se a tecnologia necessária para uma arma nuclear de valise aparecesse, terroristas suicidas altamente ideológicos se tornariam um lugar-comum. É improvável que considerem os perigos da MAD uma vez que se voluntariam para morrer em busca de glória na outra vida.

Em outros lugares no mundo muçulmano a política dos Estados Unidos permaneceu mais tradicional, sem intervenções ou ameaças importantes, favorecendo regimes despóticos, porém amigáveis, contra progressistas mais arriscados. Tendo ajudado anteriormente a desestabilizar os regimes socialistas árabes, os Estados Unidos adquiriam agora islâmicos como seus principais inimigos populistas. Juntos eles provocavam danos. Líbano, Iêmen e Somália carecem de governo efetivo, o Paquistão está no limite. Egípcios e tunisianos depuseram ditadores apoiados pelos Estados Unidos no começo de 2011, sem qualquer ajuda dos Estados Unidos. Telegramas da Tunísia vazados pelo WikiLeaks (*New York Times*, 16 de janeiro de 2011) revelam que ao longo de vários anos diplomatas americanos estavam descrevendo o regime como corrupto e autoritário, controlado por uma família governante de estilo mafioso, todavia, ainda elogiavam nosso aliado, o ditador Ben Ali, por prever estabilidade e reprimir islâmicos. Quando manifestações de massa da Primavera Árabe de 2011 se espalharam para Bahrein, porto de origem da Quinta Frota americana, a administração Obama insistiu na moderação do rei, mas ele ignorou e com ajuda de tropas enviadas de nosso aliado vizinho, a Arábia Saudita, ele reprimiu os manifestantes. Os Estados Unidos nada farão para impedir a repressão, mesmo que estejam desconfortáveis com ela. Isso é descrito na mídia americana como caminhar em uma corda bamba entre estabilidade e democracia, ainda que a metáfora não seja adequada, uma vez que os Estados Unidos consistentemente caem da corda para o lado despótico. Na Argélia, em dezembro de 1991, a Frente de Salvação Islâmica venceu uma eleição, mas os resultados foram imediatamente anulados por um golpe militar com o apoio dos Estados Unidos. Os Estados Unidos se recusaram a aceitar o triunfo eleitoral do Hamas na Palestina em 2006 e os sucessos eleitorais do Hezbollah no Líbano em 2009. A democracia é um objetivo da política americana somente se puderem levar seus amigos ao poder. Ironicamente, o único país muçulmano nessa região com uma democracia genuína, a Turquia, é no presente governado pelo moderadamente islâmico partido AK.

Somente na Líbia, em 2011, os Estados Unidos intervieram para ajudar a depor um ditador, mas Qaddafi nunca foi um aliado americano. A Líbia também tinha petróleo, obviamente uma razão necessária para a intervenção dos governos americano e europeu, embora o desejo de resgatar rebeldes de um regime assassino fosse também uma motivação genuína, e dessa vez as potências garantiram a aprovação da ONU e mesmo da Liga Árabe, cuja maioria dos membros havia sido isolada pelo comportamento errático de Qaddafi. A intervenção não foi unilateral, mas uma operação combinada da Otan, com uma presença britânica e francesa substancial ainda que dependendo bastante do poder aéreo americano, o qual Obama buscou minimizar em público. O poder aéreo degradou a infraestrutura militar de Qaddafi tão completamente que os rebeldes foram capazes de obter a vitória em terra. Se poderão ou não também exercer poder político estável e razoavelmente representativo após isso permanece duvidoso. A democracia não é tão fácil e o caos político certamente leva de volta ao despotismo. A taxa de mortes da intervenção – estimada pelo novo governo da Líbia em 30.000 – pode ser equiparada àquela que poderia ter resultado da repressão de Qaddafi à rebelião. É impossível dizer até agora se a intervenção foi uma iniciativa que valeu a pena. Talvez fosse um risco que compensou assumir. Contudo, no geral, esperaria um futuro melhor para os países árabes vir do conflito político local, como na Primavera Árabe.

No geral, as políticas americanas acrescentaram instabilidade à região e terroristas internacionais ao mundo, o oposto do que o império deveria fazer. A implicação política mais óbvia do *blowback* é parar de invadir países estrangeiros. Tentar o equilíbrio externo em troca, diz Pape. Eu acrescentaria colocar mais pressão em Israel e oferecer mais ajuda econômica e menos ajuda militar aos países muçulmanos – o que também seria muito mais barato do que invasão. O islã sempre foi resiliente quando defrontado com o imperialismo – britânico, francês, soviético ou americano. Os terroristas podem encontrar apoio ideológico na mobilização da linguagem do islã para recrutar apoio. É por isso que por vezes aparece que o fundamentalismo islâmico é nosso inimigo. A conclusão dessa aparência é que a solução é invadir e reconstruir países muçulmanos hostis, impondo valores ocidentais à sua cultura. Mas essas conclusões são falsas. O contrário é verdadeiro. Os maiores partidos políticos nos Estados Unidos e na Grã-Bretanha dizem que o terrorismo é a principal razão para manter nossos militares em países muçulmanos. Ao contrário, é a principal razão para tirá-los de lá. Enquanto as potências ocidentais ameaçarem ou invadirem países muçulmanos, mais terroristas são criados. Não somente nossas políticas fracassam nos países invadidos, mas o *blowback* que produzem é exatamente o que estávamos tentando combater em primeiro lugar. Todavia, a lição ainda não foi aprendida. O equilíbrio externo anterior não parecia bom o bastante. Mas, em retrospecto, parece ótimo.

Dois imperialismos ou um?

Havia duas cristalizações imperiais, econômica e militar, estreitamente vinculadas? Em três sentidos, elas estavam. Primeiro, o petróleo era importante quando vinculado a uma estratégia geopolítica excessivamente ambiciosa. Segundo, a dominação econômica permite aos Estados Unidos bancar esse enorme exército sem sobrecarregar de impostos os americanos. Estrangeiros têm de pagar por isso por meio da senhoriagem do dólar. Terceiro, os dois imperialismos compartilham um lar dentro da tradição americana de equiparar liberdade política com liberdade econômica do empreendedor. O Projeto para o Novo Século Americano foi o *lobby* conservador-chave no final da década de 1990 e sua declaração fundadora havia convocado para uma "política reaganita de força militar e clareza moral... [para]... promover a causa da liberdade política e econômica no exterior". Todos esses três vínculos eram parte da intensificação do imperialismo econômico, e, em uma extensão menor, do imperialismo militar. Mas as duas iniciativas foram parte da mesma estratégia imperial?

Os teóricos dos sistemas mundiais dizem "sim". Eles afirmam que os Estados Unidos escolheram a agressão militar para inverter o relativo declínio econômico, como alegam que os hegêmonas em declínio anteriores fizeram (Harvey, 2003; Wallerstein, 2003). Harvey distingue entre duas lógicas de poder, a territorial e a capitalista (como também fiz), mas tende a reduzir a primeira à segunda. Ele argumenta que, com uma economia em declínio, revelada pela desindustrialização e pelo retorno ao capital financeiro, déficits comerciais e aos débitos de consumo cada vez maiores, a administração Bush buscou inverter o declínio econômico com uma agressão militar, que asseguraria o controle de todo petróleo do Oriente Médio. Os teóricos dos sistemas mundiais acrescentam uma analogia com o Império Britânico: à medida que cada potência hegemônica enfraquecia, tornava-se mais agressiva, tentando se manter no império pela força militar. A analogia é falsa, uma vez que vimos que os britânicos se tornaram menos agressivos à medida que declinavam, declarando que eram uma potência saciada interessada somente em defender o que tinham. Mas isso vale para os americanos?

Cada guerra desde 1991 (a Guerra do Golfo, Bósnia/Kosovo, Afeganistão e do Iraque em 2003) resultou em mais bases americanas cercando os campos de petróleo e gás natural do Oriente Médio e do Cáucaso. Esse é o elemento consistente no novo imperialismo? Se os Estados Unidos não podem mais contar com seus poderes coercivos dentro de mercados econômicos, talvez esteja se voltando para o poder militar para garantir suas necessidades de energia. Alguns em Washington pensam desse modo. Todavia, o círculo de bases não traz mais petróleo ou gás, pois as bases não criam estados clientes. Quando os Estados Unidos tentaram influenciar o Presidente Karimov do Uzbequistão a diminuir sua repressão, ele se recusou. Na verdade, ele pediu aos soldados americanos para deixarem seu país e começarem a negociar um acordo alternativo com a Rússia, embora isso fosse somente para garantir um acordo melhor para os americanos. Os sauditas pediram aos americanos para que fechassem suas bases locais, acreditando que a presença americana enfraquecesse seu controle do país. Os Estados Unidos obedeceram. Bases não oferecem muito poder coercivo local.

Como mostrei anteriormente, o poder econômico americano não declinou entre 1970 e 2000. Na verdade, a intensificação do ajuste estrutural e da senhoriagem do dólar, e o dinamismo tecnológico na década de 1990, *aumentaram* o imperialismo econômico americano. Harvey aceita a teoria de Arrighi segundo a qual hegêmonas declinam à medida que mudam da produção para o setor financeiro. No capítulo 6, duvidei se isso valia para os Estados Unidos. Todavia, não há indicação de que os falcões sequer soubessem da existência de uma teoria assim, que dirá acreditarem nela. Eles pareciam supremamente confiantes nos poderes da América, econômico, ideológico, militar e político. Superconfiança foi seu ponto fraco. A estratégia americana não era produzir declínio econômico por meios militares, como na teoria dos sistemas mundiais, mas *aumentar* a dominação global por meios tanto econômicos quanto militares. Essa era a intenção do vice-Presidente Cheney, do Secretário de Defesa Rumsfeld e do Secretário-assistente Wolfowitz. Eles buscavam estender o poder americano no mundo, a partir de um sentido equívoco de força, não de um sentido de fraqueza.

Contudo, as estratégias econômicas e militares foram muitas vezes promovidas por diferentes atores. A intensificação econômica foi promovida pelos estados do norte global, pelo setor financeiro e pelo capital corporativo de um modo mais geral, enquanto o imperialismo militar era promovido unilateralmente a partir de Washington (exceto por Tony Blair). A administração Clinton focou no comércio internacional e no setor financeiro, apoiado por grandes capitalistas. Clinton tinha grande fé na globalização como livre-comércio. Ele acreditava que isso produzisse benefícios comuns para todas as nações, que era muito diferente da concepção neoconservadora de soma zero da política externa, nós contra eles. Ele se opunha ao protecionismo, que era importante em seu próprio partido, e foi apoiado por republicanos empresários, não por neoconservadores. Ele atingiu muitos de seus objetivos: a Nafta (*North American Free Trade Agreement* – Acordo de Comércio Livre Norte-Americano), o resgate do peso mexicano, a conversão de um Gatt voluntarista em uma OMC com poderes de imposição, e introduzir a China na OMC (Chollet & Goldgeier, 2008: 148-169, 326). Em contraste, o militarismo passou a dominar os escritos dos intelectuais neoconservadores, enquanto temas econômicos internacionais lhes interessavam pouco. O livro de ensaios editado pelos indômitos da Weekly Standard, Kagan e Kristol (2000), contém somente uma recomendação econômica: dobrar o orçamento militar. O livro editado pelo presidente do Partido Republicano, Haley Barbour (1996), tem um capítulo endossando o livre-comércio. Mas suas vinte e quatro páginas são enormemente sobrepujadas pelas noventa e duas dedicadas à política externa "dura" e ao exército. Richard Perle presta pouca atenção a temas de comércio ou econômicos (de acordo com a biografia de Weisman, 2007). Kristol faz apenas duas saudações ao capitalismo, dizendo que, embora promovesse liberdade e riqueza para muitas pessoas, carecia de moralidade. Ele, como outros neoconservadores, favorece um Estado muito mais forte do que os neoliberais. Os decisores políticos do grupo dos falcões, Cheney, Rumsfeld e outros, mostravam pouco interesse pelo imperialismo econômico em geral – com a grande exceção do petróleo.

Não havia separação total, pois havia interesse comum em minar Saddam Hussein e em opor o isolacionismo americano, e houve uma breve tentativa de impor o neoliberalismo no Iraque. Mas houve também uma mudança dos poderes departamentais quando Clinton foi substituído por Bush. O Pentágono se sobrepôs ao Estado e ao Tesouro em influência e o posto do vice-presidente durante o período de Cheney ficou mais forte. Os conflitos entre Defesa e Estado se tornaram legendários, mas quando as guerras eram preparadas o Pentágono dominava. O Tesouro e o Comércio prosseguiram com as políticas comerciais de Clinton, continuando quietamente a mudança para acordos de livre-comércio bilaterais, mas isso era separado da política externa "mais dura". Os civis que administravam o Pentágono dominavam a política externa, mas reservadamente. Portanto, diferentes partes do Estado estavam envolvidas nas duas intensificações, usando métodos diferentes. Isso não era dois imperialismos, mas não estavam intimamente conectados e não consistiam de um grande esquema único.

Aqueles que favorecem uma interpretação capitalista mais conspiratória da invasão citam as interconexões de administração e corporações de manutenção e de construção como Haliburton, Bechtel e Parsons. Juhazs (2006) observa que 150 corporações americanas tiveram 50 bilhões de lucro com a reconstrução do Iraque, com Haliburton facilmente a maior beneficiária com 12 bilhões. Mas as maiores corporações de petróleo obtiveram lucros muito maiores do que eles. Talvez as conexões de Cheney com Haliburton, ou as de George Schultz com Bechtel, conseguiram o contrato para sua firma em vez de outra, embora não pareça que os vínculos de Condoleeza Rice com a Chevron tenham produzido uma recompensa. Seria de esperar que a administração tivesse, na verdade, em algum ponto consultado companhias de construção sobre os custos de reconstrução, especialmente devido à provável extensão dos bombardeios americanos. Mas uma guerra alguma vez foi instigada por firmas de construção na esperança de lucrar com sua devastação? Isso seria uma subordinação surpreendentemente irracional dos interesses americanos a uma pequena fração do capital politicamente conectado. Não, a guerra foi liderada a partir de dentro da administração, e não a pedido de grupos externos de pressão – sempre excetuando o *lobby* israelense.

Com certeza, a força econômica americana fornece os recursos para seu exército, enquanto a posição de seu exército desde a Segunda Guerra Mundial garantiu a força econômica. Houve uma vinculação corrente entre os dois na breve tentativa de submeter o Iraque a programas de ajustes estruturais, embora isso não incluísse o petróleo e derivasse menos de princípios econômicos do que daquilo que chamei de excomunhão de um sentimento de missão corte/queima/renascimento para muitos economistas. A conexão enquanto os republicanos estavam no poder (até 2008) era mais fraca: dois grupos de interesse conservadores concordaram com uma compensação – você pode ter sua política, se pudermos ter a nossa. Mas eles mostraram pouco interesse nas políticas dos outros, e os imperialistas econômicos tinham se dado melhor durante o governo de Clinton.

De um modo geral, os imperialismos econômico e militar foram muito cristalizações de poder muito distintas. O imperialismo econômico foi bem-sucedido em manter o poder americano durante três décadas, enquanto seu imperialismo militar foi um fracasso. O primeiro se intensificou gradualmente, passo a passo, enquanto os americanos começavam a perceber que novos poderes eles possuíam para garantir os interesses dos Estados Unidos como vistos pelas lentes do setor financeiro e dos capitalistas corporativos americanos. Em contraste, a intensificação militar foi germinada ideologicamente e exercida por meio da superconfiança no poder militar. Envolveu uma extensa simplificação da história moderna e uma desconsideração grosseira das realidades globais e regionais. Seu fracasso diminuiu um pouco a extensão da globalização universal. A afirmação de Huntington em 1996 de um choque fundamental de civilizações não foi verdadeira na época em que escreveu, mas seu núcleo – um conflito entre as civilizações cristã e muçulmana – se tornou mais verdadeiro enquanto escrevia, graças aos esforços conjuntos de administrações americanas e terroristas. Eles converteram uma divisão religiosa em uma divisão também política e geopolítica, embora provavelmente também tenham ampliado divisões dentro da civilização cristã e especialmente da civilização muçulmana.

Conclusão

Durante o governo de Bush filho a fé na missão ideológica e no poder militar da América subjugaram um senso de realismo. Os imperialistas propuseram devastar e queimar seu caminho através do mundo muçulmano a fim de vê-lo renascer à imagem da América. Eles acreditavam que os Estados Unidos possuíssem o poder para realizar isso. A conselheira de segurança nacional, Condolezza Rice, declarou: "Os valores americanos são universais" e os Estados Unidos estão "do lado certo da história". Todavia, os valores são mais diversos, e a história, mais complexa – e os Estados Unidos careceram do poder político e ideológico para realizar a missão. Esse foi um exemplo da racionalidade de valor de Weber no qual o compromisso com objetivos ideológicos sobrepuja instrumentalmente os cálculos racionais sobre a relação de meios e fins disponíveis. A resposta à famosa questão de Madeleine Albright é que ter quase metade do gasto militar do mundo tem pouca utilidade em garantir os interesses americanos ou o melhoramento do mundo. Um exército desse tamanho passou a servir a nenhum propósito discernível.

Os públicos americano e britânico também se aperceberam disso. O governo americano se esforçou para controlar o fluxo de informações e criar uma atmosfera de medo, exatamente como haviam feito em guerras anteriores. Repórteres dissidentes foram demitidos e correspondentes de guerra foram inseridos em unidades militares americanas, e a divulgação de caixões retornando e funerais foi banida. Os Estados Unidos se recusaram a divulgar os números de mortos afegãos ou iraquianos. Rejeitaram a conscrição sabendo que os americanos não se sacrificariam em uma causa tão distante, e confiaram no militarismo de transferência de risco para evitar negociar com americanos comuns por seu apoio. A despeito dessas precauções, a opinião pública azedou. O apoio para a guerra no Iraque diminuiu pela metade, para cerca de 30 por cento tanto nos Estados Unidos quanto na Grã-Bretanha no final de 2006, e a intenção anunciada de Obama de encerrá-la foi popular. Ao final de 2010 uma maioria de britânicos e americanos via a guerra afegã como uma causa perdida. Essas haviam sido guerras de escolha, e muitos agora escolhiam terminá-la. A opinião pública, como a administração Bush, não endossava a intensificação militar por um sentimento de fraqueza ou declínio, como a teoria dos sistemas mundiais diz, mas por um sentimento de orgulho na força. Mas o público aceitou seu erro mais rápido. Assim como o secretário de defesa Robert Gares que foi encarregado dessas duas ocupações a partir de dezembro de 2006, e que serviu por vinte e seis anos antes disso na CIA e no Conselho de Segurança Nacional. Em um discurso para cadetes de West Point registrado no *The New York Times*, em 26 de fevereiro de 2011, ele declarou: "Em minha opinião, qualquer secretário de defesa futuro que aconselhe o presidente a enviar novamente um grande exército de terra americano para a Ásia ou para o Oriente Médio ou para a África deveria 'ter sua cabeça examinada', como o general MacArthur tão delicadamente colocou". Gates sugeriu que intervenções futuras deveriam ser pela marinha e pela força aérea – império informal com canhoneiras. Americanos, incluindo republicanos como Gates, parecem estar desenvolvendo fadiga de combate.

A política de intervenções militares preventivas fracassou conspicuamente. Eu e outros previmos isso de antemão. Quando começaram a fracassar, os imperialistas exigiram mais aumentos, mais militarismo. Isso é característico de ideólogos cujas políticas começam a fracassar. Retroceder seria uma admissão de fracasso e do fim de sua influência política. Essa também fora a visão dos militaristas japoneses no final da década de 1930. Quando muitos estrategistas militares estavam aconselhando um fim à expansão japonesa, uma vez que não importava quantas colônias o Japão conquistasse, ele ainda dependeria crucialmente dos mercados controlados por americanos e britânicos, a liderança de Tóquio os ignorava ou os demitia. Imperialistas americanos fizeram o mesmo, mas por sorte os Estados Unidos são uma democracia e foram removidos do posto.

Todavia, não podemos nos confortar, como Ikenberry (2006: cap. 10) faz, proclamando "o fim do momento neoconservador", pois esse momento se tornou uma profecia autorrealizável. A administração Obama continuou o que são políticas essencialmente neoconservadoras e militaristas. A despeito de sua retórica mais gentil e seu bizarro Prêmio Nobel da Paz, Obama aumentou a ofensiva militar no Afeganistão e a expandiu sobre a fronteira paquistanesa com sua própria ofensiva drone. Ele ainda está envolvido em conflitos em cinco países muçulmanos: Afeganistão, Paquistão, Iraque, Somália e Iêmen. Ele não fechou a Baía de Guantánamo nem freou a extradição extraordinária e se tornou o primeiro presidente americano a autorizar o assassinato de um cidadão americano. Bush filho deve estar orgulhoso dele.

Graças a essas políticas imperialistas, os terroristas proliferaram. Eles são móveis, difíceis de identificar, dedicados a matar ocidentais, especialmente americanos e britânicos, e estão dispostos a morrer no processo. São outro exemplo de "emergência intersticial", a dinâmica do poder devolvendo problemas inesperados para a sociedade. Um punhado de militantes, embora com um grupo maior de simpatizantes, inesperadamente emergiu para criar ameaças desproporcionais aos seus membros. Encorajados por falcões em Washington e em Londres eles criaram uma guerra ao terror que afetou todas as nossas vidas. 3.000 cidadãos americanos foram mortos em 11/9, uma terrível atrocidade única. A resposta americana custou 3 trilhões, uma soma enorme, que ainda assim fez muito pouco. Agora, quase não há terroristas atacando alvos fora de seu país. A ação policial internacional, não os militares, foi responsável por esse declínio. Os poucos terroristas remanescentes nos atacando permanecem reais e devemos obviamente pegá-los antes que eles nos peguem, embora não por meio de bombardeio aéreo. Permitam-nos declarar terminada essa guerra ao terror e a histeria nacional e as restrições às liberdades civis que isso gerou. Perdoo em Bush seu acesso emocionalmente compreensível "peguem-nos mortos ou vivos", embora não seu papel em provocar a erupção de terroristas em primeiro lugar, tampouco seu cultivo da subsequente histeria pelo terror a fim de restringir nossos direitos civis. Não perdoo Obama por continuar isso.

Valores iluministas de democracia, liberdade e tolerância devem ser defendidos contra jihadistas e outros terroristas, mas também contra nossos próprios estados de segurança nacionais. A Baía de Guantánamo, extradição extraordinária e bombardeios aéreos minaram esses valores. A Patriot Act americana aprovada em 2001, renovada em 2006, deu ao Estado novos poderes para grampear telefones, e-mails e registros médicos, financeiros e mesmo de bibliotecas; facilitou restrições à coleta de inteligência estrangeira dentro dos Estados Unidos; expandiu a autoridade do Estado para examinar transações financeiras, especialmente de estrangeiros; e ampliou o arbítrio do Estado na detenção (se necessária, indefinidamente) ou deportação de imigrantes suspeitos de atos ou intenções relacionados a terrorismo. Stone (2004: 528) diz que "os Estados Unidos possuem uma história longa e desafortunada de reações exageradas aos perigos de tempo de guerra. Repetidamente, americanos permitiram que o medo tirasse o melhor deles". Ele observa que agora está fazendo o mesmo novamente. O outro invasor do Iraque, o Reino Unido, introduziu poderes comparáveis em sua Terrorism Act de 2006. Outros estados introduziram medidas de segurança restritas menos draconianas. O *habeas corpus*, por muito tempo pleiteado por nossos ancestrais, encontra-se em perigo. Agamben (2005: 2-4, 14, 22) detecta "uma tendência contínua em todas as democracias ocidentais, a declaração do Estado de exceção foi gradualmente substituído por uma generalização sem precedentes da segurança como a técnica normal do governo". Ele afirmou que Bush filho estava "tentando produzir uma situação na qual a emergência se torna a regra, e a própria distinção entre paz e guerra... se torna impossível". O Estado de Exceção se torna a regra. Valores iluministas universais estão sendo erodidos pelas forças do *establishment*.

Podemos maldizer os estúpidos que nos puseram nisso, mas eles foram bem-sucedidos em nos mergulhar completamente em sua estupidez. A administração Obama está mergulhada no legado neoconservador, parcialmente encurralada pelo Congresso. Fracassou em pressionar Israel para parar de roubar terras palestinas e de estrangular o Estado palestino. Israel disse aos diplomatas americanos que deliberadamente mantinham a economia da Faixa de Gaza "à beira do colapso" sem "precipitá-la", um telegrama diplomático americano em 2008 revelou (telegrama do WikiLeaks, postado online pelo jornal norueguês *Aftenposten*, 5 de janeiro de 2011). O grupo dos direitos humanos israelenses B'Tselem diz que em julho de 2010 conselhos de colonos judaicos cercaram 42% da Cisjordânia palestina, uma proporção inacreditável, ilegal sob o direito internacional. Incluía 21% das terras que o Estado de Israel reconhecia ser privadamente propriedade de palestinos, o que era contra a lei israelense. O Estado israelense ainda auxilia apropriações de terras e os Estados Unidos reclama verbalmente, mas nada faz. Sua ideia de pressão em novembro de 2010 foi oferecer a Israel vinte aviões de caça, no valor de 3 bilhões, em troca de uma mera moratória de noventa dias na construção de assentamentos! Israel nem isso aceitou. Israel absorveu 20% do orçamento de ajuda estrangeira americana mais a ajuda militar equivalente a 27 bilhões desde 2000. Sua sobrevivência depende da ajuda americana, o que *deveria* dar aos Estados Unidos uma vantagem, mas nunca a exercem. O Estado palestino extremamente pobre é ainda mais dependente de sua ajuda americana muito menor. Em 2011, os Estados Unidos quebraram para defender Israel, rejeitando a solicitação palestina para ingressar como um Estado membro das Nações Unidas, com grande dano ao seu *status* internacional e suas pretensões de serem o pacificador do Oriente Médio.

O Presidente Clinton apresentou seus parâmetros de paz após o fracasso do encontro de Camp David em 2000. Israel e um novo Estado palestino reconheceriam um ao outro; sua fronteira seguiria a linha pré-1967 exceto por ajustes para novas comunidades de colonos judeus adjacentes à fronteira pela qual os palestinos seriam compensados com terras em outros lugares; Jerusalém se tornaria uma capital compartilhada; e os refugiados seriam reassentados e/ou compensados, mas sem um direito automático de retorno. Esses foram os termos com os quais o primeiro-ministro israelense Olmert e o primeiro-ministro palestino Abbas quase concordaram em setembro de 2008 e permanecem a base óbvia de um acordo de paz. Os Estados Unidos, e somente os Estados Unidos, têm o poder de arrastar os partidos para assinar um. É o único passo mais provável para conquistar amigos para os americanos no Oriente Médio e conter o fluxo terrorista. Mas o *lobby* pró-israelense do governo nos Estados Unidos impede isso, convencendo ambos os partidos de que uma política pró-Israel poderia desequilibrar a balança em meia dúzia de assentos no Congresso e talvez mesmo em dois assentos no Senado (Flórida e Nova York).

Grande parte do *establishment* político estrangeiro – assim como republicanos e democratas – ainda acredita que a ação militar permanece necessária para derrotar terroristas, e todos acreditam em uma responsabilidade americana para levar ordem ao mundo (e.g., Gelb, 2009; Kagan, 2012; Brzezinski, 2012). Agora, é difícil para políticos americanos proeminentes publicamente insistirem numa retirada dessas iniciativas. Eles não querem uma repetição no Iraque ou no Afeganistão daquelas últimas cenas desesperadas da embaixada americana em Saigon em 30 de abril de 1975, quando helicópteros americanos pairavam no ar, recolhendo os últimos americanos, enquanto multidões de seus amigos vietnamitas se acotovelavam e imploravam desesperada e inutilmente para serem recolhidos também. Como pode a maior potência no mundo admitir derrota nas mãos desses inimigos iraquianos e afegãos insignificantes? Como partir graciosamente, sem humilhação? Não podemos. E, depois, humilhação não é a pior coisa.

Os Estados Unidos agora não levam ordem ao mundo. As evidências da última década apontam para a conclusão oposta: os Estados Unidos abalam o equilíbrio na direção da desordem – ao menos esse é o caso no Oriente Médio, e também de um modo diferente no México e na Colômbia, dividida por guerras sangrentas de drogas provocadas pela demanda dos americanos por drogas. Mas é difícil para os americanos aceitarem isso. Kagan e Brzezinski se reduziram a argumentar que o mundo sob dominação americana é melhor do que um mundo sob dominação de Moscou ou Pequim. Ernest Gellner sempre argumentou o mesmo. Mas hoje e amanhã essa não é mais a alternativa realista. Kagan e Brzezinski argumentam que o poder da China é muito menor que o dos Estados Unidos e que é improvável que a China se torne hegemônica, cercada como está por vizinhos desconfiados. Cedo ou tarde, um mundo multipolar retornará, não a dominação por uma ou duas potências. E isso não oferecerá ameaça à democracia (onde ela existe) ou ao comércio aberto (como é), que são as duas defesas supostamente apresentadas pelos Estados Unidos. Na verdade, uma ordem multilateral provavelmente oferece uma chance melhor de combater a mudança climática, a maior ameaça ao mundo, do que a dominação americana (como veremos no capítulo 12).

Todavia, tenho pouca confiança que essa visão prevaleça, uma vez que o imperialismo está profundamente incrustado na ideologia e política americanas contemporâneas e muitos políticos americanos acreditam que só podem ser reeleitos se não antagonizarem o *lobby* do governo pró-israelense. Essa guerra ao terror ainda durará por um tempo. Os Estados Unidos possuem o poder militar para destruir, mas não têm o poder político ou ideológico para reconstruir. Mas quase nenhum político americano e alguns intelectuais do *think tank* de Washington aceitam isso. Um sentimento de responsabilidade pela ordem mundial combinado com a consequente desmoralização com uma retirada impedem isso. Preocupações com *status* permanecem importantes em geopolítica, fazendo com que líderes prefiram fazer guerra a retroceder. O Afeganistão, a esse respeito, pode fazer para Obama o que o Vietnã fez para Lyndon Johnson e o Iraque para Bush filho.

Essas não são grandes guerras. Com o tempo, podem não ser de grande importância global. Para uma potência imperial, essa quantidade de militares mortos e feridos é sacrificável – e os Estados Unidos estão constantemente concebendo novos esquemas de transferência de risco para proteger as vidas de seus soldados. Iraquianos, afegãos, paquistaneses e construtores mercenários estrangeiros assumem o impacto. Os custos financeiros de algo em torno de 3,5 trilhões são enormes, mas suportáveis em uma economia de 14 trilhões. A inconveniência da segurança elevada quando viajamos por ar é irritante, enquanto o estado aparentemente permanente de emergência deveria provocar alarme, uma vez que é uma regressão nos direitos de cidadania civil. Todavia, essas guerras não são muito intrusivas em nosso modo de vida ocidental privilegiado. Pois os poucos críticos e suspeitos grampeados, buscas e prisões sem autorizações, detenções indefinidas sem julgamento, extradição extrema e tortura são ocasionalmente intrusões horríveis, que minam os valores universais que os Estados Unidos alegam incorporar. Não só o poder militar americano não é inadequado para a tarefa em questão, como também os Estados Unidos perderam parte de sua autoridade moral, seu poder ideológico.

Esses fracassos americanos não indicam ainda o declínio americano. Os Estados Unidos não falharam em conquistar vitórias que no passado estavam dentro de suas capacidades. Quando combateram no Vietnã contra inimigos de guerrilha tão determinados quanto aqueles no Afeganistão, foram derrotados. E *nunca* tentaram invadir um país desde a Segunda Guerra Mundial no qual não tivessem aliados locais significativos em terra, como fizeram no Iraque. Os Estados Unidos jamais poderiam ter sido vitoriosos no período pós-guerra sem a ajuda desses aliados em um país do tamanho do Iraque, e as administrações americanas foram razoáveis demais para tentar. A América não estava sobrecarregada, mas se sobrecarregando, pois o colapso da União Soviética havia dado aos Estados Unidos ilusões de grandeza. Em termos militares, os Estados Unidos podem reter um grau de domínio global sem, no entanto, buscar objetivos globais absurdamente ambiciosos.

Ao menos a experiência do Iraque parece ter ensinado lições à América. Na intervenção na Líbia em 2011 havia aliados tanto locais como internacionais. Havia aviões no ar, mas nenhuma bota americana em terra. Permita-nos esperar que a lição dure. Os Estados Unidos só devem intervir com o apoio de vizinhos e locais que possam liderar a campanha militar em terra e que possam formar um governo popular crível após. Essas condições não são muitas vezes encontradas nessa época de nacionalismo. Elas foram encontradas em Granada e no Panamá (países pequenos, claro), e, de um modo mais complexo, na ex-Iugoslávia, talvez, na Líbia, e estiveram presentes, mas não fizeram sua parte em Ruanda. Mas não foram encontradas na Somália, Iraque ou Afeganistão, e provavelmente não estarão presentes em muitos outros países. Na falta dessas condições, não intervenção é a melhor política. Por mais desagradável que seja assistir a ditadores reprimindo seus povos, deveríamos ter aprendido a essas alturas que a intervenção militar muitas vezes tende a tornar as coisas piores. Por mais perturbadoras que sejam algumas das crenças de alguns islâmicos, não são assunto nosso, a menos que sejam direcionadas a nós. Em vez de reivindicar o direito de intervir em países estrangeiros em qualquer lugar, os Estados Unidos deveriam cumprir suas promessas de segurança para países como a Coreia do Sul, Taiwan e Israel, enquanto os pressionasse a se comportarem melhor. Deveriam preservar o poder militar, não para subjugar, mas para deter inimigos potenciais. Isso poderia reduzir o gasto militar americano para algo em torno de 25 e 50% e o mundo seria um lugar mais seguro. Os Estados Unidos devem aprender especialmente uma lição que outros impérios aprenderam antes: os muçulmanos não aceitam facilmente o império estrangeiro. Isso é difícil de engolir, uma vez que todos os países identificados presentemente pelas administrações americanas como hostis são muçulmanos.

Estupidez e não fraqueza tem sido o problema, e as forças americanas permanecem. O dólar ainda domina. Mais de 60% das reservas estrangeiras do mundo são mantidas em dólares (somente 27% são mantidas em euros) e o dólar é a referência para cerca de metade das moedas do mundo. Um sistema educacional superior incomparável ainda produz prêmios Nobel e inovação tecnológica. Combinado a uma política de imigração flexível, isso despeja cientistas, cientistas sociais e engenheiros. Em 2006, 37% dos Ph.Ds. na ciência eram estrangeiros e 20% dos Ph.Ds. da engenharia e da ciência da computação eram asiático-americanos (*Statistical Abstract of the United States*, 2009: 761).

Apesar disso, um sentimento de decadência americana está no ar. Um imperialismo fracassado mergulhou uma região em dificuldade política e um neoliberalismo fracassado levou grande parte do mundo a dificuldades econômicas. A América parece incapaz de tratar a dívida governamental, mudança climática, um sistema de saúde disfuncional, a educação secundária em declínio, buracos nas estradas e níveis de desigualdade de classes que minam a cidadania social laboriosamente construída ao longo de meio século. Um partido político importante rejeita a ciência e a ciência social, incluindo a evolução, a mudança climática e a habilidade dos governos de criar postos de trabalho. O outro partido é medroso e desunido, em princípio, disposto a confrontar problemas, mas, na prática, incapaz. Sua combinação dentro de uma separação de poderes cada vez mais ampla é um regime estagnado corrompido por grandes empresas, perversamente legitimado pelo judiciário. Por volta de 40 a.C. Cícero listou uma série de inimigos de uma república romana deslizando para o império. Ele termina declarando: "Nos apercebemos que, no fim, tudo está à venda". A possibilidade se sugere que a combinação de corrupção capitalista, ideologia fantasista e incompetência política indica o fim terminal desse império/hegemonia mais cedo do que poderíamos pensar.

Um relativo declínio econômico americano virá. A contribuição para o PIB mundial (medida pela paridade do poder de compra) está nivelada com a União Europeia, logo abaixo à dos quatro países do Bric combinados. Mas esse nível está caindo. Os Estados Unidos ainda têm uma liderança sobre qualquer Estado-nação único e isso importa para uma moeda de reserva. Eichengreen (2009) sugere que o dólar permanecerá "a principal forma de reservas internacionais por muito tempo". Ele prevê que o euro ganhará participação no mercado, e no prazo mais longo o renminbi chinês se juntará a ele. "Mas, até onde podemos claramente prever, o dólar permanecerá o primeiro entre iguais". O FMI é menos otimista, vendo o reino do dólar terminar por volta de 2025.

Todavia, a Recessão prejudicou o prestígio econômico americano, o euro é problemático e não possui um Estado coerente único por trás dele. A UE gasta menos de 1% do PIB europeu, uma indicação de seu pequeno tamanho e força. Sua Constituição foi concebida de modo que a política se movesse ao ritmo do país mais lento. Da sua parte, o renminbi é uma moeda controlada pelo Estado, não livremente convertível. Nem ele nem o euro poderiam ainda servir como uma moeda de reserva. Mas uma cesta de moedas foi a moeda de reserva internacional mais normal no passado e provavelmente reaparecerá no futuro. Os países do Bric se recuperaram da recessão mais rapidamente do que os Estados Unidos, e isso aumentou a oscilação gradual no poder econômico para longe do Ocidente. Credores na China, Japão e em estados produtores de petróleo diversificarão lentamente seus investimentos estrangeiros, o que escoriará a hegemonia americana. Em algum ponto nessa trajetória de declínio lento, os níveis atuais de gasto militar americano se tornarão politicamente insustentáveis, pois sem o dólar como moeda de reserva eles exigiriam impostos mais altos dos americanos. Na verdade, o déficit orçamentário americano em 2011 levou à aceitação em Washington de que o crescimento nos gastos militares deve ser desacelerado, e por fim ligeiramente diminuído de 2017 em diante. Cortes maiores são desejáveis e prováveis. Em suas origens, os imperialismos econômico e militar americanos estavam estreitamente vinculados, e declinarão juntos. Isso pode equivaler a algo menor do que o "século americano" que Henry Luce previu em 1941. Mas ainda não está terminado.

Teóricos das RI se dividem sobre se a ascensão da China pode aumentar a ameaça de guerra. A China pós-comunista enfatizou o crescimento econômico e geopolíticas cooperativas. Juntou-se a corpos internacionais e estabeleceu mais disputas territoriais amigavelmente. Nenhum oficial militar serviu no comitê permanente do Politburo desde 1992. Mas o famoso conselho de Deng Xiaoping tinha um final não especificado: "Observe friamente, lide calmamente com as coisas, mantenha sua posição, esconda suas capacidades, ganhe tempo, realize coisas onde possível" – e então? Alguns se preocupam com a assertividade econômica da China na África, com a assertividade geopolítica em relação ao Japão, com mísseis posicionados contra a dominação americana do Mar do sul da China, e pretensões às ilhas naquele lugar. A China não tolerará interferência no Tibete e Xinjiang e Taiwan permanecem um ponto crítico potencial. O nacionalismo popular chinês aumentou e o gasto militar está aumentando, embora números do SIPRI atribuam a ele apenas um sexto do gasto americano em 2009. Líderes chineses parecem ter decidido buscar um *status* geopolítico equivalente ao seu poder econômico. Contudo, exceto pelo Japão, a China tem boas relações com os países do Sudeste Asiático, e também depende da diáspora capitalista chinesa. Se a China se tornasse mais agressiva, os outros países do leste e sul da Ásia, incluindo as usinas de força do Japão e da Índia, formariam uma aliança para equilibrar o poder chinês, e isso é um desincentivo para a China. Além disso, a China está profundamente integrada à economia americana – e vice-versa. Essa interdependência torna improvável a guerra entre eles. Alguns observam que a Primeira Guerra Mundial eclodiu a despeito da crescente interdependência das potências rivais, mas o nível de envolvimento das economias americana e chinesa é muito mais profundo do que no período anterior. Ambas economias colapsariam se a guerra banisse o comércio com o inimigo. Arrighi (2007) sugere adicionalmente que uma ressurgência asiática liderada pela China é provável ser pacífica devido ao seu registro histórico geralmente pacífico (que evidenciei no volume 3, capítulo 2, quando contrastei com a Europa histórica) e devido à natureza "arquipélago" da economia do Leste Asiático com fortes vínculos transnacionais liderados pelos chineses no exterior. A outra usina de força econômica, a União Europeia, é muito pacífica e atualmente frágil. Nas famosas palavras de um ex-primeiro-ministro belga, a Europa é "um gigante econômico, um anão político e um verme militar". Em temas de guerra e paz há muito espaço para otimismo.

Neste volume, descrevi o declínio do imperialismo no mundo, com somente um império remanescente, embora em dificuldades. O Império Americano, nas décadas pós-Segunda Guerra Mundial, tem sido o terceiro pilar das globalizações polimorfas, mas recentemente foi solicitado a suportar muito mais peso e agora está cambaleando. A paz global parecia depender muito da habilidade americana de declinar graciosamente. Embora o futuro de longo prazo possa ser mais promissor, o novo militarismo americano descrito aqui foi tudo, menos gracioso.

11
Crise global: a grande recessão neoliberal

O capítulo 6 narrou o surgimento do neoliberalismo e seu enfraquecimento no começo do século XXI. Mas a desregulamentação e o crescimento financeiro continuaram a avançar com força, especialmente no norte do mundo. Como muitos observaram, aumentos periódicos na financeirização ocorreram pelo menos desde o século XV e tenderam a levar a grandes crises financeiras, como a Bolha do Mar do Sul ou a Grande Depressão. O problema é gerado por uma sobreacumulação de capital, que se torna grande demais para ser investido na atividade produtiva. Assim, investidores mudam para investir em instrumentos financeiros, que são menos vinculados a recursos materiais reais. Keynes se preocupou com essa tendência em seu *Teoria geral* (*General Theory*, edição de 1973: 159-161), observando: "Contanto que esteja aberta para o indivíduo empregar sua riqueza em acumular ou emprestar dinheiro, a alternativa de comprar não pode se tornar suficientemente atrativa... exceto ao organizar mercados nos quais esses ativos possam ser facilmente convertidos em dinheiro". Essa financeirização poderia se intensificar e se tornar mais alavancada e Keynes temia que a "empresa se tornasse a bolha em um redemoinho de especulações... Quando o desenvolvimento de capital de um país se torna um subproduto das atividades de um cassino, o trabalho tende a ser malfeito".

Hyman Minsky (1982), depois, baseou-se em Keynes para promover sua hipótese de instabilidade financeira, segundo a qual economias capitalistas avançadas mudam para estruturas financeiras mais frágeis não suportadas pelo processo de acumulação subjacente, gerando com isso crises. Essas vêm em três fases, ele acredita. A primeira, o sistema financeiro de cobertura, ou "hedge finance"*, permanecia saudável, uma vez que receitas futuras esperadas de investimentos excediam os custos de operação, enquanto pagamentos de dívida e cobranças de juros se conformavam aos padrões contábeis normais. A segunda fase envolvia "atividades financeiras especulativas" mais arriscadas, nas quais cobranças de dívidas e de juros devem ser satisfeitas ou pela venda de ativos ou por mais empréstimos. Depois, na terceira fase desastrosa, o mercado financeiro

---

* Dívida que pode ser quitada por meio de fluxos financeiros resultantes do investimento feito [N.T.].

de tipo Ponzi, ou "Ponzi finance", dívida e cobranças de juros só podem ser pagas pela venda de ativos, cujas vendas continuam aumentando até que as operações financeiras ultrapassem tanto a economia real que o sistema colapsa[15]. Minsky não ofereceu uma explicação dessa sequência, mas uma descrição dela é o que de fato aconteceu ao longo das últimas três décadas, e em uma escala global. Tento agora explicar suas causas e consequências iniciais. Inicialmente, este capítulo tratará principalmente de relações de poder econômico, embora o poder ideológico e político também apareçam.

No capítulo 6, descrevi a estagnação contínua a partir da década de 1970 da economia do norte global. Houve várias tentativas para freá-la. Esforços neokeynesianos foram interrompidos na década de 1970 quando políticas de estímulo ao crescimento que aceitavam um nível moderado de inflação agora não funcionavam mais. A produtividade estava estagnada, e desemprego e inflação subiram inesperadamente juntos. Durante um período, os governos toleraram níveis mais elevados de inflação. Quando esses atingiram níveis aceitáveis, começaram a deflacionar, mas sem reduzir os gastos governamentais. Isso produziu níveis inaceitáveis de déficit orçamentário. Como os políticos queriam ser reeleitos, não responderam com impostos mais altos. Em troca, tentaram cortar os gastos do governo. Conseguiram, mas ao custo de níveis de estagnação, maior desigualdade e mais pobreza. A causa raiz disso foi um enfraquecimento do capitalismo no norte global. A indústria manufatureira estava cada vez mais indo para o sul, onde os custos (especialmente salariais) eram mais baixos. O capitalismo necessitava de outra dose de destruição criativa. Certamente obteve a destruição (da manufatura) e também obteve a criação de novas indústrias microeletrônicas, ponto-com e de biotecnologia, mas essas não eram grandes o bastante para restaurar os níveis de lucro ou o emprego pleno. Houve depois duas reações principais. No nível do capital, empreendedores começaram a investir menos em indústrias que produziam mercadorias físicas e mais em instrumentos financeiros, que se tornaram cada vez mais obscuros e cada vez mais excedendo a base produtiva da economia. E no nível trabalhista, decisões eram tomadas para manter a demanda e conter protestos a tornar o crédito muito mais fácil para a massa da população. Combinadas, essas forças deveriam produzir uma crise de crédito, não do governo, mas tanto do topo quanto da base da economia privada. Essa é a história que vou narrar neste capítulo.

Como também vimos no capítulo 6, os Estados Unidos, que seriam o epicentro da próxima tempestade, haviam efetuado uma grande distribuição do trabalho para o capital, dos americanos ordinários para os ricos. A parcela de capital dos lucros e juros brutos na receita nacional havia subido de cerca de 12% nas décadas de 1930 e 1940 para 17% na década de 2000. A taxa de imposto

---

15. Nomeado em alusão a Charles Ponzi, um notório fraudador americano do começo da década de 1920.

corporativo efetiva havia caído, de 55% na década de 1940 para menos de 30% na década de 2000, e os ganhos corporativos líquidos haviam aumentado dramaticamente. Tudo isso elevou as avaliações do mercado de ações. Investidores acreditaram que os lucros líquidos continuariam crescendo e assim a capitalização do mercado de ações subiu quatro vezes mais rápido do que a receita nacional bruta. Seria necessário um grande crescimento econômico para apoiar essas expectativas. Todavia, o crescimento do PIB americano de fato caiu de 3,6% ao ano entre 1950 e 1975 para 3,1% após o crescimento do PIB mundial ter caído de 4,7% para 3,5%.

Antes da década de 1980, os serviços financeiros americanos haviam sido altamente regulamentados pelo Estado. Reagan iniciou então processo de desregulamentação (Prasad, 2006). Todavia, a Lei Glass-Steagall de 1933 ainda estava em efeito e erigiu uma barreira entre bancos comerciais e de investimento. Bancos comerciais são bancos de varejo, que recebem depósitos de consumidores em dinheiro, oferecem baixas taxas de juros, fazem empréstimos com taxas de juros ligeiramente mais altas, e embolsam lucros pequenos, mas regulares, sobre a diferença. Eles recebem dinheiro real e criam dinheiro real toda vez que concedem um empréstimo. Em contraste, bancos de investimento aceitam dinheiro para investimento em ações e mercadorias. Quando recebem depósitos ou fazem empréstimos, têm de pagá-los por meio de depósitos realizados em bancos comerciais. Diferente do segundo, não podem criar dinheiro. Sua iniciativa é de risco maior, mas seus investimentos eram limitados pelas regras dos bancos comerciais. Mas, se os dois tipos de banco são fundidos, então, a ala de investimento do novo banco tem acesso a dinheiro real assim como o poder de criar dinheiro, e, portanto, as restrições poderiam ser reduzidas. Mas muitos países não tinham essa barreira e seus bancos continuaram a agir de forma conservadora.

Na década de 1980, bancos comerciais americanos começaram a explorar brechas na Glass-Steagall para entrarem em mercados de valores mobiliários. Eles pressionaram para a completa abolição e a obtiveram em 1999. Foi uma iniciativa republicana, embora com apoio bipartidário, e foi sancionada pelo Presidente Clinton. Como somente os Estados Unidos tinham uma Lei assim, sua revogação poderia não parecer muito perigosa. Mas duas coias difeririam nos Estados Unidos. Primeiro, os americanos – governos e povo – operavam com crédito muito mais do que qualquer outro país, e, portanto, seu endividamento necessitava de mais supervisão. Segundo, em países como Alemanha, Japão ou Suécia, o maior papel dos bancos grandes permanecia o de investir na indústria de manufatura. Relações estreitas entre o setor financeiro e a manufatura promoviam menos especulação bancária.

A revogação da Glass-Steagal não foi a única desregulamentação. Os limites máximos das taxas de juros foram abolidos, exigências de capital para instituições de poupança e empréstimos foram reduzidas, hipotecas a taxas variáveis e fundos de mercado monetário se espalharam amplamente, e regulamentação completa era agora considerada ruim. O Fed, na gestão de Greenspan, gradualmente abandonou qualquer tentativa de conduzir a economia e de estabelecer taxas de juros máximas que os bancos poderiam oferecer aos poupadores. Em troca, em uma série de passos começou simplesmente a seguir o mercado (Krippner, 2011: caps. 3 e 5). O presidente do Fed, Greenspan, o secretário do tesouro, Robert Rubin, e o presidente da Comissão de Valores Mobiliários (*Securities and Exchange Commission* – SEC), Arthur Levitt, opunham-se a qualquer presença de banqueiros na administração. Um banco de investimentos importante, o Goldman Sachs, forneceu vários funcionários da Casa Branca e do Tesouro. Os dez maiores bancos americanos controlam mais de 60% de todos os ativos financeiros, e seus funcionários mais importantes ocupam as posições de consultoria principais do governo. Johnson (2009) comenta que isso se assemelha ao capitalismo de compadrio de repúblicas de bananas. Esse nível de concentração corporativa ameaça a democracia, especialmente porque é muito enviesada na direção dos interesses dos ricos.

As causas da Grande Recessão

Numerosas forças contribuíram para a expansão financeira: o papel e a flutuação do dólar como moeda de reserva, a Opep, a remoção dos controles de capitais, fusão de bancos comerciais e de investimentos, uma internet permitindo que transações financeiras sejam globalmente instantâneas, taxas de juros mais voláteis. Mas, subjacente a tudo isso estava uma relativa estagnação na economia real, e especialmente na manufatura. Entre 1973 e 2000, a média de crescimento anual da produtividade dos trabalhadores – ou seja, o PIB por hora – foi menos de 1% ao ano, o que é quase um terço de sua média para o século anterior. Ao longo desse período, o crescimento do salário real foi menor do que em qualquer momento na história americana. Em 1997, o salário por hora real para trabalhadores da produção foi quase o mesmo que fora em 1965. A despeito disso, a taxa de retorno de investimento de capital declinou. Esse aperto nos lucros da manufatura resultou da sobrecapacidade e da superprodução, que foi, por sua vez, a consequência do aumento da competição internacional, e esse problema gradualmente se espalhou dos Estados Unidos para o norte em geral. A América foi atingida primeiro no final da década de 1960 por produtores de desenvolvimento tardio e de baixo custo na Alemanha e no Japão. Depois, na década de 1970, Alemanha e Japão foram atingidos pelo aumento do valor de suas moedas como uma consequência de uma crise monetária internacional e do colapso do Bretton Woods. Depois, as outras potências do Leste Asiático se juntaram, capazes de produzir a custos menores do que na América, Europa e Japão. Sobrecapacidade, superprodução, queda de lucros se tornaram gerais, e corporações capitalistas não foram capazes de encontrar novas indústrias importantes que pudessem compensar por isso. Assim, o capital evitou a manufatura e foi, em troca, para o setor financeiro. A crise financeira subsequente, portanto, dependeu da fraqueza da manufatura, especialmente nos Estados Unidos e na Grã-Bretanha, mas também em outros países (Brenner, 2002).

No setor financeiro próspero houve, então, três causas diretas da crise de 2008: bancos "paralelos" ou *"shadow banks"* desregulamentados, desequilíbrios globais e dívida. Lucros de bancos de investimentos dispararam nas décadas de 1990 e 2000, o que deixou os bancos comerciais com inveja, pois estavam perdendo poupanças e depósitos tradicionais para fundos de pensão e companhias de seguros. O financiamento corporativo também estava dando menos lucro do que antes. Assim, alguns bancos comerciais abandonaram o conservadorismo e partiram para os lucros – e em média 12% – dos mercados derivativos. Eles estavam usando as poupanças de milhões de clientes em iniciativas arriscadas, sem seu conhecimento. Eles inventaram uma variedade de derivativos como securitização, *swaps* de taxas de juros e permuta de incumprimento creditício, ou *"credit default swap"* (CDS), que acreditavam garanti-los contra riscos, exceto aqueles com probabilidade extremamente baixa de ocorrência. Por exemplo, titulares de hipotecas podem inadimplir seus empréstimos, mas a inadimplência é um resultado relativamente aleatório e raro. A securitização, que tornava o empréstimo mais seguro, pode ocorrer caso alguém agrupe empréstimos. Os poucos empréstimos ruins, depois, serão compensados pelos vários que pagam confiavelmente.

Um derivativo pode fornecer uma proteção contra riscos. Se o Banco A se preocupa com um empréstimo que fez, fecha um acordo derivativo, pagando uma taxa ao Banco B em troca da promessa desse banco de compensá-lo caso o empréstimo dê errado. O Banco A se livra de parte da incerteza relacionada ao seu empréstimo e agora está feliz em fazer novos empréstimos. O Banco B assume parte do risco, mas obtém a receita da taxa agora. É ganha-ganha, eles dizem um para o outro. Depois, eles misturam derivativos com securitização: prestamistas vendem seus empréstimos a um banco de investimentos, que agrupa os empréstimos e vende pedaços desse pacote para fundos de pensão e outros investidores. Os prestamistas originais, tendo transferido seus empréstimos, podiam fazer novos. Os investidores adquiriam uma fatia do pacote de empréstimos e sua receita com juros sem se incomodarem com avaliar os tomadores de empréstimos. Depois, securitizavam não apenas empréstimos, mas derivativos de crédito, vendendo dívida securitizada. Alguém pode comprar e vender o movimento do preço de um bem em vez do próprio bem; ou o risco de inadimplência de um empréstimo, mesmo por um país, como a Grécia descobriu em 2010. O que está acontecendo ao longo desse processo, Crouch (2011: cap. 5) observa, é que o valor de qualquer derivativo se torna cada vez mais divorciado da realidade do bem original. Os compradores e vendedores nada sabem disso, somente qual é a avaliação do mercado. É uma versão extrema de valor acionário. Os ativos não são avaliados, somente a avaliação do mercado de ações.

Nesse jogo de passar adiante a batata quente, o valor é criado pelo ato de passar, e, portanto, a velocidade da passagem também aumenta. Os serviços financeiros estavam subindo na escala de risco de Minsky.

Alavancagem é tomar emprestado com base em participação do capital. Os instrumentos observados anteriormente ajudaram os bancos a aumentarem sua alavancagem. Bancos do século XIX tinham alavancagens de cerca de dois, ou seja, tomavam emprestado o dobro do nível de sua participação de capital. Isso significava que, para falir, metade de seus ativos devem se tornar ruins. Mas na década de 2000 a alavancagem havia atingido a faixa de 20-30 em muitos bancos. Com uma alavancagem de 20 você pode falir se perder somente 5% de seus ativos. Os riscos estavam aumentando exponencialmente (Haldane, 2012).

Todavia, os banqueiros estavam felizes. Não estavam usando o dinheiro de outras pessoas sem seu conhecimento para lucrar como também esse aumento no número de transações nas quais os bancos podiam cobrar de antemão taxas e comissões nos negócios. Muitos oficiais executivos, ou "chief executive officers" (CEOs) e corretores não estavam assumindo riscos pessoais. Eles podiam lucrar contabilmente com suas transações e aumentar seus bônus de fim de ano, o que importava mais para eles do que a saúde de longo prazo da firma. Quanto mais rápido pudesse comprar e vender, maiores seus bônus. A tomada de riscos, que gerava grandes retornos agora, mas possível falência depois, não era arriscada para eles, pois haviam vendido a dívida. Assim, os lucros do setor financeiro continuaram crescendo. Nos Estados Unidos, entre 1973 e 1985, o setor financeiro nunca obteve mais do que 16% dos lucros corporativos internos. Na década de 2000, isso havia atingido 41%. O ganho do setor financeiro também aumentou. Antes de 1982, nunca havia chegado à média de mais de 108% de ganhos em indústrias privadas. Em 2007, havia atingido 181% (Johnson, 2009). Os banqueiros estavam cunhando, aparentemente sem muito risco. Os mais politicamente perspicazes haviam se apercebido de que a essas alturas eram muito grandes para fracassar. No fim, o governo os resgataria. Os ganhos eram privatizados, as perdas socializadas.

Isso tornou algum comportamento criminoso inevitável. Ganância é necessária para o capitalismo. Para citar Streeck (2009) a busca por lucro é "constitucionalmente enganosa". O típico capitalista, ele diz, é um violador de regras, um explorador utilitário racional de lacunas nas regras, uma qualidade que é inclusive admirada em nossa cultura. Pesquisas quantitativas revelam que a desregulamentação neoliberal implementada entre 1986 e 2000 criou maiores oportunidades para administradores se envolverem em transgressões financeiras (Prechel & Morris, 2010). A forma corporativa subsidiária estratificada, legalmente permitida desde 1986, autorizou-as a fazerem transferências de capital entre entidades corporativas legalmente independentes de formas ocultas para os reguladores e para o público investidor, permitindo fraude e sua ocultação. O aumento do uso de opções de ações deu aos administradores incentivos para deturpar e inflacionar declarações financeiras corporativas. A criação legal de entidades não incluídas no balanço patrimonial significava que financiamentos e ativos poderiam ser substituídos em companhias que não aparecessem nas declarações financeiras de companhias matrizes. Essas e mercados derivativos de balcão permitiram a administradores fazerem transferências de capital ocultas e desregulamentadas, o que também lhes deu vantagens de informação sobre o público investidor. Não há divisão clara entre essas assimetrias de informações e o uso de informações privilegiadas em transações. A Lei Commodities Futures Modernization Act de 2000 também permitiu aos administradores transferir riscos a investidores confiantes por meio do uso de instrumentos financeiros extremamente complexos As assimetrias de informação também significavam que ninguém sabia exatamente quanta fraude estava sendo perpetrada. Todavia, é improvável que, dada a força do motivo de lucro capitalista e os incentivos para manipular normas de fundos fiduciários de banqueiros, que transgressões eram o trabalho de algumas maçãs podres. Havia se tornado comportamento normal. O ex-executivo da Goldman Sachs, Greg Smith, ressente-se em relação a seus ex-colegas: "Participo de reuniões de vendas de derivativos nas quais nenhum minuto é dedicado com questões sobre como podemos ajudar nossos clientes. É puramente sobre como podemos ganhar o máximo de dinheiro com eles... Me deixa mal o quão cruelmente as pessoas falam sobre roubar seus clientes" (*New York Times*, 14 de março de 2012). Regulamentações mais estritas e mais processos criminais são o caminho para lidar com isso, mas ambos estão em falta.

A expansão foi ajudada pela segunda causa da crise, os desequilíbrios globais. Esses revelam que os estados-nações e as macrorregiões permanecem importantes na economia global. Durante o período pós-guerra, os Estados Unidos inicialmente conduziram grandes transações de excedentes e de exportações de capital, mas isso se inverteu para transações de déficits e influxos de capital, tornou-se grande em meados da década de 1980 e aumentou novamente após 2000. Os Estados Unidos estavam operando déficits de conta especialmente grandes, enquanto exportadores como Japão, China e estados petrolíferos possuíam grandes excedentes. As elevadas taxas de poupança dos chineses alimentaram um aumento de liquidez global, o que aumentou os preços dos ativos e baixou as taxas de juros. Dinheiro estava muito barato, qualquer um podia tomar emprestado. Desequilíbrios pareciam administráveis, conquanto os credores estrangeiros continuassem a manter ativos expressos em moedas credoras. Após explodirem a bolha das ponto-com, investidores estrangeiros privados foram amplamente substituídos por compradores dos bancos centrais, fundos de riqueza soberanos (FRSs), especialmente do Japão e China. Essas empresas estatais estavam dispostas desde que isso facilitasse suas exportações massivas ao Ocidente, e no caso da China contribuiu para crescimento econômico rápido e estabilidade social nacional. Teria sido melhor para a China e para o mundo caso o regime tivesse estimulado a demanda doméstica por salários mais altos e menor desigualdade. Então, a China teria exportado menos e os Estados Unidos e a Europa poderiam ter exportado mais para a China, diminuindo os desequilíbrios globais. Os países credores temiam mais a contração global que resultaria se os Estados Unidos adotassem a austeridade a fim de reduzir seus níveis de débito. Mas os Estados Unidos se beneficiaram mais, sendo capazes de emprestar a baixas taxas de juros e depois usar o dinheiro para investir em iniciativas com uma taxa de retorno mais alta. Assim, os Estados Unidos tiveram uma prosperidade econômica na década de 1990, com taxas de crescimento econômico mais altas do que Europa ou Japão.

Essa economia global desequilibrada parece indicar para alguns a força, não a fraqueza, da economia americana (Schwartz, 2009). Uma análise da história econômica de 14 países desenvolvidos ao longo de 140 anos mostrou que o crescimento do crédito foi o único melhor previsor de instabilidade financeira, com desequilíbrios desempenhando um papel menor. Mas o colapso de Bretton Woods fez uma grande diferença. Enquanto durou, não houve crises financeiras, depois, houve muitas, além de uma correlação entre aumentos de empréstimos e desequilíbrios de contas atuais (Jorda et al., 2010).

Além disso, todo edifício dependia também do que poderia ser uma base frágil: aumentar a dívida da família ocidental. Essas dívidas em vez de desequilíbrios globais diretamente provocaram a Grande Recessão Neoliberal. A dívida é normal no capitalismo, sendo meramente investimento visto de um ângulo diferente. Schumpeter definia o capitalismo como "aquela forma de propriedade privada na qual inovações são realizadas por meio de dinheiro emprestado", embora considerasse o empreendedor como o agente da destruição criativa, enquanto o banqueiro era meramente um facilitador (1982, orig. 1939: p. 92-94, 179; 1961, orig, 1911, p. 107, 117, 405-406). Mas banqueiros agora se viam como os reais credores do valor e as dívidas que estavam controlando haviam se tornado a chave para a economia global. Em 2008, a dívida mundial era de 160 trilhões, dezesseis vezes surpreendentemente maior do que o PIB mundial. Na década de 1920, a dívida fora de cerca de 150% do PIB. Na Grande Depressão subira brevemente para 250%, mas de 1940 a 1980 girou novamente em torno de 150%. Depois, continuou subindo até 350% em 2007. A dívida estava consumindo milhões de pessoas, especialmente na América onde a dívida familiar era cerca de 64% da receita disponível em 1980, até 77% em 1990 e se ampliando a 121% em 2008. Ao longo do mesmo período a poupança declinou de 9,8% a 2,7%. A dívida era proporcionalmente maior entre as famílias mais pobres. Subjacente a isso estava uma demanda agregada fraca. Desde o declínio da década de 1970, as políticas governamentais haviam tentado lidar com o problema de demanda insuficiente por meio do empréstimo. Mas como a lucratividade não se recuperou, as taxas de juros foram baixadas para tornar o empréstimo individual mais fácil. Como a ofensiva neoliberal havia mantido os salários baixos e reduzido o bem-estar social e outros gastos públicos, a demanda e os investimentos foram reduzidos, e, portanto, a dívida privada se tornou o suposto modo de restaurar a lucratividade (Brenner, 2002).

Mas a dívida não estava sendo regulamentada. Em 2005, 75% dos empréstimos nos Estados Unidos eram feitos por bancos "paralelos" não regulamentados. Fundos hedge eram a forma dominante, mas havia também canais de títulos comerciais garantidos por ativos, veículos de investimentos estruturados, títulos preferenciais a taxa de leilão, títulos com opção de venda e títulos de taxa variável – cada vez mais produtos financeiros obscuros. Fundos hedge e seus colegas "paralelos" (*shadow comrades*) tipicamente escapam da regulamentação, conseguindo organizar sua concha legal em pequenos países no exterior como Bermudas ou as ilhas Cayman, onde ninguém quer regulamentá-los porque agregam significativamente à economia local. A Comissão de Valores Mobiliários (Security and Exchange Commission) poderia ter restringido a quantidade e qualidade das dívidas dos bancos de investimento, mas falhou em fazer isso. Em 2004, inclusive permitiu a eles aumentarem sua alavancagem e em 2008 estavam emprestando até trinta vezes mais que seu capital de reserva. Os bancos comerciais também estavam desenvolvendo novos veículos de investimentos estruturados e outras transações fora do balanço patrimonial. Esses derivativos de balcão, próprios, também não estavam sendo regulamentados. Eles haviam criado todo um novo significado para a destruição criativa de Schumpeter, destruindo uma economia por meios engenhosos!

A dívida era muito maior nos países anglos, especialmente os Estados Unidos. Seu Estado de Bem-estar Social mínimo levou as pessoas a pedirem empréstimos para financiar a educação de seus filhos, assistência médica e aposentadoria, o que em outros países era financiado pela tributação geral. Assim, a proporção de assistência média em um país e a proporção de crédito em seu PIB estão correlacionadas (Prasad, 2006). O ideal de uma democracia de proprietários foi sempre mais desenvolvido entre os políticos anglos, e os governos tanto da direita quanto da esquerda eram levados a subsidiar financiamentos de casa própria, que se tornavam as maiores dívidas dos consumidores. Alugar era mais comum na maior parte dos outros países (Schwartz, 2009), e os aluguéis eram subsidiados em estados de bem-estar social nos mais generosos.

Como vimos, nos capítulos 2 e 3, o crescimento econômico americano pós-guerra dependeu de uma combinação de forças de mercado e planejamento macroeconômico governamental. Juntos eles geraram um consumismo centrado na compra de moradia, automóveis e outros bens de consumo duráveis. Durante mais de duas décadas o PIB e as rendas das famílias subiram juntos. Mas, a partir da década de 1970, as rendas familiares começaram a estagnar e a desigualdade a aumentar, com efeito depressivo sobre o consumo de massa, que era agora financiado contraindo dívidas. Como vimos no volume 3, capítulo7, essa também foi uma das causas da Grande Depressão.

Famílias americanas comuns já tinham tentado duas soluções para suas dificuldades. A primeira foi que mais mulheres na família assumiram empregos remunerados – por outras razões também, incluindo declínio da fertilidade, melhora da educação e feminismo. A taxa de participação das mulheres aumentou de 44 para 60% entre 1973 e 2003, enquanto a renda pessoal mediana das mulheres quase dobrou. Mas seus salários eram mais baixos do que o dos homens, e o aumento do fornecimento de força de trabalho também teve o efeito de diminuir os salários dos homens. Embora os salários das mulheres em relação aos dos homens tenham aumentado ao longo do período, os ganhos absolutos das mulheres no emprego foram muito menores, exceto próximo ao topo da escala de renda. Portanto, a média de renda familiar geral mudou muito pouco (Massey, 2007: 42-44) enquanto a desigualdade entre famílias estava aumentando.

A segunda solução tentada foi trabalhar mais horas para manter os salários. Mas horas e salários aumentaram muito mais para mulheres melhor formadas e melhor qualificadas (Hout & Fischer, 2006: 122-124). Mulheres trabalhadoras garantiram o "Sonho americano" para a classe média alta. Mas elas mal permitiam que as famílias da classe trabalhadora mantivessem suas cabeças acima da água. Todavia, queriam manter seus níveis de consumo.

Assim, uma terceira solução foi adotada pelos governos e famílias: deixe as pessoas assumirem mais dívidas. Isso se mostrou possível de dois modos inter-relacionados. Primeiro, aumentar a dívida nacional e os desequilíbrios globais permitiu a importação em massa de mercadorias baratas chinesas e outros asiáticos, que grandes estabelecimentos comerciais nos Estados Unidos como Walmart e Target reciclavam para famílias comuns. Como muitos bens de consumo ficaram mais baratos, uma bolha potencial de dívida americana ainda não estourara. Mas, segundo, a dívida familiar, gradualmente aumentando durante o período pós-guerra, experienciou um grande aumento após 1995, devido aos financiamentos da casa própria (Massey, 2007: 178). Influxos de capital estrangeiro resultaram em taxas de juros mais baixas e preços de moradias mais altos, ambos os quais possibilitaram um novo financiamento mais barato. Isso parecia um modo ideal de minimizar o descontentamento social que poderia surgir do aumento da desigualdade. As pessoas poderiam manter seu consumo e seu padrão de vida contraindo mais dívidas, garantidas pelo valor crescente de suas moradias. Esse foi o único fator maior que permitiu aos Estados Unidos manterem a demanda de consumo e experienciar uma prosperidade econômica nacional e um crescimento mais rápido do que qualquer outro país do final da década de 1990 até meados da década de 2000. Crouch (2009) chama isso keynesianismo privatizado, não como a coisa real, é claro (cf. Schwartz, 2009, cap. 4).

Havia agora dois curtos aumentos nos mercados de financiamento da casa própria. O primeiro, no final da década de 1990, envolveu basicamente o refinanciamento de moradias especialmente em comunidades não brancas. Como os preços da habitação estavam aumentando constantemente, os consumidores pensaram que poderiam tomar empréstimos usando o valor da casa como garantia. Eles estavam usando suas casas como caixas automáticas (ATMs) para financiar o Modo de Vida americano. O segundo aumento ocorreu a partir de 2002 quando as taxas de juros caíram, mais capital estava buscando mercados, e mais pessoas pobres estavam sendo ludibriadas em novos financiamentos com taxas variáveis (legalizados pela administração Reagan) que começavam com taxas de juros muito baixas. A ocupação especializada do corretor gerador de hipotecas havia surgido, tomando o lugar de especialistas em empréstimos e de instituições de poupança e empréstimos. Os corretores recebiam comissões sobre o valor de cada financiamento vendido e, com isso, tinham incentivo para concluir negócios independentemente dos recursos do cliente (o que por vezes falsificavam). O cliente muitas vezes também terminava com uma taxa de financiamento mais custosa a fim de que o corretor pudesse aumentar sua parte. Os bancos que adquiriam os financiamentos depois se protegiam vendendo financiamentos mais arriscados agrupados em pacotes securitizados para investidores. Os mercados eram estruturados de modo que os corretores e os emissores de securitização estivessem de fato aumentando o risco da inadimplência ainda que passando esse risco para outros (Immergluck, 2009: caps. 3 e 4). Essa combinação de incentivos perversos e desonestidade manteve as famílias da classe trabalhadora à tona enquanto as taxas de juros permaneciam baixas. Mas observe que por trás dessa combinação, e, no fim, a grande causa da própria Grande Recessão, estava o aumento do nível de desigualdade e pobreza nos Estados Unidos. O país teria ido muito melhor se a renda nacional estivesse nas mãos das famílias de classe média e trabalhadora, pois teriam gasto em necessidades reais, o que teria gerado postos de trabalho reais. Mas por que isso não aconteceu? Permita-me primeiro documentar a extensão da desigualdade.

Desigualdade econômica: a chegada do excepcionalismo americano

Resisti à noção do excepcionalismo americano nos capítulos em que tratei dos períodos anteriores. Entre meados da década de 1890 e 1929, os Estados Unidos estavam atrás em poder sindical e cidadania social, embora não em educação ou direitos das mulheres. Seu racismo era distinto, mas somente porque era sentido principalmente em nível nacional. A Grã-Bretanha o praticava no exterior em seu império – e enquanto 90% de seus súditos imperiais fossem excluídos de cidadania significativa, isso só valia para 10% da América. Depois, na Grande Depressão, no New Deal e na Segunda Guerra Mundial, os Estados Unidos introduziram junto aos outros países anglófonos a tributação progressiva, e também desenvolveram seus próprios programas de bem-estar social. Estavam também se equiparando em poder sindical. De lá até o final da década de 1970, os Estados Unidos teve experiências mistas, novamente um pouco atrás em cidadania social e lamentavelmente em poder sindical, mas mantendo a tributação progressiva, a concessão de direito ao voto à sua população negra e compartilhando completamente o crescimento de direitos para mulheres e outras identidades. Desde a década de 1970, contudo, mais tributação regressiva, atraso em cidadania social e desigualdade de renda aceleraram continuamente.

No começo do século XXI, os Estados Unidos se tornaram excepcionais entre os países avançados na extensão de sua desigualdade, especialmente no topo da escala de renda. Entre os vinte e quatro países da OCDE somente o México e a Turquia – países menos desenvolvidos – tinham desigualdade maior e mais pobreza em 2005 (OCDE, 2008; Piketty & Saez, 2003; Saez, 2009; Massey, 2007: 35-36, 166-168; Hacker & Pierson, 2010: 155-159; Brandolini, 2010: 213-216). A parcela de todas as receitas que iam para os 10% do topo dos americanos subiu continuamente de 33% em 1980 para quase 50% em 2007, a parcela mais alta jamais registrada. Entre 1974 e 2007, quanto maior a renda, maior o aumento. Isso valia para cada decil de renda. No topo, os super-ricos viram os maiores ganhos. O 1% do topo quase triplicou sua parcela da renda nacional, a parcela do 0,1% do topo (cerca de 150.000 famílias) mais do que quadruplicou, e a parcela do 0,001% (15.000 famílias) aumentou seis vezes. Esses pequenos grupos constituíam o centro da classe capitalista, experienciando aumentos muito grandes em seus níveis absolutos de renda.

Em contraste, decis de renda mediana – principalmente, de ocupações gerenciais, técnicas e profissionais – viram um ganho muito leve na renda familiar, mas os decis mais baixos – as classes trabalhadora e média baixa – estavam estagnados. Na base, ajustes ao salário mínimo federal se tornaram mais raros e baixos, de modo que em 2006 seu valor real havia declinado em 45% desde seu pico em 1968. Há pouco sinal de qualquer mudança nessas tendências. Retornos do censo revelam que em 2010 a renda familiar mediana havia declinado ao nível atingido em 1996, enquanto 15% dos americanos estavam abaixo do nível de pobreza, o número mais alto desde 1993. A renda anual mediana para um trabalhador homem de tempo integral em 2010 era de 47.715 – ligeiramente mais baixa do que seu nível em 1973. Na verdade, os Estados Unidos continuam a investir cada vez menos nos programas que podem criar postos de trabalho mais qualificados e com salários relativamente altos. Em 2010, 48 milhões de americanos em idade entre dezoito e sessenta e quatro anos não conseguiram trabalhar uma semana sequer, enquanto 50 milhões careciam de seguro de saúde – ambos os números mais altos do que quaisquer números anuais ao longo das últimas décadas. Não há qualquer alívio à vista, uma vez que o gasto em treinamento profissional, infraestruturas e pesquisa e desenvolvimento declinou e no novo milênio constituiu menos de 10% de todo o gasto federal.

Entre os vinte países com melhores dados, os Estados Unidos viram o maior aumento na desigualdade, embora o Reino Unido e o Canadá seguissem sua tendência vertical para cima a partir da década de 1980. Os coeficientes Gini de quatorze desses países também aumentaram, embora em quantidades menores, nas décadas de 1980 e 1990. Na década de 2000, contudo, as tendências foram mais variáveis. Metade dos coeficientes Gini permaneceu muito estática, um quarto caiu – incluindo o Reino Unido – e um quarto continuou subindo, especialmente os Estados Unidos. Rússia e China (cf. capítulos 7 e 8) também subiram substancialmente, junto ao da Índia, embora esses casos careçam de dados comparáveis sobre decis e os super-ricos. Em contraste, a parcela dos grupos do topo nos principais países euros e no Japão permaneceu praticamente estática ao longo das últimas décadas. Em 2005, o coeficiente Gini americano foi distintamente mais alto do que o de qualquer outro país ocidental e foi o dobro dos coeficientes Gini de vários países nórdicos, uma disparidade notável! (OECD, 2008; Atkinson et al., 2009; Mann & Riley, 2007).

Esse aumento notável na desigualdade americana, sustado por mais de três décadas, afetando todos os estratos, mas beneficiando mais os super-ricos, tem ocasionado muito debate. Muitos o declaram um exemplo do excepcionalismo americano e o atribuem puramente a causas nacionais. Todavia, isso é um erro, pois outros países anglófonos estavam exibindo tendências similares. Alguns subestimam isso ou o atribuem à dominação americana das transações em língua inglesa (Hacker & Pierson, 2010: 160-161); outros o deixam para pesquisas posteriores (Brandolini, 2010: 216). Mas podemos distinguir três causas principais do aumento da desigualdade. Em primeiro lugar, vieram as pressões sentidas ao redor do mundo, embora melhor resistidas em alguns países do que em outros, e que raramente afetam o topo da distribuição de renda. Em segundo lugar, vieram as pressões dos países anglos, algumas das quais afetaram os super-ricos. Em terceiro, vieram aquelas peculiaridades americanas, que fizeram a tendência maior nos Estados Unidos, embora pudessem ter sido apenas exageros de causas compartilhadas pelos anglos e outros.

Recapitulo, brevemente, minhas conclusões comparativas a que cheguei no volume 3, capítulo 9, e capítulo 6 aqui. As pressões comuns sentidas em todos os países avançados foram econômicas, embora entremeadas de demografia. Esse foi um período de relativa estagnação ou baixo crescimento e da exportação da indústria manufatureira, pontuado por recessões nas quais empregadores buscavam baixar suas folhas de pagamentos e nas quais o desemprego (especialmente na Europa) e/ou o emprego casual (especialmente na América) aumentaram. A desindustrialização e a exportação de postos de trabalho para países mais pobres acrescentaram um declínio na proporção de trabalhadores qualificados e operários supostamente seguros. A expansão da educação superior, e maturação de programas de bem-estar social e o envelhecimento da população fazem com que as necessidades de jovens e adultos estrangulem as finanças do governo. Mudanças nos padrões de casamento e divórcio especialmente ampliaram a desigualdade feminina e criaram a necessidade de mais apoio de renda na base, especialmente entre mães solteiras. Aumento na carga e diminuição nas restituições tributárias tenderam a produzir alguns cortes em cada país. Contudo, como vimos, os nórdicos e alguns países euros lidaram com isso em aumentar muito a desigualdade. Isso foi porque seus estados de bem-estar social eram populares entre as classes média e trabalhadora e a combinação de corporativismo, alta densidade sindical trabalhista (ou militância no caso da França) protegendo-os dos ventos frios das forças de mercado, e amplas instalações de creches gratuitas que permitiam às mães, especialmente mães solteiras, trabalharem em tempo integral.

Mas outros países anglos tenderam a ofuscar os Estados Unidos por seu voluntarismo compartilhado em vez de corporativismo, sua afiliação sindical em queda, a emergência de uma divisão na classe trabalhadora, com trabalhadores protegidos e qualificados se voltando contra um Estado de Bem-estar Social visto como subsidiando parasitas às suas custas, e o sucesso das mulheres de altas conquistas profissionais comparadas às mulheres pobres, que sofriam mais com a maternidade solteira, a necessidade de pagar por creche, e salários baixos e casuais. Em 2005, dos países anglos, somente a Austrália caiu (ligeiramente) abaixo do nível de desigualdade em todos os países da OCDE, e somente o Reino Unido caiu abaixo do nível médio de pobreza (OECD, 2008). Nos Estados Unidos, a resistência às forças do mercado era especialmente baixa embora os ressentimentos dos trabalhadores fossem exacerbados por mais racismo. Essas são as principais razões pelas quais a desigualdade geral aumentou somente ligeiramente em muitos países avançados, e por que aumentou mais nos Estados Unidos do que nos outros países anglos.

Todavia, nenhuma dessas pressões poderia explicar a extraordinária ampliação da desigualdade no topo da escala de renda. Muitos economistas argumentam que rendas superiores se tornaram mais desiguais como resultado das mudanças tecnológicas. Eles muitas vezes comparam CEOs a estrelas do basquete ou do futebol cujas rendas extraordinárias refletem suas habilidades extraordinárias (e cuja riqueza é, portanto, considerada por muitos fãs como legítima). Nesse modelo, os CEOs deveriam receber muito mais do que qualquer um devido por suas habilidades serem raras. Dew-Becker e Gordon (2005) testaram isso examinando o crescimento de produtividade e de renda ao longo dos anos de 1966-2001. Eles observaram primeiro que somente o 10% do topo da população desfrutaram de crescimento de renda comensurado com os ganhos de produtividade americanos, enquanto o 1% do topo e especialmente o 0,1% do topo colheram os ganhos maiores. Todavia, esses ganhadores formavam "um grupo muito restrito para serem consistentes com um benefício amplamente estendido SBTC" [mudança técnica enviesada para habilidades (*skill-biased technical change*)]. Os ganhos de ocupações de alta tecnologia ou aumentaram apenas ligeiramente ou declinaram, enquanto os ganhos dos CEOs mais que dobraram. Mas CEOs e altos executivos tomam decisões que podem ganhar ou perder milhões de dólares. Talvez somente algumas pessoas tenham um dom para isso, e, portanto, valham realmente salários de milhões de dólares.

Todavia, esse argumento sofreu um golpe na Grande Recessão Neoliberal quando se tornou evidente que CEOs estavam recebendo enormes salários independentemente de a corporação ter ganho dinheiro sob sua supervisão. Há também uma diferença vital entre CEOs e estrelas de esportes: os CEOs estão se pagando. No capítulo 7, vimos o que aconteceu quando trabalhadores comuns no final da União Soviética receberam o poder para decidir seus próprios salários. Os salários subiram sem qualquer aumento na produtividade. Dew-Becker e Gordon também observaram outro fato desconfortável para o argumento SBTC: a Europa viu as mesmas mudanças técnicas e corporativas sem um aumento significativo na desigualdade e somente modestos aumentos no pagamento de CEOs. As empresas europeias não são menos eficientes ou produtivas do que as americanas. A Grã-Bretanha e a Irlanda na Europa ofuscam os padrões salariais americanos, mas não há correlação entre aumento da desigualdade no topo e eficiência econômica.

Mais da metade dos aumentos de pagamento de altos executivos veio de opções de ações, que podiam reivindicar caso o preço de mercado da firma subisse (Fligstein, 2010: 237-238). Como o mercado de ações inteiro subiu nas décadas de 1980 e 1990, os ganhos de muitos executivos de companhias aumentaram, independentemente de quão bem suas firmas estavam comparadas às suas concorrentes. Maximizar o valor acionário havia se tornado a estratégia dominante de negócio. A recessão da década de 1970 havia deixado muitas corporações subestimadas, mantendo mais dinheiro e ativos do que aparentemente valiam, e, ajudadas pelo programa de desregulamentação da administração Reagan, ocorreu uma onda de fusões e aquisições. Para protegerem suas posições da aquisição, altos executivos contraíram dívidas, venderam ativos subavaliados, reduziram e demitiram executivos de nível inferior, e aumentaram os preços e lucros de ações de curto prazo. O argumento resultante é de que o próprio desempenho de executivos poderia e deveria ser medido pelo preço de ações de curto prazo de sua corporação. Isso alinharia os interesses de acionistas e executivos, de modo que aumentos massivos de salários não fossem às custas (no curto prazo) dos acionistas. Como um modo de aumentar os preços de ações era simplesmente fechar ou exportar uma subsidiária ou demitir trabalhadores – os mercados acreditavam que isso sinalizara uma orientação para a eficiência –, resultava não apenas no aumento dos salários do topo e nos valores das ações como também em alguma redistribuição do trabalho para o capital. Isso aumentava enormemente a desigualdade no topo.

Opções de ações eram ainda mais raras em outros lugares. Corporações nórdicas e euros eram menos orientados ao mercado de ações. A posse mais concentrada, participação acionária em bloco e mais financiamento pelos bancos reduziam a importância dos preços das ações de curto prazo e as opções de ações. Em 2001, 50% das companhias não financeiras listadas na Áustria, Bélgica, Alemanha e Itália tinham um bloco detentor controlando mais da metade dos direitos a votos, principalmente famílias ricas ou bancos protegendo suas corporações das variações do curto prazo do mercado de ações. A classe alta tradicional tem suas virtudes! Os anglos diferiam porque dispersavam a participação acionária. No Reino Unido, o bloco detentor controlava somente 10% dos votos, e nos Estados Unidos somente 5%. Houve algum movimento na Europa na década de 1990 na direção das opções de ações, mas a diferença dos anglos permanecia (Ferrarini et al., 2003; Schwartz, 2009: 156). Macrorregiões importam. Nos Estados Unidos, ganhos com as opções de ações assim como os lucros dos executivos de fundos hedge são sujeitos a ganhos de capital e não a imposto de renda, e esses são pagos a taxas inferiores. Isso vale para alguns fundos hedge britânicos também. A política de impostos aumentou as rendas do topo no Reino Unido e nos Estados Unidos.

Assim, o aumento desproporcional das rendas do topo nos dois maiores anglos foi substancialmente devido ao fato de os próprios CEOs se pagarem, com o consentimento dos acionistas, e isso se deveu à natureza distinta da participação acionária anglo. Isso envolvia poder econômico distributivo não coletivo e no longo prazo prejudicava o capitalismo assim como no curto prazo outras classes, uma vez que ameaçava a base do alto crescimento – economia de alta demanda de consumo, que o capitalismo, auxiliado pelos estados, conseguira conceber. Era ajudado pela ideologia neoliberal mais predominante nos países anglos. Se os empresários quisessem pagar mais a seus líderes, não era papel do governo interferir. Os políticos alardeavam as virtudes econômicas dos incentivos aos ricos, e ajustaram as políticas tributárias para isso[16].

O dilema da desigualdade nos Estados Unidos

Da década de 1980 em diante, as administrações republicanas, especialmente as de Reagan e de Bush filho, cortaram programas de bem-estar social, falharam em aumentar os salários mínimos e terminaram o viés progressivo do sistema de impostos. Nos cortes de Bush filho o 1% do topo recebeu um corte notável de 25% de impostos comparado aos 5% desfrutados pela maioria das

---

16. Não apresentei quase quaisquer dados sobre Austrália e Nova Zelândia, e poucos sobre o Canadá e não sei se isso também não é o caso aqui.

pessoas (Massey, 2007: 5). As administrações democratas mantiveram a linha, mas não muito. Clinton aumentou ligeiramente a taxa média de impostos sobre famílias ricas, embora deixando outros inalterados, e a classe pobre trabalhadora foi ligeiramente ajudada por seu Créditos de Imposto sobre Rendimentos Auferidos (Earned Income Tax Credit). Mas sua reforma de bem-estar social prejudicou os pobres. Vimos anteriormente que Partidos Trabalhistas britânicos, australianos e neozelandeses se juntaram nessas políticas regressivas. Estudos sobre receitas de transferência pós-impostos e pós-bem-estar social mostram que políticos americanos regrediram muito desde o começo da década de 1980. Mas Canadá e Reino Unido não ficaram muito longe a partir da década de 1990 (Kenworthy, 2010: 218-219). Portanto, também necessitamos explicar por que os partidos de centro-esquerda nos países anglos parecem não ter lutado mais duro contra a regressão fiscal e do bem-estar social.

O que especialmente intrigou analistas é que poucos americanos pareciam se importar com a enorme ampliação da desigualdade. Como a América é uma democracia, por que não havia reação nas eleições? Pesquisas mostram que muitos americanos são conscientes de que a desigualdade aumentou enormemente e acreditam que os ricos deveriam pagar mais impostos. Eles adotam alguns princípios conservadores abstratos, acreditando em responsabilidade individual, livre-iniciativa e no Sonho Americano, mas também adotam programas de governo de maior igualdade, particularmente aqueles que provêm previdência social e oportunidades educacionais para todos. Muitos americanos, independentemente de votarem em democratas ou republicanos, favorecem a intervenção do governo na assistência médica, educação e provisão de postos de trabalho, e dizem que estão inclusive dispostos a pagar impostos mais altos por eles. Sob esses aspectos, não diferem muito dos cidadãos de outros países avançados (Osberg & Smeeding, 2006; Page & Jacobs, 2009). Os americanos também dizem que se fossem feitos cortes nos gastos, seriam os primeiros a defendê-los, não em programas sociais. Todavia, nada disso se traduz em ação política. Por que não?

Como a América é uma democracia liberal, partidos e eleições deveriam refletir as preferências dos cidadãos. Ao longo das últimas décadas, o Partido Republicano se tornou decididamente neoliberal em sua a retórica, defendendo o controle pelos mercados. Se isso significa mais desigualdade, que assim seja. Na verdade, foi mais longe, encorajando, de fato, mais desigualdade porque, então, ele diz, empreendedores investirão mais e criarão mais postos de trabalho. O Partido também está próximo dos ricos e dos grandes empresários. Portanto, uma parte de nossa explicação deve tratar do problema de por que massas de pessoas comuns votam em um Partido Republicano assim. Mas devemos também tratar o problema da timidez do Partido Democrata, mesmo a covardia, na tentativa de reverter a tendência para uma desigualdade maior.

Poderia ser porque a votação baseada em classe declinou. Mas isso não é verdadeiro, uma vez que a correlação entre classe e votação na verdade aumentou desde a década de 1970. Os republicanos conseguiram mais votos dos ricos, os democratas, dos pobres. Contudo, há uma diferença em quem consegue votar. Comparecimentos menores às urnas entre os pobres e imigrantes prejudicam os democratas e qualquer redistribuição aos pobres. A imigração para os Estados Unidos quase dobrou entre 1970 e 2000 e passou a ser principalmente de pessoas de países pobres com baixa qualificação. Como muitos não são cidadãos, não podem votar. A presunção é que, se pudessem, muitos votariam nos democratas. O efeito é que a renda dos eleitores medianos não caiu muito, e, portanto, os *eleitores* médios não estão muito incomodados com a desigualdade (McCarty et al., 2006). Essa combinação de não votantes e imigração é maior do que na Europa, incluindo o Reino Unido. É parte da explicação.

Mudanças estruturais, especialmente de classe, na votação podem fornecer uma segunda parte da resposta. Todavia, mudanças entre eleitores tenderam a neutralizar uma a outra, não dando qualquer vantagem geral para um ou outro partido. Profissionais e trabalhadores do colarinho-branco não gerenciais se tornaram mais democratas. Contudo, isso foi mais por identidade política do que por liberalismo econômico e foi contrabalançado por trabalhadores autônomos e administradores votando mais nos republicanos, principalmente por razões econômicas. As mulheres mudaram para se tornarem principalmente democratas, com temas feministas se tornando importantes a partir da década de 1990. Os afro-americanos se tornaram preponderantemente democratas, enquanto mais latinos votaram na década de 2000, desproporcionalmente para os democratas. A religião beneficiou os republicanos mais a partir da década de 1990 uma vez que os evangélicos se tornaram solidamente republicanos e aqueles que regularmente participam de cerimônias religiosas tenderam duas vezes mais a votar nos republicanos. Assim, de um modo geral, nenhum partido ganhou muito com essas mudanças (Hout et al., 1995; Manza & Brooks, 1997; 1998; Brooks & Manza, 1997; Olson, 2006).

Talvez os problemas econômicos importem menos do que costumavam importar. Houtman et al. (2008) dizem que permanecem importantes na América e os eleitores da classe trabalhadora continuam a expressar visões que favorecem a redistribuição, ainda que essa tem cada vez mais desempenhado um papel secundário entre muitos trabalhadores (e outros) em relação a questões morais como aborto, a família cristã, ordem pública e um suposto rompimento dos valores tradicionais diante do liberalismo moralmente negligente. Isso pode ser uma reação indireta contra o sucesso do consumismo capitalista, que é extensivamente sentido como corrosivo dos valores morais e familiares. Ou pode ser um sentimento mais amplo de um mal-estar em uma nação que sente a injustiça e/ou o declínio, mas não tem um senso econômico de a quem culpar.

Existem paralelos a isso na Europa, mas na América a reação se tornou maior e mais politicamente organizada, equivalendo a um Grande Despertar que se espalhou pelo Cinturão Bíblico do sul e depois se ampliando para pequenas cidades rurais e partes da América suburbana onde igrejas são as principais instituições sociais. A ressurgência da religião alimentou o conservadorismo e a hostilidade a temas "materialistas", e inclinou o radicalismo econômico na direção de um populismo conservador. Mais trabalhadores brancos ouviram políticos colocando a culpa por sua estagnação econômica nos altos impostos, no governo grande e num Estado de Bem-estar Social, supostamente favorecendo parasitas imorais, rainhas do bem-estar social, negros e imigrantes inúteis. Como o racismo passou a ser disfarçado, as pesquisas não podem monitorá-lo acuradamente, mas os republicanos estavam empregando o racismo disfarçado estilo Atwater, que os ajudou no sul entre os trabalhadores brancos e contribuiu para manchar os programas de bem-estar social aos olhos dos brancos. O racismo pode ter superado todos os outros temas morais ao fazer os votos dos trabalhadores oscilarem para a direita, contra seus interesses de classe. Por outro lado, mais altos executivos e profissionais também estavam votando contra seus próprios interesses econômicos de classe, escolhendo o liberalismo moral em detrimento da riqueza. Recentemente, o racismo europeu também tem aumentado e gerado partidos de extrema-direita, empurrando os partidos conservadores tradicionais para a direita, mas o dano potencial para o Estado de Bem-estar Social universal ainda não se tornou efetivo.

Em seu estudo sobre o Kansas, Frank (2004) encontrou temas morais como dominantes. Os republicanos do Kansas usaram temas culturais divisivos como aborto, controle de armas e declínio moral para persuadir a classe trabalhadora a votar contra seus interesses econômicos. O controle de partidos republicanos locais passou de notáveis dos negócios para brancos religiosos da classe média entusiastas da revogação da *Roe* v. *Wade*, misturando interesses econômicos e morais num cultivo de reação do povo contra o grande governo e elites liberais. Isso era uma ideologia genuína, envolvendo vínculo apaixonado e ódio. Bartels (2008) discorda disso, contudo, afirmando que temas culturais só afetaram eleitores relativamente prósperos, não os brancos da classe trabalhadora, que ainda consideravam que temas econômicos eram mais importantes e ainda favoreciam a redistribuição econômica. Esses dois estudos tiveram amostras diferentes. Frank pesquisou a Kansas rural e das pequenas cidades, mas essa parte da América era sub-representada (por razões práticas) nas eleições nacionais nas quais Bartels se baseou. O estudo de Frank foi, portanto, da pátria republicana. A América rural e das pequenas cidades vota muito mais nos republicanos do que o resto da nação. Após duzentos anos de democracia eleitoral, os Estados Unidos finalmente têm políticas nacionais, não regionais, mas elas são urbano--rurais. Dados da eleição de 2004 "indicam uma disparidade de 20 pontos... entre habitantes de municípios com mais de um milhão de pessoas e aqueles em... municípios com menos de 25.000". Essa disparidade se ampliou para se tornar maior do que a disparidade de classe ou de gênero (Gimpel & Karnes, 2006). Seu tamanho é exclusivo dos Estados Unidos.

Em 2004, além de mais republicanos, os eleitores rurais eram mais brancos, evangélicos frequentadores de igreja e idosos, e eram menos educados e mais pobres do que os de outras cidades e subúrbios. Possuíam mais armas, opunham-se com frequência fortemente ao aborto, e viviam em famílias mais tradicionais. Tendiam mais a ser proprietários de casa e trabalhadores autônomos. Várias pesquisas também mostram que estão mais satisfeitos com suas vidas e trabalhos. As rendas são mais iguais na América rural e das cidades pequenas. O resultado, dizem Gimpel e Karnes, é que "muitos eleitores rurais estão confortáveis votando nos republicanos porque se veem como pessoas de negócios independentes e não como escravos assalariados controlados pelo relógio. A renda monetária efetiva desempenha um papel menor em suas avaliações econômicas do que seu *status* econômico autopercebido".

Assim, as pessoas do campo nos Estados Unidos podem conectar razões ideológicas e econômicas para votar mais nos conservadores do que as pessoas suburbanas (que fornecem mais eleitores oscilantes) e do que as pessoas das cidades (que são democratas). Elas estão muito isoladas de temas sobre desigualdade e seu isolamento tem um pronunciado tom moral. Eles veem os litorais e as cidades como redutos de estrangeiros de iniquidade (e as cidades contêm estilos de vida "new age" e mais crime multiétnico) ou como o lar do odiado governo grande e das grandes corporações. Comunidades rurais e de cidades pequenas se concebem como mais comunitárias e mais virtuosas do que os subúrbios e cidades materialistas. Em contraste, as cidades ostentam diversidade e reconhecem o conflito. Isso também poderia explicar por que os republicanos se tornaram mais ideologicamente coesos e, portanto, mais efetivos no Congresso, enquanto os democratas permanecem mais faccionalizados, como partidos americanos tradicionais. O poder ideológico na América é assimétrico: é mais poderoso na direita do que na esquerda. Finalmente, as pessoas do campo são também excessivamente sobrerrepresentadas nas eleições para o Senado. Wyoming (com população de 500.000) tem dois senadores, o mesmo número da Califórnia (com população de 34 milhões). As políticas no Capitólio são, portanto, mais conservadoras do que na nação. Essa é uma democracia imperfeita.

Diz-se que um aspecto tradicional da ideologia americana é com frequência diminuir a importância da redistribuição econômica. Pesquisas revelam que os americanos acreditam que é mais fácil para as pessoas comuns prosperarem nos Estados Unidos, independentemente das circunstâncias, do que em outros países avançados (www.economicmobility.org). Considera-se que maior mobilidade social reduza o impacto da maior desigualdade. Todavia, essa fé é enganosa. A OCDE (OECD, 2010, cap. 5) coletou estudos da relação entre os ganhos de filhos e pais em doze países. A relação é muito mais forte nos Estados Unidos do que na Dinamarca, Austrália, Noruega, Finlândia, Canadá, Suécia, Alemanha e Espanha, e um pouco mais forte do que na França. Somente na Itália e no Reino Unido a mobilidade social é (ligeiramente) menor do que nos Estados Unidos.

Não menos de 47% da vantagem econômica dos pais com altos ganhos nos Estados Unidos é transmitido aos seus filhos, comparados a somente 17% na Austrália e 19% no Canadá. Esses países fazem o que os americanos acreditam que os Estados Unidos fazem: compensam pela desigualdade com maior mobilidade social. Mas os Estados Unidos não – na verdade, reforçam a desigualdade, tornando-a semi-hereditária. Certamente, esses dados se referem a homens. Dada a relativa importância da igualdade de gênero no mercado de trabalho nos Estados Unidos (considerada no capítulo 5), as mulheres podem muito bem ter melhores chances de mobilidade – contudo, as mulheres votam mais nos democratas do que os homens. Todavia, na política, a ideologia pode importar mais do que a realidade. Nesse caso, não acreditar na ideologia pode levar os homens da classe trabalhadora a se considerarem fracassos, o que é difícil.

Bartels também argumenta, como argumentei há algum tempo (Mann, 1970), que as atitudes populares são muitas vezes contraditórias e confusas. Em pesquisas, muitos americanos acreditam que a desigualdade foi longe demais, ainda que muitos também apoiem os cortes de impostos de Bush filho, a despeito de suas transferências aos ricos. A principal razão era que os cortes de impostos de Bush foram cuidadosamente destinados a dar aos contribuintes um corte de 10%, o que obscureceu sua visão dos 25% de cortes dados aos ricos. Os republicanos enfatizaram que os 10% e a eliminação das faixas tributárias mais baixas (como Bush enfatiza em suas memórias, 2010: 442-443). Nos Estados Unidos existe também um problema de terminologia. Bem-estar social é um termo impopular e mesmo aqueles beneficiados por ele muitas vezes o negam. Quase metade daqueles que recebem Previdência Social, benefícios de desemprego ou o Medicare dizem que não usaram um programa do governo (Mettler, 2010: 829). Isso também revela uma falta de solidariedade entre americanos. O bem-estar social é associado a outros não merecedores, não a si mesmo.

As pessoas também têm um conhecimento limitado da extensão da desigualdade. O estudo clássico de Runciman (1966) sobre a privação relativa mostrou que os trabalhadores ingleses comparavam sua condição não à dos ricos, dos quais sabiam pouco, mas à daqueles próximos a eles na estrutura de classe. Eles se sentiam privados somente se estivessem indo pior do que eles. Page e Jacobs (2009: 37-42) mostram que muitos americanos fazem estimativas muito acuradas sobre a renda daqueles que conhecem pessoalmente. Mas seu conhecimento do extremo superior é difuso. Uma amostra de 2007 estimava a renda média de um CEO de uma grande corporação nacional como de 500 mil ao ano, 12 vezes a de um trabalhador qualificado de fábrica (cuja renda eles estimavam muito acuradamente). Eles pensavam que um CEO deveria ganhar até 5 vezes mais, 200 mil. Na realidade, a média de salário dos CEOs ao ano era de 14 milhões, 350 vezes a renda de um trabalhador qualificado! A ignorância pode ser aumentada pelo fato de que esse país continental produz a maior distância geográfica entre ricos e pobres (Massey, 2007: 192-195). A desigualdade no nível nacional pode não ter muita ressonância política. Mesmo na Grande Depressão os americanos não marcharam nas ruas protestando contra a desigualdade, mas contra o desemprego e a pobreza.

Os eleitores também têm memórias curtas. Embora as administrações democratas tendessem a melhorar os padrões de vida de americanos comuns, enquanto os republicanos faziam o inverso; eles eram eleitoralmente mais astutos, pois produziam um minicrescimento pouco antes das eleições, enquanto os democratas o produziam com mais antecedência. O eleitorado depois se esqueceu disso e votou mais nos republicanos do que seus interesses econômicos garantiriam. Em uma pesquisa CBS/*New York Times* de janeiro de 2010, somente 12% dos respondentes disseram que o Presidente Obama havia reduzido seus impostos desde que assumira o posto, embora um ano antes tivesse feito exatamente isso para 95% dos americanos. Agora, estava esquecido. O conhecimento também tem viés de classe: os pobres sabem menos sobre temas econômicos do que os ricos, que têm maior acesso à mídia.

Bartels descobriu que senadores não faziam o que os eleitores comuns queriam. Sua votação nominal estava muito mais alinhada com suas próprias visões do que com a de seus eleitores. Eles por vezes cediam às opiniões dos afluentes, mas não davam a mínima para o que terço mais baixo da distribuição de renda pensava. Isso era especialmente verdadeiro sobre os senadores republicanos. Brooks e Manza (2006) dizem que a responsividade de políticos à opinião pública sobre programas de bem-estar social também era mais baixa nos outros países anglófonos do que nos países nórdicos e euros. Uma vez mais, isso era democracia imperfeita.

Política redistributiva requer mobilização popular. O principal grupo de pressão por mais igualdade era o sindicato de trabalhadores, todavia, em 2008, a afiliação ao sindicato de trabalhadores americano foi abaixo de 12,4% em todos os setores não agrícolas, e um pequeno 7,6% no setor privado. Vimos no capítulo 6 que isso se deveu a várias causas: mudanças estruturais na economia, uma série de ofensivas de empregadores, a emergência de uma identidade em vez de uma classe política, e a timidez dos próprios sindicatos. Acredito que o declínio dos sindicatos de trabalhadores nos Estados Unidos explica muita coisa, pois sem eles uma explicação de classe da desigualdade tem poucos defensores. Além disso, a mobilização por meio de sindicatos diminuiu enquanto por meio das igrejas aumentou, o que afasta muitos americanos dos problemas econômicos para os morais. Entre os democratas, o declínio dos sindicatos e o aumento da "identidade política" de raça, gênero e orientação sexual também reduziu a importância dos problemas de classe, enquanto encarregou os democratas do apoio aos direitos para minorias, alguns por vezes impopulares. Novos movimentos pós-materialistas também produziram muita emoção, mas foram liderados por profissionais com formação menos preocupados com as condições econômicas dos trabalhadores. Assim, o Partido Democrata enfatiza a igualdade econômica menos do que muitos dos partidos de centro-esquerda. A partir da década de 1960, membros relativamente afluentes começaram a assumir o controle do Partido Democrata e o dinheiro liberal foi principalmente para os direitos civis, feminismo, ambientalismo e direitos dos homossexuais (Hacker & Pierson, 2010: 180). Exceto pelo feminismo, esses não eram grandes ganhadores de votos.

As eleições também ficaram mais caras, favorecendo o financiamento empresarial de partidos. Os gastos dos candidatos presidenciais dos dois partidos se mantiveram continuamente subindo durante a maior parte do século até 1972, mas depois se estabilizaram, flutuando entre 50 e 100 milhões até 1988. Esse foi o período de leis de financiamento de campanhas relativamente efetivas. Depois, os gastos subiram novamente e continuaram a subir, atingindo 450 milhões em 1996, 1 bilhão em 2004 e 2,4 bilhões em 2008. O custo para conquistar um assento no Congresso dobrou entre 1988 e 2010, e o de um assento no Senado subiu 30% (todos os números em valores atualizados do dólar)[17]. Mas esses números podem exagerar a tendência para cima. Se os ajustarmos pelo tamanho crescente do eleitorado, isso anula a maior parte do aumento até a primeira década do século XXI. O custo médio por eleitor flutuou, mas dentro da mesma margem geral – até esta última década. Além disso, os gastos eleitorais como uma proporção do PIB americano de fato caíram no período de 1972 a 2000. Depois, subiram acentuadamente, mas somente ao nível de gastos ao longo da maior parte do século XX. Como uma proporção do PIB o gasto eleitoral esteve de fato no seu auge na vitória de Nixon em 1968. Parece que eleições ficaram repentinamente mais caras. Grande parte do gasto é das empresas. Em eleições a partir de 2000, as empresas forneceram mais de 70% de todas as doações, com os sindicatos de trabalhadores fornecendo menos de 7%. A tendência aqui é menos de um aumento nas contribuições das empresas do que um declínio nas contribuições dos trabalhadores. Os republicanos receberam a maior parte do financiamento em todas as eleições, exceto na da campanha de 2008 de Obama, quando as empresas perceberam que Obama venceria. Conseguir se reeleger é o principal motivo de muitos políticos e exige que tenham que pedir humildemente às empresas, o que os leva para a direita, para problemas econômicos. Corporações comprando votos é uma tradição americana. Foi sempre assim e é duvidoso, portanto, se o aumento da desigualdade, ao menos entre 1970 e 2000, pode ser atribuído a isso. A principal mudança é o contínuo declínio do movimento trabalhista, que tem sido claramente responsável por parte do aumento.

---

17. Dados históricos de Alexander (1980); dados recentes da Federal Election Commission Data e das contribuições online de Dave Gilson (*Mother Jones* online, 20 de fevereiro de 2012) e Erik Rising (blogspot 23 de fevereiro de 2012).

Hacker e Pierson (2010) sugerem que financiar eleições é menos importante do que priorizar o estabelecimento da agenda. Aqui, ocorreram mudanças. No passado, muito *lobby* no nível federal vinha das associações de empresas de ponta; agora, vem de corporações individuais e indústrias. Portanto, o número de escritórios de *lobbies* corporativos em Washington aumentou de apenas a U.S. Steel em 1920 para 175 em 1968 para mais de 600 em 2005 e seu gasto subiu entre 1998 e 2008 de 1,4 bilhão para 3,4 bilhões (muito mais do que o aumento no PIB nesse período). Três quartos de todos os custos de *lobby* foram contraídos por empresas (em valores atualizados do dólar, de www.opensecrets.org). Grande parte desse *lobby* é para garantir subsídios federais ou isenções de tributação ou regulamentação, aumentando a desigualdade pela porta dos fundos, oculta dos eleitores. É impossível saber quanto o *lobby* político e as doações compram, uma vez que há pouca prestação de contas (Repetto, 2007). Mas sugerir que *lobby* e dinheiro têm pouco efeito seria implicar que os empresários são tolos, gastando muitos dólares sem qualquer retorno. Um caso egrégio grave envolveu a lei de reforma do sistema de saúde de 2009. As corporações de seguro de saúde, farmacêuticas e de hospitais com fins lucrativos, empregaram seis lobistas para cada membro do Congresso e gastaram 380 milhões para ajudar a derrotar o fundo de seguro nacional proposto. A maior contribuição, de 1.5 milhão, foi para o senador democrata que presidia o comitê e que redigia a lei (*The Guardian*, 1º de outubro de 2009). Esse se mostrou um bom investimento, uma vez que o esquema, segundo a emenda resultante, envolveu lucros subsidiados pelo Estado para as corporações de saúde. O *lobby* pode ser parcialmente responsável pelo aumento da desigualdade.

Lobby e corrupção não são um fenômeno meramente americano. O escândalo de grampo telefônico que ocorreu na Grã-Bretanha em 2011 revelou o que pode ser a norma em muitos países. Rupert Murdoch e sua família controlam o maior império midiático do mundo, um que é extremamente importante na Grã-Bretanha. Foi revelado durante o escândalo envolvendo um jornal de Murdoch que o Primeiro-ministro Cameron havia se encontrado privadamente com os Murdochs ou seus executivos seniores em vinte e seis ocasiões nos primeiros quinze meses de sua administração, e que os ministros do gabinete sênior haviam se encontrado com eles privadamente em não menos do que sessenta ocasiões. Os conservadores responderam à crítica pública disso dizendo que a administração Trabalhista anterior havia feito exatamente o mesmo. Mas as leis eleitorais europeias são mais claras. Os europeus têm limites estritos em gastos de campanha e concedem espaço gratuito em meios de difusão para partidos políticos de modo que anúncios de campanha em mídia cara não necessitam absorver muito dos recursos financeiros do partido. A Europa tem escândalos intermitentes sobre eleição e financiamento de partidos, mas esses são menores quando vistos da América.

O que é distinto para os Estados Unidos é que o viés na direção das políticas dominadas pelos empresários é apoiado pela Suprema Corte. Em uma série de decisões que culminaram em janeiro de 2010, a Corte anulou parte de uma lei de reforma de financiamento de campanha de 2002 que limitava a quantidade de contribuições de campanha. Ela declarava que essa lei violava os direitos de liberdade de expressão de corporações para se envolverem no debate público de temas políticos. "O governo não pode suprimir o discurso político com base na identidade corporativa do orador", diz o chefe de justiça Roberts ao escrever a opinião da maioria da corte, explicitamente igualando os direitos de uma grande corporação aos de qualquer pessoa individual. É difícil reconciliar isso com a teoria democrática, que enfatiza a necessidade de igualdade de cidadania política. Os Estados Unidos, hoje, é menos uma pessoa/um voto do que um dólar/um voto. As desigualdades econômicas invadiram as relações de poder político e judiciário, gerando uma democracia altamente imperfeita. Com exceção do período dos direitos civis, a Suprema Corte tem sido distintamente conservadora em pró-capitalista. Não estou certo de por que isso é assim.

Apresentei uma explanação multifacetada de por que os americanos não questionam muito o aumento da desigualdade. Os eleitores estão indo melhor do que os não eleitores; o racismo mancha visões sobre os pobres; e as pessoas brancas comuns, especialmente homens brancos, em distritos do interior e do sul se tornaram mais republicanos e mais preocupados com valores morais conservadores do que com problemas econômicos. Os americanos são politicamente míopes e ignorantes, e têm uma visão falsa sobre a mobilidade social. Os republicanos são mais habilidosos na exploração de tudo isso retoricamente enquanto os democratas, por serem mais divididos, têm mais dificuldade em encontrar uma retórica ressonante simples. O poder ideológico é exercido pela direita, a ciência social, pela esquerda – pobre compensação! Os sindicatos americanos evanesceram, e com eles a luta de classes, parcialmente substituída pela política de identidade e moral. Os políticos são mais conservadores do que os eleitores, e isso se deve em parte a terem sido corrompidos pelos grandes empresários, uma corrupção legitimada pela Suprema Corte.

Devemos, finalmente, admirar a habilidade dos líderes republicanos. Políticos efetivos tentam enquadrar temas complexos com uma retórica simples, mas ressonante. Os republicanos fazem exatamente isso ao oporem "impostos tirados de seus bolsos", "governo grande", "medicina socializada", enquanto os democratas insistem em falar sobre políticas detalhadas. Embora seja tentador pensar que os eleitores pobres sejam estúpidos, talvez os políticos democratas sejam ainda mais. Por que não podem também focar *slogans* e deixar os incentivos para pouco antes das eleições? Magnanimidade e democracia não combinam. Em contraste, os políticos republicanos conseguem confortavelmente transitar entre dois eleitorados centrais praticamente sem nada em comum: os grandes empresários exigindo mais poder e mais lucros, e a América das cidades pequenas desconfiando tanto de Washington quanto de Wall Street, preocupando-se com o declínio dos padrões morais e temendo a praga das cidades grandes e das outras raças. A habilidade do partido de manter a lealdade dos últimos mesmo contra seus próprios interesses materiais é muito notável, um tributo às suas habilidades políticas.

Parte dessa longa lista de causas é encontrada em uma extensão menor em outros países avançados, especialmente nos países anglófonos. Mas sua extensão total é distintamente americana. Portanto, no final do século XX, os Estados Unidos se tornaram *pela primeira vez* excepcionais. Tornou-se mais desigual, mas menos incomodado com isso. Isso foi obtido não como um resultado da cultura ou de instituições americanas fundamentais – não uma tradição liberal, ou nenhum socialismo ou democracia antes da burocracia, ou governo fraco com múltiplos pontos de veto ou outras variantes de tropos-padrão de excepcionalismo. Embora a América tenha por muito tempo apoiado direitos de propriedade irrestritos, isso foi por vezes sobrepujado e outras vezes reforçado por influências de forças tanto nacionais quanto globais. Visto de perto, o longo prazo era uma combinação de vários aumentos conservadores de curto prazo, por vezes aliados a um neoliberalismo retórico, como já documentamos nos capítulos 3 e 6. Com certeza, não era fundamentalismo de mercado genuíno. Durante esse período, o governo estava subsidiando a agricultura, mantendo um exército gigantesco, expandindo prisões e despejando subsídios em projetos de alta tecnologia com os quais o setor privado se beneficiaria. O neoliberalismo era administrado pelos pobres, não pelos ricos. A desigualdade continuou a aumentar – e depois suas galinhas voltavam para o poleiro.

A recessão de 2008

Quando o Fed baixou as taxas de juros na década de 1990, seguiu-se dinheiro mais fácil e um crescimento no mercado de ações. Duas bolhas pareciam inicialmente indicar vitalidade. A explosão da primeira, a bolha das ponto-com, em 1998-2000 resultou do desequilíbrio massivo entre as expectativas mantidas pelo capital financeiro quanto às companhias ponto-com e seu desempenho econômico efetivo. O medo de que a bolha pudesse levar a uma recessão levou a outras reduções nas taxas de juros americanas. O Fed de Greenspan entre dezembro de 2000 e junho de 2004 baixou sucessivamente a meta da taxa dos fundos federais de 6,5% para 1%. Isso se combinou a um influxo ainda maior de dinheiro estrangeiro, especialmente chinês, nos títulos do Tesouro americano para produzir um aumento centrado em bens imóveis, muito maior em valor do que a bolha anterior em ações de tecnologia. Uma vez mais, isso parecia indicar saúde econômica, embora dependesse do aumento da dívida pessoal e corporativa (Brenner, 2006). Na Peste Negra de 1346-1349, aqueles que estavam prestes a morrer ficavam com as bochechas rosadas, assim como os consumidores americanos.

A bolha explodiu no mercado hipotecário subprime americano, o qual ajudara pessoas muito pobres a comprar casa própria, especialmente negros, latinos e idosos. O vírus se espalhou rapidamente para outros países, o que Schwartz (2009) chama os "ricos americanizados" – os outros anglos, os Países Baixos e alguns países escandinavos. Os sete países com a maior dívida hipotecária residencial como uma proporção do PIB são Suíça, os Países Baixos e a Dinamarca, que não têm hipotecas subprime, e os Estados Unidos, o Reino Unido, a Austrália e a Irlanda, que têm (Sassen, 2010). A combinação de ambos é distintamente anglo. Em uma época de taxas de lucro inusualmente baixas os clientes subprime recebiam ofertas de hipotecas de taxas variáveis. Mas, cedo ou tarde, as taxas de juros subiriam, ameaçando sua capacidade de pagar, o que lhes tiraria suas economias e suas casas. Se isso acontecesse, o risco não diria mais respeito a indivíduos aleatórios, mas a uma classe coletiva. Sua inadimplência poderia atingir alguns dos derivativos. Os neoliberais criticaram os subsídios para hipotecas subprime como introduzindo distorções no mercado. Emprestadores prudentes não dariam hipotecas a essas pessoas, eles diziam. Eles estavam certos. Todavia, corretores e administradores hipotecários estavam registrando lucros e políticos estavam alardeando a democracia de proprietários para vencer eleições. Os neoliberais não podem controlar os atores econômicos e políticos que implementam políticas. Todavia, as estratégias dos políticos devem muito ao clima ideológico do neoliberalismo.

Em 1998, empréstimos subprime haviam sido 5% de todo empréstimo hipotecário americano, mas em 2008 foram quase 30%. Empréstimos de risco haviam sido ocultos e vendidos em derivativos como Obrigações de Hipoteca Garantida (*Collateralized Mortgage Obligations* – CMOs) e Permuta de Incumprimento Creditício (*Credit Default Swaps* – CDS). Muitos desses foram reempacotados e vendidos como Obrigações de Dívida Garantida (*Collateralized Debt Obligations* – CDOs), cujo valor subiu de 52 bilhões em 1999 para 388 bilhões em 2006. Dívidas ruins estavam sendo vendidas, embora misturadas com dívidas melhores, de modo que o emprestador original não tivesse interesse em garantir que a dívida pudesse ser honrada. A hipoteca de minha própria casa foi vendida três vezes no período de 2007 a começo de 2010. Os modelos matemáticos complexos manipulados por jovens prodígios reasseguravam os bancos, mas eram baseados na fé uma vez que os diretores de bancos não os compreendiam. Economistas matemáticos haviam desenvolvido modelos tão obscuros a ponto de estarem além da compreensão humana ordinária, uma forma de poder ideológico como o dos clérigos ou feiticeiros que eram os únicos que sabiam como se comunicar com os espíritos. Na realidade, tudo dependia do que você colocava nas equações. Modelos que deveriam prever perdas em títulos lastreados em hipotecas eram estimados em dados apenas desde 1998, um período durante o qual os preços da habitação só subiram! Os bancos não sabiam o valor real dos ativos que estavam negociando. Essas eram como as armas de destruição em massa do Iraque – tóxicas, mas impossíveis de encontrar (embora hipotecas tóxicas realmente existissem).

Os reguladores de primeira linha eram as agências de classificação comerciais como a Moody's e a Standard and Poor's. A indústria de serviços financeiros depende muito de seu selo de aprovação. Todavia, deram sua mais elevada classificação de AAA para muitos CDOs tóxicos dominados por hipotecas subprime tóxicas. A principal razão para seu fracasso em avaliar acuradamente era provavelmente por não serem de fato independentes. Elas recebem sua comissão da classificação de produtos pelos bancos de investimentos e bancos "paralelos" que produzem e vendem os CDOs, não por aqueles que os compram. Assim, seus clientes pagadores se beneficiam de suas classificações altas e as agências, portanto, têm um incentivo para agradá-los. Infelizmente, os clientes pagadores querem simplesmente fazer empréstimos, não bons empréstimos. Mas os negócios também estavam crescendo em número e complexidade, colocando as agências sob muita pressão, especialmente porque seus melhores avaliadores estavam sendo seduzidos por salários mais altos nos bancos (Immergluck, 2009: 118). As agências de classificação reguladoras necessitam de regulamentação.

Como Davis (2009: 106) enfatiza, noções de eficiência de mercado e valor acionário diminuíram corporações e aumentaram a complexidade de atores envolvidos nas indústrias de serviços financeiros. Embora Wall Street tivesse se tornado mais poderosa e os maiores bancos fossem agora maiores, eles não estavam no controle dos mercados financeiros. Um ex-presidente da SEC comentou em 1996 que embora decisões de investimento de muitos países fossem feitas por apenas uma dúzia de "porteiros", os Estados Unidos tinham "literalmente centenas de porteiros em nossos mercados de capital cada vez mais descentralizados" – e também eram mais "paralelos", tornando a tomada de decisões informada mais difícil e a ganância criminosa mais tentadora.

Enquanto isso os reguladores-chefe permaneceram completamente despreocupados. Em 2004, o presidente do Fed, Greenspan, disse que o aumento nos preços da habitação "não foi suficiente em nosso juízo para gerar grandes preocupações". Em 2005, seu sucessor, Ben Bernanke, disse que uma bolha da habitação era "uma possibilidade muito improvável". Em 2007, ele disse: "não esperem repercussões importantes do mercado de subprime para o resto da economia", pois a economia atingiu uma nova era de estabilidade que ele chamava "a grande moderação" (Leonhardt, 2010). Eles não haviam entendido que a financeirização produzira volatilidade, o que, embora não relacionada aos fundamentos da economia, poderia, contudo, derrubá-la. Mesmo grande parte dos conselheiros políticos do Presidente Obama acreditava na nova era de estabilidade. Os três mais importantes, Timothy Geithner (secretário do Tesouro), Peter Orszay (Escritório de Administração e Orçamento) e Lawrence Summers (conselheiro econômico da Casa Branca), eram todos protegidos de Robert Rubin, ex-presidente da Goldman Sachs e um importante negociante de derivativos. Summers é um neoliberal (como vimos no capítulo 7). Em suas publicações acadêmicas, ele argumenta que impostos corporativos e sobre ganhos de capital restringem o crescimento, enquanto pagamentos de seguro-desemprego e de bem-estar social alimentam o desemprego – as marcas do neoliberalismo enviesado pela classe. Esses conselheiros se moveriam radicalmente contra os banqueiros? Economistas proeminentes propondo mais reformas – como Paul Krugman, Joseph Stiglitz ou Simon Johnson – foram mantidos fora de posições de autoridade.

A adição de hipotecas subprime com taxas variáveis ocasionou a terceira fase de Minsky do mercado financeiro Ponzi – um esquema que promete altos retornos a investidores com base no dinheiro pago por investidores subsequentes, e não em receitas líquidas geradas por qualquer atividade empresarial real em curso. O esquema requer valores de ativos subjacentes (aqui, habitação) para se manter aumentando. Mas, quando somente um problema econômico moderado ocorreu, entre junho de 2004 e setembro de 2007, a taxa de fundos federais americana foi sucessivamente aumentada novamente de 1% para 5,25%. Poucos tiveram recursos para comprar casas, e muitos mutuários com hipotecas de taxa variável não puderam pagar seus empréstimos, especialmente, parece, aqueles feitos por corretores (Immergluck, 2009: 103). Os preços da habitação caíram e os derivativos e títulos vinculados a hipotecas subprime de taxas variáveis abruptamente perderam valor. Como ninguém sabia exatamente onde estava, isso afetou todo mercado de derivativos. Isso provocou em 2008 o colapso do esquema Ponzi inteiro. O risco de baixa probabilidade ocorreu, e ninguém estava garantido contra suas perdas.

Modelos de Wall Street não anteciparam um colapso da habitação. A supostamente benigna dispersão de risco se transformou em um vírus que se espalhou para muitas instituições financeiras. Na verdade, risco é um termo errado. Refere-se a situações nas quais as probabilidades de diferentes resultados aleatórios podem ser determinados, como no pôquer ou na roleta. Mas Keynes (1936, cap. 12; 1937) distinguiu entre risco e incerteza, situações nas quais as probabilidades não podem ser calculadas. No fim, ele observou, resultados em economias capitalistas são incertos – como os prospectos de guerra –, e tanto expectativas quanto confiança eram extremamente precárias. Nenhumas fórmulas matemáticas podem predizê-las e, contudo, economistas-prodígio estavam cegando seus chefes com fórmulas matemáticas arcanas. Em 2008, como os emprestadores não sabiam quantos ativos tóxicos detinham, ninguém emprestaria agora. Os banqueiros estavam brincando de passar adiante a batata quente [tóxica], algumas delas para zonas de criminalidade. No fim, os banqueiros terminaram sabendo exatamente que jogo estavam jogando, pois quando apenas uma parte do mercado de derivativos colapsou, ninguém pegou a batata. Investidores entraram em pânico e os mercados de ações quebraram. Os Estados Unidos e a Grã-Bretanha lideraram o caminho para o desastre, mas

Irlanda e Espanha também tiveram crises hipotecárias e de desenvolvimento habitacional, e muitos bancos europeus terminaram ficando com os ativos tóxicos. Os seus foram estimados pelo FMI como sendo cerca de 75% do nível de toxicidade americana.

O resultado foi a Grande Recessão de 2008, a maior desde a Grande Depressão. Como foi uma crise financeira alimentada pela desigualdade e desregulamentação, chamo-a Grande Recessão Neoliberal. As falhas do sistema bancário esgotaram o crédito do qual empresas de manufatura e de serviços dependiam semanalmente. O comércio mundial caiu prontamente em relação ao PIB a 30% em 2008 e 2009. O impacto sobre as pessoas comuns foi imediato. Dados de pesquisas revelam que quase 40% das famílias americanas experienciaram num momento ou outro entre novembro de 2008 e abril de 2010 ou o cônjuge desempregado ou então patrimônio líquido negativo em sua casa, ou atraso nos com os pagamentos de suas casas por um ou dois meses. Reduções nos gastos eram normais após desemprego (Hurd & Rohwedder, 2010). Como as pessoas estavam tentando reduzir seu nível de dívida, não estavam gastando, e despesas de consumo são o principal condutor da demanda agregada. O desemprego nos Estados Unidos subiu oficialmente a quase 10% no final de 2009, embora a taxa real fosse cerca de 16%, se incluirmos aqueles trabalhando em turno parcial que desejavam trabalhar em turno integral ou aqueles que haviam desistido de procurar trabalho. A taxa comparável do Reino Unido era provavelmente cerca de 14-15%, enquanto na União Europeia a taxa real foi de cerca de 12-13%. O desemprego de longo prazo estava aumentando e em 2012 o desemprego geral caiu apenas um pouco. O Japão escapou com menos danos, com apenas 5% de desemprego. Grandes nações exportadoras como China e Alemanha foram atingidas, embora não tivessem sido responsáveis pelo colapso financeiro, e tivessem se recuperado mais rápido. Quando a crise atingiu a China, seus bancos reagiram instintivamente como os bancos ocidentais, reduzindo radicalmente empréstimos a companhias que queriam expandir. Mas o Partido Comunista ainda governa a China e seu grupo fiscal importante (explicado no capítulo 8) ordenou que os bancos liberassem o crédito em um programa massivo de estímulo, ressuscitando, assim, o crescimento chinês (McGregor, 2010). Não foi um exemplo que as democracias liberais pudessem seguir.

Poderíamos assumir, após essa debacle, que o neoliberalismo estivesse terminado. Isso pareceu assim por um curto período, uma vez que muitos países se decidiram definitivamente a favor de programas de estímulo keynesianos. Todavia, o poder político dos bancos permaneceu intacto e grande parte do Partido Republicano e de Wall Street viu bizarramente as causas da crise não como falta de regulamentação, mas como interferência política nos mercados. Eles culparam, particularmente, as duas companhias hipotecárias patrocinadas pelo governo, Freddie Mac e Fanny Mae, pela crise. Isso é implausível, visto que chegaram tardiamente ao mercado de subprime. Fizeram somente um sexto das hipotecas subprime, e detinham uma percentagem muito mais baixa de empréstimos não produtivos (*nonperforming loans*) do que os bancos (Schwartz, 2009: 183-185). Os republicanos viam a solução não em pequenos estímulos governamentais à economia, ou *pump priming*, mas em cortes de impostos e retirada do Estado em todos os níveis para equilibrar o orçamento. Mas fazer isso em uma recessão a piora ao reduzir a demanda e aumentar o desemprego. Os empresários não estão investindo porque carecem de clientes e grandes cortes de gastos produzirão ainda menos. Como os republicanos acreditam que se beneficiam eleitoralmente com a adoção de impostos mais baixos e de um Estado menor, a política ideológica ultrapassa a economia. Nesse caso, a confiança empresarial passou a ser contestada – a manufatura necessitando de programas de estímulo, o setor financeiro necessitando de socorro. O *pump priming* resultante não foi keynesiano, uma vez que focou em resgatar os bancos. Eles foram supridos com dinheiro barato e ativos ruins foram retirados de suas mãos – Keynes para os banqueiros. Eles terminaram pagando os empréstimos, mas nenhumas outras condições regulatórias foram vinculadas – nenhum ajuste estrutural para os ricos! Tão logo os bancos se recuperaram com a ajuda do bem-estar social governamental já recomeçaram a apregoar o mercado eficiente e o valor acionário, e estavam se pagando tanto quanto antes da crise.

A ironia suprema foi que os neoliberais estavam recebendo subsídios massivos dos contribuintes por meio do Estado para sobreviverem. Os bancos se recuperaram devido às transferências diretas de riqueza dos contribuintes. Eram definidos como muito grandes para falirem, não grandes demais para existir, e se tornaram ainda maiores. Bank of America e J.P. Morgan Chase, os dois maiores, foram ajudados pelo governo para adquirirem Merril Lynch e Bear Stearns. Alguns neoliberais objetaram isso, acreditando que os bancos deveriam poder falir independentemente de seu tamanho. Os mercados, diziam, intervirão para corrigir e fornecer os fundos de investimento necessários. Não compartilhando muito de seu otimismo, os keynesianos não foram tão longe assim. Eles dizem que é correto socorrer bancos, mas não às custas do contribuinte no longo prazo e somente se houver regulamentação adicional (Krugman, 2008). Restaurar uma lei do tipo Glass-Steagall é essencial para separar as funções de utilidade dos bancos de suas atividades mais arriscadas. Salários devem ser depositados, pequenos negócios devem obter empréstimos sazonais normais, caminhoneiros devem poder comprar combustível a crédito, cartões de débito e de crédito devem funcionar etc. Essas atividades bancárias não deveriam poder falhar. Mas CDOs arriscados, permutas de incumprimento creditício, transações monetárias multimilionárias etc. não deveriam ser subsidiadas. Na verdade, deveriam ser mais rigidamente controladas.

Todavia, essas exigências não foram atendidas. Uma oportunidade para escapar de sacrificar tudo à confiança dos investidores estava perdida. Sim, restaurar a confiança deles com subsídios imediatos, mas em troca de mais controle, exigências de liquidez mais alta e impostos mais altos. A confiança não tem de impedir os estados de jamais questionar o capitalismo. Mas sem pressão a partir de baixo e em um período do declínio dos partidos de esquerda, interesses da classe alta e ideologia governaram novamente a economia política, impondo limites aos estados.

Uma segunda fase da Grande Recessão ocorreu quando as dívidas foram removidas do setor privado para o setor público. Em muitos países do Mediterrâneo e na Irlanda, o problema inicial não era que o aumento de empréstimos tivesse ido para estados perdulários. Havia ido para o setor privado, especialmente para financiar aumentos insustentáveis na habitação, como nos países anglos. Mas quando a crise atingiu e os empréstimos cessaram, houve um *pump priming* inicial para socorrer os bancos e uma tentativa de manter o gasto público em meio à queda nas receitas tributárias, a fim de compensar pelo colapso do consumo doméstico e dos investimentos no setor privado. Assim, os déficits do setor público subiram para 10% ou mais do PIB nos Estados Unidos, Reino Unido e países do Mediterrâneo. Essa remoção das dívidas meramente adiou o dia do acerto de contas, uma vez que nenhuma instituição pode gastar indefinidamente mais do que recebe em receitas. Assim, como o setor financeiro recuperou sua confiança, os investidores começaram a atacar o *pump priming* governamental, gerando corridas a moedas onde consideravam déficits orçamentários muito altos. O que havia originalmente sido uma combinação de crise de dívida hipotecária, desequilíbrios globais e de um setor financeiro descontrolado e quase criminoso se tornou uma crise de dívida soberana que afetou, sobretudo, os estados europeus do sul (especialmente Grécia, mas também Itália, Espanha e Portugal) e a Irlanda. Seus níveis elevados de dívida os tornaram vulneráveis à especulação contra suas moedas, forçando-os a pagar taxas de juros muito altas a investidores e a deflacionar suas economias e reduzir os gastos do governo a fim de restaurar a confiança dos investidores. Uma vez mais, os contribuintes comuns e especialmente os beneficiários pobres do bem-estar social pagaram o preço da Grande Recessão Neoliberal. A única alternativa teria sido aumentar o nível de tributação, especialmente para os ricos, mas os investidores ricos não gostariam disso. O regime de bem-estar social euro de Esping-Andersen estava se dividindo em dois, enquanto a Irlanda e a Grã-Bretanha estavam se movendo ainda mais para perto dos Estados Unidos para formarem um bloco anglo coerente. Uma vez mais, o neoliberalismo havia ampliado a desigualdade, internacionalmente e devido ao seu fracasso.

Embora a primeira fase da crise tenha chegado ao fundo do poço em 2010, foi principalmente uma recuperação sem criação de empregos. A desigualdade continuou se ampliando. Os lucros dos banqueiros cresceram novamente. A manufatura se recuperou mais lentamente, principalmente pela redução de sua força de trabalho permanente e pela recontratação de trabalhadores casuais a salários baixos. Os governos focaram a política, não a criação de trabalho, mas saúde fiscal. Krugman (2008) chama isso "o retorno da economia da Depressão". Pessoas comuns não recuperaram seus empregos, suas casas ou o valor de suas pensões. A parcela de riqueza detida pelos 10% do topo das famílias americanas aumentara uma vez mais, de 49% em 2005 para 56% em 2009, enquanto os pobres, especialmente as minorias, ficaram mais pobres.

Contra as explicações neoliberais, os países com mercados de trabalho mais controlados como a Alemanha e os países nórdicos foram melhor do que aqueles com mercados mais flexíveis, como os Estados Unidos e a Grã-Bretanha. Embora estados afetados pela dívida (exceto os Estados Unidos) tivessem que se curvar ao poder da confiança financeira, muitos estados da OCDE permaneceram em melhor forma. Todos os principais governos da OCDE puderam tomar emprestado a longo prazo com taxa de juros de menos de 3%, indicando que o mercado de títulos não estava preocupado que seus déficits orçamentários correntes minassem sua viabilidade fiscal de longo prazo. Além disso, os estados com excedentes viram seus fundos de riqueza soberanos se fortalecer. Eles haviam antes comprado principalmente títulos do Tesouro americano, mas no novo século estavam diversificando em mais investimentos de portfólio. Eles compraram grandes porções de grupos de bancos americanos em dificuldades, como Morgan Stanley, Merill Lynch e Citigroup. O crescimento dos fundos soberanos é outro prenúncio do poder mudando dos Estados Unidos para a Ásia (Davis, 2009: 182-183). Também demonstra a resiliência dos estados-nações economicamente mais fortes e mais coesos contra os limites supostamente mais fortes do capitalismo transnacional.

A recessão se espalhou pelo mundo através de canais tanto comerciais quanto financeiros. Muitos países em desenvolvimento possuíam alguns ativos bancários tóxicos, mas sentiram os efeitos dos investimentos diretos estrangeiros menores e de remessas de dinheiro menores de cidadãos trabalhando no exterior. Aqueles com reservas responderam ativando fundos de riqueza para estimular investimentos e para financiar programas de estímulo mais efetivos. Mas nos anos de 2008 e 2009 o comércio caiu 30% em relação ao PIB global. As economias mais abertas, especialmente aquelas que comercializavam uma gama limitada de produtos e mercadorias manufaturadas em vez de matérias-primas, foram mais prejudicadas, como aquelas que exportavam para os países desenvolvidos mais afetados – como o México, altamente dependente de seu comércio com os Estados Unidos. Os preços de muitas mercadorias caíram enquanto sua volatilidade crescente também aumentava a incerteza de receitas, tornando investimentos de capital e o planejamento governamental mais difíceis. Mas os preços dos alimentos subiram, aumentando a fome. O número de pessoas que vivem na pobreza caiu de forma constante entre 1980 e 2008, em parte como resultado das taxas mais baixas na China. Essa tendência foi reforçada pela rápida recuperação chinesa da recessão. No geral, o PIB caiu mais nos países mais ricos e menos nos países mais pobres, embora tenha ocorrido muita variação entre os pobres (Nabli et al., 2010).

A Grande Recessão Neoliberal ampliou a distância entre países em desenvolvimento bem-sucedidos e malsucedidos – China, Índia, Vietnã, Polônia, Turquia, Brasil *versus* a maior parte da África e Ásia Central – intensificando a obsolescência da divisão norte-sul.

Nos países mais ricos, especialmente os anglófonos, os neoliberais responderam ao fracasso alegando que suas políticas não foram levadas longe o bastante – a resposta tradicional dos ideólogos. Nos Estados Unidos e no Reino Unido nos quais a ideologia neoliberal é mais forte, eles conseguiram o que queriam. A Grã-Bretanha tinha facilmente o maior setor financeiro em termos proporcionais, contribuindo com 40% dos ganhos estrangeiros, com um alto nível de endividamento (11% do PIB), um pouco acima da taxa americana, o dobro da Alemanha. Contudo, a Grã-Bretanha tinha bom crédito, pois grande parte de sua dívida era de longo prazo e a baixas taxas de juros. A Grã-Bretanha não era muito vulnerável. Todavia, em 2010, o novo governo conservador anunciou um corte de 19% nos gastos públicos, a demissão de 490.000 trabalhadores do setor público e efetivamente a privatização da educação superior. Essa redução de gastos e de empregos a despeito de uma Grande Recessão desconsiderou completamente a experiência da Grande Depressão. Na verdade, ameaçou repeti-la. Na realidade, os conservadores estavam tirando vantagem da recessão para concretizar seu desejo ideológico de longa data de reduzir o Estado. A necessidade de alguns cortes no gasto público, menores e mais graduais, era amplamente reconhecida, e foi proposta pelo governo trabalhista anterior, mas esse massacre repentino piorou a crise.

Os Estados Unidos fizeram o mesmo em agosto de 2011 quando o Presidente Obama e o Partido Democrata formularam um acordo de última hora com os republicanos, pressionados pelos extremistas do Tea Party, para evitar que os Estados Unidos não pagassem suas dívidas. Obama abandonou seu programa de estímulos e concordou em reduzir os gastos do governo em uma recessão, como os britânicos. Com taxas de juros em baixas históricas, os governos deveriam estar tomando dinheiro emprestado para gastar na estimulação da economia. Mas eles estavam, de fato, cortando esses programas. Nos Estados Unidos, grandes cortes nos gastos dos governos estadual e local foram especialmente prejudiciais aos níveis de emprego e consumo. Os anglos estavam se movendo juntos para o desastre. O resultado é menos claro em outros lugares, onde muitos políticos hesitam em insistir no neoliberalismo. França e Alemanha foram mais cautelosas e estão se recuperando melhor. Todavia, coletivamente, os governos europeus impuseram programas de austeridade tão severos à Grécia, de modo a tornar provável uma inadimplência grega de seus empréstimos, com efeitos em cadeia nos países mediterrâneos enquanto o Banco Central europeu continuasse a defender a austeridade a fim de aumentar a confiança empresarial. Todavia, programas de austeridade de curto prazo criam mais desemprego e aumentam a carga tributária sobre firmas e consumidores. Isso não restaurará o crescimento, pagará dívidas ou restaurará a confiança dos investidores internacionais. Na verdade, o FMI mudou seu tom, insistindo agora em programas de estímulo para países com dificuldades.

A consequência da Recessão foi que especialmente nos países anglófonos e mediterrâneos os pobres se deram mal, o movimento da classe trabalhadora parecia terminado, a classe média tinha de ser grata às pequenas benesses, e as transferências de todos eles ajudaram os ricos a ficarem mais ricos – embora tivessem sido responsáveis pela crise desde o início! É difícil ver crescimento econômico vindo dos cortes implementados em 2011 pelos estados grego, britânico e americano. Na Grã-Bretanha e nos Estados Unidos foram dirigidos tanto pela teoria econômica quanto pela ideologia de classe que privilegiava os ricos e especialmente os bancos, mas não a indústria de manufatura, às custas do povo.

Reforma

Mais controle do setor financeiro e das corporações transnacionais é necessário para reinserir a economia nas estruturas sociais de cidadania, às quais deveria servir. Isso deveria envolver não apenas mais ativismo pelos estados individuais como também mais cooperação global e multilateral entre estados. Isso, por sua vez, requer que instituições multilaterais como o FMI e o Banco Mundial reformem suas próprias estruturas de votação de modo que se tornem mais representativas dos estados-nações ao redor do globo, não apenas dos do norte (Abdelal & Ruggie, 2009). A mesma necessidade aparecerá no próximo capítulo, que lida com a mudança climática.

Mas muito pouco foi feito até agora. Os governos tentaram fazer com que os bancos mantivessem depósitos maiores e controlassem alguns tipos de transações. Sob o III acordo de Basel feito em 2010 entre muitos países exigiu-se que os ativos mínimos para as proporções de capital dos bancos subissem de 2% para quase 10% no caso dos bancos maiores. Mas mesmo isso não basta, pois significa que perdas nos ativos de um banco de apenas 4% o tornariam insolvente. A administração Obama favoreceu agências reguladoras mais fortes, queria derivativos de balcão negociados na bolsa ou através de câmaras de compensação, com restrições a bancos comerciais e instituições que fossem proprietárias de bancos que operassem e investissem em fundos hedge e empresas de ações. Também queria um teto na atividade comercial feita por contas internas. Mas sua legislação de julho de 2010 foi muito mais fraca, meramente dando poder para novos corpos regulatórios, que decidirão quais derivativos seriam controlados e quais transações devem ser reveladas. Eles serão duros o bastante? Os reguladores não foram efetivos até agora, e houve pouco progresso até agora na implementação das novas leis. Muitas instituições financeiras se opõem a qualquer regulação. Se podem ser socorridas pelos contribuintes a cada vez que um período de bonança de indenizações termina, eles já têm a solução ideal! Isso não é risco moral, mas certeza imoral.

Tampouco há consenso internacional sobre soluções como barreiras ou impostos Tobin sobre transações financeiras de curto prazo, enquanto cada país deseja proteger seus próprios bancos. O *lobby* dos banqueiros contra o controle alegando que isso os restringirá a menos que fujam para o exterior para um país mais hospitaleiro – e, diferente dos manufatureiros, eles têm poucos ativos fixos os prendendo à sua pátria. Muitos europeus culparam os anglos por originar a crise, mas seu próprio desejo de reformas radicais foi enfraquecido pelo fato de que seus estados de bem-estar social generosos não reduziram a demanda de consumo aos níveis anglos. O Canadá não está preocupado, uma vez que reteve o controle financeiro estrito e não sofreu muita recessão. Os países do Bric, especialmente a Índia com uma economia mais insulada e a China com sua poupança interna massiva, recuperaram-se rapidamente e estão inclusive menos preocupados. As importações chinesas de mercadorias japonesas e australianas também levaram esses países ao crescimento. Isso é um sinal de esperança para a economia global, e também um sinal de mudança do poder para economias não ocidentais e para economias mais controladas pelo Estado.

A União Europeia tem seus próprios problemas. A introdução do euro congregou economias de forças muito diferentes e levou a investimentos massivos em suas economias nacionais menos desenvolvidas, uma vez que os investidores acreditavam que o euro tornava a dívida da Grécia ou Espanha exatamente tão segura quanto a da Alemanha ou França. A crise revelou que isso era falso. Essas economias não podem competir com países mais dinâmicos dentro da União, especialmente a Alemanha. Todavia, restringidas pelo euro, não podem desvalorizar sua moeda para melhorar a competitividade de suas exportações. A fraqueza fundamental não é econômica, mas política, pois a União carece de um mecanismo político coerente para implementar uma política econômica efetiva. Há um Banco Central europeu, mas não há um Tesouro único para aplicar uma disciplina tanto fiscal quanto monetária e para fazer transferências fiscais para áreas necessitadas, como os estados-nações podem fazer. O desenvolvimento de um Tesouro real melhoraria a habilidade da Europa de sobreviver a futuras crises, mas isso implica mais federalismo e as últimas duas décadas revelaram uma feroz oposição popular à intensificação da União. Qualquer governo que proponha integração fiscal mais ampla enfrenta o risco de ser demovido do poder, um poderoso dissuasor para políticos. Essa é a macrorregião do mundo na qual instituições multilaterais mais se desenvolveram, mas pelas costas do povo. Isso voltou a assombrar a União.

Há um consenso global de que mais controle dos bancos seja necessário, mas há uma pletora de reguladores e padrões na economia global. Nos Estados Unidos, a Lei Dodd-Frank, no Reino Unido, a Comissão Vickers, na União Europeia a Diretiva de Exigências de Capital IV, e no setor de seguros europeu as regras de Solvência II – todos fornecem regras diferentes para liquidez mínima. No nível global, o acordo Basel III prometia aos governos aumentar gradualmente a proporção de cobertura de liquidez, exigindo que bancos mantivessem ativos vendáveis facilmente o bastante para sobreviverem com elas por 30 dias. Mas esse permanecerá um esquema voluntário até 2015 e permanece politicamente controverso. Os bancos argumentam que não reduzirão somente seus lucros, mas também sua capacidade de empréstimos, e acrescentam que podem inclusive aumentar os lucros de bancos "paralelos" menos bem-regulamentados. Devido à sua pressão, as regras de Basel podem ser amenizadas. Isso se parece muito a controle marginal, embora seja um começo e revele mais cooperação internacional do que ocorreu na Grande Depressão, quando desvalorizações e tarifas competitivas dos estados pioraram a crise. Através de instituições como UE, G-20, instituições Basel, FMI e Banco Mundial, que não existiam na década de 1930, há potencialidade para um controle global multilateral, que poderia ser intensificado por regras bancárias mais duras, eliminando os maiores bancos, e introduzindo impostos Tobin sobre fluxos de capital de curto prazo. Na verdade, em 2011, a União Europeia propôs um imposto Tobin de 0,1% sobre transações, mas o Reino Unido, que abriga 80% das transações de capital europeias, vetou a proposta.

Uma solução genuína requer mais do que apenas regulamentação. Como vimos, houve duas crises subjacentes, a dos desequilíbrios globais e a da desigualdade liderada pelos americanos, ambas aumentando dívidas. Os desequilíbrios globais significavam que ao final de 2010 o consumo americano estava próximo de 70% de seu PIB, quase exatamente o dobro do consumo da China. Ambos os números são insustentáveis no longo prazo, um muito grande, o outro muito pequeno. Eles revelam o mesmo problema subjacente: falta de demanda pelos dois povos, o que deprime a economia. Isso poderia ser remediado pela redistribuição em ambos os países. Além disso, os Estados Unidos deveriam fornecer fundos de estímulos adicionais para investimentos em setores como infraestrutura e educação, enquanto a solução chinesa seria expandir o mercado doméstico e permitir a valorização do renminbi. Mas China e Japão permitiriam que suas moedas se valorizassem, tornando suas exportações mais caras? Da sua parte, os políticos americanos abandonaram os remédios de mais um programa de estímulo e impostos mais altos. Na reunião do G-20 em novembro de 2010 não houve acordo sobre os passos para restringir os desequilíbrios.

Um mercado imobiliário americano estável requer mais do que um fornecimento prudente de casas e financiamentos. Necessita de mais pessoas capazes de comprar ou de fato alugar casas sem risco de inadimplência (Coates, 2010; Immergluck, 2009). Isso exigiria maior redistribuição dos ricos para os americanos comuns. Como vimos, uma aliança neoliberal-conservadora havia desviado a distribuição do crescimento nacional para os ricos, deprimindo os níveis de consumo em massa por meio de endividamento. Isso necessita ser invertido, mas no presente a distribuição do poder político não permite isso. Gamble (2010) defende um programa do tipo do New Deal radical, envolvendo a re-regulamentação dos serviços financeiros, a redistribuição de renda e de ativos, investimento em projetos de infraestrutura, novas tecnologias, educação e qualificação e, para pagar por isso, austeridade e diminuição do consumo para reduzir a dívida e liberar recursos para investimentos. Poderia funcionar, mas é ilusão. Não há pressão para isso vindo das ruas, diferente da década de 1930. Hoje, o conflito de classes e a polarização ideológica estão basicamente ausentes. Tem havido grandes greves e manifestações nos países mais fracos como Grécia, Irlanda e Espanha, mas eles alinham seus cidadãos não somente contra seus próprios governos como também contra os alemães que estão furiosos por terem de socorrê-los. Houve rebeliões na Grã-Bretanha num contexto de racismo, elevado desemprego de jovens e grandes cortes do governo, mas foram muito apolíticos. Tem havido manifestações menores nas cidades americanas contra Wall Street. Mas há pouco sinal de uma ideologia comparativa comparável à democracia social com keynesianismo das décadas de 1930 e 1940. Nenhum movimento social está exigindo mudanças radicais, embora não devêssemos descontar a possibilidade que isso pudesse aparecer, pois é provável que a crise dure um tempo. Mas até agora o clamor é muito menor do que durante a Grande Depressão. A classe trabalhadora e a esquerda declinaram, mas a classe capitalista e a direita estão prosperando. Contra esse equilíbrio de forças, "especialistas" são impotentes. Parece razoavelmente claro quais políticas *deveriam* ser buscadas para resgatar as economias no norte do mundo, mas os prospectos disso ocorrer são atualmente pobres. Nesse caso, é menos capitalismo e confiança dos empresários em geral que está impondo limites estritos a estados e mais uma fração específica de capital expressa em confiança dos investidores.

Nos Estados Unidos há muita retórica entre o comércio local e o sistema financeiro internacional, ou "Main Street *versus* Wall Street", mas ela gera dois populismos rivais, o da esquerda democrata e o da direita republicana, em sua expressão mais extrema no Tea Party, protestando contra Wall Street, Washington e o *Establishment* do leste. Na realidade, esse populismo direitista é mais oposto ao governo grande do que ao capitalismo grande. Dada a importância das empresas grandes para o Partido Republicano, o partido não apoiará muito controle do capital financeiro, independentemente da retórica populista em suas pátrias.

Houve uma degradação surpreendente do Partido Republicano, buscando cada vez mais redistribuição para os ricos, cada vez mais americaninho e mais ignorante em relação ao mundo, anticiência, imperialista, adotando um fundamentalismo de mercado divergente da realidade americana, exclamando "socialismo" para cada reforma que possa ajudar as pessoas comuns desde o fortalecimento da negociação coletiva à assistência médica, ao controle dos bancos, à mudança climática. Mas a pusilanimidade e as divisões do Partido Democrata também são preocupantes, tornando o partido relutante em apoiar as reformas necessárias. As corporações de serviços financeiros foram os principais contribuidores de campanha para ambos os partidos em 2008. Ambos os partidos são restringidos pela invasão do espaço político pelos atores do poder econômico. Os republicanos e os democratas conservadores (*blue-dog Democrats*) se arrastam para reformas.

A separação de poderes se tornou um paralisador dos poderes, uma vez que a polarização dos eleitorados que produziu assentos seguros, e um Partido Republicano altamente coeso e ideológico, enfrentavam mudanças nos procedimentos congressionais envolvendo o controle partidário de comitês, mudanças nos fundos de campanha, a difusão de obstrucionistas e a maioria de 60 assentos no Senado de projetos de lei importantes a quase todos os projetos de lei (Zelizer, 2009). Tudo isso impedia propostas de reformas, incluindo a regulamentação financeira necessária e programas de estímulo econômico.

A Grande Recessão Neoliberal resultou do poder crescente do capital financeiro desregulamentado. Consumo em meio ao aumento da desigualdade e dos desequilíbrios globais, endossado por neoliberais, manteve-se somente por meio de níveis insustentáveis de endividamento. Capitalistas financeiros e altos executivos assistentes queriam a liberdade prometida pelo neoliberalismo, e a conseguiram porque o neoliberalismo dominava o setor financeiro em muitos países. Mas liberar a ganância dos banqueiros se mostrou prejudicial à economia e à população como um todo. Mais do que qualquer outro setor, o financeiro necessita de regulação, pois é o mais volátil e perigoso do capitalismo. Mas as distribuições do poder econômico e político impediram isso, e provavelmente ainda o farão por um longo tempo. Haverá mais crises financeiras, provavelmente afetando o norte mais do que o sul, auxiliando a transferência do poder global.

Todavia, em sua pátria anglófona a crise de 2008 reviveu ironicamente o neoliberalismo. Nas crises, o poder dos especuladores está em seu auge – como na década de 1920. Aqueles que provocaram a crise viram seus poderes aumentados! A menos que exista um aumento de revolta popular contra isso, devemos concluir uma vez mais neste volume que os interesses coletivos e a racionalidade não governam as sociedades humanas. O presidente do Fed, Greenspan, repreendeu famosamente o mercado de ações pela exuberância irracional, mas essa crise demonstrou a maldade irracional. Se essa Recessão segue o padrão da Grande Depressão, quase todos os governos no poder em seu começo cairão. Isso aconteceu nos Estados Unidos em 2006 e em 2008, e no Reino Unido em 2010. Nesses países, o primeiro impulso foi na direção da direita, embora como seus novos regimes provavelmente também fracassarão economicamente, também podem cair. Alguns governos conservadores no poder na Europa podem cair, substituídos por de centro-esquerda. As eleições de 2012 na França forneceram o primeiro caso disso, embora estejamos para ver quão longe o novo Presidente François Hollande pode ir enquanto mantiver a confiança dos investidores.

Conclusão

Como vimos no capítulo 6, o neoliberalismo não dominou o mundo, nem se retirou de muitos estados. O tamanho do Estado como uma proporção do PIB parou de aumentar, mas usualmente permaneceu quase no mesmo nível que atingiu antes do ataque neoliberal. Além disso, a influência neoliberal estava enfraquecendo no final do século XX. Não levou muito crescimento ao sul nem ao norte e ampliou enormemente a desigualdade nos países que mais o adotaram. Legitimado nos Estados Unidos pela Suprema Corte, permitiu que o poder econômico corrompesse políticos democratas e enfraquecesse a cidadania social, que haviam sido as glórias supremas do século XX. O neoliberalismo aumentou enormemente o poder do setor financeiro, especialmente nos países anglófonos, e seu poder também aumentou enormemente nos países que se endividaram com estrangeiros. No país anglo líder, os Estados Unidos, a desigualdade aumentou e a cidadania se enfraqueceu muito, embora não tenha no início diminuído o consumo porque uma sociedade endividada emergiu. Isso precipitou a Grande Recessão Neoliberal, e é provável que em breve precipite outra. Quando os modelos de expectativas racionais da Escola de Chicago precificaram tão mal o risco e colocou valores patológicos em ativos que deveriam ser muito familiares a todos, como podemos acreditar na mágica do mercado? No capítulo 7 vimos que o impacto do neoliberalismo nas economias pós-soviéticas também foi negativo. De um modo geral, por razões de eficiência e poder coletivo, o neoliberalismo deveria ser abandonado.

Todavia, o neoliberalismo ainda avança no setor financeiro devido ao seu poder distributivo, pois beneficia as classes e nações mais poderosas que ainda são capazes de impor seus interesses a grande parte da humanidade. A vanguarda de seu poder reside nos especuladores que podem atacar a moeda dos países que resistem às suas políticas. Politicamente, ressoa em meio às pressões fiscais nos estados de bem-estar social vindo basicamente de causas não econômicas, como envelhecimento e o crescimento da educação superior. Em alguns países, estabeleceu-se politicamente por meio de uma aliança com conservadores como Thatcher e Reagan. Os países anglófonos liberais têm sido os mais receptivos à ideologia neoliberal. Países corporativistas do norte e desenvolvimentistas do sul têm sido capazes de moldá-lo e misturá-lo com seus estados mais proativos. Lá os perdedores potenciais do neoliberalismo são mais politicamente estabelecidos, mais hábeis para resistir. No sul, o neoliberalismo foi mais forte onde a dívida internacional era mais alta. Mas estados mais fortes do sul aprenderam a resistir às pressões neoliberais aumentando suas reservas financeiras, enquanto em países muito pobres os bancos internacionais começaram a renunciar à retirada do Estado. A boa governança prevaleceu. Os neoliberais não pensam que venceram a batalha política uma vez que os estados do norte ainda distribuem 30-50% dos PIBs nacionais, quase a mesma proporção de 1980. Sua necessidade de formar alianças com conservadores contribuiu para isso, pois o estatismo era resiliente tanto na direita quanto na esquerda. Houve pouca redução do Estado. O Estado mínimo não chegou e provavelmente não chegará a menos que vislumbremos cenários de desastre.

Ainda existe muita variação global. Embora o triunfo global do capitalismo esteja quase completo, permanece volátil ao longo do tempo e variado ao longo do espaço. Adapta-se a crises mediadas por ideologias e instituições regionalmente variadas. O Estado-nação ainda é o regulador estabelecido, e os estados-nações se voltar para seus vizinhos regionais e seus afins culturais para encontrar as melhores práticas. Ideologias centristas institucionalizadas reduzem o poder do capitalismo e especificamente a confiança dos empresários de se propagar transnacionalmente pelo mundo. As instituições de cidadania que solveram a turbulência da primeira metade do século permanecem e nenhuma expansão capitalista, nenhuma ideologia e nenhuma crise de profundidade suficiente irrompeu ainda para miná-las ao redor de grande parte do mundo. Todavia, manter a cidadania permanece uma luta. Estados Unidos, Grã-Bretanha, Irlanda e grande parte da Europa mediterrânea estão vendo os direitos de cidadania social diminuir. Em outros lugares no norte, a cidadania social se mantém. Mas o ímpeto mudou para os países maiores do ex-sul, e lá o prognóstico econômico é mais saudável. Se a distribuição das recompensas do crescimento beneficiarão ou não muitos cidadãos permanece algo a ser discutido. O capitalismo não impõe esses limites fortes como neoliberais ou marxistas pessimistas acreditam. Os entes humanos podem escolher – embora possam escolher mal.

Essa é uma outra fase do movimento duplo de Polanyi dentro do capitalismo: entre o mercado autorregulador, de um lado, e as demandas sociais por "autoproteção" contra isso, do outro? Streeck (2009) endossa um modelo cíclico polanyiano assim, argumentando que o capitalismo de mercado busca perenemente se libertar das instituições não contratuais que o contêm, todavia, por sua vez, induzindo pressões para a restauração de obrigações não contratuais. Certamente, o sucesso neokeynesiano aumentou o poder do capital financeiro, e depois os fracassos neokeynesianos levaram às demandas neoliberais por autorregulação do mercado. Não teve sucesso em todas as esferas da economia (os estados permaneceram do mesmo tamanho), mas no setor financeiro seus excessos depois levaram novamente a demandas por proteção da vida social por meio da re-regulamentação e do estabelecimento de instituições capazes de nos proteger do potencial destrutivo da expansão do mercado. Todavia, as demandas foram inicialmente ignoradas e pode ser que pretensos reformadores como Hollande careçam do poder para impô-las. Parece demasiado ambicioso desenvolver um modelo de desenvolvimento econômico em dois episódios e meio: primeiro o crescimento do liberalismo clássico, segundo o crescimento da social-democracia keynesiana – com a metade sendo o sucesso do neoliberalismo na dominação do setor financeiro do capitalismo. O modelo de Polanyi também parece um pouco funcionalista e racionalista demais. É funcionalista porque assume que o desenvolvimento é um processo interno ao modo capitalista de produção. Todavia, temos visto ideologia, guerras e estados influenciando enormemente o desenvolvimento do capitalismo. É racionalista porque parece acreditar que os entes humanos podem racionalmente resolver os excessos de uma ordem existente. Todavia, todos esses são conflitos de poder estreitamente disputados produzindo diferentes resultados em diferentes países, e embora eu tenha argumentado que o capitalismo e os capitalistas necessitam de mais controle, não estou tão confiante de que isso acontecerá. Esses ciclos não são regulares, uniformes nem inevitáveis, de modo que não são de fato ciclos.

O que devemos fazer agora com a destruição criativa de Schumpeter? Em seu último trabalho, ele argumentou que um capitalismo burocratizado de corporações gigantes restringiria a criatividade dos empreendedores e lideraria o caminho para um socialismo (1942: 134). As corporações gigantes de hoje não são muito burocráticas, pois aprenderam a como subcontratar e a vender ativos não essenciais, a se mover globalmente e se tornar mais enxutas e gananciosas. Mas, ao se tornarem subordinadas aos banqueiros estimularam todo um novo significado de destruição criativa, de derivativos, de securitização e o resto, desestabilizando o capitalismo e arriscando o sacrifício do capitalismo de alto consumo e alto desemprego, que tornou os ricos mais ricos, para começar.

Uma vez mais, revelou-se a contradição fundamental do capitalismo. A motivação dos capitalistas para lucros imediatos pode destruir a economia da qual seus lucros derivam. Na busca por lucros, arrocharam salários e a organização sindical, capturaram estados e reduziram o bem-estar social, e financeirizaram – tudo isso autointeresse vulgar de curto prazo que recebeu o verniz ideológico da economia neoclássica e do liberalismo. Mas todos esses sucessos minaram a economia de alta demanda da qual sua riqueza ao fim e ao cabo depende. Isso vale basicamente para os capitalistas do Estado-partido da China. Eles reprimiram salários e sindicatos, capturaram o Estado e exportaram e investiram os lucros no exterior, diminuindo com isso a potencialidade de sua própria economia interna. A combinação de empreendedores ocidentais e dos capitalistas do Estado-partido chinês cria os desequilíbrios globais que prejudicam o globo. Parece que o mundo não aprendeu a lição que um capitalismo de mercado coordenado e regulamentado por estados-nação nos interesses de seus povos é a solução pragmaticamente melhor para as contradições do capitalismo e do socialismo. Isso é um mau presságio da regulamentação maior e mais global que a mudança climática nos incumbirá de fazer.

A Grande Depressão e a Grande Depressão Neoliberal são suficientemente similares para indicar um processo cíclico? Ambas foram precipitadas pelas crises financeiras geradas pelo capital financeiro transnacional flanqueando a regulamentação dentro do Estado-nação na ausência de regulamentação internacional efetiva. Elas foram precedidas por bolhas alimentadas pelo crédito e foram depois pioradas por uma crise de endividamento. O setor financeiro provavelmente continuará a ser o portador de danos periódicos muito maiores do que o ciclo empresarial comum. Ambos os desastres também vieram após um período de aumento da desigualdade e do declínio em massa das rendas, e ambos vieram após um periodo de criatividade tecnológica, que fracassou em gerar muito crescimento. Em ambos os Estados Unidos lideraram o caminho da recessão global – embora a recuperação da Depressão também tivesse envolvido uma guerra mundial.

Mas essa recessão atual é menor, até o momento. Não houve equivalente recente à quebra da bolsa de valores de 1929, embora a Grécia possa ter um papel similar ao que o Banco Credit-Anstalt austríaco teve em 1931, o arauto de uma Depressão. Não houve equivalente também da contração monetária severa infligida pelas autoridades financeiras – embora os governos anglos pareçam envolvidos em uma contradição comparável. Mas os erros fiscais do governo foram depois dirigidos pelo desejo de proteger do ouro o valor das moedas. Não há padrão-ouro hoje, nem colapsos bancários em massa induzidos por adesão persistente ao padrão. Existia pouca regulação antes da Grande Depressão, embora a essa Recessão tenha seguido um longo período de regulação, algumas das quais ainda permanecem vigentes, especialmente em estados corporativos e desenvolvimentistas. No que se supõe ser uma era cada vez mais transnacional, variações entre estados-nações e macrorregiões cresceram tanto que a Grande Recessão muito menos uniformemente o mundo. Agora, há 10% de desemprego, não 25%, e o seguro-desemprego, especialmente generoso na Europa, significava que o consumo não havia caído tão vertiginosamente. A resposta internacional na década de 1930 foi a da política de desvalorização de empobrecer o vizinho e protecionismo. Hoje, há um equilíbrio maior entre regulação internacional e nacional – embora os desequilíbrios globais sejam muito maiores.

A história não se repete. O capitalismo não tem ciclos regulares, pois sua natureza muda ao longo do tempo. Descrevi o surgimento de uma fase tecnologicamente inovadora de baixa demanda/alta produtividade em torno do começo do século XX, seguida por uma fase de alta produtividade/alta demanda (muitas vezes chamada fordismo) da Segunda Guerra Mundial até a década de 1960, seguida pela fase neoliberal de produtividade menor/demanda menor. Cada fase do capitalismo teve uma lógica de desenvolvimento diferente, instituições diferentes e contradições diferentes, como os teóricos regulacionistas franceses argumentam (Boyer, 1990). Os estados-nações têm seus próprios ritmos de desenvolvimento, que na fase três foram muito mais variáveis, acrescentando à distintividade de cada período. As relações de poder político desempenharam papéis significativos na crise presente, o que não esteve presente anteriormente. As crises políticas tanto da União Europeia quanto dos Estados Unidos eram novas, assim como o compromisso ideológico com uma democracia de proprietários.

Portanto, sou cético quanto aos ciclos. O capitalismo gera perenemente novos instrumentos, novas instituições e novos problemas – por exemplo, sociedades anônimas (na fase 1), contas nacionais (fase 2), eurodólares, CDOs, fundos de riqueza soberanos (fase 3), com a crise de emissões de CO_2 talvez liderando a fase quatro do capitalismo moderno. Essas novidades emergem inesperadamente através das fissuras das instituições existentes, emergência intersticial *versus* institucionalização. No começo, cada uma escapa de muita regulação, adaptando-se a e manipulando e deformando instituições existentes. Depois, vêm demandas por mais regulação, embora essas sejam política e ideologicamente contestadas e variavelmente implementadas. Isso pode forçar a regulação sobre os inovadores, embora não seja necessariamente assim. Na fase três, os neoliberais ainda não foram restringidos. Em alguns países, eles ganharam terreno, em outros, perderam. Diferente de Polanyi e Streeck, não vejo lógica cíclica inerente movendo necessariamente o capitalismo adiante. Os banqueiros pensam que resolveram seu próprio problema sem qualquer mudança cíclica. Se tiverem problema de mercado, o Estado intervém, mas não para regulá-los, mas para lhes dar assistência pública. Isso não é bom para o capitalismo, mas seu poder distributivo pode prevalecer. O cenário pessimista para os países anglófonos, sobretudo, é que neoliberalismo mais caridade para banqueiros pode precipitar seu declínio econômico. Mas o mundo permanece desigual e a Grande Recessão promoveu a impressão de que o poder econômico poderia estar mudando do norte para alguns países do sul. O otimismo atual se volta para a Ásia, e especialmente para a enorme nação, que combina plano com mercado em somente um modo semicapitalista. Mas e se a China ou a Índia, que acumulam reservas financeiras muito rapidamente, quiserem de fato usá-las nacionalmente? Isso puxaria o tapete dos Estados Unidos. Crescimento nessa escala tende a levar em algum momento a uma inversão abrupta de movimentos de capital, especialmente se países liberalizaram suas contas de capital. Haveria bolhas nacionais especulativas, sobreinvestimento e um colapso da confiança em uma escala muito maior do que a Crise Asiática da década de 1990. Nessa economia globalizada poucos países seriam capazes de se isolar dessa volatilidade. Mais regras são necessárias, mas elas virão? A globalização econômica não integra necessariamente o mundo de um modo harmonioso. Pode destruí-lo. Outra ameaça global potencialmente mais séria também surgia no horizonte, como veremos no próximo capítulo.

12
Crise global: mudança climática

Introdução: Três vilões: capitalismo, estados, cidadãos

Os volumes 3 e 4 descreveram o crescimento dos processos de globalização. No volume 3, tratei da "globalização segmentada" de impérios rivais e da Segunda Revolução Industrial, que difundiu novas tecnologias ao longo de regiões maiores do mundo. Analisei as crises representadas para grande parte do mundo por duas Guerras Mundiais e uma Grande Depressão e comentei a difusão de ideologias liberais, socialistas e fascistas. Neste volume descrevi a difusão global posterior de capitalismo e estados-nações, e a combinação de um declínio nas guerras internacionais e um crescimento de guerras civis ao redor do globo. Todavia, na verdade, a dimensão global de tudo isso não foi particularmente interessante de um ponto de vista sociológico. Basicamente, estava meramente descrevendo a expansão global de estruturas sociais mais familiares a nós em escalas mais locais. O capitalismo muda porque é global em vez de regional? As geopolíticas mudam por dizerem respeito a 190 estados-nações em vez de 30? Sim, mas não muito.

Contudo, uma grande exceção foi observada no capítulo 2. A emergência da paz internacional ao longo de grande parte do mundo foi uma mudança mundial histórica que sobreveio muito repentinamente a nós. Isso ocorreu por várias razões, mas a principal foi a ameaça das armas nucleares para o globo. Isso tornou a guerra entre as maiores potências absolutamente irracional. O uso de armas nucleares poderia ser a forma mais extrema de globalização. Elas poderiam provocar muitos milhões de mortes, acabando com a civilização que conhecemos, tornando o mundo inabitável para nós. Insetos poderiam herdar a Terra. As relações de poder militar se tornaram completamente globalizadas, pois haviam atingido os limites da Terra e depois ricocheteado em nossa direção. Talvez, a metáfora mais apropriada seja a de um bumerangue letal, nossas próprias invenções voltando para nos matar. Mas os humanos tomaram decisões evasivas contra a guerra nuclear e isso transformou as sociedades. Nunca houve uma entidade como a União Europeia, um gigante econômico, mas um anão militar. Em uma escala menor, outros estados mostram o mesmo nível de desequilíbrio, suas funções civis excedem em muito suas funções militares. E a

413

espinha dorsal militar de muitos estados se transformou em gelatina, e para eles a geopolítica suave basicamente substituiu a geopolítica dura.

Mas um segundo bumerangue, mais lento, de igual letalidade global foi lançado, e está recém-começando a voar de volta em nossa direção. É a mudança climática, gerada por nosso suposto domínio sobre a natureza, o pico do poder coletivo da humanidade. Mais especificamente, o problema foi criado pelo capitalismo habilmente auxiliado pelos estados-nações e pelos cidadãos consumidores individuais. Esses, infelizmente, são os três atores sociais mais fundamentais de nosso tempo. Seus poderes devem agora ser restringidos para evitar um desastre planetário – uma tarefa formidável. E isso, como as armas nucleares, é uma ameaça global uma vez que as emissões de carbono em qualquer lugar afetam todos os lugares. O clima não conhece fronteiras nacionais. É global.

Ao longo deste livro, como é convencional, usei estatísticas do PIB para medir a saúde econômica. O crescimento do PIB media o sucesso das economias nacionais. O volume 3 descreveu o sucesso das colônias de assentamento brancas, do Império Japonês, do início da Alemanha nazista e da União Soviética. Este volume focou a "era de outro" do capitalismo no Ocidente após 1945, e o recente crescimento chinês e dos países do Bric. O crescimento do PIB é a qual o capitalismo é visto como uma grande história de sucesso. Inversamente, deduzimos o fracasso onde o crescimento esteve ausente ou foi mínimo – como em muitas colônias, muitos países durante a década de 1920 e 1930, a União Soviética da década de 1960 em diante, e muitos países da OCDE muito recentemente. Todavia, um tema irônico insistente de meus volumes foi que sempre nada vem como sucesso ou fracasso puro. Das guerras veio o bem, enquanto os regimes que garantiam o crescimento econômico eram por vezes monstruosos. As colônias brancas conseguiram crescimento branco por meio do genocídio; Hitler e os japoneses obtiveram crescimento por meio do militarismo e Stalin o obteve com o assassinato em massa. Mas o crescimento econômico moderno também tem um lado negro universal: a degradação ambiental que ameaça a destruição da humanidade. Isso seria, na verdade, húbris: nosso maior sucesso poderia se tornar o exterminador de nosso mundo.

O desastre ambiental iminente tem muitas facetas – mudança climática, ozônio, partículas e chuva ácida, a depleção dos mares, solo e erosão florestal, escassez de água etc. Aqui, foco a mudança climática, popularmente conhecida como aquecimento global, provocado pela liberação na atmosfera dos "gases estufa" (GHGs). O Dióxido de Carbono (CO_2), constitui mais de dois terços de todos os GHGs. Uma vez liberado, a maior parte dos GHGs não pode escapar da atmosfera da Terra. Aprisionando os raios do sol, eles gradualmente aquecem o planeta, sua atmosfera, mares e terras. Ao longo dos últimos vinte anos a comunidade científica passou a aceitar que o acontecimento global está ocorrendo em uma proporção acelerada e como um processo predominantemente "antropogênico", ou seja, provocado pela atividade humana. Em 2005, os chefes de onze academias de ciência nacionais escreveram uma carta para os chefes de governo do G8 alertando para o fato de que a mudança climática era uma "ameaça clara e crescente" que exigia ação política imediata. As academias foram as do Brasil, Canadá, China, França, Alemanha, Índia, Itália, Japão, Rússia, Reino Unido e Estados Unidos – os maiores países desenvolvidos e os quatro países do Bric. Não há espaço importante para negação científica (Oreskes, 2004). Como o conselheiro científico chefe do governo australiano, Professor Ross Chubb, declarou recentemente: "Existem provavelmente pessoas agora que pensam que sou parcial porque estou dizendo que a ciência está consciente da mudança climática. Bem, não penso que seja parcial, penso que posso ler inglês" (*The Sydney Morning Herald*, 22 de junho de 2011).

Esses cientistas aconselham agências de governo que lidam com o ambiente e fornecem um canal interno de preocupações para políticos. Esse é um caso no qual minha recusa em tornar a ciência uma fonte distinta de poder social hesita.

Em geral, considerava cientistas e tecnólogos como subordinados a outros detentores de poder. Ralph Schroeder argumentou que no período moderno o enorme crescimento das instituições de tecnologia científica se converteu em outra fonte de poder social. Até agora, discordava. No volume 3, capítulo 3, por exemplo, argumentei que embora invenções tivessem fortalecido a Segunda Revolução Industrial, os inventores eram basicamente subordinados a corporações empresariais. Alguns se tornavam empresários, quando conseguiam encontrar investidores; outros trabalhavam para corporações ou lhes vendiam suas patentes. Em meados do século XX, cientistas atômicos produziram as armas mais devastadoras de todos os tempos, mas seus empregadores eram as principais potências militares. Eles eram basicamente patriotas que apoiavam o esforço de guerra da própria nação. Mas, agora, a autonomia e a solidariedade coletiva de cientistas ambientais é muito maior, pois assumiram a liderança em trazer os problemas para a consciência global. Eles não produzem uma ideologia no sentido de um sistema de significado último, pois seu conhecimento é "frio", baseado na observação de fatos, e aceitam que suas teorias sejam refutáveis – diferente de ideólogos religiosos ou socialistas. Os cientistas lidaram com incerteza não por meio da fé, mas pela teoria da probabilidade, cenários alternativos e séries de possibilidades. Alguns estão comprometidos com uma fé, embora a vinculação de James Lovelock à "Gaia", a Terra como um superorganismo, seja talvez uma, enquanto muitos outros ambientalistas adotam o "ecocentrismo", vendo o ambiente como uma entidade moral de pleno direito, da qual nós, humanos (como outras espécies), somos apenas uma pequena parte. Há, de fato, tensão entre ciência e moralidade entre ambientalistas, embora cientistas tendam a aderir à primeira. Como cientista social, farei do mesmo modo. Mas cientistas e cientistas sociais não podem ser bem-sucedidos sem a ajuda de movimentos de massa e governos, embora como uma casta de cientistas tenha alguma influência. Espero que suas visões sejam bem-sucedidas e que se mostrem uma exceção ao meu modelo de poder, mas duvido disso.

Há dois aspectos importantes para a mudança climática, o aquecimento global e a maior variabilidade. Os registros de agências científicas internacionais são o modo principal de os cientistas explicarem sua pesquisa. O "Painel Intergovernamental sobre a Mudança Climática" (Intergovernmental Panel on Climate Change) (IPCC), organizado em 1988 pela ONU, produziu seu 4º Relatório em 2007. O Relatório do Programa Ambiental da ONU GEO-4 (UN Environment Programme GEO-4 Report) (UNEP, 2007), o Relatório de Desenvolvimento Humano de 2007/2008 (UN Human Development Report of 2007/2008), a Perspectiva Ambiental da OCDE (OECD Environmental Outlook) para 2030 (2008), e o Relatório Stern do governo britânico (2007) concordam todos que o aquecimento global está avançando rápido e tem mais de 90% de chances de ser antropogênico. A atividade humana responsável é a industrialização, principalmente sua queima de combustível fóssil, sobretudo o carvão, depois o petróleo. Os combustíveis fósseis combinados produzem cerca de dois terços dos GHGs, desmatamento outros 20%, e a agricultura e outras práticas de uso da terra produzem o resto. James Hansen (2009), com um histórico de tendências de aquecimento global acuradamente previstas, diz que qualquer política de mitigação deve ter como estratégia central a gradual eliminação das emissões de carvão, de modo que em 2020 estejam encerradas no mundo desenvolvido, e em 2030 no mundo inteiro, exceto que o CO_2 possa ser capturado em unidades de armazenamento seguras. Práticas agrícolas e florestais que isolam carbono devem também ser adotadas. A maior parte do suprimento de combustíveis fósseis do mundo – carvão, petróleo, gás, areias betuminosas e óleo de xisto – devem ser mantidas seguramente no solo se quisermos que nossos netos tenham um planeta no qual possam sobreviver. Assim, foco os combustíveis fósseis.

Choques antropogênicos contemporâneos são novos apenas em escala. Radkau (2008) discerne cinco eras históricas da interação humana: caça-coleta de subsistência, civilizações antigas dependentes de água e madeira, colonialismo moderno, a Revolução Industrial e a mais recente que chamamos globalização. Em todo esse percurso, os grupos humanos impactaram a natureza de modos que muitas vezes tiveram graves consequências para o ambiente local e por vezes para sua própria existência. Diamond (2005) dá exemplos de colapso social como resultado da destruição de *habitats* naturais, redução de alimentos selvagens, perda da biodiversidade, erosão do solo, poluição da água-doce, exaustão de recursos fotossintéticos naturais, introdução humana de toxinas e espécies exóticas, mudança climática artificialmente induzida e superpopulação. Um exemplo muito recente veio da China. Após sua crise do século XVII, a dinastia Qing restaurou um sistema imperial baseado em grandes celeiros, comércio intensivo de gêneros alimentícios e uso mais eficiente de recursos naturais. Todavia, seu próprio sucesso levou a um aumento populacional massivo, o que novamente sobrecarregou os recursos naturais disponíveis. A natureza estava sendo extenuada no alvorecer do século XX. A fase de industrialização de Radkau representou, primeiro, ameaças ambientais locais. Mas com o começo da era global na década de 1950, a "ruptura mais profunda na história do ambiente" começou (2008: 250).

O principal culpado foi o capitalismo industrial, com sua busca incansável de curto prazo por lucro privado sem qualquer responsabilidade pelo bem público ou pelo pagamento pelo prejuízo público. Um "moinho do lucro" gerou mudança tecnológica, crescimento populacional e afluência de consumo, com seu crescimento econômico exponencial baseado em combustíveis fósseis – o poder da destruição criativa do capitalismo levado a um final assustador que Schumpeter nunca vislumbrou. Todavia, o capitalismo não está agindo sozinho. É fortalecido por relações de poder político, ou seja, estados e políticos cujo principal objetivo é o crescimento econômico. Eles têm seus próprios interesses econômicos e políticos, pois expandir o capitalismo industrial traz mais receitas estatais e mais popularidade polítca. O sucesso político é, na verdade, medido pelo crescimento econômico, guiado nas democracias por ciclos eleitorais – ou em regimes despóticos de outros modos nos quais a popularidade é avaliada (registros da polícia secreta, rebeliões etc.). Todavia, o moinho político não é imposto por estados ou súditos resistentes, porque esses medem seu próprio sucesso pelo consumo material, e apoiarão políticos que acreditam poder entregar isso agora. Os políticos também estão predominantemente enjaulados pelo Estado-nação, tornando a proposição de um tema genuinamente global como a mudança climática especialmente difícil. Cálculos racionais, nacionais e de prazo muito curto são essenciais ao lucro capitalista, aos políticos e aos cidadãos. Queremos agora!, gritam todos: é assim que definimos o sucesso! A tarefa da mitigação climática é, portanto, muito grande – retirar os humanos dos três principais moinhos e os vilões da mudança climática, o arquivilão, o lucro capitalista, habilmente auxiliado pelas elites políticas e pelo consumo cada vez maior dos cidadãos.

O poder militar também está envolvido em uma condição menos importante, uma vez que a industrialização estimulou a habilidade de combater em guerras, que permaneceu a principal função dos estados no século XX. O carvão e depois o petróleo se tornaram críticos na guerra. Como o petróleo está localizado em relativamente poucos lugares ao redor do mundo, e como navios, forças aéreas, tanques e caminhões não podem operar sem petróleo, tornou-se o maior recurso estratégico, ajudando a precipitar guerras. As guerras produzem o impacto humano mais destrutivo no ambiente, e consomem a maior parte dos combustíveis fósseis. Felizmente, essa ameaça foi mitigada em grande parte do mundo. Todavia, o Departamento de Defesa americano é o maior consumidor de petróleo do mundo e o maior poluidor do mundo. Jorgensen e seus colegas (2010) em um estudo comparativo no período de 1970 a 2000 descobriram que a escala e intensidade de emissões de dióxido de carbono assim como a pegada ecológica das nações estavam diretamente relacionadas à proporção da participação militar (o número de contingente militar por 1.000 pessoas da população) e os gastos militares por soldado (considerando outras variáveis como o PIB e a urbanização). Quanto mais militarizado é um país, mais prejudica o ambiente. Hooks e Smith (2005) chamam apropriadamente isso "o moinho de destruição militar". Eles também comentam um aspecto particularmente horrível da guerra moderna. Armas nucleares, biológicas e químicas trouxeram um novo objetivo à guerra: não meramente triturar corpos humanos, mas também tornar o ambiente inteiro inabitável, como no uso do napalm no Vietnã e no Camboja. Armas biológicas e químicas representam particularmente um cenário de pesadelo ecológico distinto de como o mundo humano poderia terminar. Mas fora esse cenário, o pior cenário militar para a mudança climática é ter grandes exércitos e não usá-los, pois usá-los na guerra inflige grandes danos a economias e produz o declínio nos PIBs!

Finalmente, todas essas práticas ressoam dentro de uma poderosa ideologia de modernização na qual a natureza está explicitamente subordinada à cultura. O destino da humanidade no jargão orgulhoso do senso comum é conquistar e explorar a natureza. Essa ideologia superou o capitalismo, pois o socialismo de Estado era igualmente dotado dela. Embora Engels tivesse dúvidas sobre a conquista da natureza, e embora os primeiros bolcheviques tivessem ideais verdes, o stalinismo levou ao gigantismo industrial e à devoção aos Planos de crescimento de Cinco Anos. O progresso na direção do socialismo era agora medido por indicadores brutos de produção (Goldman, 1972: 18-19, 64-70). McNeill (2000: 336) diz que o "fetiche do crescimento" se tornou uma "religião do Estado" em toda parte: "A prioridade abrangente do crescimento econômico foi sem dúvida a ideia mais importante do século XX". Todas as quatro fontes do poder social estão destruindo juntas o planeta. A tarefa de combater isso é gigantesca.

Não está claro se o capitalismo ou o socialismo de Estado tem sido pior na pilhagem. Os "projetos heroicos" do socialismo de Estado produziram os episódios mais terríveis de destruição. O capitalismo não pode competir com a destruição do Mar Aral. Isso levou alguns a argumentarem que o socialismo de Estado – por vezes todos os regimes autoritários – provocaram mais danos do que o capitalismo ou a democracia liberal (e.g., Shapiro, 2001; Josephson, 2005). Todavia, eles não apresentam dados estatísticos comparativos. Goldman (1972: 2-5) diz que o histórico soviético foi apenas tão sombrio quanto o do Ocidente, enquanto estudos da China dizem que a destruição ambiental se tornou pior à medida que a economia se mercantilizou quando os atores locais se tornaram mais livres para buscar lucro a todo custo e melhores em evitar os controles governamentais de poluição (Muldavin, 2000; Ma & Ortolano, 2000). Uma comparação da China pós-Mao com a Taiwan capitalista diz que seus níveis de destruição foram similares (Weller, 2006). A Alemanha nazista foi consciente da natureza, tomando um cuidado especial com a drenagem de pântanos, construção de estradas e desflorestamento – as florestas eram uma parte-chave dos mitos teutônicos nazistas. Todavia, no ar a poluição dos nazistas não foi menor do que a das democracias, pois sacrificaram o ambiente para a industrialização, especialmente de produtos militares (Uekoetter, 2006; Bruggemeier et al., 2005). Todos os estados modernos sacrificaram o ambiente pelo PIB, independentemente do tipo de regime. O problema econômico é agora o capitalismo somente porque se tornou o modo dominante de produção no mundo. Se tivéssemos um socialismo de Estado, o problema seria exatamente o mesmo.

Tendências do aquecimento global: passado, presente, futuro

Os cientistas reconhecem as limitações em sua capacidade de medir e predizer e qualificam suas declarações em termos tanto de probabilidade estatística quanto do grau de acordo científico. Todos os números dados depois são meramente pontos médios de séries possíveis. Os cientistas também são apenas um grupo normal de acadêmicos, de habilidades variáveis e diligência de pesquisa, por vezes muito vinculados a paradigmas particulares, muito interessados em aparecer nas manchetes, ou muito comprometidos com aqueles que financiam sua pesquisa. Por todas essas razões, a exatidão é impossível e controvérsias e escândalos menores irrompem intermitentemente. Contudo, nenhum dos escândalos foi sério o bastante para colocar em dúvida o que é agora sabedoria consensual.

Os cientistas usam duas medidas alternativas importantes de GHGs. Uma foca somente o dióxido de carbono, CO_2, enquanto a outra converte todos os seis grupos de gases estufa em CO_2 equivalentes, que é denominado CO_{2e}. A concentração pré-industrial de CO_2 na atmosfera era cerca de 280 partes por milhão (ppm) enquanto o CO_{2e} era cerca de 290 ppm. Em 1990, esses haviam aumentado para 353 CO_2 e 395 CO_{2e}. Esses eram os níveis aos quais o acordo do Protocolo de Quioto esperava estabilizar as emissões, e 1990 é muitas vezes tomado como a linha de base para taxas de aumento subsequentes. Em dezembro de 2011, o nível de CO_2 havia atingido 393 ppm, e ainda estava aumentando.

Isso produz aquecimento global. Durante ao menos mil anos até o século XX houve pequenas oscilações de temperatura nos oceanos e no ar próximo à superfície devido a forças naturais como radiação solar e atividade vulcânica. Todavia, as primeiras cinco décadas do século XX viu um aumento muito maior na temperatura de cerca de 0,07°C por década, e desde 1980 tem subido a 0,2°C por década. A Associação Meteorológica Mundial apresenta temperaturas médias anuais. Ela diz que os dez anos mais quentes têm ocorrido desde 1998. Na década de 2000, o aumento diminuiu levemente, mas isso parece ter se devido ao crescimento industrial explosivo na China, que foi alimentado por estações de energia que queimavam carvão. Assim como o carbono, esses emitem vastas quantidades de enxofre, que refletem os raios do sol e assim tendem a temporariamente esfriar a atmosfera. Embora as emissões de CO_2 impactem a atmosfera há cem anos, emissões de SO_2 desaparecem em semanas ou meses. Quando os chineses começarem a adequar depuradores de dióxido de enxofre às chaminés de suas estações de energia, e isso ocorrerá, as temperaturas atmosféricas subirão novamente.

O aquecimento global também está confirmado pelo aumento dos níveis do mar devido à expansão termal e às perdas de geleiras, capas de gelo e mantos de gelo polares; pelo declínio na biodiversidade global; pelas mudanças nas variedades de pássaros, insetos e plantas; pela eclosão de insetos, postura de ovos de pássaros e floração de árvores mais prematuras a cada ano; pelo desflorestamento; pelas estações de cultivo de grãos mais longas em variedades de média e alta latitude; e pelas mudanças nas chuvas e correntes oceânicas (United Nations Environmental Program [Unep], 2007: 59; Speth, 2008, xxi-xxii). O aquecimento tem também uma chance de mais de 50% de provocar extremos maiores de temperaturas e ventos. De fato, a maior variabilidade de clima se tornou agora visível para nós, embora o aquecimento seja menos perceptível. Excepcionalmente o clima frio do litoral leste dos Estados Unidos em 2010 foi considerado por muitos céticos climáticos como desacreditando a noção de aquecimento global. Mas foi compensado por um inverno mais quente em outros lugares no planeta. O Relatório IPCC (2007: 38) diz que o crescimento da era industrial tem uma probabilidade de mais de 90% de produzir um efeito de aquecimento sem precedentes em mais de dez mil anos.

O problema é exacerbado pelo crescimento populacional com a industrialização bem-sucedida nos países em desenvolvimento. Os países da OCDE contribuíram com cerca de 85% das emissões de GHG ao longo de quase todo o século XX, mas em 2004 sua parcela relativa declinou para 46%. O tamanho da enorme população da China significa que agora superou os Estados Unidos como o maior poluidor, embora Austrália e Estados Unidos permaneçam os maiores *per capita*. Embora emissões GHG por unidade de PIB tenham começado a declinar pelo aumento da eficiência em técnicas de redução, o crescimento absoluto no PIB global compensou isso, especialmente na China (OECD, 2008).

O Relatório IPCC projetou cenários alternativos de aquecimento variando entre 1.8°C e 4.0°C durante o século XXI, com a mediana sendo cerca de 3°C. Esse nível é quase certamente mais alto do que os entes humanos jamais experienciaram. Estudos mais recentes sugerem temperaturas ainda mais altas no futuro. O Stern Review (2007: cap.1) diz que um aumento de 5°C é mais de 50% provável (assim como o MIT Joint Program on the Science and Policy of Global Change, 2008), enquanto o Projeto de Carbono Global da Universidade da Ânglia Oriental (2009) sugere de 5°-6°C. Como nossas temperaturas hoje estão apenas 5°C acima daquelas da última era glacial, essas projeções de aquecimento poderiam fazer uma grande diferença para a vida na Terra.

Quanta diferença, ninguém pode dizer com precisão. Os relatórios indicam provavelmente consequências horríveis, incluindo centenas de milhões de pessoas sem água ou expostas a inundações, extinções de numerosas espécies, reduções nos cereais e aumento da exposição à má nutrição, diarreia, doenças cardiorrespiratórias e infecciosas. Essas seriam mais prováveis se o aquecimento fosse reforçado pela variabilidade. O Relatório IPCC apresenta uma série de aumentos de temperatura, que poderiam produzir cada desastre, no sentido de que não podemos correlacionar uma temperatura específica a consequências definidas. Impactos também são variáveis ao redor do globo. Aumentos de temperatura são maiores nas latitudes norte do que sul e menos danosos em zonas temperadas. Para inundações, os números dos atingidos serão maiores nos megadeltas densamente povoados da Ásia e África, enquanto ilhas pequenas são especialmente vulneráveis (Intergovernmental Panel on Climate Change [IPCC Report], 2007; Stern Review, 2007: cap. 3). No topo dessas projeções, "ciclos de realimentação" ou "pontos críticos" poderiam repentinamente piorar as consequências (UNEP, 2007: 62-65). A capacidade do planeta de manter o aumento de emissões dentro de sumidouros de carbono está declinando. Se os sumidouros ficarem cheios, a atmosfera começará a aquecer em uma proporção muito mais rápida. O derretimento de uma geleira poderia mudar as correntes marinhas enfraquecendo a Corrente do Golfo da qual depende o calor da Europa Ocidental. Sem isso, seu clima poderia se assemelhar ao do Mar de Labrador, pois está na mesma latitude. O derretimento de turfeiras congeladas na Sibéria e no Canadá poderia liberar enormes quantidades de metano na atmosfera. O aumento do metano já resulta de uma mudança global na direção do consumo de carne. As vacas flatulam muito mais do que nós, e o planeta não gosta disso.

Esses registros oficiais podem ser superotimistas, uma vez que assumem que o crescimento econômico trará eficiência energética muito maior. A estratégia "de rotina" do IPCC, a estratégia de nada fazer, assume que ao menos 60% da redução de emissão de carbono ocorrerá por meio da maior eficiência, sem mitigação de quaisquer políticas. Eles esperam contribuições substanciais dessas inovações como captura de carbono, combustível de fusão de hidrogênio, painéis solares, ou biocombustíveis celulósicos, e de mais energia nuclear. Mas é provável que a população global e o PIB continuem a crescer, anulando quaisquer economias feitas por meio da eficiência energética. Ao longo da história da industrialização capitalista aumentos na eficiência energética foram superados pelo crescimento populacional e pela produção que isso gera. O crescimento ultrapassa a eficiência (Raskin et al., 2002: 22). Por que isso mudaria agora? Certamente, agora há um foco novo comprometido com a pesquisa de tecnologias energéticas alternativas. Talvez o ITER, o projeto internacional de combustível de fusão de hidrogênio próximo de Aix en Provence, na França, pudesse produzir uma fábrica como um minissol, o que colocaria dez vezes mais eletricidade na rede do que consome. O Iter projeta uma "Era da Fusão" começando no último quarto do século XXI. A física da criação de um minissol é conhecida, o problema essencial é de engenharia: como construir uma edificação, que pudesse conter seguramente a energia liberada por um minissol. De acordo com seus próprios engenheiros, não há qualquer sinal de uma tal inovação[18].

Mesmo estabilizando as emissões aos níveis atuais não frearíamos o aquecimento, uma vez que as mudanças já "incorporadas" levariam décadas para repercutir. A expansão térmica dos mares continuaria por séculos, devido à extensão de tempo requerida para que o calor penetre o fundo dos oceanos. A estabilização nos níveis de emissões de hoje traria níveis de gás estufa próximos a 550 ppm COe em 2050 e um aumento na temperatura de qualquer parte entre 2 e 5% – níveis extremamente perigosos. Medidas de mitigação radicais são quase certamente necessárias. O Relatório Stern (2007: 13) sugere que devemos reduzir as emissões globais anuais em 80% a partir do nível de 1990 em 2050 para evitar o desastre. Hansen e colegas (2009) dizem que temos de retornar aos 350 ppm de emissões de carbono. Portanto, medidas de mitigação devem ser globais, envolvendo a cooperação pelo menos entre os maiores poluidores da OCDE e os grandes novos poluidores, os países do Bric. Embora encorajados para a ação pela comunidade transnacional de cientistas e movimentos ambientais, o centro da mitigação deve vir através de uma extensão global sem precedentes de geopolíticas suaves.

O futuro não é certo. Novas tecnologias revolucionárias, dirigidas pelo motivo do lucro, poderiam emergir para solver o problema das emissões. Existem alguns que acreditam nisso. Nesse caso, deveríamos nos ajoelhar diante dos laboratórios públicos e privados que fazem os avanços e dos empresários e governos que os financiam e os levam para o mercado. Seria um terceiro grande feito do capitalismo no período atual, um terceiro grande surto de criação destrutiva, após a segunda revolução industrial e o grande aumento da demanda de consumo pós-guerra. Se os avanços vierem da China, seria um segundo grande feito daquele Estado-partido capitalista. Inversamente, sem avanços, uma guerra desastrosa ou doença pandêmica matando grande parte da população global também poderia diminuir as emissões globais. Mas os modeladores climáticos se mostraram certos por duas décadas. A ameaça é altamente provável e seria desastrosa se ocorresse. Pareceria prudente e racional adotar ações sérias de mitigação agora.

---

18. Comunicação pessoal, Les Michels, França, 10 de julho de 2010.

Primeiros passos para a mitigação, 1970-2010

Algumas ações já foram tomadas. A legislação contra poluição visível se tornou difundida a partir da década de 1970. Depois, veio a crise do CFC. Cientistas observaram um afinamento da camada de ozônio que protege a atmosfera da Terra da radiação solar e o remontaram aos propelentes do gás clorofluorcarboneto (CFCs), usados na época em aparelhos de ar-condicionado, refrigeradores, aerosois e outros processos industriais. Felizmente, a indústria do aerosol começou a encontrar alternativas tecnológicas justo quando vários países baniram os CFCs. Em 1987, o acordo do Protocolo de Montreal entre 191 países começou a eliminar gradualmente a produção de CFC. Gases menos prejudiciais agora acionam aerosois e se acredita que os processos naturais restaurarão a camada de ozônio em cerca de cinquenta anos. Isso foi um sucesso da geopolítica suave, embora facilitado pela inovação tecnológica.

A consciência popular sobre o aquecimento global fez um rápido progresso após a publicação do best-seller de 1962 de Rachel Carson, *Silent spring* (*Primavera silenciosa*), um ataque amargo à poluição industrial química. Na década de 1970, pesquisas mostravam que a proteção ao ambiente desfrutava do apoio da maioria, embora não fosse usualmente um sentimento muito profundo. A popularização da ciência ambiental cresceu após o livro pioneiro do Clube de Roma de 1972, *Limits to growth* (*Limites ao crescimento*), e foi selado pela declaração das onze maiores academias nacionais de ciência em 2005. Uma vez atingido, o consenso científico se difundiu nas administrações governamentais à medida que conselheiros científicos se fizeram notar. Aqui, especialistas fizeram uma diferença. Como Frank observa, o ambientalismo deu um salto adiante com o surgimento das concepções da natureza como um ecossistema. Isso permitiu uma concepção global do perigo, que não foi realmente possível enquanto o ambientalismo centrava-se meramente em celebrações estéticas sobre a beleza da natureza. Os dois combinados começaram a parecer uma ideologia genuína.

Beck (1992) sugere que as clivagens tradicionais de classe da sociedade industrial deram lugar para uma nova "sociedade de risco" na qual ele diz haver consenso sobre preocupações ambientais comuns e outras preocupações. Estados, corporações, movimentos sociais e cidadãos comuns são motivados a combater esse perigo. Ele está certo sobre o declínio da classe, mas onde está esse consenso? É verdade que a pressão científica foi equiparada pelo surgimento dos movimentos verdes. Sua expansão também data da década de 1970, à medida que problemas ambientais foram mais publicizados e partidos de esquerda perderam seu ímpeto. Os movimentos se originaram na Nova Esquerda, no feminismo e nas contraculturas da década de 1960 entre uma geração desiludida com os políticos estabelecidos. Eles lutavam não apenas por melhor ecologia, mas por mais democracia local, exibindo fortes sensibilidades éticas para com o mundo humano e não humano (Doherty, 2002; Taylor, 1995). Uma vez mais, a combinação tende a fazer com que um movimento social, que é verdadeiramente ideológico, vá além da mera ciência. Mas é um movimento muito difuso. ONGs verdes são muitas e variadas. Algumas são grandes e globais, como o Greenpeace com sua afiliação de mais de cinco milhões de membros, escritórios em vinte países, e um orçamento anual de mais de 300 milhões. Outras são pequenas, locais, e rapidamente vêm e vão. Muitas têm uma ala de ação radical direta. Há pouca liderança ou coordenação geral.

As ONGs verdes começaram muito maiores no norte do que no sul embora agora tenham uma presença genuinamente global. No norte, atraem grupos altamente qualificados, mais das artes e das ciências sociais do que das ciências duras ou da engenharia (exceto pelas ciências ambientalmente relacionadas). Eles são predominantemente da classe média, dominados por profissionais na mídia, artesanato, setor público e profissionais do setor público e do bem-estar social como professores, profissionais da saúde e assistentes sociais. Essas pessoas têm mais autonomia em relação à hierarquia em suas vidas profissionais (e, portanto, mais liberdade de expressão), seus trabalhos são mais preocupados com valores ou com a política, e estão menos conectados ao capitalismo corporativo do que outros. São em um sentido figurativo os herbívoros, não os carnívoros, das democracias capitalistas. Algumas dessas profissões são também altamente transnacionais. Esses grupos fornecem os ativistas centrais dos novos movimentos sociais de um modo mais geral, especialmente aqueles preocupados com políticas de identidade pós-materialistas, paz mundial e direitos humanos, as quais também geram grandes ONGs quase transnacionais – embora como os grupos ambientais maiores sejam na prática federações internacionais cujos ramos individuais são nacionalmente organizados. As mulheres são tão numerosas quanto os homens, mas os jovens predominam, especialmente em grupos de ação direta. Mesmo escolas elementares são terrenos férteis de sentimentos verdes, e isso tem permitido a renovação contínua da base (Doherty, 2002: 57-66, 217). Pesquisas de opinião pública geralmente reforçam essa imagem, com mais preocupação com o ambiente entre os mais qualificados, aqueles com valores pós-materialistas e de esquerda, embora também revelem que pessoas religiosas, especialmente não cristãs, estejam mais preocupadas do que as irreligiosas, e por vezes revelam que as pessoas de meia-idade, não as jovens, se preocupam mais (Kvaloy et al., 2012).

A teoria da sociedade mundial situa esse pequeno mundo dos altamente qualificados, herbívoros, jovens e ONGs em meio a uma "sociedade mundial" muito mais ampla. Argumenta que a partir de meados do século XIX uma "ordem mundial institucional e cultural racionalizada" emergiu incorporando modelos universalmente compartilhados e aplicáveis que moldam estados, organizações e identidades de indivíduos (Boli & Thomas, 1997; Meyer et al., 1997; Meyer, 1999). Seus adeptos argumentam que concepções comuns do indivíduo, de progresso, de soberania e de direitos humanos surgiram e são impulsionadas, estruturando as ações de estados, grupos e indivíduos, e fornecendo uma estrutura comum para resolver problemas globais. Embora aceitem que estados-nações permaneçam os principais decisores políticos, esse é essencialmente um modelo transnacional no qual uma ideologia comum se difunde por todas as fronteiras nacionais, persuadindo todos os estados de que certas políticas são simplesmente a coisa certa a fazer. Essa visão é a de uma ideologia comum emergente, mas tem um conteúdo fortemente pragmático também. É uma mistura de políticas úteis e instituições para o mundo como um todo adotar estabelecida em meio a um liberalismo moral mais amplo, que é considerado derivar do Iluminismo – embora talvez isso seja muito eurocêntrico. Sua linha altamente pragmática e racional a torna apenas semi-ideológica, e não é muito transcendente ou imanente. É também um cenário muito otimista. Terminaremos fazendo a coisa certa sobre a mudança climática, como faremos em relação a muitos problemas políticos.

Falhei até agora em perceber grande parte desse otimismo ao longo de grande parte do século XX. Liberalismo, socialismo e fascismo foram provavelmente as ideologias mais importantes, e derivavam em um grau ou outro de uma tradição iluminista comum, mas fizeram o possível para uma exterminar a outra. A partir da década de 1950, a teoria da sociedade mundial se tornou um pouco mais plausível, uma vez que as guerras entre estados declinaram, que os conflitos de classe enfraqueceram, e que muitos estados ao redor do mundo adotaram algumas instituições comuns em meio a um grande número de organizações internacionais emergentes, de associações científicas a agências das Nações Unidas, de agências normativas globais a ONGs feministas e ambientais. No século XXI, assim dizemos teóricos da sociedade mundial, uma única cultura mundial se cristalizou como o elemento constitutivo de uma sociedade mundial emergente, um conjunto de "roteiros" para serem seguidos em qualquer lugar no globo. Não mais confinadas ao Ocidente, sociedade mundial, cultura e sociedade são agora supostamente a herança comum da humanidade, institucionalizada ao redor do globo. Mas vimos que o neoliberalismo se tornou um desses roteiros, e que é dificilmente favorável à harmonia social ou à intervenção para segurar a mudança climática.

Certamente, essas agências e movimentos existem, exercendo alguma influência. Políticas de gênero fizeram progresso global, e ONGs perspicazes também encontraram mínimos denominadores comuns para promover suas causas. ONGs feministas mudaram seu enquadramento retórico da discriminação contra as mulheres (que é interpretada diferentemente em diferentes culturas) para a violência contra os corpos das mulheres (que é deplorada em praticamente todas as culturas), e isso foi internacionalmente bem-sucedido. Todavia, sua luta é constante, não uma mera execução de roteiros globais. Elas também dependem de um "efeito bumerangue" pelo qual a pressão da ONG sobre agências internacionais como a ONU resultam em pressão sobre estados recalcitrantes, enfraquecendo seu enjaulamento (Keck & Sikkink, 1998). No campo das ofensas sexuais existem fortes indicações de um roteiro global. Códigos legais se moveram concertadamente em grande aporte do mundo para endurecer leis sobre estupro e abuso sexual infantil (especialmente entre 1980 e 2000), embora afrouxando leis sobre adultério e sodomia (especialmente nas décadas de 1960 e 1990) – embora sejam os casos anômalos como o Irã que tendam a chamar a atenção das manchetes das mídias. Os autores desse estudo (Frank et al., 2010) dizem que isso é evidência do crescimento de uma cultura mundial constituída por identidades pessoais individualizadas, personalidades autônomas, às custas da proteção da família tradicional e da nação. Mas a afirmação de John Meyer de que existe um roteiro de bem-estar social nacional único não é verdadeira, como vimos nos capítulos 6 e 11.

O ativismo ambiental também foi visto de uma perspectiva da sociedade mundial. Bromley et al. (2010) analisaram cerca de quinhentos manuais de história, civismo e estudos sociais usados para crianças entre onze e dezoito anos em sessenta e nove países durante o período de 1970 a 2008. Eles dizem que o conteúdo ambiental dos manuais aumentou substancialmente ao longo do período, e os temas discutidos foram cada vez mais globais em vez de nacionais, e continham mais discussão sobre direitos humanos. Os manuais de países mais desenvolvidos mostravam mais preocupação, enquanto os países soviéticos e depois os pós-soviéticos mostravam menos. Os autores escolhem enfatizar uma tendência pós-nacional global comum. Contudo, seus dados indicam que as mudanças nos manuais resultaram da pressão de professores, administradores e cientistas envolvidos em instituições educacionais. Esse setor e esses profissionais estão no centro do movimento ambiental, como vimos antes. Embora os autores insistam em que os manuais refletem uma cultura global emergente em vez da pressão ativista, seus resultados parecem indicar o inverso – a pressão científica e ética aplicada por ambientalistas comprometidos. Ver o ambientalismo como meramente parte de uma cultura mundial ou de uma sociedade mundial branda é um erro. O ambientalismo está crescendo, possui uma qualidade moral forte, e pode florescer para se tornar uma das ideologias mais importantes dos tempos modernos. Seria somente a segunda ideologia nova realmente importante criada no século XX, depois do fascismo, mas ainda não teve muito sucesso (e olhe o que ocorreu ao fascismo).

Existem pontos fracos importantes nos movimentos ambientais. Há pouca presença de carnívoros capitalistas ou da classe trabalhadora. O ativismo ambiental tende a não ser um tema da luta de classe no norte do mundo. Os sindicatos trabalhistas ainda estão orientados para empregos e temem que as políticas verdes os reduzam. Para o futuro próximo, esse movimento terá de se desenvolver de uma forma muito diferente dos radicalismos e socialismos anteriores. O movimento no sul por vezes difere, pois os movimentos camponeses nas hinterlândias são muitas vezes proeminentes, enfurecidos pela construção de barragens e pelo desmatamento de seus habitats pelos governos e por grandes corporações que ameaçam suas práticas de cultivo e sua subsistência. O Forum Social Mundial lhes dá uma pequena organização global. Contudo, sua influência política é limitada, exceto em países andinos onde os povos indígenas recentemente ascenderam ao poder. Todavia, a razão principal para pessimismo é que cada governo no mundo está comprometido com o crescimento econômico.

Em muitos países ativistas ambientalistas vêm mais da esquerda do que da direita, embora o leste da Ásia seja uma exceção. Lá o ambientalismo ressoa nas religiões tradicionais da região, confucionismo, budismo e taoismo, que são muito mais ecocêntricas do que o cristianismo, o judaísmo ou o islamismo. Isso resulta não apenas em mais protestos ambientais lá do que no Ocidente como também vem ao menos tanto da direita quanto da esquerda (Kern, 2010). Contudo, no Ocidente o enquadramento astuto das ONGs levou-as a misturar achados científicos popularizados com descrições vívidas de danos a habitats, espécies afáveis em perigo (os ursos polares, sobretudo) e a natureza idealizada, e isso produz adeptos em todo espectro político. O enquadramento astuto é também revelado por sua mudança linguística do objetivo de "limites ao crescimento" – quem quer limitar seu padrão de vida? – para "desenvolvimento sustentável" – duas palavras positivas!

A ideia global principal é que a humanidade necessita de uma nova relação com a natureza para atingir um futuro sustentável. O Relatório UNDP (2007: 61) declara um imperativo moral arraigado em ideias universais sobre o cuidado para com a Terra, justiça social e responsabilidade ética. Em um mundo onde as pessoas são muitas vezes divididas por suas crenças, essas ideias perpassam divisões religiosas e culturais. O Relatório cita um famoso provérbio indiano: "Não herdamos a terra de nossos ancestrais, tomamos emprestada de nossos filhos", e cita homilias comparáveis de todas as principais religiões do mundo. Para a tristeza dos que nada fazem, os verdes assumiram a superioridade moral. Eles respondem tentando afastar o argumento do verde para o custo de programas de mitigação e contra o "governo grande". Eles entraram na batalha ideológica, embora indiretamente.

Os verdes tentaram trazer temas muito abstratos e científicos para o comportamento moral cotidiano por meio do abraço de árvores, reciclagem, compensação de carbono e outras formas de mitigação pessoal. Portanto, a ação individual poderá ser vista como fazendo uma diferença. Se eu uso a bicicleta em vez do carro, ou se eu uso um veículo híbrido, há um efeito moral edificante e um impacto minúsculo no clima. Consumidores comuns têm um impacto menor nas emissões de GHG do que a indústria de combustível fóssil e grandes consumidores industriais, mas são importantes em produzir pressão e votos. Em pesquisas internacionais o apoio a soluções verdes chega em média a 75%, embora a intensidade do compromisso não seja alta (Scruggs, 2003: cap. 4). Na resposta democrática, os principais partidos políticos na Europa e no Japão (mas não, infelizmente, nos Estados Unidos) começaram a competir retoricamente pelo título de partido ambiental, embora suas ações fiquem atrás de suas palavras, especialmente em uma recessão. Contra a maré de opinião pública, a administração Trabalhista de Gillard na Austrália aprovou o primeiro imposto sobre carbono nacional do mundo nas 500 maiores corporações, combinadas a um esquema de negociação de emissões que só perde para o da União Europeia. Mas isso não os derrubará do poder na próxima eleição?

Alguns países têm mitigado mais do que outros. No Índice de Desempenho Ambiental (Environmental Performance Index) de 2010 de Esty, Islândia, Suíça, Costa Rica e Suécia foram os melhores colocados, seguidos por muitos países europeus, pelo Japão e pela Nova Zelândia, e alguns países mais pobres como Mauritânia, Colômbia e Cuba. Os Estados Unidos ficaram atrás no 61º lugar, junto a Paraguai e Brasil, mas na frente de China e Índia. Na classificação de Esty de 2007 dos países no topo de emissões de CO_2 estavam países pobres com muita indústria poluente, além da Suíça, os países nórdicos e a França (que usa energia nuclear). Depois, vieram diversos países, incluindo o Brasil, o restante dos europeus ocidentais e o Japão. Os Estados Unidos é o país avançado com a classificação mais baixa, com exceção da Austrália, mas na frente de Índia e China (dados disponíveis em http://epi.yale.edu). O contraste entre as duas maiores economias ocidentais, Alemanha e Estados Unidos, é enorme. O movimento na Alemanha conquistou alguns governos regionais e obteve vitórias notáveis sobre as empresas de serviços públicos; o movimento nos Estados Unidos não obteve nenhum dos dois – e sua influência lá está atualmente declinando. Como veremos adiante, divergências nacionais e regionais estão atualmente aumentando. Não há roteiro global comum à vista.

Contudo, entre essa grande variedade, há um padrão. Scruggs (2003: esp. cap. 5) descobriu entre os países da OCDE durante o período de 1970-2000 que países corporativistas foram melhor. Eles reuniram organizações trabalhistas e empresariais em os critérios do governo para forjar acordos sobre temas de classe, e sobre temas ambientais cientistas e ambientalistas foram incluídos. Mas ter organizações de empresas de ponta e trabalhistas presentes significa que o *lobby* não está confinado a indústrias que têm muito a perder com a política ambiental, o que é um grande obstáculo nos Estados Unidos. Sob o corporativismo, acordos entre indútrias menos e mais poluentes são feitos antes que seu programa comum seja apresentado ao governo e aos trabalhadores. Alemanha, Suécia, Países Baixos, Dinamarca, Áustria e Finlândia foram os corporativistas de alto desempenho, enquanto os três países liberais no estudo, Reino Unido, Estados Unidos e Canadá, tiveram o pior junto a Itália e Espanha. Ozler e Ohbach (2009) descobriram similarmente que países com posições elevadas no Índice Casa da Liberdade (Freedom House Index) das liberdades econômicas (uma medida do neoliberalismo) tiveram uma pegada ecológica pior, mesmo após considerarem urbanização, PIB *per capita*, exportações e clima. Eles concluíram que quanto mais liberdade de mercado mais incansável o moinho do lucro. Crescimento e reinvestimentos constantes, guiados pela competição de mercado, levaram a maior exploração de recursos e emissões mais elevadas. Quanto maior a regulamentação governamental, menor a pegada. Quanto mais os estados adotam o ideal de livre-mercado, mais difícil é atingir a sustentabilidade.

Esse é um achado preocupante, uma vez que uma era neoliberal na qual a regulamentação governamental é muitas vezes vista como má, especialmente nos Estados Unidos, que tem a pegada global mais pesada *per capita*, mas agora fica atrás enormemente nas negociações ambientais (Speth, 2008: 73). Os Estados Unidos esqueceram sua tradição ambiental em torno da preservação da vida selvagem, tema popular na cultura americana. Democratas do New Deal favoreciam a conservação de recursos e a preservação da vida selvagem, e as administrações até o Presidente Nixon continuaram a tradição. As leis *Clean Air* (Ar Limpo) e *Clean Water* (Água Limpa) foram aprovadas durante o mandato de Nixon em 1970-1972. Mas isso mostrou ser o ponto alto. Grande parte dessa legislação permanece nos livros, mas administrações subsequentes enfraqueceram a implementação.

Alguns setores empresariais permanecem os principais oponentes das propostas de controle de emissões, especialmente na América. As companhias elétricas, as indústrias de mineração, petróleo e gás natural têm liderado, ajudadas por consumidores de grandes corporações como a indústria automobilística e os produtores agrícolas e pecuários. Como seus resultados finais seriam prejudicados por políticas efetivas de emissões, estão dispostos a gastar muito para evitá-las. O fundamentalismo de mercado dos *think tanks* conservadores, que trariam a morte ao planeta, também começaram a conquistar o Partido Republicano. Os conservadores tendem também a ser pró-crescimento na política populacional, sendo contra a educação sexual, contracepção e aborto. Por sua vez, muitos liberais americanos, que favorecem direitos humanos individuais, foram dúbios sobre intervenção estatal e controle populacional. Para o ambiente global tudo isso foi ameaçador (Hulme, 2009: 274-275; Kamieniecki, 2006: caps. 4 e 6). Na verdade, em 2012, o quase colapso do republicanismo moderado deixou um campo de concorrentes presidenciais competindo para desfazer um ao outro na ridicularização da noção inteira de mudança climática. Eles também tinham encontrado um novo objetivo energético: a independência de recursos, a exploração de reservas nacionais de depósitos de gás de xisto recém-descobertos de modo que os Estados Unidos não necessitasse importar mais petróleo. Eles veem isso como aumentando a segurança nacional, atualmente o objetivo mais sagrado dos políticos americanos. Na verdade, envolve a morte do planeta.

Empresários e políticos oponentes do movimento ambiental não contestam o objetivo de um ambiente mais limpo. Em troca, descartam o aquecimento global como uma fraude. Os empresários preferem não discutir temas verdes, mas em troca candidatos financeiros com os quais se pode contar para se opor aos projetos de lei de emissões como parte de uma agenda mais ampla da direita. Os empresários também estabeleceram grupos ambientais industriais, cujos nomes verdes ocultam sua missão. Esses enfatizam o dissenso científico, ajudados por cientistas sob seu controle, e os grandes custos e perdas de empregos das propostas de emissões (sobre custos, eles estão certos). Até 2007, o *think tank* conservador do American Enterprise Institute estava oferecendo 10 mil dólares para qualqeur cientista que escrevesse um relatório cético sobre mudança climática (Newell & Paterson, 2010). Grupos verdes falsos denunciam o governo grande e exigem mais extração de energia nacional para aumentar a segurança interna. Isso é apoiado por bilhões de dólares para financiar a eleição de conservadores, para derrotar candidatos verdes, e para financiar litígios contra agências ambientais do governo. Isso os ajuda a estabelecer agendas congressionais e a intimidar as agências a não implementarem leis. Assim, a Agência de Proteção Ambiental (Environmental Protection Agency – EPA) se tornou "um facilitador mais flexível, pró-empresários, consciente dos custos e compartilhador do poder" (Miller, 2009: 57). Presidentes republicanos subsequentes e o Congresso nada fizeram para mudar essa tendência, e Clinton e Gore, que queriam mudá--la, foram impedidos de agir por um Congresso dominado por republicanos.

Contudo, preocupações ambientais cresceram, energizadas por escândalos de poluição como Times Beach, o bairro Love Canal, Three Mile Island e o vazamento de tanques de petróleo da Exxon Valdez. Os verdes mudaram o foco para o nível estatal e local e a regulamentação seguiu-se. Políticas obrigatórias de reduções de emissões apareceram nas décadas de 1990 e 2000 em um terço dos estados americanos. Algumas corporações americanas se aperceberam agora de que obedecer aos padrões que variaram por estado e cidade não era economicamente eficiente. Vendo que leis federais estavam por vir, começaram a apresentar suas próprias propostas, usualmente mais fracas e mais sintonizadas com seus resultados finais a fim de conquistarem um assento na mesa onde propostas legislativas seriam discutidas. Empresas de baixa emissão estavam prontas para aceitar padrões de emissões no padrão de Quioto, os empresários como um todo estavam preparados para apoiar propostas de permissões de distribuição de carbono (*cap-and-trade*), e os investidores e alguns empresários se prepararam para lucrar com o comércio de carbono e outras propostas de reforma climática (Miller, 2009: caps. 3-6; Kamieniecki, 2006; Kraft & Kamieniecki, 2007). Há menos razão de por que corporações de baixa emissão – varejistas como Walmart, bancos e muitos outros – devessem temer políticas mais verdes, uma vez que seus custos dificilmente subiriam. Na verdade, por muitos anos no novo milênio, muitos interesses empresariais pareciam estar mudando para o compromisso do carbono (Newell & Paterson, 2010: cap. 4). O Fórum Econômico Mundial organizou cem CEOs de grandes corporações globais para submeter um breve relatório para o encontro do G8 de 2008, insistindo em fazer melhor do que Quioto na redução de emissões. O relatório endossava iniciativas público-privadas, principalmente para introduzir novas tecnologias. Um raio de esperança inesperado da Recessão de 2008 foi a conversão das companhias automobilísticas americanas. Tendo recebido enormes subsídios governamentais para evitarem a falência, aceiraram em julho de 2011 padrões governamentais mais duros de eficiência de combustível que haviam antes combatido com unhas e dentes.

Mas Bush filho e um Partido Republicano se tornando mais conservador não eram úteis. Bush abandonou seus compromissos anteriores de regular as emissões de CO_2 e retirou os Estados Unidos do acordo de Quioto sob pressão dos republicanos conservadores e de grupos industriais (Suskind, 2004: 127). A Força Tarefa sobre Energia do vice-Presidente Cheney recomendou um aumento da extração de combustível fóssil e bilhões de dólares em subsídios para seus produtores. Isso foi aprovado pelo Congresso em 2005. Os indicados políticos da administração para a chefia da EPA, do Serviço Florestal, do Departamento do Interior e do Departamento de Agricultura minaram a fiscalização ambiental existente, devolvendo as contribuições que as indústrias madeireiras, agrícolas e de energia haviam feito para a campanha de eleição de Bush. Contudo, em 2006, o Congresso estava começando a responder ao consenso científico. Líderes do Senado começaram a elaborar uma proposta que poderia satisfazer empresários e uma maioria congressional. Em 2007, Bush também foi pressionado por uma decisão da Suprema Corte forçando a EPA a aceitar responsabilidades pela mudança climática. Ele foi forçado a liberar mais dados climáticos federais e em 2008 declarou que apoiaria limites federais sobre emissões de GHG, embora acrescentando qualificações o bastante para minar esse compromisso. Como muitos democratas já estavam convencidos, e como muitas pesquisas (como em muitos países) se revelaram consistentes, apesar do apoio superficial para as reformas verdes, as intenções iniciais do Presidente Obama foram mais verdes. Contudo, a Grande Recessão Neoliberal e os ganhos republicanos no Congresso em 2010 impossibilitaram mais progressos no curto prazo. Na verdade, em 2010 algumas corporações proeminentes como BP, ConocoPhilips e Caterpillar se retiraram da Climate Action Partnership, a principal ONG empresarial que pressionava por esquemas de permissões de distribuição de carbono.

Houve mais progressos em outros países da OCDE. Aumento de regulamentação, impostos sobre emissões e esquemas de permissões de distribuição de carbono apareceram a partir do final da década de 1990. O Protocolo de Quioto foi assinado em 1997, embora só tenha entrado em vigor em 2005, quando um número suficiente de países o haviam ratificado. A União Europeia tem sido consistentemente a líder global em temas ambientais porque está consciente, desde que o desastre nuclear de Chernobyl na Ucrânia espalhou nuvens de radiação sobre suas fronteiras, de que emissões são transnacionais. A UE propôs uma redução média de emissões de 15% a partir de seu nível de 1990 pelo ano de 2012, mas o acordo final de Quioto era somente de 5,2%. A retirada dos Estados Unidos do processo de Quioto em 2002 foi também um grande golpe. Exigia agora a participação russa para obter o número necessário de países para colocar em efeito o Protocolo, e, com isso, os russos poderiam mobilizar metas mínimas para si. A cobertura de Quito baixou de 66 para 32% dos níveis de emissão mundial de 1990. Durante o período de adesão de 2008-2012, países que emitem menos que sua cota podem vender créditos de emissões para aqueles que excedem a sua. Países em desenvolvimento não receberam metas, mas foram instados a propor Mecanismos de Desenvolvimento Limpo (CDMs), administrados pela ONU, que os qualificaria para créditos de carbono que poderiam vender para os países da OCDE. Mecanismos de adesão são fracos e muitos dos signatários não estão no caminho da obtenção das reduções, embora esses ironicamente tenham sido ajudados pelo colapso das economias do ex-bloco soviético. A recessão econômica é boa para o clima.

A UE introduziu um esquema de permissões de distribuição de carbono obrigatório. Um imposto de carbono foi considerado, mas rejeitado após pressão do Reino Unido. O Esquema de Comércio Europeu (Europen Trading Scheme – ETS) começou em 2005. Sua primeira fase foi muito suave sobre empresas e estados, pois receberam a liberdade de negociar seus próprios termos. Houve uma corrida ao fundo do poço uma vez que cada Estado favorecia seus próprios empresários ao decretar créditos de emissões demais. Mas o esquema foi ajustado em uma fase dois que começou em 2007 (Skjærseth & Wettestad, 2009). As emissões europeias caíram 3% em 2008, e 40% disso é atribuído ao esquema (a recessão contribuiu com 30%). A UE agora dizia que poderia cumprir seus compromissos de Quioto (European Environment Agency, 2009). Outros ajustes estão a caminho, incluindo a introdução de um esquema de combustível de aviação imposto a todas as companhias aéreas que sobrevoam a Europa para toda extensão de sua jornada, mais poder de controle concedido à Comissão Europeia, e reduções no teto. A Comissão da UE é quase um Estado internacional, atualmente supervisionando vinte e sete estados, uma vantagem na política climática, que nenhuma outra parte do mundo desfruta. "O objetivo é que a União Europeia lidere o mundo na aceleração da mudança para uma economia de baixo carbono", declarou audaciosamente José Manuel Barroso, presidente da Comissão Europeia em 2007.

Mas os Estados Unidos foram trazidos de volta para a Terra pela Conferência de Mudança Climática da ONU em Copenhague em dezembro de 2009. Essa foi confiscada pelos Estados Unidos e pela China que produziram somente um Acordo não vinculante. Isso recomendava, mas não obrigava uma redução de emissões a 2°C acima dos níveis pré-industriais. Muitos países observaram o Acordo sem assiná-lo, e ele não estabeleceu compromissos vinculantes nem prazos finais. Prometia 30 bilhões para o mundo em desenvolvimento durante 2010-2012, aumentando para 100 bilhões por ano em 2020, para ajudá-los a se adaptarem à mudança climática. Propostas mais duras para limitar emissões foram abandonadas. Países individuais publicaram suas próprias promessas para reduzir emissões se o acordo geral fosse atingido, mas como não havia acordo, não era claro se as implementariam. Copenhague foi algo entre um desapontamento e um desastre. Previsivelmente, a Conferência de 2010 em Cancun obteve pouco, sequer publicidade, uma vez que a mídia internacional a ignorou. Um fundo para fornecer 1 bilhão de ajuda por ano a países pobres foi aprovado, sem indicar de onde viria o dinheiro.

Poucos ambientalistas se impressionaram com essa história recente. A partir de 2010, tivemos muitas declarações de princípios não vinculantes, um tratado climático que falhou em proteger o clima, uma convenção sobre desertificação que meramente documenta sua extensão, uma Lei do Mar que não impediu a poluição nem a depleção de reservas de peixes. Copenhague foi uma derrota para os objetivos mais ambiciosos da UE que esperava obter um acordo para repartir os orçamentos de carbono para 2020 e além. Mas nem os Estados Unidos nem a China, nem os outros países do Bric, tampouco os países produtores de petróleo foram tão longe. Os Estados Unidos e os produtores de petróleo árabes haviam por duas vezes antes frustrado tentativas de estabelecer metas com prazos determinados (Jaggard, 2007: cap. 6). Em 2011, vieram sinais de que os países maiores em desenvolvimento, que agora se tornavam emissores grandes, estavam se aliando pragmaticamente às principais economias avançadas poluidoras para diminuir o ritmo das convenções internacionais. De um modo geral, o máximo que podemos dizer dos acordos e programas existentes é que são um começo. Todavia, não são de modo algum suficientes.

Cada ano que acordos não são feitos, PIB e emissões aumentam mais, exigindo reformas ainda mais radicais. Não é certo agora se as emissões poderiam ser estabilizadas em seu nível presente de cerca de 450 pp. CO_2. O Relatório Stern (2007: 475) disse que para atingir 450 ppm as emissões em países desenvolvidos deveriam atingir seu pico nos próximos dez anos e depois cair para mais de 5% ao ano, atingindo 70-90% abaixo dos níveis de 1990 em 2050. O relatório acrescenta que esse objetivo "já está quase fora do alcance". O Relatório UNDP (2007: 43-51) pensava que a estabilização em 450 ppm CO_{2e} custaria cerca de 1,6% do PIB global até 2030 (menos de dois terços dos gastos militares globais). Visaria a 50% das reduções de GHGs dos níveis de 1990 em 2050. Stern acreditava que estabilizar em 550 ppm CO_{2e} era possível, contanto que as emissões atingissem seu pico nos próximos 10-20 anos e depois reduzissem até 3% por ano de modo que em 2050 as emissões estivessem somente 60% dos níveis de 1990. A questão é como? Gilding (2011) acredita ser necessário um plano mais radical. Sua Fase Um buscaria uma redução global de 50% nas emissões ao longo de cinco anos. A Fase Dois seguiria um esforço vigoroso de quinze anos para zero líquido de emissões. A Fase Três seria um programa de oitenta anos de remoção de emissão o suficiente da atmosfera para devolver o mundo aos níveis de emissões pré-industriais. Todas essas estimativas exigiriam políticas radicais globais, envolvendo restrições à produção e ao consumo, e provavelmente também o fim do crescimento econômico e a chegada de uma economia de estado estacionário.

Respostas políticas alternativas: soluções estatistas e de mercado

Na apresentação de seu Relatório ambiental para o Senado americano em 2007, o economista Nicholas Stern declarou: "A mudança climática é o maior fracasso de mercado que o mundo jamais viu", uma vez que a poluição é uma externalidade para os atores do mercado. Se uma fábrica polui o ambiente ao seu redor, sua poluição e os custos de limpeza são externos à firma, nada custando a ela. Como os custos sociais não figuram nos balanços gerais da companhia, as companhias continuarão a poluir desenfreadamente. Além disso, sempre que um recurso escasso vem de graça, como o ar que respiramos, tende a ser usado em excesso. O carvão é o pior criminoso. Seus custos externos foram estimados como sendo equivalentes a 70% de seu preço de mercado. Portanto, se a indústria do carvão fosse forçada a pagar pelos custos que inflige sobre nós, o preço do carvão quase dobraria, o que seria um incentivo substancial para os consumidores mudarem para fontes de energia menos poluentes – e para a indústria do carvão diversificar suas atividades para essas fontes. A única agência que podeira organizar isso é o Estado.

Os estados têm regulado o capitalismo desde seu começo, como Polanyi enfatizou – regulando a segurança industrial, estabelecendo tarifas protecionistas, legitimando e regulando sindicatos trabalhistas, permitindo às corporações uma pessoa jurídica etc. A mudança ambiental exige mais controle nacional, mas dessa vez combinada à coordenação internacional de regulação, uma vez que as emissões em todos os países afetam o clima de todos. As emissões são transnacionais, as ONGs são semitransnacionais e a legislação deve ser internacional. É por isso que uma mudança importante de direção para as sociedades humanas é exigida. Embora a civilização do capitalismo até agora tenha consistido de regulação estatal individual, elevando as barras das jaulas nacionais, esse próximo estágio do processo civilizatório deve baixar essas barras. Pois a mudança climática é também uma externalidade para os estados.

A base da política, independentemente de quão inefetiva foi até agora, deve ser o estabelecimento e monitoramento global das metas de redução de emissão para um mínimo dos principais países poluidores pela vinculação a acordos internacionais, uma grande extensão do papel da geopolítica suave entre estados. Sem isso, haveria um tal vazamento de GHGs em outros lugares que um país impondo, digamos, um imposto de carbono para si prejudicaria sua competitividade internacional. O problema do oportunismo parece iminente, pois um Estado poderia pensar que é racional nada fazer, pois se outros estados reduzem as emissões esse Estado se beneficia também. Deixe os outros arcarem com os custos, podemos repartir os benefícios (Nordhaus, 2008). É por isso que os protocolos existentes não entram em vigor até que um número de países os tenham ratificado. Isso envolve reduzir a autonomia do Estado-nação individual, embora aumentando o poder da coletividade dos estados-nações. O enjaulamento estatal necessita ser reduzido, o enjaulamento internacional, aumentado.

Mas só imagine quão difícil é isso. Desacordos da política interna são usualmente decididos pelo voto de uma maioria simples no parlamento ou por uma elite governante, mas acordos internacionais exigiriam quase unanimidade, ao menos entre os principais poluidores – Estados Unidos, UE, Japão, China, Índia, Brasil e Rússia – e um regime verdadeiramente efetivo exigiria muitos estados mais. A diversidade de interesses representada nos países é muito maior do que em qualquer Estado-nação individual. Muitos devem conseguir acordos internacionais ratificados por seus próprios parlamentos, que são muitas vezes muito voltados para si. Nos Estados Unidos os tratados internacionais devem ser ratificados por dois terços do senado, atualmente um enorme obstáculo. A ONU e outras agências que lidam com problemas internacionais estão entre as agências mais fracas e pior financiadas. Uma regulação poderia cobrir 80% do problema, e 80% daqueles que estão sendo regulados poderiam tentar implementá-lo, resultando em uma taxa de sucesso de 80%. Nada mal, poderíamos pensar, exceto que o resultado matemático é que apenas 50% do problema estaria regulado (Speth, 2004: 103-105; 2008: 84).

É convencional distinguir entre políticas estatistas e políticas orientadas para o mercado (embora eu tenda a subestimar a diferença). Políticas estatistas regulam diretamente ao estabelecerem cotas nacionais e internacionais para consumo de energia e emissões, apoiadas por padrões de energia obrigatórios para empresas, edificações, eletrodomésticos, automóveis, aviões etc. Eles também canalizam dinheiro público para investimentos em tecnologias limpas. Regulações têm a vantagem de que podem ser almejadas, a fim de penalizar diretamente os tipos mais prejudiciais de emissão, sem sinais de mercado necessários como intermediários. Regulações podem também encorajar empresas de alta emissão, como a geração de energia por combustível fóssil e indústrias automobilísticas para diversificar em tecnologia fóssil mais limpa ou em tecnologia de energia renovável, como vento, água ou biomassa. Prazos e penalidades também sinalizam claramente a investidores as recompensas potenciais e cronogramas envolvidos em inovação tecnológica; e os governos podem almejar seus próprios esforços em P&D nas emissões mais prejudiciais. A OCDE e os países do Bric poderiam fornecer a implementação crível assim como alguns outros países em desenvolvimento – o bastante para cobrir muitas emissões.

Uma proposta radical veio de Myles Allen, um climatologista de Oxford. Ele sugere que companhias de petróleo, gás e carvão assumam a responsabilidade por enterrar todo dióxido de carbono emitido pelos produtos de combustível fóssil que vendem. Como diz: "O carbono chega à Europa por meio de uma dúzia de canos, aberturas e buracos no solo. Sai através de centenas de milhões de dutos e canos exaustores. Todavia, a política climática europeia se resume a controlar o fluxo até a emissão. É como soprar o ar em uma esponja e tentar detê-lo bloqueando seus buracos" (*The Independent*, 7 de outubro de 2010). Ele acrescenta timidamente que isso envolveria menos governo, não mais. Mas dado o poder político dessas indústrias, isso uma ilusão.

A regulação é muitas vezes mais fácil para o público apreciar. Ela já permeia nossa vida e milhões de pessoas têm se envolvido em lutas locais para reciclagem obrigatória, limpezas e proteção de espécies e terras no sul e no norte do mundo. Regulamentações ambientais são provavelmente mais palatáveis do que novos impostos ambientais, e o público as considera mais fáceis de compreender do que esquemas complexos de permissões de distribuição de carbono. Já existem multas por exceder padrões de emissão de veículos nos Estados Unidos, o que dá um incentivo financeiro para companhias automobilísticas obedecerem, enquanto a rotulagem obrigatória americana da eficiência energética de refrigeradores produziu uma resposta imediata dos consumidores, que preferiam eletrodomésticos mais eficientes. Os lares produzem 35-40% de todas as emissões de CO_2, e sob certos aspectos a mitigação vem a um custo mais baixo aqui (UNDP, 2007: 136-170).

Argumentei no volume 3 e aqui que a direção estatal da atividade econômica é relativamente eficiente quando o objetivo é conhecido e simples e quando os meios são claros. Isso valeu durante as guerras mundiais, quando o objetivo era produzir mercadorias que simplesmente matariam pessoas. É válido também em programas de desenvolvimento tardio quando o objetivo acordado é adaptar métodos já usados anteriormente por nações desenvolvidas – sejam essas nações de desenvolvimento tardio capitalistas, como o Japão e os Tigres do Leste Asiático, ou estados socialistas, como a União Soviética e a China. O ponto fraco do planejamento estatal está em mudar para um novo tipo de economia. Contudo, nas políticas de mudança climática, o objetivo central é conhecido e simples – reduzir o consumo de combustíveis fósseis e desenvolver tecnologias de energia alternativa. A regulação governamental pode atingir esse primeiro objetivo mais diretamente do que os mercados, enquanto pode ao menos auxiliar firmas privadas a desenvolver novas tecnologias com seu próprio investimento.

Mas regulações também têm reveses, em especial, internacionalmente, uma vez que estruturas regulatórias diferem enormemente entre países. A União Europeia pode regular em sua extensa zona, mas não existe qualquer soberania global efetiva. A UE é muito débil, outras agências, muito especializadas. Os estados devem negociar elaboradamente entre si para obter acordos globais, e isso é mais difícil para regulação do que para as principais alternativas, impostos ou permissões de distribuição de carbono. O monitoramento internacional de adesão é especialmente difícil. Nem todos os níveis de emissão nacional são conhecidos, enquanto alguns países se recusam a se submeter a inspeções internacionais, como a China. Escândalos também minaram agências privadas de verificação de emissões.

De qualquer modo, como a ideologia atualmente dominante é o neoliberalismo, soluções amigáveis de mercado que mercantilizam o ambiente são agora populares entre os corpos oficiais e entre economistas, especialmente no mundo anglófono (Hulme, 2009: 298-304). Políticas orientadas ao mercado envolvem modos de estabelecer um preço global sobre o carbono que é mais alto do que o preço atual de mercado, de modo que os próprios emissores são cobrados pelos custos sociais de seus produtos e recebem um incentivo de mercado para investirem em novas tecnologias de carbono mais baixo. Nordhaus (2008) acredita que isso é mais eficiente do que regulações, uma vez que um preço pelo carbono transmitiria eficientemente conhecimento dos custos das emissões GHG para bilhões de pessoas e milhares de organizações que criam o problema. Estimativas do preço do carbono exigido hoje são em torno de 25-30 dólares por tonelada de CO_2, mas teria de aumentar constantemente no futuro. Diferentes economistas vislumbram diferentes gradientes, mas quase todas as estimativas envolvem mudanças radicais na precificação (Nordhaus, 2008: 15-20; Stern, 2007: 370).

A ideia é que isso mudaria os cálculos capitalistas de lucro e perda em direções verdes. Após a coerção inicial do estabelecimento de preços, o moinho do lucro poderia ser manipulado para reduzir em vez de aumentar as emissões. O capitalismo financeiro nas pessoas de capitalistas de risco depois mudaram também seus investimentos para indústrias e produtos mais verdes. Os defensores dessas políticas dizem que o capitalismo mostrou enorme adaptabilidade no passado. Pode fazer isso novamente no futuro. Como o capitalismo é a única alternativa, eles dizem, temos de usá-lo. Newell e Paterson (2010) comentam que alguns capitalistas de risco já estão concebendo modos de obter lucros com a descarbonização. Quando a crise climática bater forte, coloco mais esperança em um rompimento entre os capitalistas, em que os baixos emissores se voltarão contra os altos emissores. Esse não necessita ser um problema de classe.

Existem dois modos principais de efetuar a mudança do preço do carbono, impostos sobre o carbono e esquemas de permissões de distribuição de carbono, ambos apoiados por reduções na tarifa e em barreiras não tarifárias para produtos de baixo carbono para auxiliar a uniformidade global. Como impostos e tarifas são a província dos estados, essas políticas não são de fato neoliberais, mas extensões de uma economia mista. Considere primeiro os impostos sobre o carbono. Esses não garantem um nível específico de reduções de emissões, pois isso depende das reações do mercado ao imposto. Mas empresas com emissão de carbono alta teriam um incentivo de mercado para mudar na direção de emissões mais baixas – a menos que possa transferir o aumento à medida que o preço aumenta para os consumidores. Um imposto sobre o carbono é também relativamente simples de impor. Mas tende a ser fiscalmente regressivo, prejudicando mais os pobres. O lado positivo é que como a base do imposto é muito grande, um nível muito baixo de tributação produziria uma receita massiva que poderia ser alocada para propósitos diretamente ambientais ou para subsidiar aquelas populações mais duramente atingidas pelo consequente aumento dos preços da energia. Os impostos de carbono também exercem pressão internacionalmente. Um país pode impor uma tarifa sobre importações cuja produção envolve emissões de carbono altas, colocando pressão de mercado sobre empresas e governos estrangeiros. A OMC disse que isso seria um uso legítimo das tarifas, enquanto também apelasse a protecionistas que reclamam do livre-comércio. Infelizmente, contudo, o mantra atual dos políticos em muitos países é não criar impostos novos.

Em esquemas de permissões de distribuição de carbono, uma autoridade geral – um governo nacional ou regional ou um corpo internacional como a ONU – distribui permissões de carbono a companhias autorizando-as a emitirem GHGs. O teto é a quantidade total de emissões de GHG permitidas a todas as licenças no sistema, enquanto o comércio se refere a companhias comprando e vendendo licenças umas às outras. Uma companhia pode ou reduzir suas emissões de GHG se suas permissões não cobrirem suas necessidades, ou comprar mais permissões de companhias que têm permissões excedentes. Teoricamente, as firmas que puderem reduzir emissões de carbono a um baixo custo o farão, e venderão suas permissões excedentes, enquanto firmas para as quais for mais difícil reduzir emissões somente comprarão emissões o suficiente para cobrir seus níveis contínuos. A quantidade total de emissões permitida é depois gradualmente reduzida à medida que o teto é reduzido a cada ano. Isso é um incentivo para empresas que fornecem ou usam combustíveis fósseis para mudarem na direção dos renováveis. A existência de um livre-mercado em certificados de emissão deve garantir que incentivos sejam administrados eficientemente, com baixo custo ou corrupção. Diferente dos impostos, um teto deveria produzir uma quantidade conhecida de redução de GHC. As partes-chave das permissões de distribuição de carbono são o nível ao qual o teto inicial é estabelecido e o gradiente de suas reduções anuais, pois, sem um nível doloroso de tetos, as emissões não seriam reduzidas suficientemente.

Um terceiro conjunto de políticas deriva do conceito de serviços de ecossistema. Ecossistemas como pantanais e florestas fornecem benefícios ambientais importantes como a filtragem da água e a absorção do carbono na atmosfera. A ideia é que aqueles que possuem essas terras fossem pagos para conservá-las, significando que não teriam de ganhar dinheiro drenando pântanos para o desenvolvimento ou derrubar florestas pela madeira. Isso redistribui recursos a proprietários de terras, embora muitos deles possam ser camponeses pobres. Mas esses esquemas seriam intervenções radicais nos mercados, cujos termos iniciais desses mercados são estabelecidos politicamente. Isso não é um esquema neoliberal.

A principal desvantagem do neoliberalismo reside em outro lugar, é sua postura incessante pró-negócios e no aumento da influência empresarial sobre o governo. Essa influência resulta no enfraquecimento de todos os esquemas de emissões. As corporações de emissões altas e as associações de comércio americanas financiam a organização de *lobbies* e políticos denunciando a ciência ambiental e insistindo em que o governo grande se retire. Eles fingem ser ambientalmente conscientes. Comerciais de companhias petrolíferas descrevem a natureza verde, não o petróleo negro, e as empresas raramente combatem projetos de lei ambientais em público, preferindo operar em comitês e subcomitês congressionais com a ajuda de políticos e cientistas subsidiados, discretamente atenuando os projetos de lei verdes, inserindo sutilmente provisões de desregulação em projetos de lei sobre temas diferentes (Repetto, 2007; Miller, 2009: caps. 2 e 6). Os empresários são agora o principal obstáculo à mitigação nos Estados Unidos, e essa divisão potencial entre empresa de alta e baixa emissão ainda não emergiu. James Hansen (2009) diz que desde que "interesses especiais foram capazes de subverter nosso sistema democrático", só conseguimos leis que as "companhias de carvão e o serviço público estão dispostos a permitir".

As indústrias de combustível fóssil são na realidade uma parte do governo grande que denunciam. Indústrias de alta emissão conseguem grandes concessões de impostos conduzindo seus impostos corporativos para baixo da média nacional. A taxa de imposto corporativo americana é de 35%, mas quase toda empresa recebe isenções e concessões, o que coloca a média nacional na metade disso. A taxa mais baixa, menos de 2%, é paga pela indústria de defesa e aeroespacial, uma grande emissora com seus aviões, navios e tanques de elevado consumo de gasolina. O transporte, petróleo e oleodutos, e as indústrias de serviços de gás e elétricos também pagam menos do que a taxa média (Institute on Taxation and Economic Policy, 2004). As companhias de mineração americanas também recebem concessões de depleção que variam de 5 a 22% de sua receita bruta da extração e processamento. Os combustíveis fósseis obtiveram cerca de 72 bilhões em subsídios entre 2002 e 2008, enquanto os subsídios para combustíveis renováveis foram de apenas 29 bilhões, metade da qual vai para etanol derivado de milho, cujo efeito climático é mínimo. Dos subsídios aos combustíveis fósseis, 70,2 bilhões foram para fontes tradicionais como carvão e petróleo. Somente 2,3 bilhões foram para "captura e armazenamento de carbono", uma técnica destinada a reduzir os GHGs das usinas a carvão por meio de massivos silos de armazenagem subterrâneos (Environmental Law Institute, 2009). Se a captura do carbono pode funcionar ou não em um preço econômico é duvidoso. Ainda não existe uma fábrica assim em lugar algum. O "carvão limpo", alardeado pelas corporações mineradoras, não existe.

Não é apenas um problema americano, pois subsídios são comuns no mundo. Um estudo estimou em 2000 que subsídios mundiais de poluição totalizaram 850 bilhões anualmente, 2,5% do PIB global (Speth, 2008: 100). Reformas levariam a perdas de empregos e a aumentos de preços nesse setor, e isso deteve governos de agir. Os líderes dos países do G-20 concordaram em princípio em setembro de 2009 em gradualmente eliminar subsídios de combustíveis fósseis ineficientes, dizendo que para eliminá-los até 2020 reduziria as emissões gerais de GHG em 10% por volta de 2050. O princípio ainda não foi posto em prática, embora possa. Mas como o *status quo* rende altos lucros à indústria de energia, tem pouco incentivo para investir em novas tecnologias. É difícil partilhar do otimismo de Newell e Paterson (2010) quando investimentos privados em P&D em fontes de energia alternativas de fato caíram em anos recentes. A maior parte dos gastos é pública. Um estudo revelou que das quatorze inovações-chave em fontes de energia nos últimos trinta anos cujas finanças puderam ser rastreadas, somente uma foi custeada inteiramente pelo setor privado, enquanto nove foram totalmente públicas. O custo de formar cientistas em engenheiros também recai sobre o governo (Stern Review, 2007: 353-355, 362-363). Para reduções significativas de emissões, os estados devem se tornar muito mais duros com as indústrias de combustível fóssil. Isso não é anticapitalista, pois meramente busca penalizar aquelas indústrias que são as piores emissoras de carbono.

Os empresários dizem preferir um modelo de permissões de distribuição de carbono porque isso interfere menos com os mercados. Sua crença real é de que possa influenciar a política do governo na direção de um teto ao qual possam se ajustar facilmente. Assim, esquemas existentes têm sido inefetivos. Um problema é que os estados muitas vezes veem as indústrias de alta emissão como seus campeões energéticos na competição internacional. Eles querem que permaneçam lucrativas e, com isso, são responsivos ao seu *lobby*. As permissões de distribuição de carbono também são vulneráveis à corrupção na alocação de créditos, embora isso possa ser resolvido pela reposição de permissões livres por leilões, de modo que os governos não decidam quem as obtém. O detentor dos maiores lances obtém a permissão e isso também produz receita que, teoricamente, os governos usam para investir em tecnologia renovável. A UE está programada para mudar para um leilão em 2012, embora a Califórnia esteja retrocedendo de um acordo similar. Os estados do noroeste dos Estados Unidos já operam um leilão, mas está sendo mal-executado. As companhias de energia estão simplesmente repassando o custo aos consumidores em preços mais altos e os estados usam a receita para aliviar os déficits orçamentários em vez de investir em fontes renováveis.

Como regulação dura, impostos sobre carbono e esquemas de permissões de distribuição de carbono poderiam produzir algum efeito, pouco importa que mistura de soluções estatistas e orientadas ao mercado seja escolhida. Para funcionarem, todas envolveriam que o governo impusesse restrições radicais a empresas e consumidores. Somente o mecanismo é diferente. O mais importante é que as empresas, especialmente as de energia, sejam coagidas a fazerem concessões. Contudo, isso exigiria a mudança de políticos, e que só pudessem ser mudados pela pressão popular em massa, o que exige que consumo em massa mudasse também.

Apresentei esses vários esquemas como se fossem em si soluções. Todavia, não são. Todos eles – impostos sobre carbono, permissões de distribuição de carbono e cotas impostas pelo Estado – requerem uma grande mudança para formas renováveis de energia. Mas usar as tecnologias mais verdes existentes para resolver o problema exigiria enormes gastos. A economia global hoje usa cerca de dezesseis terawatts de geração de energia elétrica. Para obter esse total sem a ajuda do combustível fóssil uma mistura de tecnologias alternativas atuais envolveria massivos complexos industriais espelhados ao longo de massas de terra muito grandes. Células solares na quantidade requerida poderiam se espalhar ao longo de cerca de trinta mil milhas de terra. Fontes termais solares poderiam exigir cerca de cento e cinquenta mil milhas quadradas, combustíveis fósseis poderiam ocupar mais de um milhão de milhas quadradas. Depois, há turbinas eólicas, fontes geotermais e usinas nucleares. Podemos jogar com os pesos relativos de cada uma dessas, mas, de um modo geral, as fontes de energia alternativa atualmente disponíveis exigiriam um espaço quase igual ao dos Estados Unidos. Isso seria uma possibilidade teórica, mas não prática (Barnes e Gilman, 2011: 48-49). Podemos assumir que algumas melhorias nessas tecnologias ao longo dos anos levariam a implementar isso, mas, na ausência absoluta de novas tecnologias, as economias não seriam grandes o bastante para serem politicamente factíveis.

Com certeza, esses custos podem ser contrapostos às reduções potenciais no PIB e nos padrões de vida que uma política de nada fazer terminariam produzindo. O Relatório Stern (2007: 211; cf. OECD, 2007) calculou o custo de políticas que mantivessem as emissões baixas a um nível de CO_{2e} de 500-550 ppm em 1% ao anodo PPIB global, embora acrescentando que a série de custos possíveis vai de -1% (ganhos líquidos) a +3,5% ao ano. Em 2008, em decorrência da piora da mudança climática, Stern dobrou os custos de suas políticas propostas para 2% do PIB (Guardian, 26 de junho de 2008). Outros economistas vislumbram custos muito mais altos de 5% de redução no PIB se as emissões fossem mantidas a um nível baixo assim. O Relatório Stern afirmava que todos os custos seriam absorvidos em meio ao grande crescimento da economia global ao longo do século. Também advertia que não fazer nada poderia arriscar uma recessão que cortaria 20% do PIB global.

Infelizmente, políticos e eleitores preferem evitar custos menores nesse momento do que maiores em algum ponto ao longo do caminho – quando aqueles políticos não esperarem estar no posto e aqueles eleitores estiverem na maioria mortos. A taxa de desconto é a ferramenta que os economistas usam para comparar os impactos econômicos que ocorrem hoje com aqueles no futuro. Muitos economistas estabeleceram uma taxa de desconto elevada para o futuro uma vez que as pessoas valorizam o presente conhecido muito mais do que um futuro incerto. Usar uma taxa de desconto reduz o benefício de adotar ações mitigadoras agora, uma vez que os benefícios futuros são vistos como menores. Nordhaus (2008: 10) estabelece sua taxa de desconto em 4%, o que torna as políticas de redução de emissões muito mais caras. O Relatório Stern estabelece sua taxa de desconto em somente 1,4%, o que torna essas políticas lucrativas. O Relatório defendeu essa taxa baixa com base nos riscos futuros cada vez mais severos que a ciência identifica – mas antecipando ceticismo a respeito de seus cálculos, acrescentou um argumento ético, nossa responsabilidade em relação de gerações subsequentes. Risco objetivo e ética são cruciais, eles dizem (Stern Team, 2008; cf. UNDP Report, 2007: 62-63).

Infelizmente, os cálculos em si não fazem sentido. O custo de construir um complexo energético alternativo do tamanho dos Estados Unidos seria imensamente alto, envolvendo perdas do PIB muito maiores do que qualquer desses cálculos. É simplesmente impossível evitar uma grande perda do PIB no mundo inteiro, dadas as presentes tecnologias, caso sejamos sérios sobre a mudança climática. Na verdade, o principal objetivo da política de mudança climática efetiva tem de ser um movimento para um nível permanentemente baixo de PIB. Esse é o único modo de preservar a Terra – a menos que alguma tecnologia milagrosa nova e barata apareça. Poderia acontecer, mas dar incentivos de impostos às pessoas para desenvolver uma tecnologia assim parece patético, o triunfo da fé sobre a probabilidade – e fé exatamente no mesmo tipo de solução tecnológica que nos colocou nessa confusão, para começar (como Barnes e Gilman, 2011, comentam).

A luta política iminente

O principal desafio à dominação empresarial veio do pequeno mundo das ONGs ambientais. Durante as negociações de Quioto, as ONGs foram oficialmente aprovadas para a conferência. Embora não autorizadas a assistir às reuniões centrais entre delegados estatais, fizeram *lobby* com eles nos corredores, participaram de sessões de discussões, informavam delegados e produziram um jornal diário útil sobre os desdobramentos da conferência. Betsill (2008a) diz que embora as posições da ONG "não sejam refletidas no texto do Protocolo, a comunidade ambiental moldou o processo de negociação de vários modos e, com isso, teve moderada influência". Contudo, Humphreys (2008: 169) diz que no caso da política florestal as ONGs influenciaram mais o resultado das negociações quando formularam as recomendações no discurso neoliberal pró-negócios. Betsill (2008b), revisando vários estudos, diz que "a influência das ONGs foi mais alta quando os riscos políticos eram mais baixos... [e quando]... as negociações envolvem compromissos limitados de mudança comportamental" (p. 203). As ONGs também exerceram mais influência durante as negociações iniciais. Durante as discussões posteriores que exigiam compromissos efetivos, lobistas de empresas os subjugaram. Porta-vozes das empresas são muitas vezes indicados para equipes de negociação estatais e retiram itens da agenda ou então reduzem acordos (p. 193-194). Há poder desigual: empresários predominam sobre ambientalistas, o que ajuda a explicar os resultados inadequados do tratado. A influência verde é sentida de um modo mais difuso, na opinião pública e partidária, mas com impacto menor na cristalização da política. Uma sociedade mundial não chegou.

Ambientalistas radicais rejeitam completamente o debate técnico sobre as taxas de desconto. Eles acrescentam que qualquer nível de desconto ignora o dano irreversível infligido nesse meio-tempo à biodiversidade (a morte de espécies vegetais e animais) e aos países de baixa altitude. A mudança climática viola princípios de desenvolvimento sustentável, o cuidado para com a Terra e os direitos inalienáveis das gerações futuras (Hulme, 2009: 124-132; Hansen, 2009). Todavia, infelizmente, os povos do mundo não endossam esse absolutismo moral, enquanto os não nascidos não votam. Em um momento de recessão, a demanda por "empregos agora" – o que, segundo os políticos conservadores, requer uma redução na regulação ambiental – é difícil de responder. Notícias da mídia sobre problemas ambientais declinaram quando a Grande Recessão começou, como o interesse de políticos e as preocupações ambientais revelaram nas pesquisas de opinião. Nas pesquisas, as pessoas muitas vezes dizem que aceitariam uma quantidade x de redução nos padrões de vida para salvar o planeta, mas quando seus padrões de vida são de fato ameaçados, elas se comportam diferentemente. O consumo dos cidadãos se torna ainda mais desejável quando são privados dele. Com certeza, se fôssemos inteiramente imediatistas e egoístas, não adotaríamos quaisquer passos de mitigação, pois o clima provavelmente não piorará significativamente ao longo de nossa vida. Mas, como tentamos fazer provisão para nossos descendentes, há, em princípio, alguma esperança de que comecemos a mitigar. Todavia, o problema é muito abstrato. Não nos atinge duramente em nossas vidas diárias – exceto por parte dos pobres em países pobres, que carecem do poder para resistir muito ou para obter mais que nosso breve olhar de passagem.

Nesses lugares agora se desdobra uma longa luta política, com estados felizmente pressionados a partir de baixo e de fora por ONGs verdes, cientistas e empresas de baixa emissão, para restringir empresários e consumidores um pouco mais, ano a ano. Todavia, interesses variam de acordo com o lugar onde as pessoas estão situadas no mundo. Há uma desigualdade pronunciada nas emissões globais de consumidores.

Os pobres do mundo são virtuosos porque mal consomem ou emitem, enquanto os ricos poluem enormemente porque consomem enormemente. Aqueles que ganham mais do que 7.000 ao ano em média excedem o que seria um limite de emissão pessoal justo de 2 toneladas de CO_2 p.a. Esses consumidores excessivos incluem quase todos os cidadãos dos países avançados, embora devido ao tamanho da classe média em países como Índia e China consumidores excessivos sejam agora tão numerosos em países em desenvolvimento como em países desenvolvidos. Eles supostamente incluem quase o dobro tanto de homens quanto de mulheres (Ulvila & Pasanen, 2009: 22-26, 37-38). Não é apenas uma questão de superar a oposição empresarial. É também necessário superar os interesses de imediatistas da massa de cidadãos do norte e dos cidadãos mais ricos em todos os lugares. Nos países desenvolvidos, as reduções de emissões recairiam paradoxalmente muito mais sobre os pobres, uma vez que muitas políticas aumentariam o preço da energia de combustível fóssil e os pobres pagariam uma proporção mais alta de sua renda para aquecer suas casas e abastecer seus carros. Se a legislação de permissões de distribuição de carbono, agora abandonada, do Presidente Obama fosse cortar emissões em 15%, as casas no quinto inferior da escala de renda pagariam 3,3% mais de sua renda líquida, quase o dobro do 1,7% pago a mais pelo quinto mais rico (*Wall Street Journal*, 9 de março de 2009). A justiça sugere que a reparação para programas de emissões sejam feitas por meio de impostos progressivos compensatórios. Poderíamos esperar que partidos de esquerda apoiassem isso, embora os partidos conservadores não.

A mudança climática impacta o sul global mais do que o norte. Os países pobres já sofrem muito com as condições climáticas. Roberts e Parks (2007: 71-96) reuniram um conjunto de dados de mais de 4.000 desastres climáticos extremos entre 1980 e 2002. Isso mostrou que o povo rural nos países pobres sofreram os piores e primeiros efeitos – morte, perda de moradia e deslocamento dos desastres relacionados ao clima em uma escala entre dez e cem vezes pior do que as pessoas nos Estados Unidos (mesmo incluindo o Furacão Katrina). Como eles dizem: "as nações ricas pagam pela mudança climática com dólares, e as nações pobres, com suas vidas" (p. 37). O Relatório UNDP diz que o aquecimento global ameaça os mais pobres e os não nascidos, os "dois eleitorados com pouca ou nenhuma voz" (UNDP, 2007: 2)

Os países pobres já tendem a ser mais quentes, com uma pluviosidade mais variável. Eles dependem mais da agricultura vulnerável, e têm provisão de saúde e infraestrutural mais pobre para lidar com as crises. Alguns países ricos, como Canadá, países escandinavos, Alemanha, Polônia e Rússia, poderiam de fato se beneficiar do aquecimento global, uma vez que poderiam produzir mais lavouras e apascentar animais mais ao norte, queimar menos combustível fóssil e acolher mais turistas. América Latina, Oriente Médio, exceto Egito, e especialmente a África e o sul da Ásia seriam os que mais sofreriam. Os países mais ricos também têm mais recursos para se adaptar às ameaças. Os Países Baixos há muito gastaram enormes somas em suas defesas contra inundações. Grã-Bretanha, a costa da Flórida e a Califórnia poderiam fazer o mesmo – ao menos espero, uma vez que minha casa em Los Angeles está a menos de um metro acima da marca da maré alta do Pacífico. Em contraste, mais de um quinto de Bangladesh estaria sob a água se o mar subisse um metro, e o país carece de recursos para fazer muita coisa quanto a isso. Todavia, alguém deveria dizer aos eleitores dos estados do sudoeste dos Estados Unidos que podem vir a habitar uma gigante faixa de poeira após as próximas décadas.

A limitação da base de exportação de um país indica a extensão de sua dependência na economia mundial e isso está correlacionado à degradação ambiental. Países mais pobres compreendem que a desigualdade estrutural contribui para sua vulnerabilidade climática e restringe seu desenvolvimento nacional, e, portanto, nas negociações sobre mudança climática tentam injetar um sentido mais amplo de injustiça global. Citando Durkheim, Roberts e Parks (2007: 48-66), argumentam que normas, confiança e reciprocidade difusa são exatamente tão importantes em negociações quanto interesses materiais. Se países ricos desejam diminuir essa hostilidade e melhorar a cooperação na mudança climática, devem reconhecer as injustiças mais amplas da divisão internacional do trabalho e visá-las para reformas. Esse, contudo, é um objetivo muito ambicioso, difícil de comunicar aos eleitorados do norte preocupados com seus próprios trabalhos e impostos.

Alguns países desenvolvidos poderiam se retirar de todas as negociações globais sob a alegação de que poderiam sobreviver à tempestade futura. O Relatório Unep lista vários cenários alternativos futuros. Em Segurança primeiro ou Eu primeiro, governo e empresários tentam melhorar ou manter somente o bem-estar dos ricos e poderosos (2007: 401ss.; cf. a estratégia do Mundo Fortaleza (*Fortress World*) identificada por Raskin et al., 2002: 25-27). Os ricos não poderiam se isolar inteiramente, pois as catástrofes que poderiam ocorrer aos países mais pobres produziriam reações em cadeia, levando a um declínio de seus próprios PIBs, enquanto o clamor de refugiados em massa poderia tornar as fronteiras inviáveis sem enormes custos de segurança. Poderia haver guerras entre estados competindo pela diminuição da água, recursos alimentares etc. Existem evidências atuais da África de que variações maiores na pluviosidade produzem conflitos mais violentos (e.g., Hendrix & Salehyan, 2012). Se os países mais pobres derrubarem suas florestas tropicais em uma aposta desesperada para expandir sua agricultura para alimentar suas populações, isso intensificaria o aquecimento global para todos. Parece mais provável que os países continuassem as negociações globais, embora alguns mais entusiasticamente que outros.

Mas o norte partilha a responsabilidade pela crescente poluição nos países em desenvolvimento, pois exportou muitas de suas indústrias poluidoras para eles. Países mais pobres agora produzem mais mercadorias manufaturadas para exportar e, por isso, devem suportar mais da poluição envolvida em sua manufatura, enquanto os países mais ricos, onde essas mercadorias são consumidas, mudam para indústrias mais limpas e alegam pureza moral (Jorgenson & Burns,

2007; Roberts & Parks, 2007). É uma ilusão que o norte esteja reduzindo sua dependência do carbono, pois nosso estilo de vida depende muito de importações de uso intenso de carbono. Quando o norte sugere usar intensidade de carbono por unidade do PIB de cada país como uma métrica nas negociações, isso é um colonialismo de carbono por medir a produção interna e deixa de fora os valores de carbono embutidos nos fluxos de comércio. Quem é responsável pela China se tornar a maior poluidora, os chineses ou os capitalistas estrangeiros? é a questão retórica. Esses argumentos ecossocialistas são moralmente válidos. Mas a moralidade não governa o mundo.

Os países do sul naturalmente querem crescimento econômico. Eles querem padrões de vida como os da Europa e dos Estados Unidos, e os querem agora. Todavia, se o mundo inteiro desfrutasse dos padrões de vida ocidentais atuais, a pegada ecológica da humanidade exigiria surpreendentes cinco planetas Terra (Hulme, 2009: 260)! A tragédia é mais evidente para os pobres do mundo que caminham sobre a Terra com uma pegada de carbono excessivamente leve. Independentemente da moralidade dos poluidores passados *versus* futuros – OCDE *versus* Brics – por que os povos da África Subsaariana ou de Bangladesh ou das ilhas do Pacífico deveriam ter de pagar pelos pecados dos outros? Países em desenvolvimento e pobres continuarão lutando por melhores termos. Eles certamente deveriam fazer isso, e nós no mundo desenvolvido deveremos ceder muito mais do que já cedemos. Mas a moralidade não governa o mundo.

Há algum espaço para esperança, pois esse não é um jogo de soma zero. Reduções nas emissões em qualquer lugar beneficiam todo mundo. Onde existir um interesse global comum, os países pobres também têm mais vantagem do que o usual. Faz particularmente sentido visar às indústrias que são ineficientes e relativamente baratas de melhorar, onde quer que estejam – e estão cada vez mais em países mais pobres. Muitas usinas geradoras de energia no mundo desenvolvido e nos países da ex-União Soviética usam tecnologia obsoleta e altamente poluente. Para os países da OCDE levá-los a uma tecnologia mais avançada seria relativamente fácil e barato, e as consequentes reduções de emissões os beneficiariam também. Mas não seria o bastante.

Subsidiar apenas dois países, Brasil e Indonésia, para melhor preservarem suas florestas tropicais traria grandes benefícios. Combater o desmatamento provavelmente oferece o modo mais barato de diminuir as emissões gerais. O desmatamento contribui com cerca de um quinto das emissões de GHG globais. É uma falha de mercado especialmente perversa. Agricultores indonésios derrubam árvores pelo óleo de palma, gerando lucro de curto prazo, mas grandes emissões de carbono.

Sua proporção de lucro é de apenas 2% do que poderiam obter do valor de mercado do carbono da madeira se um imposto sobre carbono fosse estabelecido em 25 dólares por tonelada, o que, portanto, seria um modo muito efetivo de ajudar o clima global. Mesmo as grandes empresas de madeira de lei da Indonésia têm lucros de menos de 10% do valor de mercado sobre o carbono. Claramente, o interesse mundial é subsidiar os indonésios para reflorestar mais do que desmatar. Subsídios também beneficiam os indonésios, especialmente os camponeses pobres e povos indígenas que estão sendo expropriados por grandes proprietários de terras, corporações e governos que estão liderando o desmatamento (UNDP, 2007: 157-159). Em Copenhague e depois no ano seguinte em Dubai os países desenvolvidos aceitaram o princípio de que devem subsidiar os programas dos países em desenvolvimento, embora as quantidades oferecidas fossem pequenas e sem mecanismos de imposição. Isso não é o bastante.

As duas nações indispensáveis

Para combater o aquecimento global, duas nações são indispensáveis, as duas que mais foquei neste volume, as duas maiores poluidoras, os Estados Unidos e a China.

Os Estados Unidos se tornaram um grande obstáculo à redução de emissões. Fica bem atrás da União Europeia e do leste da Ásia na sensibilidade climática. Aqui, não são definitivamente o líder. Embora seu neoliberalismo seja altamente seletivo, como os primeiros capítulos enfatizaram, está fortemente mobilizado em relação a temas climáticos. O governo grande nessa arena política é supostamente ruim. A diversidade desse país continental é reproduzida por seu sistema federal. As emissões de GHG variam enormemente entre as regiões. Em 2005, uma pessoa comum no Wyoming emitia 154 toneladas de CO_{2e}, dez vezes mais do que as 12 toneladas de uma pessoa de Nova York ou do que as 13 toneladas de uma pessoa da Califórnia. Os 10 emissores mais baixos eram todos dos estados da costa leste ou oeste, enquanto os 10 mais elevados eram todos do oeste, meio-oeste ou sul. Isso se deve principalmente à localização das reservas de carvão e petróleo, embora as pessoas em estados rurais também consumam mais gasolina. Essa distribuição geral corresponde aproximadamente à divisão entre estados republicanos e democratas. Essa é a principal razão pela qual os políticos republicanos tendem a se opor à legislação do clima, enquanto muitos democratas a apoiam. Muitos políticos republicanos são também anticiência, mais provinciais e mais isolados dos problemas globais. O próprio Congresso tende a privilegiar problemas locais em relação aos nacionais e globais. Uma minoria democrata, os assim chamados *blue dogs* (conservadores) e os *black dogs* (representando distritos do carvão e petróleo) também acreditam que podem se manter melhor em seus assentos com o conservadorismo ambiental espontâneo. Eles podem estar certos, uma vez que as políticas de redução de emissões exigiriam que os eleitores em seus estados pagassem mais por suas necessidades de combustível agora. Senadores e especialmente congressistas muitas vezes acrescentam cláusulas aos projetos de lei ambientais, protegendo emissores locais (Miller, 2009: cap. 2). Os interesses que impedem o progresso são fortes, populares e podem mobilizar argumentos com ressonância ideológica e eleitoral.

A desigualdade regional é difícil de reparar, uma vez que os sistemas de impostos não são tão bem-preparados para impedi-la. As receitas dos impostos sobre o carbono e de permissões de distribuição de carbono poderiam financiar concessões federais para estados duramente atingidos e isso poderia ajudar a compensar o custo. No presente, contudo, os eleitores desses estados e seus políticos se opõem à precificação do carbono e às permissões de distribuição de carbono. Isso não é primeiramente um problema de classe uma vez que o desejo dos trabalhistas de reduzir o desemprego é mais forte do que sua retórica intermitentemente verde. Embora os democratas sejam mais verdes do que os republicanos, isso vale mais para os democratas da classe média do que para os da classe trabalhadora. Não há movimento de massa a partir de cima pressionando por muita mitigação. Acrescente as mudanças recentes nas relações de poder político no Capitólio e se torna extremamente difícil obter maiorias à prova de obstrucionistas para projetos de lei de emissões no Congresso e no Senado, a menos que sua parte lhes seja retirada.

A passagem da Lei de Energia Limpa e Segurança Americana (American Clean Energy and Security Act) pelo Congresso durante 2009 e 2010 apresenta um estudo de caso desanimador (Goodell, 2010). Estabelece um objetivo de redução de emissões de carbono de 20% em 2020, embora permitindo 2 bilhões de toneladas de compensação de carbono por ano. Incluía um esquema muito fraco de permissões de distribuição de carbono (*cap-and-trade*), mas medidas muito fortes para melhorar a eficiência energética. Foi mais forte do que o projeto de lei original voltado às empresas formulado pela Parceria Americana pela Ação Climática (U.S. Climate Action Partnership), uma coalizão de grupos ambientalistas moderados e grandes corporações como a GE e a ConocoPhillips, que haviam estabelecido um objetivo de apenas 14% de redução de carbono para 2020. O projeto de lei não era mais do que um imposto energético nacional que faria com que os preços da energia subissem e destruíssem empregos. Suas permissões de distribuição de carbono deveriam realmente ser chamadas permissões de tributação de carbono, eles diziam. O Deputado Joe Barton (Partido Republicano, Texas) havia recentemente sido substituído pelo Deputado Waxman (Partido Democrata) como presidente do comitê de energia do Congresso. Ele prometeu lançar uma "guerra de guerrilha ardilosa" contra o projeto de lei. Waxman diz: "Falei com Joe Barton quando esse processo começou, expressei um desejo de trabalhar junto com ele nisso. Ele me disse que não acreditava na ciência do aquecimento global, não achava que fosse um problema e não queria tentar resolvê-lo".

O gasto da indústria do *Big Coal* (Grande Carvão) de 10 milhões em *lobby* contra o projeto de lei, e mais de 15 milhões em pagamento de campanhas federais de políticos que se opunham a ele. Entre 2003 e 2009, o número de lobistas dedicados à mudança climática aumentou mais de cinco vezes para 2.810 – cinco lobistas para cada legislador. Somente 138 deles estavam pressionando por energia alternativa. Os lobistas focavam os blue-dogs democratas. O Deputado Rick Boucher, um democrata dos campos de carvão do sul da Virgínia, conseguiu a maior doação única em dinheiro, mais de 144.000 em 2009. Boucher foi um ex-presidente do subcomitê de energia do Congresso e representava os votos dos blue-dogs de que Waxman necessitava. Boucher dedicou seis semanas em negociações de bastidores entre seus amigos do carvão e membros do comitê de energia do Congresso.

Portanto, o projeto de lei do clima foi emendado para incluir mais permissões livres para poluidores, mais 1 bilhão ao ano para apoiar pesquisas de carvão limpo – além dos 3,4 bilhões em fundos de pesquisa no plano de estímulo do presidente. O projeto de lei agora continha 60 bilhões em apoio para o carvão – muito mais do que a ajuda dada a todas as formas de energia renovável combinadas. Boucher também conseguiu isentar as quarenta ou mais usinas de energia movidas a carvão atualmente sob construção das novas regulações. A meta vital para reduzir as emissões de carbono em 2020 era cortar de 20 a 17%. Os objetivos para incentivar a energia renovável foram cortados aproximadamente pela metade. A autoridade EPA para regular as emissões de carbono foi eviscerada. Em vez de um leilão para todas as permissões de emissões, como Obama prometera, o projeto de lei liberou 83% delas. No total, os maiores poluidores receberam 134 bilhões em concessões. As corporações mais sujas da nação conseguiram outra doação do governo.

O projeto de lei do clima passou apertado pelo Congresso por uma votação de 219 a 212. Quase todos os republicanos e mais 44 democratas votaram contra a medida. Sua aprovação no Senado foi interrompida quando a administração se apercebeu de que carecia de votos. Isso tende a perdurar se as futuras eleições não mudarem o equilíbrio de poder para a esquerda. As relações de poder político que operam ao longo do ciclo eleitoral bloqueiam o progresso na direção das reduções de emissões. Todavia, a participação dos Estados Unidos em qualquer programa global é essencial, pois o país produz um quarto das emissões e ainda possui uma influência geopolítica incomparável. É difícil escaparmos de um sentimento de tristeza quando ponderamos sobre as respostas americanas prováveis à crise iminente ao menos no médio prazo.

A China, a outra nação essencial, também é problemática, embora seu Estado-partido autoritário tenha uma vantagem. Ele não tem de se submeter aos empresários, mas pode quase arbitrariamente impor programas radicais, incluindo programas ambientais. Ele também tem uma capacidade de concentração inusualmente longa, planejando décadas adiante, como é evidente também em suas políticas militar e de segurança. A extraordinária política de um filho foi forçadamente imposta e garantiu que cerca de trezentos milhões de nascimentos extras estimados fossem evitados, o equivalente a 5% de redução nas emissões de carbono, maior do que o processo de Quioto inteiro (Hulme, 2009: 270). Todavia, o principal objetivo diário do regime permanece o crescimento econômico, acreditando que isso é o que sustenta a ordem e seu próprio poder, e na verdade isso é o que o povo quer. Como vimos no capítulo 8, ele está agora enfrentando descontentamento entre camponeses e trabalhadores industriais. No curto prazo, portanto, não está disposto a sacrificar o crescimento do PIB e do emprego em troca de maiores benefícios no futuro – como outros países.

Projetos heroicos maoístas visando a conquistar a natureza, como o Grande Salto Adiante, levaram a excessos ambientais terríveis. Projetos contemporâneos como as Represas das Três Gargantas e o oleoduto leste-oeste mantêm essa tradição. Mas o rápido crescimento econômico, privatização e descentralização de poder – a chegada do Estado-partido capitalista – piorou as coisas, uma vez que infraestruturas protetivas enfraqueceram em meio à primazia do crescimento orientado pelo lucro (Muldavin, 2000). As empresas de povoados e aldeias (*township and village enterprises* – TVAs), a chave para o desenvolvimento rural, estavam provocando 50% da poluição nacional no final da década de 1990. O governo reconhece seus problemas ambientais e promulgou muitas leis antipoluição. Mas os funcionários locais encarregados de impor as leis raramente o fazem, uma vez que isso poderia ameaçar os lucros, receita, empregos locais e seus próprios lucros corruptos (Ma & Ortolano, 2000). O carvão supre dois terços das necessidades energéticas da China e o petróleo acrescenta ouros 20%. A exploração madeireira insustentável, a perda de pastagens, a escassez de água, a poluição automobilística e perda séria de solo arável levam a perdas da biodiversidade, aquecimento global, desertificação e poluição urbana. Seis das dez cidades mais poluídas no mundo estão na China; cinco dos maiores rios da China "não são adequados ao contato humano". Todavia, o desempenho da China pode não ser pior do que outros estados asiáticos como Coreia do Sul, Malásia, Indonésia e Filipinas, onde o problema é uma relação muito íntima entre empresas e funcionários responsáveis pela proteção ambiental, ambos ligados a redes de corrupção de apoio político (*Economy*, 2004).

O governo chinês está tentando se mover na direção de fontes energéticas mais limpas. Em 2009, a China anunciou que gastaria 440 bilhões em P&D de energia limpa ao longo da próxima década e agora ultrapassou a Alemanha como investidora líder em combustíveis limpos. Um relatório do banco HSBC (2009) estimou que 38% do pacote de estímulo da China era verde, com apenas a Coreia do Sul e a UE tendo uma proporção mais verde, e seus programas verdes eram facilmente os maiores do mundo em termos de dólares. Em 2010, a China deu os maiores subsídios para usuários de energia renovável, e criou uma Comissão Nacional de Energia composta de ministros de gabinete liderados pelo próprio Primeiro-ministro Wen Jiabao. A China já está produzindo mais do que a metade dos painéis solares do mundo, e é o maior produtor de turbinas eólicas. O governo chinês, diferente dos Estados Unidos, vê a próxima geração de tecnologia como centrada em novas energias alternativas e está investindo pesadamente para garantir a liderança nesse campo. A China poderia se mostrar o primeiro caso no qual uma economia dominada pelo Estado ultrapassou economias de mercado capitalistas na corrida tecnológica, em vez de meramente buscar a equiparação. O principal obstáculo é o sucesso econômico da China, sua taxa de crescimento. Embora melhorias na eficiência energética tenham sido consideráveis, superando as dos Estados Unidos, elas são mais do que absorvidas pelo crescimento econômico. O plano de emissões para 2006-2010 visava a reduzir o consumo de energia para 20% por unidade do PIB. Todavia, isso foi menos da metade do crescimento no PIB durante o período. A legitimidade do Partido Comunista chinês depende da entrega do crescimento econômico. É altamente improvável que escolha o crescimento menor.

Contudo, a China tem sido ativa nas negociações sobre a mudança climática como líder de fato dos países em desenvolvimento, os G-77. Muitos países em desenvolvimento não podem reunir delegações de especialistas e dependem dos países do Bric, especialmente a China. A China tem insistido em que os países desenvolvidos devem se mover primeiro e fornecer financiamento adicional e transferência de tecnologia para os países em desenvolvimento. Ela contrasta as "emissões de sobrevivência" dos países em desenvolvimento com as "emissões de luxo" dos países desenvolvidos. Das últimas se pode prescindir, as primeiras significam comida na mesa. Essas são posições populares no G-77, mas não são aceitas pelos Estados Unidos.

Em Copenhague, a China se recusou a permitir a entrada de inspetores internacionais em seu país. Sua sensibilidade é comparada à dos Estados Unidos. O Congresso se recusou a ratificar os tratados estrangeiros que poderiam infringir sua autoridade. A soberania nacional assim como o capitalismo bloqueiam soluções. Os políticos americanos disseram repetidamente que não se moverão até que os países em desenvolvimento apresentem propostas de redução. O Senado americano disse isso quando rejeitou Quito por um ressonante 95 votos a 0. O Presidente Bush filho comentou: "O estilo de vida americano não está aberto a negociação". Mas deve estar. A China se manteve repetindo que os Estados Unidos devem se mover primeiro. Em Copenhague, os Estados Unidos e a China finalmente concordaram em algo, mas foi para bloquear propostas de tratados mais definidas. O controle climático global sem dos dois maiores poluidores é impossível, mas eles apresentam os maiores obstáculos, os Estados Unidos devido ao seu capitalismo neoliberal amplificado pelo federalismo, a China devido ao seu extraordinário sucesso estatista na obtenção do crescimento econômico, e ambos por não serem terreno fértil para ONGs transnacionais e por protegerem zelosamente a soberania nacional. As duas nações indispensáveis estão precipitando o desastre.

Conclusão

Nosso domínio coletivo da natureza foi supostamente total, mas, em troca, mostrou-se autodestrutivo. As emissões de gases estufa estão saturando a atmosfera, o mar e a terra do Planeta Terra. Em algum momento no século XXI, se o mundo não adotar grandes políticas mitigantes, o aquecimento global ameaçará severamente a sociedade humana. Atingirá, desigualmente, mais os países pobres, mas também reduzirá os padrões de vida em toda parte. Agora, é praticamente impossível que a comunidade científica tenha se equivocado, mas é igualmente possível que a criatividade tecnológica humana guiada pelo desejo de lucro capitalista introduza alguma alternativa de combustível livre de emissões e barata. Esse seria um surto de destruição criativa do capitalismo maior do que a segunda revolução industrial ou a grande explosão na demanda consumidora do pós-guerra. Parece improvável. A necessidade não é a mãe das invenções. Uma possibilidade muito mais sombria poderia de fato ter um lado bom: uma guerra nuclear ou uma pandemia global ou mesmo a passagem de um meteorito poderia varrer metade da população humana e, com isso, reduzir substancialmente as emissões. Mas nada disso parece tão provável quanto a mudança climática contínua, trazendo o desastre gradual.

Essa não será uma crise inesperada, como as outras discutidas no volume 3. Sabemos muitos anos antes o que o futuro provavelmente nos trará se nada fizermos. Se a razão humana dominasse as sociedades, poderíamos evitar o desastre agindo agora. Mas não. A razão de muitos atores é limitada a alternativas de curto prazo. Isso guia políticos nacionalmente enjaulados a nos afastar de mitigações sérias.

Existem três grandes obstáculos a qualquer resultado feliz. Primeiro, os direitos de cidadania do norte cresceram para incluir a cultura de consumo e emissões altas, desfrutando de um presente material agradável em vez de pensar sobre futuros aparentemente mais ascéticos e ainda abstratos. Cidadãos do sul também estão começando a saborear os prazeres imediatos trazidos pelo crescimento econômico e compreensivelmente querem consumir ainda mais. Nenhuma dessas pessoas aceitaria racionamento severo ou tributação de combustíveis fósseis. O aquecimento global é uma ameaça abstrata que ainda não se aferrou às nossas vidas diárias. Quando isso ocorrer, décadas adiante, pode ser muito tarde. É especialmente improvável que as pessoas apoiem uma grande mitigação durante uma recessão.

Segundo, uma política bem-sucedida exigiria reduzir o poder autônomo do capitalismo, movido pelo moinho do lucro de curto prazo para destruir o ambiente. Embora existam divisões potenciais entre indústria de emissões baixas e altas, essas ainda não ocorreram. A barreira capitalista está mais alta pelo fato de os trabalhadores não estarem convencidos de que o ambientalismo é de seu interesse, assim como pelo recente aumento do neoliberalismo denunciando a regulação governamental. A luta de classes é assimétrica aqui – a maior parte da classe capitalista se opõe à regulação das emissões, mas a maior parte dos trabalhadores não a apoia. Terceiro, uma política bem-sucedida exigiria reduzir o poder autônomo e o poder enjaulado do Estado-nação individual e de seus políticos, que são movidos por dois moinhos, o do crescimento do PIB e o do ciclo eleitoral (ou o equivalente do regime autoritário). Que político defenderia o racionamento severo da tributação de combustíveis fósseis?

No lado positivo, geopolíticas suaves entre estados foram estimuladas no pacto da Segunda Guerra Mundial, e esses mais um setor próspero de ONGs geram alguma ação internacional e transnacional. Todavia, muito mais é necessário para efetivar a mitigação. A ação requer acordos vinculantes entre todos os grandes estados, e isso fica mais difícil pela hostilidade norte-sul e pela proteção zelosa da soberania nacional dos principais poluidores. Portanto, lidar com a mudança climática requer atacar a autonomia das três histórias de sucesso desse período – do capitalismo, do Estado-nação e dos direitos de cidadania individuais. Essa é uma tarefa descomunal, provavelmente impossível.

Parece improvável, portanto, que possamos reduzir as emissões rápido o bastante para evitar consequências sérias. A humanidade pode ter de experienciar alguns desastres, como a inundação total de alguns países, antes que comece a reagir. Enquanto essas crises se avizinham, a gravidade da ameaça poderia galvanizar empresas de emissões baixas, eleitorados e políticos para políticas de mitigação global drásticas, um Grande Despertar, diz Gilding (2011), aceitando e impondo grandes sacrifícios por ao menos uma ou duas gerações. As populações viveriam em circunstâncias reduzidas, mas viveriam. Alternativamente, à medida que a crise piorasse, um cenário de Mundo Fortaleza poderia ser adotado por aqueles estados e regiões que estivessem sofrendo menos, mas com mais poder. Isso poderia ser popular entre seus cidadãos que transformariam sua jaula nacional em uma fortaleza. Isso poderia gerar novas ideologias, não ideologias verdes afáveis, mas mais desagradáveis, gerando regimes ecofascistas ou líderes carismáticos populistas em países afligidos por fluxos de refugiados, terroristas enfurecidos, guerras locais e mortes em massa, produzindo não integração, mas desintegração global, com possível agravamento para uma guerra nuclear. Até aqui, tratei a resposta ideológica à mudança climática como a de herbívoros ético-científicos bons e gentis. Mas as ideologias ambientais poderiam no futuro ser tão variadas quanto outras ideologias anteriores do século XX, quando os humanos confrontavam o surgimento do capitalismo corporativo e da classe trabalhadora. Ideologias comparáveis ao socialismo revolucionário, ao nacionalismo agressivo e inclusive ao fascismo poderiam emergir. Podemos ver as primeiras agitações disso, talvez, na emergência nos Estados Unidos de um movimento nacionalista para a autossuficiência energética, tentando cortar o país do resto do mundo.

Esses dois extremos não são os únicos caminhos possíveis. Algum progresso limitado poderia ser feito em políticas de mitigação, mas não o bastante para compensar pelas emissões geradas pelo crescimento econômico. Esse pode ser o caminho mais provável. Não sabemos quanto tempo demorariam suas consequências ruins, mas de um reconhecimento geral de uma trajetória indesejável na direção do desastre para um desastre poderia vir gradualmente políticas de mitigação mais rígidas. Essas inevitavelmente reduziriam os padrões de vida, mas as duas guerras mundiais viram disposição de sacrifício, contanto que os sacrifícios fossem vistos como universais e, portanto, justos. O começo do desastre climático poderia ser comparável – na verdade, a meu ver, a possibilidade mais provável de salvar a vida humana na Terra. O melhor caminho possível seria políticas de mitigação mais duras agora ou em breve, conforme estabelecido nos relatórios oficiais recentes, mas com regulação mais firme e impostos sobre carbono mais duros e esquemas de permissões de distribuição de carbono -- o que Newell e Paterson (2010) chamam Keynesianismo Climático. Todavia, eles teriam de ser apoiados por novas tecnologias mais verdes. Essa combinação poderia ainda reduzir significativamente o aquecimento global pela metade do século XX. Comum a todas essas políticas alternativas de mitigação estaria coerção mais interestatal na regulação, impondo impostos sobre o carbono, e estabelecer tetos sobre emissões tanto no nível nacional e especialmente internacional. A salvação pode vir somente de uma sociedade humana mais internacional, pressionada por achados científicos e ONGs semitransnacionais. Mas não vejo muito isso acontecendo.

O capitalismo deve ser controlado. Tem sido o principal poluidor ainda que permaneça relutante em pagar o custo social de sua poluição. Em uma época em que o marxismo está quase morto e a social-democracia está na defensiva, ambientalistas eminentes do *establishment* como James Gustav Speth (2008: caps. 8 e 9) propõem esquemas para "mudar a dinâmica fundamental" do capitalismo. Ele pede aos governos que revoguem as licenças das corporações que violem o interesse público, excluam corporações indesejadas, retirem a responsabilidade limitada, eliminem a personalidade (que lhes dá os mesmos direitos que qualquer pessoa), retirem as corporações da política, enfraqueçam o *lobby* corporativo e democratizem as corporações. Ele acredita que o capitalismo "ameaça profundamente o planeta" e deve ser substituído. Ele complementa isso com apelos mais amplos à cidadania para terminar com seu fetiche pelo crescimento e com seu consumismo, e pede uma nova política e uma nova ideologia, incluindo o cultivo de valores pós-materialistas apropriados para uma sociedade pós-crescimento, e uma ética de igualdade e sustentabilidade globais. Ele admite que tudo isso – que equivale a reestruturar todas as quatro fontes de poder social – poderia parecer muito utópico nos Estados Unidos. Na verdade, seria em qualquer país. Todavia, tem esperança de que seria praticável se a crise ambiental futura criasse uma demanda no cidadão pela ação radical.

Mais cenários moderados veem políticas de mitigação chegando mais gradualmente, mas cumulativamente ao longo de duas ou três décadas, por meio de uma geopolítica suave relativamente democrática e integradora e de processos pacíficos – auxiliados talvez por algumas grandes inovações tecnológicas de laboratórios capitalistas ou governamentais. Cenários mais malignos vislumbram intensificação do conflito social, aumento de fortificações de fronteiras do mundo mais próspero, enquanto simultaneamente se tornando mais difíceis de defender, em meio ao autoritarismo, geopolíticas duras e guerras. Em uma futura crise o PIB *per capita* cairia profundamente, mesmo nos países mais ricos, afetado pelo colapso em todos os lugares, e provavelmente se voltando para formas custosas de autodefesa armada. No fim, um declínio assim poderia reduzir as emissões, embora, talvez, após algumas guerras climáticas pelo caminho.

Ninguém pode prever que caminho poderia ser escolhido, por estamos lidando com entes humanos, capazes, no século XX, de lançamento coletivo de duas terríveis guerras sem boas razões, e mais tarde capazes de banir guerras entre estados de grande parte da Terra. Quem sabe o que faremos? A escolha, disse Rosa Luxemburgo em 1918, é entre socialismo e barbarismo, embora o socialismo climático fosse muito diferente do socialismo que ela vislumbrou, mais próximo ao reformismo que ela denunciou. Livres-mercados e governos corrompidos por empresários nos colocaram nesse desastre, embora as ilusões do socialismo de Estado tivessem contribuído enormemente em alguns lugares também. As preferências e votos dos consumidores nos mantêm lá. Mas confrontada por um problema global comum, a sobrevivência da humanidade exige que concebamos uma tomada de decisão coletiva efetiva, junto a um modo de vida mais socialmente responsável para seus cidadãos. O século XX viu o afastamento e depois o retorno da dominação do mercado. Agora, é necessário afastá-lo novamente, mas dessa vez afastá-lo do enjaulamento nacional também – um movimento sem precedentes, o duplo movimento de Polanyi combinados em um. Todavia, a crise e a ameaça permanecem abstratas. Exatamente como a ameaça neoliberal discutida no capítulo 11, não está arraigada na experiência cotidiana das pessoas. Até que um movimento social muito imaginativo possa preencher a lacuna entre mudança climática e experiência cotidiana, temo que este capítulo esteja soprando no vento.

13
Conclusão

Padrões gerais de globalização e desenvolvimento

Neste volume, descrevi um estreitamento seguido por uma ampliação do espectro ideológico, triunfo capitalista e tribulações, o declínio das guerras entre-estados e de sua substituição por paz ou por guerras civis, pela intensificação da cidadania nacional e pela substituição de todos os impérios, exceto por um, por estados-nações. Tudo isso estava acontecendo em uma escala cada vez mais global – uma série de globalizações, que por vezes reforçou, por vezes minou, e sempre diferiu uma da outra. Como resultado, o mundo é mais interconectado, embora não seja harmonioso, e está longe de ser um sistema global único. É um processo de globalização universal, mas polimorfo.

Meu segundo volume identificou capitalismo e estados-nações como as duas principais organizações de poder do longo século XIX nos países avançados. No volume 3 e aqui, expandi meus horizontes para o globo e acrescentei os impérios. A dinâmica entremeada de capitalismo, estados-nações e impérios levou a guerras mundiais e resoluções desastrosas na primeira metade do século XX. Isso foi seguido de uma clara ruptura após 1945 quando as relações de poder deram lugar a uma breve "era de ouro" de capitalismo democrático, na qual ocorreu o colapso de todos os impérios, com exceção de dois, um grau de acordo de classe dentro do capitalismo, a institucionalização tanto do capitalismo como do socialismo de Estado, a emergência da cidadania social de massa e crescimento econômico e populacional global. O principal confronto militar diminuiu para uma guerra meramente fria, que diminuiu ainda mais quando a União Soviética estagnou. Isso mais o advento das armas nucleares levaram a um declínio do poder militar útil e a um rápido declínio nas guerras entre estados ao redor do mundo. O capitalismo reformado e a geopolítica liderada pelos americanos entre estados-nações agora se estendiam conjuntamente a grande parte do mundo. No norte do mundo um nível superior de civilização, mais próspero, com mais cuidado público, mais alfabetização e maior longevidade humana estava sendo desenvolvido, embora a rota para ele tivesse sido indireta e perigosa. Mas havia nesse período a preocupação de que o sul do mundo não estivesse partilhando muito disso e na verdade poderia estar condenado a um desenvolvimento limitado e dependente.

Depois, veio uma segunda ruptura na década de 1970. Essa afetou o norte e o sul do mundo de modos muito diferentes. No norte, o que chamei de variedades anglófona, nórdica e euro de cidadania social começou a enfraquecer. O enfraquecimento foi maior entre os anglos, mas em geral o poder dos partidos reformistas de centro-esquerda começou a declinar. Seus principais objetivos não eram mais avançar, mas meramente defender o que já tinham conseguido. Social-democracia e liberalismo se tornaram ideologias sobreinstitucionalizadas e sobreburocratizadas tendo dificuldade de lidar com novas mudanças estruturais. Sua defesa subsequente foi mais bem-sucedida nos países nórdicos, nos euros mais ao norte e no Japão do que nos países anglófonos e mediterrâneos. Lá, democracia e cidadania se tornariam subordinadas àqueles que tivessem poder dentro dos mercados, especialmente do capital financeiro. Ao mesmo tempo, o comunismo de estilo soviético colapsou, merecidamente, uma vez que nunca fora remotamente democrático. Uma aliança de neoliberais, capital financeiro e conservadores emergiu. Isso foi mais forte no ex-bloco soviético e nos países anglófonos, e mais forte do que todos nos Estados Unidos. Um longo desvio pós-guerra para a direita finalmente tornou os Estados Unidos excepcionais, um tropo que havia resistido em períodos anteriores – embora a Grã-Bretanha também se movesse menos marcadamente na mesma direção. O capitalismo, especialmente o capitalismo americano, contém agora uma estrutura de classe assimétrica na qual a classe capitalista enfrenta pouca oposição a partir de baixo.

Todavia, o neoliberalismo falhou em cumprir suas promessas. Não entregou crescimento, mas estagnação, desigualdade e pobreza, além de intrusões em democracia política. Depois, levou à Grande Recessão Neoliberal de 2008. Mas a falta de oposição a partir de baixo não trouxe nenhuma solução efetiva a essa crise. O neoliberalismo sobrevive porque comanda o poder distributivo, o poder de alguns sobre outros, expresso principalmente transnacionalmente, mas não traz mais poder coletivo para todos. Os prospectos para os países anglófonos atualmente não parecem muito bons, mesmo para as classes capitalistas, uma vez que agora estão rejeitando as políticas que estimularam a demanda de consumo agregada sobre a qual sua prosperidade repousou durante a era de ouro. É duvidoso no longo prazo que o capitalismo possa se dar tão bem se despacha a quinta ou quarta parte inferior da população para o lixo.

Mas essa não é a história global inteira. O mundo é grande e permanece variado. O Oriente Médio foi distintamente turbulento, seus problemas regionais pioraram por uma explosão de imperialismo americano agressivo, que também trouxe o *blowback* terrorista e intrusões nos direitos civis no norte. Mas durante essas décadas recentes de estagnação no norte, grandes partes do sul experienciaram crescimento econômico substancial em meio à paz relativa. Nem teoria da dependência nem seu subproduto, a teoria dos sistemas mundiais, esperavam isso. A teoria dos sistemas mundiais ortodoxa atribuiu a países *status* muito determinados no sistema mundial, como centro, semiperiferia ou periferia, com o dinamismo do sistema sendo amplamente confiado a conflitos entre países do centro. Não poderia explicar a mobilidade nacional ou macrorregional, pela qual países saem da periferia para o centro. Portanto, alguns teóricos dos sistemas mundiais começaram a enfatizar que o capitalismo estava lidando com uma taxa de declínio de lucros no norte do mundo pelo que eles chamam um ajuste espacial, realocando-se para as provisões mais baratas do sul, uma mudança que terminará produzindo também uma mudança na hegemonia global para uma forma mais multicêntrica.

A ascensão social não está confinada à China. Foi liderada pelos quatro países do chamado Bric (Brasil, Rússia, Índia e China), mas está agora se espalhando para quase todo o sudeste da Ásia, a grande parte da América Latina, para a Turquia e mesmo para países africanos dispersos como Argélia, Uganda, Gana, Botswana e África do Sul. Os países do Bric e não os Estados Unidos, Japão ou a União Europeia lideraram o caminho para fora da Grande Recessão Neoliberal de 2008, parcialmente porque eram menos neoliberais. Em troca, suas economias eram subsidiadoras de exportações, um pouco protecionistas e coordenadas pelo Estado. As economias mais efetivas ao redor do mundo contêm mais estatismo do que modelos neoliberais permitem, especialmente, claro, a China. Se poderão continuar ou não a crescer se a recessão no norte continuar, reduzindo, portanto, a demanda global, permanece incerto. Eles também diferem substancialmente entre si, não mais do que os quatro países do Bric. Portanto, o mundo retém grande variedade mesmo enquanto está sendo globalizado. Estados-nações e macrorregiões retêm duas diferenças mesmo quando defrontados com a intensificação dos processos de poder transnacional.

Portanto, qualquer distinção rudimentar entre norte e sul necessita de qualificação. Primeiro, alguns países do norte adotaram muito menos neoliberalismo e, por isso, emergiram mais rapidamente da Grande Recessão – como Suíça, Suécia e Alemanha. Segundo, muitos países do sul, especialmente na África e Ásia Central, permanecem desesperadamente pobres e subdesenvolvidos. Terceiro, muitas corporações do norte moveram suas operações de manufatura para o sul, criando uma identidade naciona/transnacional ambígua para si e seus chefes. Eles ganham mais com seu lucro com a manufatura em mercados do sul em expansão e, portanto, estão se tornando menos dependentes de sua base no norte; todavia, tendem a repatriar seus lucros para seu país e ainda tendem a se pensar como americanos ou alemães ou japoneses. Sua ambiguidade é tipificada por essa corporação manufatureira americana aparentemente quintessencial, a General Electric, que agora tem a maior parte de suas operações empresariais no setor financeiro do que na manufatura e gera mais lucros no exterior, mas cujo CEO foi indicado em janeiro de 2011 para chefiar o Conselho de Consultoria de Recuperação Econômica Americano (American Economic Recovery Advisory Board). A classe capitalista tem uma identidade dupla – não é simplesmente uma classe capitalista global, como alguns argumentam – enquanto muitas outras classes permanecem predominantemente segregadas nacionalmente. As três qualificações obscurecem qualquer distinção simples do norte. Mas não disfarçam o fato de que a situação está mudando rapidamente: o equilíbrio do poder econômico está se afastando do velho Ocidente para uma ordem mais multilateral que inclui países poderosos do sul, especialmente no leste e sul da Ásia. Essa mudança é reforçada por um imperialismo militar debilitado, que após 2000 perde um senso realístico de seus próprios limites, assim como pelas políticas americanas e da UE cada vez mais disfuncionais.

Embora permaneça incerto o que o século XXI possa ter a oferecer como transformações notáveis comparáveis nas relações de poder a essas descritas neste volume, já sabemos que o triunfo do capitalismo, do Estado-nação e da cidadania de consumo de massa continuará a incubar níveis tóxicos de mudança climática, a menos que tecnologias de energia alternativa não poluentes e baratas sejam milagrosamente descobertas e difundidas. O aquecimento global e a variabilidade climática maior poderiam resultar em um destes dois extremos: reformas geopolitcamente negociadas em uma escala global para reduzir as emissões, ou o colapso de grande parte da civilização moderna. Talvez, o mais provável seja uma mixórdia de diversos desastres na direção de uma solução intermediária, favorecendo algumas classes, macrorregiões e nações mais do que outras – o resultado normal do desenvolvimento social humano. Contudo, em nome da sobrevivência, *deveria* haver outra oscilação para longe da dominação do mercado e do neoliberalismo de volta para uma democracia mais socialmente regulada, embora dessa vez em uma escala geopolítica global. Não existe, é claro, garantia de que isso acontecerá. É algo pelo qual teremos de lutar. Essas alternativas poderiam trazer ou uma forma mais integrada ou mais desintegrada de globalização. Essa escolha poderia tornar este um século ainda mais dramático do que o anterior.

O papel das quatro fontes de poder

Agora, dirijo-me a conclusões de nível mais teórico, começando com o desenvolvimento de cada uma das quatro fontes de poder.

Poder ideológico

Esse desempenhou um papel altamente variável nos conflitos do século XX, sendo especialmente proeminente em sua primeira metade, depois declinando após meados do século antes de se recuperar um pouco no advento do século XXI. A ideologia racista dominou o último século de governo imperial ao redor do mundo e contribuiu para seu colapso, o patriarcado manteve grande parte de seu poder tanto nos países quanto nos impérios, enquanto o liberalismo e a social-democracia passaram a dominar no Ocidente, e o marxismo fortaleceu transformações revolucionárias na Rússia, China e em outros lugares. O fascismo fez o mesmo na Alemanha e na Itália e impactou consideravelmente no Japão. A combinação desses conflitos ideológicos rivais levou à Segunda Guerra Mundial e às massivas transformações depois dela, que se deveram a essa guerra. Enfatizei que a ideologia nacionalista tinha formas variadas. O nacionalismo agressivo foi uma consequência mais do que uma causa da Primeira Guerra Mundial, mas foi geralmente breve, transmutando-se depois para um desejo mais populista e progressista pela paz. Formas pacíficas de cidadania nacional passaram a dominar. Contudo, uma grande exceção, o fascismo, emergiu para provocar a Segunda Guerra Mundial. É surpreendente como problemas similares de modernização – industrialização, guerra de mobilização de massa e a incorporação política das massas – levaram a respostas ideológicas diversas assim. A diversidade ideológica pode também ser a consequência de crises ambientais no século XXI. Nos capítulos em que tratei da primeira metade do século XX, expliquei a variabilidade em termos das diferenças institucionais existentes entre países interagindo com sua experiência variada de grandes perturbações não intencionais do período, que foram as duas guerras mundiais e a Grande Depressão, todas as três fenômenos globais. Aqui, a globalização estava expandindo mais desintegração do que integração.

A Segunda Guerra Mundial repeliu o fascismo, enquanto o socialismo de Estado perdeu a Guerra Fria, resultando em um discurso ideológico se estreitando em um espectro centrista que abrangia da social-democracia por meio da democracia cristã e liberalismo (no sentido americano) ao conservadorismo moderado. O racismo também perdeu muito de seu poder com a queda do colonialismo e da segregação americana, embora ambos, o anticomunismo extremo quanto o patriarcado tenham começado a enfraquecer ligeiramente mais tarde. "O fim da ideologia" foi proclamado por muitos. Daniel Bell (1960) argumentou que uma grande transformação ocorrera a partir do final do século XVII em diante à medida que as ideologias dominantes mudaram de religiosas para seculares, o que, depois, ficou exaurido pela década de 1950, desacreditado tanto pelas atrocidades que haviam trazido ao mundo quanto pelo sucesso do capitalismo reformado e dos estados de bem-estar social. A União Soviética e o Ocidente, ele dizia, foram gradualmente convergindo para um modelo único de modernização – uma vitória para as concepções de reforma menos ideológicas, mais pragmáticas. Seu argumento foi mais tarde revivido por Francis Fukuyama exatamente quando a União Soviética estava colapsando. Ele tomou o colapso do fascismo e do socialismo de Estado como prova do "triunfo do Ocidente", e prosseguiu declarando audaciosamente que: "O que podemos estar testemunhando não é apenas o fim da Guerra Fria, ou a passagem de um período particular da história pós-guerra, mas o fim da história como tal: [...] ou seja, o ponto-final da evolução ideológica da humanidade e da universalização da democracia liberal ocidental como a forma final de governo humano" (1989: 4). Embora Fukuyama estivesse correto em enfatizar a vitória do Ocidente, ter declarado "o fim da história" pareceu ridículo, explicável somente em termos do triunfalismo ingênuo que então varria os Estados Unidos. A história institucionaliza ideologias antigas, mas produz perenemente novas por entre os interstícios do desenvolvimento social.

E, assim, o declínio da ideologia foi interrompido no final do século XX por novos candidatos ideológicos emergindo tanto de dentro quanto de fora do Ocidente – e especialmente de dentro da América, o próprio centro do suposto novo consenso. Aqui, ideologias fundamentalistas neoimperiais, neoliberais e cristãs se tornaram mais proeminentes, sendo respostas a problemas do Império Americano, do capitalismo e da nação como uma entidade moral. Embora ninguém afirmasse se opor à democracia liberal, um reviveu o militarismo, outro removeu as proteções para as massas, e o terceiro mostrou intolerância para com moralidades e estilos de vida alternativos. Tudo isso ameaçava os ideais liberais que Bell e Fukuyama disseram ser triunfantes. Em todos os países prósperos a globalização também trouxe mais imigrantes de outras culturas, regenerando divisões raciais e religiosas dentro deles. Finalmente, emergiram ambientalistas com ideologias verdes, transcendentes e basicamente pacíficas.

Bell, Fukuyama e outros estavam errados em sua suposição de que liberalismo/social-democracia fosse a fundação inegável da civilização ocidental. Marxistas e fascistas também pensaram que poderiam encerrar a história e veja o que aconteceu a eles! Na realidade, tem-se lutado pela democracia liberal e social a cada passo do caminho e a vitória jamais foi completamente atingida. Se liberais e social-democratas enfraquecessem e parassem de lutar tão vigorosamente, tornar-se-iam vulneráveis ao contra-ataque da direita – e isso é o que aconteceu. Eles cansaram, seus eleitorados centrais declinaram ou mudaram para políticas de identidade diferentes, e a mídia de massa cada vez mais passou ao controle conservador e corporativo. Identidades feminista, *gay* e outras obtiveram ganhos consideráveis, mas as ideologias conservadoras ressurgiram para assumir o comando do centro político e revogaram alguns ganhos de cidadania, especialmente nos países anglófonos. Não pode haver fim da ideologia, somente novas oscilações ideológicas. A próxima oscilação poderia ser na direção oposta, de novas formas de coletivismo que vi como necessárias para combater a mudança climática. Mas o que é certo é que a história não acabou, e tampouco a necessidade humana de ideologias.

Ameaças ideológicas contemporâneas também vêm de fora do Ocidente, dos novos fundamentalistas islâmicos, hindus e sionistas, acrescentando ainda maior variabilidade ideológica ao mundo. Elas são respostas ideológicas ao à questão sobre quem deve constituir a nação, e no caso islâmico também para o imperialismo ocidental e soviético. No Ocidente, embora a Europa seja agora predominantemente pacífica, a América permanece imperialista – a Europa repentinamente se tornou Vênus e a América Marte, o inverso tendo sido verdadeiro em períodos anteriores. Europeus nativos continuaram se secularizando, diferente dos americanos, e a religião na Europa depende cada vez mais de imigrantes para suas congregações e clérigos. O secularismo também domina muitos (embora não todos) os ex-estados comunistas. Todavia, versões supostamente mais puras e agressivas do islamismo, judaísmo e hinduísmo têm se intensificado ao longo das últimas décadas, enquanto o cristianismo africano e latino-americano estão vendo conversões em massa das principais Igrejas para seitas protestantes. O protestantismo americano, o judaísmo americano e israelense e a Igreja Anglicana mundial estão experienciando guerras religiosas internas entre conservadores e liberais. Parece que não chegamos ao fim da ideologia, mas de uma abundância de ideologias, muitas delas intolerantes, levando a um reaparecimento de conflitos ideológicos no mundo. Isso não surpreende, uma vez que novas ideologias são respostas a novos problemas sociais, e o desenvolvimento social perenemente trará novas crises que ideologias e instituições existentes parecem incapazes de resolver. Contudo, muitas dessas novas ideologias não são tão violentas e não tão mobilizadoras quanto aquelas prevalentes na primeira parte do século. Apesar disso, algumas delas são o que chamei "imanentes", reforçando fortemente uma identidade de grupo e outros são "transcendentes", comprometidos com transformações totais da vida social pela mobilização de novas forças sociais intersticiais.

Essas ideologias são sedutoras, mas potencialmente perigosas. Elas mobilizam emoções intensas, compromisso com valores últimos e um sentimento de missão que muitas vezes exige extrema intolerância com outros. Nunca podemos abolir esses esforços da existência humana, mas eles tendem ao que Max Weber chamava racionalidade de valor (*value-rationality*) – compromisso para com valores últimos com exceção de cálculo cuidadoso de relações de meios e fins (o que ele chamou racionalidade instrumental). Muitas pessoas preferiam chamar isso irracionalidade, uma qualidade que tem sido bem visível neste livro. Foi evidente na preparação para a maior parte das grandes crises do século, especialmente as duas guerras mundiais e as duas Grandes Depressões/Recessões. Os entes humanos tiveram seu pior momento quando escorregaram ladeira abaixo nessas crises, embora a solução posterior das crises trouxesse alguma esperança, indicando capacidade de aprendizado. Nossa habilidade para manter a distância a ameaça de guerra nuclear se mostra como a principal esperança de que crises potencialmente desastrosas poderiam ser completamente evitáveis. Em uma escala menor de irracionalidade, políticas americanas recentes no Oriente Médio, fortalecidas por uma ressurgência da ideologia imperial, foram contraproducentes, gerando um *blowback* na forma do aumento do terrorismo nacional, proliferação nuclear e confrontos dentro e entre grandes religiões mundiais.

Há um segundo perigo da ideologia transcendental. Ela assume um modo perfeito de organizar a sociedade humana e, portanto, ignora a real diversidade dos entes humanos, seus interesses e valores. Situações revolucionárias chegam o mais próximo para revelar um quase consenso sobre mudanças desejáveis entre os povos como um todo, mas é principalmente um consenso negativo, desejando eliminar um regime existente visto agora tão profundamente explorador e incompetente em vez de um consenso sobre o que poderia substituí-lo. *Slogans* revolucionários positivos bem-sucedidos tendem a ser simples e concretos: "Pão, terra e paz" exigiam os bolcheviques, "Terra para o lavrador" exigiam os revolucionários camponeses. Mas, e depois? Como a sociedade pós-revolucionária deveria ser organizada? Sobre isso não havia consenso, mas conflito, e a violência era a resposta normal dos revolucionários que mesmo assim tentavam impor seus projetos utópicos a uma população recalcitrante. Esse foi o curso de vida dos bolcheviques, comunistas chineses, fascistas e islâmicos, embora os neoliberais busquem controle por meios menos violentos.

Portanto, é importante para as sociedades humanas manter o poder ideológico transcendente em seu lugar, em um domínio sagrado distinto. Deveríamos separar a Igreja do Estado, manter a política estrangeira americana focada no pragmatismo global e não a missão global e manter os economistas de Chicago dentro da Universidade de Chicago. Deveríamos conciliar para sempre nossas diferenças e aceitar de bom grado o tipo de estratagemas políticos moralmente dúbios, que necessariamente acompanham acordos de bastidores entre políticos. Deveríamos permitir a outras civilizações suas próprias ideologias, por mais anômalas e repugnantes que possam nos parecer – e, portanto, elas deveriam nos permitir nossas escolhas. Tudo isso impediria em grande medida a ideologia de subjugar o pragmatismo e os acordos, que governam mais apropriadamente os domínios econômico, militar e político das sociedades humanas.

Poder econômico

O capitalismo mostrou seu poder e eficácia durante esse período. Triunfou parcialmente porque pôde mobilizar grandes batalhões na guerra, parcialmente porque o poder dos capitalistas se mostrou superior ao poder da classe trabalhadora e de outros movimentos de oposição. Todavia, o capitalismo também superou as alternativas do socialismo de Estado e do fascismo, enquanto suas próprias tendências inerentes para exploração, volatilidade e crise foram reduzidas pela pressão reformista a partir de baixo. O socialismo de Estado foi bom no final do desenvolvimento econômico, quando o futuro era conhecido. Foi especialmente bom no final da industrialização, na qual sua habilidade despótica para redirecionar o excedente agrícola para a indústria foi uma vantagem – embora raramente para os camponeses. Mas o socialismo de Estado também cometeu atrocidades terríveis, diminuindo sua atração ao redor do globo. O capitalismo em contraste exemplificava o que Schumpeter chamava destruição criativa, a habilidade para destruir indústrias antigas enquanto salta para níveis mais avançados de tecnologia e organização. Certamente, minhas comparações neste volume entre a eficiência do capitalismo e socialismo de Estado são em um sentido muito sofisticadas. A maior parte do mundo compreende algo muito mais simples: o capitalismo funciona, o comunismo não funcionou – embora o milagre econômico metade comunista da China esteja provocando reconsideração nas partes do sul do mundo.

Nos volumes 3 e 4 identifiquei três fases do desenvolvimento capitalista no norte do mundo. O primeiro pulo para uma nova fase ocorreu perto do começo do século XX quando a Segunda Revolução Industrial gerou uma economia corporativa de alta produtividade, mas baixa demanda de massa. Essa combinação fracassou na Grande Depressão, embora possa ter preparado a base para a Fase 2, estimulada pela Segunda Guerra Mundial, que foi concretizada com a liberação da demanda de consumo em massa após 1945. Agora, uma economia corporativa coordenada por estados múltiplos conseguiu combinar alta produtividade com alta demanda de consumo durante trinta anos da era de ouro. Ambas as fases tiveram em seu centro economias nacionalmente enjauladas, mesmo que a globalização continuasse. A Fase 2 foi mergulhada na crise na década de 1970, levando a uma terceira fase, neoliberal e mais transnacional. A parte neoliberal disso era nova, mas não criativa no sentido de que foi um retorno a antigas ortodoxias, e resultou em crescimento e consumo de massa mais lentos, alimentados cada vez mais pelo endividamento. Economias mais bem-sucedidas no sul do mundo tiveram um desenvolvimento mais lento e atrasado e estão agora começando a se mover para além da fase um para o consumo em massa, de certo modo nacionalmente enjaulado (embora orientados para a exportação) e muito mais estatistas do que na fase comparável do norte, uma vez que é uma vantagem comparativa do final do desenvolvimento econômico. O que é surpreendente em tudo isso é a coexistência ao redor do mundo de políticas de desenvolvimento econômico nacional combinadas com a expansão global do capitalismo. Esses processos estão estreitamente entremeados. Por exemplo, embora elogiemos o desempenho econômico da China, e que se deve substancialmente às políticas do Partido Comunista chinês, também recebeu um estímulo considerável dos investimentos muito grandes feitos no país pelas corporações americanas, europeias, japonesas e chinesas do exterior, que de fato fornecem grande quantidade das partes de alta tecnologia da economia. Redes nacionais e transnacionais de interação não têm estado numa relação de soma zero entre si – elas têm se intensificado juntas.

O sucesso econômico do capitalismo não se deveu apenas aos capitalistas. Felizmente, para a massa da população, a análise de Marx da luta de classes dentro do capitalismo se mostrou metade certa. Ele estava errado em esperar a revolução da classe trabalhadora, exceto em condições inusuais determinadas principalmente pelas relações de poder político e militar, especialmente a guerra. Mas estava metade certo na medida em que as classes populares podiam usualmente organizar ação coletiva o bastante para forçar reformas no capitalismo. Os revolucionários fracassaram, os reformistas triunfaram parcialmente. Isso levou à prosperidade do consumo de massa e intensificou a democracia por meio de diferentes variedades da cadeia de cidadania civil-política-social introduzida por T.H. Marshall na década de 1940. Na década de 1950, a cidadania de consumo misturou os prazeres cotidianos dos cidadãos com o capitalismo. Liberdade de expressão, de organização e de reunião, eleições livres e impostos progressivos, políticas de emprego pleno, programas de bem-estar social e cada vez mais mercadorias de consumo se espalharam pelo norte do mundo, e depois para alguns países do sul também. Esse processo, sem dúvida, continuará pelo sul, embora o norte tenha visto uma recente regressão ao longo dessa cadeia de cidadania, uma vez que os movimentos da classe trabalhadora declinaram enquanto o capital desenvolveu mais organização transnacional para além do alcance dos estados-nações individuais.

O progresso econômico não vinha meramente das forças do mercado. Especialmente no período pós-guerra foi estimulado pela coordenação e regulação pelos estados-nações. Eles são as principais agências do planejamento macroeconômico, e cerca de 80% do comércio em mercadorias e serviços ainda se encontram dentro de países. A cidadania foi obtida dentro de jaulas nacionais. Corporações grandes se tornaram mais transnacionais (especialmente em serviços financeiros) e suas cadeias de abastecimento se estendem a muitos países, ainda que permaneçam dependentes de estados para auxílio e regulação. O capitalismo global permanece uma mistura de redes nacionais, internacionais e transnacionais, e sua organização transnacional aumentou e, sob alguns aspectos, reduziu os poderes econômicos dos estados-nações, mas ainda não estamos perto da classe governante transnacional proclamada por alguns (Sklair, 2001; Robinson & Harris, 2000). A organização do capital financeiro, de posse de sua arma especulativa, é a coisa mais próxima disso.

É possível no Ocidente identificar variedades de capitalismo, com algumas diferenças consideráveis entre economias de mercado liberal relativamente orientadas ao mercado e mercados sociais mais corporativos. Depois, devemos acrescentar a economia distintamente corporativista do Japão. Mas os maiores desvios desses modelos podem ser encontrados nas economias mais estatistas de grande parte do sul. Em muitos tempos e lugares do desenvolvimento tardio ao longo dos últimos dois séculos, economias de mercado coordenadas pelo Estado forneceram melhor crescimento econômico, embora as políticas variem de acordo com os portfólios locais de recursos e vantagens comparativas (Chang, 2003; Kohli, 2004). Isso estava condicionado às elites econômicas e políticas serem relativamente coesas e relativamente incorruptas, mas as numerosas histórias de sucesso, especialmente no leste e sudeste da Ásia, forneceram uma refutação encorajadora à teoria da dependência, que havia sugerido que os países avançados poderiam ser capazes de manter os países em desenvolvimento em um Estado de dependência estagnada em relação a eles.

Todavia, o tipo mais difundido de economia no mundo hoje é inclusive mais estatista. A descolonização geralmente resultou em estados moderadamente efetivos, mas em quase nenhuma classe empresarial. O desenvolvimento foi, portanto, empreendido sob considerável apoio estatal. O período durante o qual o socialismo foi um ideal atrativo no sul do mundo viu muita nacionalização de indústrias. Esse muitas vezes se tornou corrompido, e na reação contra o socialismo que começou na década de 1970 ou 1980 começou a privatização. Ela também muitas vezes se tornou corrupta. Países do ex-bloco soviético tinham uma versão distinta disso. Como vimos no capítulo 8, sua transição ao capitalismo começou com a apropriação dos recursos econômicos do Estado por ex-apparatchiks, aos quais se juntaram empreendedores que conseguiram garantir acesso privilegiado a licenças concedidas pelo Estado. Inicialmente, isso produziu uma classe capitalista em estilo mafioso com alguma autonomia, chefiada pelos oligarcas, mas a consolidação gradual do poder de Putin os forçou a negociarem com ele. Eles perderam parte de suas tendências mafiosas, mas se tornaram estreitamente envolvidos com o Estado. A questão de quem usa as calças nesse casamento de conveniência é muito disputada, mas essa é uma forma muito mais politizada de capitalismo do que a encontrada no Ocidente. A China oferece uma forma variante dessa transição. O capitalismo politizado também é encontrado em muitos países do sul. Ativos estatais privatizados foram alocados aos amigos e parentes da elite política, com as forças militares e de polícia de segurança repartindo os espólios em alguns países. Isso é planejado pelo regime para comprar apoiadores leais. O regime do xá no Irã e o de Mubarak no Egito foram exemplos notáveis disso, embora o problema sobre quem deveria controlar as empresas dependentes do Estado de Ruanda fosse um problema importante em questão na preparação para o genocídio lá. Esse capitalismo politizado é, com certeza, um pouco vulnerável politicamente, pois foca grande parte do descontentamento econômico, que é expresso em relação ao regime, aumentando quaisquer descontentamentos políticos expressos. Todavia, a deposição de um regime pode não eliminar o capitalismo politizado, pois o novo regime pode seguir as mesmas políticas clientelistas – como aconteceu no Irã após a revolução de 1979. Assim, embora o capitalismo domine o mundo, vem em formas variadas e o capitalismo de estilo ocidental não domina o mundo.

O sucesso das formas variadas de capitalismo e estados é revelado pelas tendências de mortalidade. Apresentei alguns números sobre a melhoria das taxas de mortalidade até 1970 na conclusão do volume 3. A melhoria continuou desde então. A média global de expectativa de vida em 1970 era de 59 anos; em 2010 era de 69. As crianças foram ainda melhor. Em 1970, a taxa de mortalidade infantil (de crianças de menos de 5 anos por 1.000 crianças) era de 141; em

2010 caiu para mais da metade, para 57. Embora a Índia e especialmente a China contribuam desproporcionalmente para essas melhorias, e embora grande parte da África Subsaariana e parte dos países pós-soviéticos não tenham visto melhorias, o movimento para uma saúde humana melhor tem sido quase global. Maior igualdade na expectativa de vida ao redor do mundo já está aqui, o produto tanto do capitalismo trazendo mais dietas abundantes e saudáveis e de governos criando infraestruturas de água, saneamento e saúde pública. Esses dois processos, riquezas para o norte e padrões de vida adequados para grande parte do sul, foram os grandes feitos econômicos do período. Devemos considerar esse período recente da história humana sob uma luz positiva – embora as sombras da mudança climática e da guerra nuclear pairem sobre ele.

Contudo, a diferença entre os indivíduos mais ricos e mais pobres no mundo permanece grande. A despeito do crescimento da China, a disparidade absoluta no bem-estar social entre o americano médio e o chinês médio ainda está aumentando (embora isso provavelmente não continue por muito tempo). A desigualdade internacional ainda supera a intranacional. Uma estimativa global é que 60% da renda de uma pessoa são determinados pelo local nacional de nascimento, comparado a 20 por cento da posição de classe herdada em uma nação (Milanovic, 2010). A sorte de onde você nasceu determina a maior parte de seu destino. É por isso que muitos do sul global arriscam suas vidas tentando entrar furtivamente nos países do norte. Contudo, estamos começando a ver finalmente as bases sendo lançadas para uma mudança na direção de uma economia verdadeiramente global incorporando uma distribuição mais igual de poder ao redor do mundo.

Essa contribuição econômica para um processo civilizatório no norte e no sul está atualmente ameaçada em alguns países e macrorregiões por uma onda neoliberal que incorpora endividamento crescente, desigualdade, ganância e criminalidade financeira que ameaçam os padrões de vida das pessoas comuns e a coesão social das nações. Uma vez mais, o capitalismo desenfreado leva à exploração. Não existe mecanismo necessário de autocorreção e de autoproteção, como Polanyi parece ter acreditado existir. Em troca, a lição para cada geração é que civilizar o capitalismo e salvá-lo de si mesmo é uma luta sem-fim.

Quais são os prospectos futuros do capitalismo? A predição acurada de tendências de longo prazo não é possível por três razões principais. Primeiro, a Terra é um lugar grande e muito variado. É impossível fazermos generalizações sobre estruturas macrossociais que se apliquem ao mundo inteiro hoje. Muito menos podemos arriscar generalizações para o futuro. Segundo, meu modelo das fontes do poder social é não sistêmico – ou seja, as quatro fontes não equivalem a um sistema social único e tampouco existem relações determinadas entre elas. Como argumento um pouco adiante, elas são ortogonais entre si, um pouco autônomas, mas em interação, o que torna o resultado dessas interações imprevisíveis – e que produz globalizações, não um processo único de globalização. Terceiro, macroestruturas emergem da ação humana e os próprios humanos são voláteis, emocionais e capazes de racionalidade e irracionalidade. Os humanos são imprevisíveis. Em vista desses problemas, evito predições definidas e em troca tento especificar cenários alternativos para o futuro do capitalismo, arriscando uma estimativa aproximada quanto às suas probabilidades relativas.

No capítulo11, discuti a Grande Recessão Neoliberal de 2008. Comentei que grande parte dos países do norte foi mais afetada do que os países em desenvolvimento bem-sucedidos do sul. Também coloquei em dúvida se as políticas econômicas atuais do norte poderiam curar a fraqueza e impedir o retorno de uma recessão alguns anos à frente. Essa é uma parte da mudança do poder econômico do norte para o sul, resultando muito provavelmente em um retorno a uma estrutura mais multicêntrica de capitalismo, o que recém indiquei poderia também ser um capitalismo de múltiplas formas. Mas agora quero ir além disso e perguntar qual é o futuro de longo prazo do capitalismo global.

Os marxistas haviam confiantemente previsto o fim do capitalismo, embora após o colapso do socialismo alguns terem começado a pensar com tristeza que o capitalismo fosse eterno. Todavia, os teóricos dos sistemas mundiais recuperaram sua confiança. Focando a visão de capitalistas prolongando a vida do capitalismo por um "ajuste espacial", movendo a manufatura do norte para o exterior para força de trabalho e outros custos mais baratos, os marxixtas haviam previsto que o capitalismo terminaria exaurindo seus mercados. Quando a China se tornat muito cara, as fábricas de manufatura serão movidas para países mais baratos, como o Vietnã. Quando o Vietnã se tornar muito caro, elas irão para outro lugar, talvez para a África – e assim continuarão. O movimento para fora da China já está começando a acontecer. Wallerstein (2012) estima que leva cerca de trinta anos para os movimentos trabalhistas em países em desenvolvimento formarem sindicatos e aumentarem salários e condições, de modo a tornar a força de trabalho nesse país cara. Mas, quando a última região que as receber, provavelmente a África, melhorar suas condições de trabalho, não restará mercados com força de trabalho barata. Outros ajustes espaciais não serão possíveis, a taxa de lucro cairá, os trabalhadores estarão globalmente organizados para resistirem a tentativas de corte de custos trabalhistas e o capitalismo encontrará sua crise final. Ele não dá quaisquer datas para isso, mas seu modelo pode nos levar a assumir que isso poderia ocorrer em cerca de sessenta anos.

Isso é altamente especulativo e, certamente (como Wallerstein aceita), ninguém pode prever confiantemente resultados ao longo de um tempo determinado. Todavia, sou cético sobre alguns aspectos desse modelo. Primeiro, não duvido da sequência de ajustes espaciais, mas seu resultado final poderia ser diferente. Se não restasse força de trabalho barata, os capitalistas não poderiam mais colher superlucros dessa fonte, mas a produtividade mais alta da força de trabalho e o aumento da demanda de consumo em países recém-desenvolvidos poderiam compensar por isso e gerar um capitalismo global próspero e reformado, com direitos de cidadania completos para todos os entes humanos. Isso não significaria o fim do capitalismo, mas um capitalismo muito melhor. A principal objeção a esse cenário muito feliz é que o aumento da produtividade dos trabalhadores tende a levar a menos empregos, caso em que esse cenário também exigiria jornadas de trabalho mais curtas e partilha de postos de trabalho, de modo que todos pudessem participar dessa forma de capitalismo.

Minha segunda dúvida principal sobre o modelo de ajuste espacial é que mercados não necessitam ser restritos pela geografia. Novos mercados podem também ser criados pelo cultivo de novas necessidades. O capitalismo se tornou adepto à prática de nos persuadir de que necessitamos de dois carros por família, casas maiores e melhores, e inumeráveis aparelhos eletrônicos que se tornam obsoletos e necessitam ser atualizados a cada ano. Não podemos começar a vislumbrar as manias de consumo de nossos bisnetos, mas podemos estar muito certos de que haverá algum. Mercados não são determinados por território. O Planeta Terra pode ser preenchido e, todavia, novos mercados podem ser criados.

Contudo, se essa pode ou não ser uma solução permanente para os males do capitalismo ainda não está claro. Depende de um segundo ajuste, que é chamado "ajuste tecnológico", a habilidade de desenvolver continuamente novos produtos e indústrias. Esse é o núcleo da noção de "destruição criativa" de Schumpeter: empreendedores investem em inovação tecnológica, o que resulta na criação de novas indústrias e a destruição de antigas – e a manutenção de lucros e outros investimentos. A destruição criativa pode ser em um caminho difícil. A Grande Depressão nos Estados Unidos foi parcialmente provocada pela estagnação das maiores indústrias tradicionais, enquanto as novas indústrias emergentes, embora vibrantes, ainda não eram grandes o bastante para absorver o capital e a força de trabalho excedentes do período (discuti isso no volume 3). Isso só foi obtido na esteira da Segunda Guerra Mundial, quando uma enorme demanda de consumo contida pelos sacrifícios do tempo de guerra foi liberada.

Hoje, existem novamente novas indústrias dinâmicas, como a de microeletrônicos e de biotecnologia. A criação ainda está florescendo, mas infelizmente essas indústrias não forneceram um ajuste satisfatório, uma vez que não geraram emprego suficiente para compensar o desemprego resultante da transferência da indústria de manufatura para o exterior. Inovações como computadores, a internet e aparelhos de comunicação móvel não se comparam com ferrovias, eletrificação e automóveis em sua habilidade de gerar crescimento de emprego, especialmente em ocupações de baixa qualificação. Tampouco geraram lucro o bastante para estimular suficientemente a economia. A sobreacumulação de capital foi um resultado, com excesso de capital sendo investido em serviços financeiros, o que de fato aumentou os recentes problemas do capitalismo. Mais importante, talvez, seja a expansão dos setores da saúde e da educação, que são mais dependentes da força de trabalho, especialmente de ocupações mais intelectuais e da classe média. Sua expansão tende a continuar, à medida que a extensão da vida, e especialmente a extensão da terceira idade, além do credencialismo educacional, continuam a aumentar. Randall Collins (2012) é cético quanto a isso e já está preocupado com as tendências recentes de trabalhos da força de trabalho intelectual de classe média estarem sendo transferidos para o exterior. Ele não vê forma alguma de o capitalismo do norte gerar emprego suficiente para manter a sociedade inteira. Todavia, outro possível candidato para a criação de trabalho no futuro é o setor de combustíveis alternativos. No presente, não é um criador de trabalho importante, mas o futuro desse setor é até agora incognoscível. Como Collins comenta, não há razão necessária pela qual o processo de destruição criativa devesse sempre salvar o capitalismo. Talvez o capitalismo tenha sido apenas excepcionalmente afortunado na era de ouro pós-guerra.

Contudo, há um lado mais positivo das tendências correntes, pois a expansão do capitalismo no sul do mundo produziu um grande crescimento no emprego global, maior inclusive do que o aumento substancial na população mundial. Sem isso, a duplicação e triplicação da população mundial teria produzido uma grande crise econômica. Entre 1950 e 2007 o crescimento do trabalho foi cerca de 40% mais alto do que o crescimento populacional. Nos países da OCDE mais pessoas estão trabalhando do que antes, embora o número absoluto de desempregados também tenha aumentado porque a população é maior e uma proporção maior da população busca trabalho, incluindo muito mais mulheres. O crescimento nos números de mulheres ingressando no mercado de trabalho formal tem sido o maior problema para o nível de emprego no norte do mundo. Mas o globo não participou das atribulações do norte. A taxa de desemprego global permaneceu muito estável entre a década de 1970 e 2007, em torno de 6%. Mesmo durante a Grande Recessão estatísticas do ILO (International Government Office) revelam que o desemprego global continuou a aumentar, embora somente metade da taxa de antes da crise. Mas é desigualmente distribuído. Caiu em 2009 nas economias desenvolvidas, incluindo a União Europeia (para -2,2%) e seus vizinhos, e na extinta Comunidade dos Estados Independentes (para -0,9%), mas cresceu em todas as outras regiões do mundo. A proporção emprego para população também caiu nos países avançados e no leste da Ásia, mas em outros lugares em 2010 essa proporção estava de volta ao nível de 2007. O desemprego crescente é até agora um problema do norte não global. Todavia, é possível que o futuro dos mercados de trabalho no norte possa ter escassez de força de trabalho e não alto desemprego, uma vez que a extensão da vida está aumentando e a taxa de nascimentos caiu abaixo do nível necessário para reproduzir a população. Europa, Japão e América do Norte provavelmente necessitarão de imigração substancial para preencher a lacuna. Como essas tendências demográficas também desaparecerão depois nos países em desenvolvimento quando ficarem mais ricos, a população mundial geral provavelmente começará a cair na segunda metade do século XXI. Essas são razões pelas quais o desemprego global pode não aumentar substancialmente e por que podemos nos sentir mais otimistas sobre o futuro do capitalismo.

Mas, suponha que aceitássemos a conclusão negativa de Wallerstein sobre o futuro do capitalismo. Isso poderia produzir uma de duas alternativas futuras muito diferentes do compasso do capitalismo. Na primeira e mais pessimista, em uma das duas o emprego estrutural é vislumbrado como permanecendo alto e uma sociedade "2/3-1/3" emerge (embora quaisquer números exatos sejam arbitrários). Nessa sociedade, muitos trabalhadores estão em empregos de boa formação, qualificação alta e regular, mas 1/3 da população está excluído dessas posições e é forçado a viver à margem da sociedade, em emprego casual, de turno parcial ou sem emprego. Poderiam receber bem-estar social e caridade o bastante para que não se revoltassem, ou poderiam ser reprimidos (o que poderia gerar uma versão expandida do modelo *workfare* para o *prisonfare*" descrito no capítulo 6). Os excluídos seriam uma minoria, de modo que suas chances de uma revolta bem-sucedida seriam pequenas. Poderia ocorrer que os incluídos 2/3 não simpatizassem muito com eles, vendo-os negativamente como desertores inúteis, parasitas, reis do bem-estar social etc. Em alguns países, minorias étnicas ou religiosas seriam sobrerrepresentadas entre os pobres, e insultos étnicos/religiosos seriam acrescentados a esses estereótipos. Os excluídos poderiam se tornar uma classe inferior hereditária. Muitos dos incluídos poderiam votar para manter essa divisão, enquanto muitos dos excluídos não votariam. A extensão do bem-estar social poderia continuar a diferir entre os vários regimes de bem-estar social do mundo, com países como Suécia e Alemanha dispostos a manterem os pobres dentro da sociedade convencional, enquanto países como os Estados Unidos não. Podemos reconhecer esse cenário pessimista, pois já é presente nos Estados Unidos, e sociólogos perceberam seu aumento na Europa também. Seria o colapso final da classe trabalhadora – mas não do capitalismo. As economias têm se movido de modo irregular na direção da primeira parte do modelo proposto por Marx e Engels, o triunfo do capitalismo, embora os dois grandes radicais lamentassem a falta da segunda parte, o prospecto de uma revolução o abolindo. Pois o capitalismo se desenvolveu de um modo assimétrico de produção, no qual há uma classe capitalista organizada e autoconsciente – embora geralmente com uma identidade global-nacional dual –, mas pouca organização ou consciência coletiva e divisões nacionais muito maiores entre as classes média e baixa. A oposição da classe ao capitalismo diminuiu na segunda metade desse período. Por si só essa assimetria prologaria a vida do capitalismo, embora talvez uma sequência de ajustes espaciais gradualmente fortalecesse as classes trabalhadora e média globais. Além disso, estados-nações, guerras e ideologias permanecem perenemente capazes de perturbar e canalizar o capitalismo.

Instituições sociais sobrevivem mesmo quando não têm um desempenho muito bom, a menos que a contraorganização emerja entre os oprimidos. No norte do mundo isso é no presente impedido pelo fato de a esquerda nunca ter sido tão fraca quanto hoje, embora tenha havido um aumento da esquerda em alguns países do sul global.

O segundo cenário alternativo é mais otimista. Concorda que os mercados capitalistas preencherão o planeta e que as taxas de lucro e de crescimento cairão. Mas sugere que isso se estabilizará em um capitalismo permanente de baixo crescimento. Isso não seria novo, é claro. O grande avanço do capitalismo veio na Grã-Bretanha dos séculos XVIII e XIX. Todavia a taxa de crescimento britânico nunca excedeu os 2% em qualquer ano. A história do sucesso britânico foi em troca a de um crescimento médio de apenas 1% ao ano contínuo por um longo tempo. No século XX, contudo, o ritmo acelerou. Entre as guerras, os países em desenvolvimento mais bem-sucedidos (Japão, suas colônias e a União Soviética) atingiram taxas de crescimento historicamente sem precedentes de cerca de 4%. Depois, no final do século XX, China e Índia (e agora outros) atingiram taxas de crescimento em torno de 8%. Embora aquelas taxas tivessem durado por ao menos duas décadas, elas inevitavelmente declinaram. Depois África e Ásia Central poderiam estar ainda melhor. Mas quando o capitalismo ocupou a Terra eles poderiam todos ter sido reduzidos ao nível de 1% do sucesso histórico britânico. Por que uma taxa de crescimento de 1% deveria produzir uma crise capitalista? O Japão experienciou isso por mais de uma década, embora permanecendo notavelmente estável. O capitalismo poderia continuar como um sistema global de baixo crescimento, como foi em grande parte de sua história. O período de 1945-1970 no Ocidente e o final do século XX e início do século XXI e um no Oriente seria depois visto como tendo sido completamente excepcional. Esse cenário de baixo crescimento também reduziria o papel da especulação e reduziria o poder do capital financeiro, com repetições de nossa atual Grande Recessão (que no presente são muito prováveis) se tornando no longo prazo menos prováveis. Na verdade, à medida que as condições de trabalho melhoram ao redor do mundo, isso é uma notícia muito boa. Então, toda humanidade poderia viver em uma economia de Estado quase estacionário. O futuro do capitalismo poderia não ser excitante, mas tedioso.

Se fosse forçado a escolher um cenário como o mais provável para ocorrer em algum momento em torno de ou depois de 2050 (contanto que nada grande nesse meio-tempo interferisse), eu me decidiria em favor de um capitalismo espalhando níveis mais baixos de crescimento, porém mais igualdade de condições ao redor do mundo, exceto que envolveria uma classe mais baixa casualmente empregada ou desempregada de algo em torno de 10 e 20% das populações nacionais – uma mistura dos dois cenários descritos acima –, muito semelhante aos países industrializados do século XIX.

Não preveria crise e revolução. O futuro da esquerda tende a ser no máximo uma social-democracia reformista ou liberalismo no sentido americano. No norte do mundo o cenário pessimista apresentado anteriormente poderia inclusive liquidá-los também, mas isso não tende a ocorrer em meu cenário otimista. Isso pressupõe que empregadores e trabalhadores continuariam a lutar contra as injustiças mundanas do emprego capitalista (segurança na fábrica, salários, benefícios, segurança no trabalho etc.), e seu resultado provável seria acordos e reformas. Países em desenvolvimento provavelmente lutarão por um capitalismo reformado e mais igualitário, assim como os ocidentais fizeram na primeira metade do século XX. Alguns serão mais bem-sucedidos do que outros, como foi o caso no Ocidente. A China enfrenta problemas severos. Os benefícios de seu crescimento fenomenal são muito desigualmente distribuídos, gerando grandes movimentos de protesto. A turbulência revolucionária é certamente possível lá, mas, se suceder, provavelmente trará mais capitalismo e talvez uma democracia imperfeita, como aconteceu na Rússia. Os Estados Unidos também enfrentam desafios severos, uma vez que sua economia está sobrecarregada por gastos com exército e saúde. Seu Estado é corrupto e disfuncional, e a ideologia de seus conservadores se voltou contra a ciência e a ciência social – tudo em meio à inevitabilidade do relativo declínio e alguma consciência de que as pretensões americanas a uma superioridade moral sobre o resto do mundo são vazias. Isso parece uma receita para outro declínio americano.

Certamente, todos esses cenários são nulos se a mudança climática trouxer o desastre que muitos predizem. Então a condição humana seria muito pior do que em uma mera crise do capitalismo. O desafio no século XXI é eleitorados e elites políticas conceberem políticas para combater a tendência para uma divisão entre incluídos e excluídos, restringir o consumo em massa e aceitar uma coordenação internacional mais global. O desafio para o capitalismo é saltar criativamente uma vez mais, especialmente em uma fase de um nível mais alto de tecnologia alternativa de eficiência energética. Todavia, é necessário que lutemos por esses objetivos econômicos e não podemos prever o resultado dessas lutas imensas.

Poder militar

Impérios globais e duas guerras mundiais mostraram a culminância e ruína de uma tradição europeia milenar de militarismo, mais antiga do que o capitalismo. O poder militar tem sua própria lógica de desenvolvimento, diferente da lógica econômica do capitalismo e da lógica política dos estados. Mas nesse período o desenvolvimento militar empregou substancialmente os poderes econômicos crescentes do capitalismo como apropriado pelos estados. Tecnologia e táticas militares se desenvolveram enormemente ao longo desse período. Não identifico fases distintas aqui, apenas um aumento contínuo na habilidade de matar pessoas. Com o subsequente advento das armas nucleares, a guerra no nível mais elevado se tornou completamente irracional, e na verdade guerras entre estados diminuíram quase ao ponto de desaparecer. Infelizmente, os estados Unidos depois introduziram uma nova geração de armas convencionais inteligentes na assim chamada Revolução nos Assuntos Militares da década de 1990. Essa guerra intensificada de transferência de risco, pela qual os riscos da guerra são transferidos das suas tropas para os soldados inimigos e civis. Os Estados Unidos puderam prosseguir matando pessoas de forma extremamente eficiente sem sofrer muito em consequência. Contudo, nem todas as invenções para matar foram de alta tecnologia. O sargento de tanque soviético Mikhail Kalashnikov atingiu imortalidade ao conceber uma arma semiautomática baseada em algumas partes intercambiáveis, fácil de fabricar a um custo baixo, e adequada à guerrilha e forças paramilitares. Com mísseis de ombro terra-ar e antitanques e dispositivos explosivos improvisados (DEIs) essas armas dos fracos igualaram o campo de ação da guerra de baixa intensidade no mundo. Estados poderosos podem ser humilhados por bandos de guerrilhas e terroristas.

O desenvolvimento social foi fustigado e recanalizado durante o século XX pela guerra de mobilização de massa. Sem as duas guerras mundiais, então, provavelmente, não teria havido regimes fascistas ou comunistas (somente revoluções fracassadas); a Rússia tsarista e a China nacionalista teriam sobrevivido, com outros capitalismos semiautoritários; não teria havido um Império Americano global, nem o dólar como moeda de reserva única, porém uma cesta de moedas. A fase dois do capitalismo – alta produtividade/alta demanda poderia não ter emergido, ou não teria emergido tão rapidamente. Os Estados Unidos ainda teriam sido a potência líder, dotados de abundantes recursos naturais, atraindo e formando trabalhadores qualificados, mas seria seguido a uma distância apenas moderada pela Alemanha, e depois pela Grã-Bretanha e França – ambos mantendo seus impérios por mais tempo, o que, no fim, poderia ter sido melhor para o desenvolvimento de suas colônias. Não teria havido União Europeia, e poderíamos ter tido um impasse Japão-China na Ásia, com o equilíbrio de poder, no fim, afastando-se do Japão (como terminou se afastando). Talvez tivesse havido padrões diferentes de desenvolvimento de cidadania social nos países liberais, talvez menos acordos social-democráticos/cristão-democráticos na Europa continental; o New Deal americano poderia ter persistido por mais tempo e os Estados Unidos poderiam jamais ter se tornado excepcionais. Talvez não tivesse havido armas nucleares ou poder nuclear, e quem sabe que outras tecnologias poderiam ou não ter sido desenvolvidas. Essas são todas apenas possibilidades, embora a probabilidade seja que algumas delas tivessem ocorrido. O mundo teria sido diferente.

É improvável que guerras como as duas guerras mundiais se repitam. Ou outra grande guerra provocaria a destruição do planeta, ou não haveria mais grandes guerras. Assumo que os entes humanos terão racionalidade o bastante para escolher a última opção, a menos que problemas de soma zero concernentes a recursos naturais básicos intervenham. Todavia, a emergência de "guerras de transferência de risco" menores significa que grandes potências podem travar guerras limitadas sem ter de comprar o consentimento popular de massa, e, portanto, torna-se menos provável que grandes problemas de legitimidade vindo da guerra ameacem regimes. Isso provavelmente torna revoluções menos prováveis, uma vez que seria mais difícil remover as elites poderosas existentes. O Partido, Comunista chinês pode ser capaz de se manter no poder ainda por muito tempo, enquanto formas mais corruptas de democracia encontradas ao redor do mundo, incluindo nos Estados Unidos, podem também ser muito duráveis. Democratas e republicanos podem continuar seu impasse quase indefinidamente, reforçando o declínio americano gradual, mas não a catástrofe.

Após as duas grandes guerras, os dois impérios de "margraves" (*marcher lords*) nos extremos do antigo centro civilizacional da Europa, Estados Unidos e União Soviética (previamente imperialistas hesitantes), dominaram o mundo e conseguiram evitar uma terceira guerra. O governo soviético era despótico, mas defensivo, enquanto o Império Americano era mais variado, em lugares muito agressivos embora sua trajetória geral fosse na direção da hegemonia mais leve – um império cujo autointeresse era muitas vezes indissociável de um bem mais geral. Uma zona de paz se espalhou ao longo de grande parte do norte do mundo e de regiões do sul também. Exceto pelas guerras civis, a paz estava se espalhando.

Muitos cientistas sociais preferiram uma história evolucionária muito mais simples durante esse período do crescimento do capitalismo e da democracia, com o Estado-nação sucedido pela globalização. Todavia, eles realizam esses feitos teóricos impondo antolhos pacíficos sobre o mundo. Certamente, se tivéssemos sucedido em banir guerras entre estados (um grande se), então, pela primeira vez na história esses modelos pacíficos de desenvolvimento social poderiam explicar mais no futuro. Podemos apenas esperar por isso.

No começo do novo milênio essa tendência pacífica foi interrompida por uma explosão de imperialismo americano no Oriente Médio cujo *blowback* ajudou a espalhar ainda mais o que era terrorismo islâmico local. Essa expansão mutuamente assassina entre os Estados Unidos e o islamismo *jihadi* não está atualmente diminuindo. Ao longo das partes mais pobres do mundo, uma ameaça militar crescente vinha das guerras civis, cerca de metade das quais centradas em conflitos étnicos ou religiosos. O ideal democrático de governo pelo povo ou nação estava sendo pervertido em limpeza assassina de outros povos, como expliquei em meu livro *O lado negro da democracia* (2005). Todavia, guerras civis atingiram seu auge na década de 1990 e depois declinaram levemente no novo século. Guerras civis existentes tenderam a se arrastar, mas muito menos delas estavam começando – um sinal de esperança, que eventos recentes em países como Líbia, Síria e Iêmen podem frustrar.

Alguns argumentam que o pior caso de limpeza étnica, o Holocausto dos judeus, foi o momento transformador do século XX, na verdade, por vezes da própria Modernidade. Não compartilho dessa visão, embora o reconhecimento global do Holocausto tenha sido bom, uma vez que levou a uma melhor apreciação do problema mais geral do genocídio. Esse não foi o primeiro genocídio moderno – essa honra infeliz repousa com os nativos colonizado nas Américas, seguida pelos australianos colonizados, e no começo do século XX pelos armênios. Tampouco, foi o último. Como outros genocídios, o Holocausto ocorreu em meio a uma guerra entre estados, algumas das quais também envolveram bombardeio em massa de civis, embora isso não seja geralmente reconhecido como sendo também uma atrocidade. O Holocausto foi parte do lado negro mais amplo do militarismo moderno. A luta política contra o militarismo continua. Foi vencida após um custo enorme e o subsequente cansaço com guerras na Europa e após um custo muito menor na América Latina. Ainda deve ser vencida em países como os Estados Unidos e Coreia do Norte, e ao longo de regiões do Oriente Médio e África. O militarismo americano pode estar agora restrito por um período de tempo em decorrência do fracasso de suas recentes aventuras – como ocorreu por trinta anos após a derrota do Vietnã. O equilíbrio global de probabilidades é que a guerra e o poder militar declinarão ao longo das próximas décadas, embora as futuras crises climáticas possam muito bem encerrar essa era relativamente pacífica. Mas até aqui, no período coberto por este volume, o poder militar declinou grandemente na maior parte do mundo.

Poder político

Os estados-nações são agora a forma política hegemônica no mundo. Somente um império restou, e seu declínio recém começou e continuará. Os estados-nações continuam a estruturar o capitalismo. Versões liberais e social-democráticas da democracia mostraram sua durabilidade, embora sua difusão ao redor do mundo tenha sido lenta e hesitante. Elas não mostraram superioridade universal sobre regimes despóticos em termos de desempenho econômico, embora tentativas de exportar a democracia pela força tenham fracassado, exceto em alguns países que já tinham experienciado democracia no passado. A democracia é, em troca, validade por seus méritos políticos intrínsecos, pois cria mais liberdade, consideravelmente mais do que o socialismo de Estado ou fascismo, cujo fracasso também foi menos econômico do que político. Eles degeneraram em despotismos repressivos porque suas elites revolucionárias que tudo conquistam não conceberam qualquer mecanismo pelo qual pudessem ou permitir debate intrapartidário aberto ou ceder poder a outros. Vimos que as grandes revoluções comunistas e fascistas do século XX nasceram nas guerras e sempre exibiram as marcas da violência. Em contraste, as democracias liberais e sociais estenderam os direitos de cidadania, no começo, para os níveis inferiores da estrutura de classe; depois, para as minorias étnicas e para a maioria feminina; em seguida, às pessoas com necessidades especiais e identidades sexuais não convencionais. Esse processo ainda está em curso e tem sido uma grande conquista política do período.

A democracia liberal e social exige pluralismo contínuo na sociedade civil. Isso envolve a habilidade para mobilizar grupos de interesse equivalentes contra grupos dominantes, bem como a autonomia da política em relação a intrusões de atores dominantes do poder militar e econômico. Isso muitas vezes não é assim em países que se chamam democracias – incluindo os Estados Unidos, onde a democracia está agora enfraquecendo devido à corrupção de seus políticos e da mídia de massa de corporações capitalistas e à erosão das liberdades civis de seu Estado de segurança nacional. Contudo, as democracias liberal e social permanecem os sistemas políticos menos ruins que conhecemos. Como são sempre imperfeitos, lutas para defendê-los e melhorá-los nunca terminam também.

Embora muitos acreditassem que a globalização minaria o Estado-nação, ele, de fato, foi globalizado. O mundo está agora repleto de supostos estados-nação. As funções do Estado mudaram, mas não declinaram em geral. Curiosamente, como os cientistas sociais há muito negligenciaram as relações de poder militar, não observaram muito o declínio mais importante no poder do Estado – travar guerras. Muitos estados-nações não retêm mais sua espinha dorsal militar tradicional. Entusiastas da globalização focaram, em vez disso, no declínio menor pelo qual as economias nacionais foram de certa forma minadas por um capitalismo transnacional com uma dose de imperialismo econômico americano. Contudo, muitos estados – especialmente as variedades corporativistas e desenvolvimentistas discutidas em capítulos anteriores – ainda permanecem no controle substancial de suas economias, embora muitos outros estados nunca possuíssem esse controle. Em todos os meus capítulos me dei ao trabalho de diferenciar entre estados, uma vez que todos são diferentes. Mesmo primos, como Grã-Bretanha e Estados Unidos, ou Japão e Coreia, diferem entre si. O que os entusiastas transnacionais insultam como uma metodologia nacionalista ainda tem um lugar importante na ciência social, embora, é claro, os antolhos nacionalistas não devessem impedir o reconhecimento da importância contínua das redes locais, macrorregionais, transnacionais e internacionais de interação. E como que para compensar grandes declínios militares e declínios econômicos menores em atividades estatais, os estados do norte adquiriram novos papéis legislativos em áreas da vida social anteriormente consideradas privadas ou tabus, como violência contra esposas ou filhos, escolhas de estilo de vida como fumar ou comida-lixo (*junk food*), poluição ambiental do consumidor, preferência sexual e direitos ao bem-estar social. Portanto, a densidade regulatória dos estados continuou a aumentar, e novos papéis para os estados ainda estão emergindo, enquanto antigos como o de travar guerras e protecionismo estão declinando. Novos movimentos sociais continuam a pressionar políticos a criarem ainda mais esferas de regulação governamental.

Os países da União Europeia são únicos em ter desenvolvido um Estado de dois níveis, embora a mudança de algumas funções políticas para Bruxelas e Estrasburgo não tenham enfraquecido grandemente os governos dos países-membros, com exceção do domínio em expansão da competência da Corte de Justiça europeia em Luxemburgo. Embora os papéis políticos gerais tenham expandido na UE, a expansão é dividida entre os estados-nações individuais e a UE. Em termos de gastos, muito poder se encontra com os estados individuais. Embora a UE gaste menos de 1% do PIB da Europa, governos-membros gastam entre 30 e 50% de seus PIBs. A UE permanece um Estado mais de regulação do que de redistribuição (embora exista alguma redistribuição para a agricultura e regiões mais pobres). Identidades nacionalmente enjauladas também permanecem mais importantes do que qualquer identidade euro comum, exceto por algumas elites (incluindo cientistas sociais cujo principal pagador da pesquisa se tornou a UE). Os cientistas sociais estão entre os poucos grupos que querem ver mais intensificação da União. Mas o momento atual da UE não é na direção da intensificação. Isso foi rejeitado nos referendos nacionais recentes nos quais os eleitores jovens foram especialmente contra mais integração. Considerando isso, a União muitas vezes se move à velocidade do membro mais lento, de acordo com o modo como foi concebida. Em particular, problemas com euro ameaçam minar a União. É improvável que esse modelo europeu de dois níveis inspire muita imitação ao redor do mundo. É um caso único, o produto das duas grandes guerras do continente. Espera-se que não haja uma terceira guerra, pois seria improvável que gerasse benefícios inesperados comparáveis subsequentes.

Todavia, muito dos países mais pobres do mundo são estados-nações somente em termos das aspirações de suas elites, não das realidades práticas. A soberania real e a identidade nacional real permanecem indefiníveis. A criação de infraestruturas genuinamente integrando territórios dos estados e a criação da coesão social necessária para formar identidades nacionais permanecem projetos para o futuro, exigindo luta contínua. De um modo geral, a desigualdade de poder entre estados é a característica mais importante das relações de poder político no mundo hoje, equiparando-se à grande desigualdade econômica global. Embora estados do norte e alguns estados do sul possam realmente implementar suas políticas em todos os seus territórios, muitos estados do sul não podem.

O último dos impérios sobrevive. Enfatizei a grande variedade do Império Americano no período pós-guerra. No Ocidente, era hegemônico, inclusive legítimo. Era altamente militarista no começo no leste da Ásia, mas depois também se tornou hegemônico. Embora os Estados Unidos considerasse a África em geral como de pouco interesse estratégico ou econômico, na América Latina e no Oriente Médio tem empregado intermitentemente força militar, visível e oculta. No Oriente Médio, as intervenções americanas aumentaram desastrosamente no novo milênio. Muitos consideram isso como um resultado do declínio americano, mas ao longo das últimas décadas o Império Americano parece ter estado em um caminho de declínio autoinduzido. Na política externa tem estado envolvido em gueras sem sentido, que não podem ser vencidas, e no apoio obsessivo a Israel, ambos os quais só multiplicam seus inimigos. Na política interna, buscou uma política neoliberal destrutiva, enfraquecendo o Estado, falhando em renovar suas infraestruturas básicas, e ameaçando a economia de consumo em massa que trouxe aos americanos grande prosperidade. Muitos líderes americanos ridicularizam a crise climática futura como uma simples fraude que frustra qualquer resposta política. O desenvolvimento de grandes divisões ideológicas reforça a divisão tradicional de poderes na constituição para inibir respostas a muitas mudanças. Tudo isso também reduz o poder político americano no mundo, enquanto os estrangeiros olham chocados para as políticas americanas.

Mas são todas essas estupidezes separadas – qualquer uma delas podendo facilmente ter sido (e ainda podendo chegar a ser) diferente – ou foram elas aspectos combinados e mesmo inevitáveis de um império em declínio? Elas poderiam ser vistas como o exercício continuado das práticas tradicionais, que inicialmente tornaram a América grande, mas que se tornaram inapropriadas em um ambiente modificado – uma característica muito comum de impérios em declínio (certa vez analisei o declínio do Império Britânico nesses termos (Mann, 1988c)). Isso vale para a prática duradoura da América de extração extravagante de energia, o que a torna agora relutante em adotar as reduções de emissões. E, aos olhos dos neoconservadores e neoliberais, as intervenções militares e os livres-mercados tornaram a América grande e devem ser adotados novamente. Mas, como mostrei, essas duas crenças são falsas, uma vez que em períodos anteriores as administrações foram muito mais cautelosas em lançar intervenções militares, especificamente tentando-as apenas onde tivessem considerável apoio local; embora a emergência da América como a maior economia do mundo devesse muito ao ativismo de Estado concernente à macroeconomia, infraestruturas e regulação. De fato, foi por meio do esquecimento dessas tradições americanas que o declínio parcialmente veio. Portanto, o declínio não foi um processo geral que combinou todas as fontes de poder social. Centrou-se nos domínios do poder ideológico e político, produzindo crenças falsas e danosas, globalmente impopulares, mas mobilizadas por atores políticos capazes de impedir políticas mais adequadas às realidades do século XXI. Em contraste, o poder econômico e militar americano permanece extraordinário: hegemonia global focada no dólar como moeda de reserva do mundo, e dominação militar sobre os estados do mundo (embora não sobre as guerrilhas do mundo). Essas falhas ideológicas e políticas são reversíveis, mas como constituídas no presente infligem danos, precipitando um relativo declínio americano, que ocorreria de um modo ou de outro no médio prazo.

Já podemos vislumbrar o provável sucessor como garantidor da ordem mundial. Não é outro império, pois é improvável no futuro próximo que qualquer potência única possa substituir a América. Em troca, é provável que seja um consórcio de potências, talvez, os Estados Unidos, a União Europeia, China, Japão e Índia. O dólar seria substituído como a moeda de reserva por uma cesta de moedas, mas os Estados Unidos poderiam reter sua liderança militar por mais tempo. Contudo, esse cenário pacífico poderia ser devastado pelas relações mais problemáticas chinesas-americanas ou por severos conflitos ambientais.

A dinâmica moderna

Ao longo de tudo isso, vemos um dinamismo inventivo, originalmente europeu; depois, ocidental; em seguida mais global à medida que envolvia respostas de outras civilizações mundiais. Uma Segunda Revolução Industrial seguida por uma revolução pós-industrial, junto com o surgimento dos estados-nações, estenderam o tempo de vida, trouxeram prosperidade de massa, ampliaram a cidadania, aperfeiçoaram as artes de matar pessoas e de destruir o planeta, e expandiram as instituições colaborativas internacionais. Misturei deliberadamente o benigno e o maligno na sentença anterior a fim de enfatizar a dualidade do dinamismo humano. Cada sucesso traz seu lado negro, cada calamidade seu lado bom. As globalizações trazem ambos em uma escala em contínua ampliação. Riqueza, saúde e lazer em grande parte do norte e em partes do sul continuaram a melhorar, mas o risco de que possam terminar em nuvens nucleares ou em geleiras derretidas também cresce. Está nos poderes humanos escolher se mover em um de vários caminhos.

No que repousa, por fim, a dinâmica? Max Weber argumentava que um espírito de inquietude racional subjaz à civilização ocidental, especialmente sua religião, combinando razão humana com insatisfação com o mundo presente, a combinação que gera um impulso para melhorar o mundo por meio de ação mundana racional em vez de meramente aceitar ou se retirar do mundo (como vimos confucionismo, hinduísmo e budismo fazerem). Ele remontou isso às seitas calvinistas dos séculos XVI ao XVIII. Hoje, sua visão parece distintamente eurocêntrica; mas em uma escala mais global, a inquietude racional poderia ser uma caracterização sucinta da civilização moderna. Não pode resultar simplesmente da natureza humana, uma vez que algumas civilizações têm sido notadamente mais dinâmicas do que outras, e a nossa talvez seja a mais persistentemente dinâmica de todas. Em qual estrutura social isso repousa?

Quando analisei as origens do dinamismo na Europa medieval no volume 1, enfatizei que foi uma civilização de atores de poder múltiplo. Isso significava duas coisas principais. Primeiro, a Europa medieval abrangia muitos atores de poder – estados múltiplos, cidades, dioceses, comunidades monásticas, guildas e complexos de mansão de aldeia – todos desfrutando de alguma autonomia em competição entre si. Segundo, contudo, essa competição se situa dentro das normas comuns de uma única civilização cristã. Suas rivalidades não atingem as profundezas de uma guerra de todos contra todos, pois num nível mínimo esses atores eram normativamente regulados dentro de um ecúmeno cristão compartilhado. Fukuyama (2011) arguementou recentemente que o centro do cristianismo medieval foi a difusão através da sociedade de noções de Direito Natural ou Comum independente de qualquer Estado singular. Mas isso também significava que as piores guerras antes do século XX vieram com cisma religioso. Talvez, o volume 1 tenha sobre-enfatizado um pouco o elemento religioso e subestimado a solidariedade de classe dos senhores armados apoiados pela Igreja. Mas o resultado final foi a competição regulada, que, como também vemos no capitalismo moderno, é provavelmente a principal receita para o dinamismo produtivo.

Algo comparável perdurou ao longo dos últimos séculos, embora de formas muito diferentes. O dinamismo recentemente se baseava na competição capitalista entremeada de competição entre estados-nações. Um não dominava a esfera do outro, mas ambos foram incrustados em ideologias civilizacionais mais amplas vindo de macrorregiões distintas do mundo e também de uma orientação ideológica mais ampla convencionalmente denominada valores do Iluminismo. A combinação gerou instituições de regulação mínimas, mas múltiplas. Vimos as contribuições da diplomacia, alianças e dissuasão militar, de cooperação sobre moedas de reserva, o padrão-ouro e Bretton Woods, de descobertas científicas e aplicações tecnológicas rapidamente difundidas, e de variedades macrorregionais de cidadania. Elas foram combinadas no período pós-Segunda Guerra Mundial por agências internacionais e transnacionais como as da ONU, UE e inumeráveis ONGs, muitas vezes apoiadas pela organização baseada na internet, aplicando uma pequena pressão sobre estados e capitalismo. Nada disso tem sido o bastante para impedir desastres intermitentes, mas de muitos desastres veio alguma outra tentativa de melhoramento, na esteira keynesiana da Grande Depressão, no estabelecimento de instituições internacionais após a Segunda Guerra Mundial, incluindo a paz na Europa por meio da União Europeia, em programas de redução de arma após o final da Guerra Fria, e no começo de movimentos durante a Grande Recessão para uma regulação mais multicêntrica do capitalismo global, mais especificamente na crescente estatura do grupo de países que forma o G-20, que inclui todos os quatro países do Bric. Dividendos de paz após as guerras sempre foram menos do que esperados, mas têm sido reais. Estamos muito distantes da sociedade mundial ou da cultura mundial alardeada por alguns sociólogos, mas temos um esboço do que poderia terminar se tornando uma civilização multiestados global capaz de atingir uma regulação um pouco mais geral, embora dividida como ainda é por ideologias e conflitos. Qualquer sociedade mundial seria uma combinação de redes de interação transnacionais e internacionais. Necessitamos muito mais de ambas, caso a humanidade pretenda resolver os problemas que surgem agora dos efeitos ambientais bumerangue de nosso suposto domínio da natureza.

A questão da primazia

O que ao fim e ao cabo determina essa inquietude racional? Na verdade, o que determina a mudança social de um modo mais geral? Selecionei e foquei quatro fontes de poder social que considero mais decisivas do que qualquer outra coisa. Isso necessariamente envolveu relegar outras características importantes da vida humana para o segundo plano. Neste volume, tentei explicar o desenvolvimento social dos últimos cem anos em termos das combinações complexas dessas quatro fontes de poder social. Mas podemos ir adiante e selecionar uma dentre elas como sendo proeminente? Karl Marx e Friedrich Engels disseram sim, Max Weber disse não. Vale a pena citá-los.

Engels, em uma carta de 1890, escrita após a morte de Marx, tentava definir o materialismo histórico:

> De acordo com a concepção materialista de história, o elemento fundamentalmente determinante na história é a produção e reprodução da vida real... A situação econômica é a base, mas os vários elementos da superestrutura: formas políticas da luta de classes e seus resultados... constituições estabelecidas pelas classes vitoriosas após uma batalha bem-sucedida etc., formas jurídicas, e depois inclusive os reflexos de todas essas lutas efetivas nos cérebros dos participantes, teorias políticas, jurídicas, filosóficas, visões religiosas e seu desenvolvimento posterior em sistemas de dogmas, também exercem sua influência no curso das lutas históricas, e, em muitos casos, preponderam na determinação de sua forma. Há uma interação de todos esses elementos na qual... o movimento econômico finalmente se afirma como necessário... as [condições] econômicas são fundamentalmente decisivas. Mas as políticas etc., e na verdade inclusive as tradições que rondam as mentes humanas também desempenham uma parte, embora não decisiva. (Letter from Engels to Bloch, em Marx & Engels, 1978: 761).

Nessa famosa declaração Engels permite ao poder político e ideológico (ele não menciona o poder militar) um papel importante na história, mas depois retorna duas vezes aos fatores econômicos, afirmando em ambas as vezes que foram "fundamentalmente decisivos". Esse é o cerne de seu materialismo histórico. Mas como são decisivos? Marx foi mais claro:

> A forma econômica específica, na qual força de trabalho excedente não remunerada é bombeada dos produtores diretos, determina a relação de governantes e governados... É sempre a relação direta dos donos das condições de produção com os produtores diretos... que revela o segredo mais profundo, a base oculta da estrutura social inteira e com ela a forma política da relação de soberania e dependência, em suma, a forma específica correspondente do Estado (*Capital*, vol. III, p. 791).

Aqui, Marx está dizendo que as *formas* do poder econômico, especificamente a forma das relações entre controladores dos meios de produção e trabalhadores, determina as formas das outras grandes estruturas de poder. Ele prossegue para qualificar isso dizendo que devemos acrescentar em "várias e diferentes situações empíricas, ambiente natural, relações raciais, influências históricas externas, etc." Traduzido em meus termos, Marx afirmaria que a forma do modo de produção econômico determina fundamentalmente as formas das outras três fontes de poder. Ele levou em conta complicações empíricas e externas, mas não leva em conta a causalidade equivalente de relações ideológicas, militares ou políticas nas relações de poder econômico.

Max Weber rejeitava isso categoricamente, pois acreditava que era impossível priorizar qualquer uma do que chamou "as estruturas da ação social". Na verdade, ele acrescentou,

> Mesmo a afirmação de que as estruturas sociais e a economia estão "funcionalmente" relacionadas é uma visão enviesada... Pois as formas da ação social seguem "suas próprias leis"... e... em um dado caso podem sempre ser codeterminadas por outras causas que não as econômicas. Contudo, em algum ponto as condições econômicas tendem a se tornar importantes, e muitas vezes causalmente decisivas para quase todos os grupos sociais... inversamente, a economia é também usualmente influenciada pela estrutura autônoma da ação social na qual existe. Nenhumas generalizações importantes podem ser feitas quanto a quando e como isso ocorrerá (Weber, 1978, II: 341).

Em um ponto aqui Weber parece estar enfatizando as causas econômicas, mas depois recua e diz que não podemos sequer ter "generalizações importantes" sobre as relações entre o que ele chama "as formas da ação social". Ele parece estar condenando iniciativas como a minha, que claramente envolvem generalizações importantes sobre as estruturas da ação social. Ele também é claro quanto a não poder haver uma causa fundamentalmente decisiva.

Geralmente, procurei me mover entre as posições de Marx e de Weber, tentando generalizações importantes, embora me afastando da primazia última. Deixe-me primeiro recordar algumas das minhas generalizações no volume 1. Descobri na história antiga dois processos de poder dialéticos persistentes, embora não invariantes. Primeiro, havia uma dialética interna entre Estado e sociedade, entre o centralizado e o descentralizado e entre elites do Estado e classes sociais na sociedade civil, de modo que técnicas e organizações desenvolvidas por uma eram depois apropriadas por outra e usadas para aumentar seu poder. A segunda dialética foi a expressa geopoliticamente em uma escala macrorregional mais ampla entre dominação de impérios centralizados *versus* civilizações de atores de poder múltiplo – no mundo mediterrâneo antigo, por exemplo, entre os impérios assírio e romano e as cidades-Estado gregas ou fenícias. Cidades-Estado múltiplas apareceram em vales de rios e junto aos litorais, embora com hinterlândias agrárias, todas estabelecidas em meio a redes de produção-comércio e cultura mais amplas. Por outro lado, margraves adjacentes a essas civilizações, combinando agricultura e pastoralismo, intermitentemente conquistaram esses complexos de cidades-Estado, estabelecendo impérios nesse processo. Esses desenvolveram o que teóricos do começo do século XX chamaram superestratificação: a imposição dos conquistadores como uma classe governante sobre os conquistados. Mas quando os impérios evanesceram, civilizações de atores de poder múltiplo tenderam a emergir. Isso poderia estar prestes a acontecer novamente, com o evanescimento do Império Americano. Todavia, houve também períodos mais estáveis, nos quais modos de produção econômica pareceram se desenvolver mais autonomamente, e depois veio o que Eisenstadt (1982) chamou de Era Axial, na qual as religiões mundiais e o poder de ideólogos clericais se expandiram ao longo de áreas muito maiores do que qualquer rede econômica, política ou militar única.

Portanto, nenhuma fonte de poder única foi persistentemente mais importante do que as outras, e nenhum princípio claro e repetido de sucessão pareceu caracterizar as transições entre esses diferentes regimes. Ibn Khaldun, o grande sociólogo norte-africano do século XIV, desenvolveu uma teoria cíclica do islã, que Ernest Gellner mais recentemente expandiu para incluir os tempos modernos. É uma alternância entre cidade e deserto pela qual nômades guerreiros do deserto chegam a cidades decadentes, conquistando-as e governando-as com base em uma fé religiosa mais austera e pura. Mas, depois, eles, por sua vez, tornam-se negligentes e decadentes, e uma nova conquista chega do deserto. Osama bin Laden obviamente gostava dessa teoria, vendo-se como um novo califa do deserto. Ele agora está morto, e é improvável haver uma substituição. Tampouco o modelo se aplica muito bem a qualquer outra das religiões ou civilizações do mundo – embora os margraves possam ser vistos como uma forma variante. Cada civilização tende a ter sua própria lógica de desenvolvimento.

Outra dificuldade é que, quando buscamos explicar qualquer uma dessas civilizações, devemos geralmente admitir todas as fontes de poder. Considere, por exemplo, as conquistas dos margraves. Eles conquistavam porque suas formações militares eram usualmente mais móveis e seu moral mais solidário do que o de seus oponentes mais sedentários. Essa foi uma causalidade militar imediata. Mas, por sua vez, houve causas econômicas e políticas de suas formas militares. Cavaleiros arqueiros (seus soldados mais efetivos) emergiam entre nômades pastores e caçadores e, portanto, eram em um sentido um produto de seu modo de produção. Suas formações tribais particulares também pareciam ter gerado maior solidariedade – que era basicamente uma causa política. Forças econômicas e políticas ajudaram a gerar superioridade militar em um contexto particular. Todavia, nomadismo ou tribalismo não eram formas superiores de poder econômico ou político àquelas dos agricultores. Eram, de fato, econômica e politicamente atrasados. Sua superioridade residia somente no impacto de suas economias e políticas no poder militar. De fato, a maior parte dos nômades adotava de bom grado o modo superior de produção e civilização das elites sedentárias após conquistá-las. Foi somente por meio da guerra que essa transição particular ocorreu ainda que pressupondo todas as fontes de poder social. Inversamente, quando as grandes religiões chegaram, pode bem ter havido crises econômicas ou políticas que fizeram os convertidos adotarem a nova religião, mas foi por meio do cristianismo ou islamismo que a transição a uma nova forma de sociedade de fato ocorreu. O resultado de tudo isso foi que não pude adotar declarações de primazia última nos primeiros tempos – embora sentisse que pderia fazer generalizações como aquelas dadas anteriormente concernentes a extensões muito amplas de tempo e espaço e de interações de poder.

Nos volumes 2 e 3 e neste volume tentei detectar parcialmente dialéticas comparáveis no período moderno. Os primórdios da Europa moderna e a Europa moderna foi um exemplo de uma civilização de atores de poder múltiplo, resistindo com sucesso a tentativas de qualquer império único de assumir o controle do continente. Todavia, como os estados europeus diminuíram em número e aumentaram em poder e escopo, a Europa se tornou uma síntese muito singular das duas. Embora um único império nunca tenha dominado a Europa, seus estados estabeleceram impérios segmentares ao redor do mundo. Polanyi discerniu uma versão do ciclo centralização-descentralização que ocorreu durante os séculos XIX e XX na forma do que chamou um duplo movimento nos países avançados entre mercados capitalistas e regulação estatal. Primeiro, usei, e, depois, critiquei esse modelo (no final do capítulo 11) como sendo muito funcionalista e muito racionalista. No século XX, podemos contrastar impérios *versus* estados-nações e socialismo de Estado/fascismo *versus* capitalismo democrático – todos sociedades relativamente centralizadas *versus* relativamente descentralizadas. Mas a solução para seu conflito era muito complexa. O fascismo foi deposto por um poder militar maior e mais centralizado exercido por uma aliança entre comunismo e capitalismo democrático. O comunismo, depois, enfrentou uma batalha penosa não apenas contra a habilidade descentralizada superior para inovar do capitalismo, mas também contra o poder centralizado superior de seu centro, o Império Americano. Aqui, o modelo colapsa, como todos os modelos terminam colapsando quando confrontados pela complexidade das sociedades humanas. O capitalismo democrático também triunfou porque limitou a regulação estatal e a desmercadorização o tornou mais aceitável aos cidadãos em geral. Isso, com efeito, forneceu uma síntese para a dialética, embora em algumas partes do mundo esteja agora sob ameaça de um neoliberalismo alegando ser inteiramente descentralizado.

No período moderno, detectei alguma continuidade do período discutido em meu segundo volume: por um lado, o desenvolvimento do capitalismo e suas classes sociais; e, do outro, o desenvolvimento dos estados-nações a partir de um mundo inicialmente imperial. O século XX viu a vitória de um capitalismo reformado, socializado e muitas vezes politizado como o solvente da luta de classe, e das grandes guerras resolvidas por uma ordem internacional imposta pelos Estados Unidos imperialistas, embora em tensão com relações geopolíticas entre estados, a combinação que evitou outras guerras entre impérios. Através das vicissitudes e perturbações do poder militar e ideológico no século XX, podemos perceber a continuidade, cada vez mais global, da predominância econômica do capitalismo, e uma predominância política dual do Estado-nação e do império (americano). Esses foram responsáveis por todas as grandes guerras e pela maior parte das ideologias do período. Contra Weber, tentei, portanto, generalizações importantes, mas, contra Marx, sem qualquer afirmação de primazia última.

Isso também envolve uma visão da globalização diferente daquelas de muitos comentadores. Eles a viram como um processo singular pelo qual relações essencialmente *transnacionais* estão minando estados-nações. Concordo que processos transnacionais estão a caminho, especialmente na economia capitalista, sobretudo, no capital financeiro, mas o principal princípio político da globalização foi *internacional*, a regulação de e a competição entre estados – relações mais geopolíticas do que transnacionais. Quando capitalistas e seus oponentes buscam subsídios ou regulação, eles ainda se voltam aos estados, enquanto muitos problemas globais são negociados entre estados, especialmente os mais poderosos, e, sobretudo (embora começando a declinar), o Império Americano. Conflito ideológico e diversidade também foram novamente revividos. Mas, devido à crescente devastação e irracionalidade da guerra, geopolíticas suaves são escolhidas com mais frequência do que geopolíticas duras. Felizmente, é por meio da geopolítica suave que a mudança climática, provavelmente a maior crise do século XXI, será confrontada. Esse é um processo polimorfo de globalização, movido por várias lógicas diferentes de desenvolvimento, mais complexo do que um processo dialético dual.

O que virá a seguir? Como o processo de globalização agora praticamente ocupou o mundo, isso introduz mudanças. Após o Império Americano não há mais espaço disponível nas margens para os margraves se desenvolverem independentemente. Sob certos aspectos, as globalizações ocuparam o mundo. Portanto, embora o poder chinês esteja crescendo, já está enredado em meio ao capitalismo, geopolíticas e ideologias globais – e ao endividamento americano! Porém, a dialética histórica normal, na qual o sucessor aparece primeiro na periferia do anteriormente dominante exercendo poderes muito distintos, pode estar num final. Os sucessores mais prováveis ao Império Americano são de fato civilizações antigas se reafirmando, mas dentro de uma estrutura global emergente. Parece, também, como argumentei no último capítulo, que o próximo ataque de regulação e centralização poderia não estar no nível do Estado individual, mas no nível de geopolíticas globais, embora encorajadas por atores transnacionais. A história não se repete. Isso é se curvar ao agnosticismo de

Weber e se afastar de um nível marxista de ambição teórica. O determinismo, mesmo apenas o determinismo último, não é uma posição defensável na teoria sociológica porque as sociedades são muito complexas e os entes humanos muito criativos, emocionais e irracionais para permitir isso.

Outra característica de minhas fontes de poder complica argumentos causais. As quatro fontes geram poderes não equivalentes – suas relações são, por assim dizer, ortogonais entre si. Como observei no começo deste volume, cada uma tem qualidades únicas. O poder ideológico não é em suas origens autônomo, pois ideologias são predominantemente uma resposta a crises apresentadas por outras fontes de poder. Ideologias emergem como soluções plausíveis para resultados inesperados das interações dos outros, mas depois exercem poderes emergentes próprios. Ideologias são também únicas em não ter fronteiras geográficas necessárias. Elas podem penetrar a consciência humana onde quer que as pessoas se comuniquem. Nesse século, ideologias foram repetidamente comunicadas ao longo da maior parte do globo. Ideologias também podem explodir muito repentinamente, mudando o comportamento de massa de uma forma relativamente rápida antes de se estabelecer em formas mais institucionalizadas. Líderes ideológicos também tendem mais a ser vistos como carismáticos por seus seguidores do que por outros detentores do poder. Fundadores de novas religiões são exemplos surpreendentes disso, mas também observei no volume 3, capítulo 8, que três dos seis principais líderes fascistas na Europa foram vistos por seus seguidores como sendo altamente carismáticos (Hitler, Mussolini e Codreanu). Líderes religiosos alegam uma relação próxima com o divino e seus seguidores acreditam nisso, e fascistas acreditam que a liderança é a precondição essencial do desenvolvimento social. Em ambos os casos, os seguidores têm uma necessidade de acreditar que o líder é carismático, dado o conteúdo de sua própria ideologia.

O poder econômico é muito diferente do poder ideológico, pois é distintamente estável ainda que cumulativo, duradouramente incrustado na vida cotidiana, gerando comportamento de massa de uma forma relativamente contínua e cumulativa. Conhece fronteiras, mas somente as da logística de produção e comércio, que são com frequência muito extensas, especialmente hoje. Relações de poder econômico hoje, e provavelmente em muitas sociedades, formam as estruturas de poder mais profundas e amplamente arraigadas, induzindo mudanças graduais, porém grandes, nos tempos modernos, acrescentando crescimento econômico durante longos períodos de tempo.

Novamente, o poder militar é diferente. É facilmente a força mais repentinamente destrutiva, matando pessoas, arruinando seu habitat, derrubando domínios políticos, capaz inclusive de destruir os níveis mais elevados de civilizações inteiras. Mas só pode fazer isso de acordo com a logística dos limites de ataque militares, que nas sociedades históricas foram com frequência muito limitados – embora não hoje. É também a fonte de poder mais contingente, pois muitos resultados de campo de batalha poderiam ter tido outro resultado, como enfatizei. O poder militar também tem uma relação estreita e uma dependência de economias e estados. Os estados melhor organizados e os batalhões maiores, mais materialmente abastecidos, usualmente triunfam no campo de batalha, embora resultados de guerra em geral possam diferir, uma vez que táticas de guerrilha e estado de ânimo podem desgastar grandes potências, enquanto armas de destruição de massa hoje também ameacem a nivelar o campo de batalha. O poder militar é também o único dos quatro que poderia, em princípio, ser abolido. Todos os grupos humanos necessitam de produção econômica, ideologia e regulação judicial. Eles não necessitam da guerra, também sequer de defesa, caso ninguém mais exiba ofensa. Para muitos estados (embora não todos) esse resultado está, no presente, próximo, embora uma falha em responder à mudança climática possa trazer crises que poderiam reviver o militarismo.

O poder político também é distinto em ser a institucionalização das outras relações de poder sobre determinados territórios, muito claramente delimitados, capazes de mais organização extensiva somente por meio de relações geopolíticas com outros estados. Oferece uma jaula nacional, aprisionando seus súditos ou cidadãos. Seu caráter depende muito da configruação natual e social de seus territórios, e, portanto, os estados são extraordinariamente variados.

Dada essa não congruência de poderes, torna-se difícil, se não impossível, afirmar que um é fundamentalmente decisivo, embora em períodos específicos possamos classificar o poder de uma ou mais fontes acima de outras. As fontes de poder são diferentes em vez de contraditórias, e todas têm sido (até agora) necessárias para as sociedades humanas civilizadas. De qualquer modo, existem visões concorrentes plausíveis sobre a primazia última. Se uma guerra nuclear eclodisse e destruísse a maior parte da Terra como um habitat humano, o poder militar teria sido decisivo, embora poucos restassem para fazer a reescrita necessária de Marx e Weber. Inversamente, se armas de destruição em massa continuassem a agir como um dissuasor poderoso contra a guerra, o poder militar podeira continuar a declinar ao redor do mundo. Dados os próprios graus variados de racionalidade mostrados neste volume pelos atores sociais confrontados pela possibilidade de uma grande guerra, eu não apostaria em uma dessas eventualidades contra a outra. Similarmente, a economia teria sido fundamentalmente decisiva se o capitalismo destruísse o meio ambiente da Terra, embora novamente quem estaria aqui para debatê-lo? Por outro lado, fanáticos religiosos e outros privilegiam o poder último no sentido da verdade última de sua própria ideologia, e nunca estarão convencidos de outro modo. Se existe um Deus, a ideologia religiosa poderia assumir mais importância do que se não existisse. Observe que esses cenários alternativos concernem a fins extremos, a morte das sociedades ou de nós mesmos. É difícil imaginar o extremo em qualquer outro contexto, uma vez que as cadeias da interação humana são, ao contrário, sem-fim. Tudo isso oferece mais apoio a Weber do que a Marx sobre a questão da primazia última. Provavelmente não exista ao longo da história inteira da humanidade e está certamente para além de nossa compreensão. Mas Marx estava certo em tentar explorá-la, e Weber estava errado em negar tão categoricamente a possibilidade de grandes generalizações históricas.

No período específico discutido neste volume, duas das fontes de poder social foram mais importantes do que as outras: a econômica e a política. Embora o capitalismo não seja muito singular ao redor do globo, tende nessa direção. Há um capitalismo. Em contraste, existem muitas ideologias, afirmando fundamentalmente diferentes verdades, todas endossadas por somente uma minoria da humanidade. Ha uma grande variabilidade militar: uma superpotência, um punhado de outras potências nucleares, alguns exércitos altamente armados em regiões críticas, estados afligidos por guerras civis e paramilitares não estatais, e os agora ubíquos terroristas. Embora exista uma hierarquia em princípio no poder militar entre estados, na realidade estados nucleares não podem pôr em ação seus poderes completos, e nenhum deles pode facilmente sufocar guerrilhas ou terroristas. Existem também muitos estados que incorporam enormes diferenças de tamanho, poder, constituições e políticas. Alguns não podem implementar decisões além de suas capitais, outros estão no controle de todos os seus territórios. Alguns são democracias representativas muito avançadas, alguns são democracias espúrias; outros são brutal ou benignamente despóticos. Essas redes de poder coexistem em uma série mais limitada de variedades de capitalismo, que podem parecer conferir maior poder global ao capitalismo.

Todavia, isso não é tão simples. Dois tipos de poder político continuam a restringir o capitalismo. Primeiro, a principal variação dentro do capitalismo é entre versões relativamente de mercado e relativamente estatistas, ou seja, em termos da importância relativa das relações de poder econômico *vis-à-vis* o político. Em ordem ascendente de estatismo, os principais tipos distinguidos neste livro são economias de mercado liberal, de mercado social, desenvolvidas e politizadas, com a China como o caso mais extremo de estatismo remanescente – embora o socialismo de Estado fosse em sua época o caso mais extremo de estatismo. Embora os primeiros três tipos reverenciem a dominação geral do capitalismo sobre estados, é difícil dizer isso no caso do capitalismo politizado, que vimos ser muito comum no mundo. Aqui, direitos de propriedade são essencialmente adquiridos por meio do acesso ao Estado. Com o tempo, isso pode se desenvolver em direitos de propriedade seguros e autônomos relativos, ou podem permanecer vulneráveis à reapropriação pelo Estado se a natureza do regime mudar, como ocorreu no Irã, e poderia ocorrer no Egito hoje. No socialismo de Estado, o Estado obviamente controlava o modo de produção econômica. Esse grau de estatismo não era de modo algum capitalismo. Dentro dessa série, somente em alguns casos o Estado restringe severamente o capitalismo. Certamente, é possível vislumbrar um futuro no qual o capitalismo politizado desapareça e a série de variações diminua consideravelmente, mas essa não é a realidade que nos confronta.

Existem também variedades menores e mais idiossincráticas de capitalismo como o de tipo islâmico, que bane a apropriação de juros. Os bancos islâmicos fornecem financiamento sem juros por meio de um contrato no qual ambas as partes dividem lucro e riscos, dentro de uma retórica distinta de justiça. Mas desde que a gigante Hong Kong e o Shanghai Bank (melhor conhecido como HSBC) lançaram o Amanah Bank islâmico, e o Citibank e o Merrill Lynch também o seguiram com produtos compatíveis com a Xaria, o setor financeiro é compatível com as práticas do sistema bancário ocidental e carece de forma significativa de direitos diferentes de propriedade. O mesmo pode ser dito para a diferença entre o capitalismo japonês e americano, com o último mais dependente de advogados para impor contratos, e o primeiro dependendo mais da confiança normativa entre as partes. Essas variedades não mudam significativamente o equilíbrio de poder entre mercados e estados.

O declínio do socialismo de Estado e da social-democracia afetaram o equilíbrio do poder global na direção do capitalismo orientado ao mercado. Todavia, enfatizei que os supostos limites, que os economistas neoclássicos e os marxistas pessimistas dizem restringir os estados, mais concretamente ao forçá-los a se submeterem à confiança empresarial, não são determinados. A pressão de vários grupos de interesse pode forçar os empresários a se curvarem. Como Keynes e o FDR perceberam, e a recente Grande Recessão também exemplifica, os capitalistas por vezes necessitam ser resgatados deles mesmos. Nesses contextos, os resgatadores, atores políticos, têm o poder potencial de cobrar um preço do capitalismo e flexionar seus supostos limites. Se esse poder será agora exercido novamente após a Grande Recessão é o que veremos.

Relações de poder político exercem uma segunda e mais universal restrição ao capitalismo, pois continuam a fraturá-lo em capitalismos nacionais. Em meus volumes me referi a isso como o enjaulamento da população em jaulas Estado-nacionais. Aqui, concepções de interesse nacional dominam a economia global junto ao interesse capitalista privado, e nos tempos modernos sempre houve alguma tensão entre eles. Embora as variedades de capitalismo sejam limitadas, o número de capitalismos nacionalmente enjaulados é grande. Embora a organização transnacional do capitalismo seja agora mais forte do que no passado recente, muitas atividades permanecem dentro de fronteiras Estado-nacionais e muita regulação e planejamento macroeconômico, e praticamente toda compilação estatística, é do Estado. Como observei, muitas corporações poderosas agora têm uma identidade dual, nacional e transnacional. Além disso, a atividade econômica além das fronteiras do Estado é internacional e igualmente transnacional, sendo parcialmente negociada entre estados-nações. Isso pode aumentar significativamente se a mudança climática continuar, reduzindo a autonomia tanto do capitalismo como do Estado individual. O cenário mais pessimista seria que a cooperação internacional não aumentasse, o que elevaria as barras das jaulas nacionais novamente.

Nessas duas formas, as relações políticas estruturam significativamente as relações de poder econômico, assim como o inverso também é verdadeiro. Que o capitalismo seja a economia do mundo confere a ele um grau de poder rotineiro, institucionalizado, global – e dá aos capitalistas um grau de consciência coletiva – que é rivalizado apenas pelos estados-nação e pelas identidades nacionais. Ao concluir o volume 2 que o capitalismo e os estados-nação dominavam o mundo, negligenciei os impérios. Agora, com apenas um império remanescente e seu declínio à vista, minha generalização é ainda mais verdadeira. Marx estava apenas metade certo. Já em 1848 (quando ele e Engels publicaram *O manifesto comunista*) ele havia se apercebido de que o capitalismo cresceria para se tornar verdadeiramente global, mas não se apercebera de que os estados-nação também cresceriam para ocupar o globo.

O capitalismo viu dois pontos altos no norte do mundo. O primeiro foi a Segunda Revolução Industrial (discutida no volume 3, capítulo 3), quando novas corporações introduziram uma pletora de novas tecnologias que geraram uma produtividade muito mais alta. O segundo foi o período pós-Segunda Guerra Mundial (discutido nos capítulos 2 e 6), quando o capitalismo reformado gerou demanda de massa e prosperidade para seus cidadãos. Nenhuma dessas eras de ouro foi um desenvolvimento puramente capitalista. A primeira deveu muito ao desenvolvimento da ciência e tecnologia, a segunda poderia nem ter ocorrido sem a Segunda Guerra Mundial. Grande parte do sul do mundo se equiparou na primeira fase da década de 1950, e parte dela está agora entrando na segunda fase. Mas no norte, e especialmente nos países anglófonos, um ponto crítico foi atingido, no qual a ganância tacanha da classe capitalista, a estupidez do conservadorismo e do neoliberalismo contemporâneos, e o declínio do movimento trabalhista se combinaram para pôr em questão a capacidade do capitalismo de continuar mantendo uma economia baseada em demanda de massa que beneficie todos os seus cidadãos, ou para criar as reformas regulatórias necessárias para resolver suas crises atuais centradas nas operações financeiras. O ponto alto do capitalismo pode ter passado no norte. Parece mais saudável no momento em grandes regiões do sul, embora em formas mais estatistas. Portanto, enquanto pode parecer plausível escolher o desenvolvimento do capitalismo como o processo estrutural-chave do longo século XX, esse não foi um processo autônomo das outras fontes de poder social, especialmente o poder político, e pode não se reproduzir para sempre.

Refletir sobre o período coberto por este livro deveria induzir algum contentamento. De um modo geral, foi um bom período para a raça humana. Embora tenha muitas vezes criticado a política externa americana, lamentado o surgimento do neoliberalismo, preocupado-me com o futuro da democracia e me compadeci das tristezas russas, essas dificuldades são excedidas em muito pelas notícias realmente boas do declínio da guerra e da difusão de melhor saúde e riqueza para grande parte dos povos do mundo. Ocidentais e americanos podem lamentar o começo de seu relativo declínio, mas continuam a viver bem, enquanto o surgimento do Resto e a emergência de um capitalismo e de uma geopolítica globais mais multicêntricos são agora certamente boas notícias.

Ninguém pode acuradamente prever o futuro de estruturas de poder de grande escala. O máximo que podemos fazer é apresentar cenários alternativos do que poderia ocorrer dadas diferentes condições, e em alguns casos arranjá-los em ordem de probabilidade, como fiz nos casos da mudança climática e do futuro do capitalismo. Existem possíveis nuvens escuras no horizonte. Todo bom humor pode ser sobrepujado por duas grandes ameaças iminentes à sociedade contemporânea: a guerra nuclear e a mudança climática. Não sabemos como os humanos reagirão a essas crises que ameaçam o planeta. Assumindo alguma racionalidade pelos líderes políticos, que eles têm mostrado até agora, a guerra nuclear poderia ser evitada. A mudança climática é mais problemática. Por um lado, a pressão de novos movimentos sociais poderia levar a um coletivismo internacional impedindo estados capitalistas e consumidores de destruírem o planeta. Se não, e a mudança climática se tornasse insuportável, a civilização poderia ser subjugada por guerras, fluxos massivos de refugiados, caos e novas ideologias extremistas. Não há fim da história, nenhuma primazia última, nenhum progresso contínuo necessário, pois as consequências não intencionadas da ação humana criam constantemente novos problemas intersticiais resultados plurais são sempre possíveis, e os entes humanos têm a capacidade de escolher bem ou mal, para o bem ou para o mal, como vimos repetidamente neste volume.

Bibliografia

Aaronson, Susan (2001). *Taking Trade to the Streets*: The Lost History of Public Efforts to Shape Globalization. Ann Arbor: University of Michigan Press.

_____ (1996). *Trade and the American Dream*: A Social History of Postwar Trade Policy. Lexington: University Press of Kentucky.

Abdelal, Rawi (2007). *Capital Rules: The Construction of Global Finance*. Cambridge, MA: Harvard University Press.

Abdelal, Rawi & John G. Ruggie (2009). "The Principles of Embedded Liberalism: Social Legitimacy and Global Capitalism". In: David Moss & John Cisternino (eds.). *New Perspectives on Regulation*, p. 151-162. Cambridge, MA: The Tobin Project.

Abramowitz, Alan (2010). *The Disappearing Center*: Engaged Citizens, Polarization, and American Democracy. New Haven, CT: Yale University Press.

Abramowitz, Moses (1979). "Rapid Growth Potential and Its Realization: The Experience of Capitalist Economies". In: Edmund Malinvaid (ed.). *Economic Growth and Resources*. Vol. I, p. 1-30. Nova York: St. Martin's Press.

Acemoglu, Daron; Johnson, Simon, & Robinson, James (2001). "The Colonial Origins of Comparative Development". *American Economic Review*, 91, p. 1.369-1.401.

Ahn, Jong-chul (2003). "Siming'gun: The Citizens' Army during the Kwangju Uprising". In: Gi-Wook Shin & Kyung Moon Hwang (eds.). *Contentious Kwangju*: The May 18 Uprising in Korea's Past and Present. Lanham, MD: Rowman & Littlefield.

Alam, Shahid (2000). *Poverty from the Wealth of Nations*: Integration and Polarization in the Global Economy since 1760. Basingstoke: Palgrave.

Albright, Madeleine (with Bill Woodward) (2003). *Madam Secretary*. Nova York: Miramax Books.

Albrow, Martin (1996). *The Global Age*: State and Society Beyond Modernity. Stanford, CA: Stanford University Press.

Aldcroft, David (2001). *The European Economy 1914-2000*. 4. ed. Londres: Routledge.

_____ (2002). "Currency Stabilisation in the 1920s: Success or Failure?" *Economic Issues*, 7, Part 2.

Alesina, Alberto & Drazen A. (1991). "Why Are Stabilisations Delayed?" *American Economic Review*, 81, 1.17088.

Alexander, Herbert (1980). *Financing Politics*: Money, Elections and Political Reform. 2. ed. Washington, DC: Congressional Quarterly.

Alic, John (2007). *Trillions For Military Technology*: How The Pentagon Innovates And Why It Costs So Much. Nova York: Palgrave Macmillan.

Allen, James & Lyle Scruggs (2004). "Political Partisanship and Welfare State Reform in Advanced Industrial Societies". *American Journal of Political Science*, 48, p. 496-512.

Allen, Robert (2004). *Farm to Factory* – A Reinterpretation of the Soviet Industrial Revolution. Princeton, NJ: Princeton University Press.

Amenta, Edwin (1998). *Bold Relief*: Institutional Politics and the Origins of Modern American Social Policy. Princeton, NJ: Princeton University Press.

Amenta, Edwin & Skocpol, Theda (1988). "Redefining the New Deal: World War II and the Development of Social Provision in the US". In: Margaret Weir, Ann Shola Orloff & Theda Skocpol (eds.). *The Politics of Social Policy in the United States*. Princeton, NJ: Princeton University Press.

Amsden, Alice (2001). *The Rise of "the Rest"*: Challenges to the West from Late--industrializing Economies. Nova York: Oxford University Press.

Anderson, Perry (2010). "Two Revolutions". *New Left Review*, January-February, p. 59-96.

Andreas, Joel (2008). "Colours of the PRC". *New Left Review*, n. 54. _____ (2009). Rise of the Red Engineers: The Cultural Revolution and the Origins of China's New Class. Stanford, CA: Stanford University Press.

_____ (2010). "A Shanghai Model? One Capitalism with Chinese Characteristics". *New Left Review*, n. 65.

Andrew, Christopher & Mitrokhin, Vasili (1999). *The Sword and the Shield*: The Mitrokhin Archive and the Secret History of the KGB. Nova York: Basic Books.

Andrew, John III (1998). *Lyndon Johnson and the Great Society*. Chicago/Los Angele: Ivan R. Dee/University of California Press.

Angresano, James (2011). *French Welfare State Reforms*: Idealism versus Swedish – New Zealand and Dutch Pragmatism. Londres: Anthem.

Appadurai, Arjun (1990). "Disjuncture and Difference in the Global Culture Economy". *Theory, Culture, and Society*, 7, p. 295-310.

Arbatov, Georgi (2001). "Origin and Consequences of 'Shock Therapy'". In: Klein, Lawrence & Pomer, Marshall (eds.). *The New Russia*: Transition Gone Awry. Stanford, CA: Stanford University.

Arjomand, Said Amir (1988). *The Turban for the Crown*: The Islamic Revolution in Iran. Oxford: Oxford University Press.

Armony, Ariel (1997). *Argentina, the United States and the Anti-Communist Crusade in Central America, 1977-1984*. Athens: Ohio University Center for International Studies.

Armstrong, Charles (2003). *The North Korean Revolution, 1945-1950*. Ithaca, NY: Cornell University Press.

Arnson, Cynthia & Zartman, William (eds.) (2005). *Rethinking the Economics of War*: The Intersection of Need, Creed, and Greed. Baltimore: Johns Hopkins Press.

Aron, Leon (2009). "The Merging of Power and Property". *Journal of Democracy*, 20, p. 66-68.

Arrighi, Giovanni (1994). *The Long Twentieth Century*. Londres: Verso.

_____ (2007). *Adam Smith in Beijing*: Lineages of the 21st Century. Londres: Verso.

Arrighi, Giovanni & Silver, Beverly (1999). *Chaos and Governance in the Modern World System*. Mineápolis: University of Minnesota Press.

Aslund (2002). *Building Capitalism* – The Transformation of the Former Soviet Bloc. Cambridge: Cambridge University Press.

_____ (2007). *How Capitalism Was Built*: The Transformation of Central and Eastern Europe, Russia, and Central Asia. Cambridge: Cambridge University Press.

Asselin, Pierre (2002). *A Bitter Peace*: Washington, Hanoi, and the Making of the Paris Agreement. Chapel Hill: University of North Carolina Press.

Atkins, Pope & Wilson, Larman (1998). *The Dominican Republic and the United States*: From Imperialism to Transnationalism. Athens: University of Georgia Press.

Atkinson, Anthony & Piketty, Thomas (2007). Top Incomes over the Twentieth Century. Oxford: Oxford University Press

Atkinson, Anthony et al. (2009). "Top Incomes in the Long Run of History". *NBER Working Paper* n. 15, p. 408.

Austin, Gareth (2004). "Markets with, without, and in Spite of States: West Africa in the Pre-Colonial Nineteenth Century. *LSE Working Papers of the Global Economic History Network*, n. 03/04.

Azimi, Fakhreddin (2008). *The Quest for Democracy in Iran*: A Century of Struggle against Authoritarian Rule. Cambridge, MA: Harvard University Press.

Bacevich, Andrew (2002). *American Empire*: The Realities and Consequences of U.S. Diplomacy. Cambridge, MA: Harvard University Press.

Bairoch, Paul (1982). "International Industrialization Levels from 1750 to 1980". *Journal of European Economic History*, vol. 11.

Baldwin, Peter (1990). *The Politics of Social Solidarity*: Class Bases of the European Welfare State, 1875-1975. Cambridge: Cambridge University Press.

Barber, William (1985). *From New Era to New Deal*: Herbert Hoover, the Economists, and American Economic Policy, 1921-1933. Nova York: Cambridge University Press.

Barnes, William & Gilman, Nils (2011). "Green Social Democracy or Barbarism: Climate Change and the End of High Modernism". In: Calhoun, Craig & Derluguian, Georgi (eds.). *The Deepening Crisis*: Governance Challenges after Neoliberalism. Nova York: Social Science Research Council.

Bartels, Larry (2008). *Unequal Democracy*: The Political Economy of the New Gilded Age. Princeton, NJ: Princeton University Press.

Bass, Warren (2003). *Support Any Friend*: Kennedy's Middle East and the Making of the U.S.-Israel Alliance. Nova York: Oxford University Press.

Baumann, Zygmunt (1998). *Globalization*: The Human Consequences. Nova York: Columbia University Press.

_____ (2000). *Liquid Modernity*. Cambridge: Polity.

Bayly, Christopher & Harper, Tim (2004). *Forgotten Armies*: The Fall of British Asia, 1941-1945. Cambridge, MA: Bellknap Press.

_____ (2007). *Forgotten Wars*: Freedom and Revolution in Southeast Asia. Cambridge, MA: Harvard University Press.

Beck, Ulrich (1992). *Risk Society, Towards a New Modernity*. Londres: Sage.

_____ (2001). *What Is Globalization?* Cambridge: Polity Press.

Beissinger, Mark (2002). *Nationalist Mobilization and the Collapse of the Soviet Union*. Cambridge: Cambridge University Press.

Belknap, Michael (1995). *Federal Law and Southern Order*: Racial Violence and Constitutional Conflict in the Post-Brown South. 2. ed. Athens: University of Georgia Press.

Bell, Daniel (1960). *The End of Ideology*: On the Exhaustion of Political Ideas in the Fifties. Glencoe, IL: Free Press.

Bell, Jonathan (2004). *The Liberal State on Trial*: The Cold War and American Politics in the Truman Years. Nova York: Columbia University Press.

Ben-Zvi, Abraham (1998). *Decade of Transition*: Eisenhower, Kennedy, and the Origins of the American-Israeli Alliance. Nova York: Columbia University Press.

Benford, Robert & Snow, David (2000). "Framing Processes and Social Movements: An Overview and Assessment". *Annual Review of Sociology* 26, p. 611-639.

Bergen, Peter (2011). *The Longest War*: The Enduring Conflict between America and Al-Qaeda. Nova York: Free Press.

Berman, Larry (2001). *No Peace, No Honor*: Nixon, Kissinger, and Betrayal in Vietnam. Nova York: Free Press.

Berman, William (1998). *America's Right Turn*: From Nixon to Bush. 2. ed. Baltimore: Johns Hopkins University Press.

Bernhard, Michael et al. (2004). "The Legacy of Western Overseas Colonialism on Democratic Survival". *International Studies Quarterly*, 48, p. 225-250.

Beschloss, Michael (2002). *The Conqueror*: Roosevelt, Truman and the Destruction of Hitler's Germany, 1941-1945. Nova York: Simon & Schuster.

Bethell, Leslie (1991). "From the Second World War to the Cold War: 1944-1954". In: Lowenthal, Abraham F. (ed.). *Exporting Democracy* – The United States and Latin America: Themes and Issues, p. 41-70. Baltimore: Johns Hopkins University Press.

Bethell, Leslie & Roxborough, Ian (1988). "Latin America between the Second World War and the Cold War". *Journal of Latin American Studies*, 20, p. 167-189.

Betsill, Michele (2008a). "Environmental NGOs and the Kyoto Protocol Negotiations: 1995 to 1997". In: Betsill & Corell, Elisabeth (eds.). *NGO Diplomacy*. Cambridge, MA: The MIT Press.

Bewley-Taylor, Dave et al. (2009). "The Incarceration of Drug Offenders: an Overview". *The Beckley Foundation*, Report 16. Kings College, University of London.

Biersteker, T. (1992). "The 'Triumph' of Neoclassical Economics in the Developing World: Policy Convergence and the Bases of Government in the International Economic Order". In: Rosenau, James & Czempiel, E.-O. *Governance without Government*: Order and Change in World Politics. Cambridge: Cambridge University Press.

Bill, James (1988). *The Eagle and the Lion*: The Tragedy of American-Iranian Relations. New Haven, CT: Yale University Press.

Block, Fred (1977). *The Origins of International Economic Disorder*. Berkeley/Los Angeles: University of California Press.

_____ (1987). *Revising State Theory*: Essays in Politics and Postindustrialism. Piladélfia: Temple University Press.

_____ (2008). "Swimming against the Current: The Rise of a Hidden Developmental State in the United States". *Politics & Society*, 36, p. 169-206.

Block, Fred & Keller, Matthew (eds.) (2011). *State of Innovation*: The U.S. Government's Role in Technology Development. Boulder, CO: Paradigm.

Bloom, Jack (1987). *Class, Race and the Civil Rights Movement*. Bloomington: Indiana University Press.

Blustein, Paul (2001). *The Chastening*: Inside the Crisis That Rocked the Global Financial System and Humbled the IMF. Nova York: Public Affairs.

Bobbitt, Philip (2001). *The Shield of Achilles*: War, Peace and the Course of History. Nova York: Knopf.

Boli, John & Thomas, George (1997). "World Culture in the World Polity". *American Sociological Review* 62(2), p. 171-190.

Bombach, G. (1985). *Postwar Economic Growth Revisited*. Amsterdã: North-Holland.

Bonds, John Bledsoe (2002). *Bipartisan Strategy*: Selling the Marshall Plan. Westport, CT: Praeger.

Boot, Max (2002). *The Savage Wars of Peace*: Small Wars and the Rise of American Power. Nova York: Basic Books.

Boswell, Terry (2004). "American World Empire or Declining Hegemony". *Journal of World Systems Research*, vol. 10.

Boyer, Robert (1990). *The Regulation School*: A Critical Introduction. Nova York: Columbia University Press.

Bradley, David & Stephens, John (2007). "Employment Performance in OECD Countries: A Test of Neo-Liberal and Institutionalist Hypotheses". *Comparative Political Studies*, vol. 40.

Bradley, David et al. (2003). "Distribution and Redistribution in Postindustrial Democracies". *World Politics*, 55, p. 193-228.

Bradley, Mark (2000). *Imagining Vietnam and America*: The Making of Postcolonial Vietnam, 1919-1950. Chapel Hill: University of North Carolina Press.

Brady, David (2009). *Rich Democracies, Poor People*: How Politics Explain Poverty. Oxford: Oxford University Press.

Bramall, Chris (2000). *Sources of Chinese Economic Growth, 1978-1996*. Oxford: Oxford University Press.

Brandolini, Andrea (2010). "Political Economy and the Mechanics of Politics". *Politics and Society*, 38, p. 212-226.

Brands, Hal (2010). *Latin America's Cold War*. Cambridge, MA: Harvard University Press.

Brauer, Carl (1982). "Kennedy, Johnson, and the War on Poverty". *The Journal of American History*, 69, p. 98-119.

Bremer, Ambassador L. Paul III (2006). *My Year in Iraq*: The Struggle to Build a Future of Hope. Nova York: Simon & Schuster.

Brenner, Robert (1998). "The Economics of Global Turbulence". *New Left Review*, n. 229.

_____ (2002). *The Boom and the Bubble*: The U.S. in the World Economy. Londres: Verso.

_____ (2006). "What Is, and What Is Not, Imperialism". *Historical Materialism*, 14, p. 79-105.

Brinkley, Alan (1996). *New Deal Liberalism in Recession and War*. Nova York: Vintage.

Bromley, Simon (1997). "Middle East Exceptionalism – Myth or Reality". In: David Potter et al. (eds.). *Democratization*. Cambridge: Polity Press.

Bromley, Patricia et al. (2010). "The Worldwide Spread of Environmental Discourse in Social Science Textbooks, 1970-2008: Cross-National Patterns and Hierarchical Linear Models". Unpublished paper School of Education/Department of Sociology, Stanford University.

Brooks, Clem & Jeff Manza (1997). "The Sociological and Ideological Bases of Middle-Class Political Realignment in the United States, 1972-1992". *American Sociological Review*, 62, p. 191-208.

_____ (2006). "Social Policy Responsiveness in Developed Democracies". *American Sociological Review*, 71, p. 474-494.

Brown, Archibald (2007). *Seven Years That Changed the World*: Perestroika in Perspective. Oxford: Oxford University Press.

_____ (2009). *The Rise and Fall of Communism*. Nova York: Harper Collins.

Brown, Michael (1999). *Race, Money and the American Welfare State*. Ithaca, NY: Cornell University Press.

Brüggemeier, Franz-Jose; Cioc, Mark & Zeller, Thomas (eds.). (2005). *How Green Were the Nazis?* – Nature, Environment and Nation in the Third Reich. Athens: Ohio University Press.

Brzezinski, Zbigniew (2012). *Strategic Vision*: America and the Crisis of Global Power. Nova York: Basic Books.

Bucheli, Marcelo (2005). *Bananas and Business*: The United Fruit Company in Colombia, 1899-2000. Nova York: New York University Press.

Bulmer-Thomas, Victor (1994). *The Economic History of Latin America Since Independence*. Cambridge: Cambridge University Press.

Bunce, Valerie (1999). *Subversive Institutions*: The Design and the Destruction of Socialism and the State. Cambridge: Cambridge University Press.

Burn, Gary (2006). *The Re-Emergence of Global Finance*. Londres: Palgrave Macmillan.

Burnham, Gilbert et al. (2006). "Mortality after the 2003 Invasion of Iraq: a Cross-Sectional Cluster Sample Survey". *The Lancet*, October 11.

Burnham, Peter (2001). "New Labour and the Politics of Depoliticisation". *British Journal of Politics and International Relations*, 3, p. 127-149.

Burns, James M. (2009). *Packing the Court*: The Rise of Judicial Power and the Coming Crisis of the Supreme Court. Nova York: Penguin Press.

Busch, Andrew (2005). *Reagan's Victory*: The Presidential Election of 1980 and the Rise of the Right. Lawrence: University Press of Kansas.

Bush, George W. (2010). *Decision Points*. Nova York: Crown.

Calder, Lendol (1999). *Financing the American Dream*: A Cultural History of Consumer Credit. Princeton, NJ: Princeton University Press.

Cameron, David R. (2007). "Post-Communist Democracy: The Impact of the European Union". *Post-Soviet Affairs*, 23, p. 185-217.

Campbell, Ballard (1995). *The Growth of American Government*: Governance from the Cleveland Era to the Present. Bloomington: Indiana University Press.

Cardenas, Enrique et al. (eds.) (2000). An Economic History of Twentieth-Century Latin America. Vol. III: *Industrialization and the State in Latin America*: The Postwar Years. Nova York: Palgrave.

Carrothers, Thomas (1991). "The Reagan Years: The 1980s". In: Abraham Lowenthal (ed.). *Exporting Democracy*: The United States and Latin America. Baltimore: Johns Hopkins University Press.

Castells, Manuel (1997). *The Power of Identity*. Vol. 2: The Information Age: Economy, Society and Culture. Oxford: Blackwell.

Castles, Francis (1985). *The Working Class and Welfare in Australia and New Zealand*. Sydney: Allen & Unwin.

_____ (1998). *Comparative Public Policy*: Patterns of Post-War Transformation. Cheltenham, UK: Edward Elgar.

Castles, Francis & Mitchell, Deborah (1993). "Worlds of Welfare and Families of Nations". In: Castles (ed.). *Families of Nations*: Patterns of Public Policy in Western Democracies. Hanover, NH: Dartmouth University Press.

Castles, Frank & Herbert Obinger (2008). "Worlds, Families, Regimes: Country Clusters in European and OECD Area Public Policy". *West European Politics*, 31, p. 321-344.

Castles, F.G. & Shirley, I.F. (1996). "Labour and Social Policy: Gravediggers or Refurbishers of the Welfare State". In: Castles, F.G. et al. (eds.). *The Great Experiment*. Sydney: Allen and Unwin, p. 88-106.

Centeno, Miguel (2002). *Blood and Debt*: War and the Nation-State in Latin America. College Park: Pennsylvania State University Press.

Cerami, Alfio & Vanhuysse, Pieter (2009). *Post-Communist Welfare Pathways*. Nova York: Palgrave Macmillan.

Cesarano, Filippo (2006). *Monetary Theory and Bretton Woods*: The Construction of an International Monetary Order. Cambridge: Cambridge University Press.

Chai, Joseph & Roy, Kartik (2006). *Economic Reform in China and India*. Northampton, MA: Edward Elgar.

Chan, Anita (2001). *China's Workers under Assault*: The Exploitation of Labor in a Globalizing Economy. Armonk, NJ: M.E. Sharpe.

Chang, Ha-Joon (2003). *Globalisation, Economic Development and the Role of the State*. Londres: Zed Books.

_____ (2009). *23 Things They Don't Tell You about Capitalism*. Londres: Allen Lane.

Chase-Dunn, Christopher et al. (2000). "Trade Globalization since 1795: Waves of Integration in the World System". *American Sociological Review*, vol. 65.

Chase-Dunn, Christopher & Andrew Jorgenson (2003). "Interaction Networks and Structural Globalization: A Comparative World-Systems Perspective". *Society in Transition* 34, p. 206-220.

Chen Jian (2001). *Mao's China and the Cold War*. Chapel Hill: University of North Carolina Press.

Chen, Chih-jou (2003). *Transforming Rural China*: How Local Institutions Shape Property Rights in China. Londres: Routledge.

Chen, Jian & Yang Kuisong (1998). "Chinese politics and the collapse of the Sino-Soviet alliance". In: Odd Westad (ed.). *Brothers in Arms*: The Rise and Fall of the Sino-Soviet Alliance, 1945-1963. Washington, DC: Woodrow Wilson Center Press.

Chernyaev, Anatoly (2000). *My Six Years with Gorbachev*. University Park: Pennsylvania State University Press.

Chirot, Daniel (1986). *Social Change in the Modern Era*. San Diego, CA: Harcourt Brace Jovanovich.

Chollet, Derek & Goldgeier, James (2008). *America between the Wars*: From 11/9 to 9/11: The Misunderstood Years between the Fall of the Berlin Wall and the Start of the War on Terror. Nova York: Public Affairs.

Clark, Daniel (1997). *Like Night and Day*: Unionization in a Southern Mill Town. Chapel Hill: University of North Carolina Press.

Clark, General Wesley (2007). *A Time to Lead*: For Duty, Honor and Country. Nova York: Palgrave MacMillan.

Clarke, Peter (2008). *The Last Thousand Days of the British Empire*: Churchill, Roosevelt, and the Birth of the Pax Americana. Londres: Bloomsbury Press.

Clarke, Richard (2004). *Against All Enemies*. Nova York: Simon & Schuster.

Cline, William (2004). *Trade Policy and Global Poverty*. Washington, DC: Institute for International Economics.

Coates, David (2010). "Separating Sense from Nonsense in the U.S. Debate on the Financial Meltdown". *Political Studies Review*, 8, p. 15-26.

Coatsworth, John (1994). *Central America and the United States*: The Clients and the Colossus. Nova York: Twayne.

Cohen, Lizabeth (1990). *Making a New Deal*: Industrial Workers in Chicago 1919-1939. Cambridge: Cambridge University Press.

_____ (2003). *A Consumers' Republic*: The Politics of Mass Consumption in Postwar America. Nova York: Alfred A. Knopf.

Cohen, Stephen (2001). *Failed Crusade*: America and the Tragedy of Post--Communist Russia. Nova York: Norton.

Cohen, Warren (2005). *America's Failing Empire*: U.S. Foreign Relations since the Cold War. Oxford: Blackwell.

Collier, Paul (2000). "Doing Well out of War". In: Berdahl, M. & Malone, D. (eds.). *Greed and Grievance*: Economic Agendas in Civil Wars. Boulder, CO: Lynne Rienner.

_____ (2003). "Breaking the Conflict Trap: Civil War and Developmental Policy". *World Bank Policy Research Report*. Washington, DC: World Bank.

Collins, Randall (2012). "Technological Displacement of Middle-Class Work and the Long-Term Crisis of Capitalism: No More Escapes". In: Derleugian, Georgi (ed.). *Does Capitalism Have a Future?* – A Sociological Polemic. New Haven, CT: Yale university Press.

Connor, Walter (1991). *The Accidental Proletariat*: Workers, Politics, and Crisis in Gorbachev's Russia. Princeton, NJ: Princeton University Press.

Cooper, Frederick (1996). "Decolonization and African Society: The Labor Question in French and British Africa". *African Studies Series*. Cambridge: Cambridge University Press.

_____ (2002). *Africa since 1940*: The Past of the Present. Cambridge: Cambridge University Press.

Cowie, Jefferson (2010). *Stayin' Alive*: The 1970s and the Last Days of the Working Class. Nova York: New Press,

Cox, Ronald (1994). *Power and Profits*: U.S. Policy in Central America. Lexington: University of Kentucky Press.

Coyne, Christopher (2007). *After War*: The Political Economy of Exporting Democracy. Stanford, CA: Stanford University Press.

Creveld, Martin van (2008). *The Changing Face of War*. Nova York: Ballantine Books.

Cronin, James (1996). *The World the Cold War Made*. Nova York: Routledge.

_____ (2001). "The Marshall Plan and Cold War Political Discourse". In: Schain, Martin (ed.). *The Marshall Plan*: Fifty Years After. Nova York: Palgrave.

Crouch, Colin (2005). *Capitalist Diversity and Change*: Recombinant Governance and Institutional Entrepreneurs. Oxford: Oxford University Press.

_____ (2009). "Privatised Keynesianism: An Unacknowledged Policy Regime". *British Journal of Politics and International Relations*, 11, p. 382-399.

_____. (2011). *The Strange Non-Death of Neoliberalism*. Cambridge, UK: Polity.

Cullather, Nick (1999). *Secret History*: The CIA's Classified Account of Its Operations in Guatemala, 1952-1954. Stanford, CA: Stanford University Press.

Cumings, Bruce (1981/1990). *The Origins of the Korean War*. Vol. 1: Liberation and the Emergence of Separate Regimes, 1945-1947. Vol. 2: The Roaring of the Cataract, 1947-1950. Princeton, N.J: Princeton University Press.

_____ (2004). *North Korea*: Another Country. New Press.

Cusack, Thomas & Susanne Fuchs (2002). "Ideology, Institutions and Public Spending". *Discussion Paper of the Research Area Markets and Political Economy*. Wissenschaftszentrum Berlin.

Daalder, Ivo & Lindsay, James (2003). *America Unbound*: The Bush Revolution in Foreign Policy. Washington, DC: Brookings Institution Press.

Dallek, Robert (1998). *Flawed Giant*: Lyndon Johnson and His Times, 1961-1963. Nova York: Oxford University Press.

_____ (2003). *John F. Kennedy* – An Unfinished Life, 1917-1963. Londres: Penguin.

Davis, Christopher (2001). "The Health Sector: Illness, Medical Care, and Mortality". In: Granville, Brigitte & Oppenheimer, Peter (eds.). *Russia's Post--Communist Economy*. Oxford: Oxford University Press.

Davis, Gerald (2009). *Managed by the Markets*: How Finance Re-Shaped America. Oxford: Oxford University Press.

Deng, Xiaoping (1984). *Selected Works (1975-1982)*. Beijing: Foreign Language Press. *Development*. Oxford: Blackwell.

Dew-Becker & Gordon, Robert (2005). "Where Did the Productivity Growth Go? Inflation Dynamics and the Distribution of Income". *National Bureau of Economic Research*, Working Paper n. 11.842.

Diamond, Larry (2005). *Squandered Victory*: The American Occupation and the Bungled Effort to Bring Democracy to Iraq. Nova York: Times Books/Henry Holt.

Dickson, Bruce (2003). *Red Capitalists in China*: The Party, Private Entrepreneurs, and Prospects for Political Change. Cambridge: Cambridge University Press.

Dittmer, John (1994). *Local People*: The Struggle for Civil Rights in Mississippi. Urbana: University of Illinois Press.

Dodge, Toby (2003). *Inventing Iraq*: The Failure of Nation-Building and a History Denied. Nova York: Columbia University Press.

Doherty, Brian (2002). *Ideas and Action in the Green Movement*. Londres: Routledge.

Domhoff, William (1996). *State Autonomy or Class Dominance?* – Case Studies in Policy Making in America. Nova York: Aldine de Gruyter.

_____ (1990). *The Power Elite and the State* – How Policy Is Made in America. Nova York: A. de Gruyter.

_____. *The Committee for Economic Development* [manuscrito não publicado].

Dominguez, Jorge (1999). "U.S.-Latin American Relations during the Cold War and Its Aftermath". In: Bulmer-Thomas, Victor & Dunkerley, James (eds.). *The United States and Latin America*: The New Agenda. Cambridge, MA: Harvard University Press.

Dooley, Michael et al. (2003). "An Essay on the Revived Bretton Woods System". *NBER Working Paper* n. 9.971.

Doreenspleet, Renske (2000). "Reassessing the Three Waves of Democratization". *World Politics* 52, p. 384-406.

Douglas, Roy (2002). *Liquidation of Empire*: The Decline of the British Empire. Basingstoke, UK: Palgrave Macmillan.

Dower, John (1999). *Embracing Defeat*: Japan in the Wake of World War II. Nova York: Norton.

Drahos, Peter & Braithwaite, John (2002). *Information Feudalism*: Who Owns the Knowledge Economy? Nova York: New Press.

Dreyfus, Michel et al. (2006). *Se protéger, être protégé* – Une histoire des Assurances sociales en France. Renes: Presses universitaires de Rennes.

Drukker, J. W. (2006). *The Revolution that Bit Its Own Tail*: How Economic History Changed our Ideas on Economic Growth. Amsterdã: Aksant.

Dudziak, Mary (2000). *Cold War Civil Rights*: Race and the Image of American Democracy. Princeton, NJ: Princeton University Press.

Dunlop John (2003). "The August Coup and Its Impact on Soviet Politics". *Journal of Cold War Studies*, vol. 5.

Ebbinghaus, Bernhard & Jelle Visser (1999). "When Institutions Matter. Union Growth and Decline in Western Europe, 1950-1995". *European Sociological Review*, 15, p. 135-158.

Ebbinghaus, Bernhard & Gronwald, Mareike (2009). "The Changing Public-Private Pension Mix in Europe: from Path-Dependence to Path Departure", draft paper, MZED, University of Mannheim.

Eckes, Alfred (1995). *Opening America's Market*: U.S. Foreign Trade Policy since 1776. Chapel Hill: University of North Carolina Press.

Edsall, Thomas (1984). *The New Politics of Inequality*. Nova York: Norton.

Eichengreen, Barry (ed.) (1995). *Europe's Postwar Recovery*. Cambridge: Cambridge University Press.

_____ (1996). *Globalizing Capital*: A History of the International Monetary System. Princeton, NJ: Princeton University Press.

_____ (2009). "The Dollar Dilemma: The World's Top Currency Faces Competition". *Foreign Affairs*, September/October.

Eisenstadt, Shmuel (1982). "The Axial Age: The Emergence of Transcendental Visions and the Rise of Clerics". *European Journal of Sociology*, 23, p. 294-314.

Elliott, David (2003). *The Vietnamese War*: Revolution and Social Change in the Mekong Delta, 1930-1975, 2 vols. Armonk, NY: M.E. Sharpe.

Ellman, Michael & Kontorovich, Vladimir (1998). *The Destruction of the Soviet Economic System*: An Insiders' History. Londres: M.E. Sharpe.

Ensalaco, Mark (2008). *Middle Eastern Terrorism*: From Black September to September 11. Piladélfia: University of Pennsylvania Press.

Environmental Law Institute (2009). "Estimating U.S. Government Subsidies to Energy Sources: 2002-2008".

Epstein, Philip et al. (2000). "Distribution Dynamics: Stratification, Polarization and Convergence Among OECD Economies, 1870-1992". *London School of Economics*. Department of Economic History Working Papers, n. 58/00.

Eriksson et al. (2003). "Armed Conflict 1989-2002". *Journal of Peace Research*, 40, p. 593-607.

Eskew, Glenn T. (1997). *But for Birmingham*: The Local and National Movements in the Civil Rights Struggle. Chapel Hill: University of North Carolina Press.

Esping-Andersen, Gosta (1990). *The Three Worlds of Welfare Capitalism*. Cambridge: Cambridge University Press.

_____ (1999). *Social Foundations of Postindustrial Economies*. Oxford: Oxford University Press.

_____ (2011). "Families and the Revolution in Women's Role". Three unpublished lectures available at the author's web-site.

Estévez-Abe, Margarita; Iversen, Torben & Soskice, David (2001). "Social Protection and the Formation of Skills: A Reinterpretation of the Welfare State".

In: Hall, Peter & Soskice, David (eds.). *Varieties of Capitalism*: The Institutional Foundations of Comparative Advantage, p. 145-183. Nova York: Oxford University Press.

European Bank for Reconstruction and Development (2009). Transition Report.

European Environment Agency (2009). *Greenhouse Gas Emission Trends and Projections in Europe*: Tracking Progress Towards Kyoto Targets, EEA Report n. 9/2009.

Evans, Peter & William Sewell, Jr. (2011). "The Neoliberal Era: Ideology, Policy, and Social Effects", unpublished paper.

Ewell Judith (1996). *Venezuela and the United States*: From Monroe's Hemisphere to Petroleum's Empire. Athens/Londre: University of Georgia Press.

Eyal, Gil; Szelenyi, Ivan & Townsley, Eleanor (1998). *Making Capitalism without Capitalists*. Londres: Verso.

Fairclough, Adam (1995). *Race and Democracy*: The Civil Rights Struggle in Louisiana, 1915-1972. Athens: University of Georgia Press.

Fan, Joseph et al. (2011). "Capitalizing China". *NBER Working Paper* n. 17.687, December.

Federico, Giovanni (2005). *Feeding the World*: An Economic History of Agriculture, 1800-2000. Princeton, NJ: Princeton University Press.

Ferguson, Charles (2008). *No End in Sight*: Iraq's Descent into Chaos. Nova York: Public Affairs.

Ferrarini, Guido et al. (2003). "Executive Remuneration in the EU: Comparative Law and Practice". EGGI Working Paper Series in Law, n. 32, *European Corporate Governance Institute*.

Filene, Peter (2001). "Cold War Culture Doesn't Say It All". In: Kuznick, Peter J. & Gilbert, James (eds.). *Rethinking Cold War Culture*. Washington, DC: Smithsonian Institution Press.

Fineman, Daniel (1997). *A Special Relationship*: The United States and Military Government in Thailand 1947-1958. Honolulu: University of Hawai'i Press.

Fiorina, Morris & Abrams, Samuel (2009). *Disconnect*: The Breakdown of Representation in American Politics. Norman: Oklahoma University Press.

Fischer, Beth (1997). *The Reagan Reversal*: Foreign Policy and the End of the Cold War. Columbia: University of Missouri Press.

Fischer, Claude & Hout, Michael (2006). *Century of Difference*: How America Changed in the Last One Hundred Years. Nova York: Russell Sage Foundation.

Fischer, Fritz (1998). *Making Them like U.S.*: Peace Corps Volunteers in the 1960s. Washington, DC: Smithsonian Institute Press.

Fitch, Robert (2006). *Solidarity for Sale*: How Corruption Destroyed the Labor Movement and Undermined America's Promise. Nova York: Public Affairs.

Fligstein, Neil & Shin, Taekjin (2007). "Shareholder Value and the Transformation of the U.S. Economy, 1984-2000". *Sociological Forum*, 22, p. 399-424.

_____ (2010). "Politics, the Reorganization of the Economy and Income Inequality, 1980-2009". *Politics and Society*, 38, p. 233-242.

Flora, Peter (1983). State, Economy, and Society in Western Europe 1815-1975: A Data Handbook. Vol. I: *The Growth of Mass Democracies and Welfare States*. Londres: Macmillan.

Flora, Peter & Heidenheimer, Arnold (1981). *The Development of Welfare States in Europe and America*. New Brunswick, NJ: Transaction Books.

Foran, John (2005). *Taking Power*: On the Origins of Third World Revolutions. Cambridge: Cambridge University Press.

Forsberg, Aaron (2000). *America and the Japanese Miracle*: The Cold War Context of Japan's Postwar Economic Revival, 1950-1960. Chapel Hill: University of North Carolina Press.

Fourcade-Gourinchas, Marion & Babb, Sarah (s.d.). "The Rebirth of the Liberal Creed: Paths to Neoliberalism in Four Countries". *American Journal of Sociology*, 108, p. 533-579.

Fousek, John (2000). *American Nationalism and the Cultural Roots of the Cold War*. Chapel Hill: University of North Carolina Press.

Frank, David John (1999). "The Social Bases of Environmental Treaty Ratification, 1900-1990". *Sociological Inquiry*, 69, p. 523-550.

Frank, David John; Camp, Bayliss J. & Boutcher, Steven A. (2010). "Worldwide Trends in the Criminal Regulation of Sex, 1945 to 2005". *American Sociological Review* 75, p. 867-893.

Frank, Thomas (2004). *What's the Matter with Kansas?* – How Conservatives Won the Heart of America. Nova York: Metropolitan Books.

Fraser, Steve (1989). "The 'Labor Question'". In: Fraser & Gerstle, Gary (eds.). *The Rise and Fall of the New Deal Order*, p. 55-84. Princeton, NJ: Princeton University Press.

Friedman, Edward et al. (1991). *Chinese Village, Socialist State*. New Haven, CT: Yale University Press.

Friedman, Milton (1962). *Capitalism and Freedom*. Chicago: University of Chicago Press.

Frum, David & Perle, Richard (2003). *An End to Evil*: How To Win the War on Terror. Nova York: Random House.

Fukuyama, Francis (1992). *The End of History and the Last Man*. Nova York: Free Press.

_____ (2011). *The Origins of Political Order*. Nova York: Farrar, Straus & Giroux.

Gaddis, John (1972). *United States and the Origins of the Cold War, 1941-1947*. Nova York: Columbia University Press.

_____ (1982). *Strategies of Containment*: A Critical Appraisal of Postwar American National Security Policy. Nova York: Oxford University Press.

_____ (1997). *We Now Know*: Rethinking the Cold War. Nova York: Oxford University Press.

Gaiduk, Ilya (1996). *The Soviet Union and the Vietnam War*. Chicago: Ivan Dee.

Gamble, Andrew (2010). "The Political Consequences of the Crash". *Political Studies Review*, 8, p. 3-14.

Gambone, Michael (1997). *Eisenhower, Somoza, and the Cold War in Nicaragua, 1953-1961*. Westport, CT: Praeger Publishers.

_____ (2001). *Capturing the Revolution*: The United States, Central America, and Nicaragua, 1961-1972. Westport, CT: Praeger.

Garrett, Geoffrey (1998). *Partisan Politics in the Global Economy*. Nova York: Cambridge University Press.

Gasiorowski, Mark & Byrne, Malcolm (eds.) (2004). *Mohammad Mosaddeq and the 1953 Coup in Iran*. Syracuse, NY: Syracuse University Press.

Gelb, Leslie (2009). *Power Rules*: How Common Sense Can Rescue American Foreign Policy. Nova York: Harper.

Gemici, Kurtulus (2008). "Hot Money. Cold Money: Managing Global Capital in Emerging Economies". Ph.D. Dissertation, Ucla.

Gerges, Fawaz (2005). *The Far Enemy*: Why Jihad Went Global. Nova York: Cambridge University Press.

Giddens, Anthony (1990). *The Consequences of Modernity*. Cambridge: Polity.

Gilding, Paul (2011). *The Great Disruption*: How the Climate Crisis Will Transform the Global Economy. Londres: Bloomsbury.

Gilens, Martin (1999). *Why Americans Hate Welfare*. Chicago: University of Chicago Press.

Gill, Graeme (1994). *The Collapse of a Single-Party System*: The Disintegration of the CPSU. Cambridge: Cambridge University Press.

Gill, Lesley (2004). *The School of the Americas*: Military Training and Political Violence in the Americas. Durham, NC: Duke University Press.

Gilligan, Andrew (2009). "Iraq Report: Secret Papers Reveal Blunders and Concealment". *The Telegraph*. Londres, November 21.

Gittings, John (2005). *The Changing Face of China*: From Mao to the Market. Nova York: Oxford University Press.

Gleditsch, Kristian (2004). "A Revised List of Wars between and within Independent States, 1816-2002". *International Interactions*, 30, p. 231-262.

Gleijeses, Piero (1991). *Shattered Hope*: The Guatemalan Revolution and the United States, 1944-1954. Princeton, NJ: Princeton University Press.

Glenn, Evelyn Nakano (2002). *Unequal Freedom*: How Race and Gender Shaped American Citizenship and Labor. Cambridge, MA: Harvard University Press.

Goldfield, Michael (1987). *The Decline of Organized Labor in the United States*. Chicago: University of Chicago Press.

_____ (1997). *The Color of Politics*: Race and the Mainsprings of American Politics. Nova York: New Press.

Goldin, Claudia & Margo, Robert (1992). "The Great Compression: Wage Structure in the United States at Mid-Century". *Quarterly Journal of Economics* 107, p. 1-34.

Goldman, Marshall (1972). *The Spoils of Progress*: Environmental Pollution in the Soviet Union. Cambridge, MA: MIT Press.

Goldstone, Jack (2001). "Toward a Fourth Generation of Revolutionary Theory". *Annual Review of Political Science* 4, p. 139-187.

_____ (2004). "Its All about State Structure: New Findings on Revolutionary Origins from Global Data". *Homo Oeconomicus*, 21, p. 429-455.

_____ (2009). "Revolutions". In: Landman, Todd & Robinson, Neil (eds.). *The Sage Handbook of Comparative Politics*, p. 319-347. Los Angeles: Sage.

Goodell, Jeff (2010). "As the World Burns. How Big Oil and Big Coal Mounted One of the Most Aggressive Lobbying Campaigns in History to Block Progress on Global Warming". *Rolling Stone Online*, posted January 6.

Goodwin, Jeff (2001). *No Other Way Out*: States and Revolutionary Movements, 1945-1991. Nova York: Cambridge University Press.

Gorbachev, Mikhail (1995). *Memoirs*. Nova York: Doubleday.

Gordon, Colin (2003). *Dead on Arrival*: The Politics of Health Care in Twentieth--Century America. Princeton, NJ: Princeton University Press.

Gordon, Michael & Trainor, General Bernard (2006). *Cobra II*: The Inside Story of the Invasion and Occupation of Iraq. Nova York: Random House.

Gorlizki, Yoram & Khlevniuk, Oleg (2004). *Cold Peace*: Stalin and the Soviet Ruling Circle, 1945-1953. Oxford: Oxford University Press.

Goto, Ken'ichi (2003). *Tensions of Empire*: Japan and Southeast Asia in the Colonial and Postcolonial World. Athens: Ohio University Press.

Gourinchas, Pierre Olivier, & Jeanne, Olivier (2007). "Capital Flows to Developing Countries: The Allocation Puzzle". *NBER Working Papers* n. 13.602, National Bureau of Economic Research.

Gowan, Peter (1999). *The Global Gamble*: Washington's Faustian Bid for World Domination. Londres: Verso.

_____ (2004). "Contemporary Intra-Core Relations and World Systems Theory". *Journal of World-Systems Research*, vol. 10.

Grandin, Greg (2004). *The Last Colonial Massacre*: Latin America in the Cold War. Chicago: University of Chicago Press.

Grant-Friedman, Andrea (2008). "Soviet Sociology, Perestroika, and the Politics of Social Inequality". Ph.D. Dissertation, Ucla.

Griffin, Keith (1991). "Foreign Aid after the Cold War". *Development and Change*, 22, p. 645-685.

Griffith, Barbara (1988). *The Crisis of American Labor*: Operation Dixie and the Defeat of the CIO. Filadélfia: Temple University Press.

Gross, James A. (1995). *Broken Promise*: The Subversion of U.S. Labor Relations Policy, 1947-1994. Filadélfia: Temple University Press.

Habermas, Juergen (1990). "What Does Socialism Mean Today? The Rectifying Revolution and the Need for New Thinking on the Left". *New Left Review*, 183, p. 3-21.

Hacker, Jacob & Pierson, Paul (s.d.). *Winner-Take-All Politics*. Nova York: Simon & Schuster.

Haggard, Stephan & Kaufman, Robert (2008). *Development, Democracy, and Welfare States*: Latin America, East Asia, and Eastern Europe. Princeton, NJ: Princeton University Press.

Hahn, Peter (2004). *Caught in the Middle East*: U.S. Policy towards the Arab-Israeli Conflict, 1945-1961. Chapel Hill: University of North Carolina Press.

Haldane, Andrew (2012). "The Doom Loop". *London Review of Books*, 34, p. 21-22.

Hall, John A. (1995). "After the Vacuum: Post-Communism in the Light of Tocqueville". In: Crawford, Beverly (ed.). *Markets, States and Democracy*: The Political Economy of Post-Communist Transformation. Boulder, CO: Westview Press.

Hall, Michael (2000). *Sugar and Power in the Dominican Republic*: Eisenhower, Kennedy, and the Trujillos. Westport CT: Greenwood.

Hall, Peter & Gingerich, D.W. (2003). Discussion Paper 04/5, Cologne, Germany, Max Planck Institute for the Study of Societies. Available at www.mpi-fg-koeln.mpg.de

Hall, Peter & Soskice, David (2001). *Varieties of Capitalism*: The Institutional Foundations of Comparative Advantage. Oxford: Oxford University Press.

Halliday, Fred (1999). *Revolution and World Politics*: The Rise and Fall of the Sixth Great Power. Londres: MacMillan.

_____ (2010). "Third World Socialism: 1989 and After". In: Lawson et al. (eds.). *The Global 1989*: Continuity and Change in World Politics. Cambridge: Cambridge University Press.

Hamm, Patrick; King, Lawrence & Stucker, David (2012). "Mass Privatization, State Capacity, and Economic Growth in Post-Communist Countries. *American Sociological Review*, 77, p. 295-324.

Handler, Joel (2004). *Social Citizenship and Workfare in the United States and Western Europe*: The Paradox of Inclusion. Nova York: Cambridge University Press.

Hansen, James (2009). *Storms of My Grandchildren*: The Truth about the Coming Climate Catastrophe and Our Last Chance to Save Humanity. Nova York: Bloomsbury.

Hanson, Philip (2003a). *The Rise and Fall of the Soviet Economy*: An Economic History of the U.S.S.R. From 1945. Londres: Pearson.

_____ (2003b). "The Russian Economic Recovery: Do Four Years of Growth Tell Us That the Fundamentals Have Changed?" *Europe-Asia Studies*, 55, p. 365-382.

Harding, Luke (2011). *Mafia State*: How One Reporter Became An Enemy of the Brutal New Russia. Londres: Guardian Books.

Hardt, Michael & Antonio Negri (2000). *Empire*. Cambridge, MA: Harvard University Press

Harrington, Michael (1962). *The Other America*: Poverty in the United States. Nova York: Macmillan.

Harrison, Graham (2005). "Economic Faith, Social Project and a Misreading of African Society: The Travails of Neoliberalism". *Third World Quarterly*, 26, 1303–20.

Harrison, Robert (1997). *State and Society in Twentieth Century America*. Londres: Longman.

Harvey, David (1989). *The Condition of Postmodernity*. Londres: Basil Blackwell

_____ (2003). *The New Imperialism*. Oxford: Oxford University Press.

_____ (2005). *A Brief History of Neoliberalism*. Nova York: Oxford University Press.

Hearden, Patrick (2002). *Architects of Globalism*: Building a New World Order during World War II. Fayetteville: University of Arkansas Press.

Heinlein, Frank (2002). *British Government Policy and Decolonisation 1945-1963*. Londres: Frank Cass.

Hendrix, Cullen & Salehyan, Idean (2012). "Climate Change, Rainfall, and Social Conflict in Africa". *Journal of Peace Research*, 49, p. 35-50.

Hicks, Alexander et al. (1995). "The Programmatic Emergence of the Social Security State". *American Sociological Review*, 60, p. 329-349.

_____ (1999). *Social Democracy and Welfare Capitalism*: A Century of Income Security Politics. Ithaca, NY: Cornell University Press.

Higgs, Robert (1989). *Crisis and Leviathan*: Critical Episodes in the Growth of American Government. Oxford: Oxford University Press.

Hinrichs, Karl (2010). "A Social Insurance State Withers Away". In: Palier, Bruno (ed.). *A Long Goodbye to Bismarck?* – The Politics of Welfare Reform in Continental Europe. Amsterdã: Amsterdam University Press.

Hirsch, Susan (2003). *After the Strike*: A Century of Labor Struggle at Pullman. Urbana: University of Illinois Press.

Hirst, Paul & Thompson, Grahame (1999). *Globalisation in Question*. 2. ed. Cambridge: Polity Press.

Hobsbawm, Eric (1994). *The Age of Extremes*: The Short Twentieth Century, 1914-1991 Londres: Michael Joseph.

Hoffman, David (2003). *The Oligarchs*: Wealth and Power in the New Russia. Nova York: Public Affairs.

Hofman, Bert & Wu, Jinglian (2009). "Explaining China's Development and Reforms". *Commission on Growth and Development*, Working Paper n. 50.

Hogan, Michael (1987). *The Marshall Plan, Britain, and the Reconstruction of Western Europe, 1947-1952*. Cambridge: Cambridge University Press.

_____ (1999). *The Ambiguous Legacy*: U.S. Foreign Relations in the "American Century". Nova York: Cambridge University Press.

Holden, Robert (2004). *Armies Without Nations*: Public Violence and State Formation in Central America 1821-1960. Oxford: Oxford University Press.

Hollander, Paul (1999). *Political Will and Personal Belief*: The Decline and Fall of Soviet Communism. New Haven, CT: Yale University Press.

Holloway, David (1994). *Stalin and the Bomb*: The Soviet Union and Atomic Energy, 1939-1956. New Haven, CT: Yale University Press.

Holton, Robert. (1998). *Globalization and the Nation-State*. Nova York: St. Martin's Press.

Honey, Michael (1993). *Southern Labor and Black Civil Rights' Organizing Memphis Workers*. Urbana: University of Illinois Press.

Hooks, Gregory (1991). *Forging the Military-Industrial Complex*: World War II's Battle of the Potomac. Urbana: University of Illinois Press.

Hooks, Gregory & Smith, Chad (2005). "Treadmills of Production and Destruction: Threats to the Environment Posed by Militarism". *Organization & Environment* 18(1), p. 19-37.

Hoopes, Townsend & Brinkley, Douglas (1997). *FDR and the Creation of the U.N.* New Haven, CT: Yale University Press.

Horne, John & Kramer, Alan (2001). *The German Atrocities of 1914*: A History of Denial. New Haven, CT: Yale University Press.

Hough, Jerry (1997). *Democratization and Revolution in the USSR, 1985-1991*. Washington, DC: Brookings Institute.

Hout, Michael et al. (1995). "The Democratic Class Struggle in the United States, 1948-1992". *American Sociological Review*, 60, p. 805-828.

Houtman, Dick et al. (2008). *Farewell to the Leftist Working Class*. New Brunswick, NJ: Transaction.

Howard, Christopher (1997). *The Hidden Welfare State*: Tax Expenditures and Social Policy in the United States. Princeton, NJ: Princeton University Press.

HSBC Global (2009). *A Climate for Recovery*: The Colour of Stimulus Goes Green. Londres: HSBC Bank.

Huang, Jing (2000). *Factionalism in Chinese Communist Politics*. Cambridge: Cambridge University Press.

Huang, Yasheng (2008). *Capitalism with Chinese Characteristics*: Entrepreneurship and the State. Cambridge: Cambridge University Press.

Huber, Evi & Stephens, Johns (2001). *Development and Crisis of the Welfare State*. Chicago: University of Chicago Press.

Huggins, Martha (1998). *Political Policing*: The United States and Latin America. Durham, NC: Duke University Press.

Hulme, Mike (2009). *Why We Disagree about Climate Change*. Cambridge: Cambridge University Press.

Humphreys, David (2008). "NGO Influence on International Policy on Forest Conservation and the Trade in Forest Products". In: Betsill & Corell (eds.). *NGO Diplomacy*. Cambridge, MA: The MIT Press.

Hunt, Michael (1987). *Ideology and U.S Foreign Policy*. New Haven, CT: Yale University Press.

_____ (1996). *Lyndon Johnson's War*: America's Cold War Crusade in Vietnam, 1945-1968. Nova York: Hill & Wang.

Huntington, Samuel (1991). *The Third Wave*: Democratization in the Late Twentieth Century. Norman: University of Oklahoma Press.

_____ (1996). *The Clash of Civilizations*. Nova York: Simon & Schuster.

Hurd, Michael & Susann Rohwedder (2010). "Effects of the Financial Crisis and Great Recession on American Households". *NBER Working Paper* n. 16, 407.

Hutchinson, M. (2001). "A Cure Worse than the Disease? Currency Crises and the Output Costs of Supported Stabilization Programs". In: Dooley, M. & Frankel, J. (eds.). *Managing Currency Crises in Emerging Markets*. Chicago: University of Chicago Press.

Hyam, Ronald (2006). *Britain's Declining Empire*: The Road to Decolonisation, 1918-1968. Nova York: Cambridge University Press.

Hyland, William (1999). *Clinton's World*: Remaking American Foreign Policy. Westport, CT, Praeger Publishers.

Ikenberry, John (2001). *After Victory*: Institutions, Strategic Restraint, and the Rebuilding of Order after Major Wars. Princeon, NJ: Princeton University Press.

_____ (2006). *Liberal Order and Imperial Ambition*. Cambridge: Polity.

Immergluck, Dan (2009). *Foreclosed*: High-Risk Lending, Deregulation, and the Under-mining of America's Mortgage Market. Ithaca, NY: Cornell University Press.

Indyk, Martin (2008). *Innocent Abroad*. Nova York: Simon & Schuster.

Ingham, Geoffrey (1984). *Capitalism Divided?* Londres: Macmillan.

_____ (2009). *Capitalism*. Cambridge: Polity Press.

Institute on Taxation and Economic Policy (2004). "Corporate Income Taxes in the Bush Years" *Report* n. 9/2004.

Intergovernmental Panel on Climate Change (2007). *Climate Change 2007, the IPCC Fourth Assessment Report. Synthesis Report*. Genebra: IPCC.

International Government Office (2008). *World of Work Report 2008*: Income Inequalities in the Age of Financial Globalization. Genebra: ILO.

International Monetary Fund (2010). "World Economic Outlook".

Iversen, Torben & David Soskice (2009). "Distribution and Redistribution: The Shadow of the Nineteenth Century". *World Politics*, 61, p. 438-486.

Iverson, Torben & John Stephens (2008). "Partisan politics, the welfare state, and three worlds of human capital formation". *Comparative Political Studies*, Vol. 41.

_____ (2005). *Capitalism, Democracy, and Welfare*. Nova York: Cambridge University Press.

Jacoby, Sanford (2004). "Economic Ideas and the Labor Market: Origins of the Anglo-American Model and Prospects for Global Diffusion". Unpublished paper, Ucla, November.

Jacoby, Tim (2010). "The 'Muslim Menace', Violence and the De-Politicising Elements of the New Culturalism". *Journal of Muslim Minority Affairs*, 30, p. 167-181.

Jacoway, Elizabeth (1982). "Introduction", and "Little Rock Business Leaders and Desegregation". In: Jacoway & Colburn, David (eds.). *Southern Businessmen and Desegregation*, p. 1-14, 15-41. Baton Rouge: Louisiana University Press.

Jaggard, Lyn (2007). *Climate Change Politics in Europe*: Germany and the International Relations of the Environment. Londres: I.B. Tauris.

James, Gimpel & Karnes, Kimberly (2006). "The Rural Side of the Urban-Rural Gap". *Political Science & Politics*, 9(3), p. 467-472.

James, Harold (2001). *The End of Globalization*: Lessons from the Great Depression. Cambridge, MA: Harvard University Press.

_____ (2006). *The Roman Predicament*: How the Rules of International Order Create the Politics of Empire. Princeton, NJ: Princeton University Press.

Jian, Chen (1994). *China's Road to the Korean War*. Nova York: Columbia University Press.

Johnson, Chalmers (2000). *Blowback*: The Costs and Consequences of American Empire. Nova York: Henry Holt.

_____ (2005). *The Sorrows of Empire* – Militarism, Secrecy, and the End of the Republic. Nova York: Henry Holt.

Johnson, Simon (2009). "The Quiet Coup". *Atlantic Online*, May.

Jorda, Oscar et al. (2010). "Financial Crises, Credit Booms, and External Imbalances: 140 Years of Lessons". *NBER Working Paper* n. 16.567.

Jorgenson, Andrew K.; Clark, Brett & Kentor, Jeffrey (2010). "Militarization and the Environment: A Panel Study of Carbon Dioxide Emissions and the Ecological Footprints of Nations, 1970-2000". *Global Environmental Politics* 10, p. 7-29.

Jorgenson, Andrew & Burn, Thomas (2007). "The Political-Economic Causes of Change and the Ecological Footprints of Nations, 1991-2001: A Quantitative Investigation". *Social Science Research*, 36, p. 834-853.

Josephson, Paul (2005). *Resources under Regimes*: Technology, Environment, and the State. Cambridge, MA: Harvard University Press.

Juhazs, Antonia (2006). *The Bush Agenda*: Invading the World, One Economy at a Time. New Haven, CT: Yale University Press.

Kagan, Robert (2012). *The World America Made*. Nova York: Knopf.

Kagan, Robert & Kristol, William (2000). *Present Dangers*: Crisis and Opportunity in American Foreign and Defense Policy. San Franciso: Encounter Books.

Kamieniecki, Sheldon (2006). *Corporate America and Environmental Policy*. Stanford, CA: Stanford University Press.

Kandil, Hazem (2011). "Revolt in Egypt". *New Left Review*, n. 68, March-April.

_____ (2012). "Power Triangle: Military, Security and Politics in the Shaping of the Regime in Egypt, Turkey and Iran". Ph.D. Dissertation, Ucla.

Kangas Olli (2010). "One Hundred Years of Money, Welfare and Death: Mortality, Economic Growth and the Development of the Welfare State in 17 OECD Countries 1900-2000". *International Journal of Social Welfare*, 19, S42-S59.

Karabell, Zachary (1999). *Architects of Intervention*: The United States, the Third World, and the Cold War 1946-1962. Baton Rouge: Louisiana State University Press.

Kato, Junko (2003). *Regressive Taxation and the Welfare State*. Cambridge: Cambridge University Press.

Katz, Michael B. (2001). *The Price of Citizenship*: Redefining the American Welfare State. Nova York: Metropolitan Books.

Katz, Michael et al. (2005). "The New African American Inequality". *The Journal of American History* 92, p. 75-108.

Katzenstein, Peter (1985). *Small States in World Markets*: Industrial Policy in Europe, Ithaca, NY: Cornell University Press.

_____ (2005). *A World of Regions*: Asia and Europe in the American Imperium. Ithaca, NY: Cornell University Press.

_____ (2010). *Civilizations in World Politics*: Plural and Pluralist Perspectives. Nova York: Routledge.

Katznelson, Ira (2005). *When Affirmative Action Was White*: An Untold History of Racial Inequality in Twentieth-Century America. Nova York: Norton.

Katznelson, Ira; Geiger, Kim & Kryder, Daniel (1993). "Limiting Liberalism: The Southern Veto in Congress, 1933-1950". *Political Science Quarterly*, 108, p. 283-306.

Keck, Margaret & Kathryn Sikkink (1998). *Activists beyond Borders*. Ithaca, NY: Cornell University Press.

Keddie, Nikki (2003). *Modern Iran*: Roots and Results of Revolution. New Haven, CT: Yale University Press.

Keene, Jennifer D. (2001). *Doughboys, the Great War and the Remaking of America*. Baltimore: Johns Hopkins University Press.

Keesbergen, Kees van (1995). *Social Capitalism*: A Study of Christian Democracy and the Welfare State. Londres: Routledge.

Kelly, Matthew (s.d.). "U.S. imperialism in the Middle East: an abbreviated survey", unpublished paper, Ucla Department of History.

Kenez, Peter (2006). *The History of the Soviet Union from the Beginning to the End*. Nova York: Cambridge University Press.

Kenworthy, Lane (2004). *Egalitarian Capitalism*: Jobs, Income and Growth in Affluent Countries. Nova York: Russell Sage Foundation.

_____ (2010). "Business Political Capacity and the Top-Heavy Rise of Income Inequality: How Large an Impact?" *Politics and Society*, 38, p. 255-265.

Kern, Thomas (2010). "Translating Global Values into National Contexts: The Rise of Environmentalism in South Korea". *International Sociology*, 25, p. 869-896.

Keynes, John Maynard (1937). "The General Theory of Employment". *Quarterly Journal of Economics*, 51, 209-223.

Khalidi, Rashid (2009). *Sowing Crisis*: The Cold War and American Dominance in the Middle East. Boston: Beacon.

Kian-Thiébaut, Azadeh (1998). *Secularization of Iran – A Doomed Failure?* Paris: Diffusion Peeters.

King, Desmond & Wood, Stewart (1999). "The Political Economy of Neoliberalism: Britain and the United States in the 1980s". In: H. Kitschelt et al. (eds.). *Continuity and Change in Contemporary Capitalism*. Nova York: Cambridge University Press.

Kinzer, Stephen (2004). *All the Shah's Men*: An American Coup and the Roots of Middle East Terror. Nova York: Wiley.

Kirk, John (2002). *Redefining the Color Line*: Black Activism in Little Rock, Arkansas, 1940-1970. Gainesville: University Press of Florida.

Kirk-Greene, Anthony (2000). *Britain's Imperial Administrators, 1858-1966*. Basingstoke, UK: Macmillan/Nova York: St. Martin's Press.

Kissinger, Henry (2003). *Ending the Vietnam War*: A History of America's Involvement in and Extrication from the Vietnam War. Nova York: Simon & Schuster.

Klare, Michael (2004). *Blood and Oil*: The Dangers and Consequences of America's Growing Dependency on Imported Petroleum. Nova York: Henry Holt.

Klarman, Michael (2004). *From Jim Crow to Civil Rights*: The Supreme Court and the Struggle for Racial Equality. Nova York: Oxford University Press.

Klausen, Jytte (1999). *War and Welfare*: Europe and the United States, 1945 to the Present. Londres: Palgrave Macmillan.

Klein, Jennifer (2003). *For All These Rights*. Princeton, NJ: Princeton University Press.

_____ (2001). "Foreword". In: Lawrence Klein & Marshall Pomer (eds.). *The New Russia: Transition Gone Awry*. Stanford, CA: Stanford University Press.

Knight, Alan (2008). "U.S. Imperialism/Hegemony and Latin American Resistance". In: Rosen, Fred (ed.). *Empire and Dissent: The United States and Latin America*. Durham, NC: Duke University Press.

Knight, Amy (2003). "The KGB, Perestroika, and the Collapse of the Soviet Union". *Journal of Cold War Studies*, vol. 5.

Kohl, Juergen (1981). "Trends and Problems in Postwar Public Expenditures". In: Flora & Heidenheimer. *The Development of Welfare States in Europe and America*. New Brunswick, NJ: Transaction Books.

Kohli, Atul (2004). *State-Directed Development*: Political Power and Industrialization in the Global Periphery. Cambridge: Cambridge University Press.

Koistinen, Paul (2004). *Arsenal of World War II*: The Political Economy of American Warfare, 1940-1945. Lawrence: University Press of Kansas.

Kolodko, Grzegorz (2000). *From Shock to Therapy*: The Political Economy of Postsocialist Transformation. Nova York: Oxford University Press.

Kopstein, Jeffrey (2006). "The Transatlantic Divide over Democracy Promotion". *The Washington Quarterly*, 29, p. 85-98.

Kornhauser, Arthur (1952). *Detroit As the People See It*: A Survey of Attitudes in An Industrial City. Detroit: Wayne University Press.

Korpi, Walter (1978). *The Working Class and Welfare Capitalism*: Work, Unions and Politics in Sweden. Londres: Routledge.

Korstad, Robert (2003). *Civil Rights Unionism*: Tobacco Workers and the Struggle for Democracy in the Mid-Twentieth-Century South. Chapel Hill: University of North Carolina Press.

Kose, M. Ayhan; Eswar Prasad; Kenneth Rogoff & Shang-Jin Wei (2006). "Financial Globalization: A Reappraisal", unpublished paper, Harvard University.

Kotkin, Steven (2001). *Armageddon Averted*: The Soviet Collapse 1970-2000. Oxford: Oxford University Press.

_____ (2009). *Uncivil Societies*: 1989 and the Implosion of the Communist Establishment. Nova York: Random House

Kotz, David (with Fred Weir) (1997). *Revolution from Above*: The Demise of the Soviet System. Londres: Routledge.

Kozlov, Vladimir (2002). *Mass Uprisings in the U.S.S.R.*: Protest and Rebellion in the Post-Stalin Years. Armonk, NY: M.E. Sharpe.

Kraft, Michael & Kamienicki, Sheldon (eds.) (2007). *Business and Environmental Policy*. Cambridge, MA: The MIT Press.

Kramer, Mark (2003a). "The Collapse of the Soviet Union (Part 2): Introduction". *Journal of Cold War Studies*, 5, 3-42.

_____ (2003b). "The Collapse of Eastern European Communism and the Repercussions within the Soviet Union (Part 1)". *Journal of Cold War Studies*, 5, p. 178-256.

Krieckhaus, Jonathan (2006). *Dictating Development*: How Europe Shaped the Global Periphery. Pittsburgh: University of Pittsburgh Press.

Krippner, Greta (2005). "The Financialization of the American Economy" *Socio-Economic Review*, 3, p. 173-208.

_____ (2007). "The Making of U.S. Monetary Policy: Central Bank Transparency and the Neoliberal Dilemma". *Theory and Society*, 36, p. 477-513.

_____ (2011). *Capitalizing on Crisis*: The Political Origins of the Rise of Finance. Cambridge, MA: Harvard University Press.

Krugman, Paul (2008). *The Return of Depression Economics and the Crisis of 2008*. Nova York: Norton.

Kruse, Kevin M. (2005). *White Flight*: Atlanta and the Making of Modern Conservatism. Princeton, NJ: Princeton University Press.

Kunz, Diane (1997). *Butter and Guns*: America's Cold War Economic Diplomacy. Nova York: Free Press.

Kurzman, Charles (2004). *The Unthinkable Revolution in Iran*. Cambridge, MA: Harvard University Press.

Kvaloy, Berit et al. (2012). "The Publics' Concern for Global Warming: a Cross-National Study of 47 Countries". *Journal of Peace Research*, 49, p. 11-22.

Lacy, Nicola (2010). "Differentiating among Penal Rates". *British Journal of Sociology*, 61, p. 778-794.

LaFeber, Walter (1984). *Inevitable Revolutions*: The United States in Central America. 2. ed. Nova York: Norton.

_____ (1994a). *The American Age*: United States Foreign Policy at Home and Abroad since 1750. 2. ed. Nova York: Norton.

Lane, David (2009). "Post-Socialist States and the World Economy: The Impact of Global Economic Crisis", unpublished paper, University of Cambridge.

Laothamatas, Anek (ed.) (1997). *Democratization in Southeast and East Asia*. Nova York: St. Martin's Press/Institute of Southeast Asian Studies.

Lardy, Nicholas (2002). *Integrating China into the Global Economy*. Washington, DC: Brookings Institute.

Lash, Scott & John Urry (1994). *Economies of Signs and Space*. Londres: Sage.

Latham, Michael (2000). *Modernization as Ideology*: American Social Science and "Nation Building" in the Kennedy Era. Chapel Hill: University of North Carolina Press.

Lau, Sanching (2001). *Dix ans dans les camps chinois 1981-1991*. Paris: Dagorno.

Lawson, George et al. (2010). *The Global 1989*: Continuity and Change in World Politics. Cambridge: Cambridge University Press.

Ledeneva, Alena (1998). *Russia's Economy of Favours*: Blat, Networking and Informal Exchange. Cambridge: Cambridge University Press.

Lee, Ching Kwan (2002). "From the Specter of Mao to the Spirit of the Law: Labor Insurgency in China". *Theory and Society*, 31, p. 189-228.

_____ (2007). *Against the Law*: Labor Protests in China's Rustbelt and Sunbelt. Berkeley/Los Angeles: University of California Press.

Lee, Ching Kwan & Selden, Mark (2007). "China's Durable Inequality: Legacies of Revolution and Pitfalls of Reform". *The Asia-Pacific Journal*, January 21, 2007.

Leffler, Melvyn (1999). "The Cold War: What Do 'We Now Know?'" *American Historical Review*, vol. CIV.

_____ (2007). *For the Soul of Mankind*: The United States, the Soviet Union, and the Cold War. Nova York: Hill & Wang.

Lemke, Douglas (2002). *Regions of War and Peace*. Cambridge: Cambridge University Press.

Leonard, Thomas (1991). *Central America and the United States*: The Search for Stability. Athens: University of Georgia Press.

Leonhardt, David (2010). "The Fed Missed This Bubble. Will It See a New One?" *New York Times*, January 6.

Levada, Iurii (1992). "Social and Moral Aspects of the Crisis". In: Ellman & Kontorovich (eds.). *The Destruction of the Soviet Economic System*: An Insiders' History. Londres: M.E. Sharpe.

Levinson, Jerome & Onis, Juan de (1970). *The Alliance That Lost Its Way*. Chicago: Quadrangle Books.

Levy, Jonah (2005). "Redeploying the State: Liberalization and Social Policy in France". In: Streeck & Thelen (eds.). *Beyond Continuity*: Institutional Change in Advanced Political Economies. Nova York: Oxford University Press.

Lewis, George (2006). *Massive Resistance*: The White Response to the Civil Rights Movement. Nova York/Londres: Oxford University Press.

Lewis, Jane (1992). "Gender and the Development of Welfare Regimes". *Journal of European Social Policy*, 2, p. 159-273.

Lewis, Joanna (2000). *Empire State-Building* – War and Welfare in Kenya, 1925-1952. Athens: Ohio University Press.

Lichtenstein, Nelson (2002). *State of the Union*: A Century of American Labor. Princeton, NJ: Princeton University Press.

_____ (2003). *Labor's War at Home*: The CIO in World War II. 2. ed. Filadélfia: Temple University Press.

Lieberman, Robert C. (1998). *Shifting the Color Line*: Race and the American Welfare State. Cambridge, MA: Harvard University Press.

Lieuwen, Edwin (1961). *Arms and Politics in Latin America*. Nova York: Praeger.

Lim, Taekyoon (2010). "The Neoliberalisation of the Korean State: Double-Faced Neoliberal Reforms in the Post-1997 Economic Crisis Era". Unpublished paper, Ucla Dept. of Sociology.

Lin, Justin Yifu & Peilin, Liu (2008). "Development Strategies and Regional Income Disparities in China". In: Guanghua Wan (ed.). *Inequality and Growth in Modern China*. Oxford: Oxford University Press.

Lin, Yifu & Peilin, Liu (2003). "Chinese Development Strategy and Economic Convergence". *Economic Research Journal*, 2003–03.

Lin, Yi-Min (2001). *Between Politics and Market Firms, Competition and Institutional Change in Post-Mao China*. Nova York: Cambridge University Press.

Lindbom, Anders (2008). "The Swedish Conservative Party and the Welfare State: Institutional Change and Adapting Preferences". *Government and Opposition*, 43, p. 539-560.

Lindert, Peter (1998). "Three Centuries of Inequality in Britain and America". Department of Economics, University of California at Davis. *Working Paper Series* n. 97–09, revised version.

_____ (2004). *Growing Public*: Social Spending and Economic Growth since the Eighteenth Century. Cambridge: Cambridge University Press.

Lipset, Seymour Martin (1960). *Political Man*. Nova York: Doubleday.

Lipset, Seymour & Rokkan, Stein (1967). "Cleavage Structures, Party Systems, and Voter Alignments: An Introduction". In: Lipset, Seymour & Rokkan, Stein (eds.). *Party Systems and Voter Alignments*: Cross-National Perspectives. Glencoe, IL: Free Press.

Little, Douglas (2002). *American Orientalism*: The United States and the Middle East since 1945. Chapel Hill: University of North Carolina Press.

Logevall, Frederik (1999). *Choosing War*: The Lost Chance for Peace and the Escalation of War in Vietnam. Berkeley: University of California Press.

Long, Ngo Vinh (1998). "South Vietnam". In: Lowe, P. (ed.). *The Korean War*. Basingstoke, UK: Macmillan.

López-Calva, Luis & Lustig, Nora (eds.) (2010). *Declining Inequality in Latin America*: A Decade of Progress? Washington, DC: Brookings Institution Press and United Nations Development Programme.

López de Silanes, Florencio & Chong, Alberto (2004). "Privatization in Latin America: What Does the Evidence Say?" *Economia*, 4, p. 37-111.

Lowe, Peter (2000). *The Korean War*. Basingstoke, UK: Macmillan.

Lowenthal, Abraham (1995). *The Dominican Intervention*. 2. ed. Baltimore: Johns Hopkins University Press.

Lundestad, Geir (1998). "Empire" by Invitation: The United States and European Integration, 1945-1997. Nova York: Oxford University Press.

Lynd, Michael (1999). *Vietnam*: The Necessary War: A Reinterpretation of America's Most Disastrous Military Conflict. Nova York: Free Press.

Ma, Xiaoying & Ortolano, Leonard (2000). *Environmental Regulation in China*: Institutions, Enforcement, and Compliance. Lanham, MD: Rowman & Littlefield.

MacFarquhar, Roderick (1983). The Origins of the Cultural Revolution. Vol. II: *The Great Leap, Forward, 1958-60*. Nova York: Columbia University Press.

Maddison, Angus (1982). *Phases of Capitalist Development*. Oxford: Oxford University Press.

_____ (1998). *Chinese Economic Performance in the Long Run*. Paris: OECD Development Centre.

_____ (2004). *The World Economy*: A Millennial Perspective. Paris: OECD.

_____ (2007). *Contours of the World Economy, 1–2030AD*. Oxford: Oxford University Press.

Mahler, Vincent & Jesuit, David (2006). "Fiscal Redistribution in the Developed Countries: New Insights from the Luxembourg Income Study". *Socio-Economic Review*, 4, p. 483-511.

_____ (1987a). "The Politics of Productivity: Foundations of American Economic Policy after World War II". In: *In Search of Stability*: Explorations in Historical Political Economy. Nova York: Cambridge University Press.

Mahoney, James (2001). *The Legacies of Liberalism*: Path Dependence and Political Regimes in Central America. Baltimore: John Hopkins University Press.

Maier, Charles (1987a). "The Two Postwar Eras and the Conditions for Stability in Twentieth-Century Western Europe". In: *In Search of Stability*. Cambridge: Cambridge University Press.

_____ (1987b). *In Search of Stability*: Explorations in Historical Political Economy. Nova York: Cambridge University Press.

Mamdani, Mahmood (1996). *Citizen and Subject*: Contemporary Africa and the Legacy of Late Colonialism. Princeton, NJ: Princeton University Press.

Mann, James (2004). *The Rise of the Vulcans*: The History of Bush's War Cabinet. Nova York: Viking Press.

Mann, Michael (1970). "The Social Cohesion of Liberal Democracy". *American Sociological Review*, vol. 35.

_____ (1986/1993). *The Sources of Social Power*. Vols. I e II. Cambridge: Cambridge University Press.

_____ (1988a). "The Autonomous Power of the State: Its Origins, Mechanisms and Results". In: Mann, M. (ed.). *States, War and Capitalism*. Oxford: Basil Blackwell.

_____ (1988b). "The Roots and Contradictions of Contemporary Militarism". In: M. Mann (ed.). *States, War and Capitalism*. Oxford: Basil Blackwell.

_____ (1988c). "The Decline of Great Britain". In: Mann, M. (ed.). *States, War and Capitalism*. Oxford: Basil Blackwell.

_____ (1997). "Has Globalization Ended the Rise and Rise of the Nation-State?" *Review of International Political Economy*, 4, p. 472-496.

_____ (2003). *Incoherent Empire*. Londres: Verso.

_____ (2005). *The Darkside of Democracy*: Explaining Ethnic Cleansing. Cambridge: Cambridge University Press.

_____ (2006). "The Sources of Social Power Revisited: a Response to Criticism". In: Hall, John & Schroeder, Ralph (eds.). *An Anatomy of Power*: The Social Theory of Michael Mann. Cambridge: Cambridge University Press.

Mann, Michael & Riley, Dylan (2007). "Explaining Macro-Regional Trends in Global Income Inequalities, 1950-2000". *Socio-Economic Review*, 5, p. 81-115.

Mann, Robert (2001). *A Grand Delusion*: America's Descent into Vietnam. Nova York: Basic Books.

Manza, Jeff et al. (1995). "Class Voting in Capitalist Democracies since World War II: Dealignment, Realignment, or Trendless Fluctuation?" *Annual Review of Sociology*, 21, p. 137-162.

_____ (1998). "The Gender Gap in U.S. Presidential Elections. When? Why? Implications?" *American Journal of Sociology*, 103, p. 1.235-1.266.

Manza, Jeff & Brooks, Clem (1997). "The Religious Factor in U.S. Presidential Elections, 1960-1992". *American Journal of Sociology*, 103, p. 38-81.

Mares, David (2001). *Violent Peace*: Militarized Interstate Bargaining in Latin America. Nova York: Columbia University Press.

_____ (2003). *The Politics of Social Risk*: Business and Welfare State Development. Cambridge: Cambridge University Press.

Marsh, Steve (2005). "Continuity and Change: Reinterpreting the Policies of the Truman and Eisenhower Administrations toward Iran, 1950-1954". *Journal of Cold War Studies*, 7, p. 79-123.

Marshall T.H. (1963/1949). "Citizenship and Social Class". In: *Sociology at the Crossroads*. Londres: Heinemann.

Mart, Michelle (2006). *Eye on Israel*: How Americans Came to See Israel as an Ally. Albany: State University of New York Press.

Martin, Nathan & Brady, David (2007). "Workers of the Less Developed World Unite? A Multilevel Analysis of Unionization in Less Developed Countries". *American Sociological Review*, 72, p. 562-584.

Marx, Karl (1959/1894). *Capital*. Vol. III. Nova York: International Publishers.

Massey, Douglas & Denton, Nancy (1993). *American Apartheid*: Segregation and the Making of the Underclass. Cambridge, MA: Harvard University Press.

_____ (2007). *Categorically Unequal*: The American Stratification System. Nova York: Russell Sage Foundation.

Mastny, Vojtech (1996). *The Cold War and Soviet Insecurity*: The Stalin Years. Nova York: Oxford.

Matray, James (1998). "Korea's Partition: Soviet-American Pursuit of Reunification, 1945-1948". *Parameters, U.S. War College Quarterly*, 28, p. 50-62.

Mayhew, David (1986). *Placing Parties in American Politics*. Princeton, NJ: Princeton University.

McAdam, Doug (1982). *Political Process and the Development of Black Insurgency, 1930-1970*. Chicago: University of Chicago Press.

McAdam, Doug et al. (2001). *Dynamics of Contention*. Cambridge: Cambridge University Press.

McAdam Doug et al. (1996). *Comparative Perspectives on Social Movements*. Cambridge: Cambridge University Press.

McCarthy, John & Zald, Meyer (1977). "Resource Mobilization and Social Movements: A Partial Theory". *American Journal of Sociology*, 82, p. 1.212-1.241.

McCarty, Nolan et al. (2006). *America*: The Dance of Ideology and Unequal Polarized Riches. Boston, MA: MIT Press.

McCauley, Martin (1998). *Russia, America and the Cold War, 1949-1991*. Londres: Longman.

McGirr, Lisa (2002). *Suburban Warriors*. Princeton, NJ: Princeton University Press.

McGregor, Richard (2010). *The Party*: The Secret World of China's Communist Rulers. Nova York: Harper.

McIntyre, David (1998). *British Decolonisation 1946-97*. Basingstoke: McMillan.

McKibbin, Ross (1998). *Classes and Cultures*: England, 1918-1951. Nova York: Oxford University Press.

McMahon, Robert (1999). *The Limits of Empire*: The United States and Southeast Asia since World War II. Nova York: Columbia University Press.

McNeill, John (2000). *Something New under the Sun*: An Environmental History of the 20th Century. Nova York: W.W. Norton.

Mead, Walter Russell (2001). *Special Providence*: American Foreign Policy and How It Changed the World. Nova York: Century Foundation/Knopf.

Mettler, Suzanne (1999). *Dividing Citizens*: Gender and Federalism in New Deal Public Policy. Ithaca, NY: Cornell University Press.

_____ (2010). "Reconstituting the Submerged State: The Challenge of Social Policy Reform in the Obama Era". *Perspectives on Politics*, 8, p. 861-876.

Meyer, David (2004). "Protest and Political Opportunities". *Annual Review of Sociology* 30, p. 125-145.

Meyer, John et al. (1997). "World Society and the Nation-State". *American Journal of Sociology*, 103, p. 144-181.

_____ (1999). "The Changing Cultural Content of the Nation-State: A World Society Perspective". In: Steinmetz, G. (ed.). *State/Culture*. Cornell, NY: Cornell University Press.

Migdal, Joel (1974). *Peasants Politics, and Revolution*. Princeton, NJ: Princeton University Press.

Milanovic, Branko (1998). *Income, Inequality, and Poverty during the Transformation from Planned to Market Economy*. Washington DC: The World Bank.

_____ (2010). *The Haves and the Have-Nots*: A Brief and Idiosyncratic History of Global Inequality. Nova York: Basic Books.

Milanovic, Branko & Ersado, Lire (2008). "Reform and Inequality during the Transition: An Analysis Using Panel Household Survey Data, 1990-2005". *World Bank Policy Research Working Paper*.

Miller, Nicola (1989). *Soviet Relations with Latin America, 1959-1987*. Cambridge: Cambridge University Press.

Miller, Norman (2009). *Environmental Politics*: Stakeholders, Interests, and Policymaking. 2. ed. Londres: Routledge.

Mills, C. Wright (1956). *The Power Elite*. Nova York: Oxford University Press.

Minchin, Timothy (1999). *Hiring the Black Worker*: The Racial Integration of the Southern Textile Industry 1960-1980. Chapel Hill: University of North Carolina Press.

_____ (2001). *The Color of Work*: The Struggle for Civil Rights in the Southern Paper Industry, 1945-1980. Chapel Hill: University of North Carolina Press.

Minsky, Hyman (1982). *Can "It" Happen Again?*: Essays on Instability and Finance. Armonk, NY: M.E. Sharpe.

Mittelstadt, Jennifer (2005). *From Welfare to Workfare*: The Unintended Consequences of Liberal Reform, 1945-1965. Chapel Hill: University of North Carolina Press.

Moore, Barrington (1967). *Origins of Dictatorship and Democracy*. Boston: Beacon Press.

Morgan Kimberley & Monica Prasad (2009). "The Origins of Tax Systems: A French-American Comparison". *American Journal of Sociology*, vol. 115.

Morgan, Kenneth. (2000). *Slavery, Atlantic Trade and the British Economy, 1660-1800*. Cambridge: Cambridge University Press.

Morley, Samuel (2001). *The Income Distribution Problem in Latin America and the Caribbean*. Santiago, Chile: Cepal/Eclac.

Morris, Aldon (1986). *The Origins of the Civil Rights Movement: Black Communities Organizing for Change*. Nova York: Free Press.

Moshiri, Farrokh (1991). "Iran: Islamic Revolution Against Westernization". In: Goldstone, Jack et al. (eds.). *Revolutions of the Late Twentieth Century*. Boulder, CO: Westview Press.

Moye, Todd (2004). *Let the People Decide*: Black Freedom and White Resistance Movements in Sunflower County, Mississippi, 1945-1986. Chapel Hill: University of North Carolina Press.

Moynihan, Daniel (1969). *Maximum Feasible Misunderstanding*: Community Action in the War on Poverty. Nova York: Free Press.

Mudge, Stephanie (2008). "What Is Neo-Liberalism?" *Socio-Economic Review*, 6, p. 703-731.

_____ (2011). "What's Left of Leftism? Neoliberal Politics in Western Political Systems, 1945-2004". *Social Science History*, 35, p. 338-368.

Muldavin, Joshua (2000). "The Paradoxes of Environmental Policy and Resource Management in Reform-Era China". *Economic Geography*, 76, p. 244-271.

Muravchik, Joshua (1986). *The Uncertain Crusade*: Jimmy Carter and the Dilemmas of Human Rights Policy. Nova York: Hamilton Press.

Nabli, Mustapha (ed.) (2010). *The Great Recession and Developing Countries*: Economic Impact and Growth Prospects. Washington, DC: World Bank.

Nagl, John (2002). *Counterinsurgency Lessons from Malaya and Vietnam*. Westport, CT: Praeger.

National Security Council (1950). "United States Objectives and Programs for National Security", NSC-68. Declassified in 1975 and published. *Naval War College Review*, 27, p. 51-108.

Naughton, Barry (1995). *Growing Out of the Plan*: Chinese Economic Reform 1978-1993. Nova York: Cambridge University Press.

_____ (2007). *The Chinese Economy*: Transitions and Growth. Boston: MIT Press.

Nelson, Bruce (2003). *Divided We Stand*: American Workers and the Struggle for Black Equity. Princeton, NJ: Princeton University Press.

Nelson, Moira & Stephens, John (2009). "Human Capital Policies and the Social Investment Perspective: Explaining the Past and Anticipating the Future". In: Morel, Nathalie et al. (eds.). *What Future for Social Investment?* Institute for Futures Studies Research Report, 2009/2.

Newell, Peter & Paterson, Matthew (2010). *Climate Capitalism*: Global Warming and the Transformation of the Global Economy. Cambridge: Cambridge University Press.

Nicolaides, Becky (2002). *My Blue Heaven*: Life and Politics in the Working Class Suburbs of Los Angeles, 1920-1965. Chicago: University of Chicago Press.

Nordhaus, William (2008). *A Question of Balance*: Weighing the Options on Global Warming Policies. New Haven, CT: Yale University Press.

Nugent, Paul (2004). *Africa since Independence*. Basingstoke, UK: Palgrave Macmillan.

Nye, Joseph (2004). *Soft Power*: The Means to Success in World Politics. Nova York: Public Affairs.

O'Connor, Alice (2001). *Poverty Knowledge*: Social Science, Social Policy and the Poor in Twentieth-Century U.S. History. Princeton, NJ: Princeton University Press.

O'Connor, Julia; Orloff, Ann & Shaver, Sheila (1999). *States, Markets, Families*: Gender, Liberalism and Social Policy in Australia, Canada, Great Britain, and the United States. Cambridge: Cambridge University Press.

O'Reilly, Marc (2008). *Unexceptional*: America's Empire in the Persian Gulf, 1941-2007. Lanham, MD: Lexington Books.

O'Rourke, Kevin & Williamson, Jeffrey (1999). *Globalization and History*: The Evolution of a Nineteenth-Century Atlantic Economy. Cambridge, MA: MIT Press.

Oatley, Thomas & Yackee, Jason (2004). "American Interests and IMF Lending". *International Politics*, 41, p. 415-429.

Odom William (1998). *The Collapse of the Soviet Military*. New Haven, CT: Yale University Press.

OECD (2008). *Growing Unequal?* – Income Distribution and Poverty in OECD Countries. Paris: OECD.

_____ (2010). *Economic Policy Reforms*: Going for Growth 2011. Paris: OECD.

Offe, Claus & Ronge, V. (1974). "Theses on the Theory of the State". In: Giddens, Anthony & Held, David (eds.). *Classes, Power and Conflict*. Berkeley/Los Angeles: University of California Press.

Oh, John Kie-chiang (1999). *Korean Politics*: The Quest for Democratization and Economic Development, Ithaca, NY: Cornell University Press.

Oi, Jean & Walder, Andrew G. (eds.) (1999). "Introduction". In: Property Rights and Economic Reform in China. Stanford, CA: Stanford University Press.

Olson, Laura (2006). "The Religion Gap". *Political Science & Politics*, 39, p. 455-459.

Omi, Michael & Winant, Howard (1994). "The Art of Reframing Political Debates". In: Racial Formation in the United States: From the 1960s to the 1980s. 2. ed. Vol. 5, p. 13-18. Nova York: Routledge, 1994.

Opinion Research Business (2008). "More than 1,000,000 Iraqis Murdered". Author. Updated version.

Orenstein, Mitchell (2008). "Postcommunist Welfare States". *Journal of Democracy*, 19, 80-94.

Oreskes, Naomi (2004). "Beyond the Ivory Tower: The Scientific Consensus on Climate Change". *Science*, 306 (5702), 1686.

Orloff, Ann (1988). "The Political Origins of America's Belated Welfare State". In: Weir, Margaret; Orloff, Ann Shola & Skocpol, Theda (eds.). *The Politics of Social Policy in the United States*. Princeton: Princeton University Press.

Osberg, Lars & Smeeding, Timothy (2006). "Fair" Inequality? An International Comparison of Attitudes to Pay Differentials". *American Sociological Review*, 70, p. 949-967.

Jürgen, Osterhammel & Petersson, Niels (2005). *Globalization*: A Short History. Princeton, NJ: Princeton University Press.

Ozler, Ilgu & Obach, Brian (2009). "Capitalism, State Economic Policy and Ecological Footprint: An International Comparative Analysis". *Global Environmental Politics*, 9, p. 79-108.

Packer, George (2005). *The Assassin's Gate*: America in Iraq. Nova York: Farrar, Straus & Giroux.

Page, Benjamin & Jacobs, Lawrence (2009). *Class War?* – What Americans Really Think about Economic Inequality. Chicago: University of Chicago Press.

Paige, Jeffery (1975). *Agrarian Revolution*. Nova York: Free Press.

_____ (1997). *Coffee and Power*: Revolution and the Rise of Democracy in Central America. Cambridge, MA: Harvard University Press.

Palier, Bruno (2005). "Ambiguous Agreement, Cumulative Change: French Social Policy in the 1990s'." In: Streeck & Thelen. *Beyond Continuity*: Institutional Change in Advanced Political Economies. Oxford: Oxford University Press.

Palier, Bruno (ed.) (2010). *A Long Goodbye to Bismarck?* – The Politics of Welfare Reform in Continental Europe. Amsterdã: Amsterdam University Press.

Panic, M. (2007). "Does Europe Need Neoliberal Reforms?" *Cambridge Journal of Economics*, 31, p. 145-169.

Pape, Robert (2005). *Dying to Win*. Nova York: Random House.

_____ (2010). "It's the Occupation, Stupid". *Foreign Policy Magazine*, November 14.

Park, James (1995). *Latin American Underdevelopment*: A History of Perspectives in the United States, 1870-1965. Baton Rouge: Louisiana State University Press.

Parsa, Misagh (1989). *Social Origins of the Iranian Revolution*. New Brunswick, NJ: Rutgers University Press.

Patterson, James (2001). *Brown v. Board of Education*: A Civil Rights Milestone and its Troubled Legacy. Nova York: Oxford University Press.

Payne, Charles (1995). *I've Got the Light of Freedom*: The Organizing Tradition and the Mississippi Freedom Struggle. Berkeley: University of California Press.

Pearson, Raymond (1998). *The Rise and Fall of the Soviet Empire*. Nova York: St. Martin's Press.

Peceny, Mark (1999). *Democracy at the Point of Bayonets*. University Park: Pennsylvania State University Press.

Peck, Jamie & Tickell, Adam (2002). "Neoliberalizing Space". *Antipode*, 34, p. 380-404.

_____ (2001). *Workfare States*. Nova York: Guilford Press.

Pedersen, Susan (1993). *Family, Dependence and the Origins of the Welfare State*. Cambridge: Cambridge University Press.

Pei, Minxin (1994). *From Reform to Revolution*: The Demise of Communism in China and the Soviet Union. Cambridge, MA: Harvard University Press.

_____ (2006). *China's Trapped Transition*: The Limits of Developmental Autocracy. Cambridge, MA: Harvard University Press.

Pierson, Paul (1998). "Irresistible Forces, Immovable Objects: Post-Industrial Welfare States Confront Permanent Austerity". *Journal of European Public Policy*, 5(4), p. 539-560.

Pierson, Paul (ed.) (2001). *The New Politics of the Welfare State*. Oxford University Press.

Pietersee, Jan Nederven (1995). "Globalization as Hybridization". In: Featherstone, Mike; Lash, Scott & Robertson, Roland (eds.). *Global Modernities*, (p. 45-68. Londres: Sage.

Piketty, Thomas & Emmanuel Saez (2003). "Income Inequality in the United States, 1913-1998". *Quarterly Journal of Economics*, 118, p. 1-39.

Piven, Frances & Cloward, Richard (1977). *Poor People's Movements*. Nova York: Vintage.

Pleshakov, Constantine (2009). *No Freedom Without Bread*: 1989 and the Civil War That Brought Down Communism. Nova York: Farrar, Straus & Giroux.

Plotke, David (1996). *Building a Democratic Political Order*: Reshaping American Liberalism in the 1930s and 1940s. Nova York: Cambridge University Press.

Polanyi, Karl (1957[1944]). *The Great Transformation*: The Political and Economic Origins of Our Time. Boston: Beacon Press.

Pomer, Marshall (2001). "Introduction". In: Lawrence Klein & Marshall Pomer (eds.). *The New Russia*: Transition Gone Awry. Stanford, CA: Stanford University Press.

Pontusson, Jonas (2005). *Inequality and Prosperity*: Social Europe vs. Liberal America. Ithaca, NY: Cornell University Press.

Porter, Bernard (2006). *Empire and Superempire*: Britain, America and the World. New Haven, CT: Yale University Press.

Prasad, Eswar et al. (2007). "Foreign Capital and Economic Growth". *Brookings Papers on Economic Activity* 1, p. 153-230.

Prasad, Monica (2006). *The Politics of Free Markets*. Chicago: University of Chicago Press.

_____ (2009). "Bryan's revenge: the credit/welfare state tradeoff and the crisis of 2008-2009", unpublished paper.

Prechel, Harland & Theresa Morris (2010). "The Effects of Organizational and Political Embeddedness on Financial Malfeasance in the Largest U.S. Corporations". *American Sociological Review*, 75, p. 331-354.

Precht, Henry (interview with) (2004). "The Iranian Revolution: An Oral History with Henry Precht, then State Department Desk Officer". *Middle East Journal*, 58, p. 9-31.

Putzel, James (2000). "Land Reforms in Asia: Lessons from the Past for the 21st Century". London School of Economics. *Destan Working Paper* n. 00-04.

Quadagno, Jill (1994). *The Color of Welfare*. Nova York: Oxford University Press.

Rabe, Stephen (1988). *Eisenhower and Latin America* – The Foreign Policy of Anti-Communism. Chapel Hill, NC: University of North Carolina Press.

_____ (1999). *The Most Dangerous Area in the World*: John F. Kennedy Confronts Communist Revolution in Latin America. Chapel Hill, NC: University of North Carolina Press.

Rabinovitch, Eyal (2004). "The Making of the Global Public". Ph.D. dissertation, Department of Sociology, Ucla.

Race, Jeffrey (1972). *War Comes to Long An*: Revolutionary Conflict in a Vietnamese Province. Berkeley: University of California Press.

Radkau, Joachim (2008). *Nature and Power*: A Global History of the Environment. Nova York: Cambridge University Press.

Raskin, Paul et al. (2002). *Great Transition*: The Promise and Lure of the Times Ahead. Boston: Stockholm Environment Institute (http://www.gsg.org).

Reinhart, Carmen & Rogoff, Kenneth (2009). *This Time Is Different*: Eight Centuries of Financial Folly. Princeton, NJ: Princeton University Press

Repetto, Robert (2007). "Best Practice in Internal Oversight of Lobbying Practice" (http://envirocenter.research.yale.edu).

Reynolds, Lloyd (1985). *Economic Growth in the Third World*. New Haven, CT: Yale University Press.

Roberts, J. Timmons & Parks, Bradley C. (2007). *A Climate of Injustice*: Global Inequality, North-South Politics, and Climate Policy. Cambridge, MA: MIT Press.

Robertson, Roland (1992). *Globalization*: Social Theory and Global Culture. Londres: Sage.

Robinson, William & Harris, Jerry (2000). "Towards a Global Ruling Class? Globalization and the Transnational Capitalist Class". *Science & Society*, 64, p. 11-54.

Robnett, Belinda (1997). *How Long? How Long?* – African-American Women in the Struggle for Civil Rights. Nova York: Oxford University Press.

Rockoff, Hugh (1998). "The United States: From Ploughshares to Swords". In: Harrison, Mark (ed.). *The Economics of World War II*: Six Great Powers in International Comparison. Cambridge: Cambridge University Press.

Rodrik, Dani (2011). "Growth after the Crisis". In: Calhoun, Craig & Derluguian, Georgi (eds.). *Aftermath*: A New Global Economic Order? Nova York: Social Science Research Council/New York University Press.

Rodrik, Dani & Subramanian, Arvind (2008). "Why Did Financial Globalization Disappoint", unpublished paper available on Rodrik's web-site.

Romano, Renee (2003). *Race Mixing*: Black-White Marriage in Postwar America. Cambridge: Harvard University Press.

Roorda, Eric (1998). *The Dictator Next Door*: The Good Neighbor Policy and the Trujillo Regime in the Dominican Republic, 1930-1945. Durham, NC: Duke University Press.

Rosen, Nir (2010). *Aftermath*: Following the Bloodshed of America's Wars in the Muslim. World New York: Avalon.

Rosenberg, Samuel (2003). *American Economic Development since 1945*: Growth, Decline and Rejuvenation. Nova York: Palgrave Macmillan.

Rotter, Andrew (1987). *The Path to Vietnam*: Origins of the American Commitment to Southeast Asia. Ithaca, NY: Cornell University Press.

Rouquié, Alain (1987). *The Military and the State in Latin America*. Berkeley/Los Angeles: University of California Press.

Rueschemeyer, D. et al. (1992). *Capitalist Development and Democracy*. Chicago: University of Chicago Press.

Ruggie, John (1982). "International Regimes, Transactions, and Change: Embedded Liberalism in the Postwar Economic Order". *International Organization*, vol. 36.

Runciman W.G. (1966). *Relative Deprivation and Social Justice*. Londres: Routledge.

Ryan, Charlotte & Gamson, William (2006). "The Art of Reframing Political Debates. *Contexts*, 5, p. 13-18.

Saez, Emmanuel (2009). "Striking It Richer: The Evolution of Top Incomes in the United States (update with 2007 estimates)" (http://elsa.berkeley.edu/~saez/).

Sainsbury, Diane (1996). *Gender, Equality and Welfare States*. Cambridge: Cambridge University Press

Sarotte, Mary (2009). *The Struggle to Create Post-Cold War Europe*. Princeton, NJ: Princeton University Press.

Sassen, Saskia (2010). "The Return of Primitive Accumulation". In: Lawson. *The Global 1989*: Continuity and Change in World Politics. Cambridge: Cambridge University Press.

Sato, Hiroshi (2003). *The Growth of Market Relations in Post-Reform Rural China*. Londres: Routledge.

Schaller, Michael (1985). *The American Occupation of Japan*: The Origins of the Cold War in Asia. Nova York: Oxford University Press.

Schild, George (1995). *Bretton Woods and Dumbarton Oaks*. Nova York: St. Martin's Press.

Schmitter, Philippe (1974). "Still the Century of Corporatism?" *Review of Politics*, 36, p. 85-131.

Scholte, Jan Aart (2000). *Globalization*: A Critical Introduction. Nova York: St. Martins Press.

Schrecker, Ellen (1998). *Many Are the Crimes*: McCarthyism in America. Boston: Little, Brown.

Schulzinger, Robert (1997). *A Time for War*: The United States and Vietnam, 1941-1975. Nova York: Oxford University Press.

Schumpeter, Joseph (1957[1942]). *Capitalism, Socialism and Democracy*. Nova York: Harper.

_____ (1961[1911]). *The Theory of Economic Development*. Nova York: Oxford University Press.

_____ (1982[1939]). *Business Cycles*. 2 vols. Filadélfia: Porcupine Press.

Schwartz, Herman (2009). *Subprime Nation*: American Power, Global Capital, and the Housing Bubble. Ithaca, NY: Cornell University Press.

Schwartzberg, Steven (2003). *Democracy and U.S. Policy in Latin America during the Truman Years*. Gainesville: University Press of Florida.

Scott, James (1976). *The Moral Economy of the Peasant*: Rebellion and Subsistence in South East Asia. New Haven, CT: Yale University Press.

Scruggs, Lyle & Lange, Peter (2002). "Where Have All the Members Gone? Globalization, Institutions and Union Density". *Journal of Politics*, 64, p. 126-153.

_____ (2003). *Sustaining Abundance*: Environmental Performance in Industrial Democracies. Nova York: Cambridge University Press.

Service, Robert (1997). *A History of Twentieth-Century Russia*. Londres: Allen Lane/Penguin.

Shadid Anthony (2005). *Night Draws Near*: Iraq's People in the Shadow of America's War. Nova York: Henry Holt.

Shafer, J. (1995). "Experience with Controls on International Capital Movements in OECD Countries: Solution or Problem for Monetary Policy?" In: Edwards, S. (ed.). *Capital Controls, Exchange Rates, and Monetary Policy in the World Economy*, p. 119-156. Cambridge: Cambridge University Press.

Shanin, Theodor (ed.) (1971). *Peasants and Peasant Societies*. Harmondsworth, UK: Penguin.

Shapiro, Judith (2001). *Mao's War against Nature*: Politics and the Environment in Revolutionary China. Nova York: Cambridge University Press.

Sharkey, Heather (2003). *Living with Colonialism*: Nationalism and Culture in the Anglo-Egyptian Sudan. Berkeley/Los Angeles: University of California Press.

Shaw, Martin (2006). *The New Western Way of War*. Cambridge: Polity.

Sherry, Michael (1995). *In the Shadow of War*: The United States since the 1930s. New Haven, CT: Yale University Press.

Sheshinski, Eytan & López-Calva, Luis (2003). "Privatization and Its Benefits: Theory and Evidence". *CESifo Economic Studies*, 49, p. 429-459.

Shirk, Susan (1993). *The Political Logic of Economic Reform in China*. Berkeley: University of California Press.

Shoichi, Koseki (1998). *The Birth of Japan's Postwar Constitution*. Boulder, CO: Westview Press.

Sides, Josh (2004). *L.A. City Limits*: African American Los Angeles from the Great Depression to the Present. Berkeley: University of California Press.

Silver, Beverly (2003). *Forces of Labor*: Workers' Movements and Globalization since 1870. Cambridge: Cambridge University Press.

Skjærseth, John & Wettestad, Jorgen (2009). "The Origin, Evolution and Consequences of the EU Emissions Trading System". *Global Environmental Politics*, 9, p. 101-122.

Skidelsky, Robert (1983). *John Maynard Keynes*: Hopes Betrayed. Londres: Macmillan.

_____ (2000). John Maynard Keynes. Vol III: *Fighting for Britain*. Londres: Macmillan.

Skidmore, David (1996). *Reversing Course*: Carter's Foreign Policy and the Failure of Reform. Nashville, TN: Vanderbilt University Press.

Sklair, Leslie (2000). *The Transnational Capitalist Class*. Oxford: Blackwell.

Skocpol, Theda (1979). *States and Social Revolutions*. Cambridge: Cambridge University Press.

_____ (1994). *Social Revolution in the Modern World*. Nova York: Cambridge University Press.

Skocpol, Theda & Ikenberry, John (1983). "The Political Formation of the American Welfare State in Historical and Comparative Perspective". *Comparative Social Research*, 6, p. 84-147.

Skrede, Kristian & Ward, Michael D. (1999). "A Revised List of Independent States since 1816". *International Interactions*, 25, p. 393-413.

Smeeding, Timothy (2002). "Globalisation, Inequality, and the Rich Countries of the G-20: Evidence from the Luxembourg Income Study (LIS)". In: Gruen,

D.; O'Brien, T. & Lawson, J. (eds.). *Globalisation, Living Standards, and Inequality, Recent Progress and Continuing Challenges.* Australia: J.S. McMillian.

Smith, Gaddis (1986). *Morality, Reason and Power*: American Diplomacy in the Carter Years. Nova York: Hill & Wang.

Smith, Neil (2003). *American Empire*: Roosevelt's Geographer and the Prelude to Globalization. Berkeley: University of California Press.

Smith, Peter (2000). *Talons of the Eagle*: Dynamics of U.S.-Latin American Relations. Nova York: Oxford University Press.

Smith, Tony (1991). "The Alliance for Progress: The 1960s". In: Lowenthal, Abraham F. (ed.). *Exporting Democracy*: The United States and Latin America. Baltimore: Johns Hopkins University Press.

Soederberg, Susanne (2004). *The Politics of the New International Financial Architecture.* Londres: Zed.

Solnick, Steven (1996). "The Breakdown of Hierarchies in the Soviet Union and China: A Neoinstitutional Perspective" *World Politics*, 48, p. 209-238.

Sparrow, Bartholomew (1996). *From the Outside In*: World War II and the American State. Princeton, NJ: Princeton University Press.

Speth, James Gustave (2004). *Red Sky at Morning*: America and the Crisis of the Global Environment. New Haven, CT: Yale University Press.

_____ (2008). *The Bridge at the Edge of the World.* New Haven, CT: Yale University Press.

Starke, Peter (2008). *Radical Welfare State Retrenchment*: A Comparative Analysis. Houndsmill: Palgrave Macmillan.

Steinmo Sven (1993). *Taxation and Democracy*: Swedish, British and American Approaches to Financing the Modern State. New Haven, CT: Yale University Press.

_____ (2010). *The Evolution of Modern States*: Sweden, Japan and the United States. Cambridge: Cambridge University Press.

Stepan-Norris, Judith & Zeitlin, Maurice (2003). *Left Out*: Reds and America's Industrial Unions. Cambridge: Cambridge University Press.

Stephens, John (1980). *The Transition from Capitalism to Socialism.* Londres: Macmillan.

Stern Team (2008). "Additional Papers and Presentations by Lord Stern". UK Office of Climate Change (http://www.occ.gov.uk/activities/stern_additional.htm).

Stern, Nicholas (2007). *The Stern Review on the Economics of Climate Change.* Londres: UK Office of Climate Change.

Stern, Sheldon M. (2003). *Averting "The Final Failure"*: John F. Kennedy and the Secret Cuban Missile Crisis Meetings. Stanford, CA: Stanford University Press.

Stiglitz, Joseph (1998). "More Instruments and Broader Goals: Moving toward the Post-Washington Consensus". *World Institute for Development Economics Research* (Wider) annual lecture, January 1998.

_____ (1999). *Whither Reform?* – Ten Years of Transition. Washington, DC: World Bank.

Stone, Geoffrey (2004). *Perilous Times*: Free Speech in Wartime, from the Sedition Act of 1798 to the War on Terrorism. Nova York: Norton.

Stone, Randall (2004). "The Political Economy of IMF Lending in Africa". *American Political Science Review*, vol. 98.

Strayer, Robert (2001). "Decolonization, Democratization, and Democratic Reform: The Soviet Collapse in Comparative Perspective". *Journal of World History*, 12, p. 375-406.

Streeck, Wolfgang (2009). *Re-Forming Capitalism*: Institutional Change in the German Political Economy. Oxford: Oxford University Press.

_____ (2011). "The Crises of Democratic Capitalism". *New Left Review*, 71, p. 5-29

Streeck, Wolfgang & Kathleen Thelen (2005). *Beyond Continuity*: Institutional Change in Advanced Political Economies. Oxford: Oxford University Press.

Streeter. Stephen (2000). *Managing the Counterrevolution*: The United States and Guatemala, 1954-1961. Athens: Ohio University Press.

Stuckler, David et al. (2009). "Mass Privatisation and the Post-Communist Mortality Crisis: A Cross-National Analysis". *The Lancet*, jan 15.

Stueck, William (1995). *The Korean War*: An International History. Princeton, NJ: Princeton University Press.

Stueck, William (ed.) (2004). *The Korean War in World History*. Lexington: University of Kentucky.

Sugihara, Kaoru (2000). "The East Asian Path of Economic Development: A Long-Term Perspective". *Discussion Papers in Economics and Business*, 00-17, Graduate School of Economics, Osaka University.

Sugrue, Thomas (1996). *The Origins of the Urban Race Crisis*: Race and Inequality in Postwar Detroit. Princeton, NJ: Princeton University Press.

Suny, Ronald (1993). *The Revenge of the Past*: Nationalism, Revolution and the Collapse of the Soviet Union. Stanford, CA: Stanford University Press.

_____ (1998). *The Soviet Experiment*. Oxford: Oxford University Press.

Suskind, Ron (2004). *The Price of Loyalty* – George W. Bush, the White House, and the Education of Paul O'Neill. Nova York: Simon & Schuster.

_____ (2006). *The One Percent Doctrine*: Deep inside America's Pursuit of Its Enemies since 9/11. Nova York: Simon & Schuster.

Swank, Duane (1992). "Politics and the Structural Dependence of the State in Democratic Capitalist Nations". *American Political Science Review*, 86, p. 38-54.

_____ (2002). *Global Capital, Political Institutions, and Policy Change in Developed Welfare States*. Nova York: Cambridge University Press.

Swyngedouw, Erik (1997). "Neither Global nor Local: 'Glocalization' and the Politics of Scale". In: Kevin R. Cox (ed.). *Spaces of Globalization*: Reasserting the Power of the Local, p. 137-166. Nova York: Guilford Press.

Syklos, Pierre (2002). *The Changing Face of Central Banking*: Evolutionary Trends since World War II. Nova York: Cambridge University Press.

Talbott, Strobe (2002). *The Russia Hand*: A Memoir of Presidential Diplomacy. Nova York: Random House.

Tanzi, Vito (1969). *The Individual Income Tax and Economic Growth*. Baltimore: Johns Hopkins University Press.

Taylor, Bill et al. (2003). *Industrial Relations in China*. Cheltenham: Edward Elgar.

Taylor, Bron (1995). "Popular Ecological Resistance and Radical Environmentalism". In: Taylor (ed.). *Ecological Resistance Movements*. Albany: State University of New York Press, p. 334-354.

Temin, Peter (2010). "The Great Recession and the Great Depression". *NBER Working Paper* n. 15.645.

Tenet, George (2007). *At the Center of the Storm*: My Years at the C.I.A. Nova York: Harper-Collins.

Thornton, Mills III (2002). *Dividing Lines*: Municipal Politics and the Struggle for Civil Rights in Montgomery, Birmingham, and Selma. Tuscaloosa: University of Alabama Press.

Tikhomirov, Vladimir (2000). *The Political Economy of Post-Soviet Russia*. Londres: MacMillan.

Tilly, Charles (1993). *European Revolutions 1492-1992*. Oxford: Blackwell.

Tomlinson, John (1999). *Globalization and Culture*. Chicago: University of Chicago Press.

Tridico, Pasquale (2009). "Trajectories of Socio-Economic Models and Development in Transition Economies in the 20 Years since the Fall of the Berlin Wall", unpublished paper, Department of Economics, University of Rome 3.

Trubowitz, Peter (1998). *Defining the National Interest*: Conflict and Change in American Foreign Policy. Chicago: University of Chicago Press.

Tucker, Aviezer (2010). "Restoration and Convergence: Russia and China since 1989". In: Lawson et al. *The Global 1989*: Continuity and Change in World Politics. Cambridge: Cambridge University Press.

Tucker, Robert (ed.) (1978). *The Marx-Engels Reader*. Nova York: Norton.

Tuminez, Astrid (2003). "Nationalism, Ethnic Pressures, and the Breakup of the Soviet Union". *Journal of Cold War Studies*, 5, p. 81-136.

Tyler, Patrick (2009). *A World of Trouble*: The White House and the Middle East – from the Cold War to the War on Terror. Nova York: Farrar, Straus & Giroux.

Ulvila, Marko & Jarna Pasanen (2009). *Sustainable Futures*. Helsinki: Ministry of Foreign Affairs.

UNEP (2007). *Global Environmental Outlook*: GEO4.

United Nations Development Program (2009). *World Development Report*.

United Nations Environmental Program (UNEP) (2007). "GEO4 Report". *Global Environmental Outlook*.

United Nations Human Development Report (2007/2008). *Fighting Climate Change*: Human Solidarity in a Divided World. Genebra: United Nations.

U.S. Department of State (2003). *Foreign Relations of the United States, 1952-1954*: Guatemala. Washington, DC: U.S. Government Printing Office.

Van Zanden et al. (2011). "The Changing Shape of Global Inequality 1820-2000: Exploring a New Data-Set". Universiteit Utrecht, *CGEH Working Paper Series*, n. 1.

Vandervort, Bruce (1998). *Wars of Imperial Conquest in Africa, 1830-1914*. Bloomington: Indiana University Press.

Visser, Jelle (2006). "Union Membership Statistics in 24 Countries". *Monthly Labor Review*, vol. 129.

Voigt, Peter & Heinrich Hockmann (2008). "Russia's Transition Process in the Light of a Rising Economy". *European Journal of Comparative Economics*, 5, p. 251-267.

Vreeland, James (2003). *The IMF and Economic Development*. Cambridge: Cambridge University Press.

Wacquant, Loic (2002). *Prisons of Poverty*. Mineápolis: University of Minnesota Press.

_____ (2009). *Punishing the Poor*: The Neoliberal Government of Social Insecurity. Durham, NC: Duke University Press.

Waddell, Brian (2001). *The War against the New Deal*: World War II and American Democracy. DeKalb: Northern Illinois University Press.

Wade, Robert (1990). *Governing the Market*. Princeton, NJ: Princeton University Press.

Walker, Thomas (1997). *Nicaragua without Illusions*: Regime Transition and Structural Adjustment in the 1990s. Wilmington, DE: SR Books.

Wallace, Michael et al. (1988). "American Labor Law: Its Impact on Working--Class Militancy, 1901-1980". *Social Science History*, 12, p. 1-29.

Wallander, Celeste (2003). "Western Policy and the Demise of the Soviet Union". *Journal of Cold War Studies*, 5, p. 137-177.

Wallerstein, Immanuel (1974a). The Modern World-System. Vol. I: *Capitalist Agriculture and the Origins of the European World-Economy in the Sixteenth Century*. Nova York/Londres: Academic Press.

_____ 1974b "The Rise and Future Demise of the of the World-Capitalist System: Concepts for Comparative Analysis". Comparative Studies in Society and History, 16, p. 387-415.

_____ (2003). The Decline of American Power: The U.S. in a Chaotic World. Nova York: New Press.

_____ (2012). "Structural Crisis, or Why Capitalists No Longer Find Capitalism Rewarding". In: Georgi Derleugian (ed.). *Does Capitalism Have a Future?* – A Sociological Polemic. New Haven, CT: Yale University Press.

Walter, Carl & Fraser Howie (2003). *Privatizing China*: The Stock Markets and Their Role in Corporate Reform. Cingapura: John Wiley.

Warner, Roger (1996). *Shooting at the Moon*: The Story of America's Clandestine War in Laos. South Royalton, VT: Steerforth Press.

Waters, Malcolm (1995). *Globalization*. Nova York: Routledge.

Weathersby, Kathryn (1998). "Stalin, Mao, and the End of the Korean War". In: Westad (ed.). *Brothers in Arms*: The Rise and Fall of the Sino-Soviet Alliance, 1945-1963. Washington, DC: Woodrow Wilson Center Press.

Weaver, R.K. (1986). "The Politics of Blame Avoidance". *Journal of Public Policy*, 6, p. 371-398.

Weber, Max (ed.) (1978). *Economy and Society*. 2 vols. Edited by Gunther Roth & Claus Wittich. Berkeley/Los Angeles: University of California Press.

Wedeman, Andrew (2003). *From Mao to the Market*: Rent Seeking, Local Protectionism and Marketization in China. Nova York: Cambridge University Press.

Weintraub, Stanley (1999). *MacArthur's War*: Korea and the Undoing of an American Hero. Nova York: Free Press.

Weiss, Linda (1999). "Globalization and National Governance: Antinomy or Interdependence?" *Review of International Studies*, 25, p. 59-88.

_____ (2008). "Crossing the Divide: From the Military-Industrial to the Development-Procurement Complex", unpublished paper, Department of Government and International Relations, University of Sydney.

_____ (2009). "The State in the Economy: Neoliberal or Neoactivist? In: Morgan, Glenn et al. (eds.). *Oxford Handbook of Comparative Institutional Analysis*. Oxford: Oxford University Press.

Weller, Robert (2006). *Discovering Nature*: Globalization and Environmental Culture in China and Taiwan. Nova York: Cambridge University Press.

Welch, Richard (1985). *Response to Revolution*: The United States and the Cuban Revolution, 1959-1961. Chapel Hill: University of North Carolina Press.

Westad, Odd (1998). "The Sino-Soviet Alliance and the United States". In: Westad, Odd (ed.). *Brothers in Arms*: The Rise and Fall of the Sino-Soviet Alliance, 1945-1963. Washington, DC: Woodrow Wilson Center Press.

_____ (2006). *The Global Cold War*: Third World Interventions and the Making of Our Times. Cambridge: Cambridge University Press.

Western, Bruce (1993). "Postwar Unionization in 18 Advanced Capitalist Countries". *American Sociological Review*, 58, p. 266-282.

_____ (2006). *Punishment and Inequality in America*. Nova York: Russell Sage.

White, John Kenneth (1997). *Still Seeing Red*: How the Cold War Shapes the New American Politics. Boulder, CO: Westview Press.

White, Nicholas (1999). *Decolonisation*: The British Experience since 1945. Londres/Nova York: Longman.

White, Stephen (1996). *Russia Goes Dry*: Alcohol, State and Society. Cambridge: Cambridge University Press.

Whitfield, Stephen (1996). *The Culture of the Cold War*. 2. ed. Baltimore: Johns Hopkins University Press.

Whiting, Susan (2001). *Power and Wealth in Rural China*: The Political Economy of Institutional Change. Nova York: Cambridge University Press.

Wiarda, Howard (1995). *Democracy and Its Discontents* – Development, Interdependence and U.S. Policy in Latin America. Lanham, MA: Rowman & Littlefield.

Wickham-Crowley, Timothy (2001). "Winners, Losers and Also-Rans: Toward a Comparative Sociology of Latin American Guerilla Movements". In: Eckstein, Susan (ed.). *Power and Popular Protest*: Latin American Social Movements. Berkeley/Los Angeles: University of California Press.

Wilensky, Harold (2002). Rich Democracies: Political Economy, Public Policy, and Performance. Berkeley and Los Angeles: University of California Press.

Wilentz, Sean (2009). *The Age of Reagan*: A History, 1974-2008. Nova York: HarperCollins.

Willbanks, James (2004). *Abandoning Vietnam*: How America Left and South Vietnam Lost Its War. Lawrence: University of Kansas Press.

Wilson, H.S. (1994). *African Decolonization*. Londres: Edward Arnold.

Wimmer, Andreas & Min, Brian (2006). "From Empire to Nation-State: Explaining Wars in the Modern World, 1816-2001". *American Sociological Review*, 71, p. 867-897.

Wimmer, Andreas & Feinstein, Yuval (2010). "The Rise of the Nation-State across the World, 1816 to 2001". *American Sociological Review*, 75, p. 764-790.

Wittkopf, Eugene & McCormick, James (1990). "The Cold War Consensus: Did It Exist?" *Polity*, XXII, p. 627-653.

Wong, Joseph (2004). *Healthy Democracies*: Welfare Politics in Taiwan and South Korea Ithaca, NY: Cornell University Press.

Woodward, Bob (2004). *Plan of Attack*. Nova York: Simon & Schuster.

World Bank (1997). *World Development Report*: The State in a Changing World. Nova York: Oxford University Press.

_____ (2007). *World Development Indicators*. Washington, DC: World Bank.

Wright, Donald & Reese, Colonel Timothy (2008). *On Point II*: Transition to the New Campaign: The United States Army in Operation Freedom, May 2003 to January, 2005. Fort Leavenworth, KS: Combat Studies Institute Press.

Wu, Yanrui (2004). *China's Economic Growth*: A Miracle with Chinese Characteristics. Londres: Routledge.

Yang, Dali (1996). *Calamity and Reform in China*: State, Rural Society, and Institutional Change since the Great Leap Famine. Stanford, CA: Stanford University Press.

_____ (2004). *Remaking the Chinese Leviathan*: Market Transition and the Politics of Governance in China, Stanford, CA: Stanford University Press.

Yaqub, Salim (2003). *Containing Arab Nationalism*: The Eisenhower Doctrine and the Middle East. Chapel Hill: University of North Carolina Press.

Young, Crawford (1994). *The African Colonial State in Comparative Perspective*. New Haven, CT: Yale University Press.

Zakaria, F. (2003). *The Future of Freedom*: Illiberal Democracy at Home and Abroad. Nova York: Norton.

Zeitlin, Maurice (1980). "On Classes, Class Conflict and the State: an Introductory Note". In: Zeitlin (ed.). *Classes, Class Conflict and the State*. Cambridge, MA: Winthrop.

Zelizer, Julian (2009). "The Winds of Congressional Change". *The Forum*, 7, p. 1-8.

Zhang, Shu Guang (1995). *Mao's Military Romanticism*: China and the Korean War, 1950-1953. Lawrence: University Press of Kansas.

Zieger, Robert (1995). *The CIO, 1935-1955*. Chapel Hill: University of North Carolina Press.

Zubkova, Elena (1998). *Russia after the War*: Hopes, Illusions, and Disappointments, 1945-1957. Armonk, NY: M.E. Sharpe.

Zubok, Vladislav & Pleshakov, Constantine (1996). *Inside the Kremlin's Cold War*: From Stalin to Khrushchev. Cambridge, MA: Harvard University Press.

Zweig, David (2002). *Internationalizing China*: Domestic Interests and Global Linkages. Ithaca, NY: Cornell University Press.

Índice

Abbas, Mahmoud 363
Abdullah (rei da Arábia Saudita) 353
Able Archer
   exercício militar 47, 224
Aborto 104
Abrams, Elliot 326
Acheson, Dean 115, 118
Acordo Basel III 403, 405
Acordo Geral sobre Tarifas e Comércio
   (Gatt) 38, 206, 273, 357
Afeganistão
   envolvimento americano
   - *blowback* do 349-350
   - como imbróglio 346-350
   - duração da guerra 314
   - era Bush 325-327, 331-332, 336
   - era Carter 142
   - era Clinton 318-320, 322-323
   - era Obama 315
   - era Reagan 223-225
   - gastos com defesa 314
   - mortes 341-342, 342-343, 346-348
   - objetivos do 325-331
   - opinião pública 360
   - petróleo e 330-336
   envolvimento saudita 145
   envolvimento soviético 45, 148, 150,
     229-230
   refugiados 346-348
   Talibã 302, 322
   terroristas 322
AFL (federação sindical) 54, 56, 67, 88
AFL-CIO (federação sindical) 67
África

legado da colonização 31-33
mudança climática 421, 444
nacionalismo pós-guerra 26-28
participação na guerra 46-46
reformas econômicas 204-205
revoluções 280, 293
África do Sul 30, 32, 101
Afro-americanos
   conflito racial pós-guerra 75-77
   Conselho Nacional do Trabalho na
     Guerra 55
   Estado de Bem-estar Social 74
   guerra à pobreza 77-79, 80-81
   Lei do Recruta 73
   movimento pelos direitos civis 84-105
   Segunda Guerra Mundial
   - era da 50-51
   sindicatos trabalhistas 55-56
   taxas de encarceramento 179-180
Agamben, Giorgio 362
Agência Central de Inteligência; cf. CIA
Agência de Proteção Ambiental (EPA)
   430, 431, 449
Agências de planejamento corporativo 51
Agroprombank 248
Ahmadinejad, Mahmoud 353
Aiatolás 146
Alavancagem 374
Albânia 233, 337
Albright, Madeleine 316, 318, 359
Alemanha
   ambiente e mudança climática 420,
     426, 444
   corporativismo 190

desigualdade 164-165, 184, 186
eficiência e igualdade 195
fim do Império Soviético 223
financeirização 168-169
Grande Recessão 398, 400, 402, 457, 458
hegemonia americana na Europa Ocidental 108-111
investimentos nos Estados Unidos 313
Iraque e 336
medo de Stalin da 42-43
neoliberalismo 159-160, 164
participação acionária 384
perda da manufatura 372
pós-guerra 22-23
programas sociais e de bem-estar social 159, 182-183, 184-186
questões trabalhistas 190
reunificação da 225
revolução 287
Segunda Guerra Mundial, era da 327-328
tributação 159
Alfabetização
na era da informação 195
Nicarágua 139
União Soviética 212
Aliança para o Progresso 131, 134-135
Allende, Salvador 136, 182
Al Qaeda 302, 322, 323, 326, 327, 328-330, 350, 352, 353
América Latina
ajuste estrutural 198
ascensão social 458
China e 208-209
crise financeira e recuperação 202-203
descolonização pós-guerra e independência 33-34
desigualdade 206
Império Americano na 34, 127-143, 150
mudança climática 444
participação na guerra 46-47
revoluções 286, 293

American Enterprise Institute 177, 320, 345, 430
Angola 205, 290
Angresano, James 189
Anticolonialismo racial 28
Aquecimento global; cf. Mudança climática
Arábia Saudita 48, 144-145, 146-148, 149, 331, 333, 353, 356
Arbenz, Jacobo 130-131
Argélia 29-30, 32, 290, 322, 323, 354
Argentina 135, 138
Aristide, Jean-Bertrand 317
Armas, Castillo 130
Armas nucleares
advento das 456, 474
armas de destruição em massa 319, 326, 327, 328-330
como efeito bumerangue 12
como forma de globalização 413
destruição mutuamente assegurada 42, 45-48
escudo antimísseis 315
forças nucleares de alcance intermediário 230
Guerra Fria 41, 43, 70
Israel 147-148
proliferação de 353-354
The Day After, filme 224
União Soviética 61
Armênia 226, 234, 237
Ásia
ascensão social 458
crises financeiras 200-201, 202
descolonização e independência pós-guerra 23-27, 31-33
desigualdade 206
estatismo e poder econômico 465
Guerra Fria
- era da 43
imperialismo americano 34, 111-127

mudança climática 421, 444
participação na guerra 46-47
revoluções 290
taxas de crescimento pós-guerra 40
Asiático-americanos 50, 86
Aspectos Relacionados ao Comércio de Direitos de Propriedade Intelectual (Trips) 207
Associação Nacional dos Manufatureiros (NAM) 54, 58
Ataques e atacantes
durante a Segunda Guerra Mundial 54, 57
era pós-colonial 26-28, 20
era pós-guerra 62, 63-64
Grã-Bretanha 175
reformas soviéticas sob Gorbachev 222-223
terroristas do 11/9 323-325, 326, 328, 329, 351-352, 361
Atividade agrícola coletiva 256, 257, 258, 261, 265
Atlanta, conflito racial em 77
Atta, Mohammed 329
Attlee, Clement 24, 146
Atwater, Lee 101
Austrália
ambiente 428
desigualdade 164
dívida hipotecária 395
eficiência e igualdade 195
Grande Recessão 404
hegemonia americana 108-109
mudança climática 420, 429
mulheres 103
neoliberalismo 158, 160, 163, 164
participação acionária 384
programas sociais e de bem-estar social 159, 161, 162, 188
questões trabalhistas 190
taxas de encarceramento 180
tributação 159

Áustria 287, 428
Auxílio para famílias de crianças carentes 81
Azerbaijão 326, 234, 237, 238

Ba'athistas 144, 147, 301, 327, 340, 344
Bahrain 303, 331, 354
Baker, James 225, 230
Banco Europeu para Reconstrução e Desenvolvimento (EBRD) 238, 239
Banco Mundial
ajuste estrutural 196, 197, 198, 199, 201
neoliberalismo 155
origem do 37
programas sociais e de bem-estar social 240, 241
reformas necessárias 403-407
Bancos centrais
autonomia 172, 182
mercados privados vs. 312, 375
padrão dólar 309
Rússia 241, 248
Bangladesh 445, 446
Barroso, José Manuel 432
Barton, Joe 448
Batista, Fulgêncio 133
Bechtel 358
Belarus 228, 233-234, 237, 238, 241
Bélgica 23, 290, 384
Ben Ali, Zine El Abidine 354
Berezovsky, Boris 250
Beria, Lavrentiy 211
Bernanke, Ben 396
Beveridge (esquemas de pensões) 165
Bevin, Ernest 57
Biden, Joe 347
Big-bang 170
Bin Laden, Osama 302, 319, 322, 324, 332, 346, 349, 351, 484

Birmânia 24, 25-26

Black Power (movimentos) 76

Blair, Tony 188, 326, 336, 352, 357

Bodine, Barbara 339-340

Bolcheviques 286-289, 418

Bolha das ponto-com 375, 394

Bolívia 142

Bolton, John 320

Bork, Robert 180

Bosch, Juan 135

Bósnia 48, 317, 337

Botswana 199

Brady, Spruille 129

Brasil
  ajuste estrutural 198
  ambiente e mudança climática 428, 446
  China e 208
  como rival econômico 314
  crise financeira 200
  economia 32, 203
  Kennedy, era 135
  programas sociais e de bem-estar
    social 202-203

Bremer, Paul 334, 338, 340-341

Bretton Woods
  capitalismo regulado 162
  colapso do 168, 309, 372, 376
  Europa Ocidental 108
  natureza multilateral do 309
  reação neoliberal ao 154-155
  sistema 37-41

Brezhnev, Leonid 211-212, 214, 227

Bric
  países do
  - ambiente e mudança climática 433,
    435, 446, 451
  - ascensão social 458
  - Grande Recessão 366, 404
  - OMC 208

Bridges, Harry 65

Brzezinski, Zbigniew 322, 363

Bulgária 236

Burbulis, Gennady 235, 242, 245

Busca por renda e buscadores de renda
  América Latina 128
  China 272, 273, 281
  países pós-comunistas 236-238,
    241-243
  União Soviética 212

Bush, George H.W. 230, 316-317, 331

Bush, George W. 66, 206, 315, 319-326,
  330-332, 335, 340, 345, 349, 352,
  353, 358, 360, 361, 362, 364, 384,
  389, 431, 451

Câmara de Comércio dos Estados Unidos
  54, 58

Câmara de Compensações Internacionais
  37

Camboja 122, 290, 291

Cameron, David 392

Canadá
  ambiente e mudança climática 428, 444
  desigualdade 164, 381
  eficiência e igualdade 195
  Grande Recessão 404
  liberalização do comércio 207
  mulheres 103
  neoliberalismo 158, 160, 163, 164
  políticas sociais 159, 160, 163
  taxas de encarceramento 180
  tributação 159

Capitalismo
  ambiente 429
  capitalismo político russo 241-249
  cenário da sociedade "2/3-1/3" 471
  cenário de crescimento baixo 472
  como propulsor essencial da
    globalização 11-13, 14-15, 17-20
  consequências da Grande Recessão
    409-412

consumismo pós-guerra 59-60
crise no norte 491
dinamismo moderno 480-481
era de ouro do 60, 154, 162, 456, 464
Estado-partido capitalista chinês
  267-275
Império Americano e mundo
  pós-guerra 38-39
movimento pelos direitos civis 95-96,
  97-98
mudança climática 413-419, 434-442,
  452, 454-455
poder econômico e 10, 463-473
poder militar e 58
poder político e 489, 490
racial 54
transição soviética para 234-242
visão marxista do efeito bumerangue 12
Cardoso, Fernando 198
Carter, Jimmy 131, 137, 141, 142, 148,
  152, 177, 297, 298
Carvão
  ação militar e 417
  China 450
  mudança climática 416, 417, 418,
    434, 449
  subsídios 439
Casa própria
  Africano-americanos 73
  bairros segregados 77
  conflito racial pós-guerra 75-77
  cf. tb. Hipotecas
Castro, Fidel 133-134, 136, 293
Cazaquistão 228, 234, 237, 331
Ceausescu, Nicolae 225, 230
CEE (Comunidade Econômica Europeia)
  171-172
CEI (Comunidade de Estados
  Independentes) 229, 237, 238, 470
CFCs (propelentes do gás
  clorofluorcarboneto) 423

Chalabi, Ahmed 337, 340
Chavez, Hugo 332
Chechênia 245
Chen, Chih-jou 265
Cheney, Dick 247, 320, 321, 323, 325,
  328, 331, 333, 338, 340, 357, 358, 431
Chernobyl
  desastre de 220, 431
Chernomyrdin, Victor 235, 245
Chiang Kai-shek 117, 289
Chile 135-136, 137, 181, 201
China 253-283
  ambiente e mudança climática 416,
    417, 418, 422, 425, 429-432, 434,
    442-445, 449-451
  América Latina e 208
  apoio a revoluções 291
  como rival econômico e geopolítico
    312-314, 367
  desequilíbrios globais 375-376, 405,
    410
  desigualdade 196-197, 205-206,
    274-279, 380, 467
  era Deng 260-267
  Estado-partido capitalista 267-275
  exportações aos Estados Unidos 313
  financeirização 172
  Grande Recessão 398, 400, 404
  Guerra da Coreia e 113-117
  Guerra do Vietnã e 119
  hegemonia 363
  intervencionismo americano 319
  legado da colonização 33
  maoismo 253-261
  matérias-primas africanas e 205
  OMC, inclusão na 357
  ONU e 41
  petróleo do Oriente Médio 332, 333
  prevenção americana de hostilidades
    do 48
  poder econômico 463

reformas econômicas 199, 292

reformas soviéticas/russas vs. 218-220, 244-245, 253-254, 260-262, 271-273, 279-283

Renminbi como futura moeda de reserva 366

revolução 113-114, 285, 289-291, 473

taxa de crescimento no pós-guerra 40

vínculos econômico-militares 62

cf. tb. Bric, países do

Chubais, Anatoly 248

Churchill, Winston 23, 24, 57, 72, 146

CIA (Agência Central de Inteligência)

Afeganistão e 346

América Latina e 130

anticomunismo 70

Chile e 135-136

Cuba e 133, 136

Guatemala e 130, 131-132

Indonésia e 121

intervenção internacional 141

Irã e 145-146

Iraque e 327-330, 340

Laos e 122

Paquistão e 348, 349

Cícero 366

Cidadania de consumo 59-60

Ciência como fonte de poder social 415

Cisjordânia 362

Clarke, Richard 323, 325

Classe de aquisição 221, 223, 305

Classe média

ambiente 443

bem-estar social e desigualdade 184

descolonização pós-guerra 31

desigualdade de renda 380

Irã 296, 297

movimento pelos direitos civis 91, 98-99

norte vs. sul 15

solidariedade pós-guerra 159

teoria da classe média de Aristóteles-Lipset 124, 127

cf. tb. Conflitos e lutas de classe

Classe trabalhadora

bem-estar social e desigualdade 184

desigualdade de renda 381

Irã 295

mudanças no norte 183-184

norte vs. sul 15

queda da desigualdade durante a Segunda Guerra Mundial 50-51

Rússia 286-288

sindicatos trabalhistas e raça 87

solidariedade pós-guerra 159

União Soviética sob Brezhnev 212

cf. tb. Conflitos e lutas de classe

Clifford, Clark 63

Clinton, Bill 131, 179, 188, 208, 247, 316, 317-320, 322-323, 357-358, 359, 362, 371, 385, 430

Cohen, Eliot 345

COI (Congresso das Organizações Industriais) 54, 55, 56, 63-64, 65, 67, 75, 87-88

Colômbia 315, 363, 428

Colonialismo

fim do 22-23

legados econômicos do 32, 414

legados políticos do 32-33

Combustíveis fósseis; cf. Carvão; Petróleo e gás natural

Comissão Central para Disciplina inspeção 279

Comissão da ONU para a América Latina (Ecla) 129, 131

Comissão de Oportunidade de Emprego Igual 99

Comissão de Valores Mobiliários (SEC) 377

Comissão sobre o Status das Mulheres 102

Comissão Vickers 404

Comitê Coordenador Não Violento de
Estudantes (SNCC) 92-93, 95, 97
Comitê para o Desenvolvimento
Econômico (CED) 58, 96, 174, 176
Commodities Futures Modernization
Act 375
Companhia Unida de Frutas
(Ufco) 130, 132
Complexo industrial-militar 57-63
China 265
Estados Unidos 51-53
União Soviética 213, 216, 221, 225
Comunidade de Estados Independentes
(CEI) 229, 237, 238, 470
Comunidade Econômica Europeia
(CEE) 171-172
Comunismo
e comunistas
- anticomunismo 62-63, 68-71, 91,
291, 460
- declínio do 152-153, 457, 485
- desenvolvimento econômico 39
- militantes 56-57
- relações trabalhistas pós-guerra 62-63
- sindicatos trabalhistas 56-57, 63,
64-66
cf. tb. China; Guerra Fria; União
Soviética
Conferência de Liderança Cristã do Sul
(SCLC) 92-93, 96
Conferência de Mudança Climática da
ONU em Copenhague 432, 433
Conflitos
e lutas de classe 49-83
- América Latina 134-135
- China 253-254, 256, 275-277, 289
- complexo industrial-militar 57-63
- conflito racial 75-77, 87-88
- crise econômica 176
- era pós-colonial 29
- estagflação 173-175

- identidades políticas 100, 104
- ideologia anticomunista 68-71
- Irã 296
- keynesianismo comercial 57-63
- movimento pelos direitos civis 96,
97, 98-99
- movimento trabalhista 53-57,
63-68, 87-78
- países da OCDE 165
- programas sociais e de bem-estar
social 71-75, 77-82
- realocação do conflito de classes 205
- revoluções 284-286, 292, 306
- Rússia 286-288
- Segunda Guerra Mundial, impacto
da 49-53
- setor financeiro 169-171
- votação 385-386
Congresso da Igualdade Racial (Core)
92-93, 95
Connor, Bull 94, 95
Conselho de Cidadãos Brancos 91
Conselho de Conselheiros Econômicos
58, 78
Conselho de Segurança Nacional
Irã 298
Iraque 323, 340
NSC-68 (documento) 42, 95
NSC-5509 (documento) 132
Conselho Nacional de Relações de
Trabalho (NLRB) 56, 64, 66
Conselho Nacional do Trabalho na
Guerra 55-56
Conservadorismo
e conservadores
- ambiente 428-429
- América Latina 129, 133
- desigualdade 191, 384-389, 393
- direitos civis 87, 88-90, 96-98
- impacto da Segunda Guerra Mundial
51, 52, 53-54
- imperialismo americano 150-152

- mulheres 103-104
- neoliberalismo e 156-157, 175-182
- pobreza e responsabilidade pessoal 79
- poder ideológico 461-462
- pós-guerra 59, 60-61, 62, 82-83
- programas sociais e de bem-estar social 182-185, 190
- reformas soviéticas durante Gorbachev 220
- relações trabalhistas 53-54
- sistema Bretton Woods 38
cf. tb. Conservadorismo e conservadores

Contras 138-139

Core (Congresso da Igualdade Racial) 92-93, 95

Coreia
do Norte
- armas nucleares 48, 353
- revolução 291
- transações americanas com 315, 319
do Sul
- avião derrubado por soviéticos 224
- crise financeira asiática 200-202
- desenvolvimento capitalista 124, 126
- financialização 174
- legados da colonização 33
- políticas econômicas 201
- programas sociais e de bem-estar social 202
- reformas econômicas 199
- setor financeiro 200
- taxa de crescimento pós-guerra 39-40
- transações americanas com 365
imperialismo americano na 113-118
revolução 285, 286, 290, 291

Corpo de paz 134

Corporativismo 53-57, 66, 67, 113, 160-161, 166, 190, 192, 240-241, 357, 382, 428, 477

Corrupção
África 31, 204
Ásia 126
China 265, 272, 273, 274, 275, 278-279, 280, 281, 282-283
Rússia 251
sindicatos trabalhistas 66-67
União Soviética 212, 216
Vietnã 119-120

Costa do Ouro (Gana) 27, 30

Costa Rica 129, 135, 428

Cripps, Stafford 24

Crise Cubana dos Mísseis 47, 135, 211

Crise de Suez 48

Crise esterlina de 1947 38

Croácia 233, 237, 337

Cuba
ambiente 428
Estado-partido capitalista 280
imperialismo americano e 133-134, 138-139, 142-143
revolução 128, 285, 293
soldados intermediários 45

Cultura popular
América Latina 139
anticomunismo 69, 70

Curdos 317, 335, 336, 337, 340, 343, 344

De Gaulle, Charles 109

Déficit orçamentário 173

Delors, Jacques 171

Democratas
ambiente 428, 431, 446-449
América Latina e 133
ataques terroristas do 11/9 324
crise econômica 176
cristãos 39, 110, 160-161, 187, 196, 460
desigualdade 384-386, 389, 390, 393
destruição mutuamente assegurada 37

direitos civis 88-89, 96-97

do sul 50, 54, 62, 63, 76, 78, 79, 89

expansão liberal-trabalhista do Estado
de Bem-estar Social 77-82

Grande Recessão 402

impasse 366

intervencionismo americano 141, 319

Iraque e 330

mulheres 177

políticas eleitorais de tempo de
guerra 50

pós-guerra 57, 58, 59, 62, 63

programas sociais e de bem-estar
social 77-82, 188

reformas necessárias e 406

relações trabalhistas de tempo de
guerra 53-54

sindicatos trabalhistas 67-68

surgimento do neoconservadorismo 319

Deng Xiaoping 254, 260-267, 274-275, 367

Departamento de Estado

Afeganistão 347

anticomunismo 70, 142

Guatemala 131

Império Americano 34

intervenção internacional 141

Irã e 298

Iraque e 327, 328, 338

Japão e 92

petróleo do Oriente Médio 143-145

Rússia e 250-251

transição de Clinton para Bush 358

Derivativos 373

Desigualdade

Alemanha 164, 186

América Latina 206

Ásia 206

Austrália 164

Canadá 164, 381

China 196-197, 205-206, 274-279,
381, 467

de gênero 192; cf. tb. Mulheres

de renda

- Estados Unidos 193, 379-381, 400

- países anglófonos 192

- países europeus 193

- países nórdicos 193

- Suécia 193

Espanha 191

Estados Unidos 164, 185-186, 193,
379-395, 400, 407, 467

França 164, 185-186

gênero 192

Grã-Bretanha 185-186, 381

Grécia 191

Índia 196-197, 381

Itália 191

Japão 381

neoliberalismo e 182-193

Nova Zelândia 164

países anglófonos 164, 184, 191, 192,
206, 381, 385

Países Baixos 164

países europeus 164, 191, 381,
382, 383

países nórdicos 164, 184, 192,
381, 382

renda 192, 379-381, 400

Rússia 381

Suécia 193

Suíça 164

Despertar Árabe (Primavera Árabe) 284,
354, 355

Desregulamentação 155, 170, 171, 174,
176, 177, 371, 383

Destruição mutuamente assegurada
(MAD) 42, 44-48

Detroit
conflito racial em 75-76, 88

Diamond, Larry 339, 416

Dinamarca 160, 187, 189, 395, 428

Direitos
de pessoas portadoras de necessidades
especiais 104

de propriedade
- Acordo Trips 207
- África 203-205
- China 266, 268-269
- países pós-comunistas 239
gays 105
Diretiva de Exigências de Capital IV 404
Dívida familiar 376-379
Dobrynin, Anatoly 219
Dulles, Allen 132
Dulles, John 63, 132, 146
Durkheim, Émile 445

EBRD (Banco Europeu para Reconstrução
e Desenvolvimento) 238
ECAs (Empresas Independentes de
Cidades e Aldeias) 262, 265, 266,
267, 274, 275
Ecla (Comissão da ONU para a América
Latina) 129, 131
Economistas
visão da globalização 11-14
Educação
alfabetização na era da informação 195
Canadá 195
China 256, 260, 262, 274, 278
conteúdo ambiental de mauais 425
desigualdade e 382
escolas segregadas 73, 77, 89-90
Estados Unidos 195, 365, 380
Irã 294, 295
movimento pelos direitos civis 90, 96
países europeus 193-195
Egito
capitalismo politizado 466
democratização 330
despotismo 144
envolvimento soviético 147
estado atual do 354
golpe no 145
guerra civil no Iêmen 147

prevenção americana de hostilidades
no 48
revolução 303
terroristas 322, 323
Eisenhower, Dwight 52, 53, 63, 66, 74,
89-90, 115, 130, 132, 133, 134, 142,
145, 146, 147
El Salvador 137, 138
Elite de poder 52-53
ELP (Exército de Libertação Popular) 255,
260-261
Empresas estatais (EEs) 262, 263-264,
266, 267, 268, 274, 275, 276, 278, 375
Engels, Friedrich 277, 418, 482
Engenheiros Vermelhos 259, 281
Enlai, Zhou 261
Eritreia 46
Escritório de Administração de Preços 53
Escritório de Planos Especiais 328
Eslováquia 233, 236
Eslovênia 237, 238, 240-241
Espanha
ambiente 428
crise hipotecária 398
desigualdade 191
endividamento 400, 404
hegemonia americana na
Europa Ocidental 108
Iraque e 336
manifestações 406
terrorismo 351
Especulação monetária 246
Esping-Andersen, Gosta 103, 163-164,
166, 187, 192, 240, 400
Esquemas
de pensão 165, 240, 270, 278
limitação e comércio 430, 431,
438-439, 440, 443, 448
Estado grande 60-62
Estados-nações
adaptação a crises 409

como propulsor essencial da
globalização 17-20
dinamismo moderno e 480-481
mudança climática 413-419
poder econômico 465
poder político 476-479
ritmos de desenvolvimento 411
Estados Unidos
ajuda à Rússia 244
ajuste estrutural leste-asiático 201
ambiente e mudança climática 420,
428, 429, 431, 433, 435-437, 440,
444, 446-452
apoio para revoluções 291, 292
complexo industrial-militar 57-63
conflito racial 75-77
crescimento econômico e estagnação
pós-guerra 377
desequilíbrios globais 375, 376,
404-406
desigualdade 164, 184, 186, 379-395,
408, 467
- de renda 192, 380-381, 400
divisão urbano-rural 387-388
eficiência e igualdade 193, 194
endividamento familiar 376
excepcionalismo americano 379-384,
457
financialização 167-168, 169, 170, 171
hegemonia 366
ideologia anticomunista 68-71
impacto da Segunda Guerra Mundial
49-53
Irã e 298, 300
keynesianismo comercial 57-63
levou à Grande Recessão 320-372,
373, 375
liberalização do comércio 207, 208
movimento
- pelos direitos civis 84-105
- trabalhista 53-57, 63-68
neoliberalismo 158, 164

parcela pós-guerra do PIB 310
políticas de identidade 101-105
programas sociais e de bem-estar
social 71-75, 77-82, 159, 184-185,
189-190
receita para o declínio 474
religião e secularismo 462
resultado político da Grande
Recessão 407, 408
setor financeiro 371, 373, 374
tributação 159, 193
cf. tb. Império Americano
Estagflação 173, 176
Estatismo e estatistas
África 205
ambiente e mudança climática 433-443
Ásia 126, 175, 200
China 270, 272, 281-282
era da Segunda Guerra Mundial 51-52
Estados Unidos 178
Irã 295
neoliberalismo 157, 409
países em desenvolvimento 39, 206
poder
- econômico 465, 466
- político e capitalismo 489
Estônia 225, 236
Estratégia da grande área 36
Etiópia 45-46
EU; cf. União Europeia
Eurodólares 168
Europa Oriental
estados-nações *vs.* impérios 19
Guerra Fria 42, 43, 44
Excepcionalismo americano 81, 379-384
Exército
Afro-americano 87-88
China 255, 259, 260
gastos com
- China 262, 367
- Estados Unidos 178, 314, 315, 366

- Guerra Fria 62-63, 230
Irã 294, 296, 297, 298, 300, 301
Rússia 251
Exército de Libertação Popular (ELP)
  255, 260
Expectativa de vida
  capitalismo e 466-468
  China 256, 273
  Índice de Desenvolvimento Humano
    das Nações Unidas 241
  OCDE, países da 195
  países pós-comunistas 239
  Rússia 243

Faixa de Gaza 315, 362
Fanny Mae 398
Farc 315
Fascismo e fascistas 109, 160, 453, 460,
  461, 485
FBI (Federal Bureau of Investigation) 69
Federal Reserve Bank 310, 372, 394
Feith, Douglas 320, 326, 328, 329, 338
Filipinas 36, 106, 118, 121, 122
Financeirização
  definição 167
  surgimento da 167-173
Financiamento de campanha 391-392
Finlândia 160, 164, 388, 428
Fluxos de capital 168-173
FMI (Fundo Monetário Internacional)
  ajuste estrutural 197, 198-199, 200
  empréstimos à Rússia 235, 244
  financeirização 172
  império econômico americano 312
  origem do 37, 38
  padrão dólar 366
  políticas neoliberais e 155
  programas de estímulo 402
  reformas necessárias 403, 404
Fontes do poder social 451-455

dimanismo moderno 480-482
padrões de globalização e
  desenvolvimento 456-460
papel do 459-480
questão da primazia 482-492
cf. tb. Poder econômico; Poder
  ideológico; Poder militar; Poder
  político
Fórum Social Mundial 208
França
  ambiente 428
  descolonização pós-guerra 22-23, 24,
    25, 28, 29, 30, 118, 122, 290
  desigualdade 164, 184-187
  eficiência e igualdade 195
  financialização 171-173
  Fundos do Plano Marshall 110
  Grande Recessão 402-403, 407-408
  hegemonia americana na Europa
    Ocidental 108-109, 110
  Iraque e 336
  Líbia e 355
  mulheres 104
  neoliberalismo 159, 161, 164
  Oriente Médio e 143, 148
  prevenção americana de hostilidades
    pela 48
  privatização 181
  programas sociais e de bem-estar
    social 159, 161, 185-187
  questões trabalhistas 191
  taxas de encarceramento 180
  tributação 159
  vínculos econômico-militares 62
Franklin, Benjamin 320
Franks, Tommy 325, 326, 346
Freddie Mac 398
Friedman, Milton 155, 158, 174
FSB (Serviços de Inteligência Federal) 251
Fukuyama, Francis 268, 460-461, 481
Fundo Monetário Internacional; cf. FMI

Fundos de Riqueza Soberanos (FRSs)
313, 375, 401

Fusões 174, 383

Gagarin, Yuri 211

Gaidar, Yegor 235, 242, 245

Gana (ex-Costa do Ouro) 27, 30

Gandhi, Mohandas K. 24

Garner, Jay 338, 339-340

Gás natural; cf. Petróleo e gás natural

Gases estufa (GHGs) 414, 416, 419, 422, 433, 438-439
cf. tb. Mudança climática

Gatt (Acordo Geral sobre Tarifas e Comércio) 38, 206, 273, 357

Geithner, Timothy 396

General Electric 61, 170, 458

General Motors 61, 63

Geórgia 226, 234, 237, 331

GHGs (gases estufa) 414, 416, 419, 422, 433, 438-439
cf. tb. Mudança climática

Gillard, Julia 428

Gini, coeficientes de desigualdade
China 274
global 164, 205, 206, 381
OCDE, países da 184
pós-comunistas, países 241
Rússia 250

Glasnost 219-220, 282

Glass-Steagall, Lei 371, 399

Glocalização 18

Goldfield, Michael 66

Goldman, Sachs 372

Goldwater, Barry 76, 80

Gorbachev, Mikhail 44, 47, 138, 213, 215, 216-232, 243, 265, 280, 282

Gore, Al 242, 321, 324, 430

Goulart, João 135

Grã-Bretanha
Afeganistão e 349, 350
África e 26-28
ajuda americana durante a Segunda Guerra Mundial 36
ambiente 428
comunidade muçulmana 350, 351
crise esterlina 38
descolonização pós-guerra 23-24, 25, 26-27, 28-33, 290-291
desemprego 398
desigualdade 184, 186, 381
dívida hipotecária 395
eficiência e igualdade 195, 196
endividamento 400
era da Segunda Guerra Mundial 36, 56-57, 327-328
Estado de Bem-estar Social pós-guerra 71
financialização 167-169, 170, 171
Grande Recessão 402-403, 407-408
hegemonia americana na Europa Ocidental 108, 109, 110
Índia e 23-24, 25
Irã e 145, 293, 294
Iraque e 326, 335, 339
Líbia e 355
lobby e corrupção 392
mulheres 103-104
neoliberalismo 158, 159-160, 162, 164
participação acionária 384
petróleo do Oriente Médio 144
prevenção americana de hostilidades pela 48
programas sociais e de bem-estar social 71, 159, 161, 163, 164-165, 184-185
questões trabalhistas 56-57, 191
rebeliões 406
sudeste da Ásia e 25
taxas de encarceramento 180
tributação 159, 193
vínculos econômico-militares 62

Graham, Billy 70
Granada 137, 365
Grande
  migração 87
  recessão neoliberal 369-412
  - África 205
  - Alemanha 398, 401, 402, 458
  - Austrália 404
  - Brasil 203
  - Canadá 404
  - causas da 372-379
  - China 273, 275, 280, 398, 401, 402, 404
  - desigualdade 384-395
  - Estados Unidos 311, 370-371, 372-373, 375, 406-408
  - excepcionalismo americano 379-384
  - França 187, 402, 407
  - Grã-Bretanha 401-403, 407
  - Grande Depressão vs. 410, 411
  - Índia 404
  - Japão 404
  - mudança do poder econômico 467
  - países da OCDE 401
  - países do Bric 366, 404, 458
  - países da CEI 239
  - países europeus 190
  - países nórdicos 401
  - problemas ambientais e 443
  - reformas 403-408
  - Rússia 249
  - Suécia 457, 458
  - Suíça 458
  - União Europeia 239, 404
  salto adiante 257-259, 281, 450
  sociedade 77, 79, 168
Grécia
  desigualdade 191
  endividamento 374, 400, 404
  envolvimento soviético 44
  hegemonia americana na Europa Ocidental 108
  manifestações 406
  programas de austeridade 402
Greenspan, Alan 372, 394, 396, 407
Guardas Revolucionárias 300
Guardas Vermelhas 259, 300
Guatemala 45, 130-132, 135, 137, 138, 141
Guerra
  à pobreza 77-82
  às drogas 180
Guerra da Coreia 41, 61, 113-117, 254, 291
Guerra das Falklands/Malvinas 181
Guerra do Golfo 317-319, 330-331
Guerra do Vietnã 80, 97, 142, 168, 230, 254, 260, 291, 309, 320, 327, 363, 364
Guerra Fria 106-153
  complexo industrial-militar 57-63
  conflito racial 75-77
  hegemonia 107-111
  ideologia anticomunista 68-71
  impacto na Segunda Guerra Mundial 49-53
  Império Americano
  - durante a 33-37
  - na América Latina 127-143
  - na Ásia 111-127
  - no Oriente Médio 143-150
  keynesianismoo comercial 57-63
  poder ideológico 41-44
  programas sociais e de bem-estar social 71-75, 77-82
  relações trabalhistas 53-57, 63-68
Guerra Irã-Iraque 300
Guerra nas Estrelas (Iniciativa de Defesa Estratégica) 223-225, 230
Guerras civis 45-46
  China 122, 253, 256
  CEI
  - estados 233, 237
  Coreia 113, 122, 291
  El Salvador 137

estado corrente de 475
Estados Unidos 69
Iêmen 147
Laos 122
Líbano 147-148
Malaia 25-26
Rússia 286, 287
Vietnã 25, 113, 121-122
Guerras entre estados
declínio das 45
Guevara, Che 135, 293
Guiana 135
Guofeng, Hua 260

Haig, Alexander 138
Haiti 137, 317, 318, 330
Haliburton 358
Hamas 302, 354
Harvey, David 14, 156-157, 183, 193, 205, 261, 332, 356
Hayek, Friedrich 156, 176, 212
Heath, Ted 175
Hegemonia
americana 34, 48, 107-111, 123-127, 308-309, 310
definição 107
emergência da 15
Heritage Foundation 177
Hezbollah 301, 302, 345, 354
Hiperglobalizadores 11, 14, 17
Hipotecas 377, 379, 395, 397-399, 405
Hipótese do mercado eficiente 155
Hirohito 112
Hiss, Alger 69
Hitler, Adolf 36, 160, 171, 210, 288, 327, 414
HIV/Aids 204
Ho Chi Minh 118
Hollande, François 408

Holocausto 476
Honduras 133, 137
Hong Kong 175
Hoover, J. Edgar 69
Hull, Cordell 128
Hungria 224, 236, 238, 240, 281, 287
Huntington, Samuel 124, 126, 129, 137, 359
Hussein, Saddam 150, 300, 317, 319, 322, 323, 326, 330-332, 333, 339, 343-344

Ibn Khaldun 484
Idealistas
visão de globalização 15-18
Iêmen 142, 147, 302, 315, 322, 348, 350, 354
Iemp
modelo de poder 19-21
cf. tb. Poder econômico; Poder ideológico; Poder militar; Poder político
Imigração
ampliação na UE 187
globalização e 11-13, 460
ideologia europeia anti-imigração 184-185, 189, 190
votação 386
Imperialismo econômico
definição 107
Império
Americano 106-153, 308-368
- como propulsor essencial da globalização 20
- conflito islâmico contra o 297-300, 302
- descolonização e independência pós-guerra 25-26
- era da Guerra Fria 33-37
- expansão imperial prolongada 315-320

- hegemonia 107-111
- império informal por meio da intervenção militar 314-315
- na América Latina 127-143
- na Ásia 91-127
- no Afeganistão 325-336, 346-355
- no Iraque 325-336, 336-345, 350-355
- no Oriente Médio 143-150, 462, 475
- papel de xerife global 47-48
- poder econômico 309-314, 355-359, 479
- poder militar 355-360, 479
- poder político 478
- surgimento dos neoconservadores 319-325
- cf. tb. Estados Unidos

direto
- definição 106

indireto
- definição 106
- Estados Unidos 34
- Grã-Bretanha 29-31
- União Soviética 43

informal
- americano 33-34
- britânico 31-32
- definição 106-107
- por meio da intervenção militar 314-315

informal com canhoneiras
- americano 35, 36, 127-140
- definição 106-107
- guerras futuras 360-361
- na América Latina 127-140

informal por meio de intermediários
- americano 34-35, 143-150
- definição 107
- no Oriente Médio 143-150

Índia
ambiente 428, 444
como rival econômico 313
crescimento econômico 272-273

descolonização e independência pós-guerra 23-24, 25-26, 30, 33
desigualdade 196-197, 381
financialização 172
Grande Recessão 404
guerra com o Paquistão 45
nacionalismo 23-25, 30
reformas econômicas 199
taxa de crescimento pós-guerra 40
cf. tb. Bric, países do

Índice de Desenvolvimento Humano das Nações Unidas 241

Indochina 25

Indonésia 23, 25, 117-118, 121-122, 446

Indústria farmacêutica 207

Industrialização de Substituição de Importações (ISI) 39, 128, 139, 155, 266, 309

Iniciativa de Defesa Estratégica (SDI) 224, 230

Inovação e difusão tecnológica 13-14, 59, 110, 126, 178, 208

Inquietude racional 480

Irã
armas nucleares 48, 353
capitalismo politizado 466
despotismo 144
envolvimento americano
- era Bush 315, 335, 353
- era Carter 142, 177
- era Clinton 319
- era Eisenhower 145-146
- era Obama 315
envolvimento britânico 144, 145-146
envolvimento soviético 44-45
escândalo Irã-contra 138, 145
Guerra Fria 43
Iraque e 300, 227, 332
revolução 285, 293

Iraque
administração 320-331

despotismo 144
envolvimento americano 336-341
- *blowback* do 349-355
- bombardeio de longa distância 319
- custos e benefícios 341-346
- extensão da guerra 315
- foco em Bush 320-331
- gastos com defesa 314
- Guerra do Golfo 317-319
- interesse no petróleo 331-336
- mortes 341-343, 345
- objetivos do 325-331
- opinião pública 360
- refugiados 343
- retirada das tropas 315
envolvimento britânico 145
envolvimento soviético 148
Guerra Irã-Iraque 300
Irlanda 163-164, 395, 398, 406
ISI (Industrialização de Substituição
de Importações) 39, 128, 139, 155,
266, 309
petróleo 147-148, 331-336
Irlanda do Norte 101
Irmandade Muçulmana 301
Islamisno
e islâmicos
- confronto de ideologias 462
- Irã 296-298, 298-300
- Oriente Médio 301, 475
- ataques terroristas de 11/9 323-325
imperialismo ocidental e 355
Irã 295, 296-298
Iraque 336, 337
muçulmanos britânicos 349-351
revoluções africanas 290
sistema bancário 490
Wahhabi 145, 331
Islândia 428
IS-LM, modelo 163
Isomorfismo global 16

Israel
armas nucleares 47
conflito palestino-israelense 147, 302,
315, 326, 362-363
envolvimento americano
- era Bush 315
- era Clinton 362
- era da Guerra Fria 147, 148-149
- era Obama 361, 362
- *lobby* e influência na política 147, 358
- pressão 365
envolvimento britânico 144
invasão do Líbano 315, 351, 353-354
terrorismo 350-352
Itália
ambiente 428
desigualdade 191-192
endividamento 400
hegemonia americana na Europa
Ocidental 109-110
neoliberalismo 159
programas sociais e de bem-estar
social 159-160, 189-190
revolução 287
tributação 159
Iter (projeto internacional de combustível
de fusão de hidrogênio) 421-422
Iverson, Torben 194

Jagan, Cheddi 135
Japão
ambiente e mudança climática 429
China e 253, 254, 282, 285, 289
crise financeira asiática 200-201, 312
defesa de conquistas 457
desemprego 398
desenvolvimento capitalista 124
desequilíbrios globais 375-376
desigualdade 380
endividamento 312
era da Segunda Guerra Mundial 37-38,
290, 327-328, 414

expansionismo pré-guerra 361
financialização 170, 172, 174-175
Grande Recessão 404
Guerra da Coreia e 117
imperialismo americano no 111-113
investimentos nos Estados Unidos
  312-313
liberalização do comércio 207-208
neoliberalismo 159
perda da manufatura 372-373
petróleo do Oriente Médio 331,
  332-333
políticas sociais e tributação 159-160
pós-guerra 22, 23, 24, 32
taxas de crescimento entreguerras e
  pós-guerra 40
tributação 159
Java 121
Jiabao, Wen 270, 278, 451
Jinnah, Muhammad Ali 24
Jintao, Hu 278
João Paulo II 231
Jobs Corps 80
Johnson, Lyndon 77, 78, 79, 80-81,
  96-97, 118-119, 135, 142, 147,
  168, 364
Jornadas pela Liberdade 92, 94, 95

Kalashnikov, Mikhail 474
Karimov, Islam 234, 356
Karzai, Hamid 346, 347, 348, 349
Keating, Paul 188
Kennan, George 112
Kennedy, Bobby 95, 134
Kennedy, John 47, 77-78, 95, 97, 102,
  122, 131, 133, 134, 135, 141, 142,
  147, 152, 296
Kerry, John 324
Keynes, John Maynard 37-38, 39,
  369, 397

Keynesianismo
  e keynesianos
  - estagflação 309
  - exército 60, 61, 68
  - impacto da Segunda Guerra
    Mundial 53
  - projeto de lei de emprego pleno 58
  - resgate de bancos 398-399
  - sistema Bretton Woods 37
  - cf. tb. Neokeynesianismo
  militar 60, 61, 68
KGB 228, 245, 246, 250
Khatami, Mohammad 353
Khodorkovsky, Mikhail 247-248, 250
Khomeini, Ruhollah 295, 297, 298,
  299, 300
Khrushchev, Nikita 118, 135, 211,
  214, 215
Kim Il-Sung 114-115
King, Martin Luther 92, 93, 94, 95, 96
Kissinger, Henry 120, 136, 149
KMT 254, 261
Kohl, Helmut 225
Komsomol (Liga da Juventude Soviética)
  246, 247
Kosovo 317, 337
Kravchuk, Leonid 229
Kristol, William 320, 357
Ku Klux Klan 77, 86, 91, 94, 95
Kuwait 45, 48, 145, 317, 331

Laissez-faire 156
Lamy, Pascal 171
Laos 122, 280, 285, 290, 291
Latinos
  e eleição 387
Látvia 236, 238
Lee, Ching Kwan 276-277, 278
Lei(s)
  antiterrorista 361-362

antitruste 174, 180
de direitos civis 76-77, 78, 81, 96, 97
- enfraquecimento do Sistema Jim
  Crow 85-90
- explicando 97-99
- movimento pelos direitos civis 84-105
- não violência 93-97
- reações brancas e negras às 90-93
- resultado racial do 99-100
- teoria dos movimento sociais 84-85
de energia limpa e segurança
  americana 448
de igual pagamento 102
do direito ao voto 96
Dodd-Franh 404
Landrum-Griffin 67
Taft/Hartley 64, 65
Wagner 54
Lenin, Vladimir 285
Leninismo 42-43, 215, 304
Lewis, John L. 54
Li Peng 266
Líbano
  Al Qaeda 350
  eleições 354
  estado atual 354
  intervenção americana 147-148,
  324, 335
  invasão israelense 315, 351, 353-354
Liberalismo
  e liberais 129-130, 133
  - ambiente 429
  - América Latina 128-130, 133
  - anticomunismo 68-69, 70
  - direitos civis 88-89, 91, 95-96, 97-98
  - fim do Império Soviético 226-227,
    230, 304
  - impacto da Segunda Guerra Mundial
    53
  - Império Americano na Ásia 126-127
  - intervencionismo humanitário 318

- Irã 296, 298-300
- lutas de classe e de identidade 105
- mulheres 102, 103
- poder ideológico 459, 461
- poder político 476
- pós-guerra 63
- programas sociais e de bem-estar
  social 77-82
- reformas soviéticas sob Gorbachev
  219, 220, 222-224
- Sistema Bretton Woods 38
- cf. tb. Neoliberalismo e neoliberais
incrustado 38
Líbia 48, 148, 303, 315, 335, 353, 354,
  355, 365
Liga Árabe 354-355
Liga da Juventude Soviética (Komsomol)
  246, 247
Liga Muçulmana 24
Ligachev, Yegor 224
Linchamentos 87, 88-89
Lincoln, Abraham 92
Lituânia 225, 233, 236
Livre-comércio e Área das Américas
  208, 312
Lobby 147, 356, 358, 392, 449
Los Angeles
  conflito racial em 76
Luce, Henry 308, 367
Lula (da Silva), Luiz Inácio 203
Luxemburg, Rosa 455

MacArthur, Douglas 112, 115
MacMillan, Harold 28-29, 30, 181
MAD (destruição mutuamente
  assegurada) 42, 44-45, 47
Majoritarismo 166-167
Malaia 23, 25-26, 30, 289-291
Malásia 199, 290
Malcolm X 93

Malenkov, Georgy 211

Maliki, Nouri al- 344, 345

Mandela, Nelson 101

Mao Tsé-tung 115-116, 118, 219, 253-255, 257-261, 281, 289

Margraves 475, 484, 486

Marrocos 30

Marshall, T.H. 165, 286, 465

Marxismo
e marxistas
- América Latina 131
- capitalismo 12, 42, 467-468
- China 289
- Oriente Médio 301
- poder ideológico 459
- revoluções 284-286, 288, 289, 290, 292
- União Soviética 216, 304

Marx, Karl 167, 464, 482, 483, 488-489, 491

Materialistas
visão de globalização dos 12-14, 16-17

McCarthy, Joseph 63, 68, 70

McGovern, George 85

Means, Gardiner 191

Medicaid 78-79

Medicare 78-79

Menatep 247

Mercado de ações
China 270
Estados Unidos 312
Grã-Bretanha 170
opções de ações 383
pós-guerra 167, 172

Mercosul
países do 209

México 357, 363, 380, 401

Milícias
e paramilitares 25

Milosevic, Slobodan 317

Ministério do Interior (MVD) 251

Minsky, Hyman 369, 370, 374

Mitterand, François 171

Moçambique 142

Modelo
das fontes de poder 166-167
de ajuste
- espacial 469
- tecnológico 469

Mohammed, Khalid Shaikh 352

Moldávia 226, 227, 234, 237

Moody's 396

Mortalidade infantil
capitalismo e 466-467
China 273
Índice de Desenvolvimento Humano das Nações Unidas 241
Nicarágua 138
União Soviética 213, 216

Mossadeq, Mohammad 145-146, 298

Movimentos
de guerrilha 25, 26, 474
de solidariedade 225, 305

Moynihan, Daniel Patrick 80

Mubarak, Hosni 303, 323

Mudança climática 413-455
capitalismo, estados-nações e cidadãos 413-419
como efeito bumerangue 12
Estados Unidos e China como nações indispensáveis 447-451
futuro e 459
ideologia ambiental 461
luta política futura 442-447
passos para a mitigação 423-433
soluções estatistas e de mercado 434-492
tendências do aquecimento global 419-422

Mulheres
Austrália 103

Canadá 103
Conselho Nacional do Trabalho na
 Guerra e as 55
conservadorismo 103-104
democratas 177
desigualdade 191-192, 382
excepcionalismo americano e 379
França 104
Grã-Bretanha 103
guerra à pobreza 78-79
Irã 294, 296
liberalismo 102, 103
Ongs feministas 425
países anglófonos 103
Países Baixos 104
países nórdicos 104
participação na força de trabalho 378,
 470-471
políticas de identidade 101-105
programas sociais e de bem-estar
 social 75
Suécia 104
votação e 386
Murdoch, Rupert 392

Naacp 87, 88-89, 90, 93, 96
Nacionalismo
 e nacionalistas
 - após a Primeira Guerra Mundial 460
 - Ásia 92, 111, 113, 117-120, 121, 127
 - confiança exagerada americana 327
 - crises e 326
 - Cuba 133-134
 - fim do colonialismo 22-31
 - fim do Império Soviético 225-228
 - intervencionismo americano 318-319
 - Irã 296, 298-300
 - Iraque 328
 - negro americano 91
 - Oriente Médio 145, 146, 148-149
 - revolução e 289
 - terrorismo e 350-352
 - União Soviética 218

Nacionalização do setor financeiro 51
Nafta (Associação Norte-americana de
 Livre-comércio) 357
Nagorno-Karabakh 226-227
Nasser, Gamal Abdel 144, 147-148
Nazarbaev, Nursultan 234
Nazismo 418
Nehru, Jawaharlal 24
Neoconservadorismo
 e neoconservadores 319-325,
 327-329, 330, 331, 358, 361, 362
 cf. tb. Conservadorismo e
 conservadores
Neokeynesianismo 154, 158-167, 169,
 170, 173-175, 183, 185, 370, 409
 cf. tb. Keynesianismo e keynesianos
Neoliberalismo
 e neoliberais 154-209
 - aliança com o conservadorismo
 175-182
 - ambiente 428, 437, 439, 447
 - desigualdade 385, 400
 - desregulação do setor financeiro
 americano 375
 - eficiência e igualdade 193-196
 - Egito e 303
 - endividamento familiar 376
 - falso livre-comércio 206-209
 - fim do Império Soviético 304
 - fraqueza teórica do 155-158
 - Grande Recessão 398, 402, 407, 408
 - Iraque 333
 - mercado hipotecário subprime 396
 - neokeynesianismo 158-167,
 173-175
 - poder econômico 463
 - poder ideológico 461
 - programas de ajuste estrutural
 196-206
 - reformas soviéticas 221-223, 227,
 234-242

- regimes de bem-estar social e desigualdade 182-193
- resultados do neoliberalismo 457
- Rússia 242, 243, 244, 281-282
- surgimento da financeirização 167-173
- visão geral 154-158
- cf. tb. Liberalismo e liberais

Nepal 285

New Deal

e seus adeptos
- ambiente 429
- Conselho Nacional do Trabalho na Guerra 55
- dispensa de programas 62
- Escritório de Administração de Preços 53
- impacto da Segunda Guerra Mundial 50, 51, 52
- projeto de lei de emprego pleno 58
- reformas hipotecárias 59
- tendência pós-guerra para o conservadorismo 82-83

Nicarágua 128, 137-138, 141, 143, 285, 293

Nigéria 27, 30, 205, 329

Nixon, Richard 66, 76, 81, 98, 105, 120, 136, 149, 168, 176-177, 262, 309, 391, 429

Niyazov, Saparmurat 234

Nkrumah, Kwame 27

NLRB (Conselho Nacional de Relações Trabalhistas) 56, 64, 66

Nomenclatura

sistema 211, 214, 216, 219, 221, 223, 242, 248, 250

North, Oliver 141

Noruega 40, 160, 195

Nova Zelândia

ambiente 428

desigualdade 164

hegemonia americana na 109

neoliberalismo 159, 163, 164

problemas trabalhistas 191

programas sociais e de bem-estar social 159, 163, 188, 189

taxas de encarceramento 180

tributação 159

O'Neil, Paul 321, 323

Obama, Barack 66, 315, 324, 347, 353, 354, 355, 360, 361, 364, 390, 391, 396, 402, 403, 431, 444, 449

OCDE (Organização para a Cooperação e Desenvolvimento Econômico)

países da
- alfabetização na era da informação 195
- ambiente e mudança climática 420, 436, 446, 447
- desigualdade 380
- emprego 470-471
- expectativa de vida 195
- financeirização 172
- Grande Recessão 402
- mobilidade social 388
- programas sociais e de bem-estar social 240

Odierno, Ray 344

Oligarquias e oligarcas

América Latina 129, 130, 131-132, 133, 140

Rússia 246, 247-248, 249, 250, 473

Olmert, Ehud 363

ONGs (Organizações Não Governamentais)

Afeganistão 347-348

África 205

ambiental 422-424, 425, 426, 431, 442

estados *vs.* 11

feminista 425

Opep (Organização dos Países Exportadores de Petróleo) 148, 149, 169, 171, 197, 297, 334

Operação Head Start 80

Organização das Nações Unidas (ONU)
   China 41
   desenvolvimento da estrutura
     complexa atual 41
   Guerra do Golfo 317
   inclusão 19
   intervencionismo americano 277
   Iraque 326, 327-328
   Líbia 354-355
   mudança climática 416, 432, 434,
     436, 444-445, 451
   Palestina 362-363
   pressão pela descolonização 28
   União Soviética e 41, 115

Organização do Tratado do Atlântico
   Norte (Otan) 144, 224-225, 316, 318,
   332, 346-347, 355

Organização Mundial do Comércio
   (OMC) 38, 201, 206, 207, 208, 273,
   274, 357, 438

Organização para a Cooperação e
   Desenvolvimento Econômico; cf.
   OCDE, países da

Organizações internacionais 19

Organizações Não Governamentais; cf.
   ONGs

Oriente Médio
   Império Americano 34-35, 143-150,
     151, 457, 461, 474
   investimentos nos Estados Unidos 313
   mudança climática 444
   participação na guerra 46-47

Orszay, Peter 396

Otan (Organização do Tratado do
   Atlântico Norte) 144, 224-225, 316,
   332, 346-347, 355

Padrão
   dólar 36-37, 168, 179, 365-367
   ouro 168, 309

Pagamento executivo e compensação
   383, 389

Países anglófonos (anglos)
   defesa de conquistas 457
   desigualdade 164-165, 184, 191-192,
     205-206, 382, 385
   - de gênero 192
   - de renda 193
   direitos das mulheres 102-103
   eficiência e igualdade 193-196
   impacto da Segunda Guerra Mundial
     51
   neoliberalismo 155, 158, 160, 162,
     164, 165
   participação acionária 384
   programas sociais e de bem-estar
     social 159, 163, 187, 188, 189-190
   questões trabalhistas 189-191
   tributação 159, 163, 193

Países Baixos
   ambiente e mudança climática
     428-429, 444
   descolonização pós-guerra 22-23, 24,
     25, 290
   desigualdade 164-165
   dívida hipotecária 379
   eficiência e igualdade 195
   mulheres 104
   neoliberalismo 164
   programas sociais e de bem-estar
     social 165-189
   questões trabalhistas 191

Países da Ansea (Associação das Nações
   do Sudeste Asiático) 202, 208,
   273, 283

Países europeus
   ambiente 428
   crise hipotecária 400
   defesa de conquistas 457
   desequilíbrios globais 376
   desigualdade 164, 191, 380, 381, 382
   - de renda 192

eficiência de igualdade 193-196
financeirização 171
hegemonia americana nos 108-109
leis eleitorais 392
mudança climática e 421, 429
neoliberalismo 159, 160, 162, 164, 166
petróleo do Oriente Médio e 332
participação
- acionária 384
- na guerra 46-47
programas sociais e de bem-estar social 162, 164-165, 166, 187-190
questões trabalhistas 190-191
racismo e partidos políticos 387
religião e secularismo 462
tributação 159, 165
Países iugoslavos 233, 317-319, 337, 365
Países nórdicos
ambiente e mudança climática 429-431, 443-445
defesa de conquistas 456, 457
desigualdade 164-165, 380, 381
- de gênero 192
- de renda 192, 193
direitos das mulheres 103-105, 195
eficiência e igualdade
Grande Recessão 402
neoliberalismo 159, 163, 164, 165
participação acionária 384
privatização 181
problemas trabalhistas 191
programas sociais e de bem-estar social 159, 163, 164, 165, 188
tributação 159, 165, 193
Pak Hun-yung 114-115
Palestina 148, 302, 326, 350, 354, 362-363
Panamá 127, 137, 316-317, 365
Panteras Negras 98
Paquistão
armas nucleares 48

ataques de drones americanos 315, 348
estado atual do 354
guerra com a Índia 45
independência 24
muçulmanos britânicos 350-351
Talibã 347
terrorismo 351-352
Paraguai 137, 428
Park Chung Hee 125
Parks, Rosa 93
Parsons (corporação de construção) 358
Partido Conservador (Grã-Bretanha) 24, 176, 392, 402
Partido Liberal (Grã-Bretanha) 72
Partido Moderaterna 189
Partido Progressista 65
Partido Trabalhista (Grã-Bretanha) 24, 57, 72, 175-176, 181, 188, 392
Partido Venstre 189
Pastós 346
Pathet Lao 122
Patriarcado 102, 105, 459, 460
Pavlov, Valentin 229
Peale, Norman Vincent 70
Pentágono 35, 52, 69, 321, 325, 328, 337, 338, 346, 358, 417
Perestroika 217, 280
Perle, Richard 325, 326, 328, 357
Peru 129, 112
Petróleo
e gás natural
- ação militar e mudança climática 417
- bases americanas e 356
- China 450
- Irã 295, 297
- mudança climática 416-417, 429, 441
- Oriente Médio 143-150
- países da CEI 238-239
- petrodólares 169, 171, 197, 294

- Rússia 246, 247, 249
- subsídios 438-440
Peurifoy, John 130, 132
Phillips Curve 163, 173
Pinochet, Augusto 136, 181-182
Plessy v. Ferguson 89
Plano Marshall 39, 40, 41-42, 62, 110
Poder
coletivo
- definição 9
distributivo
- definição 9
econômico
- China 279-282, 367
- Coreia do Sul 125
- Estados Unidos 34, 35, 36-37, 91, 97, 124, 308-314, 356, 393, 406, 407
- Europa pós-guerra 31
- invasões americanas do Afeganistão e Iraque 355-359
- mudança climática 416
- mudança no equilíbrio do 366, 459, 468-469
- neoliberalismo e 155-156, 157-158
- papel do 463-473
- poder político e 15, 157-158, 181, 247, 489, 490
- questão da primazia do 482-483, 489, 492
- relação ortogonal com outras potências 488
- revolucionários comunistas 306
- Rússia 246, 247, 250-251, 280
- sistema Bretton Woods 37-41
- União Europeia 367
ideológico
- África 30
- América e terrorismo 336, 351-352, 354, 359-360, 364
- assimetria americana 388, 393, 453
- China 216

- definição 9-10
- economistas matemáticos 395
- Guerra do Vietnã 120
- Guerra Fria 41-44, 214-215
- Irã 297
- mudança climática 416-418, 453
- papel do 459-463
- questão da primazia da 482-483, 489
- racismo 28, 85-87
- relação ortogonal com outras potências 488
- revoluções 284
- Rússia 280
- União Soviética 214, 215-216, 304
militar
- China 256, 260-261, 279
- declínio da guerra 44-48
- declínio no aproveitável 456
- definição 10-11
- desenvolvimento capitalista 58
- destruição mutuamente assegurada 45-48
- efeito bumerangue 413
- Europa 167
- expansão imperial americana 315-319
- Grã-Bretanha 25, 181
- Guerra do Vietnã 118-120
- Império Americano por meio da intervenção do exército 314-315
- império informal americano 314-315
- indústria de defesa americana 52-53
- interesses americanos no petróleo 356
- intervenção americana na América Latina 139-140, 143
- intervenção americana na Europa 109
- intervenção americana no Afeganistão 347, 355-359
- intervenção americana no Iraque 330, 340-341, 335-359
- Irã 295, 298
- limites americanos do 24-25, 342, 347-348, 364

- mudança climática 417
- mundo sem guerras mundiais 474
- New Deal americano 50-51
- papel do 473-476
- poder econômico e 35-36, 61, 62
- questão da primazia do 488-489
- racismo americano 86-87
- relação ortogonal com outras
  potências 488
- Revolução Cubana 134
- União Soviética 219, 223-224
político
- China 262
- definição 11
- Estado de Bem-estar Social
  pós-guerra 56
- estagnação econômica 172
- Grã-Bretanha 31
- mudança climática 417, 448, 449
- nacionalismo 337
- neoliberalismo 157, 181-182, 395
- papel do 476-479
- questão da primazia do 482-483, 489
- racismo 31, 85-86
- relação ortogonal com outras
  potências 488
- revoluções 284-285
- Rússia 248
- União Soviética 228-229, 232
Polanyi, Karl 156, 165, 169, 409, 411,
  434, 455, 467, 485
Política(s)
  de identidade 101-105
  de um filho 225, 450
  liberal-trabalhistas e 58
- Bretton Woods, sistema 38
- enfraquecimento das políticas 62, 66
- Escritório de Administração de
  Preços 53
- impacto das guerras mundiais e
  Depressão 50-51, 161
- projeto de lei de emprego pleno 58

Polônia
  era da Segunda Guerra Mundial 326
  fim do Império Soviético 223-224,
    225, 230, 305
  mudança climática 445
  privatização 240
  reformas econômicas 199, 280
  transição econômica 236, 237-238
Portugal 109, 400
Pós-modernistas
  visão da globalização dos 17
Povo
  hmong 122
  maia 131-132
Powell, Colin 316, 325, 326, 328, 340
Preços das mercadorias
  convergência dos 12-13
Previdência Social 74, 78, 79
Privatização
  África 204
  China 269
  de bens comuns 207
  Iraque 334
  neoliberalismo 181-182
  países pós-comunistas 239-240
  Rússia 235, 236, 245, 246, 249
Programa de Ação Comunitária 80
Programa de Desenvolvimento das
  Nações Unidas (Pnud) 239
Programa de Vale Alimentação 78
Programas de pensões privados 74
Programas sociais e de bem-estar social
  afro-americanos 75
  Alemanha 159, 182, 185-186
  Austrália 159, 163, 187
  Brasil 203
  cenário da sociedade "2/3-1/3" 471
  China 256, 275, 276, 278
  Coreia do Sul 202
  conservadorismo 184-185, 190-191
  democratas 77-82, 188

desigualdade 382, 384-386, 389
Estados Unidos 50, 62, 67, 71-75,
  77-82, 159-160, 178, 185-186, 190
excepcionalismo americano 379
expansão liberal-trabalhista do 77-82
fator amadurecimento 164
França 159, 161, 185-187, 189
gasto médio 162
Grã-Bretanha 71, 159, 163, 165,
  185-186
Itália 159, 189
liberalismo 77-82
mulheres 74
neoliberalismo 155-156, 160, 182-183
Nova Zelândia 159, 163, 188, 189
países anglófonos 158, 159-160,
  163-164, 187, 188-189, 190-191
Países Baixos 164-165, 189
países europeus 162, 164, 165-166,
  187-191
países nórdicos 159-160, 163, 164,
  165-166, 189-192
países pós-comunistas 240
pós-guerra 71-75, 77-82
sindicatos trabalhistas 190-191
Suécia 160, 189, 190
Taiwan 202
Projeto de lei Wagner-Murray-Dingell 50
Projetos heroicos 255, 256, 257, 263,
  418, 450
Propelentes do gás clorofluorcarboneto
  (CFCs) 423
Protocolo de Quioto 419, 430, 431-432,
  442, 450
Putin, Vladimir 234, 245, 247, 249-251,
  282, 466

Qaddafi, Muammar 148, 353, 354
Quênia 30, 290
Quirguistão 234, 236-237

Racismo
  desigualdade americana 382
  excepcionalismo americano 379
  Guerra Fria 75-77
  poder ideológico 459, 460
  revoluções africanas 290
  substituído pelo anticomunismo 142
  votação 386
RAM (Revolução nos Assuntos Militares)
  315, 474
Reagan, Ronald 44, 47, 60, 66, 76, 83,
  127, 131, 137, 138, 139, 148, 171,
  174, 175-181, 185, 224, 229, 231,
  320, 371, 379, 383, 384, 408
Realismo e realistas
  intervenção estrangeira 316, 318, 319
  visão do Estado-nação 18-19
Reflexividade 16
Reforma agrária
  América Latina 134
  Ásia 123
  China 113, 254
  Coreia 114, 116
  Filipinas 121
  Guatemala 130-132
  Japão 112
  Nicarágua 138
  Tailândia 121
  Taiwan 117
Regras de Solvência II 405
Reino Unido (RU); cf. Grã-Bretanha
Relações de poder
  definição 9
  do capitalismo 10
Relações Internacionais (RI), teóricos das
  ascensão da China 367
  visão do Estado-nação 18-19
Religião(ões)
  América Latina 136
  anticomunismo 70
  asiáticas e problemas ambientais 427

civilização 359

compromisso social europeu 161

cristianismo medieval 480

direito religioso americano 177, 321-322

Europa *vs.* América 461

fundamentalismo 461, 462

inquietude racional 480

Irã 296, 297-298, 300-301

Iraque 337, 344

movimento pelos direitos civis 91-92, 97-98

pobreza e responsabilidade pessoal 78-79

revoluções africanas 290

votação 386

Renda de Segurança Suplementar Federal 78

Representação proporcional 161

República Tcheca 236, 238, 241, 281

República Dominicana 134, 135, 142

Republicanos

ambiente 428-429, 431, 447-449

degradação 406

desregulação do setor financeiro 371

desigualdade 384-389, 390, 393

destruição mutuamente assegurada 47

direito religioso americano 321-322

impasse 365-366

intervencionismo americano 318-319

Iraque 331, 340

movimento pelos direitos civis 95, 97, 98-99, 100

política eleitoral em tempo de guerra 50

pós-guerra 57, 59, 62, 63

Grande Recessão 400, 402

relações de trabalho de tempo de guerra 53-54

Sistema Bretton Woods 37-38

surgimento do neoconservadorismo 319-320

Revoltas raciais 81

Revolução Cultural 259, 261, 281

Revolução Francesa 42-43, 221, 231, 288, 299

Revolução nos Assuntos Militares (RAM) 315, 474

Reza, Mohammad (xá do Irã) 146, 294-301

Rhee, Syngman 114, 116

Rice, Condoleeza 321, 323, 326, 329, 358, 359

Ridge, Tom 325

Ridgeway, Matthew 115

Roberts, John 393

Romênia 210, 225, 226, 230, 233, 236-237, 288

Rongji, Zhu 272

Roosevelt, Franklin 35, 36, 37, 41, 50-51, 52-53, 54, 56, 60, 62, 145

Rosenberg, Ethel 69

Rosenberg, Julius 69

Ruanda 365, 466

Rubin, Robert 372, 396

Rumsfeld, Donald 321, 323, 325, 335, 338-341, 343, 345, 357-358

Rússia

ambiente e mudança climática 432, 445

capitalismo político 242-249

como rival econômico 313

crise financeira 200

desejo pelo socialismo 305

desigualdade 381

eleições 234

era da Segunda Guerra Mundial 327-328

escudo antimísseis americano 315

expansão da Otan 225, 316

intervencionismo americano 318-319

movimento de distanciamento da democracia 233-235

recuperação 249-252
reformas chinesas comparadas a
    280-283
revolução 285, 286-289, 291
transição econômica 237
vínculos econômico-militares 62
cf. tb. Bric, países do
Ryzhkov, Nikolai 219, 221, 222

Sandinistas 137-139, 293
Sandino, Augusto 293
Sarkozy, Nicholas 186
Savak (polícia secreta iraniana) 297
SBS-Agro, Banco 248
Schultz, George 358
Schumpeter, Joseph 60, 170, 376, 410,
    417, 463
SCLC (Conferência de Liderança Cristã
    do Sul) 92-93, 96
Scowcroft, Brent 322
SDI (Iniciativa de Defesa Estratégica)
    224, 230
Securitização 373, 379
Seguro de saúde privado 74-75
Seis temas prisionais
    e taxas de encarceramento
    - afro-americanos 100
    - China 265, 266
    - desigualdade 178
Senhoriagem do dólar 268-314
Sérvia 233
Serviço de Saúde Nacional (Grã-
    -Bretanha) 72
Serviços de ecossistema 438
Serviços de Inteligência Federal (FSB) 251
Shevardnadze, Eduard 224, 230
Sindicato dos Trabalhadores do Setor
    Elétrico (UE) 65
Sindicatos trabalhistas 174
    afro-americanos 55, 66

ambiente 426
comunismo 56-57, 63, 64-65
corrupção 67
crescimento 53-57
declínio 63-68, 183, 381, 390-391
democratas e 68
era Reagan 176, 177-178
excepcionalismo americano 379
movimento pelos direitos civis 91,
    97-98
neoliberalismo 155-156, 163, 174
programas sociais e de bem-estar
    social 189-190
racismo 87-88
Singapura 23, 25, 30, 175
Síria 144, 145, 147, 301, 303, 315, 335
Sistema
    de estradas interestaduais 60
    de saúde
    - China 256, 262, 270, 274, 275, 278
    - Estados Unidos 79, 380, 392
    - Irã 294
Slocombe, Walter 341
Smolensky, Alexander 248
SNCC (Comitê Coordenador Não
    Violento de Estudantes) 92-93, 95, 97
Social-democracia 39, 104, 110, 181,
    186, 187, 195, 459, 461, 476
Socialismo
    e socialistas
    ambiente 417, 419
    compromisso social europeu 160
    era pós-colonial 27-29
    fim do Império Soviético 306
    Guerra Fria 44-45, 460
    mudanças na força de trabalho 183
    Oriente Médio 301
    poder econômico 463
    relações trabalhistas pós-guerra 63
    cf. tb. China; União Soviética
Sociólogos
    movimento pelos direitos civis 84-85

visão
- da globalização 14-15
- do Estado-nação 17
Somália 302, 318, 324, 330, 335, 336, 348, 350, 354, 361, 365
Somoza, Anastasio 137
Spillane, Mickey 69
Stalin, Joseph 41-42, 43-44, 115-116, 144, 210-211, 215, 219, 222, 234, 239, 414, 418
Stern, Nicholas 416, 420, 421, 422, 433, 434, 441, 442
Stevenson, Adlai 89
Stiglitz, Joseph 201, 235, 237, 397
Stolichny 248
Subsídios agrícolas 178, 207
Sudão 24, 28, 30, 48, 205, 302, 322, 335
Suécia
  ambiente 428, 429
  desigualdade de renda 192
  eficiência e igualdade 193
  Grande Recessão 457, 458
  mulheres 104
  neoliberalismo 160, 164
  programas sociais e de bem-estar social 160, 189, 190
  tributação 159, 164, 193
Suharto 121
Suíça
  ambiente 428
  desigualdade 164
  dívida hipotecária 395
  financeirização 169
  Grande Recessão 457, 458
Sukarno 121
Summers, Lawrence 235, 242, 244, 247, 396
Sunitas
  Al Qaeda 327, 331
  Irã 302

Iraque 300, 335, 337, 340, 344, 345
Oriente Médio 322-323
Suprema Corte
  financiamento de campanha 393, 408
  movimento pelos direitos civis 89-90, 93, 95, 97-99
  mudança climática 431
  voto presidencial 321
SWFs (fundos de riqueza soberanos) 313, 375, 401

Tailândia 121-122, 126
Taiwan
  China e 254, 256, 261, 282, 467
  era pós-guerra 39-40, 117, 124
  financeirização 175
  pressão americana sobre 365
  prevenção americana de hostilidades em 48
  programas sociais e de bem-estar social 202
  reformas econômicas 199
Tajiquistão 234, 237-238
Talibã 302, 322, 324, 327, 332, 346-347
Tarifas 38-39
Tchecoslováquia 41
Temple, William 159
Tenet, George 325, 328, 329, 337
Teoria
  contêiner 18
  da revolução 284-285
  - fontes do poder social 284-285
  - ondas de revolução 286-291
  - probabilidade de diminuição da revolução 476
  - queda soviética 304-306
  - Revolução Iraniana 294-304
  do enquadramento 85
  do processo político 84
  dos movimentos sociais 84-85
  e teóricos da sociedade mundial 425

e teóricos dos sistemas mundiais 458
- aumentos na financeirização 369
- declínio americano 310, 311
- exército e império econômico 356
- norte vs. sul 457
- visão da globalização 15
Teóricos
da interdependência
- visão dos Estado-nação 18-19
da mobilização de recursos 84
Terapia de choque 228, 235-242, 243-245
Terrorismo 322-325, 336, 349-353, 361
Thatcher, Margaret 170, 175-182, 185, 188, 190, 225, 327, 408
Tiananmen, Praça 267, 269, 272, 275
Tibete 254, 367
Timor Leste 121
Tobin (impostos) 404, 405
Tocqueville, Alexis de 295
Tributação
Alemanha 159
Austrália 159
Canadá 159
China 266
emissões de carbono 438
Estados Unidos 60, 159, 177, 193, 384, 389
excepcionalismo americano 379
França 159
Grã-Bretanha 159, 192
indústria de combustível fóssil 440
Itália 159
Japão 159
Nova Zelândia 159
países
- anglófonos 159, 160, 163, 192-193
- europeus 159, 165
- nórdicos 159, 165, 192-193
participação acionária e 384
Reagan, era 176, 177-178
Suécia 160, 164, 193
surgimento do neoliberalismo 133

Trótsky, Leon 151, 271, 287, 307
Trujillo, Rafael 134-135, 142
Truman, Harry 37, 40, 42, 44, 52, 63, 70, 88-89, 97, 108, 115, 141, 143, 146
Tudeh (partido comunista) 145, 146, 296
Tunísia 30, 303, 354
Turcomenistão 237, 238, 241
Turquia 43, 44, 144, 201, 354, 380

Ucrânia 228-229, 234, 236, 237, 238, 431
Ufco (Companhia Unida de Frutas) 130, 132
Ulama 295, 296
UNDP (Programa de Desenvolvimento das Nações Unidas) 239
União Europeia (UE)
ambiente 431-433, 436, 440
ampliação da 187
como rival econômico 313
desequilíbrio militar/civil 413
emprego 398, 470-471
Euro como moeda de reserva 366
ex-repúblicas soviéticas 233
forma política da 20
Grande Recessão 405
intervencionismo americano 318-319
liberalização do mercado 207-208
poder político 477-479
precursores da 108
reformas necessárias 404
União Soviética 210-252
ambiente 419
apoio para revoluções 291
armas nucleares 61-62, 353
capitalismo político 242-249
colapso da 460
colonialismo da 22
Cuba e 133-134, 135
degelo hesitante 210-217
fim da 223-231
Guerra da Coreia e 113-117

Guerra do Vietnã e 119
nacionalismo 142-143
Nicarágua e 138
ONU e 41-42, 115
Oriente Médio e 143, 148, 149-150
período de reformas 217-223
privatização 181
questão da revolução 231, 232
recuperação russa 249-252
rejeição do Plano Marshall 41
taxa de crescimento entreguerras 39-40
transições para
- a democracia e a ditadura 232-234
- o capitalismo e o neoliberalismo
235-242, 466
cf. tb. Guerra Fria
Universidades
afro-americanas 73
anticomunismo 69
movimento pelos direitos civis 93,
95, 97-98
pesquisa 60
Uzbequistão 234, 237-238, 241, 356

Venezuela 127, 129, 135, 332
Vietnã
descolonização pós-guerra e
independência 23, 25, 28-29
Estado-partido capitalista 280
intervenção
- no Camboja 122, 291-292
- no Laos 291-292
reformas econômicas 199, 292

revolução 285-286, 289-290
visão geral 118-121
Volcker, Paul 169, 197
Voluntarismo 166, 175-176, 382

Waddell, Brian 53
Wallace, George 76
Warren, Earl 72
Waxman, Henry 448
Weber, Max 17, 462, 480, 483, 488-489
White, Harry Dexter 37
Wilson, Woodrow 35
Wolfowitz, Paul 320, 325, 328, 329, 330,
338-340, 357

Xá, Reza 294
Xiismo
Irã 300, 302, 327, 331
Iraque 335, 337, 340, 343, 344, 345

Yakovlev, Alexander 220
Yanaev, Gennady 229
Yeltsin, Boris 219, 221, 222, 223, 227-229,
232, 234, 242, 245-249, 280, 305
Yukos 247, 250

Zapata, Emiliano 293
Zawahiri, Ayman al- 323
Zemin, Jiang 267, 270, 278
Zubaydah, Abu 329

Coleção sociologia

- *A educação moral*
  Émile Durkheim
- *A pesquisa qualitativa*
  VV.AA.
- *Quatro tradições sociológicas*
  Randall Collins
- *Introdução à Teoria dos Sistemas*
  Niklas Luhmann
- *Sociologia clássica – Marx, Durkheim, Weber*
  Carlos Eduardo Sell
- *O senso prático*
  Pierre Bourdieu
- *Comportamento em lugares públicos*
  Erving Goffman
- *A estrutura da ação social - Vols. I e II*
  Talcott Parsons
- *Ritual de interação*
  Erving Goffman
- *A negociação da intimidade*
  Viviana A. Zelizer
- *Os quadros da experiência social*
  Erving Goffman
- *Democracia*
  Charles Tilly
- *A representação do Eu na vida cotidiana*
  Erving Goffman
- *Sociologia da comunicação*
  Gabriel Cohn
- *A pesquisa sociológica*
  Serge Paugam (coord.)
- *Sentido da dialética – Marx: lógica e política - Tomo I*
  Ruy Fausto
- *A emergência da teoria sociológica*
  Jonathan H. Turner, Leonard Beeghley e Charles H. Powers
- *Análise de classe – Abordagens*
  Erik Olin Wright
- *Símbolos, selves e realidade social*
  Kent L. Sandstrom, Daniel D. Martin e Gary Alan Fine
- *Sistemas sociais*
  Niklas Luhmann
- *O caos totalmente normal do amor*
  Ulrich Beck e Elisabeth Beck-Gernsheim
- *Lógicas da história*
  William H. Sewell Jr.
- *Manual de pesquisa qualitativa*
  Mario Cardano
- *Teoria social – Vinte lições introdutórias*
  Hans Joas e Wolfgang Knöbl
- *A teoria das seleções cultural e social*
  W.G. Runciman
- *Problemas centrais em teoria social*
  Anthony Giddens
- *A construção significativa do mundo social*
  Alfred Schütz
- *Questões de sociologia*
  Pierre Bourdieu
- *As regras do método sociológico*
  Émile Durkheim
- *Ética econômica das religiões mundiais - Vol. I*
  Max Weber
- *Ética econômica das religiões mundiais – Vol. III*
  Max Weber
- *Teoria dos sistemas na prática - Vol. I – Estrutura social e semântica*
  Niklas Luhmann
- *Teoria dos sistemas na prática - Vol. II – Diferenciação funcional e Modernidade*
  Niklas Luhmann
- *Teoria dos sistemas na prática - Vol. III – História, semântica e sociedade*
  Niklas Luhmann
- *O marxismo como ciência social*
  Adriano Codato e Renato Perissinotto
- *A ética protestante e o espírito do capitalismo*
  Max Weber
- *As fontes do poder social - Vol. 1 – Uma história do poder desde o início até 1760 d.C.*
  Michael Mann
- *Mente, self e sociedade*
  George Herbert Mead
- *As fontes do poder social - Vol. 2 – O surgimento das classes e dos Estados-nações, 1760-1914*
  Michael Mann
- *As fontes do poder social - Vol. 3 – Impérios globais e revoluções, 1890-1945*
  Michael Mann
- *As fontes do poder social - Vol. 4 – Globalizações, 1945-2011*
  Michael Mann

Conecte-se conosco:

facebook.com/editoravozes

 @editoravozes

@editora_vozes

youtube.com/editoravozes

+55 24 2233-9033

www.vozes.com.br

Conheça nossas lojas:
www.livrariavozes.com.br

Belo Horizonte – Brasília – Campinas – Cuiabá – Curitiba
Fortaleza – Juiz de Fora – Petrópolis – Recife – São Paulo

  Vozes de Bolso

EDITORA VOZES LTDA.
Rua Frei Luís, 100 – Centro – Cep 25689-900 – Petrópolis, RJ
Tel.: (24) 2233-9000 – E-mail: vendas@vozes.com.br